越城年鉴数字版

越城年鉴

YUECHENG YEARBOOK

2022

绍兴市越城区人民政府 主办
绍兴市越城区档案馆 编

方志出版社
Publishing House of Local Records

图书在版编目（CIP）数据

越城年鉴. 2022 / 绍兴市越城区档案馆编. -- 北京：方志出版社，2022.10
ISBN 978-7-5144-5351-5

Ⅰ. ①越… Ⅱ. ①绍… Ⅲ. ①区（城市）—绍兴—2022—年鉴 Ⅳ. ①Z525.54

中国版本图书馆 CIP 数据核字（2022）第 219893 号

责任编辑：王娜
责任校对：刘玉霞
责任印制：梅中英
出 版 者：方志出版社
地　　址：北京市朝阳区潘家园东里 9 号（国家方志馆 4 层）
邮　　编：100021
网　　址：http://www.zgfzcb.cn
发　　行：方志出版社图书营销中心（010-67110500）
印　　刷：绍兴市越生彩印有限公司
开　　本：889 毫米 ×1194 毫米 1/16
印　　张：27.25
字　　数：730 千字
版　　次：2022 年 10 月第 1 版
印　　次：2022 年 10 月第 1 次印刷
定　　价：200.00 元

越城区党史地方志工作委员会

顾　　问：徐　军
主　　任：钱林江
副 主 任：应尧刚　周春雨　盛卓异　王柏振
委　　员：马　超　王小伟　王月娟　王吉程　王　挺
朱建华　刘明华　汤　华　寿建明　谷　丰
沈华清　张国昌　陈志平　陈继瑞　陈智明
罗方远　金建兴　周志红　周　胜　单伟国
单曙光　赵雄伟　胡森华　娄建成　祝卫越
徐卫东　曹刚勇　章国荣　葛卫江　董湘颐
蒋　坚　蒋铁奇　谢勇峰　谢　菁　戴志根
戴宝水　魏珂赛

《越城年鉴》编辑部

主　　编：张　磊
副 主 编：邵锡锋
编　　辑：屠益峰（执行）　第　尔　过路易　王湖葩

2021年越城区快览

行政区划面积 538.6 平方千米

户籍人口 829078 人

地区生产总值 1185.26 亿元

人均生产总值 142961.22 元

财政总收入 154.56 亿元

一般公共预算收入 93.17 亿元

社会消费品零售总额 722.61 亿元

货物进出口总额 664.89 亿元，其中出口 588.04 亿元
进口 76.85 亿元

城镇常住居民人均可支配收入 67772 元

农村常住居民人均可支配收入 42508 元

2021年越城区获得省级及以上荣誉

百强区排名全国第70

越城区“契约化”共建入选中国改革地方全面深化改革典型案例

2020年度省级平安县(市、区)

滨海新区入选首批浙江省高能级战略平台培育名单

绍兴集成电路产业平台、绍兴滨海新区高端生物医药产业平台分别位列“万亩千亿”新产业平台年度评价得分全省第二、第三

2021年三季度全省投资“赛马”激励地区

全省新时代美丽城镇建设优秀县(市、区)

2021 年越城区省级及以上试点工作

全国社区治理和服务创新实验区

科研仪器设备开放共享“一网办”“一指办”列入
国家发展改革委、科技部全面创新改革任务揭榜清单

全省“七张问题清单”应用区级贯通试点

重大决策社会风险评估工作省级试点

全省“信用 + 社会治理”综合试点

宗教活动场所管理省级基层社会治理省级标准化试点项目

浙江省数字社会未来教育重点场景

城市地下管线综合管控建设试点

水利工程管理“三化”改革试点县

共同富裕基础数据库建设工作试点

“浙政钉”工作台建设首批试点

“科创中国”浙江创新基地

2021年
“首位度建设突出贡献奖”先进集体名单

产业、城市领域

浙江中成控股集团有限公司
浙江富陵控股集团有限公司
浙江绍兴苏泊尔生活电器有限公司
浙江医药股份有限公司
振德医疗用品股份有限公司
浙江佳宝新纤维集团有限公司
喜临门家具股份有限公司
绍兴翔宇绿色包装有限公司
绍兴中芯集成电路制造股份有限公司
绍兴三花新能源汽车部件有限公司
绍兴金帝银泰购物中心有限公司
绍兴市咸亨酒店有限公司
华汇工程设计集团股份有限公司
绍兴菲滋意式餐饮服务有限公司
同创工程设计有限公司
浙江东利源供应链管理有限公司
绍兴润盈房地产开发有限公司(871LOOP项目)
绍兴市千客隆超市有限公司
绍兴绿容食品有限公司
绍兴御茶村茶业有限公司
长业建设集团有限公司
浙江环宇建设集团有限公司
中富建设集团有限公司
浙江舜业建设有限公司
浙江宝厦建设有限公司
绍兴铧越置业有限公司
绍兴垄鼎置业有限公司(元垄地产独资)
绍兴汀光房地产开发有限公司(碧桂园与阳光城合资)
绍兴地博置业有限公司(融创与武汉地产合资)
绍兴毓林置业有限公司(大家房产独资)

文化领域

绍兴金德隆文化创意园

浙江伟丰文化产业园

绍兴明牌珠宝销售有限公司

绍兴市镜湖现代水城旅游发展有限公司

越城区图书馆

生态领域

越城区综合行政执法局

鉴湖街道办事处

绍兴东湖高科股份有限公司

绍兴市环保科技服务中心

浙江环质环境科技有限公司

创新领域

浙江普施康生物科技有限公司

浙江最成半导体科技有限公司

浙江光特科技有限公司

浙江劲方药业有限公司

绍兴市越城区职业技能管理服务中心

长电集成电路(绍兴)有限公司

绍兴拓邦电子科技有限公司

绍兴水木湾区科学园有限公司

凯泰特种纤维科技有限公司

浙江大学绍兴研究院

越城区委政法委基层治理科

越城区公安分局政治处

越城区商务局商贸管理科(电子商务科)

绍兴市历史文化名城保护服务中心

越城区党建“契约化”共建深化专班

开放领域

浙江东溟科技有限公司

美新半导体(绍兴)有限公司

盛吉盛精密制造(绍兴)有限公司

浙江通嘉宏瑞半导体装备有限公司

绍兴泓明供应链有限公司

科迪华显示技术(绍兴)有限公司

浙江金康普食品科技有限公司

浙江科兴嘉利医疗科技有限公司

浙江新码生物医药有限公司

浙江知行药业有限公司

营商环境领域

绍兴滨海新区综合保税区管理办公室

深检集团（浙江）质量技术服务公司

府山街道越都社区

皋埠商会

越城区营商环境观察员队伍

基层治理领域

越城区水利局塘闸管理中心

越城区医疗保障管理服务中心

越城区气象局气象台

越城区塔山中心小学

越城区五邻社联合总会

越城区检察院第一检察部

越城区法院皋埠法庭

府山街道综合信息指挥室

东浦街道综合信息指挥室

富盛镇综合信息指挥室

塔山街道渡东社区居委会

陶堰街道白塔头村村委会

越城区互联网宣传管理中心

越城区统一政务咨询投诉举报处理中心

越城区综合信息指挥中心社会风险指导科

越城区融媒体中心

越城区公安分局巡特警大队

越城区建设工程质量安全管理中心

越城区疾病预防控制中心

越城区应急管理局应急管理行政执法队

越城区市场监管局北海市场监督管理所

越城区大数据发展管理中心数据应用科

陶堰街道综合信息指挥室

绍兴市海虹舫餐饮管理有限公司

城南街道南苑社区居委会

迪荡街道蕺山社区居委会

东湖街道小皋埠村村委会

东浦街道鲁西村村委会

皋埠街道东龙山村村委会

沥海街道社区卫生服务中心

▲ 越城区全景图(区文广旅游局　提供)

▲ 2021 年 4 月 28 日,“共爱古城 契越你我”主题团日活动形成巨型拼图为庆祝中国共产党成立 100 周年(市名城办　提供)

▲ 2021 年,越城区机关举办“光荣在党 50 年”纪念章颁发仪式(区委组织部　提供)

▲ 2021 年，越城区举办庆祝中国共产党成立 100 周年大型文艺演出（区委宣传部　提供）

▲ 2021 年，越城区举办“中国共产党人的精神谱系”主题展（区委宣传部　提供）

▲ 2021 年 1 月 13 日，绍兴市越城区第九届人民代表大会第五次会议开幕（区委宣传部　提供）

▲ 2021 年 1 月 12 日，政协绍兴市越城区第五届委员会第五次会议开幕（区委宣传部　提供）

▲ 2021 年 2 月 20 日，越城区委、区政府召开"首位引领 大抓落实"推进会(区委宣传部　提供)

▲ 2021 年 11 月 7 日，越城区召开"同心·越城"大会(区委宣传部　提供)

▲ 2021 年 4 月 9 日，越城区举办"三治融合"省级标准化试点成果发布会暨社会稳定指数发布会(区委政法委　提供)

▲ 后堡抗日纪念堂(区委宣传部 提供)

▲ 吼山烈士陵园(区退役军人事务局 提供)

▲ 2021 年 11 月 26 日，区委书记徐军在台门党校宣讲（区委宣传部　提供）

▲ 2021 年 4 月 23 日，越城区委理论学习中心组开展“沿着红色足迹学党史”现场教学活动（区委宣传部　提供）

▲ 2021 年，越城区“台门汇”青年宣讲团于台门党校宣讲党史（区委宣传部　提供）

▲ 绍兴综合保税区(新区综保办 提供)

▲ 绍兴综合保税区开工现场(区委宣传部 提供)

▲ 2021 年 1 月 5 日，绍兴综合保税区一期项目开工（区委宣传部　提供）

▲ 2021 年 11 月 17 日，绍兴综合保税区一期项目通过省级预验收（新区综保办　提供）

▲ 2021 年 12 月 2 日，绍兴综合保税区一期项目通过国家正式验收（区委宣传部　提供）

▲ 2021 年 6 月 28 日，长电绍兴 300 毫米集成电路中道先进封装生产线项目一期主体工程结顶（集成电路管委会　提供）

▲ 2021 年 5 月 21 日，中国（绍兴）集成电路产业创新发展学术峰会举行（区委宣传部　提供）

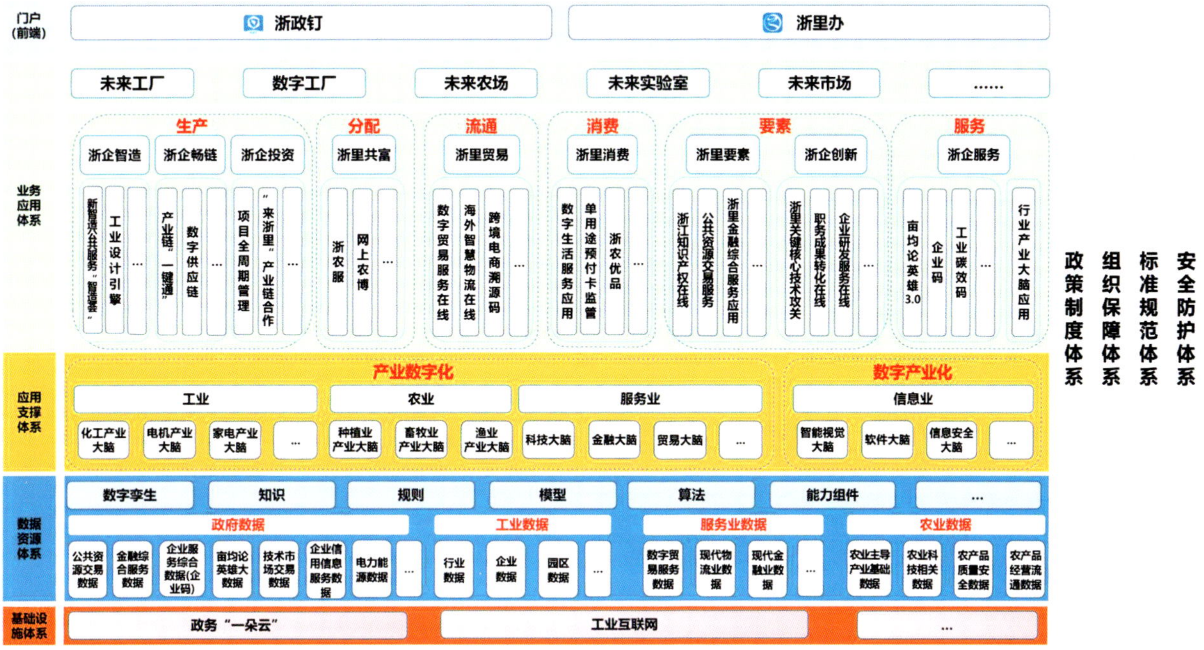

▲ 数字经济系统（产业大脑 + 未来工厂）构架图（区经信局　提供）

▲ 2021 年 6 月 19 日，2021 中国（绍兴）生物医药产业创新发展闭门会在越城区召开（区委宣传部　提供）

▲ 2021 年 5 月 29 日，2021 “繁星耀越” 越城滨海人才主题周活动正式启动(区委宣传部　提供)

▲ 滨海新区人才改革试验区人才创新服务综合体(区委组织部　提供)

▲ 2021年12月18日，利丰隔离点和新和绿色照明隔离点建设现场（区委宣传部 提供）

▲ 2021年12月29日，上虞首批隔离在越城的人员回家（区委宣传部 提供）

▲ 2021年9月6日，越城区召开全区“双减”工作会议（区委宣传部　提供）

▲ 2021年10月30日，越城区举行家校社协同育人共同体成员授牌仪式暨“身心健康　你我同行”访谈会（区委宣传部　提供）

育才学校(特教学校)

迪荡中学(建功中学教育集团迪荡湖校区)

柯灵小学教育集团百盛校区和柯灵幼教集团百盛园区

▲ 2021年新建成学校(区教体局 提供)

▲ 2021 年 7 月 1 日，滨海新区体育公园正式对外开放(郑志军　摄)

▲ 2021 年 5 月 24 日，越城区承办“华颐杯”2021 年国际象棋男子世界冠军分区赛（中国区）（陈建华　摄）

▲ 2021 年 10 月 17 日，2021 绍兴古城桨板赛在迎恩门水街举行，系绍兴市首个古城桨板赛（市名城办　提供）

▲ 2021 年 11 月 13 日，越城区举办首届陆游诗歌文化节（区委宣传部　提供）

▲ 2021 年 8 月 5 日，越城区承办浙江省“文化基因解码工程”暨文化标识建设工作推进会（区文广旅游局　提供）

▲ 2021年,“碧荷盛开乡风拂来”2021绍兴有戏——“非遗”兴乡大巡游(越城站)活动举办(区文广旅游局 提供)

▲ 2021年,越城区举办越宴十八味诗画浙江 · 百县千碗 · 绍兴佳肴——金秋美食节活动(区文广旅游局 提供)

▲ 富盛镇宋韵抹茶(御茶村茶园)(葛阳生　摄)

▲ 徐渭艺术馆(市名城办　提供)

▲ 鉴湖湿地公园自然风光(陶堰街道　提供)

▲ 2021 年省级“美丽河湖”——浙东古运河(区水利局　提供)

▲ 东浦古镇(东浦街道　提供)

编辑说明

一、《越城年鉴(2022)》以马克思列宁主义、毛泽东思想、邓小平理论、“三个代表”重要思想、科学发展观、习近平新时代中国特色社会主义思想为指导，坚持辩证唯物主义和历史唯物主义的立场、观点和方法，全面、系统、客观地记述越城区 2021 年自然、经济、政治、文化和社会的基本面貌及发展状况，为区委、区政府科学决策提供依据，为社会各界了解越城区情提供资料，为研究越城区和编修《越城区志》积累史料，为越城区全力打造“五个率先”先行区，争当高质量发展建设共同富裕示范区排头兵，实现“首位立区、幸福越城”注入文化自信。

二、《越城年鉴(2022)》记述的区域范围为 2021 年越城区境。记述的时限为 2021 年 1 月 1 日至 12 月 31 日。部分跨年度发生的事物，以本年鉴截稿时间为止。记述内容包括建置、环境、经济、政治、文化、社会、人物等各个方面，重点记述年度内的大事、要事、特事，反映年度新变化、新经验、新问题，务求真实性、实用性。

三、《越城年鉴(2022)》分类目、分目、条目 3 个层次编辑。类目下一般设综述，分目下设概况，以便记述事物的变化和基本数据。条目为基本单位，一事一条，动态记述。

四、《越城年鉴(2022)》除专文外，采用记述体。文风力求严谨、朴实、简洁、通畅。文字、称谓、数字、纪年、标点、符号等，一般均按国家规定书写、应用。考虑到社会使用习惯，农田土地面积仍沿用“亩”作为计量单位。

五、《越城年鉴(2022)》所载文字内容及数据，均由区有关职能部门提供，并经各级领导和相关专业部门审核。部分数据由于来源、统计口径等方面的原因，不同部门提供的同项目数据存在不一，以当年《越城区统计年鉴》为准。

目 录

中共绍兴市越城区委员会

绍兴市越城区人民代表大会

绍兴市越城区人民政府

政协绍兴市越城区委员会

纪检监察

民主党派 工商联

群众团体

法 治

军　事

财政　税务

外向型经济

农业农村

工　业

建筑业管理

交 通

房地产业

商贸 现代服务业

旅游业

经济管理与监督

水 利

生态环境

城乡建设与管理

古城保护利用

科学技术

教 育

文 化

体　育

医疗卫生

人力资源管理

社会事务

镇 街

人 物

重要文件目录选编

附 录

统计资料

索 引

特 载

越城区国民经济和社会发展第十四个五年规划和二〇三五年远景目标纲要

过去五年是越城区砥砺前行、跨越奋进的五年。在省委省政府、市委市政府的关心支持下，在全区人民共同奋斗下，越城区经济社会实现跨越式发展，率先全面建成高水平小康社会，奋力推动“三个越城”宏伟蓝图变为美好现实，走出了打造全市首位度中心城区的坚实步伐。“十四五”时期，是越城区开启全面建设现代化强区新征程的起步阶段，是迈入全面高质量发展的关键时期。站在新的历史起点，全区上下需要进一步形成共识、凝聚力量、激发活力，不负新时代，展现新作为，书写新篇章。

一、“十三五”时期发展成就

（一）活力越城绽放发展光彩

经过五年发展，越城已经跃升为一座经济强劲、创新活跃的活力之城。

1. 聚焦重大改革，综合实力大幅跃升。五年来，越城区抢抓重大改革机遇，全面整合国家级高新区、国家级经开区，与滨海新区政区合一，以大平台支撑全区经济社会赶超式发展。2020年地区生产总值突破1000亿元[①]，人均生产总值达到13.1万元，年均增长9.1%。一般公共预算收入达到72.69亿元，是2015年的3.3倍。固定资产投资、社会消费品零售总额、外贸出口分别为565亿元、620.5亿元、566.7亿元，是2015年的4.2倍、2.9倍和4.9倍。

① 为体现可比性，“十三五”回顾中所用的数据均为除沥海街道以外的16个镇街的数据。

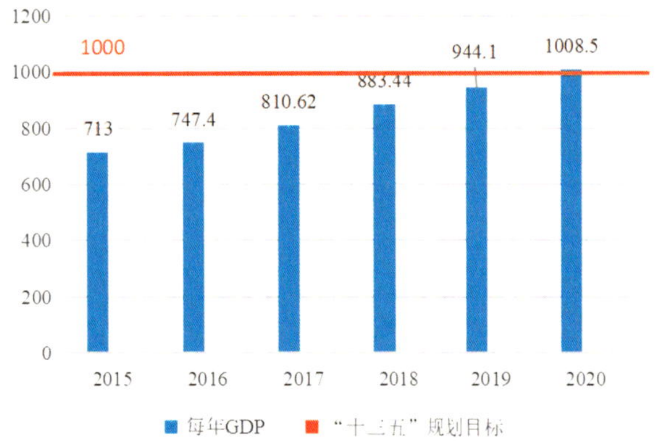

图 1 “十三五”期间全区 GDP 增长情况(亿元)

2. 聚焦动能转换,产业升级步伐加快。五年来,越城区坚定不移念好“两业经”,大力实施招商引资“一把手工程”、数字经济“一号工程”,累计利用外资 8.4 亿美元,引进内资 300 亿元。集成电路产业和高端生物医药产业平台入选全省“万亩千亿”新产业平台,中芯国际、长电科技、越海百奥等一批重大项目相继落户,印染化工等传统产业改造提升有序推进,家用电器制造业改造提升、小微企业“银商合作”列入全省试点,小微园区数和入园企业数均居全市首位。

3. 聚焦科技赋能,创新动力显著增强。五年来,越城区全面实施创新驱动发展战略,大力实施“科技新政”“人才新政”,科技创新体系

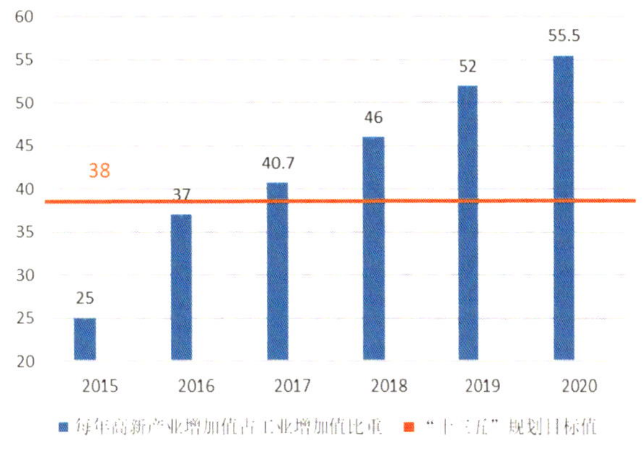

图 2 “十三五”期间全区高新技术产业增加值占比情况(%)

不断完善。累计建成区级以上创新园区 39 个,总面积 70 万平方米。先后引进水木湾区科学园、复旦科技园、浙大研究院等校地合作平台。入选省级产业创新服务综合体 5 个,总数全市第一。引育高层次人才 216 名,国家高新技术企业增至 344 家,规上工业企业研发中心实现全覆盖,全社会研发费用投入增长 7.8 倍,高新技术产业增加值占比提高到 55.5%。

(二)品质越城彰显城市风华

经过五年发展,越城已跃居成为一座文明富裕、生态宜居的品质之城。

1. 聚焦城乡一体,城市形象持续提升。五年来,越城区坚定不移唱好“双城计”,投入 650 亿元,完成拆迁征收 1050 万平方米,惠及居民 31500 余户,腾出空间 2 万余亩,极大拓展城市发展空间,常住人口城镇化率达到 81%。古城保护利用全面加速,实现古城道路沿线景观提升全覆盖,“一城一桥三故里”项目群形象全面呈现,古城面貌焕然一新。合力推进全市域交通基础设施互联互通,区内在建工地近 500 个,总投资超 2000 亿元,32 省道、群贤路、凤林路、绍三线北延、迪荡湖隧道等主干道路建成通车,新三江闸等百亿水利工程顺利推进。城市管理智慧升级,高分通过国家卫生城市、全国文明城市复评。连续三年成功举办“同心·越城”大会、集成电路产业峰会、中德峰会等重大活动,城市美誉度显著提高。大力实施乡村振兴战略,高质量完成全国农村集体产权制度改革试点、小城镇环境综合整治,全面启动美丽城镇建设,创成“五星 3A”村 129 个、新时代美丽乡村 85 个,消除年经营性收入 30 万元以下经济薄弱村。累计完成“三改”2100 余万平方米、拆违 884 万平方米,获批省“基本无违建区”、国土资源节约集约模范区。

2. 聚焦生态建设,污染防治成效显著。五

年来，我们深入贯彻“两山”理念，生态环境质量公众满意度预计达到80%以上。坚决打好蓝天保卫战，空气质量优良率升至85%，PM2.5年平均浓度降至27微克/立方米，改善率全省第一。大力实施“污水革命”，全面剿灭V类、劣V类水体，“污水零直排区”建设实现全覆盖，功能区水质达标率保持100%，获评省“清三河达标区”“五水共治”（河长制）工作优秀县（市、区），夺得“大禹鼎”。提质推进“垃圾革命”，城乡生活垃圾分类覆盖率分别达到98.2%、96.7%，连续两年荣获全省生活垃圾分类工作优秀县（市、区）。扎实开展“无废城市”建设试点，垃圾总量实现负增长，资源化利用率、无害化处置率均达100%。城乡公厕提标改造实现全覆盖。

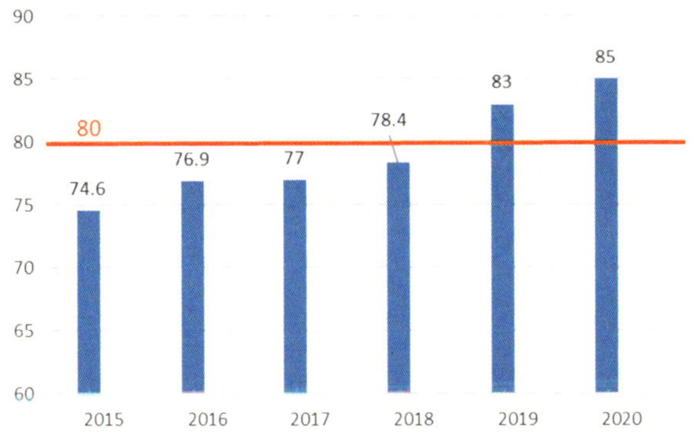

图3　“十三五”期间全区空气质量优良天气情况（%）

3. 聚焦数字赋能，营商环境不断优化。五年来，越城区坚定不移打造“活力城”，平稳高效完成机构改革、区划调整，有效承接三轮下放事权，基本实现“三区同权”，区级自转功能全面增强。深入推进“最多跑一次”改革，加快实现“一窗受理”“一网办理”，网上办、掌上办、跑零次、即办率分别达100%、95.8%、96.8%、83.4%，镇、村便民服务中心实现全覆盖。大力实施优化营商环境“10+N”便利化行动，落实减税降费、“五减”资金超50亿元，实施企业和个人全生命周期“一件事”改革，更高要求“减环节、减时间、减材料、减跑动”。推进5G基站建设审批“一件事”集成改革省级试点，建成5G基站1300余个，基本实现主城区5G信号全覆盖。加快推进政府数字化转型，提升“浙里办”“浙政钉”应用水平，着力构建线上线下融合的政务服务体系，“15分钟政务服务圈”基本建成。

（三）和谐越城展现幸福画卷

经过五年发展，越城已经跃居成为一座幸福和谐、以人为本的魅力之城。

1. 聚焦共建共享，民生事业协调发展。五年来，我们扎实办好民生实事，一般公共预算内民生支出累计达200亿元。累计新增就业岗位13万个，城乡居民人均可支配收入分别达到6.19万元、3.86万元，收入比降至1.60，社保、医保参保率均超过99%。新扩建学校42所，新增学生容量2.8万个，省义务教育标准化学校创建率达100%，获评省“教育基本现代化区”。成立越城区人民医院，投资12亿元的新院动工建设，医联体、健共体实现全覆盖，“15分钟医疗服务圈”基本形成。全面实施老旧小区改造，基本消除城乡C级D级危房。率先实现城乡一体化供水，镇街示范性养老服务中心实现全覆盖，成功联创省“双拥模范城”。

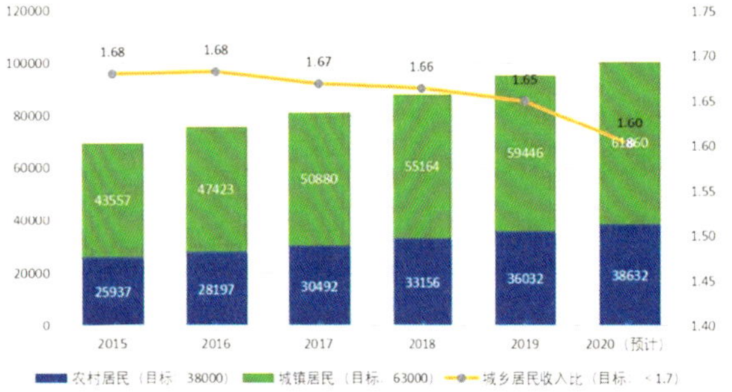

图4　“十三五”期间全市城乡居民收入情况（元）

2. 聚焦整体治理，社会大局保持稳定。五年来，越城区大力推进平安越城建设，群众安全感实现“五连升”。统筹“两战”取得重大胜利，实施全省第一个整村医学隔离，较早实现疫情“未扩散”、患者“零死亡”、医护“零感染”目标，复产指数位列全市第一。创新发展新时代“枫桥经验”，深入推广党建“契约化”共建、五邻社等社区治理新模式，成功列入全国社区治理和服务创新实验区、新时代文明实践中心建设试点区，“四治融合”格局基本形成。纵深推进扫黑除恶专项斗争，持续实施安全生产专项整治，刑事治安警情、安全事故率、死亡人数年均下降16%、20%、25%，成功创建省级食品安全区、农产品质量安全放心区、渔业平安示范县，连续十五年荣膺省平安县（市、区）称号，成功夺得“一星金鼎”。

与此同时，当前发展中一些不平衡不充分的问题需要引起重视。一是城市能级有待提升。中心城市首位度不明显，内部各区块有待加强融合，长三角一体化进程有待加快，对全市经济社会发展的带动力相对偏弱。二是产业发展层次仍然偏低。集成电路、生物医药等新兴产业规模相对较小，新引进重大产业项目尚未形成规模产能，袍江经开区和高新区两大国家级开发区在全国排名靠后。三是科技创新能力仍显不足。高端人才缺乏，高水平大学、科研机构数量不够多，国家级实验室尚处于空白，R&D经费占GDP比低于全省平均水平。四是生态环保、民生领域还存在不少短板，群众对教育、医疗、养老、住房等还有不满意的地方。

“十三五”规划主要指标完成情况

表1

序号	指标名称	2020年目标值	2020年预计值	完成情况
1	全区生产总值（亿元）	1000	1008.5	完成
2	人均生产总值（元）	130000	130913	完成
3	公共财政预算收入（亿元）	72.69	72.69	完成
4	固定资产投资（亿元）	550	565	完成
5	社会消费品零售总额（亿元）	600	620.5	完成
6	第三产业增加值（亿元）	620	634.5	完成
7	高新技术产业增加值占工业增加值的比重（%）	40	56	完成
8	研究与试验发展经费支出占GDP比重（%）	2	2.4	完成
9	专利授权量（件）	4500	6500	完成
10	新增人才资源数量（万人）	10	10	完成
11	外贸出口（亿元）	430	566.7	完成
12	新增城镇就业人数（万人）	8	10	完成
13	城乡居民医疗保险参保率（%）	≥99	≥99	完成
14	城镇登记失业率（%）	2.5	1.8	完成
15	城镇常住居民人均可支配收入（元）	63000	61860	完成
16	农村常住居民人均可支配收入（元）	38000	38632	完成
17	义务教育学校省标准化达标率（%）	≥98	100	完成
18	人均期望寿命（年）	81	82.99	完成

续表 1

序号	指标名称		2020 年目标值	2020 年预计值	完成情况
19	机构养老床位数占老年人口总数比例(%)		4	4.13	完成
20	规模以上单位工业增加值能耗降低率(%)		市下达指标	完成市下达指标	完成
21	主要污染物排放(万吨)	化学需氧量排放(万吨)	市下达指标	完成市下达指标	完成
		氨氮排放(万吨)		完成市下达指标	完成
		二氧化硫排放(万吨)		完成市下达指标	完成
		氮氧化物排放(万吨)		完成市下达指标	完成
22	单位生产总值二氧化碳排放量(吨/万元)		—	—	不考核
23	全年优良天气达标率(%)		≥ 80	85	完成
24	地表水环境质量合格率(%)		100	100	完成
25	生态环境质量公众满意度(%)		≥ 75	80	完成
26	城市化率(%)		80	81	完成
27	城乡居民收入比		< 1.7	1.60	完成
28	亿元生产总值生产安全事故死亡率(%)		< 0.1	0.011	完成
29	民生改善满意度(%)		> 75	80	完成

注:为体现可比性,2020 年目标值和预计值均为不含沥海街道数据。

二、"十四五"经济社会发展新形势

(一)面临形势

1. 国际形势:百年变局。"十四五"时期,国际形势复杂严峻,当今世界正经历百年未有之大变局。国际疫情出现大暴发趋势,全球面临经济大衰退。IMF 预测,世界上 90% 的经济体将陷入衰退,只有包括中国在内的少数几个国家正增长,世界经济重心将加快"自西向东"位移。美国采取逆全球化战略试图扭转这种趋势,中美关系呈现加速恶化态势,由竞争合作走向全面竞争,总体上判断美国与中国将在较长时期内处于某种程度上的持续"对抗"关系中。越城区"十四五"发展必然会受到国际疫情蔓延、全球经济衰退和中美贸易摩擦的影响。

2. 国内形势:发展新格局。"十四五"时期,我国着力推动形成国内国际双循环发展新格局。面对中美关系、新冠肺炎疫情等变局,习近平总书记指出要"加快形成以国内大循环为主体、国内国际双循环相互促进的新发展格局"。作为全球第二大经济体,增强生产与市场的独立性,减少对外部产业链和需求的依赖,成为拉动世界经济增长的主要力量,是必然的趋势。在这种新格局下,开启高质量发展、现代化建设新征程,将成为越城区"十四五"时期确定发展思路、制定经济政策、实施重点任务的根本要求。

3. 省域形势:重要窗口建设。"十四五"时期,浙江省将着力建设"重要窗口"。2020 年,习近平总书记赋予浙江"努力成为新时代全面展示中国特色社会主义制度优越性的重要窗口"的新目标新定位,这是浙江改革发展史上具有里程碑意义的大事。浙江省委作出《关于深入学习贯彻习近平总书记考察浙江重要讲话精神努力建设新时代全面展示中国特色社会主义制度优越性重要窗口的决议》,提出从 13 个方面努力建设好“重要窗口”。浙江省委全会进一步明确“十四五”时期目标为争创社会主义现代化先行省。“十四五”时期，越城区应努力在省“重要窗口”建设中展示亮丽“越城风景”。

4. 市域形势：率先发展。最近，省委书记袁家军在参加省委十四届八次全会绍兴组讨论时，赋予绍兴“率先走出争创社会主义现代化先行省的市域发展之路”的重大使命和“四个率先”的具体目标，即要率先走出腾笼换鸟、凤凰涅槃的智造强市之路；要率先走出面向全国、走向全球的高效循环之路；要率先走出人文为魂、生态塑韵的城市发展之路；要率先走出全域覆盖、上下贯通的整体智治之路。“十四五”时期，越城区要为绍兴率先走出争创社会主义现代化先行省的市域发展之路再立新功。

（二）发展机遇

“十四五”时期，在新的形势下，越城区面临多重重大战略叠加机遇，主要体现在“四个高度契合”。

机遇一：高度契合浙江“大湾区”战略，成为绍兴高质量发展重要增长极的机遇。“大湾区”建设是浙江省“四大建设”的重要一环，浙江大湾区建设突出环杭州湾经济区，重点打造杭州钱塘新区、宁波前湾新区、绍兴滨海新区、湖州南太湖新区省首批“四大新区”，成为浙江经济发展的最高能级战略平台。绍兴滨海新区包含了越城区两个国家级开发区和一个市级开发区，托管了越城区 17 个镇街中的 10 个。越城区有望与滨海新区实现“双向赋能”，发挥“1+1>2”的效果，共同打造成为绍兴高质量发展的重要增长极。

机遇二：高度契合绍兴“大城市”建设，成为全市最具首位度的中心城区的机遇。绍兴正以新一轮城市总体规划修编为契机，结合“城市北进，旅游南延，沿江开发，多向拓展，成为杭甬间崛起的大城市”战略导向，致力于推动全市域协同发展和三区融合发展。越城区处于三区融合的“几何中心”，有望通过推动“三区”（柯桥、越城和上虞）融合，唱好古城新城联动发展的“双城计”，凸显全市最具首位度中心城区的地位，共同打造绍兴大城市核心版图。

机遇三：高度契合“数字经济”发展，成为长三角集成电路产业新高地的机遇。数字经济是世界潮流、时代机遇。浙江省率先提出全面实施数字经济“一号工程”，争创国家数字经济示范省。绍兴把集成电路产业作为发展数字经济的突破口。越城区是绍兴集成电路产业的主战场，集成电路小镇成功入选首批省“万亩千亿”新产业平台培育对象。随着中芯国际、长电科技等头部芯片企业落户，以及千亿级产业规模的形成，越城区有望成为长三角集成电路产业新高地。

机遇四：高度契合“国家级综保区”建设，成为全市对外开放新高地的机遇。综合保税区是我国开放层次最高、优惠政策最多、功能最齐全、手续最简化的海关特殊监管区域，也是高水平开放、高质量发展的平台和引擎。2020 年，国务院正式批复同意设立绍兴综合保税区，这是继中国（绍兴）跨境电子商务综合试验区获批后，绍兴第二个重要的国家级开放平台。绍兴综合保税区位于越城区，规划总面积为 1.72 平方公里。越城区可以充分利用国家级综保区叠加国家级综试区优势，建设外向经济聚集区，打造对外开放新高地。

（三）面临挑战

“十四五”时期，越城区经济社会发展也面临着挑战，主要体现在“三个迫切需要”。

挑战一：处于高速增长向高质量发展的转变阶段，面临更为严峻的增速下滑挑战，迫切需要加快新旧动能转换。“十三五”时期，与全国趋势一致，越城区增长速度也呈现出逐步放缓的态势。“十四五”时期将是高速增长向高质量发展的转变阶段，受疫情影响，经济增速可能面临更为严峻的下滑挑战。支撑经济增长的传统要素红利减弱，能源、土地、水等资源利用率偏低，人口老龄化进程加快，劳动力短缺现象更趋常态化。“十四五”时期，迫切需要通过科技创新构建新的增长动能，加快“腾笼换鸟”，培育新兴产业，促进经济提质增效。

挑战二：处于城市化中后期阶段，面临“城市病”增多挑战，迫切需要提升城市内涵品质。“十三五”时期是越城区城市化发展最快的五年，区划调整以及新一轮撤镇设街以后，越城区城市化率已到达81%，预期到“十四五”末，越城区城市化率将达到83%以上。与此同时，随着城市化发展，“城市病”也将呈增多趋势，城市环境问题将越来越突出。“十四五”时期，迫切需要把内涵式城市化作为发展重点，处理好城市发展与城市品位提升的关系，推进城市治理现代化，提升城市综合能级。

挑战三：处于改革攻坚期阶段，面临诸多矛盾和问题集中爆发挑战，迫切需要防范化解重大风险。“十三五”时期，越城区突发性公共事件呈增多趋势，规模企业债务危机时有发生。可以看出，越城区面临的这些挑战有外部宏观环境的影响，更多的是素质性、结构性、体制性矛盾长期积累的结果，其本质和根源是发展方式问题。“十四五”时期，迫切需要保持战略定力、战略自信、战略耐心，坚持问题导向和底线思维，做好稳就业、稳金融、稳外贸、稳外资、稳投资、稳预期工作，坚决打赢防范和化解各领域重大风险的攻坚战。

三、“十四五”经济社会发展新要求

（一）指导思想

高举习近平新时代中国特色社会主义思想伟大旗帜，深入贯彻党的十九大和十九届二中、三中、四中、五中全会精神，全面贯彻党的基本理论、基本路线、基本方略，深入学习贯彻习近平总书记考察浙江重要讲话精神，忠实践行“八八战略”、奋力打造“重要窗口”，统筹推进“五位一体”总体布局，协调推进“四个全面”战略布局，坚持党的全面领导，坚持以人民为中心，坚持新发展理念，坚持深化改革开放，坚持系统观念，坚持稳中求进工作总基调，以推动高质量发展为主题，以深化供给侧结构性改革为主线，以改革创新为根本动力，以满足人民日益增长的美好生活需要为根本目的，统筹发展和安全，打牢高质量之基、建设首位度之区、走好现代化之路，深入谋划和推动新发展阶段五大战略基点，奋力打造大湾区发展重要增长极、杭绍甬一体化先行区、绍兴大城市建设引领区、千年古城文化高地，全方位、各领域、高质量打造全市首位度中心城区，在“重要窗口”建设中展示亮丽“越城风景”。

（二）战略基点

坚持高质量发展先行，持续推动质量变革、效率变革、动力变革，锻造以创新为内核的发展主动能，实现内涵式增长。

坚持双循环驱动先行，立足长三角一体化发展和全省“四大”建设，全面建立现代产业体系、开放体系、市场体系、消费体系，努力打造国内国际双循环的重要节点。

坚持数字化改革先行，运用数字化理念、方法、手段，全方位、系统性重塑经济社会发展和政府机关运转模式，以数字赋能创造、拓展更多改革场景，努力实现区域治理科学化、精准化、协同化、高效化。

坚持影响力塑造先行，集中资源，做出特色，做强优势，打造一批具有越城辨识度的“金名片”，形成层层放大的“滚雪球效应”。

坚持均衡性提升先行，统筹新型城镇化、乡村振兴和人的现代化，全面优化公共服务，更好满足人的全面发展，努力实现城乡一体、协调发展、共同富裕。

（三）根本任务

忠实践行“八八战略”，奋力打造“重要窗口”，全力争当“四个率先”先行区，在绍兴率先走出争创社会主义现代化先行省的市域发展之路中发挥引领作用。

——争当“率先走出腾笼换鸟、凤凰涅槃的智造强市之路”先行区。全力念好“两业经”，高水平推进重大科创平台建设，高起点建设滨海新区人才管理改革试验区，深入实施数字经济“一号工程 2.0 版”，大力推进“1234”先进制造业高质量发展行动计划，大力推进传统产业数字化、智能化改造，集中力量建设两大“万亩千亿”新产业平台，大力招引和培育“链主”型企业，打造全国集成电路产业高地和生物医药世界级制造业集群。

——争当“率先走出面向全国、走向全球的高效循环之路”先行区。主动服务和融入新发展格局，集成绍兴高新区、袍江经开区、绍兴综合保税区、跨境电商综试区等国家级平台优势，以超常规的力度推进绍兴滨海新区开发建设，加快大运河文化带和浙东唐诗之路建设，加强与山海协作区交流合作，打造成为全市融入“一带一路”、长三角一体化发展和“四大建设”、新时代“山海经”的战略链接。

——争当“率先走出人文为魂、生态塑韵的城市发展之路”先行区。坚持把宜居安居放在首位，把最好的资源留给人民，对标世界文化遗产，加强古城保护利用，推进文商旅融合发展，全面优化生态环境质量和全域大花园形象，科学布局科教文卫等资源，创新推进未来城、未来社区规划建设和老旧小区改造提升，把越城打造成为“江南风”与“国际范”交融的品质家园。

——争当“率先走出全域覆盖、上下贯通的整体智治之路”先行区。以全面数字化转型改革为牵引，加快构建党建统领的整体智治体系，全面推进新时代党建“契约化”共建全覆盖，聚力建设全市首位度营商环境，创新推行矩阵式社会治理模式，高水平建设“掌上办事之区”“掌上办公之区”“掌上治理之区”，打造治理体系和治理能力现代化的标杆区。

（四）发展目标

锚定二〇三五年远景目标，聚力聚焦“四个率先”先行区，实现经济社会发展全面跃升，确保进入全省区（县、市）“第一方阵”，打造全市首位度中心城区。

——产业发展实现新跃升。集成电路、生物医药两大“万亩千亿”新产业平台基本建成，高端装备、智能家居等新兴产业集群发展，传统制造业核心竞争力显著提升，实现数字经济与实体经济、现代服务业与先进制造业、一二三产深入融合，产业基础高级化、产业链现代化水平有力提升，现代产业体系基本确立。在质量效益明显提升的基础上实现经济持续健康发展，全区生产总值突破 1500 亿元，人均生产总值突破 17 万元，数字经济核心产业增加值占 GDP 比重达到 15% 以上。

——城市功能实现新跃升。绍兴“融杭联甬接沪”桥头堡地位进一步确立，古城新城联动发展取得新的重大成效，各片区合理分工、功能互补、协同高效的空间新格局加快形成，滨海新区成为全市政治、经济、文化和科技中心。基础设施联通水平大幅提升，中心城区能级和品质达到“一线城市”水平，“江南风”和“国际范”充分彰显，常住人口城镇化率达到83%左右。

——文化魅力实现新跃升。社会主义核心价值观深入人心，历史文化保护传承利用进一步加强，公共文化服务体系和文化产业体系更加健全，文化自信充分彰显、文化形象更加鲜明、文明程度显著提升，城市人文内涵更加丰富，人的现代化走在前列，成为新时代绍兴文化现象和“文化高峰”的中心节点。

——生态环境实现新跃升。国土空间开发保护格局得到优化，“绿水青山就是金山银山”转化通道不断拓宽，“现代水乡公园城市”基本建成，生产生活方式绿色转型成效显著，能源资源配置更加合理，利用效率大幅提高，生态环境质量持续改善，稽山鉴水颜值不断刷新，城乡人居环境更加绿色宜居。

——动力活力实现新跃升。以数字化改革牵引全面深化改革，推动高质量发展、高效能治理、高品质生活的体制机制更加完善，基本建成全市首位度营商环境。开发开放平台体系全面形成，滨海新区成为全省首批高能级战略平台，绍兴综合保税区成为全市对外开放的主平台，国家级袍江经开区和国家级绍兴高新区双双进入全国50强。科技创新综合实力和产业创新发展水平显著提高，全社会R&D经费支出占GDP比重达3.5%，初步建成首位度中心城区人才强区、创新强区和科技强区，科技创新综合实力位居全省前列。

——治理效能实现新跃升。党的全面领导落实到各领域各方面的高效执行体系基本形成，新时代党建“契约化”共建实现全覆盖，越城区、滨海新区双向赋能运行机制不断深化，“整体智治、唯实惟先”的现代政府基本建成，各领域法治化水平全面提升，“一中心—四平台—多网格—全群众”矩阵式智治体系高效运作，重大风险防范化解能力、突发公共事件应急能力、防灾减灾救灾能力显著增强，发展安全保障更加有力，建成全国社会治理现代化标杆区。

——生活品质实现新跃升。实现更加充分更高质量就业，居民收入增长和经济增长基本同步并领跑全市，城乡居民收入比进一步缩小。高质量教育、医疗、社会保障、养老服务体系基本形成，基本公共服务现代化水平走在前列，人人共享的数字社会率先形成，人民全生命周期

越城区“十四五”规划纲要主要指标目标情况

表2

类别	指标	单位	2020年预计值	2025年	指标属性
综合实力	1. 全区生产总值	亿元	—	1500以上	预期性
	2. 人均生产总值	元	127500	170000	预期性
	3. 一般公共预算收入	亿元	78.74	110	预期性
	4. 固定资产投资	亿元	583	1170	预期性
	5. 袍江经开区全国排名	位	91	50	预期性
	6. 绍兴高新区全国排名	位	95	50	预期性
科技创新	7. 数字经济核心产业增加值占GDP比重	%	4	15	预期性
	8. 高新技术产业增加值占工业增加值比重	%	55.5	＞65	预期性
	9. 全社会研发费用投入占生产总值比重	%	2.4	3.5	预期性
	10. 人才资源总量	万人	32	41	预期性
	11. 每万人高价值发明专利拥有量	件/万人	—	18	预期性

续表 2

类别	指标	单位	2020 年预计值	2025 年	指标属性
科技创新	12. 规上工业企业亩均税收	万元	15.9	23.4	预期性
	13. 规上工业企业亩均增加值	万元	83.3	122.3	预期性
开放活力	14. 外贸出口	亿元	566	720	预期性
	15. 社会消费品零售总额	亿元	680	1100	预期性
	16. 营商环境便利度	%	—	＞ 90	预期性
	17. “掌上办事”政府服务事项覆盖率	%	86	＞ 90	预期性
文化发展	18. 文化产业增加值占 GDP 比重	%	3.7（2019）	5 左右	预期性
	19. 旅游业总收入	亿元	230	330	预期性
社会民生	20. 常住人口城镇化率	%	78	83	预期性
	21. 城镇登记失业率	%	1.8	＜ 3	预期性
	22. 城镇常住居民人均可支配收入	元	62700	88000	预期性
	23. 农村常住居民人均可支配收入	元	38500	55000	预期性
	24. 城乡居民收入比	倍	1.64	＜ 1.6	预期性
	25. 人均期望寿命	岁	82.99	83.5	预期性
	26. 每千人口拥有 3 岁以下婴幼儿托位数	个	1.5	3.5	预期性
生态环境	27. 万元 GDP 综合能耗降低率	%	完成省市下达指标	完成省市下达指标	约束性
	28. 主要污染物排放降低率	%	完成省市下达指标	完成省市下达指标	约束性
	29. 全年优良天气达标率	%	85	≥ 92	约束性
	30.PM2.5 年均浓度	μg/m3	＜ 35	＜ 28	约束性
	31. 人均公园绿地面积	平方米	15	17	预期性
治理体系	32. 亿元生产总值生产安全事故死亡率	人 / 亿元	0.011	＜ 0.01	约束性
	33. 粮食总产量	万吨	6.76（2019）	6.76	预期性
	34. 综合行政执法事项占比	%	7.07	20	约束性

需求得到更高水平满足，成为吸附长三角人才资源的引力场、人民美好生活的幸福家，人均预期寿命达到 83.5 岁。

二〇三五年远景目标。我区将全面建成全市首位度中心城区，率先建成社会主义现代化强区。综合经济实力大幅度跃升，实现经济有速度的高质量发展，人均生产总值达到发达经济体水平，市场主体活力全面激发，“亩均论英雄”改革牵引资源优化配置能力显著提升，建成长三角人才集聚高地和高水平创新型城市，形成以“1234”先进制造业集群和标志性产业链为支撑、具有国际竞争力的现代产业体系。“融杭接沪联甬”枢纽功能充分发挥，绍兴滨海新区和镜湖大城市核心区全面建成，古城保护利用取得重大战略成果并具备“申遗”条件，城乡融合发展全面深化，城市能级大幅跃升。文化软实力持续增强，新时代绍兴“文化高峰”核心区基本建成，国民素质和社会文明程度达到新高度。生态环境质量、资源能源集约利用、美丽经济发展水平领先全国，高质量建成美丽越城，形成“三生三宜”的现代化国际化城市。整体智治体系全面建立,率先实现“契约化”引领“枫桥经验”特色的区域治理现代化,建成更高水平的法治越城、平安越城,成为营商环境最优区、最具安全感城市。高水平实现教育现代化、卫生健康现代化,建成体育强区,现代公共服务体系更加完善,居民人均收入和生活水平再迈上新的大台阶,共同富裕取得实质性重大进展。全面从严治党持续深入推进,清廉越城全面建成,政治生态风清气正,中国特色社会主义制度优势充分彰显。

四、突出人才首位战略,奋力提升创新首位度

坚持创新在现代化建设全局中的核心地位,围绕人才强区战略,厚植人才沃土,加快打造全市首位度人才特区和科技新区,构建具有越城标识度和核心竞争力的全域创新体系,全面提升创新驱动发展水平。

(一)打造首位度人才“特区”

1. 建设人才管理改革试验区。充分用好人才“引育留用管”自主权,以超常规举措和突破性制度打造人才引领、创新策源、产业创新、服务生态等具有国际竞争力的优势,加快推进人才发展组织体系、政策体系、平台体系、服务体系、生态体系“五大体系”建设,把试验区建设成为地域特色突出、人才资源密集、体制机制灵活、创新活力迸发的人才高地,初步建成长三角人才产业融合发展引领区,打造全市最高首位度“人才特区”和科技新区。

2. 打造高素质人才队伍。做足做好“人才+产业”文章,迭代升级特区人才新政,深入实施高层次人才特支计划,分类实施集成电路、高端生物医药等“万亩千亿”产业人才服务专项,大力引进“鲲鹏计划”等国际顶尖人才、科技领军人才和高水平创新团队,全面加强青年科学家、科技越商、高级蓝领、新时代工匠、农村归雁、乡村振兴领雁等培育壮大,深入开展高校毕业生“奔越”“留绍”行动计划,不断做大人才队伍“基本盘”。

3. 优化人才创新创业环境。推广应用“人才码”,深化人才全生命周期“一件事”改革,实现人才服务“一码集成”、人才办事“一网通办”、人才创业“一站服务”。开发上线人才地图,全面聚合人才数据库信息,准确把握人才资源动态,开展“云招聘”“云洽谈”“云路演”,提升人才、项目、资本匹配的速度和效率。设立集成电路、高端生物医药“双百亿”产业基金,扩大政府性投资基金规模,打好“人才投”“人才贷”“人才保”“人才险”组合拳,引导金融机构、社会资本向人才靠拢,促进新技术产业化规模化应用。加大科技创新政策支持力度,健全政府投入为主、社会多渠道投入机制,加大对基础研究和应用基础研究支持。健全科技诚信治理体系,弘扬科学家精神、新时代越商精神、工匠精神和劳模精神,创建大湾区院士之家、国际人才交流中心,每年举办集成电路、生物医药产业峰会和越州人才峰会,营造尊重知识、礼敬人才、崇尚创新的创新文化和浓厚氛围。

(二)打造区域性创新高地

1. 积极融入科创大走廊。贯彻省委省政府大湾区大通道大花园战略、市委市政府“两廊一带”的决策部署,积极融入绍兴“科创大走廊”大平台,全面实施越城科创大走廊建设规划,整合区域创新资源要素,高水平建设镜湖科技城、滨海科技城、鉴湖科技城和越城智汇芯城,布局越兴路创新经济带和曹娥江两岸创智云岛,完成国家级绍兴高新区整合提升,打造区域性创新高地,成为绍兴对接 G60 科创大走廊和上海

全球创新中心的桥头堡。

2. 集聚高能级创新平台。发挥滨海新区产业创新大平台核心作用，全力推进集成电路、生物医药等领域建设国家或省级重点实验室，建成国家集成电路、生物医药创新中心，加快建设集成电路产业工程师协同创新中心，加快建成集成电路、医疗器械、节能环保、黄酒产业、生物医药等创新服务综合体，打好关键核心技术攻坚战，加快在优势领域形成创新策源能力。加快新型科研机构建设，大力引进大院名校，持续深化北大信息技术科创中心、上海交大研究院、浙大微电子研究中心等科研机构建设，提高创新链整体效能。

3. 建设高层次孵化平台。完善科创园、孵化器、众创空间等多主体协同创新和全链条孵化体系，做强做优水木湾区科技园、复旦科技园、洋泾湖科创园、江滨科创园、兴湾精准医学产业园等科创园区。按照“建设一批、提升一批、清退一批、下放一批”的原则，理顺平台管理体制，引导支持有条件的镇街受托管理经营辖区内的创新平台。大力发展市场化、专业化“众创空间”，积极争创省级和国家级众创空间。

（三）强化企业创新主体地位

1. 加大科技企业培育力度。实施科技企业“双倍增”计划，实施高新产业“壮群强链”工程，深入推进“雄鹰行动”“凤凰行动”“雏鹰行动”计划，做大高新技术企业群体，做强百亿规模创新龙头企业，加快培育更多“专精特新”企业，加大科技企业培育力度，完善“微成长、小升高、高壮大”梯次培育机制，加强源头孵化、初期培育、发展扶持，引导企业走高新技术企业发展道路。确保每年新增国家高新技术企业 70 家、省科技型中小企业 100 家以上。力争到 2025 年，全区拥有国家高新技术企业 800 家。

2. 引导企业加大研发投入。制定出台企业研发投入激励政策，落实研发费用加计扣除，引导企业主动加大研发投入。完善多层次研发体系建设，在规上企业研发中心“全覆盖”基础上，支持产值 10 亿元以上大型企业建立企业研究院、1 亿元以上龙头骨干企业建立企业研发中心。推动企业技术研发提升，帮助企业建立和完善研发管理制度，引导企业更好地开展科技创新活动，让更多的企业主动开展科技创新，加大研发投入。帮助企业积极申报各类科技项目，争取上级补助资金。力争 2025 年，R&D 投入达到 3.5% 以上。

3. 推动企业科技成果转化。积极参与重点项目攻关“揭榜挂帅”机制，发挥“越创盟”平台效应，支持企业开展关键核心技术联合攻坚和科技成果转移转化，推进集群产业研究院、创新综合体全覆盖。谋划建设 G60 科创走廊金南翼科技大市场，开展科技成果集聚、展示、交易、应用、推广等一体化的科技专业市场。全面推进既符合产业布局，又能推进产城融合的校地合作项目加速落地。发挥高校智力优势，对标先进地区，开展校企、院地合作，引导和支持高校创新资源下沉，支持院校携人才、项目、成果等创新要素，来越城区开展产学研合作。

五、加快两业融合发展，奋力提升产业首位度

发挥滨海新区核心引领作用，突出数字赋能，聚焦电子信息、现代医药、智能制造、现代服务业四大主导产业，打好产业基础高级化和产业链现代化攻坚战，不断做优做强实体经济，加快建设长三角先进智造基地核心区。

（一）打造先进智造基地

1. 壮大先进智造产业集群。以培育重量级未来产业集群高地、标志性项目承载高地、领军

型企业培育高地、创新资源要素集聚高地为目标，建成集成电路、生物医药两大“万亩千亿”新产业平台，力争到 2025 年，集成电路、生物医药两大产业总产值分别突破 1000 亿元。大力发展高端装备、智能家居、黄酒三大优势产业，打造成为全球知名的百亿级产业集群，带动全市制造业集群跃升，擦亮绍兴智造“金名片”。重点培育新能源汽车及关键零部件、医疗器械、节能环保新材料、5G 及人工智能等四大产业链，到 2025 年，基本形成国内领先国际一流、产

专栏一　重点产业集群发展方向和目标

表 3

产业集群	发展方向	目标
集成电路	聚焦创新设计—制造—封测—装备和材料—存储和应用产业全产业链，以制造封测园、存储应用园、创新设计园三大园区建设为重点，以标志性项目引进、领军型企业培育、创新资源要素集聚、体制机制改革为突破口，以“一园一院一基金”模式构建集产业链、创新链、人才链、服务链、资金链于一体的高端集成电路产业生态，高标准建设集成电路省级“万亩千亿”产业平台	到 2025 年集成电路总产值达到 1000 亿元，建成国家集成电路创新中心
生物医药	紧跟国际生物医药发展趋势，积极引进国内外优秀创业创新型企业和团队，突破核心关键技术，提升生物医药开发能力和规模化生产能力，形成以基因工程、细胞工程、蛋白质工程、酶工程等药品研发及制造为主导，医疗器械及辅材、生物医疗服务为衍生的产业链发展格局	到 2025 年，建成全省标志性的“万亩千亿”新产业平台，生物医药总产值达到 1000 亿元，打造国内知名生物医药产业基地
高端装备	以“自动化、智能化、特色化”为主攻方向，以新能源汽车及关键零部件、现代环保装备等为重点，着力推进信息技术、智能技术与装备制造的深度融合与综合集成，集聚一批自主创新能力强、品牌效应明显、市场占有率全国领先的重点企业，形成具有绍兴特色、专业优势明显的装备及关键零部件制造体系	到 2025 年高端装备产业产值达到 300 亿元，打造成为全国重要的高端装备制造基地
智能家居	以精品化、时尚化、绿色化、智能化为导向，以助力品牌建设、培育龙头企业、强化技术创新、推动配套协作、完善产业平台、更新设计理念为抓手，培育壮大苏泊尔、安吉尔、喜临门为代表的具有国际影响力的家用电器、高档家居用品产业基地	力争到 2025 年，智能家居产业产值达到 300 亿元
黄酒	坚持守正创新，积极以新技术、新工艺、新产品、新装备、新模式改造提升黄酒产业，加快袍江千亩黄酒产业园建设，推进黄酒制造、黄酒文化、黄酒旅游等产业深度融合，培育涵盖黄酒生产、黄酒工程技术研究和原酒交易及黄酒相关产品产业链	力争到 2025 年，黄酒产业产值达到 100 亿元

专栏二　特色产业链发展方向

表 4

产业链	发展方向
新能源汽车及关键零部件	以“引领创新、示范推广”为重点，依托天际汽车、三花新能源汽车项目，大力培育发展新能源汽车、智能网联汽车等绿色化、智能化、高端化交通装备，强化整零协同，围绕上品种、上水平、上效益，充分利用高新技术，提高开发能力，推动汽车整车及零部件行业结构优化和产业升级，增强竞争实力
医疗器械	围绕高性能、高价值、国产替代等重点方向，大力发展外科植入、人工器官和组织工程产品及材料，辅助诊断治疗设备，新型功能性医用敷料等核心技术和产品，培育形成医用敷料、耗材、诊断治疗设备、植(介)入器械、人工器官等医疗耗材产业链

续表 4

产业链	发展方向
节能环保新材料	坚持绿色集约、环境友好原则，围绕绿色、创新、高端、定制，大力发展功能性薄膜新材料、高端塑料包装材料产业，打造国内领先的绿色包装研发生产基地和节能环保新材料应用基地
5G及人工智能智	围绕构建“核心技术—智能软硬件及智能终端—行业应用”的产业体系，积极开展智能核心芯片、智能传感器、智能控制产品、智能操作系统等智能软硬件研发和产业化，加快发展智能数控设备、工业机器人、等人工智能装备和大数据分析、工业物联网等人工智能应用，打造大湾区内“智能+”创新创业示范中心。抢占5G发展先机，推进5G网络建设，深入推广5G工业应用，积极打造全省5G工业应用先行区，推动数字5G与民生服务的深度融合，打造涵盖制造、文化、民生的数字5G完整产业链

学研用协同的完整产业链体系，引领相关配套产业集聚，推动形成新百亿级产业集群。

2. 重塑制造业核心竞争力。坚定不移走制造业强区之路，深入实施“1234”先进制造业高质量发展行动计划，纵深推进规划引领、平台能级、招商强链等“十大提升行动”。以“建链、补链、强链”为重点，抓好产业链精准招商，集中力量引进和培育“链主”型企业，大力提升产业链供应链现代化水平。深入实施传统产业改造提升2.0版，全面完成越城区印染、化工产业跨区域集聚提升，大力推进传统产业数字化、集群化、服务化升级，深入推进“低散乱”企业(作坊)整治、小微企业入园集聚发展，打造省级传统产业转型升级示范区。培育壮大黄酒历史经典产业，推进袍江千亩黄酒产业园建设，打造百亿级产业集群，成为绍兴“世界名酒产区”核心产地。深入推进绿色建筑和建筑产业现代化发展，打造建筑业生态体系。聚焦区域产业特色，加强地理标志商标培育，统筹实施标准引领、质量领先、品牌领军工程。

3. 培育未来产业新增长点。深入实施数字经济“一号工程2.0版”，落实数字经济五年倍增计划，依托集成电路产业优势，打造“数字产业化、产业数字化”先行区，培育具有国际竞争力的数字产业集群。推动工业互联网和制造强区深度融合，探索“未来工厂”建设，推广新智造模式。发挥滨海新区“融杭联甬接沪”桥头堡作用，加强与沪杭甬产业协作，谋划引育人工智能、大数据、物联网、区块链、量子信息、虚拟现实和增强现实等前沿技术，超前布局第三代半导体、类脑芯片、数字安防、通用航空、氢能源等产业生态，积极成为未来产业先导区。促进平台经济、共享经济健康发展。加快建设数字社会，大力发展创新经济、服务经济、总部经济、开放经济、流量经济，培育面向未来的都市经济新增长点。

(二)建设现代服务业强区

1. 提质发展生活性服务业。提质发展以现代商贸和文化旅游为重点的生活性服务业，推动生活性服务业向精细化、品质化和便利化转变。一是促进商贸业繁荣发展。积极培育城市核心商圈，提升鲁迅故里步行街、迎恩门风情水街等步行街品质，推动中国汽车城提档升级。打造咸亨新天地等一批夜宵城，发展夜间经济。加快中国(绍兴)跨境电子商务综合试验区建设，大力发展跨境电商。改造提升批零、住餐等传统商贸服务业，不断丰富商贸流通新业态，重点发展线上零售、智能支付、无人销售等新零售模式。二是推进文化旅游提质发展。推进越城文化旅游核心品牌建设，推进风越里、871LOOP、黄酒小镇、抹茶小镇、华强方特、宋六陵遗址公园等一批重点项目建设，培育提升鲁迅外婆家、师爷文化等一批乡村游精品项目，打造“古城、研学、休闲、黄酒”四条经典游线。打造以乡村文化旅游为特色的会稽山文化带。依托数字化平台，建设旅游大数据中心和“智慧旅游”平台、不可移动文物信息管理系统，促进“文旅+科技”深度融合。组建区文化旅游投资集团有限公司，推动会稽山旅游度假区扩容发展，全力争创浙江省全域旅游示范区，积极创建国家级全域旅游示范区和5A景区城。三是推动房地产同实体经济均衡发展。坚持房子是用来住的，不是用来炒的定位，促进房地产市场平稳健康发展。有效增加保障性住房供给，探索支持利用集体建设用地按照规划建设租赁住房，完善长租房政策，扩大保障性租赁住房供给。

2. 加快发展生产性服务业。加快发展楼宇经济、现代金融、科创服务和现代物流为重点的生产性服务业，促进生产性服务业向专业化、高端化延伸。一是推动楼宇经济提档升级。编制越城区楼宇经济新三年行动计划，优化楼宇空间布局，丰富楼宇经济业态，实行楼宇经济“梯度培育”，盘活闲置楼宇，打造特色楼宇，优化楼宇经济服务。到2025年，培育形成定位清晰、特色鲜明、贡献突出的现代楼宇经济群，为全市乃至全省楼宇经济发展提供“越城样板”。二是健全科创服务体系。完善由众创空间、孵化器、加速器组成的创业服务链，培育集聚一批技术交易、咨询评估、科技金融、研发设计、知识产权等科技中介服务机构，提升产业创新服务水平。三是打造国际金融活力城。加快镜湖金融集聚区建设，不断吸引绍兴及周边地区的银行、证券、保险、新金融公司等机构入驻，引进金融控股集团区域总部、全国性金融机构区域总部、主板上市公司总部或区域总部、新金融公司等一批优质项目。四是加快发展现代物流。利用嘉绍大桥、绍兴港等水陆空便捷交通优势，依托现有绍兴港物流园、苏宁物流园等基地，完善建设一批大型集装箱多式联运中转站，大力发展集装箱、甩挂、单元化装载、散装物资和危化品等运输服务，大力发展电商物流、冷链物流，加快发展现代供应链和智慧物流。

3. 推进现代服务业载体建设。加大省级服务业强区培育力度，争取早日成为省级服务业强区试点。提升服务业集聚区发展能级，加快推进国家检验检测高技术服务业集聚区建设，争创省级服务业集聚区。推进产业创新服务综合体建设，提升产业创新服务水平。结合新型城镇化的推进，重点培育绍兴黄酒小镇、富盛抹茶小镇等现代服务业特色小镇。培育服务业龙头企业，推动符合条件的服务业企业上市。加大力度推进服务业企业“下”升“上”工作。以实施服务业“百项千亿”重大项目为抓手，加快推进全区服务业项目建设。实施服务业“三名工程”，培育一批名企、名品和名家，制定实施服务业品牌培育计划，鼓励服务业企业争创中国驰名商标、省著名商标和浙江名牌。

（三）推进农业农村现代化

1. 推进农业特色化智慧化发展。坚持最严格的耕地保护制度，深入实施藏粮于地、藏粮于技战略，实施高标准农田建设工程、粮食生猪综合生产能力提升工程，开展粮食节约行动，保障粮食等重要农产品有效供给。加快建设品质农业，推动全区农业产业化发展，积极创建农业产业化联合体。推进“三位一体”农合联改革，推进农业强镇和特色农产品优势区建设，做大做强优势特色产业，构建“蔬菜、水果、茶叶、水产”等特色产业链，实施农业品牌振兴计划。打造“数字农业”“智慧农业”云平台。加强农业科技攻关，推进农产品市场交易大数据建设，加快建设一批智慧农业示范园区。

2. 推进农村一二三产融合发展。大力发展现代农产品加工业，构建现代农业生产经营体系，做大做强农业龙头企业，大力发展农产品精深加工，提升农产品附加值，培育壮大农民专业合作社，推动示范性家庭农场创建。推进田园综合体和特色园区建设，重点抓好孙端小库田园综合体、民乐原乡田园综合体等建设。打造富盛抹茶小镇2.0版本，做强抹茶产业链，力争把抹茶小镇成为抹茶生态产业、抹茶文化和宋文化的集中展示地和最佳体验地。抓好农业标准化生产基地建设，大力发展乡村旅游、休闲康养、电子商务等乡村经济新业态新模式。

3. 推进新时代美丽乡村建设。围绕共建共享全域美丽大花园总目标，坚持硬件改善与软件双管齐下，产业提振与文化重塑、社会再造共同发力，全面实施打造活力乡村、兴旺乡村、秀美乡村、智治乡村、淳美乡村、甜美乡村。深化“千万工程”，全面优化农村生产生活业态布局，全面推进农村垃圾、污水、厕所“三大革命”，全面改善农村人居环境。按照“宜农则农、宜林则林、宜耕则耕、宜水则水、宜建则建”的原则，全面推进农村山水林田湖草全要素综合治理。积极稳步推进全国农村宅基地制度改革试点，健全农房建设管理体系，推进村庄生态化有机更新和梳理式改革提升。积极推进数字乡村建设，以智治手段优化治理形态、完善治理模式，推动现代数字技术与乡村经济发展、社区建设、公共服务和社会治理全面融合。深入实施“两进两回”行动，推进城市要素资源向乡村流动，加快促进城乡融合发展。

六、服务新发展格局，奋力提升开放首位度

坚持实施扩大内需战略同深化供给侧结构性改革有机结合，发挥国家级开发开放平台集成优势，全方位服务和融入新发展格局，为全市更高水平改革开放探索新路、创造经验、提供样板。

（一）主动融入国内国际市场

1. 构建对外贸易新格局。全面实施稳外贸新政，强化外贸预警体系建设，有效应对中美经贸摩擦。充分利用RCEP等自贸协定，加快打造全球贸易通绍兴运营中心，加速壮大市场采购、跨境电商等外贸新业态，推动数字贸易、服务贸易跨越式发展，打造外贸高质量发展新动能。用好“订单+清单”系统，建设外贸服务中心，持续优化全流程外贸服务体系。组织企业参加“越时尚 越世界”走进美国拉斯客商对接、迈阿密服装纺织品“线上”采购展等活动，积极帮助企业抢抓“云上”订单。聚焦打造联通国际国内市场的新平台，用足用好综合保税区、跨境电商综试区等“国字号”开放平台，形成“买全球、卖全球”的发展格局，更好配置全球资源。更大力度扩大进口，打造进口商品“世界超市”，构建“出口+进口”双轮驱动发展模式。

2. 推动高质量外资集聚。加快外资项目集聚平台建设，逐步形成外资产业相对集聚、外资项目相对集中的新态势。健全招商引资政策和服务体系，创新招引模式，打造以集成电路、现代医药为基础的高质量外资集聚区。聚焦招引标杆性企业和引擎性项目，利用新区、开发区等承接重大外资项目，争取实现重大外资项目突破。大力招引外资实体项目，提高外资到位率。引导外资企业投资先进制造业和现代服务业，鼓励外资企业增资发展。强化外资企业管理服务，提升外商投资便利化水平。推动实际利用外资每年保持在10%增长以上。

3. 深化国际国内合作。支持优势企业跨国发展，开展投资并购、海外上市，在全球目标市场建设生产基地和境外经贸合作区，在“一带一路”沿线国家建立境外营销网络、接单服务中心

专栏三 滨海新区"三核、两带、四平台、多点"空间布局

表 5

打造"三核":镜湖城市核心、滨海产业核心、区域创智核心,形成"三位一体"的湾区服务核心。镜湖中心区承担综合配套功能;滨海副中心承担产业配套功能;临江创智核心承担区域创新职能。根据产城融合发展的总要求,将镜湖城市核心、滨海产业核心、区域创智核心多向联动、相互支撑,打造融杭联甬接沪桥头堡的主引擎
发展"两带":城市向海生长轴、新兴产业走廊。城市向海生长轴将绍兴古城、镜湖新区、三江口区域、滨海城市副中心等城市核心功能组团串联起来,形成城市向海拓展、链接湾区的主动脉;新兴产业走廊以越兴路为线索,串联各大新兴产业平台,打造创新驱动的产业"智谷"
培育"四平台":以马山片区为核心打造传统产业升级平台,以集成电路、生物医药、智能制造为支撑强化新兴产业拓展平台,在智慧高速以北为战略产业预留平台,以滨海科技城、袍江综保区为依托塑造外向产业开放平台
建设"多点":加快建设集成电路、高端生物医药两大"万亩千亿"新产业平台、国家级综合保税区、滨海科技城等多个重要功能点,成为新区开发建设的突破口和重要载体

等,逐步形成"总部在越城、基地在海内外、营销在全球"的运营模式。依托滨海新区,高水平建设环杭州湾开放通道,打造"一带一路"、长三角一体化、"长江经济带"、全省"四大建设"的重要节点,促进更高水平区域分工协作,在更广区域实现创新链、产业链良性循环。依托强大国内市场,贯通生产、分配、流通、消费各环节,构建更加完善的要素市场化配置体制机制,降低全社会交易成本。

(二)全力打造高能级开放平台

1. 发挥滨海新区核心引领作用。全力落实省委、省政府"四大建设"和市委、市政府加快滨海新区高质量发展决策部署,深化产城人文融合,实施人才引育、营商环境提升、公共服务优化等专项行动,着力构筑"三核、两带、四平台、多点"空间布局,加快47平方公里启动区建设,推动新区各功能区块融合发展,进一步完善新区实体化运作机制,重点发展集成电路、现代医疗、高端装备、新材料等战略性新兴产业,实现与钱塘、前湾的交通互联互通、产业协同发展、优势互补的发展新格局,到2025年打造成为大湾区发展重要增长极、全省传统产业转型升级示范区、杭绍甬一体化发展先行区、杭州湾南翼生态宜居新城区,综合实力位居省级新区前列,创建成为全省首批高能级战略平台。

2. 打造全市对外开放主平台。加快国家级绍兴综合保税区建设,大胆探索综保区改革创新试点,利用综保区推进袍江区域二次开发,打造长三角乃至全国集成电路、生物医药产业链供应链畅通的制造枢纽,成为绍兴对外开放的新引擎、外贸提升发展引爆点和改革开放新高地。到2025年,绍兴综合保税区实现年进出口贸易总额达100亿美元以上。推动国家级跨境电商综试区建设,充分发挥综保区叠加综试区的一系列优势,大力培育新型贸易业态,打造面向未来的都市经济新增长点和区域性商业变革枢纽。以市场采购贸易试点为牵引,打造内外贸有效贯通的区域性市场枢纽。主动对接国家开放战略,积极创建自贸区联动创新区,创造条件争取纳入自贸区扩区范围。

3. 推动国家级开发区争先进位。贯彻落实全省开发区(园区)现场会精神,深入实施开发区(园区)改造提升省级试点,推动全区开发区(园区)系统性重构、创新性变革,全面构建高水平现代化的平台体系。按照布局合理化、发展集聚化、产业特色化、企业高新化、园区绿色化的要求，整合提升发展袍江经开区、绍兴高新区两大国家级开发区，更大力度推进袍江印染化工企业集聚提升，高站位、高标准、高质量推进集成电路小镇建设。到2025年，争取两大国家级开发区产业集中度、发展质量、建设水平和区域带动能力明显提升，国家级袍江经开区和国家级绍兴高新区分别进入全国前50强和60强。

（三）积极促进消费扩容升级

1. 全面释放消费潜力。实施消费新政，着眼供需两端激发消费潜力，建设消费型城市。实施"数字生活新服务"行动，壮大数字消费，推动无接触配送，培育消费新增长点。实施消费平台构建行动，提升乡村和社区消费。指导餐饮企业提供分餐服务，加快提振餐饮住宿消费。稳定汽车等权重商品消费，促进住房消费健康发展。实施消费业态升级行动，促进居民消费向绿色、健康、安全发展，打造教育、文旅、体育、康养、休闲等消费新模式新业态。大力发展免税经济，引导境外消费回流。发挥区位交通、生活成本、生态环境等比较优势，吸引更多外地人到越城落户、旅游。

2. 持续丰富消费供给。以质量品牌标准为重点，加大"品字标"优质产业的市场供给，加大知名品牌的推广力度，支持老字号企业开展电商直播，打造"老字号新网红"，促进老字号等品牌消费。建立节能产品、环保产品等绿色产品多元化供给体系，持续推动工业品下乡和农产品进城。深入推动出口转内销，用足用好商务发展专项资金，加强对外贸企业开拓国内市场的分类帮扶和支持，推动外贸企业参加国内展会，支持外贸企业加强自有品牌建设。

3. 充分活跃消费氛围。扩大节假日消费，高水平办好中国国际黄酒产业博览会等重大展会，打响"1+X"服务联盟品牌和"越时尚、越世界"展会品牌，办好金秋购物节、夜间美食文化节、汽车博览会、外贸精品展销会和越城直播季等越城传统消费节会，做到"周周有活动、月月有亮点"，打造有影响力的消费目的地。结合消费促进月活动和"浙里来消费·万企联动促万亿消费"系列活动，鼓励商家开展促消费叠加活动和线上线下联动营销活动，有序放宽户外促销管制，营造良好宽松的促销氛围。按需实施消费券惠民生行动，规范发展消费信贷，推进移动支付，保护消费者合法权益，全方位优化消费环境。

（四）持续拓展有效投资空间

开展新一轮扩大有效投资行动，实施"五个一批"重大项目工程，发挥投资对优化供给结构的关键作用，扩大重大科创平台、战略性新兴产业、现代化产业链投资，加快"两新一重"建设，加快补齐各领域短板，扩大企业设备更新和技术改造投资。深入实施省市县长项目工程，完善重大项目资源要素供给联动保障机制和落地协调机制，统筹抓好科技创新、产业提升、基础设施和生态环保、文化旅游、公共服务和城市有机更新等领域的全局性、战略性、基础性重大投资项目。创新投融资机制，拓展重大建设项目融资渠道，激发民间投资活力，形成市场主导的投资内生增长机制。

七、促进城市能级跃升，奋力提升城市首位度

围绕长三角一体化发展和我省大湾区建设重大战略机遇，以"一流城市"标准优化空间布局、提升城市能级，全面增强高端要素、高端产业、高端功能、人口承载和辐射带动能力。

（一）全面融入长三角一体化

1. 打造接轨上海"桥头堡"。全面实施深度接轨上海三年行动计划，加快构建全方位、深层

次、宽领域接轨上海新格局，成为绍兴深度接轨上海、主动融入长三角的“桥头堡”。学习上海城市管理理念，对标上海建设镜湖城市核心区。借力上海建设滨海新区产业合作示范区，打造沪绍产业合作先行区。推动综保区与上海自贸区建立互通互联对接机制，复制推广上海自贸区制度创新经验。以上海作为重大招商引资项目的重要来源地，力争成为上海国际资本和大企业集团延伸投资的“第一站”。拓展市区接沪通道，建设融入上海1小时交通圈。加快深度融入G60科创走廊，支持上海科技“飞地”建设。发挥上海大学绍兴研究院桥梁作用，面向上海柔性引进院士专家智力。

2. 打造杭绍同城主中心。全面实施杭绍甬一体化发展行动计划，加快融入杭州大都市区，推进杭绍同城化发展，全力打造杭州都市区杭绍同城主中心。着力构建杭绍同城综合交通体系，确保杭绍甬智慧高速、杭绍城际铁路、杭绍台铁路、轨道交通1号线、轨道交通2号线、绍兴市智慧快速路等重大工程越城区段顺利推进，谋划串接钱塘新区、滨海新区的杭州湾南岸货运通道，建设杭州湾杭甬高速孙端互通及启胜路连接线、滨虞线等城市道路，全面融入杭州都市区0.5小时交通圈。着力开启杭绍同城共建亚运城市崭新篇章，以承办亚运会为契机，加快亚运会棒垒球体育文化中心暨绍兴棒球未来社区项目建设，建设成为杭州都市区杭绍主中心的标志性项目。着力打造同城生活圈，积极推动市民卡、医保卡、公交卡等“一卡通”，有序实现民生领域一卡多用、一卡联通、一卡结算、一卡优惠同享。

3. 打造甬绍一体化先行区。贯彻实施甬绍一体化合作先行区建设方案，开展甬绍一体化联动发展先行先试，率先形成一体化和联动发展格局，打造成为甬绍一体化合作先行区。推动前湾新区—滨海新区联动发展，在产业统筹布局、产能合作、联合招商与板块共建等领域开展系列合作，谋划串接滨海新区、前湾新区，联通宁波港区的沿湾货运通道，共建国家环杭州湾检验检测高技术服务业集聚，着力打造前湾新区—滨海新区高端产业协作联动区。加快开放平台协同布局，充分借鉴宁波跨境电子商务综合试验区建设经验，推进中国(绍兴)跨境电子商务综合试验区建设。

(二)加快推动全域协同发展

1. 着力优化城市功能布局。着力构建新功能布局，赋能越城高质量发展。北部：以滨海新区为引领，高水平建设环杭州湾开放通道，拓展袍江、高新等重点区块发展空间，打造绍兴大城市发展领跑区。西部：以东浦、灵芝等毗邻区域为重点，强化同柯桥的融合发展、规划共建，打通大市区融合发展关键节点。中部：以古城、新城为主战场，全力唱好“双城计”，加快镜湖大城市核心区开发建设，加强古城保护利用，推动新城古城联动发展，打造成为绍兴大城市核心。南部：深挖稽山鉴水资源，争创国家级会稽山森林公园，打造绍兴大城市“后花园”。东部：串联秀美自然景观，打造国家级东鉴湖湿地公园，推进贺家池、大坂洋保护利用和农旅项目开发建设。

2. 加快推进城乡融合发展。加快构建城、镇、村协同发展新格局，高质量推进新时代美丽城镇、美丽乡村建设。坚持实施乡村振兴战略，深入开展“五星达标、3A争创”升级版和新时代美丽乡村达标创建行动，提档升级乡村基础设施，加快建设数字乡村，推动中心城区和美丽乡村有机贯通、一体发展。健全城乡融合发展体制机制和政策体系，深入实施“两进两回”行动，全过程推动城乡要素高效配置、公共资源均衡配置、工农产业协同发展，增强农业农村发展活力。深化农村土地制度改革，落实第二轮土地承包到期后再延长三十年政策，丰富完善农村承包地“三权分置”办法。健全城乡统一的建设用地市场，探索实施集体经营性建设用地入市配套制度。以开展全国农村宅基地制度改革试点为契机，深化“闲置农房激活”计划，积极探索宅基地所有权、资格权、使用权分置实现形式。保障进城落户农民土地承包权、宅基地使用权、集体收益分配权，鼓励依法自愿有偿流转。持续深化农村集体产权制度改革，盘活集体资产资源，发展壮大新型农村合作经济。深化财政支农体制机制改革。完善乡村金融服务体系，大力发展和用好农业保险。

3. 助力对口地区加快发展。巩固拓展脱贫攻坚成果，深化东西部协作、对口支援、对口合作和山海协作，围绕精准帮扶、精准支援和高质量合作，以人才支援、资金支持、产业合作、劳务协作为重点，项目平台为载体，高标准、高起点深化对口地区全方位、多层次的帮扶与合作。念好新时代“山海经”，创新协作机制、提升协作平台、拓展协作内容，聚力打造山海协作工程升级版，实现优势互补、共同发展。

（三）着力打造高品质中心城区

1. 合力共建镜湖品质新城。强化镜湖新城与绍兴古城联动发展，坚持以“一线城市”标准打造城市核心功能，围绕产业链提升区域创新链、人才链、服务链水平，大力提升公共服务配套能力和城市品质品位，加快布局高端项目、发展平台，集聚金融、教育、医疗、高端商贸设施，形成特色、高端产业集群，聚起高端人才“磁力场”，将镜湖建设成为引领大城市建设的国际化、现代化、时尚化高质量发展高地，打造长三角一流的中央活力区和全市最高首位度的城市核心区和地标性新城区，不断提高中心城市承载力、集聚力和吸引力。

2. 扎实推进城市有机更新。加快滨海城市副中心开发建设，打造产城深度融合的现代新城、智慧型区域交通枢纽、现代水乡公园城市典范。对标世界文化遗产标准，加强古城保护性开发，实施非古城功能更新，营造宜居社区生活，优化古城人口结构，打造“生活”着的古城。高标准建设沧海社区、薛渎（棒球）社区等未来社区，以基础设施更新和服务设施增设为重点推进全区老旧小区改造，持续优化城市功能单元。深化城市精细化智慧化管理，增强城市防洪排涝能力，加强城市地下空间开发利用，建设宜居城市、海绵城市、韧性城市。高质量编制重点片区城市规划，全域优化市政公建配套规划布局，抓实城南、袍江等重点区域征收拆改。

3. 大力发展新型智慧城市。完善智慧互联信息设施网，加快 5G、工业互联网、大数据中心建设和下一代互联网规模部署，在全市率先实现 5G 网络全覆盖，推动传统基础设施升级，建设新一代信息基础设施体系。打造“城市大脑”数字驾驶舱，积极谋划场景化多业务协同应用，加快智慧交通、智慧城管、智慧管网等智慧城市管理创新应用，力争到 2025 年，“城市大脑”应用覆盖率达到 60% 以上。大力推进“越城水网”建设，构建高标准防洪保安网、高水平水资源配置网、高质量幸福河湖网、高效能智慧水利网和高品质水文化传承网，以曹娥江综合整治、马山闸强排、袍江东排、滨海中心湖南北岸水利工程等重点项目为支撑，推动水利基础设施集成配套、提档升级。

八、推动传统文化守正创新，奋力提升文化首位度

坚持以社会主义核心价值观为引领，大力推进文化创造性转化和创新性发展，着力擦亮历史文化名城、东亚文化之都“金名片”，高水平

打造绍兴文化高地和文创地标。

（一）加快传统文化传承创新

1. 重新焕发古城文化魅力。深入实施绍兴古城保护利用条例，创新开展“千年古城”复兴计划，加快打造“没有围墙的博物馆”，为古城申遗打下决定性基础。坚持以“历史的真实性、风貌的完整性、生活的延续性”为原则，统筹抓好“古城项目群”建设，高标准建设越子城、八字桥、阳明故里、鲁迅故里、书圣故里等“一城一桥三故里”文化IP项目，导入一批符合古城气质的高端项目，鼓励民资参与古城保护，引领文商旅融合发展。持续推进古城风貌保护、修缮和更新利用，实施功能疏解、建筑拆改降层、街巷体系梳理、交通系统梳理、历史水系恢复，打造古城保护利用信息管理系统平台，推进古城智慧治理，建设“数字上的古城”。发挥古城保护利用专家委员会“智囊参谋”作用，加强对越文化和绍兴历史文化名城的综合研究，进一步梳理古城文化脉络。

2. 精心挖掘历史文化资源。加大文物保护、考古发掘、非遗保护、文史研究等工作力度，深入挖掘绍兴历史文化丰富内涵。发挥好历史文化的记忆功能和对未来的启迪引领作用，解码梳理越文化，繁荣发展南宋文化，大力弘扬师爷文化、名人文化、水乡（桥）文化、黄酒文化、戏曲文化、书画文化、茶文化、祝福文化等，推动历史文化遗产串珠成链。系统开展浙东唐诗之路文化挖掘和研究，着力彰显诗路文化的重大历史价值、文化价值、经济价值和时代价值，打造成为诗路文化带建设的典范。精心保护大运河遗产，有效传承大运河文化，合理利用大运河资源，争取浙东运河文化园（浙东运河博物馆）早日建成。围绕绍兴元素、越城特色，推动文艺创作，创作一批反映本土特色，具有影响力的书画、文学、民俗精品，打造引领时代潮流的文艺精品创作基地。举办好“古越遗韵”“非遗集市”等非物质文化遗产展示集会，推动文化遗产、历史文化活起来，打造鲁迅外婆家文化品牌和文旅项目，推进古越龙山中央酒库酒文化展示中心和工业旅游培育发展。

3. 不断提高文化传播能力。重点打造和推广“今日越城”App、越城发布等主要传播平台，发挥融媒体采发优势，提升文化传播深度、广度和频度，不断扩大文化影响力。开展品越味、读越文、听越音外宣活动，打造“指端的越城”，通过邀请媒体深入越城，发动越商传播越城，利用新媒展示越城，将越城的声音、形象和文化更加立体化地传播出去，增强越城城市文化符号和印象。开展媒体朋友圈建设行动。加强与市级及以上媒体合作，增强与各级媒体互动交流，努力壮大越城媒体朋友圈。

（二）提升公共文化服务水平

1. 全力提升城市文明水平。坚持用社会主义核心价值观引领精神文明建设，深化群众性精神文明创建，高质量推进文明城市、文明村镇、文明单位、文明家庭、文明校园等系列创建，拓宽创建领域、提升创建层次，不断擦亮首位度中心城区的文明“底色”。实施新时代文明生活行动，完善新时代文明实践体系，提升志愿服务水平，持续开展“越文明、越风尚”系列好习惯养成活动。加强爱国主义教育和公民道德建设，完善最美系列和身边好人选树、培育、宣传、关爱机制，持续扩大“越城好人”朋友圈，推动形成适应新时代要求的思想观念、精神面貌、文明风尚、行为规范。夯实新时代爱国主义教育阵地，厚植越地儿女爱国情怀。深化“越千年·城精彩”主题外宣，讲好越城故事，提升城市影响力和美誉度。

2. 优化提升文化阵地建设。完善文联、社科联机构建设，全面繁荣新闻出版、广播影视、文学艺术、哲学社会科学事业。发展档案事业，开展区国家综合档案馆建设，启动《越城区志》编撰工作，加强档案资源的开发利用。完善提升越城区公共文化服务体系，推动文化馆、非遗馆、博物馆等提标建设，建好用好图书馆主题分馆、城市书房、农家书屋等阵地，实现农村文化礼堂建设行政村全覆盖。强化文化阵地管理，通过“越城文化之星”等评优表彰，培育一批有能力、有素养、有担当的基层文化管理员。推进城乡书房统筹建设，推进“易阅读”，打造书香城，每年新建2～3家城市书房，推广农村书房建设，试点建设“书香楼”，在全区形成公益性与经营性、城市与农村互补的阅读圈布局。

3. 打响越城特色文化品牌。实施文艺精品提升工程，集聚培育更多名家大师，推出更多叫好叫座的越城精品力作。深化文化惠民工程，打响“越文化·越幸福”文化活动品牌，深化“越读越有味、全民读好书”全民阅读活动。深入推动“四季舞台”“社区天天乐”“我们的村晚”等品牌活动，以“走出去、迎进来”形式开展系列文化走亲、交流活动，开展“送群文”演出进农村文化礼堂、进社区、进敬老院文艺演出。以“我们的节日”“绍兴古城过大年”为契机，围绕春节、元宵、端午、中秋等传统节日，组织开展别具一格的绍兴民俗、节事庆祝、文艺演出，重点打造“新春送戏、送春联”“庆端午”“闹元宵”等系列活动。推动群众文化菜单式服务，整合“三下乡”“戏曲进乡村”“送欢乐下基层”等各类文化资源，深化文化送点服务。通过组织受众面广、参与性强的文化赛事，激活基层文化活力，培育一批基层文化队伍。

（三）促进文化产业繁荣发展

围绕健全现代文化产业体系，深化文化领域供给侧结构性改革，完善产业规划和政策体系，促进形成文化产业新发展格局。实施文化产业数字化战略，加快发展新型文化企业、文化业态、文化消费模式，提高质量效益和核心竞争力。依托绍兴“一廊三带”建设，加快推动传统文化资源创造性转化和创新性发展，打造一批特色示范园区和特色文化街区，引领文化产业集聚发展。加强政策扶持引导力度，激发文化创新创造活力，推动文化旅游、数字出版、影视动漫、创意设计、文化会展等重点门类产业做大做强。着力夯实“扫黄打非”基层基础，营造清朗有序的文化市场环境。

九、建设美丽“稽山鉴水”，奋力提升生态宜居首位度

牢固树立“绿水青山就是金山银山”的理念，擦亮绿色发展的生态“底色”，深入实施蓝天、碧水、净土、清废四大行动，加快补齐生态文明建设短板，进一步优化自然生态体系，加强生态环境治理、保护和更新，高水平建成美丽中国示范区。

（一）打造美丽越城“新名片”

1. 重塑城市山水格局。构建以国家公园为主体的自然保护地体系，以融合的理念打造国家级湿地、森林公园，串联道路、景点、游线、配套设施等策划，组建联片成串整体性的规划建设框架。做深做优“稽山鉴水”文章，以浙东运河、曹娥江和会稽山为主线，加快培育“大公园”“大湿地”“大湖泊”等生态新空间。建设以鉴湖国家湿地公园和会稽山国家森林公园为核心的“稽山鉴水”生态功能区，推进大坂洋未来乡村农旅项目及贺家池公园开发建设，打造成为美丽越城“新名片”。全域推进高标准、高品质绿化美化工程建设，打造沿江、沿河、沿湖、沿山美丽走廊。到2025年，人均公园绿地面积达到17平方米。

2. 优化美丽国土空间。高质量编制国土空间布局规划，强化龙头引领，做好空间布局优化、专项规划完善、控规逐步更新等一系列实施工作，建立统一的国土空间基础信息平台，形成国土空间开发保护利用“一张图”。深入实施国土绿化美化行动，进行全域规划、全域设计、全域整治，对田水林路村进行全要素综合整治和生态修复，建成农田集中连片、建设用地集中集聚、空间形态集约高效的美丽国土新格局。强化生态保护红线、永久基本农田、城镇开发边界“三线”管控制度，完善区块融合、乡村振兴、城乡融合、区域协同发展的体制机制和政策体系。

（二）打造无废城市示范区

1. 积极倡导绿色生活方式。通过实行绿色生活方式指南等，引导公众在衣食住行等方面践行简约适度、绿色低碳的生活方式。以餐饮企业、酒店、机关企事业单位和学校食堂等为重点，创建绿色餐厅、绿色餐饮企业，倡导“光盘行动”。限制大型超市、星级饭店、大型餐饮企业、大型菜市场使用一次性塑料袋及餐具，削减一次性塑料袋使用量。强化生活垃圾分类要求，加强生活垃圾培训和宣传，提升居民生活垃圾意识，加强城区、农村生活垃圾分类设施投放，提高生活垃圾分类运输能力，实现生活垃圾源头减量，到2025年全区城镇生活垃圾分类覆盖率达100%。

2. 大力发展绿色循环经济。深入推进绿色制造工程体系，持续开展工业园区循环化改造，深入实施袍江区域印染化工企业跨区域集聚提升，培育一批绿色工厂和绿色园区；提升现有污泥处理处置技术水平，逐渐淘汰技术水平低、实际处理效率差的污泥焚烧项目。推行农业绿色生产，提升畜禽养殖管理水平，推动秸秆收集机械化，健全农药废弃包装物回收处置，推进农药、化肥减量增效行动，促进主要农业废弃物全量利用。全面实施绿色开采，减少矿业固体废物产生和贮存处置量。提升建筑垃圾利用处置水平，大力推动装配式建筑，推广新型墙材等绿色建材应用，促进建筑垃圾源头减量。加强医疗废物源头分类管理，提升利用处置水平。

3. 提升“无废越城”管理水平。建立健全“无废城市”信息化平台，加强对固废监管平台的信息数据审核，推进各类固体废物全过程管理与多部门协同治理。充分运用“互联网 + 信用 + 监管”手段，加强“清废”执法监管，提高管理的科学化、数字化水平。推行实体区域网格化管理，摸清每个单元内固体废物产生的数量和种类，落实每一种固体废物从产生、统计、处置全过程监管的主体责任和监督责任。以综合执法推动无废越城建设，形成对各种违法处置固体废物、危险废物的高压打击态势。深入各社群宣传垃圾分类、固废处置等相关知识，形成全民参与“无废越城”建设的良好氛围。

（三）打造生态保护最严区

1. 全力攻坚蓝天保卫战。强化“铁腕治气”，进一步完善治气组织架构，制订出台新一轮蓝天保卫战三年行动计划，高标准设定大气污染防治的工作目标。开展“清新空气示范区”建设，加快VOCS走航车引进、高空瞭望监控系统建设，不断强化大气环境监测的覆盖面和精确性，实现细颗粒和臭氧“双控双减”，全面消除重污染天气，基本消除中度污染天气，确保空气优良率年平均超过92%，PM2.5浓度年平均值不高于28微克/立方米。以更严标准、更强力度压实《绍兴市扬尘污染防治管理办法》等规定，加强道路、工地等扬尘综合治理，全力促进区域空气质量大幅改善。着力加强工业废气治理，深入开展有机废气治理，二环线内全面淘汰燃煤小锅炉。严格能源“双控”，调整能源结构发展清洁能源。

2. 持续打好治水巩固战。全面推进全流域水环境治理，压实各级河湖长责任，深化"五水共治"碧水行动，巩固治水工作成效。全域创成"污水零直排区"，建立完善长效运维机制，实现污水"应截尽截、应处尽处"。实施河湖水系综合整治和"十江百河千溪"水美工程，健全"清三河"和"剿灭劣Ⅴ类水"复查机制，大力开展美丽河湖创建，持续开展河湖库塘清淤，全力做好重点河湖蓝藻防控，着力打造"安全、生态、美丽、富民"的美丽河湖，确保重点河湖水质全部达到Ⅲ类及以上。巩固贺家池水生态环境整治成果，开展贺家池水域清淤疏浚、湖岸整治和长效保洁管理。强化地表水水环境管理，加强农村生活污水治理设施改造和标准化运维，加大农业农村面源污染防治，持续改善水体水质和水生态环境。

3. 健全长效化美丽治理。加快建立以治理体系和治理能力现代化为保障的生态文明制度体系，完善生态文明目标评价体系和生态环境保护目标考核机制，健全源头预防、过程控制、损害赔偿、责任追究的生态环境保护制度。加快推进绿色金融改革、生态保护补偿等环境经济政策制定与实施。不断完善生态环境监管体系，优化力量配置，强化装备与技术保障，大力提升环保科技监管能力，强化与公、检、法的执法联动，持续打造"执法最严区"。健全环境治理政府服务体系，加大企业走访与帮扶力度，深入实施环评与执法"第三方"服务模式，创新排污许可和环评审批模式，加强排污权储备调配，推进生态环境监测网络建设，加快生态环境治理数字化转型。持续深化生态文明制度改革，全面推行专职法律顾问制度，充分发挥其在法治建设和依法行政方面的作用。

十、实施数字化集成改革，奋力提升营商环境首位度

坚持数字赋能、整体智治、协同高效，下好数字化改革先手棋，持续撬动各领域各方面改革，使改革成为首位度中心城区最鲜明标识，增创市场有效、政府有为、企业有利、群众受益的体制机制新优势。

（一）实施具有越城标识度改革

1. 深化推进"双向赋能"改革。突出"政区合一"，纵深推进绍兴滨海新区改革提升，全面融合江滨、袍江、高新、镜湖四个区块，优化完善新区扁平高效的运行机制，最大限度发挥行政区和开发区的双重叠加优势，共同打造高能级战略平台。按照"专攻主业、专事主责"，进一步厘清新区与属地的职责边界，新区突出抓好规划、招商引资、开发建设、服务配套等"头部"工作，属地全面兜底其他社会事务治理管理事项，推动"两区"相互赋能、一体发展。

2. 加快国企平台公司改革。深入贯彻《国企改革三年行动方案(2020—2022年)》，推进国企战略性重组和专业化整合，搭建"大国资"平台，打造越城区六大国企集团和滨海新区"2+3"国企体系，做大做强做优国有资本和国有企业。有序推进国企由融资投资向投资和经营并举转型提升，做大做强国资运营公司。推动投融资平台公司向"实体化"转型，加快国企平台公司证券化试验改革，引导平台公司通过参股等方式与资质企业合作，投资实体化经营项目。完善现代企业制度，健全国有企业法人治理结构，深化劳动、人事、分配改革，探索完善长效激励约束机制。积极稳妥深化混合所有制改革，鼓励更多企业将充分竞争领域资产推向市场，鼓励非国有资本通过多种方式参与国有企业改革和经营管理。

3. 深化要素市场化配置改革。建立健全统一开放的要素市场,完善要素交易规则和服务体系,促进要素自主有序流动,提高要素配置效率,构建更加完善的要素市场化配置体制机制。全面深化"亩均论英雄"改革,联动推进"标准地"改革,建立健全"事前定标准、事后管达标、亩产论英雄"企业投资项目"标准地"制度。完善市场决定价格机制,全面放开竞争性领域商品和服务价格,稳妥推进资源环节、公用事业、社会民生等重点领域价格改革。探索产权交易要素市场区域一体化发展,健全要素交易平台,完善要素交易规则,深入推进土地、数据、排污权、用能量及农村产权等各类要素市场化交易。

(二)推进营商环境便利化行动

1. 实施营商环境集成改革。对标世行标准,迭代推进首位度营商环境"1+10"集成改革,持续优化市场化、法治化、国际化营商环境。加强投资促进体系建设,健全完善高质量产业平台体系、全周期招商服务体系、精准化要素保障体系。发挥滨海新区改革试验田作用,创新投资项目"一章审批"改革,探索以承诺制为核心的极简审批。深化"一件事"集成改革,加快推进政务服务 2.0 建设,建成全省一流的公共服务中心,打造"越好办"服务品牌。建设统一公共数据查询平台,拓展"越行证"电子证照应用场景,推进公共数据开放共享。重构重建越城、滨海一体化惠企政策体系,畅通企业参与政策制定渠道,打造全市政策环境最优区。全面实施市场准入负面清单制度,支持民营企业发展,依法保护企业家权益,健全以公平为核心原则的产权保护制度,加强对民营企业等各种所有制经济组织和自然人财产权的保护。支持民营经济进入电力、油气、公用事业等领域,在市场准入、审批许可、经营运行、招投标等方面,为民营企业打造公平竞争环境。

2. 构建亲清新型政商关系。深化"契约化"精准服务,建设全省首个涉企维权服务中心,健全政府诚信履约机制,保护企业和企业家合法权。构建完善"领导联片、部门联镇(街)、干部联企",新区、部门、镇街联动,网格化、全覆盖的企业服务新体制,建立"联系立约、服务履约、量化评约"的"一站式"服务企业体系,深入推进"三驻三服务"活动,有效发挥"三驻干部"作用,为企业提供"店小二式"服务。推进重点企业专项服务,梳理摸排帮扶企业白名单,施行风险企业预警分级机制。提升信贷金融服务,畅通银企沟通交流渠道。

(三)打造数字化服务型政府

1. 提升依法行政能力水平。加快"大综合、一体化"行政执法改革,推进行政执法标准化规范化数字化建设,着力构建全覆盖的整体政府监管体系和全闭环的行政执法体系。全面推进基层"一支队伍管执法"改革,大力推进跨部门、跨领域联合检查机制,实现"进一次门、查多项事"。加快建立以信用为基础的新型市场监管体系,完善守信联合激励和失信联合惩戒制度,积极推进包容审慎监管,建立市场轻微违法违规经营行为"首次不罚"机制。全面推行政法一体化办案系统单轨制协同办案模式,加快实现数字化执法监督。

2. 加快推进政府数字化转型。加强数据获取、数据共享、系统集成,接轨政务服务 2.0 平台,实现跨层级、跨地域、跨系统、跨部门、跨业务的协同管理和服务,高质量建成"掌上办事之区""掌上办公之区",高水平建设"掌上治理之区"。深入推动公共数据开放共享,汇聚公共视频资源、基础设施、云资源等全域数字资源,打通政府部门之间、政府和社会之间的数据通道,释放数据价值。建立经济运行数字化分析系统,推动电子证照与健康码、企业码、安全码、安心码融合应用。加强与长三角“一网通办”平台衔接，提高跨区域数据共享和数字化治理水平。

十一、共建整体智治体系，奋力提升基层治理首位度

自觉践行以人民为中心的发展思想，加强人的全生命周期民生服务，建立健全具有新时代“契约化”共建内涵的整体智治体 系，扎实推动共同富裕，不断满足全区人民对美好生活的向往，促进人的全面发展和社会全面进步。

（一）率先实现教育现代化

全面加强党对教育工作的领导，坚持教育优先发展战略。构建五育并举育人体系，深化教育评价改革，落实立德树人根本任务。全力推进教育优质均衡发展，加快学校建设，优化资源配置，提升集团化、教共体等多元办学机制成效，拓展新建成区、农村地区的优质资源，破解“城镇挤”和大校额问题。全面增强互通互联，构建智慧教育环境，加快发展“互联网＋教育”，深化精准教学，推进数字化管理。主动融入长三角一体化战略，持续扩大教育开放合作，引进“上海虹桥”等高端教育资源。完善终身学习体系，建设学习型社会，满足人民群众多样化、优质化教育需求。服务保障镜湖高教园区提升发展，规划建设滨海新区浙江金融职业学院绍兴校区，积极建设集成电路等新兴专业高校。

（二）深入推进“健康越城”建设

1. 提升卫生健康服务能力。深入实施健康越城行动，加快卫生健康事业从以治病为中心向以健康为中心转变。优化升级公共卫生服务体系，建设区公共卫生服务中心，完善疾病预防控制体系和重大疫情防控体制机制，有效保障公共卫生安全。深入开展爱国卫生运动，巩固提升国家卫生城市创建成果，全面推动健康镇创建，居民健康素养明显提升，“一老一小”等重点人群健康需求得到更好满足。加强对健康产业的规范引导和执法监管，加速推动卫生健康治理现代化。实施卫生健康人才政策，引进一批高学历高层次卫技人才，分批培育学科带头人、名医名院长、复合型管理人才和医坛新秀，实现卫生人才队伍数量增长、质量提升、结构优化、发展平台有效构建的目标。加快体教体医融合，推进区体育中心改造提升和业态调整，健全全民健身公共服务体系。

2. 构筑优质医疗服务体系。加快优质医疗资源扩容和均衡布局，建成投用国科大附属肿瘤医院绍兴院区、区人民医院等重大项目，引进大城市优质医疗资源，推动大院名校下沉联合办医，打造区域医学高地。深入推进医药卫生体制改革，强化“三医联动”“六医统筹”，深化城市医联体建设，统筹推进基层医疗卫生机构标准化建设，构建分级诊疗服务新格局，稳步提升基层医疗服务能力。充分发挥中医药服务特色优势，设立区中医院，基层中医药服务更加普及。大力发展智慧医疗，加快实现卫生健康全面数字化转型。

（三）着力提升高福祉民生保障

1. 推动高质量就业创业。强化就业优先政策，实施更加积极的就业创业政策，积极发展人力资源产业，建立终身职业技能培训体系，完善公共就业服务体系、重点群体就业支持体系，深化和谐劳动关系创建活动，不断扩大就业容量、提升就业质量，确保零就业家庭动态清零。健全工资正常增长机制，多渠道增加居民财产性收入，实施低收入群体同步基本实现现代化行动，提高中等收入群体比例，建成“无欠薪区”。“十四五”期间，累计新增城镇就业不少于10万人，城镇调查失业率控制在3%以内。

2. 提升高水平社会保障。深入推进全民参

保，扩大就业人口社保覆盖面，落实渐进式延迟法定退休年龄政策，户籍人员基本社保、医保参保率分别达到98%、99%以上。完善多层次医疗保障体系，探索开发普惠型商业健康保险、建立长期护理保险制度，健全基本医保筹资和待遇调整机制，深化医保支付方式改革，健全医保基金监管机制。健全退役军人服务体系和保障制度。加快新时代"大救助"体系建设，提升救助保障水平，建立"多元化"帮扶，完善最低生活保障制度。切实保障妇女儿童合法权益，健全老年人、残疾人关爱服务体系和设施，发展社会福利、慈善和红十字事业。

3. 优化高素质人口结构。落实积极应对人口老龄化国家战略，抓实国家生育政策，提高优生优育服务水平，发展普惠托育服务体系，降低生育、养育、教育成本，大力提高人口素质。加强青年发展谋划，促进青年健康成长和全面发展，积极营造良好的青年创业成长环境，提升全区人口平均受教育年限，制定吸引高校毕业生、留学回国人员等高层次人才落户的鼓励性政策，加快完善保障性住房与人才住房制度，吸引青年人口流入，加快建设青年发展型城市。实施养老服务体系创新、居家养老服务优化、困难老人关爱、养老护理队伍提升"四大行动"，积极发展"银发经济"，建设老年友好型社会。

（四）加强和创新社会治理

1. 增强社会治理能力。健全党建统领"四治融合"的城乡基层治理体系，全面深化"枫桥式"系列创建，完善基层民主协商制度、社会成员参与社会治理渠道，建设全国社区治理与服务创新实验区，争创全国社会治理现代化标杆区。加快完善城乡数字化治理体系和政府社会协同共治体系，纵深推进"县乡一体、条抓块统"改革，高标准建设区镇村三级矛盾纠纷调处化解中心，突出抓好"基层治理四平台"运行管理，创新打造"一中心—四平台—多网格—全群众"的"矩阵式"社会治理智治平台，聚力建设全省一流的风评中心、矛调中心和平安展示中心，构建集风险处置、矛盾化解、成果展示为主线的平安越城风景线。准确把握信访定位，健全领导干部下访接访制度，优化信访代办制，有效推进初次信访和信访积案化解，加快形成"大调解"工作体系和多元纠纷解决机制，创建"无信访积案区"。创新发展网上"枫桥经验"，完善构建网上群众工作体系，统筹推进网络舆论引导、网络生态治理和网络文化建设。实施网络生态"瞭望哨"工程，常态化开展"净网"行动，确保网络安全和网络空间清朗。

2. 夯实安全发展基础。坚持统筹发展和安全，全面落实总体国家安全观，强化"大平安"理念，坚持底线思维，防范和化解影响现代化进程的各类矛盾和高风险，建设更高水平的平安越城。深入推进平安创建"护鼎加星"，健全完善国家安全、公共安全、社会治安防控体系和科技支撑体系，全力抓好经济金融、食品药品、道路交通、危险化学品、消防安全、生产安全和城市安全保障，着力打造枫桥警务模式越城样板和现代警务模式越城窗口，持续整治黄赌毒，保持扫黑除恶高压态势，坚决防范和打击暴恐活动。全面压实粮食安全责任，确保粮食安全。加快构建"大平安、大应急、大减灾"体系，着力构建三级联动安全责任体系、专群结合应急救援体系和精准有效灾害防治体系，全面提升防灾、减灾、抗灾、救灾能力。大力支持驻越部队建设，加强国防动员和后备力量建设，深化"双拥"创建，巩固军政军民团结，推动军民融合发展。

3. 加强民主法治建设。坚持和完善人民代表大会制度，健全人大对"一府一委两院"监督制度。坚持和完善中国共产党领导的多党合作和政治协商制度，充分发挥民主党派、工商联和无党派人士作用，加强人民政协专门协商机构建设。完善大统战工作格局，健全同党外知识分子、非公有制经济人士、新的社会阶层人士的沟通联络机制，健全民族宗教工作体制机制，创新完善新时代侨务工作机制。发挥工会、共青团、妇联等人民团体作用，完善基层党组织领导的充满活力的基层群众自治机制。全面推进“法治越城”建设，深化推进区、镇街两级政府法治化建设水平，完善重大决策事项法治化水平，加强执法司法规范化建设。加大全民普法教育力度，加强法治阵地建设，增强未成年人群法治教育工作，提升全民法治素养。落实中央八项规定精神，持续纠治形式主义、官僚主义，切实为基层减负。持续深化纪检监察体制改革，强化政治监督，有效推动纪律、监察、派驻、巡察等“四项监督”有机贯通，精准运用监督执纪“四种形态”，加强党内监督与人大、政协、审计、群众、舆论等监督统筹衔接。坚持发展“枫桥经验”，推动监督下沉、监督落地，强化“小微权力”监督，加强对换届后村社主职干部“一肩挑”的监督，切实以监督促进基层治理、密切党群干群关系。

十二、保障措施

（一）坚持党的领导核心地位

坚持和完善党领导经济社会发展的体制机制，发挥各级党委在同级各类组织中的领导核心作用，把发展规划作为党领导经济社会发展的基本方式，将党的领导始终贯穿“十四五”规划实施全过程。发挥市场的决定性作用，引导市场主体围绕规划目标同向发力。全面推进党政机关整体智治，构建县乡一体、部门间协作、政银企社联动的协同高效运转机制，以正确用人导向引领干事创业导向，健全干部成长选育管用全链条机制，加大干部教育培养，特别是优秀年轻干部培养力度，完善争先创优大抓落实工作机制，推动各项部署高效落地。

（二）突出规划纲要统领作用

突出规划纲要的统领作用，强化规划约束机制。加强专项规划、区域规划、国土空间规划与规划纲要的衔接，推动“十四五”时期重大战略和部署落地实施。完善规划实施的评估和修编机制，定期组织开展规划实施的评估，全面做好跟踪分析。建立流程化、常态化的规划评估系统，实现规划管理的实时跟踪与动态调整。积极开展规划宣传和展示，建立规划的效能反馈机制，加强对规划工作内容及实施情况的公众意见收集整理和反馈，形成全社会支持和参与经济社会建设的浓厚氛围。

（三）强化重大项目建设保障

从国家、省战略导向中孕育区域战略性、支撑性项目，聚焦市县长项目、万亩千亿新产业平台、未来社区等重点项目，开发包装一批基础设施、产业、生态环保和民生项目。滚动完善重大项目储备库，争取各类支持。强化产业链精准招商，根据城市发展需求、热点领域和关键环节引进高端和龙头项目，抓好项目推进。及时协调解决各类问题，确保按时竣工投产。“十四五”时期，越城区、滨海新区实施重大项目200多个，总投资6000亿元以上，计划“十四五”期间投资4000亿元以上。

（四）健全资源要素保障机制

以提升土地、资金要素保障能力作为主攻方向，有效破解资源要素瓶颈，以资源要素的高质量保障推动全区经济社会高质量发展。加大节约集约利用土地力度，加大批而未供、供而未用土地清理，大力推进低效用地再开发、闲置土地清理盘活，积极盘活闲置厂房，探索低丘缓坡综合开发利用，着力提高土地集约利用效率。做好袍江印染化工产业退出后土地利用规划，优先保障新兴产业重大项目用地。积极向上争取“浙商回归”和重点项目用地“带帽”指标和土地再加指标。保障财政资金基本支出，重点保障教育、医疗卫生等民生支出。加大金融服务实体经济的力度，落实金融支持民营企业发展正向激励措施，引导金融机构加大民营企业信贷投放。

（五）完善各类扶持政策体系

进一步梳理各类政策，在现有扶持政策体系基础上，以“从高、从优、从快”原则，重点对产业、科技、人才、产业用地、实体经济帮扶、招商引资等政策进行深入研究，打造全市政策环境最优区。围绕传统产业改造提升、新兴产业培育，针对重点产业领域量身定制扶持办法，发挥政府“有形”之手，推进产业高质量发展。加大精准招商力度，出台最优惠的招商引资政策。围绕科技成果转化、高新技术企业奖励、科技孵化器建设等，出台升级版科技创新政策。围绕降税、减费、奖补、融资等领域，出台具体措施支持实体经济发展。

专　记

越城区党史学习教育工作纪实

党史学习教育开展以来，越城区在市委统一领导和市委第一巡回指导组的指导下，全区上下始终以走在前、当示范的标准扎实推进。各级党组织贯彻落实习近平总书记重要讲话精神和党中央决策部署，围绕“学史明理、学史增信、学史崇德、学史力行”目标，一体推进“学党史、悟思想、办实事、开新局”总要求，实现规定动作到位、自选动作亮点纷呈。经过学习，广大党员干部受到全面深刻的政治教育、思想淬炼、精神洗礼，取得政治忠诚更加坚定、宗旨观念更加厚植、斗争精神更加昂扬、自我革命更加深入、担当作为更加主动“五个明显成效”。

一、突出红色引领，在学史明理中感悟思想伟力

领导率先垂范，带头开展专题学习研讨，以理论学习中心组专题会、“沿着红色足迹学党史”现场教学等多种形式，学思践悟习近平新时代中国特色社会主义思想。开展区委理论学习中心组专题学习17次，其中祭英烈、参观革命遗迹等现场教学3次。全区累计订购学习读本逾40万册，各级中心组成员交流发言逾3000人次。依托“悦学堂”平台，举办“百年党史铸魂新征程”系列讲座，全区600余名科级干部参与专题学习、开展研讨交流，实现镇街、村社书记培训教育全覆盖。通过一系列学习教育活动，形成一级抓一级、层层抓学习的良好局面。以“头雁”引领“群雁”齐飞，引导各级党组织和广大党员干部更好地从党的百年奋斗重大成就和历史经验中汲取智慧力量，推动党中央决策部署在越城落地生根。各级党组织结合实际，坚持以学为先，理论武装有了新收获，真信笃行、知行合一的意识更加自觉；政治能力有了新提升，坚定拥护“两个确立”“两个维护”的行动更加坚决。

二、聚焦主题主线，在学史增信中砥砺奋进力量

全区各级各部门广泛加强舆论引导、统筹宣传教育、推进文艺创作，大力营造共庆百年华诞的浓厚氛围。组织专题宣讲，构建“领导干部

带头讲、百姓名嘴身边讲、革命前辈亲身讲、青春力量生动讲”等多维分众宣讲体系，坚持把“党音”转化成百姓听得懂的“乡音”。依托新时代文明实践中心、农村文化礼堂、社区文化家园、台门党校等阵地，全年累计开展宣讲3万余场，“台门党校”基层宣讲相关做法刊登在中央简报。深化宣传报道，策划“百年百篇 越城风华”大型融媒行动，累计推出宣传报道1500余篇，省级及以上媒体600余篇，其中《百年〈故乡〉和鲁迅故乡〈百年〉》作为新华社年终系列总结报道首篇重磅推出。拍摄制作短视频、快闪，创作红色主题莲花落、评话、越剧等文艺作品，“红润童心”红色读本入选全省党史学习教育“百法百例”经典案例，以正能量的内容供给，推动学习教育持续升温。用好红色资源，因地制宜开设“身边学习阵地、流动学习课堂、指尖学习平台”。投入近500万元，完成邵力子故居、后堡抗日纪念堂等一批红色场馆、革命旧址的修缮提升。建成首批12家党员教育培训基地、制作云端“阅走越红”红色导图、举行庆祝中国共产党成立100周年大型红色藏品展等形式多样的活动，建立“台门汇”直播间、智慧礼堂云平台等，以云端打卡、有奖竞答、直播宣讲等方式，打造线上线下互动授课，推动学习教育上下贯通、压茬推进。

三、传承红色基因，在学史崇德中厚植为民情怀

坚守“人民至上”价值理念，深入开展“三为”专题实践活动，结合越城区实际，推出“排忧解难办实事 数智赋能建新业”专题实践，在纾解民忧企困上强作为、出实招、求实效。集中解决一批群众急难愁盼、反映强烈的住房、养老、教育等突出问题。区级部门单位109项“作战任务”全部销号；区领导82个“三为”实践服务项目全面完成；办结“三服务”小管家承办件3万余件，帮助企业解决问题5000余个，解决“关键小事”1000余个。围绕优质教育资源均衡发展、社会救助保障体系完善、老旧小区改造、农村公路亮化提升等各级民生实事项目，坚持分类推进、分层实施、分批解决，确保实事“办得好”。特别是将党建“契约化”共建融入党史学习教育全过程，全区签订共建项目796个，发布“微心愿”8000余个，党员干部参与治安联防、民主协商、矛盾调解等服务活动3.6万人次，切实解决群众最关心、最直接、最现实的“关键小事”，推动党建“契约化”共建成为全省基层党建“金名片”。

四、坚持领先争先，在学史力行中彰显担当作为

通过党史学习教育，在全区营造领先争先、大抓落实的浓厚氛围，实现党建工作与经济工作、治理工作的深度融合，交出一份经济社会发展的高分报表。滨海新区入选全省首批高能级战略平台培育名单，全年招引10亿元以上项目30个，总投资近700亿元。集成电路、高端生物医药两大“万亩千亿”产业平台加速发展；数字化改革纵深推进，24个重大应用进入省级试点；绍兴综保区实现“当年开工、当年竣工、当年验收”；在全省率先建设人才管理改革试验区；夺得全省首批“一星金鼎”，荣膺全国社会治理创新典范区，等等。特别是在抗击疫情战斗中，全区上下把党史学习教育成效转化为疫情防控、服务群众的生动实践，5.6万名基层党员冲锋在前，在重点区域、隔离酒店、方舱医院等成立临时党支部17个，组建红色“服务队”“先锋队”120余支，用铁肩担当淬炼党史学习教育成色。（党史学习教育工作专班　提供）

滨海新区人才管理改革试验区建设

2021年以来，越城区滨海新区坚决贯彻中央、省委、市委关于人才工作决策部署，在市委人才办及相关市级部门的关心指导下，锚定长三角人才集聚新高地、产业创新策源地、人才生态示范地的目标定位，在人才体制机制、人才市场化评价、人才协同创新、人才服务一体化等方面先行先试，改革取得突破性成果，人才竞争力指数全市领跑。2021年，全年累计推出改革举措30余项，惠及人才451名，兑现资金2.83亿元。全年新引进集聚高层次人才157名，入选国家、省级引才计划11人、9人，省"特支计划"4人，省海外工程师13人，入选省领军型创新团队1个。全年新增高校毕业生数3.29万人、培育高技能人才1.48万人。国家高新技术企业公示数达178家，新认定科技型中小企业240家，入选2021年绍兴市"揭榜挂帅"项目11个，榜额超3000万元，以上指标位列全市前列。

一、着力健全改革试验区工作推进机制

为加快改革试验区建设，落实落细"20条"改革举措，在市、区联动的机制下，越城区专门组建人才管理改革试验区工作专班，形成组织部(人才办)牵头抓总、成员单位各司其职和一把手亲自抓的职责分工机制；改革试验区推进过程中的重大事项议事决策机制；每周成员单位交流工作及协调事宜的周工作例会机制；定期对年度重点清单工作、各级领导重要批示落实情况的督查交办机制；按月度绘制重点工作推进情况"三色图"，每季度中旬进行通报的晒比通报机制；加强宣传，总结提炼经验和特色亮点的宣传推介机制；常态化联络走访和积极主动对接市级部门的市区联动机制；正面激励鼓励创新，允许试错宽容失败的容错免责机制。

二、着力深化人才发展体制机制改革

在全省率先探索实施青年科学家"免评审"、高层次人才"双聘制"、企业法人"举荐制"等12项首创特色制度；打破人才评定常规模式，改进答辩评审流程，"双聘""免评""法人举荐"人才合计达到46名；完成跨区域同等认可省外评选认定的高层次人才项目2个；完成2批共计223名集成电路专项人才认定；支持重大招商项目首批集中认定市级领军人才、高级人才12名；通过支持集成电路、生物医药产业园区、头部企业等自主开展中级及以下职称评审工作，试点单位3家，全区首批自主评审通过中级及以下职称64人，完成3个集成电路领域高级职称转评试点，累计6名技能人才转评高级工

程师，有效发挥用人主体在评价人才、激励人才和保障人才中的作用，使改革红利持续释放。

三、着力推动人才发展平台提能垒峰

已入选省新型研究院2家，绍芯实验室已注册成立，聚焦特种半导体理论，以应用性研究为导向，引进邱爱慈、郝跃等首席科学家团队；与工信部人才交流中心签约共建集成电路产业联合智力创新中心，与中国电子学会、省科协、长三角生物医药协同创新联盟等主体建立战略合作关系，滨海新区入选“科创中国”浙江创新基地；杭州电子科技大学绍兴校区、西安电子科技大学宽禁带半导体研究中心相继签约落地；绍兴科创大走廊在2021年9个标志性工程项目中，越城区占据6个；医疗器械综合体与国家医疗器械产业技术创新战略联盟共建绍兴首个医疗器械3C创新服务平台，被中国医疗器械行业协会家用医疗器械分会认定为永久会址，并评为2020年度绍兴市产业创新服务综合体考评优胜单位。

四、着力迭代人才生态环境跃迁升级

围绕人才创新创业全生命周期事项，不断造浓产才融合氛围，妥善安排45名产业紧缺人才子女就学及家属就业。3月，试点启动高层次人才医疗保健体系，全省首推非医保参保人员纳入补助范围；4月，建成绍兴集成电路产业工程师协同创新中心；5月，举办全市首个人才主题周系列活动；6月，兰花苑成为“码上申请、智能择房”全市试点；7月，主办由院士领衔的产业发展研讨；8月，开展全球数字经济大赛；9月，建成并投用人才创新服务综合体；10月，组建政策性融资担保公司。

五、着力激发人才工作数字化改革效能

开发分级分类、市场主导的人才评价体系。开发产业人才智能评价系统，构建以工作经历、企业薪酬、同行评价等维度的人才评价体系，推进国家集成电路产业人才一件事改革，打造智能评测、政策智配、云端评价等数字化应用场景，破解人才招引识别难、信息不对称、评价方式单一等问题，已有7家企业400余人使用。数字赋能大仪共享。通过集成电路产业科研仪器设备开放共享、创新券无感直兑、大仪“共享保”等为突破口，初步完成应用场景建设，全省已登记入网大仪1.47万台，价值137.6亿元，并在绍兴全市推广，共受益企业600余家次，服务满意率达100%。（区委组织部　提供）

大事记

1 月

5 日　绍兴综合保税区一期建设工程开工。

7 日　“越惠保”正式上线，为绍兴市首款商业补充医疗保险产品。

12 日至 14 日　中国人民政治协商会议绍兴市越城区第五届委员会第五次会议召开。本次大会实到委员 260 名。

13 日　绍兴古城城市有机更新项目（历史街区一期）获国家开发银行 88 亿元授信贷款，是国家开发银行首个地级市城市有机更新项目。

13 日至 15 日　绍兴市越城区第九届人民代表大会第五次会议召开。经依法选举，徐获当选为越城区第九届人民代表大会常务委员会主任。会议实到代表 275 名。

24 日　越城区获“全国 2020 社会治理创新典范区”，“契约化引领、矩阵式智治”入选“2020 年社会治理典范”，系全市唯一。

28 日　越城区 13 处文物保护单位被列入全省第一批不可移动革命文物名录。

2 月

9 日　越城区荣获 2020 年度浙江省建筑工业化工作考核优秀县（市、区）。

10 日　越城区与马边彝族自治县签署政务服务“跨省通办”合作协议。4 月，设立区域通办专窗。

20 日　越城区召开“首位引领、大抓落实”推进大会。

21 日　浙江省政府批复同意变更越城区和上虞区部分行政区域界线，将上虞区沥海街道的管辖区域划归越城区。

26 日　《绍兴鲁迅故里及周边区域有机更新规划咨询》获 2020 年度全国优秀工程咨询成果一等奖。

3 月

1 日　杭州电子科技大学集成电路科学与工程学院（杭电绍兴校区）项目签约仪式举行，绍兴市政府、杭州电子科技大学、绍兴滨海新区签订合作框架协议。项目拟落户越城区，为全省首个集成电路科学与工程学院。

同日　浙江省首个人防（民防）宣传教育进企业示范点在冠友众谷青创园区挂牌，系全省唯一。

3 日　《关于建设绍兴滨海新区人才管理改革试验区的意见》正式发布。标志着绍兴人才试验区建设进入实质性推进阶段。

5 日 越城区全区拆改工作暨滞留户拔钉清障攻坚工作动员会召开。

10 日 “越巴士·云公交”微0002路试运营，是全市首条区域型动态公交。

11 日 越城区纪委九届六次全体会议召开。会议传达中央、省、市纪委全会精神，回顾总结2020年纪检监察工作，研究部署2021年工作任务。会议审议通过全会工作报告和决议。

同日 “越宴十八味”美食品选荣获全市2020年激活文化和旅游消费十佳经典案例。

12 日 越城区召开数字化改革大会，全面动员部署数字化改革工作。

13 日至 14 日 越城区举行吼山“情系桃源，醉美吼山”桃花节，首日接待游客2000余人次。

17 日 越城区首次技能人才外出招才抵达江西南昌，参加由绍兴市人力社保局组织的“金蓝领”专列。

18 日 越城区举办全省首个以数字化改革为专题的综合研讨班。

25 日 越城区召开党史学习教育动员部署会。

同日 绍兴集成电路产业平台列入首批浙江省发展改革委产业发展应用“万亩千亿”新产业平台场景试点工作平台。

26 日 越城区委召开农村工作会议暨农村宅基地制度改革试点动员部署会。会上宣读2020年度越城区“三农”工作获得的省级以上荣誉，部署2021年农村宅基地制度改革试点工作。

同日 越城区设立全市首个在审案件区级法院远程档案查阅点。

4 月

1 日 《越城区2020年度金融支持经济发展考核办法》出台。

9 日 中共绍兴市委绍市干任〔2021〕13号通知，吴萍任中共绍兴市越城区委委员、常委。

同日 越城区新冠疫苗方舱接种点于涂山路1号越城区体育中心网球场正式启用，是全市最大规模的集中接种点。

同日 越城区发布全省首个自治、法治、德治“三治融合”省级标准化试点成果和社会稳定指数。

12 日 越城区成为全省首个区县级移动CA（数字证书）试点平台。

18 日至 20 日 首届大禹农耕文化与乡村振兴战略论坛在大禹开元度假村举办。

21 日 越城区全面启动“留在绍兴、筑梦越城”2021年引才“百千万工程”。

23 日 中共绍兴市委转发浙政干〔2021〕38号通知，浙江省人民政府研究决定，金晓明任绍兴滨海新区管委会主任。

同日 越城区委理论学习中心组开展“沿着红色足迹学党史”现场教学活动，实地参观“契约化”共建活动中心、东湖街道后堡村抗日纪念堂、邵力子故居、上旺精神陈列馆等地。

同日 越城区公布13处第二批区级文保点名录。

同日 以“百年党史 百年经典”为主题的越城区第十七届读书节启动仪式暨“图书馆之夜”主题活动在金帝惠坊街举行。

25 日 “映像蠡城”绍兴古城百年变迁影像展开幕。展览时间至5月10日。

26 日 越城区召开建设平安越城工作暨扫黑除恶专项斗争总结表彰大会。

27 日 越城区企业振德医疗用品股份有限公司获全国五一劳动奖状；浙江旭日轴承有限公司QC（万向轴承）推进组、绍兴黄酒小镇（东浦）开发建设管理委员会综合管理处获“全国工人先锋号”称号。

同日　越城区旅游专班第一次会议暨全区旅游业“微改造、精提升”工作动员会召开，就全域旅游示范区创建、AAAA级景区城创建、“微改造、精提升”行动等方面工作作具体部署。

同日　中国气象局温室气体及碳中和监测评估中心（长三角研发中心）在越城区成立。

28日　越城区沥海街道举行揭牌仪式。

同日　越城区召开“银龄跨越数字鸿沟”科普专项行动部署会，讨论研究《越城区“银龄跨越数字鸿沟”科普专项行动实施方案（2021—2023年）（征求意见稿）》。现场，19个科普教学点集中授牌。

同日　孙端街道安桥头村被列入第一批绍兴市乡村非遗体验基地名单。

29日　越城区残疾人康复中心揭牌成立。区残疾人康复中心选址区人民医院住院部，分康复病区和康复治疗区。

同日　绍兴南部综合交通枢纽建设工程通过竣工验收。

30日　2021中国（绍兴）茶业博览会在迪荡新城梅龙湖畔开幕。

同日　越城区召开“我为群众办实事、我为企业解难题、我为基层减负担”专题实践活动动员部署会。

同日　鲁迅故里品质步行街举行开街仪式。

同日　越城区入选“浙政钉”工作门户建设省级试点。

5月

10日　乐山市党政代表团到越城区考察对接东西部协作工作。

11日　越城区图书馆通过省文化和旅游厅考评，成为首批省级“满意图书馆”。

12日　2020年度“最美浙江人·最美家庭”发布活动暨浙江省家庭家教家风巡讲活动启动仪式在越城区鉴湖街道王家葑村举行。

14日　全国文物保护单位吕府消防工程通过省文物局验收。该项目是国家文物局审批的全国重点安防工程之一。

18日　越城区获“2020年度浙江省扩大有效投资考核优秀单位”称号。

同日　省委常委、省纪委书记、监委主任许罗德到越城区调研。

19日　徐渭诞辰500周年纪念暨徐渭故里开放仪式在青藤广场举行。

21日　越城区2020年第七次全国人口普查主要数据公报发布。全区常住人口为1020037人，比2010年增加66105人，增长率为6.93%，年平均增长率为0.67%。

同日　“聚‘芯’英才，创‘芯’中国”2021中国（绍兴）集成电路产业创新发展学术峰会在越城区举行。

23日　2021年国际象棋男子世界冠军分区赛（中国区）在越城区开赛。

25日　越城区召开“五星达标、3A争创”迭代升级工作例会暨“乡村振兴先行村”培育现场会。

同日　越城区举办“共筑安心桥·护航双循环”活动。越城区涉侨法律服务站和越城区涉外商事法律服务中心挂牌成立。

28日　越城区旅游发展大会暨创建浙江省全域旅游示范区推进会召开。会议部署省全域旅游示范区及AAAA级景区城创建工作，并举行区文化和旅游智库专家聘请仪式，与省旅职院和浙江电视台新闻频道《旅游快车》栏目签订合作协议。

29日　2021“繁星耀越”越城滨海人才主题周活动启动。开幕式上，举行集成电路产业国际联合智力创新中心、天津大学高层次人才工作驿站等重点平台和人才项目签约，公布首批越城区滨海新区“免评审”青年科学家名单、首批“双聘制”高层次人才10人、“卓越人才”8人。

同日　绍兴综合保税区办理首票海关业务，是“提前适用政策”在全省首次落地。

6月

4日　越城区启动古城内历史建筑挂牌工作，含绍兴市区第一批历史建筑55处。另通过全息三维扫描和实景建模采集录入14787幢房屋资源，其中文物建筑99处、历史建筑118处、传统民居146处。

11日　越城区乡村振兴局挂牌成立。

15日　越城区落地应用全省首张数字化全流程职业技能培训券。

18日　越城区举办“奋斗百年路 启航新征程”——庆祝中国共产党成立100周年红色藏品展。

同日　越城区发布“红色初心之旅”基地导图。

22日　全国首条民营控股的高铁——杭绍台铁路全线铺轨贯通。

26日　越城区举行“奋斗百年路 启航新征程”“首位”引领“率先”启航——庆祝中国共产党成立100周年文艺演出。

30日　“中国共产党人的精神谱系”主题展在越城党员干部党性教育展厅开展，区领导带领新党员集中宣誓、参观主题展。

同日　府山街道越都社区党委被评为全国先进基层党组织。

7月

1日　越城区组织各级党员群众收听收看庆祝中国共产党成立100周年大会电视直播。

同日　中共复旦科技园绍兴创新中心支部委员会揭牌成立，系全市首个国家级大学科技园党支部。

6日　越城区举办学习习近平总书记在庆祝中国共产党成立100周年大会上的重要讲话精神专题读书班。

同日　越城区召开“首位引领 争先攀高”攻坚季行动动员部署会。

12日　越城区出台《关于推动“五星达标·3A争创”迭代升级全面建设乡村振兴先行区、共同富裕示范区的实施意见》。

13日　绍兴市首家乡村“复兴少年宫”在越城区马山街道新时代文明实践所揭牌成立。

同日　越城区“强国有我·后浪有声”“00后”宣讲月活动启动。

15日　越城区—马边彝族自治县东西部协作联席会议召开。

19日　越城区召开“法治营造 亲清互通”优化营商环境推进会暨法院“商会工作室”揭牌仪式。

同日　越城区5家企业入选中国工业和信息化部第三批专精特新“小巨人”名单，数量全市第一。

22日　越城区以819分通过第五次国家卫生城市复审。

23日　越城区成立全市首家关爱退役军人协会。

28日　越城区、滨海新区召开经济形势分析会暨“首位引领 争先攀高”攻坚季行动推进会。

30日　越城区委召开九届十三次全体（扩大）会议。审议并通过《中共绍兴市越城区委关于深入学习贯彻习近平总书记关于共同富裕重要论述奋力打造全市首位度中心城区争当高质量发展建设共同富裕示范区排头兵的决议》《越城区奋力打造全市首位度中心城区争当高质量发展建设共同富裕示范区排头兵的实施方案》。

同日　2021首届越城区文化旅游嘉年华启动。

同日　越城区公共资源交易中心正式启动"浙江移动CA"。越城区成为全省首个区县级移动CA试点平台。

8月

5日　越城区政府九届十次全体（扩大）会议召开。

6日　全省"文化基因解码工程"暨文化标识建设推进会在越城区召开。

10日　迪荡湖公园申报成功浙江省第一批"五水共治"实践窗口。

11日　越城区皋埠街道坝内村白石水库取得全市首本水库不动产权证。

14日　浙江省肿瘤医院绍兴院区在沥海街道开工建设。

16日　富盛镇青马村—凤旺村—义峰村天然富硒地块入选全国首批天然富硒土地。

18日　越城区文物局挂牌成立。

同日　滨海新区入选2021"科创中国"浙江创新基地。

19日　省政协主席葛慧君一行到滨海新区调研。

同日　越城区虚拟公物仓系统应用入选浙江省机关事务数字化改革试点项目。

20日　中共绍兴市委绍市干任〔2021〕27号通知，中共浙江省委浙委干〔2021〕164号通知，省委决定，徐军任中共绍兴市越城区委委员、常委、书记。

同日　中共绍兴市委绍市干任〔2021〕29号通知，市委决定，徐军任中共绍兴滨海新区（绍兴高新技术产业开发区、袍江经济技术开发区、绍兴综合保税区）工作委员会委员、副书记。

21日　浙江省人民政府浙政干〔2021〕49号通知，省政府研究决定，徐军任绍兴滨海新区管理委员会主任。

25日　《越城区服务业高质量发展"十四五"规划》出台。

29日　"古城信息管理"上榜浙江省数字化改革重大应用成果，系全市唯一。

30日　越城区首家社区国家标准化代谢性疾病管理中心（MMC）落户迪荡社区卫生服务中心。

31日　绍兴首批"共享法庭"在越城区设立。

9月

同日　越城区鲁迅小学教育集团文源校区、建功中学教育集团迪荡湖校区、鲁迅小学教育集团凤鸣校区、北海小学教育集团梅山校区、柯灵小学教育集团百盛校区等5所新学校启用。

3日　越城区残疾人运动员蒋裕燕在东京残奥会夺得两金一银一铜并打破400米自由泳S6级世界纪录。

6日　越城区召开"双减"工作会议。

7日　浙江省再生纤维资源综合利用现场会在越城区召开。

8日　越城区开展以"汇聚慈善力量 助力共同富裕"为主题的"慈善一日捐"活动。

14日　越城区成立首家残疾人文化体育艺术中心。

22日　中共绍兴市委绍市干任〔2021〕32

号通知，程许东任中共绍兴市越城区委委员、常委，中共绍兴市越城区纪律检查委员会委员、常委、书记。

23日 “鲁迅的身影——原版照片珍藏展”在绍兴鲁迅纪念馆开展，以纪念鲁迅先生诞辰140周年。

24日 越城区举办乡村振兴暨风情民宿招商推介会。

28日 《2021年中国中小城市高质量发展指数研究成果》发布，越城区列全国综合实力百强区第51位。

29日 2021年东西部协作“越商走马”招商引资推介会在马边举行。

30日 中芯绍兴二期（第一阶段）项目通过国家窗口指导，全面开工建设。

同日 越城区党政军领导与社会各界代表在吼山革命烈士纪念碑前举行敬献花篮仪式。

10月

1日 越城区首座5G数字地标塔在沥海街道滨海体育公园内点亮。

10日 越城区入选省农村文化礼堂建设示范县（市、区）。

11日 “同心越城·爱在身边”东西部协作项目对接会在越城区举行。

12日 府山街道越都社区党委书记诸妙茵、鉴湖街道坡塘村党委书记罗国海、中芯集成电路制造（绍兴）有限公司党总支书记余庆3人获“浙江省担当作为好支书”称号。

16日 以“活力绍兴 智引全球”为主题的2021绍兴越城—北京地区高校人才智力对接会在北京举行。

17日 绍兴地铁·2021皮划艇邀请赛暨东方水城嘉年华系列赛——2021绍兴古城桨板赛在北海街道迎恩门水街举办，系绍兴市首次古城桨板赛。

同日 越城区房地产业协会成立大会召开。

19日 绍兴市委副书记、市长盛阅春一行到越城区小亭山墓葬群考古现场调研古墓发掘保护工作。

22日 越城区在全市率先完成70周岁以上老年人流感疫苗和肺炎疫苗接种任务。

22日至25日 2021“绍兴银行杯”第九届全国新闻界围棋锦标赛在越城区举行。

22日至29日 越城区残疾人运动员在全国第十一届残运会上获11枚金牌、1枚银牌，奖牌数居全市第1。

23日 第十届中国医药生物技术论坛暨第二届绍兴生命健康产业峰会在越城区开幕。

29日 绍兴古城首个以“阳明文化”为主题的城市书房——“阳明主题馆”在塔山街道挂牌开放，系全区第一家主题分馆。

同日 袍江片东入曹娥江排涝工程（一期）Ⅲ入选省级建筑工程钱江杯奖（优质工程），系全市唯一。

11月

2日 越城区行政服务中心启用全区首个原产地证自助服务点。

3日至4日 越城区举办“越”向未来百家媒体看越城大型主题采访活动。

6日 越城区五邻阁生活服务中心开业，选址东街646号。

7日至11日 2021“同心·越城”大会在越城区举行。

8日 斗门街道在马海工业集聚区创设的马海工业社区揭牌成立。

12日 《越城区金融支持经济高质量发展

若干政策》出台。

13日　2021首届陆游诗歌节在越城区皋埠街道坝头山村陆游祖居举行。

18日　全市首个社区青少年国防教育中心——“凤林社区青少年国防教育中心”揭牌成立。

19日　塔山街道入选首批浙江省数字生活新服务特色镇。

23日　越城区深入学习贯彻中共十九届六中全会精神，全面推进“六讲六做”大宣讲工作。

24日　中共绍兴市委绍市干任〔2021〕43号、绍市干任〔2021〕44号通知，钱林江任中共绍兴滨海新区工作委员会委员、副书记（兼），中共绍兴市历史文化名城保护办公室工作委员会委员、书记。

25日　越城区休闲纺织产业集群入选第三批浙江省产业集群跨境电子商务发展试点，系全市唯一。

26日　滨海新区管委会主任、越城区委书记徐军到府山街道书圣故里社区台门党校宣讲中共十九届六中全会精神，并调研街道相关工作。

29日　越城区九届人大常委会第四十九次会议召开。决定任命钱林江、侯宏伟为绍兴市越城区人民政府副区长。决定钱林江为绍兴市越城区人民政府代理区长。

同日　中共绍兴市委绍市干任〔2021〕49号通知，应尧刚任中共绍兴市越城区委副书记；周春、金均海、陶榕发、李彰任中共绍兴市越城区委委员、常委。

12月

1日　浙江省“第四个宪法宣传周”暨“社区矫正中心开放日”主题活动在越城区举行。

同日　“越动网络 城现美好”网络文化传播活动在越城区富盛镇举办。

2日　由海关总署、国家发展改革委、财政部、自然资源部、商务部、国家税务总局、国家市场监管总局、国家外汇管理局等八部委组成的联合验收组，通过视频连线对绍兴综保区（一期）进行正式验收。

同日　塔山街道肢残人协会成立，塔山街道成为越城首个建立肢残协会的镇街。

同日　越城区民宿农家乐联合工会第一届代表大会第一次全体会议召开，越城区民宿农家乐联合工会正式成立。

8日　越城区入选浙江省幸福河湖试点县。

21日　越城区孙端街道入选2021年年度新时代美丽城镇建设省级样板。

22日　鲁迅中路步行街获评第二批浙江省高品质步行街。

24日　越城区获评2021年度浙江省生活垃圾分类工作优秀单位。

31日　越城区成功创建全国基层中医药工作先进单位，全市唯一。

同日　越城区斗门街道、鉴湖街道、陶堰街道入选省AAA级景区镇（街道）名单。

区情概要

建置区划

【建置沿革】 古为越国国都,城墙始建于越王勾践七年(前490年)。因为范蠡所筑,故称“蠡城”,又称勾践小城、山阴城、子城。秦王政二十五年(前222年)至南朝梁太平元年(556年),属会稽郡的山阴县;南朝陈永定年间(557—559年)会稽郡析山阴置会稽县,分属山阴、会稽两县;隋开皇九年(589年)废会稽郡,属吴州会稽县。隋大业元年(605年)属越州会稽县。大业三年(607年)属会稽郡会稽县。唐武德四年(621年)属越州会稽县。武德七年会稽立山阴县,分属越州会稽、山阴2个县。南宋建炎四年(1130年)属绍兴府,置5个厢、96个坊。元至元十三年(1276年)属绍兴路,改厢为隅,设4个隅、137个坊,置录事司掌之。明洪武九年(1376年)属宁绍道,废录事司,4个隅划归山阴、会稽两县分掌之。清宣统三年(1911年)并山阴、会稽为绍兴县,属绍兴县,仍设4个隅,坊里数时有变化。民国28年(1939年),城内置昌福、汤公、长安、蕺望、孝义、南大、咸欢、辛植、美政、大善、秋瑾、水澄、越王、大云、锡麟、上大16个镇,后并为秋瑾、元培、汤公、成章、鲁迅、锡麟6个镇。民国35年(1946年)10月,合6个镇称越王镇,设90保、1228甲,21382户、92455人。1949年5月,绍兴全境解放。1949年10月,以绍兴县越王镇置绍兴市,隶绍兴专区。1950年5月,合绍兴县、市,称绍兴县,置城关区。9月,城关区复改绍兴市,隶绍兴专区。1952年撤销绍兴专区,绍兴市改为省辖。时全市置府山、塔山、蕺山、北海4个区。1958年2月,划归宁波专区。1960年8月,改置绍兴市人民公社,辖府山、塔山、蕺山、北海4个大队,隶绍兴县。1962年1月,复置绍兴市,废市人民公社;12月废市,置城关镇,隶绍兴县。1963年1月,撤县级市建制,建绍兴县城关镇,辖4个街道。1964年,为绍兴专区区治。1970年,改为绍兴地区。1979年9月,复置绍兴市(县级),辖4个公社、11个大队(国务院批准,浙江省委实际未设立)。1981年1月,撤销绍兴县,并入绍兴市(县级)。1983年7月,绍兴撤地建市,置越城区(县级),辖府山、塔山、蕺山、北海4个街道,禹陵、城东、梅山、灵芝、亭山5个乡和东湖镇。至此,绍兴市越城区正式建区。

【行政区划】 1991年4月,亭山乡府山村划归府山街道管辖,灵芝乡塘南村划归北海街道管辖。1992年1月,设立昌安街道;8月,浙江省政府批准辖区内自环城东路、西平水江(今称东环城河)以东,东平水江以西,浙东运河以南,东西平水江交汇点以北地区成立绍兴经济开发区。1996年10月，亭山乡部分（马臻路以西、云栖大桥以东、云栖路以南、龙横江北岸以北）行政区域划归北海街道办事处管辖。1998年8月，设立稽山街道，委托绍兴经济开发区管委会管辖。

2000年6月，经省政府批准，绍兴县斗门镇（不含新马山村、新合作村、新皇甫村、新孙端村、新豆姜村、新斗门村）、东浦镇、鉴湖镇、皋埠镇和马山镇划归越城区管辖；同月，市区北部昌安门外设立袍江工业区；12月，禹陵乡大众、新港2个村划归稽山街道管辖。2001年7月，撤销城东乡建制，大部分并入东湖镇；撤销灵芝乡、梅山乡建制，原灵芝乡大部分和原梅山乡合并设灵芝镇，撤销亭山乡建制，并入府山街道；撤销禹陵乡建制，并入稽山街道；原城东乡部分和昌安街道合并为蕺山街道；原鉴湖镇部分（18个村、8个居民区）设立城南街道。调整后，越城区辖鉴湖、东湖、东浦、皋埠、斗门、马山、灵芝7个镇和府山、塔山、蕺山、北海、稽山、城南6个街道，建制区面积由101平方公里增至336平方公里。2002年6月，绍兴县马鞍镇新马山村、新孙端村、新皇甫村、新豆姜村、新斗门村、新合作村划归越城区斗门镇管辖。12月，辖区内绍兴古城北部，东至绍三线和外直江，西至绍齐公路，南至萧甬铁路，北至柯袍公路，即以灵芝镇、东浦镇境域为基础成立镜湖新区，灵芝、东浦两镇委托镜湖新区管委会管辖。2003年1月，绍兴县齐贤镇七里江村、庄头村、林头村、五峰村、前王村、潞阳村、潞庄村、后渚村、湖村、山泉村、西山头村、青云村、立岱村、大庆寺村、嘉会村15个村划归越城区灵芝镇管辖。2007年6月，迪荡街道设立，辖原蕺山街道的五门市社区、都泗社区2个社区和罗家庄村、沈家庄村、五云村、西金村4个村及原东湖镇瓦窑头居委会、革新村、塘湾村。2008年1月，皋埠镇、东湖镇行政区划调整，原皋埠镇104国道线以北的8个村划归东湖镇管辖；原东湖镇104国道线以南的12个村和东湖居民区划归皋埠镇管辖。

2013年11月，根据省政府《关于调整绍兴市部分行政区划的通知》，镜湖新区并入越城区，设区镜湖管委会；灵芝镇、东浦镇归由越城区管辖；原绍兴县孙端镇、陶堰镇、富盛镇划归越城区管辖。调整后，越城区行政区域面积增至498平方公里，辖10个镇、7个街道。同月，越城区孙端镇委托袍江经济技术开发区管委会管辖，陶堰镇、富盛镇委托绍兴高新技术产业开发区管委会管辖。2016年3月，越城区与绍兴高新区合署办公，实行“两块牌子、一套班子”，不再保留镜湖新区党工委、管委会。绍兴高新技术产业开发区管委会托管的东湖镇、皋埠镇、陶堰镇、富盛镇、稽山街道、迪荡街道以及各乡镇（街道）所属事业单位归由越城区管理。调整后，越城区（高新区）实辖7个镇、7个街道，共218个村、88个社区、7个农村居委会，实辖区域面积调整至381.53平方公里。2017年10月，越城区（高新区）东湖镇、灵芝镇、东浦镇、鉴湖镇撤镇设街。至此，越城区（高新区）实辖皋埠镇、陶堰镇、富盛镇3个镇和东湖街道、灵芝街道、东浦街道、鉴湖街道、塔山街道、蕺山街道、北海街道、府山街道11个街道。2018年6月，越城区（高新区）与袍江开发区合署办公，袍江开发区托管的乡镇（街道）由越城区（高新区、袍江开发区）管理。调整后，越城区（高新区、袍江开发区）实辖皋埠镇、陶堰镇、富盛镇、马山镇、孙端镇和东湖街道、灵芝街道、东浦街道、鉴湖街道、斗门街道、塔山街道、蕺山街道、北海街道、府山街道、城南街道、稽山街道、迪荡街道等17个镇街，区划面积498平方公里。2019年1月11日，浙江省民政厅发布《2018年浙江省行政区划变更情况》，批复同意撤销蕺山街道，并调整塔山、府山、北海、稽山、迪荡5个街道的管辖范围。至此，越城区（高新区、袍江开发区）实辖皋埠镇、陶堰镇、富盛镇、马山镇、孙端镇、东湖街道、灵芝街道、东浦街道、鉴湖街道、斗门街道、塔山街道、府山街道、北海街道、城南街道、稽山街道、迪荡街道等5个镇11个街道。11月8日，绍兴市区9个镇撤镇设街集中揭牌仪式举行。越城区皋埠镇、陶堰镇、马山镇、孙端镇撤销，改设皋埠街道、陶堰街道、马山街道、孙端街道办事处。至此，越城区实辖塔山街道、府山街道、北海街道、稽山街道、城南街道、迪荡街道、东湖街道、灵芝街道、东浦街道、鉴湖街道、斗门街道、皋埠街道、陶堰街道、马山街道、孙端街道15个街道及富盛镇1个镇。11月29日，滨海新区挂牌成立，托管越城区皋埠、马山、孙端、东湖、灵芝、东浦、斗门、稽山、迪荡和上虞区沥海等街道。

2021年2月23日，浙江省人民政府批复同意变更越城区和上虞区部分行政区域界线，上虞区沥海街道的管辖区域划归越城区。至此，越城区行政区域东至上虞区，南、西至柯桥区，北至钱塘江，辖16个街道、1个镇，行政区划面积538.6平方公里。（区档案馆　第尔）

2021年越城区乡镇（街道）基本情况表

表6

镇　街	村（个）	社区（个）	居委会（个）	翻牌居（个）	区域面积（平方公里）
塔山街道	1	10	0	0	4.3
府山街道	0	10	0	0	4.79
北海街道	1	17	0	0	17.1
稽山街道	0	14	0	0	18.7
城南街道	13	11	0	5	14.91
迪荡街道	2	10	1	0	9.3
东湖街道	13	0	2	5	30.5
灵芝街道	22	12	1	11	42.8
东浦街道	20	2	1	1	30.78
鉴湖街道	11	2	0	0	50.3
斗门街道	9	10	1	9	42
皋埠街道	26	4	0	0	59
陶堰街道	11	0	1	0	25.11
马山街道	20	6	1	0	44.5
孙端街道	16	0	1	0	31.28
沥海街道	22	0	2	0	40.6
富盛镇	14	0	1	0	73.9

（区民政局　提供）

自然地理

【地理位置】 越城区位于北纬 29°87'13" ～ 30°13'33"，东经 120°51'84" ～ 120°80'25"。地处浙江省东部，钱塘江和杭州湾南岸，宁绍平原西部，会稽山北麓，是绍兴市政治、文化中心，市委、市政府所在地，现辖 1 个镇 16 个街道，面积 538.6 平方公里（以上数据为区自然资源和规划分局统计口径）。东与上虞区的道墟街道、东关街道、长塘镇、汤浦镇相连，南、西、北与柯桥区的平水镇、兰亭街道、福全街道、柯岩街道、柯桥街道、齐贤街道、马鞍街道接壤。

【地形地貌】 2021 年，越城区处于钱塘江河口段南岸，宁绍平原西部，背靠会稽山余脉，是平原向低山丘陵的过渡地带，总体地势南高北低。北部、中部以平原为主，间有残丘突兀于平原之中，如镜湖湿地公园的梅山，以及城区的塔山、府山等。南部以低山丘陵为主，地形坡度一般 15° ～ 25°，局部 30° 以上，全区最高峰位于富盛镇西南的望海岗，海拔标高 567.7 米。根据地貌形态成因多级分类原则，越城区地貌类型有侵蚀剥蚀地貌（残丘）、坡洪积平原、冲洪积平原、湖沼积平原、冲海积平原五大类。（区自然资源和规划分局　李伟）

自然资源

【土地资源】 2021 年，越城区国土变更调查总面积 493.24 平方公里，包括湿地、耕地、种植园用地、林地、建设用地等地类均有分布，主要土地类型：湿地 0.17 公顷；耕地 9467.22 公顷，占全区土地总面积的 19.19%；园地 1018.44 公顷，占全区土地总面积的 2.06%；林地 12505.39 公顷，占全区土地总面积的 25.35%；草地 355.65 公顷，占全区土地总面积的 0.72%；城镇村及工矿用地 15121.35 公顷，占全区土地总面积的 30.66%（包括公共管理与公共服务用地 1765.14 公顷，占全区土地总面积的 3.58%；商业服务业用地 873.19 公顷，占全区土地总面积的 1.77%；特殊用地 176.03 公顷，占全区土地总面积的 0.36%）；交通运输用地 2373.04 公顷，占全区土地总面积的 4.81%；水域及水利设施用地 7962.96 公顷，占全区土地总面积的 16.14%；其他 520.51 公顷，占全区土地总面积的 1.06%。（以上数据为 2021 年年末最新上交数据，最终数据以国家核实通过的下发数据为准）。

【森林资源】 2021 年，越城区森林覆盖率达到 27.32%，活立木总蓄积量 80.63 万立方米，林地保有量 1.37 万公顷。完成造林更新 60.33 公顷（平原绿化 57.33 公顷）、森林抚育 63.80 公顷。做好林业有害生物防治，清除病枯死松木 34.82 万公斤，除治面积 0.2 万亩。

【矿藏资源】 截至 2021 年年底，越城区已发现铜、金、石煤、泥炭、石英砂岩、普通建筑石料等矿产资源 6 种；已发现的燃料、有色金属和贵金属矿产地，均已经过地质预查或普查。勘查结果显示，上述甲类矿种大多属矿点和矿化点，但矿体规模小、形态复杂、矿石质量变化大，均不具备工业价值，区内仅有建筑石料矿可供开发利用。全区在开 2 处普通建筑石料矿，分别为绍兴市越城区鉴湖街道解南公路 2 号二期地块边坡与场地平整综合治理工程建筑用石料（砂岩）矿、绍兴市越城区东浦街道清水闸村梅里尖山北侧边坡生态环境综合治理工程建筑石料（凝灰岩）矿，设计开采规模分别为 92 万吨 / 年和 76 万吨 / 年。（区自然资源和规划分局　李伟）

【水资源】 2021 年，越城区年降水量 91121 万立方米，年总水资源量 58863 万立方米，其中地表水资源量 52450 万立方米，地下水资源量

13245万立方米，地下水与地表水重复计算量6832万立方米。（区水利局　邢晓翰）

气　候

【概况】 2021年，越城区总的气候特点为年平均气温较常年偏高，降水量和降水日数略偏多，日照偏少。年内主要天气气候事件有年平均气温偏高、春霜冻、春季强对流、盛夏“倒黄梅”、台风暴雨过程多、夏季时间长、冷空气过程多等。

【气温】 年平均气温18.60℃，较常年高1℃，为历史第二高（第一高为2007年），已连续22年偏暖，全年各月平均气温均较常年不同程度偏高，其中2月、9月平均气温较常年异常偏高，偏高量均超过2℃，2月平均气温10.70℃，较常年高3.60℃，为历史同期第一高。年极端最高气温为37.90℃，出现时间为7月12日；年极端最低气温为-6.10℃，出现时间为1月9日。年高温日数（日最高气温≥35.00℃）为24天，较常年少6天（常年30天）。年低温日数（日最低气温＜0℃）为17天，较常年少1.50天（常年18.50天）。

【降水】 年降水量为1598.50毫米，较常年（1518.70毫米）略偏多。全年雨日171天，较常年（156.10天）多14.90天。降水时间分布不均匀，其中1月、4月、12月降雨量较常年同期异常偏少，4月降水较常年少5成，1月和12月降水较常年少8成以上；7月和10月降水异常偏多，其中7月降水量是常年同期的2.10倍，10月降水较常年同期多8成以上。年内降水12月最少，为10.80毫米，仅占全年降水量的0.7%，7月最多，为294.60毫米，占全年总降水的18.4%。全年共出现5个暴雨日，日最大降水量为68.40毫米，出现在7月25日。

【日照】 年总日照时数1651.80小时，比常年平均（1787.90小时）少136.10小时，各月分布不均匀，其中1月、9月、11月、12月较常年偏多，其余月份日照时数均较常年不同程度偏少，其中7月日照时数少很多，日照率仅为常年的61.7%。

【风】 年平均风速1.50米/秒，全区极大风速为29.00米/秒，出现在凤凰山站（9月29日）；全年盛行风向为东北偏东风。

【年度主要天气气候事件】

全年气温偏高。 2021年平均气温18.60℃，为历史第二高（第一高为2007年18.70℃），年极端最高气温为37.90℃。

冬季前冷后暖，2月气温创历史新高。 2021年冬季（1月至2月）前冷后暖，1月上旬遭受强寒潮袭击，1月上旬平均气温为2.10℃，较常年显著偏低，为近8年来最低。1月下旬起气温急剧回升，2月平均气温达10.70℃，较常年显著偏高，为有气象资料以来2月气温之最，如同“冬季里的春天”。

早春霜冻。 3月23日早晨，受强辐射降温影响，最低气温局部山区低于零度。

春季连阴雨，对流天气频发。 春季（3月至5月）出现连阴雨天气，雨日数达52天，较常年多，日照时数较常年少。其中5月11日至24日连续阴雨，对居民生产生活造成一定影响。此外，春季对流频发，季内共出现11次强对流天气过程，其中5月26日全区面雨量高达49毫米。

梅雨形势不典型。 2021年于6月10日入梅，7月5日出梅，梅雨量248毫米，与常年持平。梅雨形势不典型，梅汛期雨量分布不均，强降雨具有分散性、局地性、极端性等特点。

夏季高温天气持续时间短。 出梅后，气温迅速上升，夏季日最高气温超过35℃的高温天为20天，没有出现38℃以上的高温天气，年最高气温为7月12日的37.90℃。

台风“烟花”。第6号台风“烟花”路径复杂移速慢，影响时间长，造成暴雨范围广，总量大。受台风“烟花”影响，7月22日至28日全区出现持续降水，过程面雨量316毫米，最大富盛金溪站516.10毫米，最大小时雨强东浦51.10毫米，普遍出现7～8级阵风，最大沥东沥海站10级(27.40米/秒)。

“倒黄梅”短时暴雨频繁。8月盛夏季节出现罕见的连阴雨天气，强降雨持续时间长、范围广，其间频繁出现短时暴雨或大暴雨，全区面雨量239.60毫米，是历史同期的5倍左右，创历史极值。

台风“灿都”。第14号台风“灿都”9月12至15日影响越城区，发展速度快，超强台风维持时间长，路径复杂，近海回旋少动。受其外围环流影响，全区面雨量76.50毫米，最大富盛金溪站136.30毫米，全区普遍出现6～8级阵风，最大沥海站8级(19.30米/秒)。

入夏早入秋晚，国庆气温创新高。2021年于5月7日入夏，较常年早18天，10月16日入秋，较常年推迟16天，夏季时间长达162天，为史上最长夏季。国庆期间(10月1—7日)全区平均气温高达26.50℃，创历史同期新高，为史上最热国庆假期。

年初年末冷空气频繁。1月、11月至12月冷空气活动频繁。1月1日最低气温-5.80℃，山区最低-10.10℃，为有气象记录以来的最冷元旦;1月6日至9日、11月7日至9日、11月21日至24日和11月29日至30日各出现1次寒潮过程。12月24日至28日的寒潮过程，全区日平均气温过程降温幅度10℃左右，最低气温平原地区-3℃～-1℃，山区-5℃～-2℃，28日全区大部分地区出现飘雪。(区气象局　董海丽)

人　口

【概况】 2021年年末，越城区域总户数29916户，户籍人口829078人，其中城镇人口543110人，乡村人口285968人，分别占比65.5%和34.5%。全年出生人口5120人，死亡人口5918人，人口自然增长-798人，自然增长率为-0.962‰；迁入人口21535人，迁出人口20580人，人口机械增长955人，净迁移率为1.15‰；人口净增150人，年人口增长率为0.18‰。2021年登记男性403855人，女性425223人，男女性别比为94.97(女=100，下同)；登记出生男性2643人，出生女性2477人，出生性别比为106；登记死亡男性3220人，死亡女性2698人，死亡性别比为119。(区公安分局　汤慧琳)

【流动人口管理】 2021年，越城区登记在册流动人口总数为427586人，比上年同期增加29329人，上升7.36%。省外流入36.4万人，占全区流动人口总数的85.14%；省内流入6.3万人，占全区流动人口总数的14.86%。登记在册出租房屋数131222间，比上年同期增加5986间，上升4.56%。流动人口居住登记率平均为97.12%；登记信息准确率平均为97.98%，居住出租房屋登记率99.79%，同住人员信息采集率100%，达到省、市考核要求。

【搭建“越乡汇”互助平台】 2021年，越城区围绕“新居民一件事”改革，结合数字化改革工作，紧盯流动人口关心关注的租房、就业等焦点问题，创新外来建设者服务形式，打通数字化服务渠道，探索具有亮点的外来建设者服务新途径，搭建集租房、就业、团购、本地政策于一体的“越乡汇”互助平台。全年平台共推广流动人口260723人，入驻企业(单位)1229家，发布租房信息1227条，企业招聘信息435条，发布最新

2021年越城区流动人口分布情况表

表7

镇 街	2021年流动人口数(人)	占流动人口总数的比例(%)
皋埠街道	23032	5.39
陶堰街道	4030	0.94
富盛镇	1281	0.30
东湖街道	17578	4.11
灵芝街道	45891	10.73
东浦街道	40187	9.40
鉴湖街道	14832	3.46
塔山街道	11757	2.75
北海街道	24207	5.66
府山街道	11655	2.73
城南街道	22133	5.18
稽山街道	13105	3.06
迪荡街道	12661	2.96
斗门街道	81530	19.07
马山街道	64887	15.18
孙端街道	7786	1.82
沥海街道	31034	7.26
合 计	427586	100.00

2021年越城区流动人口就业结构一览表

表8

职业分类	流动人口总数(人)	占比(%)
农林牧渔生产	2331	0.55
生产制造加工	117200	27.41
工程施工	68115	15.93
运输服务	9617	2.25
装饰装修	4169	0.98
餐饮服务	14135	3.31
休闲娱乐服务	8219	1.92
家政服务	992	0.23
保安物管	2057	0.48
维修服务	2222	0.52

续表 8

职业分类	流动人口总数(人)	占比(%)
废旧物品收购	1681	0.39
其他商业服务	17765	4.15
其他职业	131537	30.76
失业	47546	11.12

2021 年越城区流动人口结构一览表

表 9

民族	流动人口数(人)	占比(%)	民族	流动人口数(人)	占比(%)
汉族	385305	90.19	裕固族	1	0.00
蒙古族	404	0.10	水族	260	0.06
回族	1493	0.35	东乡族	164	0.04
藏族	271	0.06	纳西族	46	0.01
维吾尔族	442	0.10	景颇族	91	0.02
苗族	8812	2.06	柯尔克孜族	8	0.00
彝族	5001	1.17	土族	7	0.00
壮族	2642	0.62	达斡尔族	7	0.00
布依族	6057	1.42	仫佬族	128	0.03
朝鲜族	152	0.04	羌族	55	0.01
满族	725	0.17	布朗族	16	0.00
侗族	2598	0.61	撒拉族	7	0.00
瑶族	548	0.13	毛南族	52	0.01
白族	620	0.15	仡佬族	551	0.13
土家族	8449	1.98	锡伯族	4	0.00
哈尼族	218	0.05	阿昌族	17	0.00
哈萨克族	25	0.01	普米族	4	0.00
傣族	127	0.03	塔吉克族	1	0.00
黎族	401	0.10	鄂温克族	3	0.00
傈僳族	71	0.02	德昂族	16	0.00
佤族	133	0.03	京族	2	0.00
畲族	525	0.12	独龙族	1	0.00
拉祜族	49	0.01	鄂伦春族	1	0.00
保安族	4	0.00	基诺族	4	0.00
其他	49	0.01	—	—	—

政策 12 条。

【电子居住证改革试点】 2021 年 6 月初，越城区根据省公安厅的统一部署，开展电子居住证改革试点工作。以在线“掌上办”“网上办”为主、线下“窗口办”为补充，简化办事流程，办证时间从 15 个工作日缩短至 2 个工作日内，实现流动人口居住证申领、签注等业务一指办理、亮码应用、零费用、零跑腿。全年共发放电子浙江省居住证 8300 张。

【流动人口智能感知】 2021 年，越城区与中国移动合作，探索运用大数据网络，精准掌握初次到越城区的流动人口信息，通过短消息的形式将自主申报渠道发送给流动人口，提高信息采集的精准性。全年已感知流动人口并发送提示短信超过 2 万人次。（区流管中心　徐丹）

国民经济和社会发展

【概况】 2021 年，越城区实现地区生产总值 1185.26 亿元，按可比价增长 8.8%，其中第一产业增加值 16.58 亿元，同比增长 2.5%；第二产业增加值 495.51 亿元，同比增长 12.3%；第三产业增加值 673.71 亿元，同比增长 6.6%。三次产业结构 1.4：41.8：56.8。全区财政总收入 154.56 亿元，同比增长 18.7%；一般公共预算收入 93.17 亿元，同比增长 19.8%；税收收入 83.44 亿元，同比增长 18.5%，占一般公共预算收入的 89.6%；非税收入 9.73 亿元，同比增长 31.9%。（统计口径参照《2021 年越城区国民经济和社会发展统计公报》，下同）

【农业和农村建设】 2021 年，越城区农林牧渔业产值 36.99 亿元，同比增长 3.4%，其中农业产值 15.72 亿元，同比增长 2.5%；林业产值 0.83 亿元，同比增长 0.3%；牧业产值 4.57 亿元，同比增长 5.6%；渔业产值 15.19 亿元，同比增长 3.4%；农林牧渔服务业产值 0.69 亿元，同比增长 10.3%。农林牧渔业增加值 16.84 亿元，按可比价同比增长 2.6%。全区粮食播种面积 10253.33 公顷，粮食总产量 7.03 万吨。

【工业和建筑业】 2021 年，越城区规上工业企业 592 家，实现规模以上工业增加值 364.42 亿元，同比增长 12.7%，完成规模以上工业总产值 1696.98 亿元，同比增长 23.7%。产值排名前五位的行业分别为电力－热力生产和供应业（占比 15.2%），纺织业（占比 13.5%），化学纤维制造业（占比 11.2%），化学原料和化学制品制造业（占比 9.7%），电气机械和器材制造业（占比 7.5%）。全区建筑业资质等级企业 159 家，完成建筑业总产值 827.2 亿元，同比增长 19.8%；主营业务收入 654.16 亿元，同比增长 12.5%；利润 13.68 亿元，同比增长 12.1%。

【国内贸易和对外经济】 2021 年，越城区第三产业增加值 673.17 亿元，按可比价增长 6.6%，第三产业增加值占生产总值的比重为 56.8%。全区规模以上服务业企业 962 家（含贸易，不含电信邮政），营业收入达 1337.43 亿元，同比增长 21.97%。其中，限额以上批发零售业法人单位 702 家，限额以上住宿餐饮业法人单位 94 家。全区社会消费品零售额 722.61 亿元，同比增长 3.2%；限额以上批发业销售额 1190.55 亿元，同比增长 42.1%；限额以上零售业销售额 266.64 亿元，同比下降 7.8%；限额以上住宿业营业额 9.82 亿元，同比增长 28.6%；限额以上餐饮业营业额 17.57 亿元，同比增长 44.6%。对外经济逐步回暖。全区实现进出口总额 664.89 亿元，同比增长 8.5%，其中自营出口额 588.04 亿元，同比增长 3.8%；进口额 76.85 亿元，同比增长 65.7%。

【固定资产投资和房地产业】 2021 年，越城区完成固定资产投资同比增长 34.3%。分产业看，第二产业投资同比增长 31.9%，第三产业投资同比增长34.7%,房地产投资同比增长49.1%,生态环保和公共设施投资同比增长21.2%,高新技术产业投资同比增长32.5%,民间投资同比增长31.4%,交通投资同比增长45.8%。全区商品房成交面积为296.68万平方米,同比减少2.7%。全区二手房成交面积为125.99万平方米,同比减少26%。

【教育和科学技术】 2021年,越城区完成迪荡中学、柯灵小学百盛校区、柯灵幼儿园百盛园区、鲁迅小学文源校区等4个校址新建,并如期投用。两湖西侧小学、稽山初级中学完成主体结构施工,站前小学、湖东小学、站前中学、两湖幼儿园新建项目进入桩基施工。完成鲁迅小学、绍初龙山校区扩建,塔山小学成章校区、元培中学北校区改造项目完工投用,累计完成投资约0.2亿元。启动凤林小学、陶堰街道中心小学、北海小学、富盛镇中扩建等项目前期设计立项等工作。鉴湖阳光里、皋埠碧桂园、灵芝澄港3所配套幼儿园建成投用。全年累计完成投资约7.46亿元。柯灵幼儿园百盛园区建成投用;两湖幼儿园开工建设;鉴湖阳光里、皋埠碧桂园、灵芝澄港3所配套幼儿园建成投用;改建东湖街道皋北幼儿园,新增学位1530个。创新要素加速集聚。全区高新技术产业投资额增速32.5%,规上工业实现高新技术产业增加值增速10.5%。新增高新技术企业178家(含重新认定52家),省科技型中小企业240家。

【文化、体育和卫生】 2021年,越城区高质量推进省级文化基因解码工程,完成文化元素普查入库441个,解码20项区域重点文化元素,"黄酒文化""鲁迅文化"入选全省首批"浙江文化标识"培育项目。坚持非遗守正创新,12个非遗项目列入区第六批非物质文化遗产名录,6家单位列入区级非物质文化遗产传承基地,4家单位列入区级乡村非遗体验基地,完成6位市级非遗传承人奖励政策兑现。建成越城区非遗工作数据库平台,着力推动非遗领域数字化改革。体育成绩喜人。全区完成省、市级民生实事体育类项目31个,完成百姓健身房等基层体育场地设施智慧化升级改造项目32个。承办2021年国际象棋男子世界冠军分区赛(中国区),全年举办"迎亚运 共发展"系列全民健身活动等各类体育赛事活动240场。截至年底,全区常住人口人均体育场地设施面积超过2.8平方米,经常参加体育锻炼人数比例达29%以上(不含学生)。2021年,市青少年锦标赛金牌数继续保持全市第一,省青少年竞技体育竞赛金牌数首居全市第一。医保体系日渐完善。全区完善以基本医保为主体、大病保险为延伸、医疗救助为托底和商业保险为补充的多层次医疗保障体系。2021年,首次推出普惠型商业补充保险"越惠保",满足群众多元化就医需求。自2021年3月10日起,提高大病保险待遇,在原待遇的基础上,提高10个百分点,切实减轻群众就医负担。严格落实医保扶贫政策措施,及时做好困难人员医保资助参保和医疗救助待遇发放工作,在实现市内直接刷卡的基础上,实现省内直接刷卡,更大程度方便困难群众。

【人民生活和社会保障】 2021年,越城区城镇常住居民人均可支配收入为67772元,同比增长9.6%;农村常住居民人均可支配收入为42508元,同比增长10.0%,全年城乡居民收入倍数为1.59倍。城镇常住居民人均生活消费支出40058元,同比增长17.6%;农村常住居民人均生活消费支出26822元,同比增长18.2%。全区通过专场招聘会、就业大篷车等线下招聘,结合越城区人才网、微信公众号等线上形式,积极提供就业岗位,实现新增城镇就业5.28万人、失业再就业4.25万人、就业困难人员再就业0.44万人。全年新增就业大学生3.29万人,新晋升高级职称 669 人，全区新增高技能人才 1.48 万人，开展职业技能培训 5.77 万人。全区参保企业养老保险 40.51 万人、城乡居民养老保险 8.16 万人，参保率达 99.9%。

【资源、环境保护和社会安全】 2021 年，越城区 AQI（空气质量指数）优良率升至 92.1%，同比增加 1.4 个百分点，PM2.5 浓度年平均值降至 28 微克 / 立方米。“五水共治” 成效不断巩固，5 个镇街成功创建省级 “污水零直排区”，37 个市级考核断面功能区达标率 100%，创建 “美丽河湖” 2 条，河湖长履职平均分、巡河完成率、问题处理率保持高位运行，居全市前列。城乡生活垃圾分类覆盖率基本达到 100%，资源化利用率达到 100%，无害化处理率达到 100%。成功创建省级高标准生活垃圾分类示范小区（村）18 个。全区坚持平安建设为统领，创新发展新时代 “枫桥经验”，以全力争创 “全国社会治理现代化标杆区” 为工作目标，平安创建成功 “十六连冠”，重大决策社会风险评估 “一件事” 应用已列入全省数字法治 “揭榜认领” 名单。

中共绍兴市越城区委员会

重要会议

【概况】 2021年，越城区共召开区委全体(扩大)会议3次、区委常委会会议27次、区委常委(扩大)会议5次、全区领导干部会议5次。

【区委全体(扩大)会议】 2021年7月14日上午，越城区委召开区委全体(扩大)会议，对越城区区级领导班子和领导干部进行民主测评和评议、民主推荐等工作。

【区委九届十三次全体(扩大)会议】 2021年7月30日，越城区委召开九届十三次全体(扩大)会议，就全面贯彻落实《中共中央　国务院关于支持浙江高质量发展建设共同富裕示范区的意见》《浙江高质量发展建设共同富裕示范区实施方案(2021—2025年)》《绍兴奋力打造浙江高质量发展建设共同富裕示范区市域范例行动方案(2021—2025年)》作出系统部署，审议并原则通过《越城区奋力打造全市首位度中心城区 争当高质量发展建设共同富裕示范区排头兵的实施方案(2021—2025年)》。

【区委九届十四次全体(扩大)会议】 2021年10月27日下午，越城区委召开九届十四次全体会议。会议酝酿、讨论、通过《关于召开中国共产党绍兴市越城区第十次代表大会的决议》。

【区委常委会会议】 2021年1月7日，区委召开九届一百二十一次常委会会议。会议传达学习省委常委会会议、市委常委会会议精神；听取越城区贯彻落实意见的汇报；听取关于《2021年政府工作报告》起草情况的汇报；听取关于区政府2020年民生实事项目完成情况和2021年民生实事候选项目征集情况的汇报；听取关于区人大常委会工作报告起草情况及区九届人大五次会议议程、日程安排的汇报；听取关于区政协常委会工作报告、提案工作报告起草情况及区政协五届五次会议议程、日程安排的汇报；听取关于绍兴市越城区人民法院工作报告起草情况的汇报；听取关于绍兴市越城区人民检察院工作报告起草情况的汇报；听取关于《越城区国民经济和社会发展第十四个五年规划和二〇三五年远景目标纲要(草案)》起草情况的汇报；听取《关于越城区2020年国民经济和社会发展计划执行情况与2021年国民经济和社会发展计划(草案)的报告》起草情况的汇报；听取《关于越城区(滨海新区)2020年预算执行情况及2021年预算(草案)的报告》起草情况的汇报；听取关于区九届人大五次会议有关建议人选名单及选举办法说明的情况汇报；听取关于区政协五届五次会议有关建议人选名单的情况汇报。

2月1日，区委召开九届一百二十二次常委会会议。传达学习习近平、胡春华在中央农村工作会议上的讲话精神和省委农村工作会议有关精神；传达学习《中共浙江省委办公厅　浙江省人民政府办公厅印发〈关于加快推进媒体深度融合发展的实施意见〉的通知》有关精神；传达学习《中国共产党统一战线工作条例》有关精神，听取越城区贯彻落实意见的汇报；传达学习中央政法工作会议、省委政法工作会议精神，及听取越城区贯彻落实意见的汇报；听取关于第四届浙江省基层党建论坛有关情况的汇报；听取关于全区村社换届总体情况的汇报；听取《关于学前教育深化改革规范发展的实施意见》起草情况的汇报；听取《关于落实市委巡察组扶贫开发领域专项巡察反馈意见的整改方案》有关情况汇报；听取关于《绍兴市越城区农村宅基地制度改革试点实施方案》起草情况的汇报；讨论审议有关人事事项。

2月9日，区委召开九届一百二十三次常委会会议。传达学习贯彻习近平总书记在省部级主要领导干部学习贯彻中共十九届五中全会精神专题研讨班开班式上的重要讲话精神；传达学习习近平总书记在十九届中央政治局第二十七次集体学习时发表的重要讲话精神；传达学习全国统战部长会议精神；传达学习全国宣传部长会议、全省宣传思想工作会议有关精神；传达学习市两会有关精神；传达学习中央第三生态环境保护督察组督察浙江省情况反馈会精神，听取越城区贯彻落实意见的汇报；听取区人大常委会、区政府、区政协、区法院、区检察院党组2020年工作情况汇报；听取关于区文旅集团、区城发集团组建方案的有关情况汇报；听取关于越城区留工过年政策落实情况的汇报；听取关于2020年度镇街、区级部门(单位)岗位目标责任制考核情况的汇报；听取关于2020年度表彰奖励、表扬项目推荐情况的汇报；听取关于2020年度群众满意度“十佳”“十差”基层站所(一线科室)评议情况的汇报；听取关于2020年度开展农村党风廉政建设“评星晋级”活动情况的汇报；听取关于越城区、滨海新区“首位引领、大抓落实”推进大会方案的汇报；听取关于区管领导干部案件审查的有关情况汇报。

3月2日，区委召开九届一百二十四次常委会会议。传达学习习近平总书记在十九届中央政治局第二十八次集体学习时发表的重要讲话精神；传达学习习近平总书记在全国脱贫攻坚总结表彰大会上的重要讲话精神；传达学习全国政法队伍教育整顿动员部署会、全省政法队伍教育整顿动员部署会有关精神；传达学习十九届中央纪委五次全会、省纪委十四届六次全会、市纪委八届六次全会精神，听取越城区贯彻落实意见及区纪委九届六次全会方案和工作报告(草案)起草情况的汇报；传达学习省委落实中央巡视组反馈意见整改工作动员部署会、市委落实中央巡视组反馈意见整改工作动员部署会精神，听取越城区贯彻落实意见的汇报；传达学习全省推进数字化改革大会、全市数字化改革大会精神，听取越城区贯彻落实意见的汇报；听取《关于建设绍兴滨海新区人才管理改革试验区的意见》起草情况的汇报。

3月16日，区委召开九届一百二十五次常委会会议。传达学习省委书记袁家军在省委全面深化改革委员会第十二次会议上的讲话精神；传达学习《中共浙江省委办公厅浙江省人民政府办公厅印发〈关于全面加强网络舆情安全工作的实施意见〉的通知》有关精神；传达学习习近平总书记在党史学习教育动员大会上的重要讲话精神，全省、全市党史学习教育动员部署会精神，听取《中共绍兴市越城区委关于开展党史学习教育的实施工作方案》起草情况汇报；听取《中共绍兴市越城区委关于落实中央巡视反馈问题整改工作方案》有关情况的汇报；听取《中共绍兴市越城区委关于开展全区政法队伍教育整顿的实施方案》起草情况的汇报；讨论审议有关人事事项。

3月26日，区委召开九届一百二十六次常委会会议。传达学习贯彻全国、全省、全市新冠病毒疫苗接种工作电视电话会议精神，听取越城区贯彻落实意见的汇报；传达学习贯彻省委书记袁家军在绍兴调研时的讲话精神。

4月8日，区委召开九届一百二十七次常委会会议。传达学习贯彻习近平总书记在中央党校（国家行政学院）中青年干部培训班开班式上的重要讲话精神；传达学习第十七次全省检察工作会议主要精神，听取越城区贯彻落实意见的汇报；传达学习贯彻市委书记马卫光在越城调研时的讲话精神；传达学习省委常委、政法委书记王昌荣在绍调研时的讲话精神，听取越城区贯彻落实意见的汇报；听取关于扶贫开发领域专项巡察反馈意见整改落实的情况汇报；听取关于《越城区创建浙江省全域旅游示范区实施方案》《越城区创建浙江省景区城和景区镇（街道）实施方案》和《关于加快推进越城区全域旅游发展的政策意见》起草情况汇报；听取《关于坚决打赢遏制重大控制较大生产安全事故攻坚战的实施意见》起草情况汇报；听取关于《2021年越城区拆改工作实施方案》起草情况的汇报；听取关于2020年度区管科级领导干部年度考核结果的情况汇报；讨论审议有关人事事项。

4月23日，区委召开九届一百二十八次常委会会议。传达学习贯彻《中共中央办公厅关于印发〈党委（党组）网络意识形态工作责任制实施细则〉的通知》主要精神；传达学习中央、省、市关于乡镇领导班子换届相关会议精神，听取越城区贯彻落实意见的汇报；听取《关于科学规范镇（街道）“属地管理”的实施意见》起草情况的汇报；听取关于越城区部分行政区域界线变更工作情况的汇报；听取关于3月赴省访量进入全市乡镇（街道）前十名的情况汇报；传达学习贯彻省、市关于建立新闻媒体舆论监督曝光问题督促整改机制有关精神，研究关于《今日聚焦》曝光曹娥江沿线部分区域污水入河问题整改工作；讨论审议有关人事事项。

4月30日，区委召开九届一百二十九次常委会会议。传达学习贯彻全省农村文化礼堂2.0版建设暨新时代文明实践中心建设工作现场会有关精神；传达学习全市党史学习教育领导小组全体（扩大）会议暨巡回指导动员部署会精神，听取越城区贯彻落实意见的汇报；传达学习市委党的群团工作会议有关精神，听取越城区贯彻落实意见的汇报；听取关于《落实市委党风廉政建设责任制检查反馈意见的整改分工方案》起草情况汇报；听取《关于庆祝中国共产党成立100周年系列活动的通知》起草情况的汇报；听取关于《2021年度镇街、机关部门（单位）岗位目标责任制考核办法》起草情况的汇报；听取关于《越城区、滨海新区2021年督查检查考核年度计划》起草情况的汇报；听取关于《越城区拆迁类信访问题大起底大化解两年专项行动实施方案》起草情况的汇报。

5月13日，区委召开九届一百三十次常委会会议。传达学习贯彻袁家军在省委法治浙江建设工作会议上的讲话精神；传达学习贯彻袁家军、郑栅洁在全省数字化改革第一次工作例会上的讲话精神；听取关于2021年审计厅对越城区开展党政主要领导经济责任审计的情况汇报；听取关于2021年区两会建议提案有关情况的汇报；听取关于2021年区政府重大行政决策事项建议目录的情况汇报；听取关于越城区、滨海新区2021年政府、国有企业投资项目计划情况的汇报；听取《关于夯实统计基层基础建设的若干意见》起草情况汇报；听取关于2021年度区领导重点工作清单的情况汇报；听取关于贯彻落实习近平总书记对绍兴工作重要指示批示精神“四张清单”及省市“七张问题清单”整改情况的汇报；听取关于2021年度专班重点工作清单的汇报；听取《关于加快推进陶堰、孙端、富盛协同发展的实施意见》起草情况汇报。

5月28日，区委召开九届一百三十一次常委会会议。传达学习贯彻习近平总书记在十九届中央政治局第二十九次集体学习时发表的重要讲话精神；传达学习关于《中国共产党机要密码工作条例》有关精神和中央、省委重要指示精神，听取越城区贯彻落实意见的汇报；传达学习贯彻《中共中央办公厅关于北京市开展违建别墅清查整治工作情况的通报》有关精神；传达学习贯彻袁家军在高质量发展建设共同富裕示范区省委专题学习会上的讲话精神；传达学习《中共浙江省委关于纵深推进清廉浙江建设的意见》有关精神，听取越城区贯彻落实意见的汇报；传达学习《关于2020年度全省各级党委（党组）落实意识形态工作责任制综合情况的通报》《关于2020年度全市各级党委（党组）落实意识形态工作责任制综合情况的通报》有关精神，听取越城区贯彻落实意见的汇报；传达学习构筑“党建+信访”工作体系暨全省信访重点工作推进会、全市平安护航建党100周年安保维稳工作动员部署会会议精神，听取越城区贯彻落实意见的汇报；传达学习全省、全市制造业高质量发展大会精神，听取越城区贯彻落实意见的情况汇报；听取关于2020年度部门与镇街岗位目标责任制考核奖兑现方案的汇报；听取关于4月份赴省访量进入全市乡镇（街道）前十名的情况汇报；听取关于区管领导干部案件审查的有关情况汇报；讨论审议有关人事事项。

6月28日，区委召开九届一百三十二次常委会会议。传达学习贯彻李克强总理在经济形势部分地方政府主要负责人视频座谈会上的讲话精神；传达学习贯彻《中共中央关于加强对“一把手”和领导班子监督的意见》有关精神；传达学习贯彻《中共中央、国务院关于新时代加强和改进思想政治工作的意见》有关精神；传达学习贯彻《中共中央办公厅关于在全社会开展党史、新中国史、改革开放史、社会主义发展史宣传教育的通知》有关精神；传达学习《关于越城区委2020年度意识形态工作责任制落实情况重点检查的反馈意见》有关精神，听取《关于2020年度意识形态工作责任制落实情况反馈问题的整改方案》起草情况的汇报；听取关于绍兴市越城区慈善总会会员大会暨第四届理事会换届选举工作情况汇报；听取关于《越城区2021年“五水共治”（河湖长制）工作实施方案》起草情况的汇报；听取关于《推动“五星达标、3A争创”迭代升级全面建设乡村振兴先行区、共同富裕示范区的实施方案》起草情况汇报；听取关于绍兴黄酒文化交流中心有限公司与浙江精工建设集团有限公司建设工程合同纠纷案及后续工作的情况汇报；听取关于《2021年度越城区农村人居环境考评办法》起草情况的汇报；听取关于《越城区服务业提升发展若干政策意见》起草情况的汇报；听取关于区管领导干部案件审查调查的有关情况汇报。

7月1日，区委召开九届一百三十三次常委会会议。专题听取区自然资源和规划分局、区委宣传部关于省委主要领导批示件整改工作有关情况的汇报。

7月6日，区委召开九届一百三十四次常委会会议。传达学习贯彻习近平总书记在庆祝中国共产党成立100周年大会上的重要讲话精神和袁家军在全省庆祝中国共产党成立100周年大会上的讲话精神。

7月14日，区委召开九届一百三十五次常委会会议。通报市委组织部反馈区领导班子换届谈话调研推荐结果，研究会议推荐建议人选名单。

7月16日，区委召开九届一百三十六次常委会会议。市委组织部干部考察组对前期考察工作及拟新提拔人选情况等作简要说明，研究考察对象建议人选名单。

7月29日，区委召开九届一百三十七次常委会会议。传达学习贯彻习近平总书记在十九届中央政治局第三十次集体学习时发表的重要讲话精神；传达学习习近平总书记关于统计工作重要讲话指示批示精神、《关于深化统计管理体制改革提高统计数据真实性的意见》《统计违纪违法责任人处分处理建议办法》《防范和惩治统计造假、弄虚作假督察工作规定》《防范和惩治统计造假弄虚作假重要文件选编》有关精神；传达学习贯彻《中共中央办公厅 国务院办公厅关于全国违建别墅问题清查整治专项行动工作情况的通报》有关精神；传达学习贯彻《中共中央办公厅关于认真学习贯彻〈习近平总书记在庆祝中国共产党成立100周年大会上的讲话〉的通知》和《中共浙江省委关于认真学习贯彻习近平总书记在庆祝中国共产党成立100周年大会上重要讲话精神的通知》有关精神；传达学习贯彻《中共浙江省委关于忠实践行“八八战略” 奋力打造“重要窗口” 扎实推动高质量发展 建设共同富裕示范区决议》有关精神；听取关于区委九届十三次全会方案、报告和《越城区奋力打造全市首位度中心城区 争当高质量发展建设共同富裕示范区排头兵的实施方案(2021—2025年)》起草情况的汇报；听取《越城区人民政府 浙江省人民医院共建浙江省人民医院越城院区合作协议》及《绍兴市越城区人民政府 浙江省人民医院医疗托管协议》起草情况的汇报。

8月6日，区委召开九届一百三十八次常委会会议。传达学习全国新冠肺炎疫情防控工作电视电话会议及省、市有关会议精神，听取越城区贯彻落实意见的汇报；传达学习贯彻习近平总书记在十九届中央政治局第三十一次集体学习时发表的重要讲话精神；传达学习贯彻《论党的宣传思想工作》有关精神；传达学习贯彻省委书记袁家军在全省金融工作座谈会上的讲话精神；传达学习贯彻省委书记袁家军在省委统一战线工作领导小组会议上的讲话精神；传达学习贯彻《中共浙江省委印发贯彻落实〈中共中央关于加强“一把手”和领导班子监督的意见〉的十三项实施意见的通知》有关精神；传达学习贯彻《浙江省纪委机关 浙江省委宣传部关于7起意识形态领域典型问题案例的通报》有关精神；传达学习贯彻市委书记马卫光在市委八届十次全体(扩大)会议上的报告有关精神；传达学习贯彻《中共绍兴市委 绍兴市人民政府关于印发〈绍兴奋力打造浙江高质量发展建设共同富裕示范区市域范例行动方案(2021—2025年)〉的通知》有关精神；传达学习全省、全市新业态、新就业群体党建工作试点动员部署会有关精神，听取越城区贯彻落实意见的汇报；传达学习《中共浙江省委办公厅印发〈关于高质量全面落实意识形态工作责任制的意见〉的通知》《中共浙江省委办公厅印发〈党委(党组)高质量全面落实意识形态工作责任制综合试点方案〉的通知》有关精神，听取越城区贯彻落实意见的汇报；听取关于《贯彻落实〈中共中央关于加强中国特色社会主义参政党建设的意见〉及省委、市委若干意见的责任分工》起草情况汇报；听取2021年以来专班工作推进情况的汇报。

9月1日，区委召开九届一百三十九次常委

会会议。传达学习《浙江信息》专报第58期关于“越城区开展百日攻坚专项行动全力化解20余年来拆迁类信访积案为建党百年和三级换届营造稳定和谐环境”有关精神及省、市领导的批示精神;传达学习贯彻习近平总书记在中央政治局第三十二次集体学习时的重要讲话精神;传达学习贯彻省委书记袁家军在省委常委会上半年经济社会形势分析会上的讲话精神;传达学习贯彻省委书记袁家军在碳达峰碳中和工作领导小组第一次全体会议上的讲话精神;传达学习贯彻省委书记袁家军在山区26个县跨越式高质量发展暨山海协作工程推进会上的讲话精神;传达学习贯彻省委书记袁家军在“共话共同富裕示范区建设,勇担科技自立自强新使命”科学家座谈会上的讲话精神;传达学习贯彻省委副书记、省长郑栅洁在绍兴调研时的讲话精神;传达学习贯彻全省统一战线暑期读书会精神;传达学习全省、全市“双减”工作会议有关精神,听取越城区贯彻落实意见的汇报;听取关于全区2021年以来党风廉政建设和反腐败工作情况的汇报;听取关于全区上半年落实党风廉政建设责任制检查情况的汇报;传达学习《中共绍兴市委办公室绍兴市人民政府办公室〈关于印发绍兴市党政领导干部防范和惩治统计造假弄虚作假责任制和问责制实施办法(试行)〉的通知》有关精神,听取关于《越城区党政领导干部防范和惩治统计造假弄虚作假责任制和问责制实施办法(试行)》起草情况的汇报;听取关于《绍兴市越城区国有企业机构、人员控制和管理办法》起草情况的汇报。

9月17日,区委召开九届一百四十次常委会会议。传达学习贯彻习近平总书记对档案工作的重要批示精神及《国家档案局关于认真学习贯彻习近平总书记重要批示的通知》有关精神;传达学习贯彻习近平总书记在中央民族工作会议上的重要讲话精神;传达学习贯彻习近平总书记在中央党校(国家行政学院)中青年干部培训班开班式上的重要讲话精神;传达学习《中共中央关于加强新时代检察机关法律监督工作的意见》《中共浙江省委关于认真学习贯彻〈中共中央关于加强新时代检察机关法律监督工作的意见〉的通知》,以及市委加强新时代检察机关法律监督工作会议有关精神,听取越城区贯彻落实意见的汇报;传达学习省委文化工作会议精神,听取越城区贯彻落实意见的汇报;传达学习贯彻《中共绍兴市委组织部关于领导干部个人有关事项报告抽查核实处理情况的通报》有关精神;听取《关于纵深推进清廉越城建设的意见》起草情况的汇报;听取关于绍兴滨海科技创新服务中心和绍兴滨海健康新城管理办公室机构设置的情况汇报;讨论审议有关人事事项。

10月22日,区委召开九届一百四十一次常委会会议。传达学习贯彻习近平总书记在纪念辛亥革命110周年大会上的重要讲话精神;传达学习贯彻习近平总书记在中央政治局第三十三次集体学习时的重要讲话精神;传达学习贯彻省委书记袁家军在绍兴调研时的讲话精神;听取《关于做好区镇两级人民代表大会换届选举工作的意见》起草情况汇报;听取关于贯彻落实省委书记袁家军重要批示精神,进一步推动党建“契约化”共建走深走实的情况汇报;听取关于2020年度全区各级党委(党组、工委)落实意识形态工作责任制综合情况以及当前越城区意识形态领域形势的汇报;听取关于2021“同心·越城”大会筹备情况的汇报;听取《关于在公民中开展法治宣传教育的第八个五年规划(2021—2025年)》制定情况的汇报;听取《关于全面推行林长制的实施方案》起草情况的汇报;听取关于《〈越城区志(1983—2021)〉

编纂工作实施方案》起草情况的汇报。

10月27日，区委召开九届一百四十二次常委会会议。听取关于中国共产党绍兴市越城区第十次代表大会筹备工作的情况汇报；听取关于提请召开中国共产党绍兴市越城区第九届委员会第十四次全体会议的建议情况汇报；听取《中国共产党绍兴市越城区第九届委员会第十四次全体会议关于召开中国共产党绍兴市越城区第十次代表大会的决议(草案)》有关情况汇报；听取关于越城区人大代表选举委员会组成人员建议名单有关情况的汇报。

11月1日，区委召开九届一百四十三次常委会会议。传达学习贯彻习近平总书记在中央政治局第三十四次集体学习时的重要讲话精神；传达学习中央人大工作会议、省人大贯彻中央人大工作会议精神部署会暨全省各级人大常委会主任学习会精神，听取越城区贯彻落实意见的汇报；传达学习省委常委会会议、市委常委会会议精神，听取关于全区前三季度经济运行和社会稳定形势的情况汇报；听取关于进一步加强近期疫情防控工作的情况汇报；传达学习关于全省基层党建工作会议和《中共浙江省委关于全面实施"红色根脉强基工程"高水平打造新时代党建高地的意见》有关精神，听取越城区贯彻落实意见的汇报；传达学习贯彻省委民族工作会议精神；传达学习全省进一步推进能耗"双控"和坚决遏制"两高"项目盲目发展电视电话会议精神，听取越城区贯彻落实情况的汇报；听取关于《被巡察党组织意识形态工作专项检查制度(试行)》制定情况的汇报；听取关于区委法律顾问换届聘任工作的汇报。

11月11日，区委召开九届一百四十四次常委会会议。传达学习贯彻习近平总书记在中央人才工作会议上的重要讲话精神；传达学习中巡办主任王鸿津在杭州调研座谈会上的讲话精神和《中共浙江省委办公厅印发关于市、县(市、区)党委落实巡察工作主体责任的实施意见》精神，听取越城区贯彻落实意见的汇报；传达学习贯彻省委书记袁家军在全省体育工作会议上的讲话精神；听取关于绍兴市越城区第六届政协人事安排工作的情况汇报；研究有关人事议题。

12月2日，区委召开九届一百四十五次常委会会议。专题听取关于越城区第十届人民代表大会代表候选人初步人选有关情况的汇报。

12月9日，区委召开九届一百四十六次常委会会议。传达学习省、市关于做好疫情防控工作的指示批示精神，听取越城区贯彻落实意见的汇报；传达学习贯彻《中共浙江省委组织部关于进一步压实主体责任切实预防和严肃查处干部调配造谣行为的通知》有关精神；传达学习贯彻《中共浙江省委组织部转发〈中共中央组织部关于查处四川省自贡市自流井区严重违反换届纪律问题的通报〉的通知》有关精神；传达学习贯彻《中共浙江省委组织部关于转发〈陈希同志在全国加强换届风气监督工作电视电话会议上的讲话〉的通知》有关精神；听取关于《加强对"一把手"和领导班子监督"五张责任清单"》及相关实施制度的起草情况汇报；听取关于绍兴市越城区文学艺术界联合会第三次代表大会工作方案的情况汇报；研究有关人事议题；听取关于绍兴市越城区出席中国共产党绍兴市第九次代表大会代表候选人初步人选的情况汇报。

12月27日，区委召开九届一百四十七次常委会会议。传达学习贯彻习近平总书记在中央政治局第三十五次集体学习时的重要讲话精神；传达学习贯彻《中共中央办公厅关于做好党的十九届六中全会精神学习宣传的通知》有关精神；传达学习贯彻《中共中央办公厅国务院办公厅关于规范地方公务员工资津贴补贴的通知》有关精神；传达学习贯彻中央经济工作会议、省委经济工作会议精神；传达学习贯彻中共中央政治局委员、国务院副总理孙春兰在全国新冠肺炎疫情防控工作电视电话会议上的讲话和在绍兴调研指导疫情防控时的讲话精神，以及省委书记袁家军，省委副书记、代省长王浩在绍兴指导疫情防控工作时的讲话精神和省委常委会会议、市委常委会会议精神；传达学习省委常委、纪委书记、监委主任许罗德在全省漠视侵害群众利益问题专项治理工作推进会上的讲话精神，听取越城区贯彻落实意见的汇报；传达学习省委常委、秘书长陈奕君在防范应对我省在非企业人员遭绑架劫持任务部署会上的讲话精神，听取越城区贯彻落实意见的汇报；研究有关人事议题。

【区委常委（扩大）会议】 1 月 31 日，越城区委常委会召开扩大会议，学习传达省两会精神，部署越城区落实省两会精神工作。区委书记金晓明主持会议并讲话，区委副书记、区长袁建，区人大常委会主任徐荻，区政协主席金百富，区委副书记钱林江等四套班子领导参加。会上，徐荻、金百富分别传达省十三届人大五次会议精神和省政协十二届四次会议精神。会议强调，要提高政治站位，深刻认识省两会的重大意义，切实把思想和行动统一到省两会精神上来。要全面系统开展学习，与中央、省市全会和经济工作等会议精神结合起来学，与越城实际情况联系起来学，推动各项决策部署在越城落地生根。要鼓足干劲，慎终如始抓好常态化疫情防控，有力有效抓好一季度“开门红”，毫不松懈抓好平安稳定，从严从实抓好党风廉政建设，确保经济稳健社会稳定。

6 月 11 日，越城区委常委会召开扩大会议，传达《中共中央　国务院关于支持浙江高质量发展建设共同富裕示范区的意见》和省委书记袁家军在省委十四届九次全体（扩大）会议上的讲话精神和《中共浙江省委十四届九次全会关于忠实践行“八八战略”奋力打造“重要窗口”扎实推动高质量发展建设共同富裕示范区的决议》《浙江高质量发展建设共同富裕示范区实施方案（2021—2025 年）》的主要精神，部署越城区下阶段工作。区委书记金晓明主持会议并讲话，区委副书记、区长袁建，区人大常委会主任徐荻，区政协主席金百富，区委副书记钱林江等四套班子领导参加。会议提出全区各级党组织要提高政治站位、周密部署安排，迅速掀起学习宣传贯彻省委十四届九次全会精神热潮。各镇街、部门要着力狠抓贯彻落实，把全会精神转化为推动越城发展的强大动力。重点是要学好共同富裕的内涵、基本特征和主要内容。对共同富裕的指标进行综合研究，结合越城实际，明确越城区目标任务。

7 月 5 日，越城区委常委会召开扩大会议，区委书记金晓明主持会议并作表态发言。区委副书记、区长袁建，区人大常委会主任徐荻，区政协主席金百富，区委副书记钱林江等四套班子领导参加。会上，全体参会人员集中观看换届纪律警示教育片，市委换届考察组组长作动员讲话，与会人员签订严守换届纪律承诺书。

7 月 13 日，越城区常委会召开扩大会议，专题研究学区划分有关情况。区委书记金晓明主持会议并讲话。区委副书记、区长袁建，区人大常委会主任徐荻，区政协主席金百富，区委副书记钱林江等四套班子领导参加。会上，区政府分管副区长盛卓异就学区划分有关情况做汇报。

12 月 2 日，越城区常委会召开扩大会议，传达学习省委十四届十次全体（扩大）会议精神，研究部署越城区贯彻落实工作。区委书记徐军主持会议并讲话。区委副书记、代区长钱林江，区人大常委会主任徐荻，区政协主席金百富，区委副书记应尧刚等参加。会议指出，越城区上下要深刻学习领会省委全会精神，切实把思想和行动统一到省委全会精神上来，不断提高政治判断力、政治领悟力、政治执行力，坚定不移做“两个确立”的忠诚拥护者、“两个维护”的示范引领者。会议强调，要统筹推进中共十九届六中全会和省委全会精神的学习宣传贯彻工作，结合“六讲六做”大宣讲活动，依托越城融媒矩阵、“台门汇”等特色载体，展现越城区贯彻落实全会精神的生动实践。要打好年度工作收官战，积极向上对接，重抓经济指标争先进位和重点项目建设进度，全力冲刺“全年红”。要确保社会大局稳定，牢固树立底线意识，压实责任，切实把风险隐患发现在早、化解在小，交出高质量平安报表。要认真谋划2022年工作，布局重点盘子，坚持工作项目化、项目清单化、清单责任化，为2022年工作开好局起好步打牢坚实基础。要筹备好区第十次党代会，挂图作战、周密安排、精心组织，高质量做好各项筹备工作。要坚持和深化全面从严治党，绷紧廉洁自律之弦，抓好党风廉政建设，进一步严肃政治纪律、组织纪律、换届纪律。

【全区领导干部会议】 3月12日，越城区召开全区领导干部会议，学习传达中央领导同志讲话精神、十三届全国人大四次会议精神和全国政协十三届四次会议精神，部署越城区贯彻落实全国两会精神工作。要坚决把思想和行动统一到以习近平同志为核心的党中央对形势的分析判断和对工作的决策部署上来；要把学习贯彻全国两会精神与当前正在开展的工作紧密结合起来，不断提高抓落实的系统性、创造性、精准性；要迅速掀起学习贯彻全国两会精神的热潮，形成同心谋发展、全力以赴抓落实的强大合力。区委书记金晓明就越城区如何贯彻全国两会精神提了五方面意见，一是要深刻领会全国两会精神；二是要力确保一季度开门红；三是要抓好改革创新工作；四是要深入开展党史学习教育；五是要全力维护社会平安稳定。

8月20日，越城区、滨海新区召开领导干部会议，宣布省委、市委关于越城区委主要领导及绍兴滨海新区管委会主任调整的决定。市委书记马卫光出席并作重要讲话，市委常委、组织部部长王琴英主持会议并宣读省委、市委决定。根据省委、市委决定，徐军任绍兴市越城区委书记、绍兴滨海新区党工委副书记，提名为绍兴滨海新区管理委员会主任；金晓明不再担任绍兴市越城区委书记、绍兴滨海新区党工委副书记职务，提议其不再担任绍兴滨海新区管理委员会主任职务。市委书记马卫光在会上作重要讲话，他对越城区、滨海新区近年来发展取得的成绩和金晓明的工作给予充分肯定；并对越城、滨海当前和今后一个时期发展提出了要求。一要聚焦共同富裕，坚决扛起重大历史使命。二要聚焦双向赋能，着力放大体制机制优势。三要聚焦系统重塑，加快提升塑造变革能力。四要聚焦示范引领，全面营造团结协作氛围。徐军在讲话中表示，坚决拥护、坚决服从省委、市委的决定，将切实承担起“班长”职责，以更高的站位、更务实的作风，团结带领全区广大干部群众，坚持首位引领、大抓落实，跑好“接力赛”、答好“新考卷”、走好“新征程”。

11月19日，越城区召开全区领导干部会议，传达学习中共十九届六中全会和省委、市委有关会议精神，动员部署“六讲六做”大宣讲活动。会议强调，全区上下要把学习贯彻中共十九届六中全会精神，作为当前和今后理论武装的一项重大政治任务，广泛开展“六讲六做”大宣讲活动，切实把思想和行动统一到党中央决策部署上来，全力争当高质量发展建设共同富裕示范区排头兵。

11 月 24 日上午，越城区召开全区领导干部会议，宣布省委、市委关于越城区政府主要领导调整的决定，绍兴市委常委、组织部部长王琴英出席并讲话。会议由滨海新区管委会主任、越城区委书记徐军主持，市委组织部常务副部长高建国宣读省委、市委决定。（区委办公室　徐瑶）

组织工作

【概况】 2021 年，越城区紧扣“首位度”目标，聚焦“三个年”行动（改革深化年、项目突破年、作风提升年），围绕“1+3+X”主线（“1”指数字化改革主抓手，“3”指“契约化”党建、滨海新区人才管理改革试验区建设、重点工作专班运行机制三项重点工作，“X”指其他各项重点任务），创新探索数字组工建设，推进党建“契约化”共建示范区建设，优化年轻干部“管育用”机制，实现选人用人全程监督，“五星”系列创建、“三驻三服务”工作等均实现提升跨越。深入开展“七个双百”（百年百人争先进、百年百展颂党恩、百年百图忆党史、百年百课话初心、百年百文铸匠心、百年百愿办实事、百年百访传薪火）“七个双百”系列庆祝活动，策划打造“中国共产党人的精神谱系”主题展，累计参观学习 6000 余人次；分期举办“百年党史铸魂新征程”专题系列讲座，轮训科级领导干部 600 余人次；扎实开展“我为群众办实事”实践活动，精心做好“两优一先”推荐表彰、“光荣在党 50 年”纪念章颁发等工作。其中，府山街道越都社区党委获评全国先进基层党组织。

【“契约化”共建示范区建设】 2021 年，越城区围绕“全覆盖、标准化、智能化”要求，落实 32 项年度重点项目，全省试点开展党建“契约化”共建引领城市社区离退休干部党建“六大行动”（“情暖银辉”行动、“薪火相传”行动、“红色管家”行动、“护航雏鹰”行动、“邻里互助”行动、“项目领办”行动）。《浙江绍兴越城区深耕党建“契约化”共建引领基层治理现代化》相关做法获省委书记袁家军批示肯定，并被中央政研室（中改办）《党建要报》录用，“契约化”共建多元参与机制被省委写入高质量发展建设共同富裕示范区实施方案（2021—2025 年），党建“契约化”共建示范区先后入选长三角“三省一市”党建共建共育共享资源清单和全省百个党员教育培训基地。“契约化”党建在全省基层党建会议上被列入全省基层党建“金名片”，入选中国改革 2021 年度地方全面深化改革典型案例。

2021 年，越城区举办“中国共产党人的精神谱系”主题展（区委组织部　提供）

【完善升级专班机制】 2021 年，越城区把专班建在重点项目（平台、工程）上，以“1+8+N”模式（以数字化改革为总牵引，围绕“产业、城市、文化、生态、创新、开放、营商环境、基层治

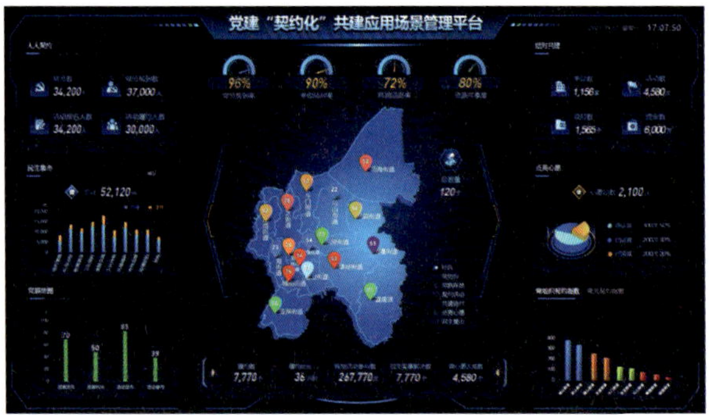

2021 年，党建"契约化"共建应用场景管理平台（区委组织部 提供）

理"8 个首位度具体目标，以及区委、区政府重点工作需要），抽调 74 名干部组成 13 个专班，强化赛比争先、实绩督查、专项考察、激励考评和双轨问效等机制，有效推动各项重点工作，开展专项考察，对实绩突出、群众公认的专班干部优先进行使用。

【年轻干部"选育管用"】 2021 年，越城区抽调 70 余名年轻干部分批参与重大项目、拆迁、整改纠错等重点工作，每个新建专班选配 1 名"90 后"年轻干部任副组长。举办两期年轻干部政治特训营，进行"理论 + 实践"培训，累计培训 96 人。结合越城产业发展需求，开展选聘生招录工作，3 名选聘生签约到岗。

【数字组工应用场景建设】 2021 年，越城区在全省率先举办数字化改革专题研讨班，着力提升领导干部数字能力。按照急用先行、多跨协同、聚焦高频等要求，谋划推进"浙里共建"（党建"契约化"共建）、"人才智能评价"等应用场景建设。年内，"人才智能评价"应用场景被纳入全省数字组工开发建设任务书，"浙里共建"应用场景在全市数字化改革领导小组第五次全体（扩大）会议暨上线应用点评会上作交流发言。

【完成县乡换届】 2021 年，越城区配合开展县级领导班子换届考察，完成乡镇班子换届考察和街道班子联动考察，累计谈话 500 余人次，形成考察材料 280 余篇。通盘谋划领导班子配备，逐一镇街、部门推演分析，严格对照职数设置、结构性配备等要求，确保"结构强、功能强"。从严换届纪律监督，推行换届承诺机制，会同纪检监察、公检法司、网监信访等 9 个部门，建立信息沟通机制，实现"12380"举报电话 24 小时值守。截至年底，完成富盛镇换届工作和街道、部门联动调配。

【干部监督管理】 2021 年，越城区实行选人用人全程监督，落实"凡提四必"（即讨论决定前，对拟提拔或进一步使用人选的干部档案必审、个人有关事项报告必核、纪检监察机关意见必听、线索具体的信访举报必查，坚决防止"带病提拔"），用好选人用人"一报告两评议"（即本级党委专题报告年度干部选拔任用工作情况，并在一定范围内接受对本级党委干部选拔任用工作和新选拔任用干部的民主评议），建立个人事项即时报告月汇总机制，对干部进行针对性预防警示和谈心谈话。2021 年，区委组织部会同区审计局研商确定年度经济责任审计对象 12 名。做好信访调处工作，运用谈心谈话 3 人次、函询 8 人次，对被举报的干部进行帮助提醒、批评教育。

【开辟"越城机关你问我答办实事"专栏】 2021 年，越城区联合绍兴市新闻传媒中心，在《行风热线》广播栏目开辟"越城机关你问我答办实事"专栏。于工作日周五早间，轮流安排涉及基层治理、与群众关联度较高的医保、人社、卫健等 10 个部门的职能科室负责人上线受理群众提问。累计 149 名机关干部参与节目，与群众互动 200 多人次。

【"五星"系列创建】 2021 年，越城区累计创建 93 个"五星达标"村、16 个"3A 示范"村、59 个"五星达标"社区、9 个"和美家园"社区，创建 39 家"五星双强"两新组织，5 家企业纳入省级双重管理。年内，鉴湖街道坡塘村、孙端街道安桥头村争创年度市级乡村振兴先行村，富盛镇上旺村、皋埠街道坝头山争创年度区级乡村振兴先行村。探索文化赋能乡村振兴先行村建设，邀请中国人民大学艺乡建团队开展艺术家驻村创作活动，联合《绍兴晚报》合作共建“越城乡村记忆馆”。

2021年，越城区开展“六讲六做”大宣讲活动（区委宣传部 提供）

【深化“三驻三服务”工作2.0版】 2021年，越城区下发“三驻三服务”2.0实施方案，围绕老旧小区改造提升、既有住宅电梯加装、“红色物业”推广、“乡村振兴先行村”创建、村级集体经济相对薄弱村帮扶、“污水零直排区”建设等6个方面，组建“组团式集成派驻服务团”19个，根据全区块状经济分布和区划分布，组建6个“区域服务团”，团队成员由市区两级专职驻企服务员或退居二线的领导干部组成。区域内重点镇街设置服务团会商室，建立日常调研走访、月度企情分析、季度巡回指导、服务闭环等机制，帮助企业、平台破解发展难题。累计选派1122多名干部驻村（社）担任指导员、驻企担任服务员，全区“三驻干部”共上传服务手记37789篇，上报问题事项29673件，结办率高达99.9%。（区委组织部 金迪宇）

宣传工作

【概况】 2021年，越城区深入贯彻习近平新时代中国特色社会主义思想，实施党的创新理论走心工程，开展中共十九届六中全会精神学习宣传，举办建党百年庆祝活动，推动党史学习教育走深走实。年内，“红润童心”经验做法入选省级典型案例，“00后浪”创新做法获省级领导批示肯定，2个项目入选全市宣传文化系统“十佳”创新项目；《百年〈故乡〉和鲁迅故乡〈百年〉》作为新华社年终系列总结报道首篇重磅推出，网络问政、新闻监督等多个网上阵地深化拓展，区文学艺术家联合会实现实体化运作。区委宣传部被省委、省政府评为全省普法工作先进单位。

【党员干部学习全覆盖】 2021年，越城区将学习贯彻习近平新时代中国特色社会主义思想作为首要政治任务，实施重大事项决策前专题学习制度、理论中心组学习巡听旁听制度，组织18次区委理论学习中心组专题学习，其中专题研讨7次，现场教学3次，开展巡听旁听16场，各级中心组成员交流发言逾3000人次。学好用好《习近平在浙江》等特色教材，累计订购各类学习读本逾40万册，推动党员干部学习全覆盖。

【中共十九届六中全会精神学习宣传】 2021年，越城区以“台门汇”宣讲品牌为引领，“六讲六做”大宣讲活动为载体，通过千名书记专题讲、千名干部入户讲、千名青年流动讲等形式，把全会精神带到台门里弄、坊间巷口、田间码头、企业车间、校园机关等基层一线。创新宣讲形式，在商场、公园、广场设置流动宣讲点，通过发放宣传资料、开展知识竞答、面对面宣讲，推动全会精神入脑入心。

【党史学习教育】 2021年，越城区围绕党史学习教育目标要求，推动各级理论学习中心组专题学习、中心组成员交流研讨全覆盖。组织全区科级以上领导干部每人宣讲2场以上，累计开展线上线下主题宣讲3万余场。深入开展“我为群众办实事、我为企业解难题、我为基层减负担”专题实践活动。“台门党校”“00后浪”“地摊式流动宣讲”等创新做法50余次被《中央简报》、《人民日报》、新华网等主流媒体报道，“红润童心”红色读本入选省“百法百例”典型案例。动态总结宣传各级各部门党史学习教育经验做法，特色亮点工作，共编发区级简报信息140期，被中央省市简报录用26篇(条)，录用情况位列全市前列。

【“00后浪”创新宣讲】 2021年，越城区针对习近平总书记“七一”重要讲话精神学习宣传，成立“00后”星火播种团，创新开展“强国有我·后浪之声”集中宣传月活动，有关做法得到省委宣传部副部长批示肯定，荣获2021年度浙江省社科普及创新项目，全市宣传文化系统十佳创新项目。《“00后”女孩说书：用绍兴评话讲红色故事》被《新华每日电讯》大篇幅报道后，反响强烈，人民网、新华网、光明网、腾讯视频等纷纷转载，累计阅读量播放量破千万次。

2021年7月13日，“00后浪”宣讲团开展宣讲活动(区委宣传部　提供)

【举办建党百年庆祝活动】 2021年，越城区举办“奋斗百年路 启航新征程”庆祝中国共产党成立100周年文艺演出、大型红色主题藏品展等。开展“永远跟党走”群众性主题宣传教育，推出“百件书画摄影”展览、“百场主题电影”展映、“百年红色藏品”展陈、“百件民间工艺精品”展示、“百个农村文化礼堂献礼”展推等“四个一百”巡回活动。修缮提升邵力子故居、后堡抗日纪念堂等一批红色场馆、革命遗址，发布7条红色现场教学线路，吸引2万余名党员参观学习。制作云端“阅走越红”红色基地导图，10万余人参与线上学习打卡。组织“红色记忆”主题新闻行动，开设“百年成就看越城”等专题专栏，制作“跟党说句贴心话”“百名00后致献词”等新媒体短视频系列作品，开展“永远跟党走·党史在我心”线上党史知识竞答，拍摄优秀党员图片故事，出版《红色故事》画册。

【压实意识形态工作责任】 2021年，越城区率先全省修订完善《意识形态工作责任制实施意见》，细化分解《责任清单》，出台意识形态巡察专项检查制度，有力压实意识形态责任。组织召开意识形态工作联席会议，定期分析通报全区意识形态领域情况。加强对镇街、部门意识形态工作指导督查，通报各级党组织意识形态工作责任制落实情况，推动意识形态工作责任制的落实落地落细。出台《关于建立完善越城区“扫黄打非”三强工作机制的通知》。斗门街道成功创建“扫黄打非”进基层省级示范点，镇街“清朗小站”建设全覆盖。

【新闻宣传开创新局面】 2021年，越城区推出“首位引领、大抓落实”“窗口建设展风采”“一把手谈落实”等10个专栏百余篇主题报道，以短视频、图文等融媒形式对越城重点、亮点工作进行全方位呈现。围绕党史学习教育和建党百年这一重大主题，从越人、越地、越乡、越史、越情等方面展开百篇融媒报道。拓展外宣推送渠道，《打造“不易被模仿”的竞争力绍兴：“古城复兴”进行时》《升级版“星期天工程师”赋能高质量发展》登上《新华每日电讯》头版，《发掘美 制造美 经营美——浙江绍兴文化激活乡村“三部曲”》登上《农民日报》头版并获2位省领导批示，《地上本无路，走的人多了便成了路——百年〈故乡〉和鲁迅故乡百年》共9000余字篇幅，在新华每日电讯年终报道首篇刊登。

【“越”向未来外宣行动】 2021年，越城区邀请百家媒体走访越城，对越城形象进行整体推介，全面展示越城发展成果，采风内容在《人民日报》、《新华每日电讯》、浙江卫视《新闻联播》等渠道播放。全年在市级以上各级主流媒体推出报道5000多篇次、头版头条450余篇次，其中央视《新闻联播》《人民日报》《新华每日电讯》等中央级主流媒体宣传报道40多篇次，较上年增长20%以上。

【建立网络综合治理体系】 2021年，越城区深入推进区域依法治网工作，落实开展“之江净网”网络治理行动。8家互联网企业建立党支部，深入开展“四学四强”能力提升活动。推动完善网络文化传播队伍建设，实施网络安全整体能力提升行动，建立首席网络安全官制度。

【网络舆情管理】 2021年，越城区深化网络舆情闭环机制建设，实施线上线下、属地部门联动，落实区委主要领导批示件闭环处置管理。开设网络问政互动平台，依托四个平台共派单闭环处置网民咨询、建议、问题等，实现回帖答复率100%。实施网络生态“瞭望哨”工程，建立健全信息互通机制，全部落实闭环管理，稳妥处置重点舆情。

【“遇见越城”系列网络文化传播】 2021年，越城区在全区17个镇街和5个部门(单位)建立“遇见越城”网络文化传播基地，策划“越动网络 城现美好”网络文化传播系列活动，并在今日越城客户端推出活动专栏，全过程宣传“抖IN绍兴”城市宣传活动越城特色亮点。抖音“遇见越城”话题累计播放量达1053万余次。实施“网络+”赋能乡村振兴行动，组织本地主要自媒体、网络达人走访宣传鉴湖坡塘云松村。

【文明创建】 2021年，越城区实行文明创建重点领域包保制攻坚、重要点位专班化整治，助力绍兴顺利通过全国文明城市国检、省测。年内，入选省级文明镇1个、文明村5个、文明单位8个、文明家庭4个、文明校园3个；创建区级文明单位22个、区级文明村5个；复评通过区级文明单位33个、区级文明村18个；指导3家全国文明单位、4个全国文明村、11家省级文明单位、7个省级文明村，列入新一轮创建规划。

【举办“做文明有礼越城人”系列主题活动】 2021年，越城区培育文明单位“爱心驿站”32家，开展文明单位、文明村双百结对活动。举办“做文明有礼越城人”系列文艺会演30多场，其中《公筷公勺 文明用餐》被评为全市“越文明越风尚”短视频征集传播活动一等奖。实

2021年，越城区承办全省文明出行巡回宣传月绍兴站活动（区委宣传部 提供）

2021 年，越城区新时代文明实践中心（区委宣传部　提供）

施文明好习惯养成工程，推动文明出行、文明餐桌、垃圾分类等深入群众，承办全省文明出行巡回宣传月绍兴站活动，举办“严守交通安全 把握生命红线”交通安全主题晚会。

【实现区、镇街、村社文明实践阵地全覆盖】 2021 年，越城区完成新时代文明实践中心场馆多功能、数字化提标建设，“文智大脑”文明实践应用场景投入运维。累计建成 17 个标准化新时代文明实践所，近 300 个文明实践站，140 余个“雷锋系”文明实践阵地，实现区、镇街、村社三级建设全覆盖。深化“15 分钟志愿服务圈”，创设文明实践“导师挂联”机制，推出“一镇街一品牌”项目化建设，打造“多彩公益课堂”等特色品牌。举办第十六届“越城邻里节”活动，切实打通文明实践服务基层的“最后一公里”。截至年底，全区注册志愿者 13 万余人，培育志愿服务组织 1439 个，分布服务菜单 1000 多项，累计服务时数近 80 万小时。

2021 年 7 月 13 日，市委宣传部副部长、市文明办主任寿建华（右一），马山街道党工委副书记、办事处主任陆正韵（左一）上台为全市首家乡村“复兴少年宫”在马山街道揭牌（区委宣传部　提供）

【城市榜样体系建设】 2021 年，越城区深入贯彻《新时代公民思想道德建设纲要》，统筹推进道德模范、身边好人、最美系列、新时代好少年等城市榜样体系建设，上榜“中国好人”1 例、“浙江好人”6 例、“绍兴好人”17 例，绍兴市“新时代好少年”4 名（王艺、陈奕帆、李卓远、裘书汐），推选“最美绍兴人”6 例（裘怿钊、黄成民、汤加兵、沈立阳、徐壮、陈建钢）、“浙江孝贤”1 例（李瑶仙），评选褒奖“越城好人”50 例、越城区“新时代好少年”111 例。承办 2021 省市道德模范和身边好人事迹巡讲巡演活动，拍摄身边好人事迹微电影 20 个，3 名好人在绍兴《正能量》栏目宣传展示。

【成立全市首家复兴少年宫】 2021 年，越城区深化未成年人思想道德建设。承办“最美浙江人·最美家庭”发布活动暨浙江省家庭家教家风巡讲活动启动仪式。在马山街道新时代文明实践所建成全市首家乡村复兴少年宫，为中小学生和学龄前儿童建立道德培育、文体娱乐、劳动实践等活动的公共教育和文化服务平台。（区委宣传部　叶登）

统一战线工作

【概况】 2021 年，中共绍兴市越城区委统战部着力强化统一战线思想政治引领，以庆祝中国共产党成立100周年为重点，持续深入学习贯彻习近平新时代中国特色社会主义思想，特别是习近平总书记关于加强和改进统一战线工作的重要思想贯穿统战工作全过程，通过形式多样、富有实效的活动引导广大统战干部和党外人士广泛深入开展学习、宣传和教育，将党史学习教育与学习宣传贯彻《中国共产党统一战线工作条例》一体推进，不断夯实共同思想政治基础。在党外代表人士中举办以“同心跟党走·迈向新征程”为主题的系列活动；组织开展党外代表人士培训班暨“初心之路”主题教育；开展《献礼百年·探寻民宗人的初心故事》巡展，在宗教界人士中开展庆祝中国共产党成立100周年“书画颂党恩·龙华证道心”大型书画展；在少数民族群众中开展“党恩各族颂·越城一家亲”摄影比赛；在海外侨胞中开展“百封家书寄亲情·百名游子看巨变”和“传承红色基因·讲好红侨故事”活动；在基层商会中开展“越商永远跟党走”红色追忆之旅，参与人数达500余人，成立由15名企业家组成的党史宣讲团，开展进企业、进社区、进校园宣讲活动10余场；持续开展“大走访、大调研、大服务”主题活动，举办“喜迎百年华诞、同心共助首位度”第五届社会服务周活动，助力打造首位度中心城区。

【提升多党合作制度效能】 2021年，越城区围绕政府数字化建设、全面推进乡村振兴、基层卫生医疗提升行动进展情况等主题开展政党协商8次。推进镇街党派综合服务站“精品工程”建设，按照开展一次议政建言、组织一次民主监督、安排一次社会服务、反映一批社情民意“四个一”要求提升站点建设。持续开展基层组织标准化建设，将服务基地打造成“党派之家”。民盟、民进、九三学社、区知联会顺利完成换届工作。设立“和越汇·复旦众创”新的社会阶层人士统战工作实践创新基地。

【商会建设】 2021年，越城区举办“亲清直通车·政企恳谈会”4场，参与企业达120余家，收集企业反映困难问题70余个，其中通过恳谈现场解决的有45个。深入推进法庭商会工作室建设，新建鉴湖、皋埠法庭商会工作室，实现商会工作室全覆盖。完成振德、浙江医药、盛洋科技第一批3家企业廉政民企示范点建设工作，其中浙江医药股份有限公司被列为省纪委清廉单元建设示范标杆单位。区工商联荣获2020—2021年度全国“五好”县级工商联、全国民营企业调查点工作先进单位。《在区域社会治理现代化中如何更好发挥商(协)会协同作用的几点思考》荣获2021年全省工商联系统优秀调研成果二等奖。

2021年，浙江省《绍兴市宗教活动场所建设与管理规范》地方标准发布会暨“互学互促”活动在越城区举行(区委统战部　提供)

2021 年，越城区召开“同心·越城”大会（区委统战部　提供）

【推进宗教活动场所管理标准化】 2021 年，越城区深化宗教活动场所标准化管理工作，围绕“宗教活动场所标准化管理省级示范区”建设目标，探索建立宗教活动场所“标准化＋数字化＋智治化”管理信息展示系统，承办浙江省宗教活动场所标准化管理工作“互学互促”会暨绍兴市《宗教活动场所建设与管理规范》发布会。越城区宗教场所标准化工作列入省级试点项目。《宗教活动场所标准化管理的探索与研究》荣获 2021 年度全省统战理论创新成果二等奖。龙华寺被列为 2021 年省级宗教普法示范点。

【佛教界庆祝中国共产党成立 100 周年大型书画展】 2021 年，绍兴市越城区佛教界庆祝中国共产党成立 100 周年“书画颂党恩·龙华证道心”大型书画展暨绍兴图书馆龙华佛学分馆新馆落成启用仪式在龙华古寺举行。

【开展“对外交流”“暖心助侨”工程】 2021 年，越城区启用越城中美文化交流中心基地，推动中美在文化、医疗、教育、商务等领域的合作，被《浙江卫视》专题报道。举办“共筑安心桥·护航双循环”活动，创新搭建法治护航、贸易促进、金融服务“三座桥”，为全市海外侨务工作提供“越城经验”，被中新网等媒体报道。7 个海外（境外）越城同乡会发起创立的“越侨馆”入驻绍兴市综合保税区海外商品展示中心。区侨联获“2021 年度全省侨联系统抗击新冠肺炎疫情成绩突出集体”称号。

【统一战线第五届社会服务专项行动启动】 2021 年，“喜迎百年华诞·同心共助首位度”越城区统一战线第五届社会服务专项行动启动仪式在北海街道迎恩门水街举行。仪式上，对越城区民主党派、统战社团迎恩门风情水街社会服务基地进行授牌，为“同心共助首位度”法律、教育、医疗、科技 4 支民主党派社会服务团授旗。民主党派越城区基层委分别围绕助力乡村振兴实践、共建“财智共享联盟”、创新服务绍兴集成电路产业等方面与相关单位建立社会服务实践创新基地签约并授牌。

【同心·越城公益联盟成立】 2021 年，越城区举行同心·越城公益联盟成立仪式暨 2021 年“同心越城·爱在身边”公益筹启动会。区级有关部门（单位）、各民主党派、统战社团、爱心企业、爱心人士代表等 90 余人参加。

【深耕“同心·越城”品牌】 2021 年，越城区委统战部牵头筹办 2021“同心·越城”大会。15 个海外同乡会、重要城市商会线上参会，会议实况在“人民网”App 全程直播，16 个项目协议总投资达 306 亿元。会前开展“首位引领·嗨翻越城”大型直播展示活动，共有 60 万人次参与活动。推进以助力新乡贤参与乡村振兴和基层治理为重点的“五大专项行动”（助力产业兴旺行动、助力乡风文明行动、助力基层治理行动、助力生态建设行动、助力公益慈善行动）。2021年，共招引新乡贤回乡参与家乡建设90余人，新增投资额1000万元以上的项目8个。在《绍兴日报》开设“新乡贤好故事”专栏，新乡贤工作经验被《浙江卫视》宣传报道。2021年，新成立新加坡越城同乡会，义乌、武汉越城商会。（区委统战部　朱沈园）

改革工作

【概况】 2021年，越城区按照省市决策部署，坚持以数字化改革为总抓手，对表对标、先行先试，有力形成改革全面发力、多点突破的发展态势。全年新增省级部门及以上改革试点32项；数字化改革省级部门试点24项；在全国和全省范围推广改革创新举措19次；改革经验做法首次在中央政研室（中改办）简报刊载推广，并首次入选中国改革年度典型案例。

【推进数字化改革】 2021年，越城区对标“三张清单”（需求清单、场景清单、改革清单）、“一本账”（统筹全区所有数字化改革重大应用的汇总清单），创新探索推行“两榜两单”制度（核心指标争先榜、揭榜挂帅争先榜、攻坚季争先攀高任务清单、区领导主抓直管应用清单），率先举办数字化改革应用场景谋划大赛和区管领导干部数字化改革专题研讨班，与杭州电子科技大学开展理论研究战略合作。24个重大应用进入省级试点，古城信息管理和重大决策社会风险评估应用分别被列为全省数字化改革特色应用、全省数字法治系统好应用；实施数字经济“一号工程”做法成效，获得省政府督查激励；“七张问题清单”（即重大巡视巡察、重大督查、重大审计、重大安全、安全生产、重大网络舆情、重大信访等七方面问题清单）应用列入全省三个区级贯通试点之一；“阅卷精灵”办案应用入选全国公安基层技术革新奖二等奖。

【获评“2021国际化高质量发展环境建设标杆城区”】 2021年，越城区持续优化营商环境，着力健全项目全生命周期管理服务机制，打通项目落地“初始一公里”和建成投产“最后一公里”，企业投资项目审批“最多80天”实现率100%，营商环境综合排名全省第九、全市第一，成功获评“2021国际化高质量发展环境建设标杆城区”。

【农村宅基地改革】 2021年，越城区探索推进农村宅基地改革，完善《关于开展农村宅基地退出和利用的实施细则》《农村宅基地管理办法》等一系列配套制度，出台支持东部“两街一镇”（陶堰街道、孙端街道、富盛镇）高质量发展专项政策，推进“多规合一”村庄规划编制工作，推进乡村振兴先行村与农村宅基地制度改革试点融合互促。

【持续擦亮改革“金名片”】 2021年，越城区首次将全年无（改革）特色亮点部门作降档处理纳入年度考核，专门建立改革工作每两月通报制度、区级职能部门和镇街党委（党组）书记年度改革工作述职制度。年内，越城区先后26次在中央、省、市三级改革工作主要刊物刊载推广改革创新经验。其中，党建“契约化”共建改革创新做法被中央政研室（中改办）《党建要报》和省委改革办《浙里改专报》刊载，并被省委主要领导批示肯定，改革案例入选“中国改革2021年度地方全面深化改革典型案例”；古城智慧治理、职业培训券改革创新做法先后被《住房和城乡建设部信息专报》《人力资源社会保障工作信息》刊载；工伤“一件事”改革创新做法被省委改革办《竞跑者》刊载。（区委改革办　汪思琦　严琳娜）

2021 年越城区新增改革试点情况表

表 10

国家级改革试点	1. 农村宅基地制度改革试点
省级部门数字化改革试点	2. 人才智能评价应用
	3. 重大决策社会风险评估“一件事”应用
	4. 基层治理事件分级分类标准库
	5. 省级“七张问题清单”重大应用省市县贯通试点
	6. 万亩千亿新产业平台场景试点(绍兴集成电路产业平台场景试点、绍兴滨海新区高端生物医药平台场景试点)
	7. 越城生物医药产业集群新智造试点
	8. 浙江省“未来工厂”试点(浙江医药股份有限公司)
	9. 生物医药产业大脑试点
	10. 阅卷精灵智能辅助办案平台
	11. “越智矫”智慧矫正应用场景试点
	12. 职业培训券全流程应用试点
	13. 再生资源智慧管理应用试点
	14. 跟着节气游乡村“先行先试”应用试点
	15. 不可移动文物智慧管理服务系统试点
	16. 火灾监测处置模块
	17. 古桥安全监测模块
	18. “信用 + 基层治理”试点
	19. 大型科研仪器设备开放共享一指办试点
	20. “监管一件事”场景应用试点
	21. 职务犯罪案件网上移送试点
	22. 刑事案件终结性法律文书评查应用
	23. 移动 CA 互认系统试点
	24. “浙政钉”工作台建设试点
	25. 虚拟公物仓系统应用
省级部门其他试点	26. 重大决策社会风险工作试点
	27. 水利工程管理“三化”改革试点
	28. “党建进工地”试点 〔涉及马山闸强排及配套河道工程、(袍江区域)设计采购施工项目〕
	29. 浙江省幼儿园与小学科学衔接实验区
	30. 省级小微企业园建设提升重点区试点
	31. 全省法治化综合改革试点
	32. 非公企业产业工人建功立业全域试点

机构编制管理

【概况】 2021年,越城区委编办坚持党管机构编制、优化协同高效工作原则,坚决贯彻区委区政府决策部署,在市委编办的精心指导下,围绕“深化改革、整体智治、提质提效”的工作要求,以数字化改革为牵引,统筹谋划、有力有序推进机构编制各项重点工作,运用系统观念优化资源配置。全年共召开编委会2次,审议同意议案14个大项180余个小项,办理人员进编手续1207人次,出编手续563人次;办理事业单位法人年度报告公示251家,年度报告公示合格251家,合格率100%。

【事业单位登记管理】 2021年,越城区委编办严格执行《浙江省事业单位章程管理暂行办法》规定,开展事业单位章程制定工作,第一批134家单位完成章程制定。共办理事业单位设立登记10家,变更登记156家,注销登记21家。统筹开展中文域名注册及网站挂标工作,已注册中文域名361个,注册率达100%。党政机关申报网站数39家,完成挂标39家;事业单位申报网站数48家,完成挂标48家,挂标率达100%。

【行政区域界线变更调整工作】 2021年4月,越城区和上虞区部分行政区域界线变更,成建制划转相关行政事业单位10家,通过“一件事”平台完成人员转隶404名。开展区划调整“回头看”工作,确保沥海街道及区级有关部门相关事项划转平稳有序,进一步理顺越城区与滨海新区管理体制机制,发挥机构编制资源最大效益。

【事项动态更新】 2021年,越城区根据全省法治政府建设暨综合行政执法改革工作精神,认领监管事项1815项,认领率100%。建立政务服务事项动态更新机制,定期组织部门进行事项认领,共计完成认领375项。厘清综合行政执法、五大领域综合行政执法和专业执法的职责边界,推动建立协调会商制度、职责分工争议协调制度。在综合执法事项395项调整划转的大背景下,统筹6名参公编制划入区综合行政执法局,配强人员力量。(区委编办　陈芳)

人才工作

【概况】 2021年,越城区紧盯“人才数量指数级增长、人才竞争力指数级增强”目标,以创建人才管理改革试验区为抓手,全力打造首位度中心城区人才高地。区委九届十二次全会、全区“首位引领、大抓落实”推进大会把人才创新工作作为“战略支撑、首位战略、第一抓手”。全年新引进集聚高层次人才157人,新增高校毕业生3.29万人,培育高技能人才1.48万人,多项数据均列全市第一。越城人才生态和相关做法获《人民日报》《新华每日电讯》《浙江日报》《中国组织人事报》宣传报道,人才智能评价系

2021年4月21日,“留在绍兴 筑梦越城”2021年越城区引才“百千万工程”在绍兴文理学院正式启动(区委组织部　提供)

滨海新区人才管理改革试验区“20条”改革举措

1. 顶尖人才(团队)按需支持上不封顶	11. 人才服务机构地方贡献全额奖励
2. 青年科学家“免评审”落户	12. 探索创业项目“补转股、股转奖”
3. 探索外籍人才创办内资企业试点	13. 实行融资担保“风险补偿”
4. 实施高层次人才“双聘制”	14. 支持创新成果加速产业化
5. 实行人才流动“来去自由”	15. 打造公共研发和知识产权平台
6. 实施青年干部人才专项计划	16. 实行人才创新创业贡献奖励
7. 开展人力资本价值评估试点	17. 提供多元化人才住房保障
8. 构建以企业为主体的人才认定机制	18. 提供二级以上医疗保健待遇
9. 开展职称制度改革试点	19. 根据人才意愿统筹子女就学
10. 开展国际化工程师和技能人才评价	20. 量身定制出入境“一条龙”服务

统列入省委组织部《数字组工开发建设任务书》。探索数字赋能靶向服务,启用“越快兑”“人才码”,人才政策网上兑现率、人才录入数量全市第一;试点推广人才智能评价系统、“码上申请、智能择房”、职业培训券等一批数字化应用场景。组建政策性融资担保公司,设立“人才创业投资引导基金”,促成人才创业企业获得风险投资、民营资本融资超1.2亿元。为全区人才企业及其核心团队提供3960万元的“一揽子”创新创业风险保障。优化完善区、镇两级班子领导挂联高层次人才机制,试点高层次人才医疗保健体系,妥善安排符合要求的人才子女就学。

【完善人才工作体制机制】 2021年,越城区落实党委“一把手”直接抓人才工作机制,制订实施人才发展“十四五”规划,成立工作专班攻坚推进人才管理改革试验区创建,探索青年科学家“免评审”、高层次人才“双聘制”、“公司法人举荐制”等制度12个。2021年累计落实各类人才政策资金近3亿元。

【招才引智】 2021年,越城区组织“才聚越城·凤鸣滨海”海内外专家行等活动,搭建海内外引才工作站、市外高校引才基地和博士后工作站等平台,并聘用引才大使,构建人才集聚“蓄水池”。迭代“以赛代评”机制,召开中国(绍兴)集成电路创新发展高峰论坛、生物医药创新发展闭门会,汇聚集成电路、高端生物医药两大“万亩千亿”新产业高层次人才和产业人才队伍。举办“万亩千亿”新产业人才全球数字经济系列赛,8个决赛项目全部意向落地。组织开展招才引智“春秋专列”和“留在绍兴·筑梦越城”活动,各项引才成效位居全市前列。

【构建人才发展平台阵地】 2021年,越城区进一步推进公共配套平台建设,与工信部签约共建集成电路联合智力创新中心,与中国电子学会、省科协等主体建立战略合作关系。成立校地共建研究院联盟“越创盟”,引进高校科研机构、院士专家工作站,省级研发中心等,杭州电子科技大学绍兴校区、西电宽禁带半导体研究中心相继签约落地。协同推进大湾区院士之家、人才主题公园、人才之家等载体谋划建设,投用人才“一站式”服务平台人才创新服务综合体。

2021 年 5 月 29 日，2021"繁星耀越"越城滨海人才主题周活动启动（区委宣传部　提供）

年内，绍芯实验室引进一批院士团队，集成电路工程师协同创新中心的相关做法获省委主要领导批示肯定。

【建设滨海新区人才管理改革试验区】 2021 年，越城区于全省率先启动人才管理改革试验区建设，制定实施青年科学家"免评审"落户制、高层次人才"双聘制"等操作办法，探索中级及以下职称制度改革试点，建成投用集成电路工程师协同创新中心和人才创新服务综合体，举办首届 2021"繁星耀越"越城滨海人才主题周活动，推进试验区"20 条"改革举措落实落地。（区委组织部　胡梦灼）

老干部工作

【概况】 2021 年，越城区老干部工作在区委组织部的直接领导和市委老干部局的关心指导下，以"银领先锋""银耀越城""银尚乐活"三大品牌建设为引领，以开展中国共产党成立 100 周年系列活动为载体，以数字化改革为牵引，以党建"契约化"共建引领城市社区离退休干部党建"情暖银辉""薪火相传""红色管家""护航雏鹰""邻里互助""项目领办"六大行动试点工作为抓手，推动越城老干部工作质量全面提升。

【开展庆祝建党百年"十个一"系列活动】 2021 年，越城区围绕中国共产党成立 100 周年，组织开展"红色基因永相传"主题党日活动、"银领向党・最美老党员"寻访活动、"争创'四个率先'先行区"红色思政大宣讲活动、"颂百年党史・话百年成就"主题作品征集活动、"红船精神"传承活动、服务管理项目提升活动、"银耀越城"老干部志愿服务活动、老干部走访慰问活动等"十个一"系列活动。其中，皋埠小学教育集团第二支部开展的"百年荣光・共话辉煌"主题党日活动参加建党百年全市"十佳"党日活动案例评选，获评"十佳"主题党日活动案例，并在省委老干部局组织开展的"浙江省离退休党支部优秀主题党日活动案例大赛"中脱颖而出，荣获二等奖。

【推动老干部工作领域数字化改革】 2021 年，越城区利用老领导、离退休党组织书记微信群、钉钉群等进行党史百年天天读网上学习、中国共产党建党 100 年作品征集、理论学习、工作交流等，得到老干部们的广泛好评。全面更新浙江省离退休干部服务管理系统信息，共录入离退休干部人员信息 4463 条。联合越城区科协、区教体局、区卫健局、区文明办、中国移动越城分公司、中国建设银行越城支行制定《越城区"银龄跨越数字鸿沟"科普专项行动实施方案（2021—2023 年）》，以老年人"数智共享跨越鸿沟"为目标，坚持上下联动、多方协同，共同开展"银龄跨越数字鸿沟"科普专项行动。

【离退休干部党建融入城市基层党建试点工作】 2021 年，越城区以全省离退休干部党建融

2021 年，皋埠小学教育集团第二支部开展“百年荣光　共话辉煌”主题党日活动大合唱《唱支山歌给党听》环节（区委老干部局　提供）

入城市基层党建试点工作为契机，结合社区党建“契约化”共建品牌的基础和优势，通过实施“136”工程推动试点工作在越城落实落地，取得较好成效。“136”工程是指以党组织为核心，做到离退休干部党员“关系在单位、活动在社区、奉献在社会”，实施“情暖银辉”“薪火相传”“红色管家”“护航雏鹰”“邻里互助”“项目领办”等六大行动。共有 823 名离退休干部党员到社区报到，其中近五年退休干部党员到社区报到 256 人，占新退休人数的 50% 以上。组建银耀志愿服务团队 66 支，招募银耀志愿者 1000 余人，开展志愿服务活动 189 次。（区委老干部局　徐英）

公务员事务

【概况】 2021 年，越城区围绕“高素质专业化队伍建设”目标，发挥统一管理优势，完成公务员考录、公务员职务与职级并行等重点工作，对机构改革后仍旧承担行政职能的事业单位进行重新参公申报和认定，完成市委、区委主要领导任期内审计，选派东西部协作专技人才 21 人。《关于完善公务员公开遴选办法建议》被中组部《组工参阅》2021 年第 3 期采用。

【全年招录公务员 69 人】 2021 年，越城区考录工作在“推进分类分级考，深化公务员分类改革”的大背景下实施，并实现“三个突破”。全区首次独立设置笔试考点，启用 70 个考场；首次实行笔试、面试分类分级考录，根据不同职位采用不同试卷；首次在基层职位面试中采用无领导小组讨论形式。全年共招录公务员 69 人，其中面向应届毕业生招录 46 人；共招录选调生 9 人。招录工作受到区委主要领导批示肯定。

【最美公务员评选】 2021 年，越城区推选任宇成为全省最美公务员，并参选全国最美公务员。组织全区党员干部收看最美公务员先进事迹，并组织全区选调生撰写向“最美”学习观后感，先后在“之江先锋”“浙广新闻”“中国蓝”《绍兴日报》等媒体平台持续宣传先进事迹，展现越城公务员新形象。（区委组织部　江洪杰）

涉台事务

【概况】 2021 年，越城区接待台胞 3 批 50 余人次。走访台胞、台商和台属 210 余人次，开展台情调查，健全台企台商、台胞台属档案，妥善协调处理各类涉台求助事件。全年越城区有 11 名学生被台湾各类大学录取，其中 10 名为硕士，1 名为博士。

【重要对台交流活动 3 次】 2021 年 5 月，越城区接待区台商协会一行约 30 人。6 月，越城区接待李茂春一行约 10 人。6 月，越城区接待张安乐一行约 10 人。（区委办公室　杨晓烨）

信访工作

【概况】 2021年,越城区信访工作坚持高位对标、聚焦短板、强化强控、体系化推进,工作成效显著,区域信访生态持续好转。全年诉求类(不含咨询、意见建议类)信访总量8454件(人)次,较近三年下降17.7%,承办政务热线71542件,较上年下降5.1%。推进信访工作的相关做法获省委、省政府主要领导批示肯定,要求全省学习推广;市对区综合考评实现全市进步最大;区信访局被区委、区政府授予“2021年度先进单位”称号;人民网网民留言办理工作荣获2021年度民心汇聚单位奖。

【体系化推进机制建设】 2021年,越城区聚焦推进社会治理体系和治理能力现代化,系统重塑越城信访理念思路、体系机制、工作方法。出台《镇街、部门(单位)信访工作“十条责任清单”》和《村(社区)组织信访工作“十条负面清单”》,将清单落实情况与领导干部综合考评、评先评优、选拔任用相挂钩,全面落实信访工作责任。

【“党建+信访”示范引领】 2021年,越城区深化“党建+信访”工作理念,依托党建抓信访、带全局、促成效。全年,省、市交办的重大信访问题清单均已提前销号,拆迁类信访问题整改被列入省级示范榜。深化落实主官办信和领导干部大接访工作,区、镇街两级政府主官共阅办信访件10025件次,办结率达98.9%;区领导接访222批次392人次,占区级走访的52.7%,有效推动群众问题就地妥善解决。探索党建契约化共建,与省信访局机关第四党支部签署党支部“契约化”共建协议,围绕组织共建、活动联办、人才共育、资源共享、业务共推等举措,进一步提升基层信访工作质效。

越城区推进信访工作机制10条

1. 党建统领信访工作机制
2. 矛盾纠纷调处机制
3. 积案化解机制
4. 越级访稳控、预警和劝返机制
5. 违法行为处置机制
6. 信访工作责任机制
7. 队伍建设机制
8. 群众评价机制
9. 督考导向机制
10. 容错纠错机制

【重复信访治理专项攻坚行动】 2021年,越城区认真贯彻中央、省、市工作部署,强势推进重复信访治理专项攻坚行动,通过采取领导包案、上下联动、挂图作战等方式,有效推动一批疑难信访案件的化解。全年,231件国家级重复信访治理事项化解225件,化解率97.40%,111件省级重复信访治理事项全部化解,在全省重复信访治理经验交流大会上,越城作为全省3个区(县、市)代表之一作典型发言;220件求决类市级积案化解199件,化解率90.45%,在全市率先完成80%的考核目标。对20余年来全区拆迁类信访问题开展“地毯式”排查,摸排梳理出涉拆案460件,通过组团式包干、压茬式推进、数字化智控,全年共完成化解370件,化解率达80%。

【深化矛调中心建设】 2021年,越城区矛调中心通过完善社会矛盾纠纷多元调处化解工作体系,落实一窗受理、调解对接、教育疏导、领导接访、激励培训等十大机制,强化数字集成赋能,为人民群众提供了更加便捷高效的服务。全年,区级中心共受理各类诉求7946件,接待

2021 年,越城区矛调中心(邵达海　摄)

群众 8230 人次,结案率 97.74%,群众满意率 97.32%,中心运行质效考核跻身全市前三。镇街、村(社区)矛调中心规范化、实战化建设加快推进,镇村两级中心共成功调解 15291 起,一大批矛盾纠纷在基层得到有效治理,前哨作用发挥日益显著。(区信访局　谢伟根)

机关党建

【概况】 2021 年,越城区按照"建设清廉机关、创建模范机关"部署要求,紧扣"围绕中心、建设队伍、服务群众"的核心任务,继续以"五星示范、双优引领"为主要抓手,努力在提升政治力、组织力、服务力上下功夫,不断推动机关党建高质量发展,全年多次组织开展"我爱越城"主题实践活动,进一步推进党建与中心工作深度融合,为越城全面建设全市首位度中心城区提供强有力的组织保障。

【组建一线抗疫队伍】 新冠肺炎疫情发生以来,区直机关工委坚决落实区委区政府和区疫情防控办部署要求,就机关内部疫情防控、集中隔离点力量调派、机关干部支援镇街等工作任务作出明确部署安排。针对村社疫情防控压力大、人员力量不足的实际,工委整合部门与镇街结对力量,共派出 1400 余名机关党员干部赴一线支援,抽调近 100 名机关干部组建"抗疫先锋队",支援陶堰街道疫情防控工作,有效缓解疫情防控"三区"卡口的执勤压力。抽调 115 名党员干部赴集中隔离医学观察点开展工作,集中力量做好隔离点管理服务。成立 25 个集中隔离医学观察点临时党支部,把抗疫一线作为检验机关党员干部初心和战斗力的主战场。

【"越城知识我来答"知识竞赛】 2021 年 7 月至 10 月期间,区直机关工委在全区机关范围内组织开展了越城知识专题学习活动,机关工委按照每周一主题的方式,组织广大党员干部认真开展党建"契约化"共建、越城历史、越城发展、越城未来等四个专题学习。结合专题学习,组织开展"越城知识我来答"知识竞答活动,58 支参赛队伍和 300 余名机关党员干部,通过"'越'了解'越'热爱"在线答题小程序,参与了答题活动,最终决出 10 支队伍参加团队赛决赛。10 月 25 日晚,区直机关工委在区委党校举行"越城知识我来答"知识竞赛团队赛决赛,最终陶堰街道代表队以总分第一的成绩脱颖而出,折桂决赛。区残联、灵芝街道及区税务局 1、2 代表队获得二等奖,迪荡街道、区纪委区监委、区府办、区审计局、区市场监管局代表队获得三等奖,活动现场为线上赛个人前 20 名颁发奖状。

【组织开展"我爱越城"主题实践活动】 2021

2021 年 6 月 21 日,"礼赞百年·越心向党"越城区机关庆祝中国共产党成立 100 周年红色诵读展演会在中关村·绍兴水木湾区科学园举办(区直机关工委　提供)

年6月至12月，区直机关工委牵头在全区开展了“我爱越城”主题实践活动，活动共分专题学习、思想分析、氛围营造、为民办事4个专题，2000余名机关党员干部职工认真开展学习、深入查找问题、积极服务基层。

【红色诵读展演会】 2021年6月21日，越城区在中关村·绍兴水木湾区科学园举办“礼赞百年·越心向党”越城区机关庆祝中国共产党成立100周年红色诵读展演会，来自区级部门的17组朗诵队伍，分“开天辟地”“改天换地”“翻天覆地”“惊天动地”4个篇章带来了不同形式、不同风格的诵读节目。诵读会过程中还播放人大常委会原主任徐锡类与成章小学原校长朱月英2名老党员对话年轻党员访谈片段，并为7名老党员代表颁发“光荣在党50年”纪念章。活动共有近400名机关党员干部在现场参加活动，共有6900余人次通过微信直播线上同步观看。区领导盛学东、王姿琴、应尧刚、吴萍、陈云根、应芙蓉出席此次活动。

【“越城蝶变我来拍”摄影比赛】 2021年10月至11月，越城区开展“越城蝶变我来拍”摄影比赛，机关党员干部围绕越城近年来的改革发展建设成果，聚焦越城风貌和城市发展，寻找身边的风景“美”和人物“美”，透过摄影艺术生动展现越城的巨大变化，进一步汇聚越城发展正能量，经过评委打分评选，共有16组（张）作品入选，最终评选出一等奖1名、二等奖3名、三等奖5名、优秀奖7名，获奖作品通过“越城组工”微信公众号进行展播。（区直机关工委　罗冰洁）

党　校

【概况】 2021年，越城区委党校立足中国共产党建党100周年的关键性历史节点，深入贯彻习近平总书记系列重要讲话精神，紧紧围绕打造全市首位度中心城区，争当高质量发展建设共同富裕示范区排头兵奋斗目标，坚决贯彻落实区委“建校、办学”两手抓工作要求，开设精品党课和现场教学课，举办全区首个党性教育数字主题展；完善后勤服务，打造美丽校园，切实发挥党校“三个阵地、一个熔炉”的政治担当和重要作用。全年申报省级课题2项；完成《新的伟大工程之绍兴实践》《2021年绍兴蓝皮书》等市级课题2项；向区委、区政府呈报决策参考11期，形成各类理论成果5篇次，获得市级征文二等奖1次、区级一等奖1次。提升与市委党校合作共建效能，2021年合作项目完成100%。参与市委党校课题调研6次，指导完成调研论文5篇次，共同开展“契约化”共建理论。

【干部培训34期】 2021年，越城区委党校举办各类培训34期，其中主体班次15期，对口援疆班次1期，配合各镇街、局办开展培训18期，培训党员干部人才4333人次。以党史学习教育为抓手，先后邀请15名党史领域专家教授及领导干部授课指导，梳理29个区域内党员教育培训现场教学点并组织参观学习，全年党性和理论教育总课时占比74%，同比上升近4个百分点。

【“中国共产党人的精神谱系”主题展】 2021年7月，越城区委党校实现越城区党员干部党性教育展厅迭代升级，策划推出党性教育主题展第三期“中国共产党人的精神谱系”。以伟大建党精神开篇，集中展陈“开天辟地、改天换地、翻天覆地、惊天动地”四个历史时期百年来中国共产党人的伟大精神密码和红色传承，并首次采用数字化呈现技术，植入AI（人工智能）互动体验平台，同步打造网上展厅，搭建党性教育“第二课堂”。截至年底，线上线下累计接待60批次，近万人次参观浏览。展厅先后被命名为“越城区党员教育培训基地”“越城区爱国主义教育基地”。

【深化“悦学堂”高端办学品牌建设】 2021年，越城区委党校提升办学质量，紧紧贴合越城产业发展、城市开发的紧迫需求，通过外部引流和本土培育双管齐下，不断夯实和创新教学内容，持续打响“悦学堂”高端办学品牌，邀请陈畴镛等国内顶级专家学者，成功举办全省首个数字化改革专题研讨班。创新课程体系，自主推出“共产党人的知行观”“越城发展史”“中国共产党建党史”“党代会精神解读”等专题课和“推动乡村振兴 实现共同富裕”“上旺村发展与基层党建”等现场教学课，主动送课下乡进社区；丰富办学模式，积极发展网络培训，深化线上线下相结合的混合教学模式，统筹安排专题辅导、研讨交流、自主研学、现场教学、音乐党课、专题测试、互动课堂等多种教学形式，探索运用讲授式、研究式、案例式、模拟式、体验式等互动式教学，其中“共产党人的知行观”荣获2021年市委党校精品课一等奖，“推动乡村振兴 实现共同富裕”现场教学课获评2021年度越城区党建“契约化”共建十佳“创优项目”。（区委党校　祝嘉雯）

绍兴市越城区人民代表大会

重要会议

【概况】 2021年，绍兴市越城区人民代表大会常务委员会依法召开常委会会议11次，主任会议15次，听取工作汇报23项，听取审议工作报告20项，作出决议、决定5项，开展调研、视察32次，任免国家机关工作人员111人次。

【区九届人大五次会议】 2021年1月12日至15日，绍兴市越城区第九届人民代表大会第五次会议在绍兴大剧院举行。会议应到区人大代表286名，列席人员88名。会议听取和审议区长袁建所作的政府工作报告、区人大常委会副主任鲍永强所作的绍兴市越城区人民代表大会常务委员会工作报告、区人民法院院长王骏所作的绍兴市越城区人民法院工作报告、区人民

2021年1月12日至15日，绍兴市越城区第九届人民代表大会第五次会议在绍兴大剧院举行（区委宣传部 提供）

检察院检察长周江所作的绍兴市越城区人民检察院工作报告；审议越城区国民经济和社会发展第十四个五年规划和2035年远景目标纲要、区发展和改革局局长陈荣华提交的关于绍兴市越城区2020年国民经济和社会发展计划执行情况与2021年国民经济和社会发展计划（草案）的报告、区财政局局长沈华清提交的关于绍兴市越城区2020年预算执行情况及2021年预算（草案）的报告、区政府2020年民生实事项目完成情况和2021年民生实事候选项目情况的报告，并通过相应决议，开展满意度测评。

会议期间，举行预备会议1次，全体会议4次，主席团会议5次。会议共收到人大代表10人以上联名提出的议案4件，经大会主席团讨论决定，均改作代表建议、意见处理。收到其他建议、意见151件，共155件。

【区人大常委会会议】 2021年1月8日，越城区第九届人大常委会召开第四十次会议，听取和审议区政府2021年民生实事候选项目情况的报告、区人大常委会工作报告（送审稿）、区人大常委会代表资格审查委员会关于区第九届人民代表大会代表资格审查情况的报告，听取区九届人大五次会议筹备工作情况报告，审议区九届人大五次会议议程（草案）、日程（草案）、各类名单（草案）、选举办法（草案）、区政府民生实事项目票决办法（草案），表决通过大会列席人员名单。

1月21日，越城区第九届人大常委会召开第四十一次会议。会议审议并表决通过马川辞去绍兴市第八届人民代表大会代表职务的请求，补选徐获为绍兴市第八届人民代表大会代表。会议根据区人大常委会主任会议、区人民政府区长袁建、区法院院长王骏提出的有关人事任免议案，进行人事任免。

2月26日，越城区第九届人大常委会召开第四十二次会议。会议听取和审议区人大街道工委工作报告，作出关于人大街道工委工作报告的决议。会议根据区人大常委会主任会议、区人民政府区长袁建、区监察委员会主任盛学东、区法院院长王骏提出的有关人事任免议案，进行人事任免。

4月27日，越城区第九届人大常委会召开第四十三次会议。会议听取和审议区科技局受区政府委托所作的关于加快建设高水平创新型城市情况的报告、区生态环境分局受区政府委托所作的关于2020年度环境状况和环境保护目标完成情况的报告，审议通过设立绍兴市越城区人大常委会沥海街道工作委员会。会议根据区人大常委会主任会议、区法院院长王骏、区检察院检察长周江提出的有关人事任免议案，进行人事任免。

6月28日，越城区第九届人大常委会召开第四十四次会议。会议听取和审议区发改局受区政府委托所作的关于越城区粮食安全保障和种子工作情况的报告、区水利局受区政府委托所作的关于越城区“污水零直排区”建设和“水域生态修复”试点情况的报告、区人社局受区政府委托所作的关于企业高层次人才引进工作情况的报告、区民政局受区政府委托所作的关于居家养老服务工作情况的报告、绍兴市公安局越城分局所作的关于提请许可对越城区九届人大代表单兴绍采取刑事强制措施的报告、区人民法院部分法官履职情况的报告。会议对区人民法院部分法官履职情况进行测评，作出关于许可对越城区九届人大代表单兴绍采取刑事强制措施的决定。会议根据区人大常委会主任会议、区人民政府区长袁建提出的有关人事任免议案，进行人事任免。

8月23日，越城区第九届人大常委会召开第四十五次会议。会议听取和审议区发改局受区政府委托所作的关于上半年国民经济和社会发展计划执行及重点项目进展情况的报告、区财政局受区政府委托所作的关于2020年度财政决算和2021年上半年财政预算执行情况的报告、区审计局受区政府委托所作的关于2020年度财政审计情况的报告、区教体局受区政府委托所作的关于群众体育工作情况的报告、区检察院所作的关于服务非公经济工作情况的报告,审议关于依法重新确定富盛镇人民代表大会代表名额的报告,作出关于批准绍兴市越城区2020年财政决算的决议,作出关于依法重新确定富盛镇人民代表大会代表名额的决定。会议根据区法院院长王骏提出的有关人事任免议案,进行人事任免。

9月28日,越城区第九届人大常委会召开第四十六次会议。会议听取和审议区政府办公室受区政府委托所作的关于代表建议、批评和意见办理工作情况的报告、市名城办受区政府委托所作的关于绍兴古城保护利用工作情况的报告。会议根据区人大常委会主任会议、区人民政府区长袁建、区检察院检察长周江提出的有关人事任免议案,进行人事任免。会议决定,任命毛访蒲为绍兴市越城区人民政府副区长。

10月21日,越城区第九届人大常委会召开第四十七次会议。会议听取袁建区长所作的关于全区经济社会发展情况的报告,听取和审议区司法局受区政府委托所作的关于“七五”普法决议贯彻落实及“八五”普法规划编制情况的报告、关于法治政府建设情况的报告、区卫健局受区政府委托所作的关于公共卫生服务工作情况的报告。会议根据区人大常委会主任会议、区监察委员会主任盛学东、区法院院长王骏提出的有关人事任免议案,进行人事任免。会议审议并表决通过盛学东要求辞去绍兴市越城区监察委员会主任职务的请求,作出关于接受盛学东辞去绍兴市越城区监察委员会主任职务的决定,作出关于程许东为绍兴市越城区监察委员会代理主任的决定。

11月2日,越城区第九届人大常委会召开第四十八次会议。会议审议通过越城区区镇两级人民代表大会换届选举工作方案,作出关于区镇两级人民代表大会换届选举有关事项的决定、关于设立绍兴市越城区选举委员会的决定和关于设立绍兴市越城区富盛镇选举委员会的决定。

11月29日,越城区第九届人大常委会召开第四十九次会议。会议根据区人大常委会主任会议、区人民政府区长袁建、区法院院长王骏提出的有关人事任免议案,进行人事任免。会议审议并表决通过袁建要求辞去绍兴市越城区人民政府区长的请求,作出关于接受袁建辞去绍兴市越城区人民政府区长职务的决定,审议并表决通过王骏要求辞去绍兴市越城区人民法院院长的请求,作出关于接受王骏辞去绍兴市越城区人民法院院长职务的决定,决定任命钱林江为绍兴市越城区人民政府副区长,作出关于钱林江为绍兴市越城区人民政府代理区长的决定,作出关于蔡立刚为绍兴市越城区人民法院代理院长的决定。

12月28日,越城区第九届人大常委会召开第五十次会议。会议听取和审议区财政局受区政府委托所作的关于调整2021年度区级财政预算情况的报告和关于越城区2021年地方政府债务限额的报告,作出关于批准区政府要求调整2021年度区级财政预算报告的决议,作出关于批准绍兴市越城区2021年地方政府债务限额的决议。会议根据区人大常委会主任会议,区人民政府代理区长钱林江、区监察委员会代理主任程许东、区法院代理院长蔡立刚、区检察院检察长周江提出的有关人事任免议案,进行人事任免。

【区人大常委会主任会议】 2021年1月8日，越城区九届人大常委会召开第五十三次主任会议。会议听取区政府办公室受区政府委托所作的关于2021年民生实事候选项目情况的汇报，讨论区九届人大五次会议各类名单（草案）、选举办法（草案）、区政府民生实事项目票决办法（草案）及区九届人大常委会第四十次会议建议议程及相关内容。

1月21日，越城区九届人大常委会召开第五十四次主任会议。会议讨论区九届人大常委会第四十一次会议建议议程及相关内容。

2月25日，越城区九届人大常委会召开第五十五次主任会议。会议研究确定2021年国有资产报告内容，研究确定常委会2021年工作清单，讨论区九届人大常委会第四十二次会议建议议程及相关内容。

3月26日，越城区九届人大常委会召开第五十六次主任会议。会议听取区市场监督管理局受区政府委托所作的关于食品安全放心工程工作的汇报，研究确定2021年度区人大重点审查监督项目，研究确定关于2021年度对区人民法院部分法官开展履职评议的工作方案。

4月26日，越城区九届人大常委会召开第五十七次主任会议。会议听取区营商环境工作专班受区政府委托所作的关于全区营商环境情况的汇报，塔山街道、东浦街道办事处关于2020年财政预算执行情况的汇报，区民宗局受区政府委托所作的关于《浙江省宗教事务条例》贯彻实施情况的汇报，研究确定关于组织部分区人大代表进选区向选民述职活动的方案，研究确定关于开展《浙江省粮食安全保障条例》执行情况检查的实施方案，讨论区九届人大常委会第四十三次会议建议议程及相关内容。

5月26日，越城区九届人大常委会召开第五十八次主任会议。会议听取区发改局受区政府委托所作的关于全区重大产业创新平台建设情况的汇报，区消防救援大队受区政府委托所作的关于高层住宅消防设施运行情况的汇报，听取区法院关于家事审判工作情况的汇报。

6月23日，越城区九届人大常委会召开第五十九次主任会议。会议听取区文广旅游局受区政府委托所作的关于《绍兴市大运河世界文化遗产保护条例》贯彻实施情况的汇报，讨论区九届人大常委会第四十四次会议建议议程及相关内容。

7月21日，越城区九届人大常委会召开第六十次主任会议。会议听取区综合行政执法局受区政府委托所作的关于生活垃圾定时定点分类投放工作情况的汇报，区生态环境分局受区政府委托所作的关于生态环境报告审议意见落实和“无废城市”创建工作情况的汇报，区民政局受区政府委托所作的关于村（社区）组织换届后运行情况的汇报。

8月19日，越城区九届人大常委会召开第六十一次主任会议。会议听取区政府办公室受区政府委托所作的关于2021年民生实事项目进展情况的汇报，区农业农村局受区政府委托所作的关于省级“渔业健康养殖示范县”创建工作情况的汇报，区水利局受区政府委托所作的关于重大水利工程建设情况的汇报，讨论区九届人大常委会第四十五次会议建议议程及相关内容。

9月23日，越城区九届人大常委会召开第六十二次主任会议。会议听取斗门街道、迪荡街道办事处关于上半年度预算执行情况的汇报，研究确定府山街道、马山街道为2022年预算重点审查监督单位，听取区发改局受区政府委托所作的关于全区粮食安全保障和种子工作情况报告审议意见落实情况的汇报，讨论区九届人大常委会第四十六次会议建议议程及相关内容。

10月19日，越城区九届人大常委会召开第六十三次主任会议。会议听取区财政局受区政府委托所作的关于国有资产管理情况的汇报，区财政局、区审计局受区政府委托所作的关于重点支出项目审计及绩效评价情况的汇报，区教体局受区政府委托所作的关于对群众体育工作情况报告的审议意见落实情况的汇报，区建设交通局受区政府委托所作的关于对老旧小区改造工作的监督意见落实情况的汇报，区水利局受区政府委托所作的关于对"污水零直排区"建设和"水域生态修复"试点情况报告的审议意见落实情况的汇报，区法院关于对部分法官履职情况的评议意见整改落实情况的汇报，讨论区九届人大常委会第四十七次会议建议议程及相关内容。

11月1日，越城区九届人大常委会召开第六十四次主任会议。会议讨论区九届人大常委会第四十八次会议建议议程及相关内容。

11月29日，越城区九届人大常委会召开第六十五次主任会议。会议讨论区九届人大常委会第四十九次会议建议议程及相关内容。

12月16日，越城区九届人大常委会召开第六十六次主任会议。会议讨论区、镇两级选举委员会组成人员辞职事项，决定同意接受区、镇两级选举委员会有关组成人员的辞职报告，并报区九届人大常委会备案。

12月24日，越城区九届人大常委会召开第六十七次主任会议。会议听取区审计局受区政府委托所作的关于2020年度越城区区级预算执行和其他财政收支审计查出问题整改情况的报告，研究确定2021年度优秀代表建议和建议办理先进单位，研究确定区十届人大一次会议筹备工作计划，讨论区九届人大常委会第五十次会议建议议程及相关内容。

视察调研

【概况】 2021年，越城区人大常委会共组织开展视察12次，就越城区农村宅基地制度改革工作、老旧小区电梯加装等课题深入调研形成报告，为区委决策提供参考。

【视察工作】 3月18日，越城区人大常委会组织视察越城区老旧小区改造，常委会组成人员和部分区人大代表实地踏看塔山街道鉴湖新村改造现场，听取区建设交通局有关工作情况介绍，提出意见建议。

4月2日，越城区人大常委会组织视察越城区环境状况和2020年度环境保护目标完成情况，常委会组成人员和部分区人大代表实地踏看中海九樾施工防尘现场，洋渎、小观拆迁地块污染土壤异地修复中心，冠友众谷青创文化社区和东山路垃圾中转站，提出意见建议。

4月19日，区人大常委会组织视察越城区营商环境情况，常委会组成人员和部分区人大代表实地踏看区税务局办税服务厅、绍兴水木湾区科学园和区行政审批服务中心大厅，提出意见建议。

5月18日，区人大常委会组织视察越城区重大产业创新平台建设情况，常委会组成人员和部分区人大代表实地踏看风越里特色街区、绍兴黄酒小镇（东浦）和绍兴越城医疗器械产业创新服务综合体，提出意见建议。

5月31日，越城区人大常委会组织视察越城区"污水零直排区"建设和"水域生态修复"试点情况，常委会组成人员和部分区人大代表实地踏看汇金世纪园工业园区、鹅亭境园西区的"污水零直排区"建设和罗门公园水域生态修复项目，提出意见建议。

7月7日，越城区人大常委会组织视察越城区国民经济和社会发展计划执行及重点项目进展情况，常委会组成人员和部分区人大代表实地踏看绍兴市迪荡中学建设项目、安吉尔环境科技智慧园区和三花新能源汽车部件产业园，提出意见建议。

7月19日，越城区人大常委会组织视察越城区群众体育工作情况，常委会组成人员和部分区人大代表实地踏看区体育中心、稽山街道森海社区、陶堰街道体育公园的群众体育工作情况，提出意见建议。

8月9日，越城区人大常委会组织视察越城区重大水利工程建设情况，常委会组成人员和部分区人大代表实地踏看马山闸强排及配套河道工程（袍江片）马山闸EPC项目、浙东运河文化园（浙东运河博物馆）建设项目现场，提出意见建议。

8月16日，越城区人大常委会组织视察越城区省级"渔业健康养殖示范县"创建工作情况，常委会组成人员和部分区人大代表实地踏看绍兴市越城区渔父农庄有限公司、绍兴市越城区方圆观光农业园、浙江君泰生态科技有限公司渔业养殖情况，提出意见建议。

9月16日，越城区人大常委会组织视察越城区公共卫生服务工作情况，常委会组成人员和部分区人大代表实地踏看越城区疾控中心、迪荡街道蕺山社区蕺山新村核酸检测点（现场观摩全员核酸检测应急演练）、浙江省人民医院越城院区项目现场，提出意见建议。

2021年9月16日，区人大常委会视察浙江省人民医院越城院区项目（鲁人杰　摄）

9月23日，越城区人大常委会组织视察越城区残疾人之家运行情况，常委会组成人员和部分区人大代表实地踏看陶堰街道、东湖街道、北海街道残疾人之家，提出意见建议。

9月29日，越城区人大常委会组织视察越城区枫桥式派出创建情况，常委会组织人员和部分人大代表实地踏看老傅工作室、府山派出所、分局情指行一体化合成作战中心，提出意见建议。

执法检查

【概况】 2021年，越城区人大常委会共组织专题执法检查4次，形成《浙江省粮食安全保障条例》执法检查报告、《浙江省宗教事务条例》执法检查报告，提出意见建议，推动法律法规贯彻落实。

【《绍兴市大运河世界文化遗产保护条例》执行情况检查】 2021年3月至6月，区人大常委会根据省、市人大常委会统一部署，开展《绍兴市大运河世界文化遗产保护条例》贯彻落实情况检查监督，成立执法检查组，实地调研走访浙东运河文化园、大禹陵（大禹纪念馆）等有关保护点，听取相关部门工作情况汇报，提出意见建议，推动《绍兴市大运河世界文化遗产保护条例》的贯彻落实。

【《浙江省宗教事务条例》执行情况检查】 2021年3月至7月，越城区人大按照省、市人大常委会的统一部署，就《浙江省宗教事务条例》贯彻落实情况，深入开展执法检查工作，先后走访东浦基督教堂、斗门街道松隐观、龙华古寺等宗教活动场所，全面了解越城区宗教工作现状；同时，通过专题座谈、书面发函等形式，广泛征求相关部门（单位）对条例实施情况的意见建议。主任会议专题听取区政府有关工作报告，形成《浙江省宗教事务条例》执法检查报告和问题整改清单。省人大常委会党组副书记、副主任李卫宁到越城区调研条例执行情况，对我区的工作给予充分肯定。

【《中华人民共和国档案法》执法检查】 2021年5月，越城区人大开展《中华人民共和国档案法》执法检查工作。执法检查组走访区档案馆，实地了解相关镇街和部门档案工作情况，并听取档案工作汇报，并就存在问题提出意见建议，推动《中华人民共和国档案法》得到有效落实。

【《浙江省粮食安全保障条例》执行情况检查】 2021年，自省人大部署开展《浙江省粮食安全保障条例》（简称"条例"）执行情况检查活动以来，越城区人大迅速成立以区人大常委会徐荻主任为组长的执法检查领导小组，紧紧围绕粮食安全八个方面重点内容，采取实地走访、座谈检查、听取汇报、新闻宣传等形式开展检查，形成执法检查报告提交市人大，审议全区粮食安全保障和种子工作情况报告，形成审议意见提交区委区政府处理，并跟踪监督区政府处理情况，形成执法检查工作闭环。通过此次执法检查，有效推动越城区粮食安全工作的各个环节的完善，条例在粮食安全工作中的法治保障作用得到进一步发挥。

专题询问和工作评议

【概况】 2021年，越城区人大常委会围绕老旧小区改造、快阁苑小区（未来社区）改造方案意见征求，组织召开专题询问会2次。对区人民法院部分法官履职情况开展评议，推动相关工作效能提升。

【老旧小区改造工作专题询问】 2021年3月18日，区人大常委会举行老旧小区改造工作专题询问监督会，区建设交通局负责人介绍老旧小区改造工作情况，结合区九届人大五次会议代表提出的有关老旧小区改造建议意见的办理落实，14名区人大代表对群众普遍关注的如何做好改造方案意见征求，如何加强质量安全和文明施工监管，设计如何更接地气凸显古城风貌，改造后的物业长效管理如何及时跟进等问题进行询问，区政府相关部门、街道负责人现场一一作答，区政府副区长赵腾飞就做好有关问题的整改落实作表态发言，推动老旧小区改造工作提升成效。

【快阁苑小区（未来社区）改造方案意见征求专题询问】 2021年11月3日，越城区人大常委会举行快阁苑小区（未来社区）改造方案意见征求专题询问会。区建设交通局负责人介绍快阁苑小区（未来社区）改造方案制定情况，北海街道办事处负责人、快阁苑社区负责人作有关情况说明。区人大常委会组成人员，部分区人大代表、议政会成员和居民代表根据前期调研情况，就重塑小区空间、探索与邻近大叶池小区合并改造管理，办好关键小事、解决"停车难、出行难、下楼难"，重视智慧共享、提升公共服务等问题进行询问，区政府相关部门、街道负责人现场作答，有效推动快阁苑小区（未来社区）改造工作。

【区人民法院法官履职情况评议】 2021年，区人大常委会开展对区人民法院部分法官履职情况评议。区人大常委会成立履职评议工作领导小组，制定评议工作方案，对4名法官从政治、业务学习、依法履职和司法实效等四个方面开展评议。被评议对象确定后，评议工作组第一时间向社会发布公告，接受社会各界的评议意见，认真组织全院干警民主测评，与 22 名各层面对象进行访谈。坚持把案卷评阅作为重要环节来抓，精心筛选案件，创新评阅模式，开展庭审评查，全面反映被评议对象的办案质量。在区九届人大常委会第四十四次会议上，常委会组成人员在听取法官履职情况报告和评议组工作报告后，对评议对象进行履职满意度测评。通过评议，推动法官提高依法履职能力和政治业务素质。

人大代表工作

【概况】 2021 年，越城区人大常委会重视加强代表履职服务保障，深化推进代表联络站建设，抓好代表建议督办落实，扎实开展区、镇两级人大代表换届选举工作，践行全过程人民民主，激发代表履职新活力。

【代表意见办理】 2021 年，越城区九届人大五次会议及闭会期间，共收到涉及越城区事权的代表建议 153 件，区人大常委会通过健全机制、领导重点督办、各工委（室）归口督办、代表约见、满意度测评等方式，督促区政府及相关部门进一步规范完善办理程序，提升办理成效。全部建议均在法定期限内办理并答复代表。已经解决或基本解决的共 99 件，占总数的 64.7%；解决或列入计划解决的共 47 件，占总数的 30.7%；因职能、政策或客观条件所限暂时不能解决，已向代表解释清楚的共 7 件，占总数的 4.6%。

【代表联络站建设】 2021 年，越城区人大常委会在全区深化开展代表联络站整体优化提升行动，继续实施“建一批五星联络站，设一批基层分站，创一批特色站点”三个一批工作，指导街道代表联络站积极争创星级联络站，在场所设施、组织机构、人员配备、问题处理等方面加以完善和规范，全面提升全区联络站建设的水平。年底评选“五星级”镇街人大代表联络站 5 个，已实现全区镇街“星级”联络站全覆盖。

【代表换届选举】 2021 年，按照省、市关于县乡两级人大换届选举工作的有关决定和区委的安排部署，越城区换届选举工作于 11 月在面上铺开，至 12 月底选举各项工作按时间节点顺利推进，因疫情影响，此次换届投票日期延后至 2022 年 1 月 5 日，选举工作完成。此次换届选举中，参选选民人数共 69.4 万人，参选率达 95.7%，依法选举产生区代表 320 名、镇代表 59 名。在当选的 320 名区代表中，工农代表 148 名，占代表总数 46.3%；专业技术人员代表 82 名，占代表总数 25.6%；党政干部代表 74 名，占代表总数 23.1%。非中共党员代表 121 名，占代表总数 37.8%。妇女代表 103 名，占代表总数 32.2%。连任的代表 122 名。在这些代表中，具有大专及以上文化程度的 281 名，占代表总数的 87.8%。（区人大常委会办公室　张科清）

2021 年，越城区有序开展区、镇两级人大代表换届选举工作（鲁人杰　摄）

绍兴市越城区人民政府

重要会议

【概况】 2021年，越城区政府召开2次全体扩大会议，即九届区政府第九次、第十次全体（扩大）会议，均由区委副书记、区长袁建主持；召开12次区政府常务会议，其中九届区政府第六十六次至第七十六次常务会议由区委副书记、区长袁建主持，第七十七次常务会议由区委副书记、代区长钱林江主持。

【九届区政府第九次全体（扩大）会议】 2021年1月22日，九届越城区政府第九次全体（扩大）会议召开。会议梳理总结2020年工作成果，细化明确2021年具体工作任务。区委副书记、区长袁建作重要讲话，区委常委、常务副区长何浩挺部署各线2021年清单工作，相关单位作了表态发言。

2021年1月22日，九届区政府第九次全体（扩大）会议召开（区委宣传部 提供）

【九届区政府第十次全体（扩大）会议】 2021年8月5日，九届越城区政府第十次全体（扩大）会议召开。会议贯彻落实中央、省、市有关会议和区委九届十三次全体（扩大）会议精神，回顾总结上半年政府工作，研究分析当前形势，部署落实下半年重点任务。

【区政府常务会议】 2021年1月7日，九届区政府第六十六次常务会议召开。会议传达学习省委常委会会议暨省新冠肺炎疫情防控工作领导小组会议精神及部署越城区冬春季疫情防控工作，听取区教体局关于《关于促进民办基础教育健康发展实施意见》《关于学前教育深化改革规范发展的实施意见》的汇报，听取区发改局关于《越城区国民经济和社会发展第十四个五年规划和二〇三五年远景目标纲要（草案）》《关于越城区2020年国民经济和社会发展计划执行情况与2021年国民经济和社会发展计划（草案）的报告》的汇报，听取区府办《关于区政府2020年民生实事项目完成情况和2021年民生实事候选项目征集情况的报告》《2021年政府工作报告（送审稿）》的情况汇报，听取区财政局关于《关于越城区（滨海新区）2020年预算执行情况及2021年预算（草案）的报告（送审稿）》、2020年7—12月大额项目支出追加情况的汇报，听取区卫生健康局关于越城区重点人群新冠病毒疫苗紧急接种工作情况的汇报。

2月8日，九届区政府第六十七次常务会议召开。会议传达学习市政府八届九次全体会议精神，听取区民政局关于越城区村（居）民委员会换届选举工作的汇报，听取区农业农村局关于越城区村股份经济合作社换届选举工作、关于扶贫开发领域专项巡察反馈意见及整改落实情况的汇报，听取区发改局关于《支持企业留工稳增的若干意见》的汇报，听取区政府办关于越城区留工过年政策落实情况的汇报，听取区生态环境分局关于第二轮中央生态环境保护督察整改落实情况的汇报，听取区商务局关于2019年度越城区、滨海新区服务业企业“亩产效益”综合评价情况的汇报，听取区财政局关于《区文旅集团、城发集团组建方案》的汇报，听取区科技局关于绍兴市人民政府与天津大学共同组建天津大学浙江国际创新设计与智造研究院合作协议的事项汇报，听取区府办关于2020年度高质量发展奖推荐评选工作的情况汇报，听取区政府（党组）班子成员关于2020年度党风廉政建设责任制落实情况的汇报。

3月17日，九届区政府第六十八次常务会议召开。会议听取区政府办、区经信局、区发改局、区大数据发展管理中心关于数字政府系统、数字经济系统、数字社会系统和一体化智能化公共数据平台建设推进情况的汇报，传达学习《浙江省森林防火指挥部办公室关于传达贯彻郑栅洁省长重要批示的通知》精神并听取区应急管理局关于越城区贯彻落实情况、《关于坚决打赢遏制重大控制较大生产安全事故攻坚战的实施意见》的汇报，听取市消防救援支队越城大队关于全区消防安全三年翻身仗行动情况的汇报，区经信局关于2019年度越城区、滨海新区工业企业“亩产效益”综合评价情况的汇报，听取区文广旅游局关于《越城区创建浙江省全域旅游示范区实施方案》《越城区创建浙江省景区城和景区镇（街道）实施方案》和《关于加快推进越城区全域旅游发展的政策意见》的汇报，听取区房征办关于《2021年越城区拆改工作攻坚实施方案》的汇报，听取区农业农村局关于《2021年越城区粮油生产保供扶持政策》的汇报，听取区建设交通局关于《关于对越城区、滨海新区重点建设项目减免城市市政基础设施配套费的实施意见》的汇报，听取区教体局关于《关于进一步完善城乡义务教育经费保障机制的通知》的汇报，听取区生态环境分局《绍兴市越城区生态文明建设规划（修编）（2021—2025）》的汇报，听取区财政局关于越城区（滨海新区）债务风险管控工作的情况汇报。

4月21日，九届区政府第六十九次常务会议召开。会议听取区审计局关于2021年浙江省审计厅对越城区开展党政主要领导经济责任审计情况的汇报，传达学习全国、全市打击治理电信网络新型违法犯罪工作部署会议精神并听取区公安分局关于越城区贯彻落实有关建议的汇报，听取区统计局关于《关于夯实统计基层基础建设的若干建议》的汇报，听取区乡村振兴专班关于《关于加快推进孙端、陶堰、富盛协同发展的实施意见》的汇报，听取区大数据发展管理中心关于越城区一体化智能化公共数据平台建设的情况汇报，听取区政府办关于2021年度区政府重大行政决策事项建议目录的情况汇报，听取区发改局关于越城区滨海新区2021

年政府、国有企业投资项目计划的情况汇报，听取区建设交通局关于《2021年越城区道路交通管理“精治”工程方案》的汇报，听取区商务局关于《开展数字生活新服务行动的实施方案》的汇报，听取区经信局关于全省制造业高质量发展大会精神及越城区贯彻落实意见、《绍兴市越城区（滨海新区）集成电路企业认定管理办法》《越城区（滨海新区）关于加快推进集成电路产业发展的实施意见的通知（试行）操作细则》和《越城区食盐储备管理暂行办法》的汇报，听取区卫生健康局关于签订浙江省人民医院、越城区人民政府共建“浙江省人民医院越城院区”战略合作框架协议及越城区人民政府、中国移动通信集团浙江有限公司、浙江省人民医院战略合作协议的汇报，听取迪荡街道关于迪荡街道瓦窑头居国有土地上房屋征收发布征收决定的汇报，听取区府办关于2021年区两会建议提案有关情况的情况汇报，听取区帮扶办关于嘉业建设镜湖时代小区资产收购款延期归还的情况汇报。

5月26日，九届区政府第七十次常务会议召开。会议集体学习《中华人民共和国行政处罚法》，听取区应急管理局关于2021年以来安全生产和自然灾害情况的汇报，听取区医保分局关于学习贯彻《医疗保障基金使用监督管理条例》《浙江省医疗保障条例》的情况汇报，听取区综合执法局关于《越城区2021年城市管理提升工作方案》的汇报，听取区农业农村局关于《推动“五星达标、3A争创”迭代升级 全面建设乡村振兴先行区、共同富裕示范区的实施方案》的汇报，听取区乡村振兴专班关于《2021年越城区农村人居环境考评办法》的汇报，听取区治水办关于《越城区2021年“五水共治”（河湖长制）工作实施方案》的汇报，听取区商务局关于《越城区促消费扩内需 畅通“双循环”行动方案》和《越城区推进外贸高质量发展行动方案》的汇报，听取区促进服务业提升专班关于《越城区服务业提升发展若干政策意见》的汇报，听取区发改局关于《2021年越城区粮食订单收购政策》的汇报，听取区税务局关于《关于推进税收共治工作的实施意见》的汇报，听取区教体局关于《越城区加快学前教育优质普惠发展第四轮行动计划(2021—2023)》的汇报，听取黄酒小镇管委会关于绍兴黄酒文化交流中心有限公司与浙江精工建设集团有限公司建设工程合同纠纷案及后续工作的情况汇报，听取区科协关于《浙江省科学技术协会 绍兴市越城区人民政府关于全面推进创新驱动发展战略合作框架协议》的情况汇报。

7月7日，九届区政府第七十一次常务会议召开。会议听取区卫生健康局关于《绍兴市越城区人民政府 浙江省人民医院共建浙江省人民医院越城院区合作协议》及《绍兴市越城区人民政府 浙江省人民医院医疗托管协议》起草情况的汇报。

7月21日，九届区政府第七十二次常务会议召开。会议集体学习《中华人民共和国固体废物污染环境防治法》，传达全国安全生产电视电话会议精神并听取区应急管理局关于全区上半年安全生产工作情况的汇报，听取区消防救援大队关于全区上半年消防安全工作情况的汇报，传达全市道路交通百日安全大整治行动部署会议精神并听取区建设交通局关于《越城区道路交通管理工作领导小组组建方案》起草情况的汇报，听取区司法局关于2021年上半年法治政府建设工作的情况汇报，听取区财政局关于《关于调整区对镇（街道）财政管理体制的通知》起草情况的汇报，听取区农业农村局关于越城区粮食生产功能区“非粮化”问题整治及“大棚房”问题专项清理整治行动“回头看”的情况汇报和区自然资源和规划分局关于全区耕地“非农化”问题整治的情况汇报，听取区发改局关于签订《绍兴越城薛渎（棒球）社区建设和运营履约协议》、关于《越城区融入长三角一体化发展“十四五”规划》起草情况的汇报，听取区应急管理局关于《越城区应急管理“十四五”规划》起草情况的汇报，听取区商务局关于《越城区服务业高质量发展“十四五”规划》《越城区电子商务“十四五”发展规划》起草情况、关于《越城区楼宇经济三年行动计划(2021—2023)》起草情况的汇报，听取区教体局关于2020年度全区事业编制教师绩效考核奖补差的情况汇报，听取区政务服务办关于停止执行《关于进一步规范区外建筑业企业进越城区投标与备案管理的意见（试行）》（越公管办〔2018〕1号）的汇报，听取区财政局关于《绍兴市越城区国有企业机构、人员管理办法》起草情况、关于2021年上半年预算资金追加情况的汇报。

8月9日，九届区政府第七十三次常务会议召开。会议传达学习习近平总书记关于统计工作重要讲话指示批示精神、《关于深化统计管理体制改革提高统计数据真实性的意见》《统计违纪违法责任人处分处理建议办法》《防范和惩治统计造假、弄虚作假督察工作规定》《防范和惩治统计造假弄虚作假重要文件选编》有关精神，听取区统计局关于《越城区党政领导干部防范和惩治统计造假弄虚作假责任制和问责制实施办法（试行）》起草情况的汇报。

9月30日，九届区政府第七十四次常务会议召开。会议集体学习《中华人民共和国土地管理法》，传达全省进一步推进能耗“双控”和坚决遏制“两高”项目盲目发展电视电话会议精神并听取区发改局关于越城区贯彻落实情况的汇报，传达全省禁毒工作电视电话会议精神并听取区公安分局关于越城区贯彻落实情况的汇报，听取区司法局《关于在公民中开展法治宣传教育的第八个五年规划(2021—2025年)》起草情况的汇报，听取区商务局关于《越城区快递业“两进一出”工程试点工作实施方案》起草情况的汇报，听取区自然资源和规划分局《关于全面推行林长制的实施方案》起草情况的汇报，听取塔山街道关于塔山片区20号地块（三味书屋周边）、塔山片区22号地块（咸欢河北侧）国有土地上房屋征收项目发布征收决定的情况汇报，听取区委统战部关于2021“同心•越城”大会筹备方案的情况汇报。

10月15日，九届区政府第七十五次常务会议召开。会议听取区文广旅游局《关于越城区名人故居保护利用工作的实施意见》起草情况、关于《越城区全域旅游发展规划》起草情况的汇报，听取区建设交通局《关于进一步推进越城区既有住宅加装电梯的若干意见》起草情况的汇报，听取区科技局《关于全面加快科技创新推动高质量发展的政策意见》修订情况的汇报，听取区档案馆关于《〈越城区志(1983—2021)〉编纂工作实施方案》起草情况的汇报，听取区卫生健康局《关于完善突发公共卫生事件应急体系的实施意见》起草情况、关于《越城区突发公共卫生事件应急预案》《越城区突发急性呼吸道传染病事件应急预案》起草情况、关于《越城区卫生健康事业发展“十四五”规划》起草情况的汇报，听取区科技局关于《绍兴市越城区科技创新发展“十四五”规划》起草情况的汇报，听取区委宣传部关于《绍兴市越城区文化产业发展“十四五”规划》起草情况的汇报，听取区经信局（金融办）关于有关企业享受相关激励政策的情况汇报。

11月10日，九届区政府第七十六次常务会议召开。会议听取区发改局《关于全面打造越城——开化山海协作工程升级版暨建设山海共富联盟合作协议》起草情况的汇报，听取区经信局关于《越城区金融支持经济高质量发展若干政策》起草情况的汇报，听取区商务局关于《越城区鼓励支持开放型经济发展若干政策》起草情况的汇报，听取区科技局关于《天津大学浙江国际创新设计与智造研究院合作协议》起草情况的汇报，听取区消防救援大队关于镜湖消防救援站、皋埠消防救援站启用相关经费的汇报，听取区公安分局关于落实有关安保及特别工作经费的汇报。

12月31日，九届区政府第七十七次常务会议召开。会议传达学习中共中央政治局委员、国务院副总理孙春兰在全国新冠肺炎疫情防控工作电视电话会议上的讲话和在绍兴调研指导时的讲话精神，省委书记袁家军，省委副书记、代省长王浩在绍兴指导疫情防控工作时的讲话精神以及省委副书记、代省长王浩在全省境外疫情输入防控工作视频会议上的讲话精神和省委常委会会议、市委常委会会议、区委常委会会议精神，听取区卫生健康局关于越城区近期疫情防控工作情况的汇报，集体学习《工程招投标相关法律解读》《中华人民共和国食品安全法(2021年修正版)》，听取区市场监管局关于越城区2021年食品药品安全工作情况的汇报，听取区政务服务办(公管办)关于《绍兴市越城区关于加强行政服务中心建设的实施方案(送审稿)》起草情况的汇报，听取区应急管理局《关于加强基层应急消防管理能力建设的实施意见(送审稿)》起草情况的汇报，听取区市场监管局关于2021年度越城区区长质量奖评审工作情况的汇报，听取区生态环境分局关于《绍兴市越城区贯彻落实第二轮中央生态环境保护督察报告整改方案》起草情况及2021年省委生态环境保护专项督察迎检工作情况的汇报，听取区教体局《关于促进全民健身和体育消费推动体育产业高质量发展的实施意见(送审稿)》起草情况的汇报，听取区发改局关于《〈越城——马边“飞地”创业园区合作协议〉的补充协议》起草情况的汇报，听取区水利局关于绍兴市新三江闸河道拓浚、文渊路南延一期、越城区育才学校工程PPP项目和绍兴市马山闸强排及配套河道工程、文渊路南延工程二期及配套工程等基础设施工程PPP项目相关情况的汇报，听取区科技局关于《绍兴市越城区人民政府 绍兴滨海新区管委会 浙江大学共建浙江大学绍兴研究合作协议》起草情况、关于《越城区产业创新服务综合体建设资金管理办法》起草情况的汇报，听取区人武部关于军产处置相关经费的汇报，听取区财政局关于追加2021年7—12月财政性资金情况的汇报。

2021年越城区民生实事完成情况一览表

表11

序号	民生实事项目	目标任务	完成情况
1	就业稳定行动	新增城镇就业3.15万人、失业再就业7140人、就业困难再就业1470人，完成职业技能培训1万人次，推进零就业家庭动态清零	新增城镇就业3.15万人、失业再就业7140人、就业困难再就业1470人，完成职业技能培训1万人次，推进零就业家庭动态清零
2	教育资源布局优化工程	完成迪荡中学、柯灵小学百盛校区、柯灵幼儿园百盛园区建设，推进稽山初级中学、两湖西侧小学、站前小学、湖东小学新建，实施沥海中学改造提升工程	迪荡中学、柯灵小学百盛校区、柯灵幼儿园百盛园区已完成建设并投入使用，稽山初级中学、两湖西侧小学、站前小学、湖东小学新建工程均已完成年度既定建设任务，沥海中学已完成改造提升工程

续表 11

序号	民生实事项目	目标任务	完成情况
3	智安校园建设行动	为全区所有中小学生办理校园卡，并纳入学生安全守护平台进行统一管理；完成75家中小学（幼儿园）智能阳光厨房建设，应用食品安全云守护平台	为全区所有中小学生办理校园卡，并纳入学生安全守护平台进行统一管理；已完成75家中小学（幼儿园）智能阳光厨房建设，应用食品安全云守护平台
4	基层卫生医疗提升行动	加快区人民医院新院区建设，启动建设越城区公共卫生服务中心、马山街道、东湖街道社区卫生服务中心；完成核酸检测能力提升工程，建成2个核酸检测实验室，配备检测仪器5台，核酸日检测能力提升至2000份	区人民医院新院区主体结构工程已完成90%工程量，区公共卫生服务中心、马山街道、东湖街道社区卫生服务中心已启动建设；区疾控中心、区人民医院2个核酸检测实验室已建成，配备检测仪器10台，核酸日检测能力提升至7200份
5	重点人群疾病预防工程	为全区重点人群免费接种流感疫苗和肺炎疫苗，为高危人群免费开展结直肠癌筛查	完成重点人群免费接种流感疫苗和肺炎疫苗任务，分别接种24903人；已完成高危人群免费开展结直肠癌筛查任务，共开展检查1627人
6	城镇老旧小区综合改造提升工程	深入推进老旧小区改造提升和既有住宅加装电梯工作，完成61个老旧小区改造项目，加装电梯80台	完成老旧小区改造61个，加装电梯88台
7	“绿色出行、品质交通”提升工程	新建（改建）公交候车亭30个、新建公交电子站牌10个、提升改造农村公路5公里；推进交通治堵工作，改造堵点2个、新建停车场3处，另配建设置停车位1000个	新建（改建）公交候车亭30个，新建公交电子站牌14个，农村公路提升改造已完成6.5公里；已完工2个堵点改造项目、新建停车场3处，另配建设置停车位1601个
8	城市消防基础提升工程	建设提升城市社区微型消防站30个以上，在高层住宅小区电梯内安装“电瓶车管控系统”450台，对120个高层住宅小区分别安装远程报警监控系统和可视化管理系统、消火栓智慧用水监测系统，委托第三方专业机构开展高层建筑消防隐患专项治理工作	建设提升城市社区微型消防站30个，在高层住宅小区电梯内安装“电瓶车管控系统”550台，对120个高层住宅小区安装远程报警监控系统和可视化管理系统、消火栓智慧用水监测系统，并已完成107幢高层建筑消防隐患排查治理工作
9	垃圾分类及再生资源回收体系建设	积极创建省级高标准生活垃圾分类示范小区13个、市级生活垃圾分类达标镇街4个，建设镇街、村级再生资源收购（回收）站点9个、104个，提升垃圾分类精准度和回收利用有效度。	创成省级高标准生活垃圾分类示范小区15个、市级生活垃圾分类达标镇街8个，已建设镇街、村级再生资源收购（回收）站点9个、121个
10	困难老人关爱行动	全面推广特殊困难老年人探访关爱制度，委托第三方机构开展探访活动；对我区约150户困难老人家庭开展适老化改造	对符合探访条件的2173人开展定期入户走访与电话访问；已完成150户困难老年人家庭适老化改造

政务信息

【概况】 2021年，越城区编报《越城信息》（每日动态）250期，上报市政府办公室310条（篇）、省政府办公厅信息110条（篇），被市录用250条（篇）、省录用24条（篇）、国办录用90条（篇），得到国务院、省、市领导批示条24次。

【省、市领导批示】 2021年，越城区编报政务信息获省领导批示8次、市领导批示4次。其中，4月2日，副省长高兴夫在《浙江政务信息（专报）》第277期上批示：“这是一个通过数字化改革促进特色产业发展的好案例，请经信厅数字化改革专班阅研。”12月9日，省委常委、常务副省长陈金彪在《浙江政务信息(专报)》第1251期上批示:“总结越城区等好经验,迭代升级各级公共资源交易平台,打造更优营商环境。”9月6日,市委副书记、市长盛阅春在《绍兴政务信息(专报信息)》第20期上批示:“孙端街道安桥头村用好‘名士’品牌,探索农文旅融合发展之路带动村集体增收,农民致富的做法值得各地学习借鉴。市委组织部、市农业农村局和五星3A创建中可宣传。”10月21日,副市长邵全卯在《绍兴政务信息(专报信息)》第26期上批示:“越城区通过数字赋能、优化服务、主体培育构建内外贸融合、一体化发展做法值得肯定,各地可借鉴。”

政务督查

【概况】 2021年,越城区政府办公室定期对《政府工作报告》确定的105项重点工作任务、十方面民生实事、政府领导批示指示、区政府重要会议精神及各专项工作进展情况开展督查,督促各相关部门、镇街按时间节点要求落实好工作任务。(区政府办公室 叶敏)

电子政务

【概况】 2021年,越城区大数据中心紧紧围绕“152”工作体系(“1”即一体化智能化公共数据平台;“5”即党政机关整体智治综合应用、数字政府综合应用、数字经济综合应用、数字社会综合应用和数字法治综合应用;“2”即数字化改革的理论体系和制度规范体系),聚焦“四横四纵两端”(“四横”即基础设施体系、数据资源体系、应用支撑体系和业务应用体系,“四纵”即政策制度体系、标准规范体系、组织保障体系和网络安全体系,“两端”即“浙里办”“浙政钉”),全面落实“顶层设计、增量开发、迭代升级”工作要求,全力推进一体化智能化公共数据平台建设,不断汇聚全区各部门本地沉淀数据及省市两级相关部门的回流数据,为全区数字化改革提供数据支撑。年内,平台建设工作在全省评估中列第19位;“浙政钉”工作台门户建设项目入选省级试点;“利用数据目录探索物联网感知设备资源”入选全省IRS(一体化资源系统)应用优秀案例。根据《越城区数字化改革总体方案》,越城区大数据中心承担数字化改革5项核心指标提前实现年度目标。

【全省IRS应用优秀案例】 2021年,越城区综合执法局“一犬一码”犬管家综合管理系统,需对5000条犬类进行管理,安装RFID(射频识别)芯片犬证,在越城区范围内建设RFID信号接收杆500个。在项目预审环节中,通过IRS数据目录搜索,查找类似需收集RFID信息的系统,发现市公安局已在越城区范围内建设约2200个RFID信号收集站,建议充分利用已建设的RFID网络资源,共享收集的RFID信号。该案例通过IRS中的数据目录查找系统,节省项目资金,缩短项目工期,减少后期信号接收杆的维护,入选全省IRS应用优秀案例。

【一体化智能化公共数据平台建设】 2021年,越城区大数据中心完成区一体化智能化公共数据平台建设,在复用省、市级平台数据目录、高铁、开放3项能力的基础上,自建归集、共享、治理、数仓、安全5项能力,累计登记信息系统510套,编制目录1980条,数据项总量24790项,归集1855万条本地特色数据,承接省、市回流1.25亿条高频共享数据,按需打造古城保护、社会治理、应急管理、智慧旅游等本地特色专题库、数据仓。平台上线以来,已为区教体局中小学报名、区卫生健康局健康越城及市名城办古城保护利用等7个部门11个特色应用

越城区数字化改革核心指标进展情况表

表 12

序号	指标名称	2021 年目标	2022 年目标	完成情况
1	“浙里办”日活跃用户数	2 万人次	3 万人次	2.3 万人次
2	“浙政钉”用户日活跃率	75%	85%	92.75%
3	数据共享需求满足率	98%	99%	100%
4	新建应用统一组件利用率	70%	90%	100%
5	政务云平台可靠性	99.9%	99.95%	100%

越城区公共数据驾驶舱（区大数据中心　提供）

共享批量数据 110 类，其中回流数据 85 类；共享接口开发 430 个，累计调用量 1.94 亿次；共享组件上架 2 个，累计为 2 个应用提供服务。

【“浙里办”“浙政钉”掌上（前端）建设】 2021 年，越城区高质量建设“浙里办”越城专区，结合群众办事、生活需求，集成上线“越好停”“越方便”“越舒心”“越先知”“越易学”“越好读”“越回收”“越古城”“越平安”“越健康”等“越”系列微应用，全区“浙里办”注册个人用户 69.26 万人、法人用户 12.17 万人，每百万活跃用户 2.3 万人 / 日，位列全市第二。推进“浙政钉”工作台省级试点建设，加强工作台功能集成，推进应用上“钉”，集成上线业务应用 11 个，形成相关指标指数可看、可评、可跟、可督的闭环管理机制，全区“浙政钉”注册登记用户 1.3 万人，日均活跃率 91.97%，位于全市前列。

【数字越城综合门户建设】 2021 年，越城区大数据中心按照省数改标准建设数字越城统一门户，支撑五大领域，动态展示数改信息，数字化改革、越城首位度、一体化智能化公共数据平台核心指标。谋划区级多跨场景应用，推进多跨应用在数字门户的展示，根据省大数据局优秀应用评比标准，组织对浙里共建、古城保护利用、云征收、不可移动文物、大型科研仪器一指共享、越回收、智慧消防等多跨场景牵头部门多次以培训、研讨方式共同谋划、优化场景建设，同时为多跨场景提供数据、云资源、组件等技术支撑，年度优秀应用位列全市第二。

【互联网 + 政务服务】 2021 年，越城区大数据中心围绕政务服务 2.0 推广、一网通办、好差评对接等，定期对政务服务事项进行规范性和可用性抽查，整体提升网上大厅服务质效，全区政务服务事项网上办比例 100%，掌上办比例 96.70%，“跑零次”比例 99.86%，即办率 92.63%，办理时限压缩比 98.16%，相关指标居全市前列。

【电子政务项目管理】 2021 年，越城区大数据中心依据《越城区电子政务项目管理办法》，强化数字化项目统筹管理，围绕特色化创新性目标，组织完成区级部门（镇街）申报的46个2021年度临时电子政务项目和151个2022年度电子政务项目评审工作，项目申报总金额2.2986亿元，核定总金额1.7976亿元，核减金额0.501亿元，核减率达21.79%。（区大数据中心　谢婷婷）

政务服务

【概况】 2021年，越城区政务服务办围绕“最多跑一次”改革任务，坚持“服务越热情、办事越便捷、群众越满意”工作理念，实现高效的政务服务全覆盖。截至年底，共有1131个事项接入政务服务2.0系统，实现100%的事项“全省通办”，49个事项实现“跨省通办”，597个事项实现“全城办”，215个事项实现“县域内通办”。首批47个长三角政务服务“一网通办”事项上线运行。进中心事项共计1504项，其中无差别事项1364项，无差别受理率达90.69%，群众与企业满意率持续提高。

【打造“15分钟政务服务圈”】 2021年，越城区抓实区、乡镇（街道）、村（社区）三级联动的便民服务体系建设，深入推进镇、村两级便民服务中心标准化建设，全方位打造“15分钟政务服务圈”。全区共建成“示范型”村级便民服务中心123个，占比36.8%；“标准型”158个，占比47.3%；“简朴型”54个，占比15.9%，“红色代办”实现100%覆盖。

【联合验收优化营商环境】 2021年，越城区简化“验收环节”，按照区政府关于在项目验收环节要简化办事环节、提高审批效率、优化营商环境的要求，实行企业投资项目联合验收工作。由区政务服务办牵头组织联合验收的现场踏看和召开联合验收会议，各职能部门在验收会议上对验收项目一次性提出整改要求和验收意见，把原先企业“一对多”审批改变为部门上门“多对一”服务，切实缩短企业投产达效的时间。2021年共为22个工业、商贸、房地产项目组织了联合验收。

【现场管理标准化建设】 2021年，越城区根据GB/T 36112—2018行政服务中心服务现场管理规范，启动大厅现场管理标准化建设项目，从物品摆放、区域设置、图文标识、服务礼仪、监督考核等方面对大厅进行标准化改造，提升大厅管理水平，打造良好的营商环境。共专项督查5次，个对个辅导100余人次，窗口通过率达94.44%；培训礼仪内训师27名，政务服务礼仪达标率达97.94%。

【完成政务e点通系统建设】 针对办事信息不畅、停车难、评价体系不完善以及老弱病特殊人群办事不便等问题，2021年，越城区完成政务e点通系统建设。建设涵盖线上咨询、数字政务地图、预约取号系统、帮办代办系统、车位查询系统、高频事项难易度分级系统、智能问答库等7个子系统的政务e点通，可实现远程取号、办事网点导航、车位查询、帮代办一键申请等功能。2021年自11月系统上线，新增用户数24858人，累计访问71631次，累计使用61258次，为群众与企业提供更便捷、更高效、更智能、更有温度的政务服务新体验。（区政务服务办　封哲萍）

机关事务管理

【概况】 2021年，越城区机关事务管理服务中心高质量完成区两会、推进大会、换届考察、“8+N”专班、同心·越城大会等重大会议活动的后勤服务工作。完成大会议室、区政府常务会议室的音响系统改建，新建候会室叫号系统。共保障各类会议1752场次，其中视频会议260场次。完成行政中心理发室建设、延安路大院充电桩安装，启动母婴室等新服务项目。全年共接待公务、招商团队共173批次，1636人次。联合区纪委继续开展“1+X”专项督查，抽查7个单位公车使用情况和16个单位办公用房使用情况，发出整改通知书4份。公车安全行驶约31万公里，用车服务总计3828车次（区域内2870车次、区域外1057车次）。

【探索“虚拟公物仓”管理模式】 2021年，越城区机关事务管理服务中心以共享共用、盘活资产为目标，为探索实行区级行政事业单位资产虚拟公物仓管理模式。通过对区级行政事业单位长期低效运转、闲置、超标准配置的资产进行统一管理、调配使用，入选为2021年浙江省机关事务数字化改革试点项目。4月，联合区财政局下发《越城区区级行政事业单位国有资产虚拟公物仓管理办法（试行）》，在全区行政事业单位开展可入仓资产摸排工作。第一批摸排入仓资产465件，总价值681604元，11月召开业务培训会后已正式上线运行，厉行节约成果凸显。

【节约型机关建设】 2021年，越城区推进节约型机关建设，每月对全区机关事业单位垃圾分类情况抽检并通报，确保督查工作取得实效。组织垃圾分类专项培训3次，提升干部职工和物业人员的分类意识。举办“珍爱水资源，你我同行”节水主题活动，策划“倡导节能降碳，共享绿色生活”节能宣传周主题活动，在省台播放宣传。

【办公用房】 2021年，越城区机关事务管理服务中心实施装修改造项目7个，完成行政中心二楼会议室改造、天津大学浙江国际创新设计与智造研究院办公场所、高铁北站应急处置用房、北海税务所办公房产权置换装修。启动群团服务中心建设、新时代文明实践中心布展、“平安越城”展厅装修工程，涉及项目资金5545万元。

【开展清单式物业管理】 2021年，越城区机关事务管理服务中心完善多院派驻制管理模式，开展清单式管理。3月起，开展物业管理“一月一专项，一季一提升”和“管理日志”工作；制定“打造平安大院 护航百年庆典”实施方案，主动排查风险隐患；在各集中管理的机关大院中开展“驻院驻点办实事解难题”主题活动。2021年共举办消防、反恐演练2次，提醒车辆车窗未关35起。响应抢修保障，完成电缆更换、防水补漏、零星维修60余起，维护维修电梯约30台次，空调维修保养近800台次。

2021年4月9日，“珍爱水资源 你我同行”节水主题宣传活动（区机关事务中心 提供）

【资产管理】 2021年，越城区使用政府采购管理系统和政采云平台采购设备和服务121批次，使用资金3231万元。将物业服务和食堂劳务外包纳入采购平台，自觉在阳光下接受监督。开展固定资产清查盘点，完成机构改革后公务车辆资产账务清零，调拨划出房屋资产12398平方米，调拨划出资产164件，减少固定资产原值7692.8万元。处置报废资产95件，回收资金0.95万元。

【公务用车】 2021年，越城区机关事务管理服务中心落实疫情防控交叉互查用车54次，进口冷链集中监管仓用车40次，境外输入人员转运用车118次。上线运行公务用车平台系统，结合机关事务数字化改革要求，积极推动“三定点”与全省“一张网”建设融合，全方位优化升级公车管理平台，实现公车管理的规范高效。通过公车平台数字化改革，实现公务用车申请审批、调度派车、结算统计等一站式服务、一体化管理，并同步上线越城公务用车App，提早预约和派单，保证公务出行安全高效。（区机关事务中心　单清旸）

外事管理

【概况】 2021年，越城区认真贯彻执行上级外事方针政策，制定《越城区外事系统“平安护航建党百年”安全隐患大排查大整治专项行动实施方案》，发布《关于印发入境人员来越返越闭环转运工作指引的通知》《关于组建境外入越人员“点对点”转运随行工作组的通知》，全力做好涉外疫情防控工作，服务越城社会经济发展，为打造首位度中心城区贡献力量。

【对外开放合作】 2021年，越城区保持与图文巴市“线上”交流，继续维系友好关系。进一步优化涉外营商环境，根据市外办部署，深化因公出国（境）审批多部门联办“一件事”改革，涉外业务逐一实现网办，抓好涉外服务管理。接待外国驻上海总领事（领事）30余人，参观古城保护中心，展示越城风采。

【大排查专项行动】 2021年，越城区开展“平安护航建党百年”安全隐患大排查大整治专项行动，制定越城区外事系统“平安护航建党百年”安全隐患大排查大整治专项行动实施方案。从机关内部安全、外事活动安全、因公出国境安全、“请进来、走出去”安全四方面制定安全稳定风险隐患排查清单，认真开展自查自纠，全区未发现重大隐患。（区政府办公室　胡泽宇）

应急管理

【概况】 2021年，越城区安全生产形势总体平稳，未发生较大及以上生产安全事故和自然灾害亡人事故，市对区安全生产和消防安全岗位目标责任制考核排名进位至全市第三。全年共发生各类生产安全事故24起、死亡23人，其中经营性道路交通领域发生事故9起、死亡9人；建筑施工领域发生事故8起、死亡7人；工矿领域发生事故4起、死亡4人；特种设备领域发生事故3起、死亡3人。

【第二轮安全生产综合治理行动】 2021年，越城区在危险化学品、建设施工、渔业船舶、消防、工矿、旅游和城市运行七大重点行业领域严格实行工作项目化、任务清单化、通报常态化制度。截至年底，3个专题（学习宣传贯彻习近平总书记关于安全生产重要论述、安全生产风险防控和应急救援数字化建设、落实企业安全生产主体责任）、10个专项整治（危险化学品、加工制造类小微企业和矿山、消防、道路交通、交通运输、渔业船舶、城市建设、工业园区等功能区、危险废物、特种设备）、104项任务全部提前完成。

【年整改安全隐患5644项】 2021年，越城区区安委办、减灾办印发《“平安护航建党百年”安全隐患大排查大整治专项行动实施方案》，从5月19日至7月31日，聚焦全区16个专业领域开展安全隐患大排查大整治，并在全市率先推出“一镇街一清单”隐患动态清零模式，共排查企业(单位)2383家,整改隐患5644项。

【举办全国防灾减灾日浙江省主场宣传活动】 2021年5月12日上午,全国防灾减灾日浙江省主场宣传活动在大禹陵祭禹广场举行,省、市、区减灾委(办)领导出席活动,北海街道信达社区获评“全国综合减灾示范社区”称号。越城区以大篷车下乡、参观应急体验馆等方式开展安全宣传“五进”(进企业、进农村、进社区、进学校、进家庭)活动20余场,参与群众8500余人,并深入推进百万员工安全大培训,累计培训1.9万余人。

【提升应急救援能力】 2021年,越城区按照“1+56”(总体+专项)应急预案体系建设,累计承办、组织省、市、区演练600余场,有效地检验预案实战性与可操作性,并完成20个省、市避灾安置场所规范化建设任务,实现区、镇(街)、村三级全覆盖。(区应急管理局　陈宗祥)

【年处理地质灾害险情6处】 2021年,越城区共有地质灾害风险防范区55处(重点防范区1处、一般防范区54处),其中富盛镇地质灾害风险调查评价新增17处。55处地质灾害风险防范区中,鉴湖街道16处(包括重点1处),皋埠街道11处,富盛镇21处,斗门街道3处,府山街道2处,城南街道1处,东浦街道1处。2021年,越城区共发生地质灾害险情6处,其中6月22日S212绍甘线(K9+27—K9+290)左幅路外侧山体发生滑坡,影响道路通行。经过区自然资源分局与鉴湖街道联合开展应急治理,比预计方案提前半个月恢复正常通车;富盛镇攒徐线(K5+100)地段地质灾害应急治理工程已治理完成。越城区皋埠街道上蒋村F6租7屋后山体崩塌、皋埠街道坝口村龙祥门窗有限公司西南侧边坡崩塌、皋埠街道东横山村道(降级)不稳定斜坡风险防范区已完成治理设计。鉴湖街道秦望村马园自然村娄兴良户房屋东侧崩塌治理之中。(区自然资源和规划分局　李伟)

【年处理火灾火警99起】 2021年,越城区共发生火灾(成灾火警)99起,死亡1人,直接财产损失587.32万元。绍兴市越城区消防救援大队成功处置“9·11”喜临门家具火灾、超强台风“烟花”等急难险重任务。(区消防救援大队　徐赢)

政协绍兴市越城区委员会

重要会议

【概况】 2021年，政协越城区委员会召开全体会议1次，即区政协五届五次会议；另召开区政协五届十八次至二十次常委会会议和区政协五届四十八次至五十六次主席会议。

【区政协五届五次会议】 2021年1月12日至14日，中国人民政治协商会议绍兴市越城区第五届委员会第五次会议召开。会议审议通过金百富代表越城区政协第五届委员会常务委员会所作的工作报告和王柏振代表越城区政协第五届委员会常务委员会所作的提案工作情况报告，审议通过政协绍兴市越城区第五届委员会第五次会议提案审查情况的报告和政协绍兴市越城区第五届委员会第五次会议决议。

2021年1月12日至14日，中国人民政治协商会议绍兴市越城区第五届委员会第五次会议召开（吴越　摄）

【区政协五届十八次至二十次常委会会议】 2021年1月13日,区政协五届常委会第十八次会议召开。会议听取了区政协五届五次会议分组、联组讨论情况的汇报,审议通过了区政协五届五次会议提案审查情况报告(草案)和区政协五届五次会议决议(草案)。驻区政协机关纪检监察组组长、副组长等列席会议。

2021年7月19日,区政协五届常委会第十九次会议召开。会议专题学习习近平总书记在庆祝中国共产党成立100周年大会上的讲话。会议还审议通过了有关人事事项。区文广旅游局、绍兴黄酒小镇管委会主要负责人,鉴湖街道、马山街道党工委分管副书记,区政协提升越城区公共文化服务水平课题调研组成员应邀参加会议。驻区政协机关纪检监察组组长等列席会议。

2021年10月15日,区政协五届常委会第二十次会议召开。会议听取区政府关于全区经济社会发展情况通报。会议听取了区法院、区检察院2021年以来工作情况通报。会议要求,全体区政协委员,特别是政协常委,一是要熟悉区情,做越城发展的助推器。二是要履行职责,做政协工作的主人翁。三是要振奋精神,做新时代的奋进者。区委副书记、区长袁建,区法院院长王骏、区检察院检察长周江应邀参加会议。区政协各界别组组长,各镇街政协工委负责人,在沥海街道的区政协委员,驻区政协机关纪检监察组组长等列席会议。

课题调研

【概况】 2021年,越城区政协围绕“提升公共文化服务水平”组织常委会调研课题1个,形成课题调研1个总报告、3个子报告。调研成果经多层次、多方面讨论协商,为区委、区政府决策提供参考。

【“提升公共文化服务水平”】 2021年,越城区政协组建由科教卫体委员会牵头的课题调研组,先后前往东浦黄酒小镇、马山街道文化活动中心、马山中学、鉴湖街道坡塘村等实地走访、听取意见,数次与区文广局进行交流研讨,并赴湖州德清、南京江宁等地学习考察,收集翔实的文字、数字材料,学习借鉴外地的经验做法。形成1个总报告、3个子报告的系统调研成果,分别从区级层面和三个不同层级公共文化服务站点的角度提出针对性的对策建议,为区委、区政府决策提供参考。

专题协商

【概况】 2021年,越城区政协围绕“发挥越城对外贸易优势,融入‘双循环’发展格局”“加强基层医疗卫生机构建设”“城市生态环境巩固提升”“加快现代服务业发展”等主题,邀请委员、议政专家、市民代表等与相关职能部门面对面进行协商。全年共组织开展“请你来协商”活动4次。

【举办4次“请你来协商”座谈会】 2021年4月20日,越城区政协召开第12次“请你来协商”座谈会,主题为“发挥越城对外贸易优势,融入‘双循环’发展格局”。6名外向型企业相关负责人,1名智库专家和3名区政协委员在座谈会上发表意见建议。副区长钟建荣应邀与会听取意见。区商务局、区发改局、区经信局、区教体局、区财政局、区人社局、区自然资源和规划分局、斗门街道、马山街道负责人应邀参加协商。

2021年5月27日,越城区政协召开第13次“请你来协商”座谈会,主题为“加强基层医疗卫生机构建设”。10余名区政协委员、智库专家及基层代表在座谈会上发表意见建议。副区

2021 年 6 月 22 日，越城区政协召开第 14 次“请你来协商”座谈会，主题为“城市生态环境巩固提升”（牛慷慷　摄）

长盛卓异应邀与会听取意见。区卫生健康局、区委编办、区发改局、区财政局、区自然资源和规划分局、区医保分局和部分街道负责人应邀参加协商。

2021 年 6 月 22 日，越城区政协召开第 14 次“请你来协商”座谈会，主题为“城市生态环境巩固提升”。7 名政协委员、议政专家和企业代表在座谈会上发表意见建议。区委常委、副区长王媛媛应邀与会听取意见。区生态环境分局、区发改局、区建交局、区农业农村局、区综合行政执法局、区自然资源和规划分局、区治水办、区生态环境治理推进专班负责人应邀参加协商。

2021 年 9 月 23 日下午，越城区政协召开第 15 次“请你来协商”座谈会，主题为“加快现代服务业发展”。7 名政协委员、议政专家和企业家代表在座谈会上发表意见建议。副区长钟建荣应邀与会听取意见。区商务局、区发改局、区经信局（金融办）、区财政局、区人社局、区农业农村局、区文广旅游局负责人应邀参加协商。

民主监督

【概况】 2021 年，越城区政协围绕越城区专班工作开展情况开展专项集体民主监督活动；以“助力共同富裕建设重要窗口”为主题，开展界别活动月活动；紧扣区委中心工作，对水木湾区科学园建设运行情况、闲置农房激活工作开展情况、应急管理工作开展情况、越城区重点投资项目实施情况、2021 年民生实事落地情况等开展视察。

【“专班工作开展情况”专项集体民主监督】 2021 年，区政协每季度由主席会议成员分别牵头组织委员对全区重大平台提升专班、党建“契约化”共建深化专班、美丽城镇提升推进专班、印染化工集聚提升专班、促进服务业提升专班、营商环境提升专班等 6 个专班工作开展情况开展专项集体民主监督，深入了解专班工作推进情况，提出针对性的意见建议，助推专班工作提质增效。

【“助力共同富裕建设重要窗口”界别活动月】 2021 年 10 月，越城区政协组织开展“助力共同富裕建设重要窗口”界别活动月活动。各界别活动组以单独或联合活动的形式，紧紧围绕争当高质量发展建设共同富裕示范区排头兵实施方案中所列的重大改革和年度十大行动工作两张清单中的内容，通过视察调研、座谈交流、学习考察等方式，广泛听取意见建议。共开展各类调研座谈参观 12 场次，以社情民意信息、集体提案等多种形式，提出意见建议 29 条。

提案及社情民意信息工作

【概况】 2021 年，越城区广大政协委员和政协各参加单位、专门委员会、界别组及镇街政协工作委员会立足区委、区政府中心工作和人民群众关注的焦点问题建言献策。全年共立提案 128 件，所有提案均在规定时间内完成办理，报送社情民意信息《越城民情》62 期。

【年提出意见建议 138 件】 2021 年,越城区政协广大委员和各参加单位、专门委员会、界别组及镇街政协工作委员会,以提案形式提出意见建议 138 件,经提案委员会审查,立案 128 件,占总数的 92.75%。所立提案中,集体提案和委员联名提案 67 件,占总数的 52.34%。提案内容涉及现代产业体系建设、现代城市体系建设、城市文化体系建设、自然生态体系建设等多个方面。

【报送《越城民情》62 期(篇)】 2021 年,越城区政协编辑报送《越城民情》62 期(篇),其中市政协录用 12 期(篇),市领导批示 1 期(篇),区委书记批示 8 期(篇),区长批示 9 期(篇)。社情民意信息内容涉及产业发展、文化旅游、教育体育、环境保护、社会公益等多个方面。(区政协办公室　牛慷慷)

2021 年度越城区政协社情民意信息精选

1. 关于打好群众就地过年服务“组合拳”的建议
2. 关于统一政协地方委员会大会会标格式的建议
3. 关于帮扶老年人跨越“数字鸿沟”的建议
4. 建议尽快在校内开设精准、有效、不盈利为目的的兴趣班
5. 紧急呼吁:尽快拆除育才学校边违章鸭棚,为特殊儿童少年营造良好学习生活环境
6. 关于优化 70 周岁以上养老服务补贴的建议
7. 关于越城区特殊学校学生上下学公交车设立延线的建议
8. 关于加强我区突发公共卫生事件应急体系建设的意见建议

2021 年度越城区政协优秀提案一览表

表 13

序号	提案名	提案人
1	《关于加强我区法治政府建设要素保障的建议》	民盟越城区基层委
2	《关于保护传承绍兴方言文化的建议》	民进越城区基层委
3	《关于抢抓机遇 做大做强越城医疗器械产业链的建议》	无党派界别组
4	《关于推进我区民营制造业投资对区域经济高质量发展的建议》	经济界别二组
5	《关于推进我区“村改居”社区党建向城市社区党建转型升级的几点建议》	农业界别组
6	《关于我区高新技术产业高质量发展的建议》	科技界别组
7	《关于深入推进污水零直排区创建的建议》	科技界别组
8	《关于做好美丽乡村建设“后半篇”文章助力乡村振兴的建议》	孙端街道政协工委
9	《关于老旧小区改造过程中存在诸多问题 亟待及时解决的建议》	金雨亭委员工作室
10	《关于高质量加快推进我区未来社区建设的若干建议》	王天德、陆志坚、徐凤娟、魏毅、沈彩娟、韩兴木、瞿永根
11	《关于东大池公园改造提升的建议》	黄柏芳、凌华栋、孙建林
12	《强链补链 动能转换 越城区传统制造业高质量发展的若干建议》	王飞虎
13	《关于进一步完善我区营商环境促实体经济发展的建议》	张东良
14	《我区 EPC 项目实施中存在的问题及对策建议》	袁小雷
15	《关于促进乡村振兴方面的建议》	赵永强

纪检监察

区纪委九届六次全体会议

2021年3月11日，越城区第九届纪律检查委员会第六次全体会议召开。出席会议的区纪委委员18人，列席161人。全会以习近平新时代中国特色社会主义思想为指导，深入贯彻落实中共十九大和十九届二中、三中、四中、五中全会精神，按照十九届中央纪委五次全会、省纪委十四届六次全会、市纪委八届六次全会和区委九届十二次全会的决策部署，回顾总结越城区2020年纪检监察工作，部署2021年工作任务。会议通过盛学东代表区纪委常委会所作的《奋力推动新时代纪检监察工作高质量发展 为全面打造全市首位度中心城区提供坚强保障》工作报告。（区纪委　朱娴彦）

巡视巡察

【概况】 2021年，越城区坚持以习近平新时代中国特色社会主义思想为指导，全面贯彻巡视工作方针，坚定稳妥推动巡察工作深化发展。紧扣党组织在新时代肩负的职能责任，督促以履职尽责的实际行动践行初心使命，全年开展对4个镇街、部门（单位）的常规巡察和对96个村（社区）党组织的延伸巡察，完成九届区委巡察全覆盖任务。通过组织开展巡察回访检查、巡察与“七张问题清单”机制相融合等一系列工作，提高巡察工作质效和规范化水平。

【完成巡察全覆盖】 2017年以来，全区组织开展了14轮巡察，至2021年5月，提前半年完成对17个镇街、56个部门（单位）、1家国企、352个村（社区）的巡察全覆盖任务。始终把发现问题作为主要任务，把推动解决问题作为落脚点，充分发挥标本兼治战略作用。对镇街、部门（单位）巡察共发现问题1344个，已完成整改1344个，问题整改率100%。第一种形态处理1000人次，其中科级干部266人次，党纪政务处分45人次，移送司法机关2人次，组织处理15人次；清退各类款项2187万余元；完善制度748项。巡察352个村（社区）共发现问题3416个，已完成整改3414个，问题整改率99.9%。第一种形态处理1031人次，党纪政务处分16人次，移送司法机关2人次，组织处理4人次；清退各类款项464.6万元；完善制度323项。

【整改完成中央巡视反馈问题23个】 区委把落实中央巡视反馈问题整改作为一项重要政治任务，坚持对表对标、立行立改、强力推进，以巡视整改实际成效推动越城各项事业高质量发展。研究制定整改工作方案，明确问题清单、任务清单、时间清单、责任清单,开展政治建设、高质量发展、区域治理、风险防控、落实新时代党的组织路线、全面从严治党能力提升“六大行动”,每一项整改措施分别明确牵头领导、牵头单位、责任单位,在全区上下形成巡视整改合力。坚持一流标准,强化问题导向、效果导向,动真格求实效,树立全区“一盘棋”思想,对每一个问题实施闭环管理。建立巡视整改跟踪督办、考核问责等工作机制,紧盯整改进度、质量和效果。至12月底,中央巡视反馈的23个具体问题按时间节点均已基本完成整改。

【率先完成省委巡视反馈问题整改“清零”】 区委对省委巡视反馈问题整改销号高度重视,书记亲自抓,区委副书记全面协调,多次组织有关单位召开协调会,严肃认真推动整改。纪委、巡察办积极与省委巡视办、省纪委省监委第七监督检查室对接汇报,明确整改方向,加大举一反三和多跨协同力度。12月6日,越城区率先在6个区(县、市)中实现问题整改“清零”,受到上级领导肯定。

【巡察回访检查】 2021年6月上旬至7月上旬,区委派出3个巡察组对第一至十一轮整改未销号的20个问题进行督查,对第十二、十三轮12个被巡察单位整改情况开展回访检查和整改评估,听取被巡察党组织对巡察工作意见建议。通过责任传导、协调指导、一事一策等举措,推动全部问题整改销号。派出督查组对16个镇街的村(社区)巡察整改工作进行督查指导,进一步压实镇街党(工)委管党治党的政治责任和督促整改主体责任。(区委巡察办　叶卓青)

2021年,越城区委巡察组走访村民,了解“新农村”建设情况(柳正涛　摄)

党风和政风监督

【概况】 2021年,越城区坚决整治形式主义、官僚主义问题,有效防止“推、拖、躲、怕、差”五种不良风气。共开展正风肃纪检查1209次,发现问题219个,处理人员99人次,查处违反中央八项规定精神典型问题12起21人次,党纪政务处分20人。查处形式主义、官僚主义问题6个,其中党纪政务处分8人。

【干部作风建设】 2021年,越城区聚焦“项目建设攻坚年、改革创新突破年、整体智治提升年”三个年行动,深化干部作风建设。深化“1+X”(“1”指纪委对相关职能部门履行落实中央八项规定精神职责情况的再督查;“X”指相关部门根据职能和管理权限,在职责范围内对各级各部门落实中央八项规定精神进行督查。)专项督查机制,巩固领导干部利用名贵特产、特殊资源谋取私利问题专项整治成果,开展违规发放津补贴、违规吃喝违规收送礼品礼金、酒驾醉驾等问题专项治理。

【贯彻“三个区分开来”原则】 2021年,越城区坚持“三个区分开来”(把干部在推进改革中因缺乏经验、先行先试出现的失误和错误,同明知故犯

2021 年越城区漠视侵害群众利益问整治项目

1. 民生价格监测提升项目
2. 校外培训机构乱象集中治理
3. 电信网络诈骗专项治理
4. 惠民殡葬提标增项扩面工程
5. 社区矫正领域执法不规范问题集中治理
6. 重大工程建设项目劳资纠纷专项治理
7. 农村回迁安置问题专项治理
8. 第二轮中央生态环境保护督察交办信访件集中攻坚销号
9. 城市回迁安置问题专项治理
10. 侵占集体资产资源问题集中治理
11. 非法医疗美容专项治理
12. 危化品企业“低、小、散”问题专项治理
13. 保健食品行业专项治理
14. 药品网络销售专项治理
15. 困难群众因病致贫返贫问题治理

的违纪违法行为区分开来；把上级尚无明确限制的探索性试验中的失误和错误，同上级明令禁止后依然我行我素的违纪违法行为区分开来；把为推动发展的无意过失，同为谋取私利的违纪违法行为区分开来）原则，常态化开展失实举报澄清正名和诬告陷害打击工作，为 5 名党员领导干部澄清正名、打击诬告陷害 1 起。

【开展重点领域专项治理】 2021 年，越城区深入整治群众身边的腐败和作风问题，开展漠视侵害群众利益问整治 15 个项目以及教育、医疗、交通、粮食购销、拆迁拆违等重点领域专项治理。

【探索基层纪检监察监督新路径】 2021 年，越城区推进基层公权力监督平台 2.0 和监督“一点通”平台建设，以区纪委常委会“一次一授权”的方式探索片区协作实体化运作。全年共组织开展集体会商 62 次，信访联办 38 件，案件联查 39 件，问题联解 30 件，监督联动 92 次，形成自上而下专责监督与自下而上群众监督相结合的基层纪检监察监督新路径。

【信访举报实现“三清三提升”】 2021 年，越城区巩固拓展信访举报“三清三提升”（思想观念“清障”促工作能力提升、初次举报“清零”促办信质量提升、重复举报“清淤”促处置实效提升）活动成果。集中化解斗门街道荷湖村等一批持续多年的信访积案，连续 5 年保持全市最低的信访上行率。

纪律审查和监察调查

【概况】 2021 年，越城区纪检监察组织共处置问题线索 430 件，运用“四种形态”（经常开展批评和自我批评、约谈函询，让“红红脸、出出汗”成为常态；党纪轻处分、组织调整成为违纪处理的大多数；党纪重处分、重大职务调整的成为少数；严重违纪涉嫌违法立案审查的成为极少数）处理 451 人次，“四种形态”分别占比 61%、23.3%、7.3%、8.4%。全区立案 194 件，党纪政务处分 169 人，涉及科级干部 13 人，采取留置措施 6 人，移送检察机关 8 人。政法教育整顿以来新受理问题线索 27 件，以第一种形态处理 19 人，党纪政务立案 4 人。

【区委巡察工作】 2021 年，越城区聚焦政治巡察监督重点，发现和推动解决了一批基层小微权力、征地拆迁等领域群众反映强烈的痛点难

点问题。完成两轮4个单位的常规巡察以及96个村社党组织的延伸巡察，对巡察发现较为集中的村（社区）“三资”“两资”管理、镇街政府投资项目问题开展重点巡察，提前半年完成巡察全覆盖任务。建立巡察发现问题综合研判制度，构建分管领导全程盯办、纪检和组织部门日常监督、巡察机构统筹协调的整改闭环工作机制。组织开展巡察“回头看”，12个被巡察单位和16个镇街村（社区）巡察工作问题整改率超99%。配合做好市委涉粮问题的专项巡察和扶贫开发领域专项巡察反馈问题的整改落实，得到市委巡察办、巡察组的充分肯定。

廉政教育

【概况】 2021年，越城区纪委监委融合省、市、区各级媒体力量，持续打造清廉越城品牌。省级以上媒体刊登125篇，同比增长47%，其中清廉浙江微信单篇10篇，同比增长1倍，总阅读量22万人次。市级媒体刊登176篇，同比增长16%。清廉越城公众号全年推送91期145篇，阅读量超5000次3篇、超2000次10篇。结合中国共产党成立100周年开展党性教育，策划创作的《党史100问“廉”环画》被纳入省纪委党史学习教育宣传方案，并在清廉浙江微信分3期连载推送。

【开展廉政教育】 2021年，越城区注重用身边案教育身边人，组织1100余名党员干部收看严文兴案庭审直播，制作《越城区村、社区干部警示教育专题片》。做好“两法一条例”普法宣传，向全区副科级以上领导干部发放监察法条例600余册。

【深化“五廉并举”】 2021年，越城区深化“五廉并举”（梳廉脉、编廉文、演廉戏、铺廉路、建廉馆），巩固“三风”（乡风、民风、家风）建设成果，做好书圣故里沿线清廉文化建设，在省委常委、省纪委书记许罗德调研时获得肯定，制作微电影《干部·家风》、莲花落《颂清风》。打造提升鉴湖“清新坡塘”、皋埠“放翁遗泽”等清风廉路，指导北海街道越西社区打造清廉主题社区。（区纪委　朱娴彦）

民主党派　工商联

民革越城区基层委员会

【概况】 2020年11月28日，中国国民党革命委员会绍兴市越城区基层委员会(以下简称民革越城区基层委)换届，产生新一届委员7人。汤枥钧任主任委员，陈明军、吴国伟、张洪豪任副主任委员，边丹红、叶敏、尹政威任委员。基层委下设3个支部，共计党员69人。2021年12月16日，增补边丹红为基层委副主任委员。2021年全年基层委发展党员3名，预备党员2名。党员中有市政协委员1名、区人大代表3人、区政协委员12人。2021年，民革越城区基层委被民革绍兴市委会授予“2017—2021年度先进集体暨2021年度先进基层委二等奖”。

【社会服务】 2021年，民革越城区基层委员会依托位于迪荡街道红立方的社会服务基地，打造党派服务基层金名片。全年累计组织关爱帮扶送温暖、法律咨询、知识讲座、公益活动进社区等形式多样的活动20多场次，服务群众5000多人次。

【组织建设】 2021年，民革越城区基层委员会认真贯彻落实民主集中制原则，坚持各项会议和议事制度，定期召开会议，或学习传达，或安排部署，有效推动各项工作顺利开展。基层委以标准化建设和示范支部创建为抓手，着力制度建设，先后制定《民革越城区基层委全体会议议事规则》《民革越城区基层委民主生活会制度》《民革越城区基层委参政议政社情民意信息奖励办法》《民革越城区基层委支部经费管理和使用办法》《民革越城区基层委党费收缴办法》等5部制度，并经基层委全会审议通过实施。

2021年，民革越城区基层委被民革绍兴市委会授予“2017—2021年度先进集体暨2021年度先进基层委二等奖”(民革越城区基层委　提供)

2021 年民革越城区基层委员会参政议政情况表

表 14

类别	姓名	名　称
调研课题	高伟伟	关于越城区乡村振兴的调研报告
	边丹红	“数字赋能 校地共融”，进一步提升“东亚文化之都”公共文化服务水平
	尹政威	古城历史街区保护和利用——以书圣故里历史街区为例
	葛　炜	医养结合养老模式推进中的问题和对策
提案 / 议案	刘　蕾	合理配置社区医疗资源，加快完善老城区社区医院布局建设的建议
	边丹红	关于要求将府山街道社区卫生服务中心规划建设为越城区中医院的建议
	边丹红	关于绍兴市进一步放宽人才落户政策的建议
社情民意	张洪豪	文物建筑防灾减灾三大安全问题亟待破解
	叶　敏	基层反映印度疫情加重对原料药生产销售产生三方面影响
	陈明军	关于建筑行业碳排放存在问题及对策建议
	陈明军	《关于进一步完善分时电价机制的通知》政策出台后相关建议
	陈明军 梁作前	合作——构建地下空间“一张图”建议加强公建项目地下空间安全智能化使用管理
	陈毓新	建议对增值税纳税人的税控设备及维护费由“抵减”改为“免费提供”
	陈毓新	建议将《个人所得税专项附加扣除暂行办法》第二章“子女教育”修改为“子女养育”
	陈毓新	电动自行车新国标出台后的新问题需及时研判应对
	陈毓新 吴国伟	关于在滨海新区建设围垦纪念馆的建议
	马添相	不合格农产品处置缺乏技术操作标准 亟须制度规范
	臧弘婷	关于在城市基础建设实施过程中保障群众利益的几点建议
	肖　皓	关于对幼儿园合同制后勤人员提供专项补助等的建议

坚持“德才兼备”发展新党员，新发展党员 3 名、预备党员 2 名。越城区凤林文创园落实越城民革之家。（陈明军）

民盟越城区基层委员会

【概况】 2021 年，民盟越城区基层委员会共有盟员 89 人（年内发展 4 人）。盟员中有省政协委员 1 人、市人大代表 1 人、市政协委员 3 人、区人大代表 2 人、区政协委员 10 人。基层委获“民盟浙江省委会脱贫攻坚先进集体”称号；6 月 19 日，民盟越城区基层委员会第三次盟员大会在越城区行政中心召开。大会听取民盟越城区第二届基层委员会工作报告，选举产生董越标、刘伟、汤晓幸、金锦林、汪建松、张雪芳、潘文婷、王一杰、何建祥为民盟越城区第三届基层委员会委员，董越标任主任委员，刘伟、汤晓幸、金锦林任副主任委员。基层委下属 3 个支部同时进行换届。

【调研工作】 2021 年 4 月，民盟越城区基层委组成调研组，对越城区唯一的城中村——北海

2021 年，张美仙老师（前排左三）远赴四川马边，为马边民主中学学生讲授音乐知识（民盟越城区基层委　提供）

街道朱家岙村作专题调研，通过听取街道领导，村“两委”班子、村民代表的想法和意见，了解村集体资产、资源情况，村民生活、生产、收入情况，走访市、区相关部门，了解规划情况和有关政策，征求有关领导意见，形成《关于北海街道朱家岙村整体改造提升的调研报告》，区政府赵腾飞副区长对调研报告作出批示。11 月，基层委邀请区农业农村局、区自然资源和规划分局、区美丽城镇提升推进专班有关领导对富盛镇经济薄弱山村开展调研，通过实地走访、召开座谈会，形成《农村宅基地制度改革试点工作调研报告——以越城区富盛镇为样本》《推进乡村振兴中值得关注的问题及对策建议》《打造富盛五峰岭古村落景观带振兴薄弱山村共奔富》3 篇调研文章。

【社会服务】 2021 年，民盟越城区基层委开展“同心越城 · 爱在身边”公益项目，助力“双减”政策，联合迪荡街道办事处，通过“名著赏析”公益课堂，开展“助力双减，快乐成长”少儿读书系列讲座。组织开展关爱外来务工子女爱牙护牙公益活动。张美仙老师远赴四川马边，为马边民主中学学生讲授音乐知识。

【助力疫情防控】 2021 年，绍兴突发新冠肺炎疫情，盟员区政协副主席钱伟平担任越城区属地高校疫情防控专班组组长，负责落实区内 7 所高校 9 个校区的疫情联防联控工作。盟员区建交局城乡建设科负责人柳梁，负责新和照明隔离点建设，在 8 天内完成 230 余间隔离点建设和500余间的宿舍楼房间改造任务。（董越标）

2021 年民盟越城区基层委员会参政议政工作情况表

表 15

	序号	名称	姓名
提案/议案	1	关于加强我区法治政府建设要素保障的建议	—
	2	关于进一步加强东西协作巩固脱贫成果的建议	—
	3	关于优化及推进农村宅基地的流转和开发利用的建议	钱伟平
	4	关于贯通黄酒小镇到迎恩门风情水街的浙东运河黄金旅游水上通道的建议	钱伟平
	5	关于整合提升我市瓶装液化气市场的建议	钱伟平
	6	关于完善现代教育体系建设，提高职业教育社会认可度建议	汤晓幸
	7	关于尽快落实陈建功故居的征购和利用的建议	汤晓幸
	8	关于把火车站综合体建设成为公园中综合体的建议	凌　阳
	9	关于要求对祭坛后 10 ～ 15 幢危旧房实施立项征收的建议	沈宏炎
	10	关于进一步调整镇街交警中队管辖区域的建议	沈宏炎

续表 15

	序号	名称	姓名
提案/议案	11	关于大力发展 0～3 岁婴儿托育服务的建议	徐凤娟 张荣利
	12	关于丰富和完善全区农村公园绿地的建议	张雪芳
	13	关于落实和扩建袍江中学足球训练场地的建议	鲁　波
社情民意	1	基层反映基层法治政府建设面临新情况新问题亟待要素保障	董越标
	2	关于深化红十字会参与社会救助工作的建议	张荣利
	3	基层反映四方面因素导致陪产假制度难落地有待新举措	潘文婷
	4	谨防将数字化改革简单等同于手机 App 建设推行	潘文婷 王一鑫
	5	关于农村老人被征收农房后的权益保障的几点建议	潘文婷
	6	关于适当调整法规政策解决既有住宅加装电梯难题的建议	潘文婷
	7	关于充分保障落实陪产假，促进三孩政策的建议	潘文婷
	8	关于“三孩”政策下，产假和陪产假保障落实的建议	潘文婷
	9	基层反映当前外贸企业面临几大困难待破解	金锦林
	10	当前乡村振兴中的制约问题及建议	章　彪
	11	关于加快推进“快递进村”的建议	张雪芳
	12	关于推行农村红白喜事等宴请报备制度的建议	张雪芳
	13	基层反映新经济业态下零工劳动者职业伤害保障问题亟待关注	王　昆
	14	关于农民工工资专户使用管理情况的问题和建议	王　昆
	15	关于女性劳动权益保护现状及改善思路的建议	王　昆
	16	关于疫情及后疫情时代如何做好防控工作持久战的一些建议	王一鑫
	17	关于解决垃圾分类小屋设置问题的建议	王一鑫
	18	谨防免费停车位变成某些机构个人牟利的工具	王一鑫
	19	关于尽快重视福寿螺对绍兴市生态破坏的建议	郦凤娟
	20	关于进一步发挥“在线教育”对教育变革积极作用的建议	秦　琴
	21	适应教育变革“在线教育”存在三个短板亟待突破	秦　琴
	22	基层教师反映教育“减负”亟须“增质”“增效”	秦　琴
	23	关于促进农村学校教育高质发展的几点建议	孙蓉蓉
调研课题	1	如何发挥行政审判职能助推法治政府建设	董越标
	2	农村宅基地制度改革试点工作调研报告——以越城区富盛镇为样本	刘　伟
	3	曲径通幽觅佳境　暗香浮动有真意——“双减”背景下初中基础学科分层走班教学的现状与前景	汤晓幸
	4	关于对北海街道朱家岙村整体改造提升的建议	金锦林
	5	打造富盛五峰岭古村落景观带建设振兴薄弱山村	潘文婷
	6	推进乡村振兴中值得关注的问题及对策建议	章　彪

民建越城区基层委员会

【概况】 2021年,民建越城区基层委下设三个支部,共有会员83名。其中,各级人大代表、政协委员7人。年内,民建越城区基层委被民建绍兴市委会评为2021年度先进集体。民建越城区基层委获评2021年度区政协反映社情民意工作先进集体。

【理论研究】 2021年,民建越城基层委共有31篇文章发表于《绍兴民建会刊》,基层委名义撰写的《陈小平赴绍兴越城区基层委员会调研》以及张桐绘制的图片新闻《万山竞秀》发表于刊物《浙江民建》。除此之外,张晓旭撰写的《新形势下如何加强对企业会员的教育和引导》在民建中央社会服务征文被录用,吴东冬撰写的《赓续红船精神,汲取奋进力量》、陈杰东撰写的《我的民建情——入会三年记》、叶青撰写的《有感》在民建省委会庆祝中国共产党成立100周年征文中被录用,周江、冯晓燕、金坚浩共同撰写的《中国政党制度的发展道路——论多党合作制度中的求同存异》在省委会理论研究课题中立项,周高阳撰写的《绍兴民建:贴心服务送到家》发表于联谊报。

【捐款捐物支援抗疫】 2021年12月,绍兴疫情突袭而至,民建越城基层委第一时间成立防疫工作小组,全面深入开展抗疫工作。各位会员会友通过各方渠道为疫情防控捐款捐物近100万元。共计捐赠大米1100份,食用油110份,口罩27.9万只,防护服765套,防护面罩490只,手套1万只,红外测温仪131套,取暖器5台,捐款24.01万元。

【打造三大民建品牌】 2021年,民建越城继续打造“思源慈善基金”、“汀咖啡”民建驿站、“商圣”服务平台三块属于基层委自己的工作品牌。其中,“思源慈善基金”创建于2018年9月11日,致力于慈善捐赠等公益活动;“汀咖啡”位于全国AAAA景区的鲁迅故里,是民建人的工作交流平台,在今年的疫情防控工作中,“汀咖啡”也起到了重要的作用;“商圣”服务平台结合民建主要由经济界人士组成这一特点,为社会各界提供生涯规划、职业方向、政策询问、法律财务等系列服务。(周高阳)

2021年民建越城区基层委员会参政议政工作情况表

表16

	内容	作者	录用部门
提案/议案	借“东亚文化之都”新平台　绘国际化锦绣好文章	—	—
	关于建设和完善智慧社区的建议	—	—
	关于尽快将绍兴打造成“东亚文化之都”之建议	应　晓	—
	关于画框停车位分类收费的建议	刘伯福	—
	关于加强人才培育和引进的建议	刘伯福	—
	关于公办学校恢复学生课外培训的建议	屠建国	—
社情民意	关于取消对任家塔小区不动产交易冻结的建议	王熠明	—
	关于对机关单位办公物品标明价格的建议	王熠明	区政协
	关于进一步完善《绍兴市人民政府办公室关于既有住宅加装电梯工作的实施意见(试行)》的建议	王熠明	区委统战部、区政协

续表 16

	内容	作者	录用部门
社情民意	关于在政府岗位目标责任制考核中允许调剂部分考核指标的建议	王熠明	市政协
	关于增设公交让行区域的建议	王熠明	区委统战部
	关于通过多种途径宣传新冠疫苗接种工作的建议	王熠明	区政协
	关于通过“申报—审批”制进行老小区改造的建议	王熠明	区委统战部；区政协录用，区长袁建批示
	关于增强基层党组织活力的建议	王熠明	区委统战部、区政协
	关于设立物业基金的建议	王熠明	区委统战部
	关于建立“6+1 研判小组”化解拆迁类诉访问题的建议	王熠明	区委统战部；区政协录用，区长袁建批示；省委会
	台风“烟花”带来城市内涝问题及两点建议	王熠明	区委统战部；区政协录用，区长袁建批示
	基层反映老旧小区改造中存在三大问题亟待解决	王熠明	区委统战部
	关于尽快查处商标文件快递“到付”骗局的建议	高玉萍	—
	在法治的加持下进一步预防高空抛物	周　江	区政协
	关于疫情期间“五一”小长假安全游的几点建议	周　江	区委统战部；区政协、省委会、市委办、市委统战部
	帮扶老年人跨越“数字鸿沟”这道坎	周　江	市政协
	关于废弃口罩处理难题亟待引起关注	周　江	省委会
	绍兴市革命文物保护存在问题及对策建议	周　江	—
	新冠肺炎疫情要严防境外输入	周　江	—
	“双减”落地，这三方面问题亟须注意	周　江	市政协、省委会
	如何让快递包装“绿”起来	周　江	—
	当前中小学职业启蒙教育的困境与突破	周　江	—
	“剧本杀”如何走得更远更好	周　江	—
	疫情常态化背景下大学生就业问题及对策研究	周　江	—
	非公司制企业享受税收普惠政策的建议	冯晓燕	—
	关于财税〔2021〕12 号公告与小微企业税收普惠性的建议	冯晓燕	区委统战部；区政协录用，区长袁建批示；省委会
	创新校内托管形式推进学校与校外辅导机构合作开展拓展性托管服务的建议	何勇伟	省委会

续表 16

	内容	作者	录用部门
社情民意	控制强度着眼长远解决目前中小学段体育运动队训练量过大、过重问题的建议	何勇伟	民建中央、省委会
	关于在未配备餐厅的普通完小学生吃上热乎饭的建议	何勇伟	—
	餐饮业油烟排放	潘涛(会友)	—
	杭甬运河桥垮塌事故立案侦查中发现四个方面问题亟须引起重视	陈杰东	省委会
	基层反映警惕刑事案件被害人滥用“谅解权”妨碍司法公正	陈杰东、凌少伟	区委统战部；区政协录用，区委书记徐军批示
	高速公路重大二次事故频发亟须引起重视	陈杰东	区委统战部、区政协
	重塑水乡文化，彰显古城魅力	应　晓	区委统战部；区政协录用，区长袁建批示
	活化古城，夯实长三角文化高地的根基	应　晓	区委统战部
	彰显黄酒之陈，展现黄酒新芳	应　晓	区政协录用，区委书记徐军批示
	绍兴黄酒如何从“国遗”成为当代时尚消遣品的几点建议	—	区委统战部
	“双减”政策下加强对游戏软件监控力度的建议	俞　超	区政协
	警惕“双减”政策下校外培训班“狸猫换太子”现象	俞　超	区委统战部；区政协录用，区委书记徐军批示；省委会
	打击网络诈骗	陈　飞	
	建议对中小学生开展勤俭节约专题教育	欧代军	区政协
	大规模核酸检测信息采集工作的意见建议	秦　伟	区委统战部
	关于优化公交配置有序替换大型公交车的建议	董　芳	区政协
	建议疫情情况通报中将地区明确到区(县)级降低疫情对市域内其他地区企业的影响	董　芳	区委统战部
	新冠肺炎疫情防控工作中面临的新情况新问题及对策建议	罗利惠	—
调研课题	中国政党制度的发展道路——论多党合作制度中的求同存异	周　江 冯晓燕 金坚浩	省委会理论研究课题中立项

民进越城区基层委员会

【概况】 2021 年 5 月 23 日，民进越城区基层委员会第三次会员大会召开，选举产生第三届基层委员会领导班子，周玲玲任主任委员，黄柏芳、吴秋萍、陈海虹、谢卫任副主任委员，毛龙飞、沈耀、杨玲萍、张樱樱任委员。基层委下设 9 个支部，共计会员 142 人(全年发展新会员 4 名)。其中，市人大代表 1 名，区人大代表 4 名，区政协委员 18 名。这一年中，民进越城区基层委获评民进全国“反映社情民意先进集体”，

2021年民进越城区基层委员会参政议政工作情况表

表17

类别	序号	姓名	名称
调研课题	1	周玲玲	关于发展康养产业推动乡村振兴的建议
	2		关于发展院士经济培育千亿产业链的建议
	3	陈海虹	合理构建课后服务体系有效推进"双减"政策落地——我市义务教育段中小学课后服务现状与方向
	4	丁江华	基于共同富裕背景下乡村产业振兴的理论思考与实践探索
提案/议案	1	周玲玲	关于重视和扶持我区新材料产业发展的建议
	2	陈海虹	关于完善越城区政协评优评先结果运用更好激发委员履职积极性的建议
	3		关于保护传承绍兴方言文化的建议
	4		关于进一步规范越城区"老小区改造"工程建设的建议
	5	黄柏芳	关于老小区内消防栓建设管理问题及建议
	6		关于东大池公园改造提升的建议
	7	金妙红	创新教师人事机制 促进教育公平优质 提升越城教育首位度
	8		加快婴幼儿照护服务队伍培养 打造越城托育服务区位度标杆
	9		将儿童心理学纳入新教师专业培训项目 提升新教师育人能力
	10	周　凌	赓续传统文化 涵养家国情怀——关于构建绍兴文化传承体系的建议
	11	马国萍	关于对餐饮浪费行为加强监督的建议
	12		对于洒水车科学、规范工作的建议
社情民意	1	周　凌	仓促赶工问题重重 老旧小区改造工程亟须强力监管
	2		教辅资料惊现朝鲜战争错误表述 错误史观否定抗美援朝正义性
	3		灌木绿植成人行步道"拦路虎",建议尽快推进《大规模国土绿化美化五年行动计划》"灌改乔"工程
	4	丁江华	关于打好群众就地过年服务"组合拳"的建议
	5		关于加快推进我市0～3岁早期教养 促使"托幼一体化"进程的建议
	6	章莉娜	关于延长停车收费中免费停放时间的建议
	7		关于要求住宅小区增设电动自行车充电桩的建议
	8	胡　芳	关于整合资源共同促进儿童青少年心理健康教育的若干建议
	9		关于将绍兴城区红绿灯区域设置"会发光的斑马线"的建议
	10	谢桂芳	手机游戏祸害孩子 亟待政府出手相帮
	11	许学成	高中实行分片招生入学
	12	戴丽霞	历史保护街区内没有抽水马桶等卫生设施的平房住户生活亟待改善
	13	黄国泉	垃圾需要定时、定点分类收集、运输、处理
	14		在城区主干道路非十字路口斑马线的红绿灯设置

续表 17

类别	序号	姓名	名称
社情民意	15	胡朝娟	"全面二孩"背景下实施3岁以下婴幼儿照护服务仍面临多重困境亟待引起重视
	16		高校教材的循环回收使用 亟须引起重视
	17		重视村级卫生室"弱者愈弱"现象
	18		及时建立可回收系统 推进高校教材循环使用
	19	陈海虹	以系统观念系统方法解决校外培训机构存在和带来的问题
	20		关于优化观澜路周边公交线路 方便特殊学校学生上下学的建议
	21		关于小学阶段配备、配足思政专职老师的提议
	22		亟待保护和传承方言文化的提议
	23		方言文化逐渐式微 亟待保护和传承
	24		关于设立越城区特殊学校公交延线的建议
	25		推进大学生志愿服务 助力教育"双减"工作
	26		尽快在校内开设精准、有效、不盈利为目的的兴趣班
	27	丁宝祥 陈海虹	塔山小学门口熊猫车位和美丽街道建设的安全碰撞亟待解决
	28	李包方	建议在中小学开设生存安全课程
	29	张　毅 陈海虹	更改车内按钮文字 坚定中华民族文化自信
	30		完善国标和警示设置 为"轮患"设置一道安全保障
	31	周玲玲	堵住监管漏洞 从源头着手加强和防范电信网络诈骗
	32		关于重视和扶持我区新材料产业发展的建议
	33	张樱樱	基层反映企业财政奖励政策兑现 存在四大缺陷 亟须引起重视
	34		家委会异化严重乱象丛生亟待关注
	35		基层反映企业财政奖励政策存在四大缺陷，亟须引起重视
	36		打通车检"一件事"最后一公里 让民生实事更加惠企亲民
	37		国旗产品亟待加强监管
	38		居民家中燃气表服役安全问题亟待关注
	39		关于老旧小区改造同步取缔违法行为的建议
	40	沈建芳	加快老旧小区改造，消除安全隐患
	41	谢　琦	改"堵"为"疏"——电瓶车隐患亟待解决
	42	杨玲萍	强化监督 破解房产中介网络炮制"学区房"乱象
	43		我省初中科学学科合科教学存在三大问题 亟待对物理学科进行分离教学改革
	44		"乡村振兴"背景下的乡村教育改进路径研究
	45	华小洋 金建光	客观认识体育艺术的学科价值深化高中阶段学校考试招生制度改革

续表 17

类别	序号	姓名	名称
社情民意	46	薛向静	校外培训机构泛滥成灾的成因及现状
	47	许　瑾	关于净化校园及家庭网络的建议
	48		关于安全教育平台的学习方式的建议

塔山学区支部被授予民进浙江省委会“2017—2021 年度先进集体”荣誉称号，会员谢卫获“民进全国社会服务暨脱贫攻坚工作先进个人”称号。

【社情民意】 报送区委统战部 2 篇直通车，分别为周玲玲会员的《关于重视和扶持我区新材料产业发展的建议》、丁江华会员的《关于组建越城区“双招双引”北京工作组的建议》。全年共上报社情民意信息近 50 篇，其中《“乡村振兴”背景下的乡村教育改进路径研究》获省委会“开明教育论坛”征文二等奖，《基层反映企业财政奖励存在四大缺陷，亟须引起重视》被民进中央、省委会录用，5 篇被省委会（省委办）录用，5 篇被市政协（市委办）录用（含重复录用）。

【社会服务】 2021 年，民进越城区基层委与马边扶贫开发协会签订民进马边助学筑梦项目捐赠协议，100 余名会员爱心捐款，向马边彝族自治县梅林镇瓦候康小学捐赠 2.15 万元，用于为困难学生购买 200 套校服。10 月，基层委员会、绍兴科灵智能科技股份有限公司董事长崔继平率工作组，赴马边彝族自治县开展乡村振兴示范点规划设计相关服务。推进结对马山街道车家弄村建设，基层委副主委黄柏芳为车家弄村争取到省级标准化多功能运动场建设，全额投入资金 17 万元，满足老百姓就近健身休闲的需要。

2021 年，民进越城区基层委开展智力送教活动（陈海虹　摄）

【课题调研】 2021 年，民进越城区基层委开展《课后服务一校一案 精准推进“双减”有效落地》《基于共同富裕背景下乡村产业振兴的理论思考与实践探索》等 5 个课题的调查研究，形成重点调研课题报告。赴王坛小舜江村、鉴湖镇云松村调研美丽乡村建设；赴柯桥区、上虞区开展“双减”背景下课后服务工作调研。向市委会报送《关于发展康养产业推动乡村振兴的建议》《关于发展院士经济培育千亿产业链的建议》等 3 篇课题。（颜倩）

农工党越城区基层委员会

【概况】 2021 年，农工党越城区基层委下设 3 个支部，分别为综合支部、医卫支部、文教支部。农工党越城区基层委员会共有党员 51 人。其中，市政协委员 1 人、区政协委员 9 人，全年发展新党员 4 人，新增预备党员 3 人。共提交市、区两级人大、政协会议集体提案 3 份，个人提案 8 份，通过“直通车”报送意见建议 1 件；组织调研活动并形成调研报告 1 篇；上报市委会、区委统战部、区政协等社情民意信息社情民意 18 篇，其中 1 篇被省级录用。2021 年，农工党越城区基层委获“农工党浙江省社会服务工作先进基层委组织”和“农工党浙江省年度宣传工作先进组织”称号。

【社会服务】 2021 年，农工党越城区基层委发挥医卫界别优势，投身于抗击疫情防控一线工作中；深耕特色品牌，长期坚持开展“名医送医下乡义诊活动”，着力抓好“健康促进行动暨计生特殊家庭帮扶项目”，逢节走访慰问计生特殊家庭；参与第五届全区统一战线“喜迎百年华诞，同心共助首位度”社会服务周活动，成立同心共助首位度越城区民主党派医疗服务团；联合东浦街道开展“健康过大年”关怀关爱孤寡老人、失独家庭活动。（陈康）

2021 年农工党越城区基层委参政议政工作情况表

表 18

	序号	名称	姓名
提案/议案	1	《老台门保护利用与人才政策引领相结合促进高质量发展》——关于利用鲁迅故里二期腾空方实施文化引才项目的建议	集　体
	2	关于越城区人民医院整体搬迁至市妇保院原址的建议	集　体
	3	关于构建青年志愿者参与社会治理模式的提案	集　体
	4	关于义务教育校际发展不均衡的思考和建议	王志文
	5	关于开设义务教育阶段学生社区托管服务的建议	章雪江
	6	关于后疫情时代加强基层医疗机构公共卫生服务能力的建议	娄菊花
	7	关于道路交通划线及时维护建议	马　亮
	8	关于为独居高龄老人安装智能预警设备的建议	赵　博
	9	建议开启越城区“消除宫颈癌，科普在行动”三年公益活动计划	张飞娟
社情民意	1	对零售药店的疫情监测防控工作不宜“层层加码”	陈　康
	2	环城南路望花小区南门段或存在潜在事故风险	李鑫盛
	3	新冠疫情防控面临的问题及建议	赵礼君
	4	关于解决 0～3 岁婴幼儿入托难的问题提议	张春霞
	5	构建完善的“AED”急救网络	张飞娟
	6	关于电动车充电安全隐患的建议	张洲益
	7	关于及时做好老城区腾空房屋的卫生清理和安全维护工作的建议	袁文娟
	8	关于加快在高层住宅小区安装电动自行车充电桩的建议	陈　康

续表 18

	序号	名称	姓名
社情民意	9	关于加强我区古城文旅 IP 项目商标保护工作的建议	陈　康
	10	关于调整票价及运营模式	袁文娟
	11	关于新绍兴师爷馆馆名采用多语标识的建议	袁文娟
	12	关于修缮马叙伦祖居的社情民意	袁文娟
	13	关于在公共场所设立独立包装一次性口罩售卖点的建议	袁文娟
	14	《好“经”千万别让“简单执行”念歪了》——关于鲁迅故里二期项目实施存在的几点问题及建议	袁文娟
	15	亟须完善“健康码转码”管理模式	张飞娟
	16	关于加强儿童青少年近视防控工作的建议	沈小芳
	17	双轮驱动　优势互补 积极探索口腔医疗复用器械消毒灭菌的新模式	吴金生
	18	关于建设区域口腔预防保健专业联合体进行儿童口腔健康管理的提案	吴金生

九三学社越城区基层委员会

【概况】 2021 年，九三学社越城区基层委员会新发展社员 6 名，截至年底共有正式社员 44 名，发展对象 4 名。其中，省政协委员 2 人，市政协委员 3 人，市人大代表 1 人，区政协委员 5 人，区人大代表 3 人。

【选举换届】 2021 年 6 月 25 日下午，九三学社绍兴市越城区第三次社员大会召开，王建利作九三学社绍兴市越城区第一届基层委员会工作报告，全体社员听取并审议通过。大会选举产生新一届基层委员、支社委员，谷丰当选为九三学社绍兴市越城区第二届基层委员会主委。

【组织生活】 2021 年，九三学社越城区基层委员会组织社员参观调研绍兴科创大走廊、越城医疗器械产业创新服务综合体、黄酒小镇；中国共产党成立 100 周年之际，组织社员参观红色藏品展、复旦科技园兴绍之光和数字化党群服务中心；赴社员企业同创设计公司开展“同心九三 共筑越企”主题调研；组织社员参观绍兴徐渭艺术馆开展“追先贤 做仁人”主题活动；联合绍兴市农业支社、浙江医药高专支社、宁波工程学院支社组织开展“学史明理、学史增信”主题交流活动。

2021 年 6 月 25 日，九三学社绍兴市越城区基层委完成换届（九三学社绍兴市越城区基层委　提供）

【社会服务】 2021 年，九三学社越城区基层委员会开展九三学社绍兴集成电路产业创新服务基地建设；6 月 23 日，组织开展科技创新“头脑风暴”

主题沙龙，邀请6名企业家社员代表参加；继续爱心帮扶，连续第五年开展新春助学活动；参加第五届社会服务周启动仪式，现场开展眼科诊疗医疗服务；3支社积极协助斗门街道开展监测点国民（成人）体质监测；社员沈伟参与2021百姓学堂公益培训活动，开展书画公益课。（朱轶尔）

2021年九三学社越城区基层委员会参政议政情况表

表19

类别	姓名	名称
调研课题	朱轶尔	关于推动金融服务实体经济提质提效，推动金融精准支持制造业产业链升级的建议
	杨治棠	政务大数据平台网络安全建设和运维策略分析
	俞　玲	优化养老服务体系建设 打造幸福颐养标杆城市
提案/议案	颜建华	关于推进国产创新医疗设备应用示范市场准入机制改革的建议
		关于推进PET/CT肿瘤显像进入医保报销目录及收费标准的建议
	周姣娥	关于筹建越城区老年大学的建议
	俞　玲	关于将斗门街道西堰居拆迁提上议程的建议
		关于合理设置行人红绿灯时长的建议
	周玲芬	关于如何确实落实促进社会办医持续健康规范发展的提案
	丁　淼	5G、大数据背景下的“智慧园区”发展建议
	李　刚	关于绍兴非重点行业外单项冠军型企业扶持政策的建议
	王　凯	关于继续加强对古三江闸及狭猕湖避塘两处文保点
社情民意	盛　鸿	基层反映极端天气加剧城市内涝排水防涝系统亟须完善提升
	王小波	建议我省把糖尿病患者所用动态监测血糖仪纳入医保
	王小波	建议对增值税纳税人的税控设备及维护费由“抵减”改为“免费提供”
	谷　丰	关于加速我市医疗器械产业创新发展的建议
	罗春晖	基层反映农业土壤重金属污染治理仍存三方面问题亟待关注
	谷　丰	增强产业链供应链自主可控能力面临的问题及有关建议——以越城区集成电路产业为例
	张　军	关于扶持本地工程技术服务企业高质量发展的建议
	盛　鸿	关于提升徐渭艺术馆周边环境的建议
	陈新主	关于建立工程废弃土壤再利用交易平台及管理信息库的建议
	章子南	建立高级别响应状态下的基建选址目录、援建企业目录等建议
	盛　鸿	基层疫情防控工作中面临的问题、探索及建议

越城区工商业联合会

【概况】 2021年，越城区新成立沥海商会1家乡镇商会和义乌越城商会、武汉越城商会2家异地商会，累计已成立商会29家，其中乡镇商会17家，在外异地商会9家，本地异地商会3家，商会会员总数1809家，基本涵盖越城区主要非公企业。进一步完善“三室”服务体系，新增法庭商会工作室4家、共享法庭1家。越城区工商业联合会被评为2020—2021年度全国“五好”县级工商联、2021年度民营企业调查点工作先进示范单位，《共享法庭进商会 一屏一线一终端化矛盾》获评2021年度第三季度服务“两个健康”优秀案例。

【助推民营经济】 2021年，越城区工商业联合会举办4场“亲清直通车·政企面对面”活动，收集企业反映问题70余个，其中通过恳谈现场解决45个，为非公企业提供高效服务。优化法治营商环境，新设立法院本部、鉴湖、皋埠、滨海4家法庭商会工作室，实现法庭商会工作室全覆盖，累计成功调解涉企纠纷79件，涉案标的893.12万元；成功调撤46件，调撤率达58.23%。

【构建清廉民企】 2021年，越城区工商联出台《越城区清廉民企评价标准》，按要求完成振德、民生医药、盛洋科技3家企业清廉民企示范点建设工作。发放清廉创建宣传册1000余册、清廉书籍1200余册、创建倡议书102份，签订清廉民企创建承诺书82份。明确“一册一档，统一记录”工作要求，制作《越城区清廉民企创建台账》手册，完整记录清廉创建活动，建立企业重点人士廉政档案表。

【村企结对扶贫】 2021年，越城区新老两代企业家赴四川马边参与项目考察，完成对口区“村企结对”25家，吸纳脱贫人口就业数50人，累计结对近80家，捐款捐物400万元。推动喜临门家具股份有限公司、浙江中成控股集团有限公司、绍兴双石药业有限公司、港中旅（深圳）投资发展有限公司、青岛啤酒设备制造有限公司、绍兴中亚工贸园有限公司、驻马店爱康建材销售安装有限公司7家企业参与对口地区投资建厂、产业扶贫项目，涉及投资金额4.1亿元。（李卓亚）

群众团体

总工会

【概况】 2021年，越城区总工会积极推动全区基层工会组建。截至12月底，全区新建基层工会285家，其中单建270家，联建15家（覆盖企业数341家），发展会员16221人；新业态新就业群体新建25家，发展会员1813人。职工总数约19.10万人，其中女职工约9.5万人；工会会员总数近17.4万人。2021年，越城区总工会编印“榜样的力量，越城劳模名录”，弘扬劳模、工匠的精神。越城区成功申报“浙江工匠”7名，合同区人社评选“越城工匠”20名，成功结对省级名师带高徒6对。创建6家区级劳模创新工作室。

【劳动技能培训竞赛】 2021年，越城区总工会组织2场网络招聘会，共计146家单位参与，推出就业岗位1903个，其中提供适合高校毕业生的就业岗位356个。开展全区性的直播销售员、焊工、电梯安装维修工等10场技能竞赛。带动各镇街开展具有镇街特色的技能竞赛，带动各企业工会完成技能竞赛420场。

【慰问帮扶】 2021年，越城区总工会开展元旦春节慰问，生活救助20人次，救助金额28.68万元。开展建党百年困难职工医疗救助和送温暖活动，医疗救助3人次，救助金额5.85万元；送温暖25人，资金8万元。“夏送清凉”活动慰问职工1800余人，发放高温慰问用品金额逾9万元；“金秋助学”慰问困难职工4人，慰问金额2.8978万元。全年创建市级妈咪暖心小屋示范点11家。

【“八字桥”联合工作室调解劳动争议案138起】 2021年，越城区总工会全面推广“法院+工会”劳动争议多元化解工作，探索建立访、调、裁、诉多元联动纠纷解决机制。牵头“八字桥”联合工作室建设，将“八字桥”联合工作室化整为零，融合到信访、仲裁和诉讼三个实体机构的维权程序中，形成三个调解小闭环。2021年1—12月，“八字桥”联合工作室调解劳动争议案件138起，其中调撤结案63起，调解成功率达45.65%，为劳动者实现权益金额233.27万元。劳动争议多元化解做法在2021年全省现场会上交流，更好助力区域社会治理现代化。

【职工医疗互助参保人员达8.58万人】 2021年，越城区总工会加大对职工医疗互助保障的宣传面和动员力度。截至2021年12月31日，医疗互助参保人数85800人（比上年增长173.8%）；理赔补助人次2193人次，理赔金额达359.3万元。

【职工文体活动】 2021年，越城区总工会以“我

第七批绍兴市越城区劳动关系和谐企业名单

绍兴招商国际旅行社有限公司	绍兴中科通信设备有限公司
绍兴恒隆针织服装有限责任公司	浙江海圣医疗器械股份有限公司
绍兴禹庄开元酒店管理有限公司	浙江博盟精工轴承有限公司
浙江安盛爆破工程有限公司	绍兴三花新能源汽车部件有限公司

心向党·劳动创造幸福”为主题谋划开展“五个一”系列活动，主动承办全市启动仪式，承办“我心向党·劳动创造幸福”劳模工匠进课堂暨“开学第一课”。发挥新成立的“越商·劳模”党史宣讲团作用，把党史学习教育和劳模工匠精神搬到基层一线，已累计开展基层宣讲活动57场，参加人数3500余人。

【产业工人队伍建设改革】 2021年，越城区产改办召开区产业工人队伍建设改革工作推进会、产改工作区级相关部门工作落实情况交流会等会议，印发《越城区推进新时代产业工人队伍建设改革2021年工作要点》等文件，在2020年6家市级试点单位基础上，2021年17个镇街128家企业列入区级产改样板创建。通过两期培训，实现辖区内17个镇街和128家企业产改工作指导全覆盖，为进一步深化非公有制企业产改工作打下良好基础。（区总工会　赵岚）

2021年，越城区总工会承办“我心向党·劳动创造幸福”劳模工匠进课堂暨“开学第一课”（区总工会　提供）

中国共产主义青年团绍兴市越城区委员会

【概况】 2021年，共青团越城区委深入学习贯彻习近平新时代中国特色社会主义思想，紧紧围绕上级团委和区委区政府的工作要求，聚焦“引导青年参加基层社会治理”主题，以“青春契约”为核心，以两个省级试点为抓手，紧紧围绕“重要窗口”和首位度中心城区建设的使命担当，带领广大团员青年以非凡的奋斗精神和“越青春·越奋斗”的工作姿态，围绕“四个赋能”开展“青春竞跑”，不断提升越城共青团辨识度，让青春在一线闪光，奋力谱写越城率先走出争创社会主义现代化先行省的区域发展之路的青春篇章。

至2021年底，越城区共有团组织1359个，其中团的领导机关1个，团委42个，团工委5个，团总支22个，团支部1289个。团员总数共计18468名，其中学校806名，国有企业15名，非公有制企业2654名，机关事业单位1369名，社会组织303名，城市社区6249名，农村7072名。

【开展“学党史、强信念、跟党走”党史学习教育】 2021年，团区委开展“共

2021年4月29日下午，共青团越城区委在中关村·绍兴水木湾区科学园开展"古城正青春 奋斗正当时"纪念五四运动102周年暨青年参与社会治理主题报告会（团区委 提供）

爱古城 契约你我"千人拼图等党史学习教育主题实践活动100余场，累计覆盖青少年上万人次；开展第二届寻找"越城区杰出青年"评选活动，活动受到广泛关注，累计投票27万人次，访问183万人次。

【打造"后浪之声"青年宣讲团】 2021年，团区委搭建"1+N"体系（由团区委本级一支"台门汇·青年说吧"宣讲团与全区各级组建N支青年宣讲团组成的宣讲队伍），共组建基层青年宣讲队伍67支，打造"党团队一体工程"，吸纳在越高校青年和青年社会组织800余人加入；实施青年宣讲员"六讲六做"（讲好党的百年奋斗历程，做红色根脉的坚定守护者；讲好新时代的辉煌成就，特别是"两个确立"对新时代党和国家事业发展、对推进中华民族伟大复兴历史进程的决定性意义，做"两个确立"的忠实拥护者、"两个维护"的示范引领者；讲好百年奋斗的宝贵经验，做新时代"重要窗口"的优秀建设者；讲好习近平总书记深厚的为民情怀，做人民至上的不懈奋斗者；讲好习近平总书记在浙江的故事，做"八八战略"的忠实践行者；讲好习近平总书记赋予浙江的重大历史使命，做高质量发展促进共同富裕的先行探路者）行动，开展党史宣讲610余场。举行"打造首位度·引领新时代——越城区青年工匠说"开讲仪式，打造"强国有我"年轻干部论坛等宣讲载体，在集成电路等各个领域广泛开展青年学习交流活动。

【举办"古城正青春 奋斗正当时"纪念五四运动102周年暨青年参与社会治理主题报告会】 2021年4月29日，共青团越城区委在中关村·绍兴水木湾区科学园开展"古城正青春 奋斗正当时"纪念五四运动102周年暨青年参与社会治理主题报告会。市、区两级相关领导出席会议，来自机关、企业、学校、青年组织的全区130余名团员青年参加活动。此次大会邀请来自不同领域的4名优秀青年代表分享各自的青春奋斗故事，同时将中关村·绍兴水木湾区科学园设置为新的团代表联络站，并现场授牌。

【荣获2021年浙江省青年志愿服务项目大赛金奖】 2021年，共青团越城区委不断探索"契约化”共建在青年助力社区治理上的实践，全力打造“青春契约”青年参与社会治理特色品牌，建立“1+5”体系（各镇街团委与1个机关团支部、1家由青年领导的企业、1个青年社会组织、1个高校二级学院团组织、1所区属中小学签订“契约”的青春契约共建），重点群体“一人一帮扶”结对机制、大学生社区主任助理等机制。该项目作为典型项目被区委组织部点名表扬，经验做法获浙江信息群团改革专栏录用。107名青年企业家代表、721名团员和18个社区开展“青春契约”共建。

【组建青年突击队】 2021年，应对突然出现的疫情考验，共青团越城区委共组建青年突击队30支，覆盖17个镇街、329个站点，招募防疫青年志愿者1700余名，参加三江口检测点、各镇街志愿服务3500人次；组织越城区青企协、越城区房协、越城区农创客联盟捐献防疫资金和防护服、口罩等防疫抗寒物资近百万元。向沥海街道转交由辽源团市委捐赠给绍兴团市委的抗疫物资33箱。

【深化未成年人检察工作社会支持体系建设省级试点】 2021年，共青团越城区委深化未成年人检察工作社会支持体系建设省级试点，开展教育感化挽救涉罪未成年，保护救助未成年被害人等工作，围绕青年所需打造精品帮扶案例。联合区法院、区检察院、区公安分局、绍兴市律师协会越城分会开展“开学法治第一课”进校园、进律所、进法院活动，实现全区中小学生覆盖。

2021年，团区委开展开学法治第一课活动（张诗哲 摄）

【开展“越城有爱，青春情暖”困难青少年集中慰问帮扶行动】 2021年，共青团越城区委集中慰问帮扶100名困难青少年；全市率先开展山海协作，与团开化县委签订结对帮扶协议书，共同促进两地青年创业创新；联合四川马边团县委开展“爱心童行，情系越马”“六一”国际儿童节关爱马边困难儿童点亮微心愿主题活动，组织社会爱心人士为100名马边困难儿童送上“六一”国际儿童节礼物。

【深化亲青系列】 2021年，共青团越城区委联合恒信合作银行推出“越青贷”产品，截至年底共贷出款项1.249亿元；开展“为爱下厨房·我们做饭吧”等亲青恋活动8场，参与青年人数235人。发起4起“亲青筹”项目，共计筹款5万余元。推出“亲青托”，结合“双减”工作，在树鹅王社区、越都社区等社区开展“四点半课堂”，开展志愿活动30余次，在寒暑假推出6期外来务工子女托管班，150余名越城籍小朋友参加，相关信息在CCTV-13新闻频道报道。

【建立“一站两联”制度】 2021年，共青团越城区委成立绍兴集成电路设计产业园、狼毫小笔剧本杀体验馆、半城书店、水木湾中关村等“东西南北中”5个联络站，入驻团代表38名，团代表进站率达到70%。制定出台《越城区共青团“一站两联”工作机制》，成立越城区专门委员会，设置乡村振兴、文明实践、创新创业三个专项工作小组。组织开展“六个一”团代表履职活动14次，联系团支部41个，联系团员青年391人。（团区委 张诗哲）

越城区妇女联合会

【概况】 2021年，越城区妇联坚持以党建为引领，紧跟区委区政府中心工作，全面完成全区

2021 年 3 月 5 日，越城区妇女联合会举办“红色三月　花开越城”——庆祝“三八”国际妇女节 111 周年活动暨女性社会组织参与社会治理服务项目签约仪式（龚森杰　摄）

352 个村社区基层妇联组织换届，选举产生 120 名社区妇联主席、232 名村妇联主席，按要求实现村社区妇联主席 100% 进“两委”，组建好新一届基层“越姐姐”班子，并对新任基层妇联主席进行履职能力全面培训。实施妇联阵地提档升级工程，统筹利用镇街党群活动中心、村社区文化礼堂、社区活动中心等场所场地，完善 17 个镇街、352 个村社区共 369 个妇女之家。

【“红色三月　花开越城”活动举办】 2021 年 3 月 5 日，越城区妇女联合会举办“红色三月　花开越城”——庆祝“三八”国际妇女节 111 周年活动暨女性社会组织参与社会治理服务项目签约仪式，表彰“越姐姐 · 最美榜样”“越姐姐 · 最美团队”“越姐姐 · 最美家庭”等 60 名先进典型，向全社会宣传巾帼榜样力量，充分展示越城广大女性在争当“四个率先”先行区、全力建设首位度中心城区实践中呈现的积极面貌。同时与点金律师志愿团队、区女企业家协会、知行妈妈家庭心理研究中心、美东社区“爱之家”服务

越城区家校社协同育人共同体成员单位一览表

表 20

活动基地	绍兴市青少年活动中心
	越城区法院
	绍兴黄酒小镇
	绍兴集成电路小镇
	孙端街道树童部落
服务团队	文理学院专家团队
	越城区律师协会
	越城区“非遗”讲师团
	越城区融媒体中心
	越城区知行妈妈家庭心理研究中心
个人成员	莫伟风（越城区领航救护创办人）
	陈吉良（青少年心理咨询专家）
	周玉蓉（家庭教育讲师代表）
	骆萍（青春健康讲师团代表）
	顾常雄（越城区关工委五老讲师团副团长）
	丁来富（劳模工匠讲师团代表）
	吴晓宇（反网络诈骗宣传警察）
	许开浩（科普类新媒体代表）
	陈美珍（越姐姐宣讲员代表）
	章玲萍（亲子阅读项目负责人）

团、涂山社区“好姐妹”社团、吴迎仙姐妹课堂、欢乐慈爱义工团、区女书法家协会、越姐姐·金钻就业微家等9个女性社会组织服务项目举行集中签约，推出一批女性职业培训、就业创业、法治服务、婚姻家庭、家风家教、巾帼志愿、文体活动等妇女儿童家庭服务项目，包括关注失足妇女的“向阳花”关爱项目、关注留守困难女童的“越小丫”关爱项目、关注失业女性的“自信人生”就业培育项目、针对女大学生的创业女性领航项目、关注亲子关系的“美好家庭”建设项目，还有“草根老年大学”、“印象越城”非遗传承、“书香巾帼”、“美厨娘”等普通妇女群众乐于参与的素质提升项目。

【省“最美家庭”发布会】 2021年5月12日，浙江省“传承的意义——2020年度‘最美家庭’发布活动”暨省家庭家教家风巡讲活动在越城区举行，活动以视频短片、图片展播、集体连线、现场宣讲、快板节目等多种形式讲述“最美家庭”修身齐家、家风传续、家国兴旺的家庭，家教，家风故事。会上，越城区最美家庭代表——马琴家庭和越城家庭工作亮点向全省进行展示，诠释越城家风的传承力量，展现越城区妇联“越姐姐·最美家庭”工作品牌的成效和成果。同时，越城区妇女联合会在全区广大家庭启动传承“红色家风”活动，广泛征集优秀家风、家训、家教故事，推出“家风，在传承中历久弥新”专题线上及线下讲座16场，惠及群众5000余人。

【“越姐姐·绍兴记忆”专题节目】 2021年，越城区妇女联合会围绕“建党100周年”主题，推出“越姐姐·绍兴记忆”专题节目，拍摄制作专题视频24期，以《创业巾帼心向党，一路奋斗新征程》《银发巾帼心向党，一颗红心颂党恩》《青春巾帼心向党，一腔热血筑未来》《热血巾帼心向党，一心奉献为人民》《最美家庭心向党，一代党情永流传》五大篇章，讲述越城优秀创业女性、女性党员、基层优秀女干部、优秀巾帼志愿者、最美家庭等先进事迹，全方位展现各行各业的优秀“越姐姐”们不忘初心、牢记使命的精神风貌。

【“红色六一·童心越城”活动】 2021年5月下旬，越城区妇女联合会摸排辖区内重点困境儿童家庭，发动越城区女企业家协会成员组成“爱心妈妈”团，带领30户家庭到孙端街道小库村参观红色教育基地，实地听取红色故事，进一步增强党史学习教育的感染力、号召力、凝聚力；开展“主席妈妈上党课”，由妇联主席讲述党史中的儿童故事，让红色基因代代相传。

2021年，浙江省“传承的意义——2020年度‘最美家庭’发布活动”在越城区举行（汤岑　摄）

【“书香换花香”爱心公益活动】 2021年，越城区妇女联合会联合绍兴市少儿艺术学校、迪荡街道世禾社区妇联、东湖街道白莲岙居妇联、爱心女企业家等，开展“书香换花香”爱心公益活动，700多名学生积极参与闲置图书兑换绿植活动，累计收集到图书3000余册。征集到的图书就近建设社区、村居妇女之家暖心读书角，面向辖区和周边儿童进行免费借阅，延伸妇联组织服务家庭和儿童触角。

【开展“爱心妈妈·爱在马边”公益项目】 9月5日，区女企业家协会参与“同心·越城公益联盟”。越城区各界爱心女企业家纷纷开展爱心捐赠接力，合计筹集善款28万元，这些款项用于越城区妇联发起的3个妇女儿童公益慈善项目，重点关注困难家庭、特殊女童权益保护、马边结对女性创业就业帮扶和深化“四必访”、特殊女性关爱活动，为共同富裕建设贡献巾帼大爱。作为妇联参与中西部协作的项目之一，“爱心妈妈·爱在马边”公益项目与马边妇联共同打造多个“彝绣工作室”，推出“绣娘培训项目”，通过女红巧手带动广大农村女性进行刺绣技艺培训，促进当地女性就业增收。

【家校社协同育人共同体】 2021年10月30日，越城区举办“强化协同育人，助力‘双减’落地”的越城区家校社协同育人共同体成员授牌仪式暨“身心健康，你我同行”访谈会，吸纳20名团队和个人加入共同体，为青少年课后服务聚合各方合力。

【沈跃跃调研越城】 2021年11月26日，全国人大常委会副委员长、全国妇联主席沈跃跃到越城走访调研，就妇女在推进共同富裕、科技创新、乡村振兴、基层治理和新业态新就业群体党群建设中的作用，以及妇联在引领服务联系、家庭家教家风建设中的好做法和好经验进行肯定。

【“越姐姐·越智慧”品牌打造】 2021年，越城区实施家庭教育指导师培训工程，全年累计培训学员484人，为家庭教育工作建立起一支专业化队伍。举办“越姐姐·家庭教育大讲堂”，推出95场课程清单，面向学校、企业及村社儿童之家进行在线点单。累计送课进校园55堂

2021年度越城区“越姐姐·最美榜样”

王璐莎	塔山街道鲁迅故里社区	薛亚云	陶堰街道办事处
王伟英	府山街道西小路社区	姜调调	马山街道马山居委会
屠建瑛	北海街道树鹅王社区	夏燕红	浙江好百年针织有限公司
陈　艳	稽山街道办事处	沈菊美	绍兴市卡卡针纺织品有限公司
陈　捷	城南街道中成社区	郑惠棣	沥海街道潭许村
俞安苹	城南街道任家塔村	何　平	沥海街道社区卫生服务中心
钱红梅	绍兴市凯翼进出口有限公司	董雪美	富盛辂山养老院
丁江华	东湖街道世纪贝贝幼儿园	王小梅	越城区委宣传部
李慧芬	灵芝街道西山头村	梁雪瑶	越城区财政局
孙培芳	灵芝街道社区卫生服务中心	费　云	越城区卫生健康行政执法队
山　珊	东浦街道群贤198文创园	冯　芩	越城区人民医院
祝爱凤	东浦街道东浦居委会	童玫玫	越城区人民医院
谢丹青	鉴湖街道派驻区疫情防控专班	李卓华	越城区红十字会
程少娟	绍兴中科通信设备有限公司	吴险波	生命关爱志愿队
游国兴	斗门街道清新酒家	徐凤娟	越城区“爱心妈妈”团

2021 年度越城区“越姐姐 · 最美团队”

塔山街道吴迎仙姐妹课堂
府山街道一艾公益瑜伽课堂
稽山街道涂山社区巾帼小喇叭志愿队
迪荡街道福星闪闪姐妹花团队
斗门街道“益起来”巾帼志愿服务队
皋埠街道社区卫生服务中心护理团队
马山街道马山为民艺术团队
沥海街道滨海阳光爱心社
越城区人民医院三江医疗组
越城区人民法院越姐姐家事爱馨团

2021 年度越城区“越姐姐 · 最美家庭”

祁轶磊家庭	塔山街道渡东社区
郭炳华家庭	塔山街道滨河社区
金　毅家庭	府山街道东双桥社区
周泉渊家庭	府山街道越都社区
濮艳娜家庭	北海街道虹桥社区
许　彬家庭	北海街道镜园社区
何水凤家庭	稽山街道森海社区
秦建祥家庭	东湖街道杨浜村
蒋维善家庭	灵芝街道大滩社区
骆国芳家庭	鉴湖街道骆家葑村
周云霞家庭	斗门街道昌兴社区
金孜清家庭	斗门街道鸿滨社区
章梦迪家庭	皋埠街道胜利村
周建明家庭	皋埠街道银春社区
傅鹏飞家庭	马山街道世纪街社区
杨幼云家庭	孙端街道镇塘殿村
马林英家庭	越城区教体局
郑萍萍家庭	越城区卫健局
蒋鑫梁家庭	富盛镇卫生院
朱菊根家庭	斗门街道中心小学

次，服务学生及家长 3.7 万人次。在各基层妇女之家、儿童之家推出“儿童成长课堂”，向学校推出心理健康服务，为广大少年儿童营造健康快乐的成长环境。

【越姐姐 · 家事调解中心】 2021 年，越城区推动巾帼力量全面嵌入基层治理“四个平台”，“越姐姐 · 家事调解中心”进驻区矛调中心，接待家事来访 124 件。结合疫情严控的特殊时期实际，把服务阵地从线下拓展至线上，开展“云端调解”，成功完成封控区域的家事纠纷调解；向越城集中隔离点延伸“娘家”关怀，关爱隔离的孕产妇和儿童；开通“越姐姐”心理援助热线，针对不同家庭不同人群的疫情心理进行焦虑疏导。（区妇联　龚森杰）

越城区科学技术协会

【概况】 2021 年，越城区科学技术协会切实履行“四服务”（服务科技工作者、服务创新驱动发展、服务提高全民科学素质、服务党和政府科学决策）职责定位，紧抓与省科协全面推进创新驱动发展战略合作和创建“科创中国”浙江创新基地的有利契机，以创新驱动发展为主线，以大湾区院士之家建设和服务院士经济为重点，优化高端人才服务，加强与科技工作者的联系，提升全民科学素质，多元化开展聚智引才、学术交流和科普宣传工作，不断提高工作水平，为助力实现“四个率先”战略目标，加快打造高质量发展共同富裕示范区贡献科协力量。2021年，越城区科协推进学校、社区和科普教育基地等衔接工作，试点北海小学龙洲校区和快阁苑小学2家科普教育基地，开展科普公益活动进校园、科普趣味实验进社区、低碳环保科普实践、中医药文化进校园等丰富多彩的科普活动。号召包括大学教师、协会成员等在内的14名科普专家组成“双减”科普志愿队，填补中小学生课后空白。

【2021“科创中国”浙江创新基地】 2021年，越城区对接申报省级试点，滨海新区入选2021“科创中国”浙江创新基地。依托基地，越城区邀请省科协“双创”报告团成员企业营销战略管理专家姚大球老师做关于企业数字化转型的主题讲座；承办省科协党校2021年重点班次全省企业科协负责人会议。

【与省科协开展全面战略合作】 2021年，越城区科协与省科协签署全面战略合作协议，成为全市第一个、全省第七个与省科协建立全面战略合作的区县，为全面加强与省科协全方位、多领域、深层次的合作打下基础。

【院士平台建设】 2021年，越城区谋划升级大湾区院士之家，在绍兴水木湾区科学园建设基础上，实施会稽山阳明酒店宝业塾院士文化提升工程，为院士专家提供成果展示、学术讨论、路演交流等服务，丰富院士之家功能。2021年，新增入院士之家院士14人，承办国家级学术活动1场〔CSIG（中国图像图形学学会）图像图形中国行活动〕。截至2021年底，全区累计院士专家工作站29家，其中2021年新建院士专家工作站6家（绍兴同创生物科技有限公司、绍兴水木湾区科学园有限公司、上海大学绍兴研究院、天津大学浙江国际创新设计与智造研究院、绍兴市北大信息技术科创中心 、绍兴中科通信设备有限公司）。新建首批博士创新站5家（绍兴民生医药股份有限公司、凯泰特种纤维科技有限公司、浙江达美生物技术有限公司、绍兴集宇化工科技有限公司、浙江金佰利环境科技有限公司）。

【助力科技人才培育】 2021年，越城区科协与绍兴市北大信息科技创新中心共同协办CSIG图像图形中国行活动，为视频技术领域研究人员搭建前沿交流平台。鼓励学（协）会、研究院等开展助企对接活动，组织专家调研走访企业40余次，开展技术需求对接、科研项目合作等。2021年，企业通过院士专家工作站、博士创新站，自主培育、柔性引进高层次人才50余人，切实发挥人才引领创新作用。推荐毛丽娟成功入选浙江省企业“创新达人”。推荐入选市级自然科学优秀论文3篇。全区入选市级“科技先锋岗”3家，分别是华航信航空科技（浙江）有限公司、绍兴市历史文化名城保

大湾区院士之家（区科协　提供）

2021 年，越城区科协与绍兴市北大信息科技创新中心共同协办 CSIG 图像图形中国行活动（区科协　提供）

护服务中心、绍兴宏邦电子科技有限公司。

【推进“银龄跨越数字鸿沟”科普专项行动】 2021 年，越城区科协联合区委老干部局、区文明办、区教体局、区卫生健康局、中国移动越城分公司、中国建设银行越城支行等多部门开展中老年人智能技术日常应用普及专项行动。以老年人“数智共享跨越鸿沟”为目标促进老年人提升运用智能技术的水平，更好地共享现代社会信息化成果。完成培训目标 14367 人次，提前完成全年全区培训目标。

【专题科普活动开展】 2021 年，越城区举办中科院老科学家科普演讲团越城区巡回科普报告会，邀请刘大禾、王俊杰、陈贺能、陈洪、韩莉、陆龙骅、许木启七位中科院老科学家通过科普讲座、面对面座谈交流等形式，为区内师生作 12 场科普报告；举办第十八届越城区科普夏令营，组织营员参加“传承红色基因，献礼建党百年，传播古越文化，崇尚工匠精神，弘扬科学精神”科普实践活动。

【科普教育基地打造】 2021 年，越城区新增市级科普教育基地 2 家、市级基层特色科普馆 1 家、市级农村科普示范基地 1 家和市级农村科技示范户 2 户，申报省级科普教育基地 1 家。新建绍大云智科普基地和“芃芃农艺园”科普实践基地。落实全区 66 处科普画廊长效管理，实现展板内容一月一换，全年不重复。在科普越城微信公众号首推 VR 科普场馆——绍兴市少儿科技学校人工智能科普馆。通过《科普越城简报》和科普越城微信公众号打造宣传阵地，加大科普知识和科普工作宣传，编发简报电子报 12 期，发布微信科普推文 500 余篇。

【打造全国科普日越城品牌】 2021 年，越城区科协围绕“百年再出发，迈向高水平科技自立自强”主题，联合院校、学（协）会、社区、科普基地、科普志愿者，首次采用线上直播回放、线下主分会场共振的方式，扩大科普日影响。在启动仪式上，表彰“垃圾分类，少年在行动”中小学生暑期科普实践活动获奖单位和个人，上演《好奇实验室》科学魔幻秀，开设碳达峰碳中和、“银龄跨越数字鸿沟”中老年人智能手机应用、越城区企业最新科技成果及科技人才、科普大篷车科普展品互动体验、应急救援和灾害防范、健康科普和血压血糖检测、绍兴地区濒危野生动植物科普摄影、金融科普知识宣传等八大展区。科普日期间陆续推出碳中和论坛、新媒体素养提升科普进校园、绍大云智科普基地智能设备现场体验、趣味科普实验进社区、无废校园科普实践、中医药科普进校园等多个系列活动。（区科协　高伟平）

绍兴市越城区归国华侨联合会

【概况】 2021 年，越城区侨联紧紧围绕区委、区政府中心工作，搭建为侨服务平台，创新为侨服务措施，凝聚侨心、汇集侨智、发挥侨力、维护侨益，为越城区建设全市首位度中心城区和共同富裕示范区贡献力量。年内，开展“我为侨企解难题”活动和“侨帮侨·心连心”三助一活动；召开庆祝建党百年专题报告会和区侨联四届九次全委会，根据区委提名，会议增补季斌为越城区侨联第四届委员会主席；2021年9月30日，斗门街道侨胞之家在冠友众谷青创文化社区建成并投入使用；10月27日，新加坡绍兴越城同乡会成立。2021年，越城区侨联发起越城侨界“白衣天使抗疫暖心包”公益项目捐赠活动，筹集资金30余万元购置爱心物资送给一线抗疫医务人员；积极发动越城侨界人士捐款捐物抗击疫情，累计价值达400余万元。

【“共筑安心桥·护航双循环”活动】 2021年，越城区涉侨法律服务站和越城区涉外商事法律服务中心授牌成立，越城区侨联与中国银行绍兴市越城支行、绍兴恒信农村商业银行分别签订战略合作协议，为越城区外贸企业、侨资企业、海外侨胞、归侨侨眷、留学人员群体搭建法治护航桥、贸易促进桥、金融安心桥。

【开展“家书寄亲情·游子看巨变”活动】 2021年，越城区侨联开展“家书寄亲情·游子看巨变”活动，向海外侨胞邮寄《家书》《千年“越”地藏红脉，风起扬帆新征“城”》等家乡经济社会发展的图文、视频等资料，讲述越城故事，传播越城声音。

2021年，越城中美文化交流中心正式启用（区委统战部　提供）

【建成中美文化交流中心】 2021年，越城区侨联依托美国西部越城同乡会，打造对外交流基地。4月7日，越城中美文化交流中心揭牌，该中心除开展对外文化、艺术交流外，还与美国多家医院、院校、律所开展合作，为越城民众提供医疗、教育、商务、法律等方面的咨询服务。（区委统战部　徐烨）

越城区残疾人联合会

【概况】 2021年，越城区坚持“平等、参与、共享”的理念，全力发展残疾人事业，促进残疾人全面发展和共同富裕。全年累计向13200人次残疾人发放“两项补贴”2754.8万元；向170余人次残疾学生及残疾人家庭子女发放助学补贴106万元，为21名残疾人大学生减免学费及住宿费20.27万元；向175名0～6周岁残疾儿童、15名7～14周岁残疾儿童发放基本康复服务训练补贴250余万元；为134户困难残疾人家庭实施无障碍改造；向128名残疾人发放燃油补贴；对接就业创业资源，举办残疾人专场招聘会，2021年共新增254名残疾人实现就业，其中完成全年任务数的197%；新创建1个省级无障碍社区；挂牌成立全区首个残疾人康复中心和首个残疾人文化体育艺术中心；制定实施《绍兴市越城区残疾人事业发展“十四五”规划》，奋力开启残疾人事业发展“十四五”新征程。11月，越城区人民政府残工委获评“十三五”期间浙江省残疾人工作成绩突出集体。

【“残疾人之家”星级提升】 2021年，越城区残联选定鉴湖街道、灵芝街道、府山街道、东湖街道、沥海街道等5家“残疾人之家”为提升对象，着力实施“强基赋能”工程，有力提升“残疾人之家”环境设施和服务品质。至10月底，5家“残疾人之家”成功提升为三星级，实现了全区17家“残疾人之家”均达到三星级及以上的目标。

【全区首个残疾人康复中心挂牌】 2021年4月，越城区残疾人康复中心依托区人民医院康复科挂牌成立。机构共有医、护、治疗师10余人，开放床位30张，划分运动治疗区、作业治疗区、物理因子治疗区、言语吞咽治疗区、居家模拟室、儿童感官统合治疗室、儿童物理治疗室等治疗区，可为残疾人提供脑瘫儿童、智障儿童、孤独症儿童、骨与关节损伤、疼痛等多种康复服务。

【全区首个残疾人文化体育艺术中心成立】 2021年，越城区成立全区首个残疾人文化体育艺术中心，位于育才学校新校区内，共计投入资金316万元，于2021年9月建成并启用，主要为全区残疾人开展文化娱乐、体育健身等活动赛事提供新平台新阵地。

【第16届夏季残奥会夺两金两银一铜】 2021年，越城区残疾人运动员蒋裕燕、余钦权参加第16届夏季残奥会，夺得2金，2银，1铜，2个第四名，总金牌数约占全省1/3；10月，娄小仙、蒋裕燕、余钦权参加全国第十一届残运会暨第八届特殊奥林匹克运动会，共获11枚金牌、1枚银牌，居全市第一。12月，蒋裕燕、余钦权因突出体育成绩被省政府记一等功一次。

2021年，蒋裕燕在第16届夏季残奥会上比赛（胡晓瑾 摄）

【文化助残“五个一”工程】 2021年，越城区深入实施文化助残“五个一”（带残疾人看一本书、看一次电影、组织一次游园活动、参加一次展览、游览一次公园）工程，举办相亲会、文艺会演、阅读会等多类文娱活动30余场，组织无障碍观影活动12场，助力残疾人共享文化芬芳。结合党史学习教育，组织残疾人“学党史、感党恩、听党话、跟党走”红色主题活动，团结带领广大残疾人听党话、跟党走。推动区级新闻栏目《今日越城》增设手语新闻，成立全市首个“手语角”，积极推广手语。

【348名残疾人参加职业技能培训】 2021年，越城区全面摸排劳动年龄段内残疾人职业技能培训需求，针对性地开展电子商务技术、网红直播培训、中式面点、农村实用技术等培训班，帮助残疾人提升就业竞争力、拓宽就业渠道。全年累计为348名残疾人提供职业技能培训服务，完成全年任务数的116%。

【残疾人灵活就业人员社保补贴】 2021年，越城区出台《关于调整越城区残疾人灵活就业人员社会保险补贴实施办法的通知》，免去残疾人灵活就业人员社保补贴个人申请环节，直接通过区残联、区人力社保局、区医保分局等相关部门间信息比对确定符合享受条件的残疾人及对应金额，实现残疾人部门零次跑、资料零提交。2021年全年共向1421名残障人士灵活就业人员发放社保补贴654.22万元，同比人数增长16.38%。

【为51名残疾人适配基本型辅助器具】 2021年，越城区制定《关于补充完善残疾人基本型辅助器具适配服务的通知》，进一步拓宽小额辅具适配渠道，由原来的须由残疾人自行购买后持发票至残联报销拓宽为可由镇街统一采购后配发，无须残疾人垫付、跑腿。年内，累计为51名残疾人适配轮椅、假肢、助听器等大额辅具，为185名残疾人适配矫形器、拐杖等小额辅具，着力补偿残疾人自身功能缺陷。

【省级无障碍社区创建】 2021年，越城区残联以迪荡街道云东社区为创建对象，投入70余万元对社区内公共道路、公共服务设施等进行无障碍改造，增设无障碍停车位、扶手、电梯语音提示系统等标准化无障碍设施，助力社区内老人、残疾人等特殊人群共建共享。同时，率先于全市成立社区无障碍商圈联盟，为社区内老人、行动不便残疾人提供免费上门送货等服务300余次。

【助残服务"跨省通办"】 2021年，越城区残联深入推进助残服务数字化改革，实现了残疾人证新申领、迁移、残损换新、挂失补办、注销、换领等6个事项以及困难残疾人生活补贴申领、重度残疾人护理补贴申领2个事项"跨省通办"，全年共为20余名异地残疾人办理业务。

【与开化县残联结对帮扶】 2021年，越城区残联与开化县残联签订结对帮扶协作书，着力构建起领导互访、人才互派、资源互享、残疾群众互利的协作机制。年内，两地残联共开展领导互访2次、学习交流5次。（区残联　章叶楠）

红十字会

【概况】 2021年，越城区红十字会以"保护生命和健康、维护人的尊严"为主线，打造"群众身边的红十字会"，完成352个村居（社区）红十字组织建会工作，编制出台区红十字事业发展"十四五"规划，建成全市首个"人道公益会客厅"，新创建5个市级"博爱家园"。接收社会捐赠款物1176.59万元，支出773.06万元。实现器官捐献1例、遗体捐献3例、眼角膜等组织捐献4例；救护员取证培训3328人，普及性培训3.3万人。配置8台公共场所AED，投放"一圈一杆一绳"防溺水器材357套。

2021年疫情期间，越城区红十字会接收捐赠款物200余笔共812.05万元，拨付569.03万元。开展"同心抗疫，感恩天使"人道关爱活动，慰问3000多名区属医院和市立医院一线抗疫医务人员。调动生命关爱、九龙救援等4支红十字志愿队，参与防控值守、核酸检测、物资运输，累计出动人员300人次，服务站点6个，服务群众1万余人次。

【红十字"99"公益日筹资全省第一】 2021年，越城区红十字会联合区委统战部打造"同心越城 • 爱在身边"公益筹资品牌。首次在腾讯公益上线博爱送万家、博爱助学、博爱家园、青年防溺水、公共场所配置AED5个公益项目，线上线下共募集资金148万元，占全省红十字"99"公益日活动募集资金总额的1/3，排名全省第一。

【举办东西协作对接会】 2021年10月11日，越城区举行"同心越城 • 爱在身边"东西部协作项目对接会暨捐赠签约仪式，区红十字会牵头越马双方签署"大竹堡乡朝阳坪村旅游公共厕所新建""彝绣工作室及绣娘培训""马边博爱助学""民进马边助学筑梦"等4个项目共计40余万元，向马边民建镇西城小学捐赠价值7.5万元物资。

【实施"强基工程"2.0版】 2021年，越城区完成全区352个村居（社区）红十字组织建会工作，创建博爱家园项目5个，建设集生命安全体验、文化传播、三救三献知识宣传及名师工作室于一

2021年10月11日，区红十字会签署“大竹堡乡朝阳坪村旅游公共厕所新建”项目（区红十字会　提供）

体的“人道公益会客厅”1处。构建“市+区+镇街+村社”四级联动志愿服务工作体系，构建15分钟红十字服务圈。推荐生命关爱、领航救护两支红十字志愿队队长成为区文明实践导师，联合鉴湖街道打造的“博爱传万家”项目荣获区文明实践品牌竞选金奖。开展重大节日景区救护站保障，重大节日期间，景区救护保障出动志愿者200余人次，保障10余万名游客安全出行。

【实施“救”在身边工程】 2021年，越城区举办救护员培训82场，新增应急救护员3328人；普及性培训216场，培训3.3万人。在农村文化礼堂培训98场，实现全区文化礼堂全覆盖。新增配置8台公共场所AED（自动体外除颤器），发放急救互助器材14套。投放“一圈一杆一绳”防溺水器材357套，提升安全水乡环境。推进“一核两翼”计划，与九龙救援队签订冠名合作协议，积极在台风“烟花”抗洪抢险中发挥作用。

【开展“校园守护”专项行动】 2021年，越城区制定《关于进一步加强和改进新时代学校红十字工作的通知》，将应急救护知识技能普及纳入学校素质教育和双减“第二课堂”内容，进一步提高校园应急救护知识能力，切实保障青少年生命健康。全年开展青少年救护培训55场1.2万人；对全区中小学校医、班主任、体育教师等重点教职员工开展救护员培训27场，1426名教职工取得红十字救护员证。为各级各类学校配备急救箱、AED等急救设备，建设博爱校医室。鼓励师生联动，依托救护服务阵地，组建校园应急救护志愿服务队。建设红十字青少年校内应急救护培训阵地和校外社会实践基地各1处，培育打造塔山小学、皋埠中学2所红十字精品学校，承办全省学校红十字工作现场会。

【打造“生命关爱”品牌】 2021年，越城区红十字会推出“生命+艺术”形式的“多彩”公益课堂33期，实施人道关爱器官（遗体、组织）捐献者家庭“阳光彩虹行动”。实现造血干细胞入库149人，增幅超50%；人体器官捐献登记988人，创历史新高；成功完成遗体捐献3例，眼角膜3例，器官和脑组织捐献实现零的突破。联合区融媒体中心策划“互救”和“三献”宣传专题，率全市之先开通抖音号、微信视频号，发布活动视频、感人故事等50余条次，浏览量近10万人。

【实施人道救助项目】 2022年，越城区红十字会申报“小天使基金”“护苗行动”“炉峰慈联”大病救助等项目25个，发放救助金20余万元。44名教师获“越师情”项目救助，13名民警获“越城爱警”项目救助。为17个镇街的878户困难户、128名困难群众送上84.6万元的慰问金，人数与金额为历年之最。（区红十字会　李卓华）

2021年2月21日，鲁迅故里急救站宣传心肺复苏（区红十字会　提供）

法 治

政法委与综治

【概况】 2021 年,越城区坚持平安建设为统领,创新发展新时代“枫桥经验”,全力争创“全国社会治理现代化标杆区”,完成全国两会、平安护航中国共产党成立 100 周年等重大维稳安保工作任务,获得平安创建“十六连冠”。越城区获评“2021 基层社会治理创新区”。全年共完成 221 件各类重大决策风险评估工作,主动获取不稳定因素 245 条,挂牌督办风险隐患 71 件。数字赋能社会治理现代化的相关做法在全省现场会作典型发言。

【构建“三一三”大平安体系】 2021 年,越城区在三级矛调体系基础上,打造全省领先的“三一三”大平安工作体系〔“三”即“三个中心”:平安展示中心、平安实训中心、平安智治中心;“一”即“一个指数”:镇街社会稳定指数;“三”即“三个层面平安创建”:“枫桥式”平安镇(街道)创建、“枫桥式”平安村(社区)创建、十大“枫桥式”平安系统(行业)创建〕,其中“枫桥式”平安村(社区)通过三年创建,由 2019 年表彰命名 27 个上升到 2021 年的 95 个,增长 251.9%。

【建成全省首个县级平安展示中心】 2021 年 6 月,越城区建成全省首个县级平安展示中心。平安展示中心位于越城区委政法委一楼,占地约 400 平方米,比较完整地展示 17 年来的平安创建历程和工作经验。整个展示中心主要分为六大板块,包括平安大事记、社会治理特色、政法系统展示、荣誉展示、基层创建和未来展望等。

【建成全省首套“三治”基层社会治理标准体系】 2021 年 4 月 9 日,越城区发布全省首个“三治融合”省级标准化试点成果和社会稳定指数,率先建成全省首套“自治、法治、德治”的基层社会治理标准体系,包含 22 个重点领域的 29 项标准规范。《“契约化”共建工作规范》《农村重大事项民主决策工作规范》《全科网管理规范》《村(社区)务监督工作规范》《基层志愿者管理规范》等 5 个创新标准和核心标准,作为区级地方规范正式发布实施。从政治安全、社会矛盾、社会治安、行业监管、网络安全五大板块构建社会稳定指数,每月整合全区 15 个部门、38 条指标参数。截至 2021 年 12 月,社会稳定指数共计发布 12 期,全区稳定指数平均分同比提升 3 分。

【重大决策社会风险评估应用上线运行】 2021 年,越城区创新打造重大决策社会风险评估场景应用,重构重塑“监测—预警—处置—反馈”的社会风险闭环管控“一条龙”模式。组建风

2021 年 2 月 3 日，越城区社会风险评估指导中心揭牌成立（区委政法委　提供）

2021 年 2 月 3 日，越城区重大决策社会风险评估专家库成立（区委政法委　提供）

险评估评审专家库，培育 14 家第三方评估机构。全年共完成 221 件各类重大决策风险评估工作。年内，该应用先后被列入全省数字法治揭榜认领名单、全省党政机关整体智治系统“定政策”跑道、全省数字化改革重大应用“一本账S1”三张清单和全省数字法治好应用、全省地方特色应用，入围全省第二批数字化改革“最佳应用”现场评选。

【9 个应用被纳入省级试点或条线应用场景清单】 2021 年，越城区“信用 + 基层治理”、重大决策社会风险评估“一件事”、“阅卷精灵”智能辅助办案应用、数智案管“质量评查”应用、“越智矫”智慧矫正应用、职务犯罪案件网上移送试点、基层治理事件分级分类标准、社区生活平安在线、犬卫士综合管理平台等 9 个应用分别纳入省级试点或省级条线应用场景清单。

【社会治理矩阵式智治平台建设】 2021 年，越城区探索“镇街吹哨、部门报到”机制，由区社会治理中心负责综合协调镇街急（难）事处置事宜，加快构建区镇街两级联动治理格局，打造集信访和矛盾纠纷调处化解、社会治理事件处置、社会风险分析研判、重大应急管理、监管执法协调指挥、基层社会治理业务指导等多功能为一体的区级社会治理矩阵式智治中心。按照“平战一体、处置一体、防控一体”标准，深化整合信息平台 19 个、App16 个，归集社会治理、城市治理基础数据 230 余万条。（区委政法委　任天琦）

法治政府建设

【概况】 2021 年，越城区坚持党对法治政府工作的领导，新收行政复议案件 84 件，审理结果受理前调解撤回 2 件，逾期未补正 3 件，决定不予受理 3 件，受理 76 件，受理率 90.48%。2021 年共审结行政复议案件 81 件，其中 2020 年延续下的案件 12 件，新受理的案件 69 件，审理结果受理前调解撤回 2 件，逾期未补正 3 件，决定不予受理 3 件，受理 73 件，通过行政复议纠正行政机关违法或不当行为的案件共 19 件，纠错率为 26%。新收一审行政诉讼案件收案 302 件，结案 287 件，败诉案件 45 件，败诉率 15.68%；行政机关负责人出庭应诉率 92%。法律顾问覆盖率达 100%，323 名律师担任全区 16 个镇街 352 个行政村（社区）法律顾问，将法院诉前调解剥离纳入矛盾调解中心，从 36 个律所 585 名律师中选取 102 名轮驻矛盾调解中心。

2021 年，越城区共计创建市级民主法治村、社区 18 家，省级民主法治村社区 13 家，全国民主法治示范村、社区 1 家，马山司法所被评为 2016—2020 年全省普法工作成绩突出集体。

【出台《越城区优化法治营商环境若干意见》】 2021 年越城区召开“法治营造 亲情互通”优化营商环境推进会，出台《越城区优化法治营商环境若干意见》，打通法院、检察院、公安、司法部门民营企业合法权益保护“绿色通道”，形成业务联系一体化服务机制，组建全区优化营商环境法律服务团。出台司法服务保障滨海新区高质量发展 10 条举措，助力全市首位度营商环境建设。

【重大决策与法治审核规范化】 2021 年，越城区出台《越城区人民政府重大行政决策程序实施意见》，首次召开重大行政决策目录事项专

2021 年越城区民主法治村、社区一览表

表 21

市级民主法治村（社区）（18 家）	迪荡街道世禾社区 迪荡街道昌安社区 迪荡街道乐苑社区 斗门街道王家池社区 斗门街道百盛社区 皋埠街道新桥村 皋埠街道银桥社区 稽山街道会稽社区 稽山街道鹤池社区	稽山街道大众社区 稽山街道敦煌社区 灵芝街道独猺湖村 灵芝街道嘉会村 灵芝街道山泉村 灵芝街道庄头村 灵芝街道七里江村 灵芝街道青云村 灵芝街道肖港居
省级民主法治村（社区）（13 家）	迪荡街道都泗社区 迪荡街道剡溪社区 稽山街道天池社区 斗门街道昌明社区 灵芝街道外滩社区 孙端街道三条溇村 孙端街道樊浦村	孙端街道许家埭村 马山街道红墅村 马山街道储墅村 皋埠街道坝头山村 陶堰街道白塔头村 北海街道越西社区
全国民主法治示范村（社区）（1 家）	孙端街道皇甫庄村	—

司法服务保障滨海新区高质量发展十条举措

1. 党建“契约化”引领共建服务企业
2. 重点园区案件实行“2+1”集中管辖
3. 提供高质量“一站式”诉讼服务
4. 推行“法院 + 商会”涉企纠纷化解模式
5. 建立涉企纠纷“绿色通道”，严控审理期限
6. 集中审理涉企破产案件，发挥“破产重整”功能
7. 推动执行“一件事”改革，维护企业胜诉权益
8. 兼顾多方利益，“放水养鱼”精准执行
9. 延伸司法触角，在更广范围覆盖“共享法庭”
10. 强化重点涉企案件“全流程”监督管理

2021 年度越城区政府重大行政决策事项一览表

表 22

序号	事项名称	承办单位	完成时间
1	修订《绍兴市越城区进一步促进民营经济高质量发展的若干意见》	区发改局	2021 年 6 月
2	编制《绍兴市越城区综合交通发展“十四五”规划》	区建设交通局	2021 年 6 月
3	编制《绍兴市越城区全域旅游发展规划》	区文广旅游局	2021 年 7 月
4	制定《绍兴市越城区村级留用地货币安置处置办法》	区自然资源分局	2021 年 12 月
5	编制《绍兴市越城区（滨海新区）国土空间总体规划（2020—2035 年）》	区自然资源分局 滨海新区规建局	2021 年 12 月
6	修订《绍兴市越城区生态文明建设规划》	区生态环境分局	2021 年 4 月
7	修订《绍兴市越城区国有土地上房屋征收与补偿实施细则》	区房征办	2021 年 8 月
8	修订《绍兴市越城区征收集体所有土地涉及房屋补偿实施办法》	区房征办	2021 年 8 月

家论证会，编制出台《区政府 2021 年度重大行政决策事项》，将 8 项重大行政决策纳入目录范围；区级部门基本实现重大行政决策目录化全覆盖；出台《越城区重大决策社会风险评估审查专家管理办法（试行）》。审核区级重大行政决策、行政规范性文件 29 件，审核、备案率均达 100%；出台《关于进一步加强行政机关合同管理的实施意见》，细化全区行政机关合同法制审核流程；全年对 100 多件其他各类文件进行审查，提出数十条合法性审查意见。

【行政执法规范化建设】 2021 年，越城区司法局印发《越城区新增综合行政执法事项统一目录（2021 年）》，涉及 17 个领域的 278 项执法事项划转至综合行政执法部门。开展全区执法证件换证 1200 余本，组织 2021 年度执法证考试，所有镇街持证率超过 85%，全区持证率已超 90% 位居全市首位；落实《越城区重大行政执法决定法制审核办法》，部门法制审核人员 100% 到位；推动执法记录仪在查封扣押、房屋强拆等领域的使用。全年开展两次年度执法案卷现场评查工作，对十余个执法部门的行政许可、行政处罚合计 80 件案卷进行集中评查，区卫健局主办案件被评为 2021 年全市行政执法十大优秀案卷；对区综合执法局渣土系列案件等进行专项监督，累计下发 8 份执法监督通知书，邀请特邀执法监督员参与监督。全区“浙政钉 · 掌上执法 App”使用率 100%，“双随机、一公开”（在监管过程中随机抽取检查对象，随机选派执法检查人员，抽查情况及查处结果及时向社会公开）检查完成率 100%；推进全省统一行政处罚办案系统，单位使用率超 25%；全年使用省行政执法监督信息系统处理执法问题线索 200 余条。

【“八五”普法启动】 2021 年 12 月，越城区出台《中共绍兴市越城区委宣传部、绍兴市越城区司法局关于在全区开展法治宣传教育的第八个

2021 年，绍兴市、越城区"八五"普法启动仪式在东浦红立方党群服务中心举办（区司法局 提供）

五年规划（2021—2025 年）》。全年，越城区各级党委（党组）学习习近平法治思想 57 次，邀请专家开展专题讲座 14 场次。通过"法雨春风"开展"五进"活动，推出《中华人民共和国民法典》线上知识竞赛、《中华人民共和国民法典》作品征集等专栏，共计组织各类文艺演出、法律服务活动 78 场次，发放各类宣传册 1.1 万余份，征集各类民法典宣传作品 140 余件，拍摄民法典短视频 2 个，制作民法典主题墙绘 1 处等，咨询解答处理问题 5000 余件次，参与群众 2.4 万余人。（区司法局 李菊花）

公 安

【概况】 2021 年，越城区公安分局围绕护航"打造首位度中心城区"总体目标，聚焦"总体工作全市领跑、特色亮点全省领先"具体目标，紧扣坚持发展新时代"枫桥经验"、全面构建现代警务模式工作主线，全力推进风险防控、改革强警、数据赋能、执法服务、警队建设"五大品牌提升行动"，切实做好建党百年安保、公安数字化改革、枫桥警务模式拓展、"枫桥式公安派出所"创建、队伍教育整顿等各项工作，实现业务工作与队伍建设互促共进、稳步提升。全年累计接报处置各类警情 113120 起，其中刑事类警情 5230 起，治安类警情 22440 起，纠纷类警情 25836 起，举报类警情 7146 起，求助类警情 44914 起，其他警情 7554 起。全年立刑事案件 4684 起，其中命案立 6 起破 6 起，五类案件立 22 起破 22 起，"两抢"案件立 5 起破 5 起。移送起诉犯罪嫌疑人 2160 人；查处治安案件 2311 起，行政处罚 4909 人，其中行政拘留 3209 人；破获各类经济案件 56 起，移送起诉 138 人，为群众挽回经济损失 1.29 亿元。2021 年，越城区公安分局蝉联"全市优秀公安局"二连冠、区政府综合绩效考评七连冠，获得全省公安机关执法质量考评优秀单位、全市公安机关全面深化改革优秀公安局、社会治安状况动态评估优胜单位、队伍正规化建设优胜单位、信访工作优胜单位、"智慧警务"建设优胜单位等称号。

【保障疫情防控】 2021 年 12 月，面对严峻的疫情防控形势，越城区公安分局搭建一办八组工作体系，按照"以面保点"的总体防控思路，完成陶堰、皋埠街道封控，集中隔离点安保以及全区核酸检测秩序维护；推进区域协查管控工作；落实外防输入工作，高铁北站、火车站防控检查点执勤民警、辅警主动放弃元旦、春节等节假日，坚持在岗值守；开展次生风险排查化解工作，全时监测、跟踪处置、协助化解方舱建设等疫情次生风险 11 起，从严、从快打处各类涉疫违法犯罪 17 起 23 人。

【成立全省首个县级公安机关涉网犯罪侦查大队】 2021 年，越城区以刑侦体制改革为牵引，全面深化刑事犯罪集约化打击建设。2021 年 2 月 8 日，越城区成立全省首个县级公安机关涉网犯罪侦查大队，提升专业打职业工作效能。严打电信网络诈骗犯罪，累计打处电诈犯罪嫌疑人 646 人，同比上升 16.38%，其中打处"断卡"

2021 年 9 月 3 日，越城区举行区电信网络诈骗防范宣传志愿活动启动仪式（区公安分局　提供）

行动嫌疑人 454 人，位列全市第一，7 起督办案件全部侦破；举行区电信网络诈骗防范宣传志愿活动启动仪式，组织全体民警深入镇街、村社以及相关场所单位开展反诈宣传，累计宣讲 1313 场、恳谈 796 场，受众 14 万余人次，电诈案件发案数同比下降 13.46%。

【打造“枫桥式”公安派出所创建样板】 2021 年，越城区公安分局完成“国枫、省枫”公安派出所创建任务，府山派出所以全省第一的成绩入围全国第二批“国枫所”，皋埠派出所入选“省枫所”30 强；全面推进社区警务改革，构建“维稳防控（基础管控）中心—派出所综合指挥室—警务联络室”三级架构，创新推出社区民警全职化下沉、就近接处警等制度，完成“下社区”到“驻社区”的转变，实现矛盾纠纷类警情同比下降 9.63%、警民熟悉率环比提升 8.2%、社区民警下沉社区时间同比提升 43%；进一步凝聚基层共治合力，组建义警、物联自治、治保调解等平安类社会组织 363 支，打造“蕺山好邻舍”“城南一家人”“斗门红”等特色品牌。

【研发“枫桥指数”数字化评估平台】 2021 年，越城区维稳防控（基础管控）中心依托平台电脑端下发工作指令、审核汇总基础数据并开展派出所、社区民警月度、季度考核排名；派出所依托平台电脑端流转上级工作指令、开展实时视频督查并就近指派社区民警处置辖区内简易纠纷类、求助类警情；社区民警依托平台手机端进行社区上班打卡、工作任务领取与基础信息、工作数据填报。平台获得副市长、公安局局长俞流江的批示肯定，在全市公安机关推广应用。

【研发执法全生命周期智慧管控平台】 2021 年，越城区公安分局构建执法全生命周期智慧管控平台，对 49 项执法要素进行全流程监督，依托自然语言分析引擎开展智能化阅卷，自动生成考评成绩与执法画像，累计智能化分析卷宗 2433 个、指引取证 1381 次。其中“阅卷精灵”智能辅助监督系统荣获“智慧公安我先行”全国公安基层技术革新二等奖、全省公安机关第四届信息化实战应用模型创新大赛第一名（金奖）、全市公安机关数字化改革大会晒比活动第一名。副省长、公安厅厅长王成国到绍兴调研时对该项工作表示高度肯定。

【推进便民惠企服务】 2021 年，越城区全面推进网上网下服务机制改革，提档升级网办中心，网办率提升至 99.64%；积极推行“一窗通办”“跨省通办”，实现户政类 44 个事项一窗办理，累计办理跨区域户籍事项 1417 件，解决疑难户口问题 300 余个；不断深化项目（市场、企业）警官制与“助企双引”直通车建设，累计走访重点企业 36 家次、涉外企业 273 家次，完成南京鼓楼、武汉江汉 2 个在外越商联络室建设；稳步推进“安心码”警银协作，累计发放码牌 1121 户、开通支付 477 户，推广成效排名全市前列。

【构建“越平安”智能防控体系】 2021 年，越城区公安分局构建以"智安小区""智安校园""智安景区""智安医院""智安卡口"为终端的"越平安"智慧安防体系,推动区政府将"智安小区""智安校园"建设纳入民生实事工程,落实专项保障资金7700余万元。至年底,已完成"智安小区"一期验收、"智安校园"管控平台上线以及647个"智安小区"、232所"智安校园"、6家"智安医院"、5个"智安景区"、1个"智安检查站"建设;五大"智安单元"终端自动采集的人、车流数据,执法源头数据,检查管控数据全部汇入基础信息库,为数据碰撞、信息贴牌、自动检索提供先决条件。

【深化智慧民意感知体系建设】 2021年,越城区公安分局以"公安直通车"建设为抓手,进一步拓展优化智慧民意感知体系,全面深化执法社会化访评,全力构建基层民意感知工作闭环。在情指行合成作战中心开辟"局长直通车"工作专区,3名警力常态值守,五大业务警种负责人轮流值守;在18个派出所开设"所长直通车",全方位、多途径收集民意诉求,5个工作日内把问题办结。至年底,累计发送访评短信131751条,回访案件8696件次,接收"公安直通车"问题件307件,督促整改不满意件1326件。(区公安分局 赵梦莎)

检 察

【概况】 2021年,越城区检察院依法打击各类刑事犯罪,办结审查逮捕案件746件1231人、审查起诉案件1523件2594人,办案数量居全市前列。年内,越城区检察院集体和个人获得各类区级以上荣誉60余项,经验做法被最高检、省检察院转发8篇次,办理案件获评省级以上精品(典型)案件7件,4名干警被纳入"全省检察机关专业人才库"。

2021年,越城区检察院围绕三大教育整顿主题,组织开展各类教育活动20余次。全面自查自纠,制定《检察干警自查事项报告表》,做到无一名干警"零报告"。围绕"六大顽瘴痼疾"(违反防止干预司法"三个规定";违规经商办企业和配偶、子女及其配偶违规从事经营活动;违规参股借贷;违规违法减刑、假释、暂予监外执行;有案不立、压案不查、有罪不究;法官检察官离任后违规从事律师执业、充当司法掮客),扎实开展专项整治,并严格落实"自查从宽、被查从严"要求,先后对12名干警分类作出谈话提醒、批评教育等处理,向69名干警制发自查问题整改提示函,向78名干警家属发出《家风建设倡议书》。针对教育整顿暴露出的问题和不足,完善制度机制,坚持边查边改,同步建章立制,出台或修订相关工作机制17个。

【刑事检察】 2021年,越城区检察院强化刑事检察监督力度,监督立案14人,监督撤案23人,纠正漏捕29人,追诉漏罪漏犯48人,发出纠正违法通知书10份,提出刑事抗诉1件1人,监督质效均居全市前列。加强对刑事执行活动的监督,办理的一起讯问合法性核查案被评为"全国检察机关刑事执行精品案例"。加大自侦工作力度,在办理一起保险诈骗案中,发现职务犯罪线索并自行补充侦查,经市检察院立案并交办,以涉嫌滥用职权罪,对2名司法工作人员提起公诉。加强工作衔接,起诉区纪委监委移送职务犯罪案件8件9人,构建反腐败工作合力。

【民事检察】 2021年,越城区检察院根据省检察院部署,开展网络司法拍卖执行监督专项活动,发出相关检察建议10份,有效规范执行活动。继续加大对民间借贷领域虚假诉讼的监督力度,刑民并济,在依法追究刑事责任的同时,监督民事纠错改判,2021年以来已获法院再审改判70余件。办理的柳晓刚等人"套路贷"虚假诉讼系列案被评为“2020年度绍兴市十大法律监督案例”。

【办结行政检察监督案件52件】 2021年,越城区检察院办结行政检察监督案件52件,其中生效裁判结果监督3件,行政审判、执行活动监督43件,促成行政争议实质性化解6件。创新适用《检察释明书》引导申请人服判息诉,促进行政争议实质性化解,经验做法被《法治日报》报道。办理的一起工伤认定及行政复议检察监督案(王某与绍兴市人社局、柯桥区人社局工伤认定检察监督案)被最高人民检察院评为“全国检察机关行政诉讼监督典型案例”。

【开展公益诉讼专项检查】 2021年,越城区检察院积极发挥公益诉讼检察职能,推动老旧小区“飞线”充电专项整治,通过组织公开听证,向消防救援机构及属地镇街制发检察建议,督促源头治理及加强执法监督,推动相关部门制定老旧小区改造方案,从源头上消除“飞线”充电安全隐患。开展涉及冷鲜禽食品、烟花爆竹、铁路旅客车站无障碍设施、英烈保护等多个公益诉讼专项监督,起诉全省首例公共安全领域刑事附带民事公益诉讼案并获法院当庭判决支持。

【护航民营经济发展】 2021年,越城区检察院与区工商联会签《关于建立健全检察机关与工商联沟通联系机制的实施意见》,促进信息互通共享和协作配合。聚焦解决涉民企矫正对象“经营性请假外出”难题,联合司法行政部门,合力完善外出管理模式,保障企业正常生产经营活动。选派优秀检察官以“民营企业金融领域刑事法律风险防控”为主题为民营企业家进行专题授课,提升企业风险防控能力。积极落实宽缓刑事政策,注重对企业法人和业务骨干审慎处理。

【未成年人全方位司法保护】 2021年,越城区检察院优化职权配置,加强内外协作,对未成年人刑事、民事、行政、公益诉讼等检察业务开展统一集中办理,实现对未成年人全方位司法保护。针对辖内部分校园周边交通安全标识、设施设置不规范的问题,推动专项治理,交管部门对检察建议中所涉及的14所学校周边道路开展排查整改,保障师生上下学安全,被作为典型案例在全省推广。

【强化赔偿保证金制度落实】 2021年,越城区通过建立与审查批捕、羁押必要性审查、刑事和解、认罪认罚从宽制度的“四个结合”工作模式,推进诉源治理,对25名犯罪嫌疑人适用轻微刑事案件赔偿保证金制度,促使缴纳赔偿保证金111万元,对25名犯罪嫌疑人、被告人不批准逮捕或变更强制措施,跟进调解后促使刑事和解17件。

【法律监督数字化建设】 2021年,越城区检察院参与数字检察监督平台建设,与市检察院共同申领省检察院数字检察应用场景“数智案管”质量评查项目,其中刑事案件终结性法律文书线上评查功能应用模块,由区检察院负责完成,该系统已在全省部分检察院上线试运行。依托区综合信息指挥平台,开设检察数据端口,成立公益诉讼指挥中心,开展大数据筛查,及时发现公益损害监督线索,办理盲道被侵占公益诉讼案等。借助智慧民行监督系统,办理的周兴良等人虚假财产保险合同纠纷系列案,在有力打击诈骗犯罪的同时,推动司法尺度统一,促使行业领域净化,入选《浙江省检察机关数字检察办案指引》。(区检察院　李晓兰)

法　院

【概况】 2021年,越城区人民法院新收各类案件19883件,同比上升4.82%,办结19637件(含旧存),同比下降0.26%。年内,越城区法院以建设新时代现代化法院为目标,以实施提升工程、

2021 年越城区法院“八升七降”重点办案指标一览表

表 23

	指标	区法院数据	同比增长率
『八升』指标	结案率	92.48%	-0.77
	正常审限内结案率	99.92%	0.13
	民事刑事一审当庭宣判率	72.64%	16.7
	民事可调撤率	66.99%	-2.44
	自动履行率	45.05%	-4.14
	服判息诉率	86.31%	0.55
	有财产可供执行案件法定期限内实际执行率	99.84%	0.19
	终本合格率	100%	—
『七降』指标	一审民商事受案数(件)	11665	11.05%
	一审判决案件改判发回瑕疵率	0.15%	-0.37
	月均存案工作量(月)	2.31	3.59%
	12 个月以上未结案数(件)	1	-50%
	执行案访比	3.51%	-6.18
	平均审理天数(天)	62.99	-12.7%
	申诉率	0.73%	-0.28

智治工程和强基工程“三大工程”为主抓手，通过领学促学督学机制，组织“人民法院大讲堂”、党史学习教育专题、民法典司法家事培训等各类培训 150 余次提升干警政治能力与业务能力。全年“八升七降”重点办案指标中 10 项指标实现同比优化，执行标的到位率等 3 项执行指标位列全省前十，获得各级表彰奖励 50 项，其中省级以上 7 项，被全国妇联表彰为维护妇女儿童权益先进集体。

2021 年，越城区法院 23 篇信息被中办、最高人民法院、省委办录用，3 篇信息获最高人民法院、省高院领导批示肯定，信息工作排名提升至全省第五。参与全省法院重点调研课题 2 个、论文 33 篇，案例被《人民法院案例》《浙江审判》等刊物录用或获得市级以上奖项，帮扶百强民企化解债务危机一案入选全省法院十佳执行典型案例，并写入省高院人民代表大会报告。省级以上媒体宣传报道 39 次，连续 5 年被评为全国司法宣传先进单位。

2021 年，越城区法院开展政法队伍教育整顿，突出筑牢政治忠诚、清除害群之马、整治顽瘴痼疾、弘扬英模精神“四大任务”，抓好学习教育、查纠整改、总结提升“三个环节”。组织召开警示教育大会 3 次，以开展大走访、大谈心、大整治“三大活动”为抓手，先后 3 轮次组织干警填报个人自查事项报告表，填报问题 314 条，填报覆盖率及问题填报率达 100%。全体班子成员“一对一、面对面”走访省人大代表和案件当事人、律所、银行等工作和服务对象 68 人，寄送调查问卷 320 余份，收集意见建议 95 条、问题

2021 年越城区法院调研、论文及案例获省级以上奖项或刊物录用情况表

表 24

获取奖项或录用刊物	题名	作者
第四届全国环境资源审判优秀业务成果评选活动一等奖	《对规范性文件的司法审查》	张爱萍、王丽萍
全国法院 2021 年度优秀应用法学论文评选活动三等奖	《诉前治理与示范诉讼双向联动:涉众型民事纠纷化解新机制之构建——以 Z 省 S 市 Y 区数据为考察样本》	王丽萍、王涛
《人民法院案例选》2020 年 11 期	《李某某诉绍兴市上虞区环境保护局环保行政处罚案——审判实务中规范性文件的司法审查》	张爱萍
最高人民法院司法案例研究院出版《刑法修正案(十一)新规则案例适用》	《抢夺公共交通工具驾驶操纵装置的行为性质认定——王某某以危险方法危害公共安全案》	张毅
最高人民法院司法案例研究院出版《刑法修正案(十一)新规则案例适用》	《“软暴力”催收“套路贷”行为在新旧规定竞合情况下的法律适用——柳某某等虚假诉讼、诈骗、寻衅滋事案》	车佳妮
浙江省高院重点调研课题	《关于新刑事诉讼法司法解释实施情况的调研》	张爱萍
浙江省高院重点调研课题	《关于涉刑事财产执行问题的调研》	王骏
浙江省法学会环境资源法学研究会 2021 年会优秀论文二等奖	《司法实践视域下“绿色原则”的法律适用分析》	何鲁峰、俞颖尔、栾骏
全省法院第三十一届学术讨论会三等奖	《民法典时代下公平责任的适用与进阶路径探析》	赵晓岑、王珏
《浙江审判》2021 年第 5 期	《民商事在线庭审行为规范化研究》	赵珠艳、何鲁峰
《浙江审判》2021 年第 4 期	《有幸路上遇见你》	黎小军
《浙江审判》2020 年第 11 期	《还原案件客观事实 打造法律公平正义新高度》	黎小军
浙江省生态环境行政执法与司法联动查办典型案例	《绍兴市某节能材料公司等违法使用消耗臭氧层物质(ODS)污染环境案》	张爱萍

线索 39 条,均及时予以处理。坚持“查改治建”一体推进,出台制度规范 18 项。

【年审结刑事案件 924 件】 2021 年,越城区审结刑事案件 924 件,改判发回瑕疵率为零。推动扫黑除恶常态化,制定《常态化扫黑除恶工作方案》,办结陈某辉等黑恶案件 7 件 23 人,完成“清零”目标,刑庭庭长被最高人民法院评为全国法院扫黑除恶专项斗争先进个人。保持反腐高压态势,审结原鉴湖街道办事处副主任严某兴受贿、贪污案等职务犯罪案件 10 件。

【年审结民商事案件 11628 件】 2021 年,越城区审结民商事案件 11628 件。加强破产审判专业化建设,加速“僵尸企业”出清,受理“执转破”案件 45 件,盘活房屋面积 50753 平方米,土地面积 121.57 亩,安置职工 387 人,向 33 家破产企业管理人发放补助资金 113.4 万元。

【年审结行政诉讼案 298 件】 2021 年,越城区审结行政诉讼案件 298 件,判决行政机关败诉 47 件。健全完善行政争议实质性化解机制,监督支持行政机关依法行政,推动将行政机关负责人出庭应诉率、行政调解和履行生效判决纳入区岗位目标责任制考核。建立行政负责人出庭情况季度通报和“双请假”制度，涉越城区行政负责人出庭应诉率连续2年保持100%，案件调撤率27.45%，同比上升近12个百分点。常态化召开府院联席会议，推动行政争议调解中心全面入驻矛调中心，促成潞阳、潞庄村房屋征收26件行政案件实质性化解。

2021年，越城区法院袍江法庭被列为全市人民法庭工作会议现场观摩点(沈爽爽 摄)

【诉源治理】 2021年，越城区法院主动融入党委政府大治理格局，在前三年收案数实现三连降的基础上，收案数较2019年同期下降3.35%。推动将万人成讼率、民事收案数纳入对镇街和责任部门的岗位目标责任制考核，积极参与镇街、村社矛调体系建设，诉前纠纷化解率提升至56.65%，高居全市第一。完善“立案预警＋示范调判＋多元化解”工作机制，10人以上群体性案件化解率53.33%，促成近1000人参照调解。会同市银保监、建交局等职能部门召开专项对策会，物业纠纷同比下降30.45%。

【年受理家事纠纷582件】 2021年，越城区受理家事纠纷582件，调撤率达52%，《申请人绍兴市民政局申请撤销监护人资格案》入选“2021年绍兴市妇女儿童权益保护十大典型案例”。做深做实由家事调解室、“越姐姐家事爱馨团”、“婚姻家庭学校”构成的“一室一团一校”三大平台，实行家事调查员、家事调解员、案件回访、心理咨询等家事审判新机制，会同检察机关建立未成年人权益司法保护协作机制，越城区法院全年向区检察院移送线索15件，区检察院发出《支持起诉书》15份，支持起诉率达100%，为未成年人提供有力司法保护。

【“枫桥式”法庭建设】 2021年，越城区平稳接收滨海法庭，加快推进皋埠法庭新审判楼建设，镜湖法庭获批设立，人民法庭布局进一步优化。袍江法庭构建镇(街)村(居)立体式矛盾纠纷化解网络，被确立为全市“枫桥式”法庭创建重点培育对象。皋埠法庭依托“服务三色地，行走水云间”计划打造15分钟法律服务圈，道赔案件诉前调解成功率达88%。鉴湖法庭精耕细作党建“契约化”共建品牌，荣获全市优秀政法党建品牌，被评为集体三等功。滨海法庭大力创建互联网法庭，对集成电路和生物医药2个万亩千亿平台和1个综合保税区案件实行“2+1”集中管辖，保障“大湾区”开发建设。

【建成23个“共享法庭”】 2021年，越城区率先在全市建成并启用“共享法庭”230个，覆盖全区所有镇街、59.38%的村社和4个行业组织，开展诉前调解、在线服务、法治教育等730次。在全市人民法庭工作会议暨“共享法庭”建设推进会上，袍江法庭被列为现场观摩点，越城区法院作为先进典型在会上作经验交流。同时，越城区法院承办全区“共享法庭”工作推进会暨业务培训会，组织开展“浙江天平走进共享法庭‘百庭百讲’大型普法活动”，相关工作被中新网、《浙江日报》等多个国家级和省级媒体刊登报道。

【司法保障防疫工作】 2021年，越城区法院组建防疫应急志愿冲锋队，成立3个临时党支部，下沉一线参与全区疫情防控行动2500余人次。充分运用数字法院建设成果，引导当事人通过移动微法院、浙江解纷码、24小时自助法院等办理诉讼事项，"一级响应"期间共网上立案315件、网上开庭554次、在线送达6701次、执行到位1.83亿元。

【数字法院建设】 2021年，越城区法院坚持数字赋能、整体智治，发挥移动微法院、浙江解纷码、诉讼服务网、"12368"热线等功能，为当事人提供线上线下相融合的24小时"不打烊"司法服务。开发"智慧审管2.0""家事e解纷"数字化应用场景，"全域数字法院"改革评价指标体系持续保持全市第一，进入全省A档。完成智慧法庭改造4个，升级32个法庭语音识别软硬件设施，全面提升数字法院基础支撑。

【司法体制综合配套改革】 2021年，越城区法院率先全市落实员额法官在交流、退休、公务交通补贴、住房、医疗、差旅、目标考核奖、无线通信费方面的"八项待遇"。推进政法一体化单轨制，实现审判反馈协同率100%、入矫执行协同率100%、换押协同率99.42%，涉案财物处置协同率98.81%。推进案件繁简分流、轻重分离、快慢分道，落实刑事简案组轮流入驻中心办案机制，简易速裁程序适用率达70.32%；开展民事诉讼程序繁简分流改革试点工作，优化司法确认程序，完善小额诉讼程序和简易程序，健全电子诉讼规则，审结小额诉讼案件525件。大力推进司法辅助事务集约化改革，公证参与法院送达、调解等各类辅助事务4140件，有效缓解"案多人少""送达难"等问题。强化立审执兼顾，推行人民法庭"立审执"一体化工作机制，组建"审执一体化团队"4个，推进司法领域"当事人一件事"改革。

【执行标的到位率居全省第四】 2021年，越城区法院组织开展"越剑四号""惠民暖心"等专项执行行动，办结执行案件6548件，执行到位金额33.99亿元，占全市基层法院总额近四成，执行标的到位率40.53%，居全省第四、全市第一，7项指标居全市第一。保持执行高压态势，移送拒执案件56件62人，违法制裁率27.40%，连续三年居全市第一。推动区委召开全区执行"一件事"改革推进工作联席会议，与77家单位199类事项实现信息共享、协作办理，线上办理事项共14738件。（区法院　傅眉佳）

司法行政

【概况】 2021年，全区共有各级调解员1646人，其中专职调解员143人，调委会516个，行业性专业性调委会14个，共调解矛盾纠纷3923件，成功3894件，成功率99.3%，涉及金额50657.07万元。全区累计创建全国级民主法治村3个、省级民主法治村50个、市级民主法治村187个，全区实现民主法治村全覆盖。全区在册社区矫正对象共567人，其中缓刑505人，假释6人，暂予监外执行15人，管制对象1人，未发生一例脱管漏管。2021年3月，在2020年度全省建设平安浙江工作暨扫黑除恶专项斗争总结表彰会议上越城区司法局被中共浙江省委

2021年7月21日，司法部验收绍兴市越城区社区矫正中心现场（王琦　摄）

办公厅、浙江省人民政府办公厅授予全省扫黑除恶专项斗争先进集体称号。

【印发《绍兴市越城区司法行政队伍教育整顿实施方案》】 2021年，越城区印发《绍兴市越城区司法行政队伍教育整顿实施方案》，开展各类学习活动30余次，印发购买资料书籍560余册，公开受理监督方式，开展座谈会19场，走访收集整理意见建议26件，全部给予回应。在查纠整改环节，挖掘司法行政队伍顽瘴痼疾，评查案件1006件，律师公证行业谈话600余人次，梳理问题线索3条，投诉案件19件，对4名基层法工予以注销。发动全局自查，"五必谈"、个人自查事项报告表100%全覆盖，谈心谈话100余人次，填写个人自查事项报告表102份，批评教育3人次。针对症结原因建章立制，共梳理出37条17类相关意见建议，召开专题民主生活会1次，制定、梳理、更新各类制度13项。形成《绍兴市越城区司法局队伍教育整顿问题持续整改方案》《越城区政法队伍教育整顿"回头看"实施方案》，列出12个大类问题整改清单，逐条制定整改措施，明确具体整改目标、责任单位和完成时限，落实长效机制。

【创建全省首批"国字号"智慧矫正中心】 2021年7月21日，绍兴市越城区社区矫正中心顺利通过司法部"智慧矫正中心"考核验收。越城区司法局投入230余万元完成社区矫正中心异地改建和软、硬件提档升级，1200余平方米的越城区社区矫正中心正式启用，建成集业务协同、远程督察、数据共享、应急处置、指挥调度等功能于一体的智慧化社区矫正中心，运用"互联网+云计算+物联网+大数据+人工智能"5项技术支撑，以省社区矫正综合管理平台网络为基础，开发移动App、微信小程序，通过面部、指纹信息采集、监管，2021年以来采集人脸信息263个、指纹527枚，全天候自动信息核查比对865次。建立矫正对象五色"激励码"运行机制，形成白、绿、黄、橙、红五色码划分监管等级动态管理，558名在矫人员已完成1728条数据记录。建立VR反向警示教育，制作VR视频5套，开展教育138人次，通过大数据研判分析后开展修心、帮扶120余人次，同比上升70%。

【公共法律服务智能化、网格化】 2021年，越城区落实资金50万元采购18台公共法律服务人工智能自助机落地全区各镇街服务群众，进一步完善"12348"法网面向公众法律服务的各项功能。将全区市场主体划分成386个法律顾问服务网网格，对绍兴综合保税区、集成电路产业园等重点产业园，统筹安排35家律所300余名律师提供专业项目的服务产品。网格化全覆盖以来，法律体检2730家次，解答咨询5000余人次，解决问题347件次，挽回、避免经济损失2000余万元。

【普法宣传工作】 2021年，越城区司法局推动全区各级党委（党组）学习习近平总书记法治思

2021年3月26日，涂山社区开展法雨春风润越城普法文艺会演（区司法局　提供）

想 57 次，邀请专家开展专题讲座 14 场次。通过“法雨春风”开展“五进”活动，连续推出《中华人民共和国民法典》线上知识竞赛、《中华人民共和国民法典》作品征集等专栏，共计组织各类文艺演出、法律服务活动 78 场次，发放各类宣传册 11000 余份，征集各类民法典宣传作品 140 余件，拍摄民法典短视频 2 个，制作民法典主题墙绘 1 处等，咨询解答处理问题 5000 余件次，参与群众 24000 余人。（区司法局　李菊花）

法律服务

【概况】 2021 年，越城区共有区属律师事务所 34 家，执业律师 585 名。323 名律师担任全区 16 个镇街 352 个行政村（社区）法律顾问；全年办理各类案件 2.5 万件，收费金额 3.85 亿元。34 家律所单独设立党支部 28 个，有律师党员 226 名。截至 2021 年，共有公证员 5 名、公证员助理 7 名，全年共办理各类公证案件 2777 件，其中国内案件 2425 件，涉外（包括港、澳、台）案件 352 件。

【专项整治律师行业】 2021 年 4 月，越城区司法局围绕律师与司法人员不正当接触交往、恶意炒作案件、违法违规收费 3 个重点问题，开展自查自纠。检查中，发现律所存在管理疏忽 2 家，已全部整改落实。对曾任法官、检察官的 17 名律师逐一排查，发现线索 7 条，发出整改通知书 3 张；为 1 名法院退休的律师、4 名法院退休的基层法律工作者办理了注销手续，向纪检部门提供了 1 名基层法律工作者的相关信息材料，对 1 名党员律师启动党纪处分。

【丰富公益法律服务形式】 2021 年，越城法律大讲堂开课，绍兴市律协越城分会分别为绍兴市看守所的在押未成年人和绍兴市聋哑学校的孩子开展《中华人民共和国未成年人保护法》和《中华人民共和国民法典》普法讲座和《中华人民共和国未成年人保护法》宣传画册，组织青年律师走进中小学校开展 2021 年秋季“开学法治教育第一课”活动。启动“百名律师千场讲座进文化礼堂活动”，在全市“八五”普法启动仪式上，绍兴市政协副主席、市守法普法协调小组副组长陈国阳为“百名律师千场讲座进文化礼堂活动”的越城律师代表授旗。落实法雨春风百名律师进园区活动，为企业提供法律体检 3700 家次，开展法律讲座 60 场次，法律咨询 1000 余人次，自主整编《民法典下企业对外交易合同文本体系重构操作指引》等法律宣传资料分发到各企业。12 月，在绍兴战“疫”期间，越城律师投身防疫工作，捐赠物资共计 44.9 万元，150 名律师志愿者在核酸检测采样点助力，提供线上法律咨询服务 600 人次。2021 年，张英、俞华南两名律师被评为浙江省优秀公益律师。

【拆迁安置现场公证】 2021 年，越州公证处在斗门、灵芝、东浦、北海、塔山、马山、孙端、城南拆迁村累计现场咨询 13 次，接待约 600 人次，为拆迁村村民评估机构选择的现场监督公证 26 件，房屋拆迁的招投标现场监督公证、继承公证、赡养协议公证、货币安置奖励权益的赠予公证、监护公证 485 件，房产现状保全证据公证、违章建筑房屋强制拆迁（安置补偿协议、告知书）送达公

2021 年 7 月 8 日，越城区开展青少年暑期法治体验日活动（区司法局　提供）

证、违章建筑房屋强制拆迁财产清点保全证据公证、安置择房抽签现场监督公证153件。

【公证便民服务】 2021年,越州公证处依托区行政服务中心、袍江政务服务中心、区社会矛盾纠纷调处化解中心3个对外窗口办理“最多跑一次”服务事项650件,事务性委托案件实现即办即取,涉外公证3天出证。开展公证便民服务上门服务,举办法律义务咨询活动18次,为老、弱、病、残等弱势群体办理上门公证服务3件,针对经济困难的群众给予法律援助适当减免公证费用,共办理2件减免1500元。2021年底,绍兴受疫情影响部分区域封闭,开通电话和线上App、小程序、网站网址等线上公证服务,共办理网上公证9起,解答线上咨询70余起。开展政法队伍教育整顿,全体人员均签署《依法执业、诚信服务承诺书》,交流学习教育心得14份,对公证员、会计、出纳等重点岗位单独谈心谈话7次,对公证处机构负责人、党组织负责人谈心谈话2次,聘请绍兴市人民检察院检察官、浙江大宇交通工程有限公司总经理、吴刚律师事务所律师为风行监督员。(区司法局 李菊花)

军 事

综 述

【概况】 2021年，越城区人武部深入学习贯彻省军区、军分区党委扩大会精神，紧扣中国共产党建党百年特殊政治要求，突出举旗铸魂，强化打仗标准，全面建设呈现出稳中求进的良好态势。人武部机关党支部被省军区党委评为优秀基层党组织，人武部被军分区表彰为安全管理先进单位，绍兴市拥政爱民模范单位。

2021年7月24日，受台风“烟花”影响，越城区人武部第一时间启动抗台抢险应急预案，组织广大民兵参与抢险救灾，动用民兵，协助转移工地施工、古城区危房等受灾群众411人，整治内涝点3处，抢修重要路段4条，全力保护人民群众生命财产安全。

2021年11月23日，浙江省军区少将副政委巴谋国（左一）带队蹲点调研（赖巧晶　摄）

2021年12月上旬，面对绍兴突如其来的集聚性疫情，越城区人武部全面启动应急应战准备。累计30多天派出民兵驰援陶堰街道、皋埠街道重点村疫情封控，协助相关人员进行卡口和隔离区域执勤，维持检测点秩序等，装载分发物资等，累计分装隔离点生活物资8000余份，协助装载近2万份。

【上级领导视察】 8月19日，绍兴军分区蒋明球司令员带队到越城区人武部检查指导民兵整组及安全工作。

9月6日，绍兴军分区孙耀铜政委到越城区检查指导预定新兵役前教育训练情况，详细了解预定新兵日常生活和训练开展情况。

11月23日，省军区少将副政委巴谋国带队到人武部蹲点调研，检查人武部全面建设。

【战备训练】 2021年，越城区围绕“能打仗、打胜仗”核心要求，修订完善战备、任务行动和非战争军事行动等方案。请领和购置补充近200件套战备物资器材。完成5批次专武干部、民兵干部和基干民兵集训和年度复补训，在上级考核比武中取得3个有效名次。落实“月训三天季考一次”首长机关训练要求，参加省军区参谋集训在全市排名第二。完成省军区和军分区赋予的浙北地区民兵情报信息专业集训任务。

2021 年度越城籍三等功登记表					
表 25					
序号	表彰奖励	姓名	性别	军衔	镇街
1	三等功	赵志峰	男	上尉	孙端街道
2	三等功	徐淼丰	男	士官	皋埠街道
3	三等功	陈　伟	男	士官	马山街道
4	三等功	王东良	男	中校	城南街道
5	三等功	姚　烽	男	士官	城南街道
6	三等功	黄正裕	男	中校	迪荡街道
7	三等功	许　超	男	少校	富盛镇

实抓应急应战演练，组织人武部机关带保交护路分队一个过程全要素“红蓝对抗”演练，先后组织民兵参加人防、应急等部门联合组织的军地人防演习和防汛综合应急演练。

【机关规范化建设】 2021 年，越城区依据国防动员部规范化建设标准，组织人武部机关六个波次的规范化建设整治，修缮老旧车库，按照战备、训练、后装保障的功能区分对战备器材库进行分类存放。按照样板单位建设标准，在陶堰街道、鉴湖街道和府山街道越都社区、迪荡街道剡溪社区召开规范化建设现场会，抓好示范引领和以点带面，并建立月度通报督察制度，推动基层武装部规范化建设提档升级。

2021 年 11 月 17 日，越城区灵芝街道举行青少年国防教育中心揭牌仪式（赖巧晶　摄）

【国防教育】 2021 年，越城区深入推进全民国防教育普及，在全区中小学开展“红心向党、强我国防”献礼建党百年手绘小报评比活动，28 件作品获市级表彰，获奖数质量全市第二。完成国防教育主题公园选址设计。推动深化古越军事文化，推进“古越论剑”军事文化论坛论文集出版。指导灵芝街道凤林社区建成青少年国防教育活动中心。军地联合走访慰问困难现役和退役军人、烈士遗属和边海防军人家庭。协调落实军人子女入学优待和中考加分。

兵役　民兵

【概况】 2021 年，越城区首次实施“一年两征”。针对新形势特点，越城区人武部将征兵宣传关口前移，推动征兵宣传“上屏幕、进校园、进社区、进镇（街道）村（社区）”，实现公交传媒、微信朋友圈、公益短信等网络和户外媒体全覆盖，组织征兵政策解读宣讲 6 场次，发放宣传册 2 万余份。严把新兵体格检查、政治考核和廉洁征兵关，完成新兵征集任务，大学生比例 97%，大学毕业生比例 41%，没有发生一起投诉举报和网络舆情问题。（区人武部　赖巧晶）

【民兵思想政治教育网络试点建设】 2021年，越城区人武部将承担军分区民兵网络思想政治教育试点任务列为年度重点工作，纳入区委议军会议题，形成军地合力。3月8日上午，越城区人武部组织召开民兵思想政治教育软件——智慧云平台运用试点任务部署会。先后6次组织基层专武干部、民兵座谈，在城区8个街道开展先行试点，配合军分区完成方案制定和软件功能完善，常态化开展基干民兵在线学习教育，试点工作相关做法被省军区主要首长和市委主要领导签批。9月27日，参加军分区动员部署会并在全区推广运用。

人民防空

【概况】 2021年，越城区围绕主责主业，持续加强人防指挥部规范化建设，推动人防工程产权制度改革，全年共组织指挥部会议2次，完成越城区人防基本指挥所立项，督导7家重要经济目标单位人防工作全覆盖。夯实人防应战应急基础，完成人防专业队、民防应急救援队整组，组建人防专业队伍并开展全部专业队伍拉动点验。在迪荡综合服务楼作为绍兴市主会场开展区级机关工作人员疏散掩蔽演练，在书圣故里社区开展社区居民疏散心理防护演练。按要求组织开展“5·12”全国防灾减灾日、“九一八”事变防空防灾警报试鸣活动，警报鸣响率100%。

【人防信息化建设】 2021年，越城区加强人防警报数字化提升，对承接的老化人防警报摸排更新改造，新增人防警报扩大人防警报覆盖面。委托第三方机构签订合作协议委托巡检维护63套警报设施，同时组织开展全区人防警报设施建设和使用大检查。结合防空地下室赋码管理，运用智慧人防巡检数字化改革成果开展防空地下室大检查和“双随机、一公开”监管，同步对2020年竣工结建项目开展大检查。

【人防教育】 2021年，越城区为52所中小学1.7万余名学生征订人防教材，组织人防教师培训交流。在“3·1”国际民防日，配合市人防办在冠友商务园区举行全省首个人防宣传进企业示范点揭牌仪式；结合“5·12”全国防灾减灾日人员疏散掩蔽及心理防护演练，在书圣故里社区、区迪荡综合机关服务楼及蕺山防空洞开展警报试鸣暨人防宣传周活动。围绕“5·12”全国防灾减灾日、“九一八”事变重要时间节点，多部门联动发布试鸣公告，通过三大运营商和国家突发公共事件预警信息发布平台推送2万条警报试鸣信息。（区建设交通局　王晓峰）

财政 税务

财 政

【概况】 2021年，越城区（滨海新区）实现财政总收入154.56亿元，同口径（含2021年划入的沥海街道上年财政收入）增长18.7%，其中一般公共预算收入93.17亿元，同口径（含2021年划入的沥海街道上年一般公共预算收入）增长19.8%，占财政总收入的60.3%，占全区生产总值的7.9%。全区一般公共预算支出86.69亿元，同口径（含2021年划入的沥海街道上年一般公共预算支出）增长10.2%。全区财政收支平衡。

2021年，越城区实施防范化解地方政府性债务风险专项行动，加强债券风险使用监管。出台《越城区政府投资项目限额控制标准》，强化项目限额控制，核减金额3699万元。建立新增重大项目（政策）事前绩效评估机制，组织开展绩效自评项目1146个，评价资金41.67亿元。首次开展公款竞争性存放网上招标，营造“透明化”公款存放环境。全年累计存放定期财政资金229笔，总金额47.14亿元。

2021年，越城区向上争取政府债券75.86亿元，中央直达资金1.75亿元。通过项目资金竞争性分配，争取现代养老服务体系建设、产业创新服务综合体建设、高水平建设“四好农村路”等上级补助资金共计8.68亿元。

【全年实现税收收入83.44亿元】 2021年，越城区建立财税收入联席会议制度，共享收入预期、重点税源变化等涉税信息。实施税源网格化运行机制，实行税收网格化管理。全年实现税收收入83.44亿元，同口径（含2021年划入的沥海街道上年税收收入）增长18.5%，占一般公共预算收入的89.6%，税收收入占一般公共预算收入比重居全市第一；实现非税收入233.23亿元，其中纳入一般公共预算管理的非税收入9.73亿元，同口径（含2021年划入的沥海街道上年税收收入）增长31.9%。17家基层卫生服务中心和1家公立医院全部实现医疗票据电子化全覆盖。

【投入保障防疫资金2亿元】 2021年，越城区投入疫情防控资金共2.00亿元，其中安排镇街疫情防控经费8000万元、卫健系统疫情防控经费4134万元、医疗物资保障经费204万元、生活物资保障5653万元、车站安保146万元、隔离酒店费用1847万元。开通支付申请绿色通道，对防疫应急物资所需的资金拨付申请随叫随办。开通资金支付绿色通道，协调人民银行及相关支付银行即时拨付财政资金，保障疫情防控经费需求。

【政策奖补兑现】 2021年，越城区共兑现惠企政策资金10.21亿元。新增减税降费政策合计减免税费14.32亿元。落实市普惠性金融贴息政策，为4500家小微企业和个体工商户兑现金额3056万元。下达高层次科技创业创新人才补助资金7749万元。出资1亿元设立越城区人才创业投资引导基金。

【民生支出62.35亿元】 2021年，越城区民生支出共计62.35亿元，同比增长10.9%，占一般公共预算支出的71.9%。全年教育支出18.87亿元，同比增长11.9%，新建成迪荡中学、柯灵小学百盛校区、柯灵幼儿园百盛园区，实现全区中小学生校园卡办理全覆盖，完成75家中小学（幼儿园）智能阳光厨房建设。社会保障和就业支出12.65亿元，同比增长4.7%。卫生健康支出10.45亿元，同比增长9.3%，拨付1.12亿元用于区公共卫生服务中心、马山街道、东湖街道社区卫生服务中心建设，建成区疾控中心、区人民医院核酸检测实验室，核酸日检测能力提升至7200份。完成61个老旧小区改造项目，加装电梯88台，完成投资约9.60亿元。安排垃圾分类工作经费1.48亿元，全区493个小区开展“定时定点”分类投放工作。

【扶持“三农”】 2021年，越城区投入“三农”高质量发展专项资金2563万元，支持高效生态农业发展、粮食生产优质化发展，加快培育新型农业经营主体。兑现耕地地力保护补贴资金2079万元，规模种粮农户补贴资金2251万元，有力促进农民增收。安排资金3000万元推动两街一镇经济发展，支持推进乡镇协同发展。

【开发“越城区数智基财管理平台”】 2021年，越城区开发“越城区数智基财管理平台”，在线监管各镇街财政财务制度建设情况和收入执行情况。探索“乡镇公共财政服务平台+一卡通”，落实财政资金到人到户监管，有效整治“七卡八卡”“人卡分离”等乱象。截至年底，共有119个补助项目纳入平台发放，累计发放金额6.04亿元，发放96.1万人次，惠及27.7万人。辖区内所有镇街均按县级国库集中统一支付有关制度执行，确保资金运行安全。

【实现政府采购电子化管理】 2021年，越城区全面推广运用政采云项目采购电子招投标系统。截至2021年底，已入驻2812家供应商，鼓励推行电子投标、电子开标、电子评标等，实现项目采购全流程电子化。全年政府采购合同金额8.82亿元，节约资金5374万元。（区财政局　吴超群）

税　务

【概况】 2021年，国家税务总局绍兴市越城区税务局（以下简称区税务局）认真落实区委区政府和市局党委的各项决策部署，坚持落实减税降费和组织收入协同推进，促进干部队伍全面融合，管党治党向纵深推进，围绕建设“重要窗口”的新目标新定位，推动各项工作取得明显成效，为奋力打造首位度中心城区贡献了税务力量。全年组织各项收入合计220.7亿元，同比增长20.89%，其中税收收入入库148.5亿元，同比增长12.24%；其他收入入库72.2亿元，同比增长47.34%。其他收入中社会保险费收入合计63.9亿元，同比增长40.9%。税务部门组织一般公共预算收入93.2亿元，同比增长19.8%，增幅全市排名第一。

【减税降费】 2021年，区税务局精准落实各项减税降费政策，减轻企业负担，推动创新发展。全年减负降本减税合计25.2亿元，其中小微企业普惠性税收优惠7.5亿元，增值税增量留抵退税9.5亿元，研发费用加计扣除政策减免4.9亿元。83258户次小规模纳税人享受起征点提高至15万元优惠，合计减免增值税42978.07万元；

197户次制造业企业享受研发费用加计扣除比例提高至100%政策，合计享受加计扣除总额17.63亿元，362户次企业在企业所得税季度申报时提前享受2021年度研发费用加计扣除政策，金额达19.2亿元；做好各类困难减免优惠，其中对符合条件的高新技术企业的房产税减免共23户次，小微园运营机构的房产税、土地使用税减免共9户，其他困难减免房产税1户次，对26户进入省“放水养鱼”计划的企业按亩均效益综合评价A类企业享受相应优惠政策，减征100%的城镇土地使用税。对按亩均效益排名的461户制造业和服务业企业（A类124户、B类337户）的土地使用税减免，合计减免金额达1.06亿元，有效地降低企业的成本，增强企业的减税降费获得感，确保其税收优惠减免政策的应享尽享。

【“枰心工作室”成立】 2021年1月，区税务局成立“枰心工作室”。为贯彻落实习近平总书记全面依法治国新理念新思想新战略，提高依法行政水平，大幅度减少税企争议，培养法制力量，区税务局结合新时代“枫桥经验”，建立起依法治税联合战线，深化税务与司法协作机制，追求税务机关、税务人员与纳税人缴费人双“枰心”。2021年工作室收到并回复各地法院征询函284件，接收并申报破产案件50件次，已压缩欠税580多万元。

【全面推行增值税专票电子化】 2021年，区税务局全面推行增值税电子专用发票。截至2021年底，已为3431户新办纳税人核定电子专票，共开具电子专票62195份，电子专票开具率达到75.40%，实现新办纳税人电子专票全覆盖。完善网格化服务体系，向新办纳税人免费发放税务UKey（电子钥匙）12901只，依托增值税电子发票公共服务平台，为纳税人提供免费的电子专票开具服务。聚焦纳税人实际需求，为专票电子化试点纳税人首次开票、首次受票等环节提供点对点服务。深入落实“一户式”管理机制，不折不扣做好首次票种核定、留抵退税审核、异常扣税凭证处置等工作，落实好发票分类分级管理机制，加强风险防控力度。

【现金税费征缴专项整治行动】 2021年4月8日，2021年现金税费征缴专项整治行动正式展开，区税务局成立现金税费征缴专项整治“百日攻坚战”工作专班。共梳理作废税票清册数据35210条，核查作废发票81994份，严格要求排查质量，并结合纳税人满意度调查等方式完备各类发票代开制度，全面做好专项整治“补课”工作，进一步规范区税务局人员的管理，防范执法风险和廉政风险。

【土地增值税“三必清”清算】 2021年9月1日至11月30日，越城区开展土地增值税“三必清”（问题项目必清、应清算项目必清、达到可清算条件五年以上且销售比例超85%的项目必清）清算项目。共完成土地增值税“三必清”项目89个，整体完成率92.71%，应清算项目完成率达100%，完成进度和清算效率在全市各县区局中名列前茅。

【不动产司法拍卖“一件事”】 2021年7月，区税务局与多部门联合，共建“司法拍卖不动产云平台”，8月共建“执行一件事平台”，为破产案件的推进提供税收政策方面的支持，加速破产企业的处置，焕发市场活力，进一步优化越城区营商环境。根据区政府及相关部门要求，持续推进完善“司法拍卖不动产云平台”。截至年底已完成284件。

【推行内控双平台】 2021年，区税务局充分推行“内控监督平台”和“网格化内控管理平台”，通过双平台落实网格化内控责任，并线上编制网格化内控风险指标，扫描风险12批次共8653条，开展每日抽查、每月督查、每季度网上巡检，

2021年10月20日，国家税务总局绍兴市越城区税务局税务干部为纳税人辅导最新的政务公开内容(李昊　摄)

积极探索网格化内控可控化、责任化、高效化、着力构建完善的网格化内控体系，全面提高工作质效。

【非税收入征管职责划转】 自2021年1月1日起，水土保持补偿费等4项非税收入划转至税务部门征收。2021年7月1日起，土地出让金等六项非税收入划转至税务部门征收。新划转的十项非税收入各业务部门互联互通流转机制基本建立。截至2021年底，已累计征收入库23107万元，其中水土保持补偿费442万元，排污权出让收入1068万元，国有土地使用权出让收入18497万元，其他3100万元。

【持续开展便民办税春风行动】 2021年，越城区税务局以“优化执法服务 办好惠民实事”为主题，连续第8年开展“我为纳税人缴费人办实事暨便民办税春风行动”，推出10个方面100条便民利民惠民的服务措施，着力解决纳税人缴费人办事的堵点、难点、痛点问题。围绕群众诉求快响应、优惠政策直达享、便捷办理优体验、分类服务解难题等方面，落实落细各类服务举措：联合越城区工商联共同举办“亲清直通车•政企恳谈会”，问计问需加强税企交流；开展小微企业“春雨润苗”专项行动，助力市场主体发展；建立重大项目税务专员制度，为项目落地成长提供税务支持；持续推进“非接触式”办税缴费方式，提升网上办税率至97.82%，持续优化税收营商环境，不断提升纳税人缴费人满意度和获得感。

【智慧税务共治点“税云小站”建设完成】 2021年8月，第一批第一个智慧税务共治点“税云小站”综合保税区站建设完成并投入使用。“税云小站”定位为区税务局的智慧税务共治点，作为区局办税厅的辅助办税点，以便捷、高效和智能为宗旨，作为办税缴费便利化的重要举措之一。在综合保税区、集成电路小镇和风情水街设立第一批3个“税云小站”，以“涉税零距离，服务不打折”为宗旨，引入自助办税终端，纳税人可办理电子发票领用、证明出具、银税互动、基础信息变更、灵活就业人员社保业务、实名采集、税控设备发行等多种税费业务，并可通过视频连线等方式实时获取税务部门“一对一”远程办理辅导，实现涉税业务“云办理”，从而打造越城15分钟便捷办税圈，既节约纳税人的办税时间和成本，也能有效缓解实体办税厅的人流压力，进一步优化纳税人缴费人的办事体验。

【E体化税情感知中心投入运行】 2021年10月，越城区建设完成E体化税情感知中心并投入运行。E体化税情感知中心是一个集服务、宣传、分析、调度、指挥于一体，聚焦税情研判、统筹调度和远程服务三大核心功能的集成中心，通过落地“一个中心、两个平台、三个支撑点”，创建一套智慧税情感知体系，形成“感知分析—描绘画像—精准施策—评价机制”的管理闭环，以税情感知这一有力抓手，做好做深精细服务，打造智慧税务新生态，从纳税人缴费人的

2021 年 6 月 16 日，国家税务总局绍兴市越城区税务局党员先锋队走进黄酒小镇，开展契约化共建共享活动，宣传税收优惠政策（李昊 摄）

角度出发，智能的数据分析，描绘纳税人缴费人画像，精准分析纳税人内在需求，为纳税人提供更有针对性、更为人性化的办税服务新体验，致力于实现从无差别服务向精细化、智能化、个性化服务转变。

【重点行业发票电子化改革】 2021 年，越城区推进重点行业（客运、出租车、医疗）发票电子化改革各项工作任务。通过召开电票推广座谈会、协调过渡期方案、点对点辅导包干等方式，加快越城区电子发票推广应用，促进“以数治税”的改革进程。截至 2021 年底，全区已基本完成民营医院发票电子化改造，促进行业信息化程度和税收治理效率。

【建立涉税信息共享平台】 2021 年，越城区建立涉税信息共享平台，持续完善涉税共享信息模板和管理制度，进一步共享真实、准确、完整的涉税信息。截至 2021 年底，区税务局已承接多个部门单位的来函，共享 11765 户次企业共计 8 万余项涉税数据。

【斗门税务所升格为斗门税务分局】 2021 年 7 月，斗门税务所升格为斗门税务分局，下辖斗门街道、灵芝街道、东浦街道、马山街道和孙端街道，下辖纳税人 2.5 万户左右。

【北海税务所更名为鉴湖税务所】 2021 年 7 月，北海税务所更名为鉴湖税务所，下辖北海街道、府山街道、塔山街道、城南街道、鉴湖街道，下辖纳税人 57760 户左右。

【稽山税务所成立】 2021 年 7 月，稽山税务所成立，下辖迪荡街道、稽山街道、东湖街道、皋埠街道、陶堰街道和富盛镇，下辖纳税人 2.2 万户左右。

【黄酒小镇“1+1+N”契约共建】 区税务局斗门税务分局党支部与越城区黄酒小镇机关党支部开展“1+1+N”契约共建，坚持党建和业务双管齐下，以签约仪式为起点引深共建长效机制，落实共建措施，编制了黄酒行业税收编制指南发放到户，成立专属辅导团队先后 2 次进驻小镇开展税收优惠宣传活动，并为小镇商户专门开辟绿色通道，做到专属纳税服务“零等候”，促进黄酒小镇“文明景区”建设。

【成立“税商街”联盟】 2021 年 9 月 30 日，越

2021 年 7 月 21 日，国家税务总局绍兴市越城区税务局干部走进银泰商圈，在品牌销售店了解门店经营情况，送上小微企业最新涉税优惠政策（李昊 摄）

城区税务局鉴湖税务所党支部与银泰商圈党总支签约共建，成立“税商街”联盟。区税务局通过打造“流动税站”，成立帮扶团队，开展专项税收辅导、召开政策答疑会、定期进行申报提醒等，将税收服务融合到商圈内部。“税商街”联盟成立以来，累计为102家商户提供涉税辅导，开展12场专项答疑会，进行税收宣传20次，以点扩面攻克个体户申报难、缴费难问题，将最新优惠政策送到纳税人手中，为商户应享尽享税收红利保驾护航。（区税务局　李昊）

外向型经济

综　述

【概况】 2021年，越城区外贸服务资源不断集聚，服务平台功能持续优化，“外贸一件事”改革取得成效，外贸高质量发展态势显现。全年实现自营进出口664.88亿元，同比增长8.5%，其中出口588.03亿元，同比增长3.8%；进口76.85亿元，同比增长65.7%。年内，绫丰、浪登等多家外贸企业创立国内自主品牌。

【搭建全流程外贸服务体系】 2021年，越城区成立外贸服务中心，建设以“撮合交易＋协同服务＋便利通关＋高效监管＋精准研判”为核心的全流程外贸服务体系。与11家外贸服务商建立“三服务”协同机制，推动200家外贸企业开展独立站营销，举办“三服务”联盟培训、调研服务活动6场次，直接服务企业近千家。指导全区294家企业建立跨境营销独立站，为24家企业申报省级货运白名单。大力实行外商投资企业准入前国民待遇加负面清单管理制度。全年办理外商投资企业信息报告255个，组织453家企业参加2021年度外商投资企业联合年报，组织650家次企业参加境内外各类展会。

【外商投资】 2021年，越城区新批外商投资企业39家，引进总投资1000万美元及以上项目5个，其中3000万美元及以上项目1个。全年完成合同外资23383万美元，实际利用外资13174万美元。截至年底，在越城区投资的国家和地区达53个。

对外贸易

【概况】 2021年，越城区实现自营进出口664.88亿元，同比增长8.5%，其中出口588.03亿元，同比增长3.8%，出口额全国占比27.1‱；进口76.85亿元，同比增长65.7%。全区纺织品出口331.24亿元，同比增长8.1%，占全区出口总额的56.3%，其中服装出口64.96亿元；全区机电产品出口108.74亿元，同比下降13.9%，占全区出口总额的18.5%；全区高新技术产品出口22.81亿元，同比增长27.4%。进口额超5000万元的主要进口产品有液化丙烷、丙烯和其他制造半导体器件或集成电路用的机器及装置等31类产品，累计进口59.56亿元，占全区进口总额的77.5%。其中，全区机电产品进口34.26亿元，同比增长151.4%；高新技术产品进口31.44亿元，同比增长164.5%。1—12月全区新批境外投资企业5家，总投资2179万美元，其中中方投资2179万美元。

【出口实绩企业达 2514 家】 2021 年，越城区共有出口实绩企业 2514 家，其中出口超 5000 万元企业 258 家。全区生产企业出口 243.65 亿元，同比增长 6.8%；进口 72.78 亿元，同比增长 66.9%。外贸流通公司出口 344.37 亿元，同比增长 1.7%；进口 4.07 亿元，同比增长 47.4%。

【"一带一路"进出口】 2021 年，越城区向"一带一路"沿线 63 个国家(地区)出口 209.56 亿元，同比增长 5.5%，出口额占全区出口总额的 35.6%。从"一带一路"沿线 44 个国家(地区)进口 14.29 亿元，同比下降 10.8%，进口额占全区进口总额的 18.6%。

【RCEP 进出口】 2021 年，越城区向 RCEP(区域全面经济伙伴关系)成员国出口共计 107.22 亿元，同比下降 7.7%，出口额占全区出口总额的 18.2%，共涉及 15 个亚太国家(地区)。从 RCEP 成员国进口共计 33.69 亿元，同比增长 64.3%。

【5 家企业新认定为省、市出口名牌】 2021 年，浙江锦盛新材料股份有限公司的出口品牌"JSPL"新认定为浙江出口名牌，绍兴中科通信设备有限公司的"ZKTel"、浙江医药股份有限公司的"ZMC"、浙江锦盛新材料股份有限公司的"JSPL"以及浙江欧尔赛斯科技有限公司的"ALWSCI"新认定为绍兴市出口名牌。(区商务局　郭佳红)

绍兴综合保税区

【概况】 绍兴综保区规划位于绍兴滨海新区袍江片区，四至范围：东至越兴路、西至陶畈江，南至群贤路，北至于越路，总规划面积 1.72 平方公里(2581 亩)，分两期建设，一期 1366 亩，二期 1215 亩，计划总投资 57.79 亿元，其中一期市政配套和海关监管设施工程计划投资 11.5 亿元。主要建设海关办公区、主次卡口、海关围网、巡逻道、查验区等海关监管设施。绍兴综保区将以"对外开放量级提升的引擎区、国内国际双循环重要节点的

绍兴综合保税区规划效果图(新区综保办　提供)

承载区,综合保税模式创新的示范区、数字赋能智美一体的样板区、城市功能品质提升的体验区”为主要目标,着力建设绍兴跨境电商集聚中心、绍兴进口商品展示贸易集聚中心、“绍兴制造”出口贸易集聚中心、绍兴外向型加工制造研发中心、绍兴国际开放交流中心,围绕集成电路、生物医药两大“万亩千亿”产业平台,以“高端制造+新型服务贸易”为业态,大力招引优质企业和重大项目,充分展现城市型综保区特色,打造长三角乃至全国先进制造业的战略枢纽,成为袍江区域能级品质提升引爆点、绍兴对外开放新引擎。

【封关验收】 2021年1月5日,绍兴综保区正式开工建设。6月底,一期市政基础设施工程和海关监管设施工程全面完工。7月28日,市政府向省政府申请验收。9月8日,省政府向海关总署申请验收。11月17日,通过省级八部门联合预验收。12月2日,通过国家八部委联合验收。实现全省首个“当年开工、当年竣工、当年验收”的综保区,跑出在“一片白地”上建设综保区的“绍兴速度”。(新区综保办　诸永波)

农业农村

综述

【概况】 2021年，越城区坚持农业农村优先发展方针，牢牢把握稳中求进工作总基调，克服新冠肺炎疫情困难，深入实施乡村振兴战略，全力落实高质量发展和“六稳”“六保”工作，推进“五星达标3A争创”迭代升级，促进农业转型升级、农村全面进步、农民持续增收。全年粮食播种面积15.38万亩，总产量0.705亿公斤（除沥海街道），实现农林牧渔业总产值369924万元，增长3.4%。2021年，越城区村级集体经济组织共创总收入10.25亿元，农村居民人均可支配收入42508元，同比上年增幅10%。低收入农户人均可支配收入18472元，同比上年增幅13.3%。全面消除经营性收入低于40万元的28个区级经济薄弱村。2021年，越城区开展全国农村宅基地制度改革试点工作，成功创建省级渔业健康养殖示范县。

【发展现代都市农业】 2021年，越城区加快推进农业供给侧结构性改革，提高农业生产的规模化、标准化、市场化水平和农民的组织化、信息化、市场化程度，壮大农业主导产业规模，实现产业项目落地集聚规模化发展，推动“三产融合、三生协调、五化联动”的现代都市农业发展。加速实施农业产业提升“2020计划”项目落地，推进农业生产经营体制创新，促进数字赋能农业生产，建设省级数字农业工厂。截至年底，省级认定农业龙头企业8家，市级认定“菜篮子”蔬菜基地17家，有30亩以上水果种植基地32家、10亩以上花卉基地9家、30亩以上水产养殖基地115家、畜禽规模养殖企业17家、茶叶基地3家、中药材基地2家、农业经营企业6家。2021年，成功创建国家级畜禽养殖标准化示范场1家（浙江宝仔农业发展有限公司）。

【实施农业产业提升“2020”计划】 2021年，越城区加速产业项目落地，推进越城农韵酒乡（抹茶小镇）特色农产品优势区建设，建设富盛镇农产品展销中心、农民技能培训中心等，完成投资额650万元；开展一景牧业养殖场改造提升项目，主要建设内容包括配置立式原粮储存筒仓、饲料制备机及配套的精准饲喂系统和饲料识别装置，建设厌氧罐、沼气净化设备、牛粪烘干设备及配套土建工程等，完成投资1420万元。

【农业生产经营体制创新】 2021年，越城区省级龙头企业绍兴绿容食品有限公司联合带动区域内5家蔬菜产业农民合作社成立绍兴市速冻蔬菜初加工产业化联合体，创建成为省级农业产业化联合体。通过订单农业、劳动就业、风险防范、技术服务等方式，强化“龙头企业—合作

2021 年，浙江一景生态牧业有限公司创建成为省级数字工厂（区生态环境分局　提供）

社—家庭农场—小农户”的合作纽带。

【创建省级数字工厂 1 家】 2021 年，浙江一景生态牧业有限公司创建成为省级农业数字工厂。主要通过全部牛舍实行实时监控、挤奶转台的数字化管理系统、犊牛饲喂的数字化管理、TMR（全混合日粮）精准饲喂系统建设、粪污处理智能化管理等数字化系统建设，建立对奶牛的配种、繁殖、饲养、挤奶一整套的数字信息管理系统。

【2.24 万亩高标准农田项目开工建设】 2021 年，越城区东湖、斗门、孙端、鉴湖、陶堰、皋埠街道、富盛镇 7 个高标准农田项目开工建设，涉及 70 余个行政村。工程建设面积约 2.24 万亩，其中高效节水面积覆盖面积 500 亩，概算总投资 5000 余万元。

【完成 10 个粮食生产功能区因缺补缺项目】 2021 年，越城区在斗门、孙端、鉴湖、陶堰、皋埠、东浦、马山、沥海街道、富盛镇实施完成 10 个粮食生产功能区因缺补缺项目。其中，斗门街道项目完成新建灌溉取水泵房 1 座、U70 渠道 522 米、水泥机耕路 820 平方米。孙端街道项目完成机耕路硬化约 3032 平方米。鉴湖街道项目完成机耕路改造、新建及修复预制排水渠道、渠道清淤等。陶堰街道项目完成新建机耕路并硬化 420 米、泵房 1 座、高效灌溉管道 190 米、雨水井 8 座及下田坡 6 处。皋埠街道项目完成对原机耕路进行硬化，主路长 377.689 米，宽 4 ～ 2.5 米；支路长 88.005 米，宽度 3 米；总硬化面积约 1680 平方米；挡墙修复 95 米。东浦街道项目完成行宫山村粮食生产功能区机耕路硬化。马山街道项目完成徐潭村农业基础设施改造。沥海街道项目完成沥青路面、路面修复、混凝土、排水涵管等。富盛镇项目一完成机耕路硬化 + 新建沟渠约 70 米，新建沟渠 320 米，沟渠维修 268 米，同时配套新建节制闸、泄水管、落田坎、过路窨井若干处。富盛镇项目二完成机耕路硬化约 762 米，同时配套新建节制闸、泄水管、落田坎、过路窨井若干处。项目总投资 500 余万元。

种植业

【概况】 2021 年底，越城区共有粮食生产功能区面积 8.94 万亩（不含沥海），种粮面积 50 亩以上的种粮大户 599 户，总承包面积 8.5 万亩；市级认定“菜篮子”蔬菜基地 17 家，合计面积 5910 亩。全年创建市、区级水稻高产百亩示范方 10 个，其中市级 3 个、区级 7 个。50 亩以上粮食复种面积 13.97 万亩。

【完成粮食播种面积 15.38 万亩】 2021 年，越城区出台《粮油生产保供扶持政策》及配套实施细则，通过抓好春耕备耕、“双抢”协调，及早部署冬种生产等工作，有效稳定粮食播种面积，积极提高粮食总产，实现全区粮食播种面积 15.38 万亩，总产量 0.705 亿公斤。

【新技术品种推广】 2021 年，越城区引进推广水稻“甬籼 15”“中早 39”“秀水 134”“绍糯

9714”“浙粳96”“甬优538”“甬优1540”“嘉丰优2号”等18个主导品种，玉米、油菜、小麦、马铃薯、茶叶、桑树等新品种16个；推广水稻机械化种植技术、农作物测土配方施肥技术、农作物病虫害绿色防控技术、水稻两壮两高栽培技术等34项农业主推技术，抓好粮食生产能力提升。

【粮食生产功能区“非粮化”整治】 2021年，越城区出台严格按照国务院“六个严禁”和省政府“四个禁止”要求，及时制定出台《越城区粮食生产功能区整治优化工作实施方案》，有序推进粮食生产功能区“非粮化”整治。至年底，完成粮食生产功能区清理整治和优化调整1.64万亩，其中清理腾退0.4815万亩。

【千户农业主体参加特色农业政策性保险】 2021年，越城区持续推广特色农业政策性保险，涵盖生猪、能繁母猪、水稻、小麦、油菜种植、农业设施大棚、露地西瓜、葡萄种植等13个农业保险品种，其中包含全市茶叶低温气象指数、全市叶菜成本价格地方特色性保险。另有3个商业性农业保险：水稻补充商业保险、生猪养殖扩展保险金额保险、能繁母猪养殖扩展保险金额保险。全区1000余户农业主体参保，提供保险保障3.61亿元。2021年，越城区共受理保险理赔案件2188件，办结2186件，结案率99.91%。全年累计向900余户农户支付赔款2711万元，赔付率202%。

【推进化肥农药减量工程】 2021年，越城区推广应用省补商品有机肥，推进化肥农药减量工程。在全区范围内建设3个化肥定额制配套技术示范方（其中晚稻3个），委托第三方完成287个（含袍江、滨海）耕地土样检测。推广应用“浙样施”平台，包含12个镇街、395个大户、573个场点。配方发布32个，配方肥推广0.228万吨，按方施肥0.356万吨，推广应用总计0.584万吨。商品有机肥推广应用0.7035万吨，商品有机肥推广面积2.51万亩。推广农作物病虫害绿色防控应用面积15.72万亩次，水肥一体化技术推广面积0.5万亩，实现不合理化肥减量90.02吨，农药减量9.39吨。2021年回收农药废弃包装物34.55吨，处置29.55吨。（区农业农村局　吉佳红）

林　业

【概况】 截至2021年底（根据上一年度森林资源动态监测结果），越城区共有林地面积20.5416万亩，森林面积20.1736万亩，森林覆盖率为27.32%，增长率居全市首位。活立木总蓄积量80.6296万立方米，其中乔木林蓄积73.3007万立方米，占90.91%；散生木蓄积1.8901万立方米，占2.34%；四旁树蓄积5.4388万立方米，占6.75%。清除病枯死松木6514株，除治面积约0.78万亩。全年未发生森林火灾。

2021年，越城区编制《绍兴市越城区、滨海新区林业发展“十四五”规划》，明确越城区“十四五”期间森林资源保护、生态修复、自然保护地建设、林业产业发展、生态文化弘扬等相关目标任务。

2021年，越城区推进《浙江绍兴会稽山国家森林公园总体规划（2020—2030年）》《浙江绍兴鉴湖国家湿地公园控制性详细规划》《鉴湖风景名胜区总体规划（2021—2035）》3项规划统筹编制，形成以南会稽山脉为本底，东、西鉴湖为脉络的越城山水美丽画卷。

【全面推行林长制】 2021年，越城区制定越城区《关于全面推行林长制的实施意见》，全面建立覆盖区、镇（街道）、村三级的林长制管理体系，建立林长制组织架构，明确责任分区，做好森林湿地资源保护管理、森林资源生态修复、森林灾害防控等工作。

东鉴湖国家湿地公园(区自然资源与规划分局　提供)

【巡护森林防火 4800 人次】 2021 年,越城区强化人防 + 技防,安排专人进行日常巡查,共计进山巡护约 4800 人次,劝阻野外用火 48 次,消除安全隐患 5 处。在"五一"国际劳动节、国庆节等重要节假日期间在会稽山林场人流集中的重要部位悬挂横幅 30 条,张贴通知 500 份、彩旗 400 面,并每天派员在林区做好禁火令宣传工作。在全区重点林区建设高位热感监控系统,在会稽山林场共建设 12 处高位热感摄像监控,春节、元宵、清明、冬至等重要节假日落实 24 小时值守。全年林场无一起毁林偷伐事件发生,无一起火情发生。

【松材线虫病防治】 2021 年,越城区松材线虫病发生面积 0.754 万亩,枯死松树 2977 株。对以上普查结果相应制定 2021—2022 年越城区松材线虫病防治方案,按照计划在皋埠街道、鉴湖街道、城南街道、陶堰街道及富盛镇进行疫木除治共计 6514 株,约 0.78 万亩,集中除治工作将于 2022 年 3 月底前完成。

【百万亩国土绿化建设】 2021 年,越城区组织实施百万亩国土绿化造林任务,推进大规模国土绿化美化五年行动,完成《绍兴市越城区新增百万亩国土绿化建设规划(2020—2024 年)》编制工作,全年共完成造林更新 905 亩(平原绿化 895 亩)、森林抚育 400 亩、千万亩森林质量精准提升 1500 余亩。(区自然资源和规划分局　李伟)

畜牧业

【概况】 2021 年,越城区继续推进以标准化、绿色化、循环化、规模化、数字化、基地化"六化"引领的畜牧业高质量发展。全年肉类总产量 8323.52 吨、禽蛋产量 660.94 吨。生猪存栏 5.94 万头,其中能繁母猪 0.6082 万头,生猪出栏 7.99 万头;家禽存栏 14.06 万羽,出栏 21.28 万羽;羊存栏 1.99 万头,出栏量 1.72 万头;蜜蜂规模养殖存栏数 603 箱;绍兴市天天肉食品有限公司生猪屠宰检疫 2973 批次 229629 头(其中省外调入 1483 批次 169845 头)、家禽屠宰检疫 1160 批次 106.51 万羽(其中省外调入 305 批次 505023 羽)。全区累计创建省级美丽牧场 13 家。

【重大动物疫病防控】 2021年，越城区重点结合春秋二季动物防疫突击预防行动计划，对全区畜禽实施强制免疫，全年重大动物疫病口蹄疫、猪瘟、小反刍兽疫和高致病性禽流感免疫密度达100%，免疫合格率达70%以上。全年接种免疫猪口蹄疫24.14万头次、猪瘟24.79万头次，羊口蹄疫4.41万头次、小反刍兽疫6.70万头次，牛口蹄疫0.9万头次，免疫高致病性禽流感鸡13.45万羽、鸭7.35万羽、鹅3.21万羽。存栏5000头以上生猪规模养殖企业全面建立非洲猪瘟病毒核酸PCR（聚合酶链式反应）检测自检制度，生猪屠宰场严格履行动物防疫和产品质量安全主体责任，并实施非洲猪瘟自检。全年病死猪无害化处置15709头，处理率100%。备案食用动物产品2196批次3700吨，“牧运通”信息系统生猪运输车辆备案8辆，全年无重大动物疫情发生。

【推进畜牧业绿色发展】 2021年，越城区推进规范兽用抗菌药减量化及环保型饲料使用的“二化”试点行动，完成评估验收兽药减量化示范场1家试点场5家、饲料环保化评估验收示范场1家试点场3家，成功创建国家级畜禽养殖标准化示范场2家（辉达、宝仔），区内2家（宝仔、一景）荣获农业农村部兽用抗菌药使用减量化行动试点达标养殖场。通过指导一景奶牛养殖场加快建设完善数字化牧场，推进“奶业振兴集聚区”项目建设，创建成为全国首批“生态农场”。2021年，落实拨付畜牧业高质量发展资金475万元、市级加快种业高质量发展财政奖励资金73万元、区级“三农”高质量发展加快畜禽养殖提升发展财政奖励26万元。

渔　业

【概况】 2021年，越城区渔业主要养殖品种为四大家鱼等常规品种以及甲鱼、青虾、南美白对虾、加州鲈鱼等名特优品种。全年增殖流放鱼苗902万尾，其中夏花875万尾、冬片27万尾。全年水产养殖面积98945亩，其中外荡养殖面积39495亩，池塘养殖面积46200亩，稻田养殖面积13250亩。水产品总产量41620吨，较上年增长2.8%。渔业总产值151871万元，较上年增长8.57%。休闲渔业经营主体全年共计接待游客6.8万人，产值876万元。

【成功创建省级渔业健康养殖示范县】 2021年，越城区推进健康养殖示范县创建，依法编制

2021年越城区建成水产健康养殖示范场一览表

表26

序号	名称	级别
1	绍兴市越城区金顺家庭农场	省级
2	绍兴市越城区东浦生态甲鱼养殖场	省级
3	绍兴市越城区福兴家庭农场	省级
4	绍兴市越城区献章家庭农场	省级
5	绍兴市越城区多柱江水产经营部	省级
6	绍兴市荣欣水产养殖场	省级
7	绍兴市越城区虾哥家庭农场	省级

养殖水域滩涂规划，有序拓展养殖空间，规范种业发展和生产管理，全力保障初级水产品质量安全。2021 年，越城区成功创建省级渔业健康养殖示范县和 7 家省级健康养殖示范场。

【水产品质量安全监管】 2021 年，越城区累计开展初级水产品质量安全执法检查 27 次，检查企业 105 家；完成 313 批次水产品定量监测，合格率 100%，其中部级风险监测 45 批次，省级例行监测 46 批次，省级专项监测 22 批次，省级监督监测 43 批次，市级例行监测 28 批次，市级监督监测 40 批次，区级监督监测 89 批次。全年累计查处渔业行政执法案件 93 起，收缴罚没款 22.38 万元。

农业服务与监管

【概况】 2021 年，越城区完善区、镇街、基地三级农产品检测监管体系，推动各涉农镇街农产品检测站正常运行并免费开放。推广绿色防控技术面积 14.52 万亩、统防统治面积 13.23 万亩。年内，实施耕地安全利用和严格管控，完成农用地污染区块耕地现状划分及种植户现状详查并开展整治。推广应用省补商品有机肥，实施化肥农药减量工程，实现不合理化肥减量 90.02 吨，农药减量 9.39 吨。

【农产品质量安全】 2021 年，越城区共完成各级定量抽检农产品 998 批次，合格率为 99.7%。推进完善乡镇农产品质量安全快速检测室，每个涉农镇街农产品检测站正常运行并免费开放。建成农产品质量安全追溯点 320 家，对 199 家农业生产主体开展信用综合监管，其中 139 家信用级别 B 级，60 家信用级别 C 级。截至 2021 年底，全区共有绿色食品 3 个，无公害农产品 88 个，无公害整体认证 5 家，全区主要食用农产品中绿色优质农产品比率为 56.48%。

【建成土壤污染省级监测点】 截至 2021 年底，越城区建成土壤污染省级常规监测点 6 个（皋埠街道上蒋村、陶堰街道亭山村、鉴湖街道上谢墅村、灵芝街道西山头村、马山街道永兴村、孙端街道小库村），综合监测点 4 个〔东浦街道鲁东村粮食生产功能区、富盛镇乘风畈省级粮食生产功能区、皋埠镇新桥（大湖沿畈）市级粮食生产功能区、孙端街道樊浦畈省级粮食生产功能区〕（不含沥海街道），并完成监测点的土壤和农产品抽样。

【耕地安全利用和严格管控】 2021 年，越城区根据省农科院《耕地土壤环境质量类别划分》详查成果和现状调查数据，出台《2021 年越城区耕地安全利用工作计划》，全区安全利用农田中，主要通过水稻品种调整、深翻耕、水分调控、优化施肥、水稻替代种植等方法实施安全利用措施。2021 年，全区耕地可安全利用地块安全利用率达到 93% 以上。

【全区农机拥有量达 497 台（套）】 2021 年，越城区全面承接农机事权，重抓农机安全生产工作，各项工作顺利推进。全面清退 273 台存量变型拖拉机，兑现变型拖拉机报废财政补贴资金 238.52 万元，确保不发生较大以上农机安全事故。农作物耕种收综合机械化率达 80.9%，水稻栽植面积耕种收综合机械化率达 90.5%。茶叶、蔬菜、畜牧等主导产业机械化持续发展，落实高耗能农业机械报废 35 台（套），上牌照的农田拖拉机和收割机年检率达 70% 以上，农业机械实地安全检验服务项目审核完成 451 台（套）；规范执行农机购置补贴工作实施方案，全年办理补贴机具 120 台（套），受益农户 74 户，总发放补贴资金 216.02 万元。截至 2021 年底，全区农机拥有量达到 497 台（套）。

【优质品牌农业展示展销】 2021 年，因疫情防控需要，越城区着力推动优质农产品线上销售，组织50家全区优质农产品生产主体进驻省厅“网上农博”平台，参展主体较线下数量明显增加。组织参加2021年浙江网上农博会、网上农博绍兴主题日等展示展销活动，同时通过网上直播、团购、秒杀活动等活动，提高全区农产品销售额和知名度。另于11月21日至30日组织开展2021越城区线上农博会活动，向大众展现越城区独具特色的农产品，共有50余家企业、300余个商品开展展示展销，活动期间通过网上农博越城馆获得曝光约7万次，实现成交额26万元。

【“三位一体”农合联改革】 2021年，越城区继续推进三位一体农合联建设，启动农合联指标建设两年翻倍计划，成立2个市级产业农业（绍兴市粮油产业农合联和绍兴市蔬菜产业农合联）和5个区级产业农合联（越城区水果、蔬菜、甲鱼、水产、农资经营产业农合联），完成2个现代农业服务中心（鉴湖和富盛现代农业服务中心）的建设，实现组织体系建设指标完成率增加50%以上，为农服务指标完成率增长50%以上。

【累计注册家庭农场179家】 2021年，新认定绍兴市示范性家庭农场4家，分别是绍兴市越城区匡群家庭农场、绍兴市越城区越娃子家庭农场、绍兴豌豆农场有限公司、绍兴市越城区佳祥家庭农场。至2021年底，越城区累计注册家庭农场179家。其中，省级示范性家庭农场11家、绍兴市示范性家庭农场16家、绍兴市级示范性特色家庭农场3家（分别为绍兴市银龙农场、绍兴国明农场有限公司和绍兴腾风农场有限公司）。

【累计5家省级示范性农民专业合作社】 2021年，新认定浙江省示范性农民专业合作社1家（绍兴绿油油蔬菜专业合作社）。至年底，全区累计注册农民专业合作社235家，省级示范性农民专业合作社累计5家（绍兴绿油油蔬菜专业合作社、绍兴市滨海新城新田野农机专业合作社、绍兴市滨海新城舜盛水产专业合作社、绍兴绿野山地蔬菜专业合作社、绍兴市民乐粮油专业合作社）。

美丽乡村建设

【概况】 2021年，越城区开展“五星达标，3A争创”迭代升级。对12个涉农镇街116个行政村开展“一分两清三化”的农村人居环境整治常态化评估和整治提升，在9个镇街51个行政村开展实施规划非保留村农村生活污水治理设施运维管理。创建省级美丽乡村示范乡镇1个、省级美丽乡村精品村3个、省级新时代美丽乡村达标村22个、市级美丽乡村示范乡镇1个、市级美丽乡村精品村3个。

【实施规划非保留村农村生活污水治理设施运维管理】 2021年，越城区继续对9个镇街共51个尚未拆迁的规划非保留行政村开展实施农村生活污水治理设施运维管理工作，共计受益农户11921户，区级补助资金64.61万元。

坡塘村云上小馆（区农业农村局 提供）

2021年浙江省新时代美丽乡村精品村创建名单

皋埠街道腰鼓山	东浦街道东浦村
陶堰街道张家岙村	鉴湖街道坡塘村
富盛镇凤旺村	斗门街道玉山村
马山街道红墅村	沥海街道南桥村
孙端街道三条溇村	沥海街道邵联村
东湖街道高平村	沥海街道舜海村
灵芝街道独猕湖村	

【全区“五星达标”覆盖率达83%】 2021年，越城区对2019年11个村开展“五星达标、3A争创”指导验收，其中东湖街道大皋埠村，灵芝街道独猕湖村，陶堰街道茅洋村、浔阳村，沥海街道渔村村、沥东村，富盛镇义峰村实现五星达标，陶堰街道白塔头村、孙端街道村头村达到3A村标准。截至年底，全区累计129个村创建为市五星达标村、16个村为市3A示范村，“五星达标”覆盖率83%。

【美丽乡村示范乡镇、精品村创建】 2021年，越城区斗门街道创建省级美丽乡村示范乡镇；创建鉴湖街道坡塘村、孙端街道新河村、富盛镇上旺村3个省级美丽乡村精品村。创建22个省级新时代美丽乡村达标村和13个省级新时代美丽乡村精品村。东浦街道创建市级美丽乡村示范乡镇，鉴湖街道秦望村、陶堰街道白塔头村、孙端街道后双盆村创建市级美丽乡村特色精品村。

【农村人居环境整治提升】 2021年，越城区成立乡村振兴推进专班，制定《2021年度越城区农村人居环境常态化评估办法》，对考评排名靠前、进步明显的村予以资金奖励，对排名靠后的村给予“黄牌”“红牌”警告并进行为期1个月的专项整改。年内，开展三轮集中整治行动，完成56个重点村整治验收，问题销号8616个；每季度开展“大排查大曝光大整治”行动，共检查曝光问题631个，一周内完成全部曝光点位整改，有效解决一批违章搭建、空倒房等“老大难”问题，共拆除农村违章搭建30余万平方米，清理空倒房681幢，综合利用约42000平方米，利用率达99.2%；每周开展常态化下沉检查，对116个考核村每月开展全覆盖检查并通报，每季度结合市级考评开展巡查迎检、环境暗访，共发现并整改问题2500余处，建立市级季度考评复查、区级月度考评复查、曝光问题复查的“回头看”机制，确保农村人居环境整治常态化、不反弹。2021年，全区共投入农村人居环境整治工作经费1.8亿元，开展垃圾分类宣传6980场次，清理乱堆乱放48801处，整治问题公厕2443个，三线序化整治4687公里，年度累计创建美丽庭院18587户。

宅基地制度改革

【概况】 2021年，越城区开展全国农村宅基地制度改革试点工作，印发《绍兴市越城区农村宅基地制度改革试点实施方案》，在鉴湖街道、孙端街道、富盛镇3个镇街先行开展宅基地试点工作。

【完成基础信息调查5567户】 2021年，越城区确定13个镇街132个村作为全区农村宅基地基础信息调查村，共涉及农户85155户。委托专业第三方开展鉴湖街道坡塘村、孙端街道吴融村、富盛镇金溪村等3个村的宅基地基础信息试点调查，涉及农户2446户。截至2021年底，完成基础信息调查5567户。

【4个镇10个村开展村庄规划编制】 2021年，越城区按照"多规合一"要求，结合行政区域调整，及时启动村庄规划修编工作。印发《绍兴市越城区村庄规划编制方案》，鉴湖街道坡塘村、王家葑村，东浦街道清水闸村、壶殇村，陶堰街道泾口村，孙端街道村头村、榆林村，富盛镇金溪村、上旺村、文山村等10个村已开展村庄规划编制工作。

【推进宅基地制度改革】 2021年，越城区确定鉴湖街道、孙端街道、富盛镇为先行试点镇街，明确鉴湖街道重点探索宅基地使用权抵押制度和宅基地使用权流转机制；孙端街道重点探索城镇开发边界内农户资格权的保障和宅基地的退出和利用模式；富盛镇重点探索宅基地的退出和利用模式、宅基地使用权流转机制及有偿选位。制定出台《越城区农民住房财产权（含宅基地使用权）抵押贷款实施办法（试行）》，起草《越城区农村宅基地管理办法》《越城区农村宅基地退出和利用实施细则》《越城区农村宅基地资格权认定（登记）办法》。完成农房财产权（含宅基地使用权）抵押贷款1笔，贷款金额50万元；宅基地有偿使用1宗，面积0.255亩，有偿使用费11.8万元；宅基地有偿退出14宗，面积0.3675亩，有偿退出补偿8.4万元。激活闲置农房1.3万平方米，启动建设农民公寓1处，建筑面积1.57万平方米。

【新审批宅基地74宗】 2021年，越城区东湖街道、鉴湖街道、陶堰街道、孙端街道、沥海街道5个街道共审批宅基地74宗，审批宅基地面积9.07亩。

【解决144户农户历史遗留问题】 2021年，越城区推进处置宅基地历史遗留问题，解决农房确权登记遗留问题26户、孙端街道34户丽水滩坑水电站移民宅基地审批补办问题，推进解决孙端街道镇塘殿村标准海塘拆迁40户宅基地遗留问题和2009年杭甬客运专线拆迁安置44户农户宅基地审批问题，累计解决144户农户的历史遗留问题。

【激活闲置农房】 2021年，越城区根据市"闲置农房激活计划"工作要求，在鉴湖、斗门、皋埠、陶堰、马山、孙端、沥海、富盛等8个镇街开展闲置农房激活工作，激活利用闲置农房334幢（包括村集体闲置房屋利用），总投资1.72亿元。

农村经营管理

【概况】 2021年，越城区村级集体经济组织共创总收入10.25亿元，农村居民人均可支配收入42508元，同比上年增幅10%。低收入农户人均可支配收入18472元，同比上年增幅13.3%。全面消除经营性收入低于40万元的28个区级经济薄弱村。至2021年底，全区171个行政村（不包括拆迁村），年经营性收入在50万元以上的行政村达到81.28%。

【消除集体经济薄弱村】 2021年，越城区完成28个经济薄弱村转化，通过财政兜底保障、宅基地有偿使用、资源盘活利用、拓展社会化服务等措施，全面消除经营性收入40万元以下的行政村，全区171个行政村（不含全拆村）经营性收入均达50万元以上。区财政为每个村安排10万元兜底保障资金，对增收稳定并成效明显且当年度经营性收入达到40万元以上（含）的相对薄弱村，再给予5万元的奖励，促进经济薄弱村转化。

【推进"三资"管理数字化改革】 2021年,越城区深化以村务卡、无现金缴存、村级资金支付网上审核、银联直付为内容的农村集体"三资"去现金化管理改革工作基础上,全面应用省版农村集体"三资"数字管理系统。全区16个镇街共323个经济合作社统一完善和应用基础数据、审批支付、财务管理等系统模块,完成社员信息化备案工作。

【低收入农户健康保险免费参保】 2021年,越城区完成浙江省低收入农户帮促数字化系统数据维护,构建"浙农码"红、黄、绿三色防返贫动态监测预警管理机制。截至年底,全区共有低收入农户1828户2588人,其中低保户1586户2075人,其他经济困难户242户513人。由政府统一出资,为所有建档立卡的低收入农户投保健康商业补充保险,按照150元/人的标准,总投保金额39.48万元(以11月在册人数投保),并按月对新增低收入农户进行投保。(区农业农村局　吉佳红)

工 业

综 述

【概况】 2021年,越城区有规模以上工业企业592家,全年整治各位"低散乱"企业504家,淘汰落后产能企业41家,成功创建省级"无废工厂"1家,市级"绿色工厂"11家,省级"绿色工厂"1家,国家级绿色工厂1家,国家级绿色设计产品4个,省级节水型企业5家,新增国家级专精特新"小巨人"企业5家。全年实现规模以上工业总产值1697亿元,同比增长23.7%;工业增加值364.4亿元,同比增长12.7%;营业收入1339.4亿元,同比增长21.2%;利润总额80.6亿元,同比下降1.9%。全年完成工业技改投资48.00亿元,同比增长179.4%,增速列全市各县市区第一,高出全市平均50.5个百分点,领跑全省;全区数字经济核心产业制造业增加值82亿元,同比增长22.6%,位列全市第一;全区亩均增加值94.15万元/亩,同比增长22.12%,增速列全市第一。年内,越城区获批省数字经济创新发展试验区和5G基站审批建设一件事集成改革试点,生物医药产业集群被列入2021年浙江省产业集群(区域)新智造试点名单,浙江医药股份有限公司被列入2021年省级"未来工厂"试点名单。

【105个项目列入省市重点工业项目】 2021年,越城区对重点工业项目进行一月一追踪、一月一督查,推进项目加快实施。2021年,越城区15个项目列入浙江省"十百千"(10项以上百亿级项目、100项以上十亿级项目、1000项以上亿元以上项目)重大制造业项目2021年度重点实施计划,占全市总项目数的30.6%。90个项目列入2021年绍兴市重点工业投资项目计划,其中10亿元以上的项目19个,总投资1096.84亿元,占全市的30.3%。中芯二期、中芯技改、国科生命健康园等一批"1521"(总投资在100亿元、50亿元、20亿元、10亿元以上的项目)重点项目顺利开工建设。

【深化"亩均论英雄"改革】 2021年,越城区按照"一码管地、标准用地、平台做地、园区优地"原则,"试点先行、分步实施、全域推广"实施路径,集中整治亩税5万元以下低效用地企业。全年共整治各类"低散乱"企业(作坊)504家,淘汰落后产能企业41家,主要涉及纺织、服装、机械等行业。通过对A、B类企业正向激励,共减免城镇土地使用税1.21亿元,通过电力直接交易降低用电成本8309万元,改造提升亩均税收万元以下低效企业115家。

【智能化改造】 2022年,越城区5大类共11个项目列入浙江省"五个一批"重点技术改造示范

“十百千”重大制造业项目2021年度重点实施计划一览表

表27　　单位:万元

序号	企业名称	项目名称	建设内容	产业链	总投资	当年计划投资	开工时间
1	浙江古越龙山绍兴酒股份有限公司	黄酒产业园项目	项目总用地面积1100亩,新增用地面积1100亩,总建筑面积88万平方米,其中地上建筑面积88万平方米,新增建筑面积88万平方米,设计生产能力为机械化黄酒20万吨/年,料酒8万吨/年,传统黄酒4万吨/年,味淋酒1万吨/年,果酒1万吨/年	其他	573301	50000	2019年10月
2	浙江环宇中民筑友建筑科技有限公司	年产20万立方米装配式建筑PC项目	项目总用地面积约99亩,新建生产车间等用房总建筑面积约83380平方米,购置双循环墙板生产线、混凝土生产输送线及钢筋生产线等设施设备,形成年产20万立方米(对应建筑面积约60万～180万平方米)装配式建筑PC的生产能力	其他	50000	10000	2019年9月
3	振德医疗用品股份有限公司	振德医疗用品股份有限公司功能性敷料及智能物流中心建设项目	项目主要生产自主研发、国内领先的功能性敷料等产品。引进和购置具有国际先进水平的产品生产线设备。项目总用地面积66610平方米,新建厂房及智能化物流仓库地上面积74513平方米,地下面积3966平方米,共计78479平方米。项目建成后,形成年产功能性敷料等产品8000万件(套)的生产能力。产品具有国内领先、替代进口的特点	生物医药	50000	5000	2018年12月
4	绍兴安吉尔环境科技有限公司	安吉尔年产1000万台(套)高端净饮水设备生产基地一期项目	本项目总面积375亩,预建成金属成型注塑联合生产厂房、装配生产厂房1、装配生产厂房2、装配生产厂房3、膜孵化基地、高位自动仓库、研发检测大楼、污水处理站、公用车间、门卫。预计建成后,将形成年产1000万台净饮水产品及净饮机核心零部件的生产规模,预计年销售额达到107亿元	智能家居	180000	10000	2019年6月
5	浙江最成半导体科技有限公司	浙江最成半导体科技有限公司年产10万套装备核心部件和耗材研发制造项目	该项目总面积90325平方米,厂房95000平方米、仓储20000平方米、研发10000平方米,计划年产10万套15.75英寸铝靶材及核心部件,建成后预计年产值15亿元	集成电路	105000	20000	2020年12月

续表 27

序号	企业名称	项目名称	建设内容	产业链	总投资	当年计划投资	开工时间
6	绍兴格洛博动力总成有限公司	年产800万套汽车离合器关键零部件	建设用地面积66625.7平方米，总建筑面积103621.68平方米，专业研发、设计、生产、销售汽车自动变速箱齿毂等核心零部件	节能与新能源汽车	150000	50000	2020年6月
7	绍兴三花新能源汽车部件有限公司	绍兴三花新能源年产150万套新能源热管理部件项目高性能铝合金铸件生产项目	该项目总用地面积约87599.8平方米(约131.4亩)，建筑面积91600平方米。购置超声波激光焊接设备、半自动组装线、氦检 机等设备402台(套)。项目达产后，形成年产150万套新能源热管理部件的生产能力。预计可实现年销售收入300000万元	节能与新能源汽车	52000	20000	2021年1月
8	越海百奥药业(绍兴)有限公司	越海百奥生物医药产业化及服务平台	项目规划总用地面积约360亩，计划建设50万升规模的抗体药物CDMO(合同研发生产组织)基地。抗体药物CDMO基地分两期建设，其中一期投资约15亿元，用地约280亩，打造10万升规模的抗体药物生产基地；总部大厦投资约10亿元，用地约60亩，建设越海百奥总部并引进其他生物医药产业相关项目	生物医药	510000	40000	2019年6月
9	显鋆(上海)投资管理有限公司	显鋆晶圆测试及晶圆重构项目	项目位于皋埠街道，计划总投资20亿元。其中一期项目购地约30亩，规划建设一条2万片/月产能晶圆测试及晶圆重构线，将建设有限标准化车间，引进先进的自动化生产线，打造高精度工艺的晶圆测试及晶圆重构生产基地，主要针对高像素图像显示芯片的12英寸晶圆测试及重构封装	集成电路	200000	50000	2020年6月
10	浙江尚科生物医药有限公司	生物酶系列产品及化学药物产业化基地项目(一期)	建设辅酶固体制剂10亿片/年、化学药固体制剂17.36亿片/年、冻干粉针剂2600万支/年、小容量注射制剂5000万支/年、大容量注射剂3000万袋/年、生物酶制剂1041吨/年，配套的辅酶原料117.05吨/年和原料药401.24吨/年	生物医药	112440	20000	2020年6月
11	浙江华剑智能装备股份有限公司	浙江华剑智能装备股份有限公司年产750台(套)智能装备制造工厂项目	项目采用国内先进的床垫机械的生产工艺，拟新建50条机器人全自动生产线、4条全自动机器人装配线，并配套各类先进的生产设备，形成年产各类数控床垫弹簧设备750台(套)的生产能力	智能装备	50000	10000	2019年6月

续表 27

序号	企业名称	项目名称	建设内容	产业链	总投资	当年计划投资	开工时间
12	中芯集成电路制造(绍兴)有限公司	中芯绍兴 MEMS(微机电系统)和功率器件芯片制造及封装测试生产基地技术改造项目	该项目借助当前生产线,通过购买主要设备约 1500 余台(套)、调整封测工艺、扩建无尘室等措施,在现有厂房内扩大 8 英寸特色工艺集成电路芯片的制造生产规模,预计改造完成后,产能可提升至 120 万片 / 年,并达到 65 纳米线宽制程工艺水平,年销售收入 40 亿元,年利税 8.3 亿元	集成电路	640000	100000	2020 年 12 月
13	长电集成电路(绍兴)有限公司	300 毫米集成电路中道先进封装生产线项目	引入长电新加坡工厂晶圆级封装及测试个套技术和设备,导入国际一流的 HDFO(高密度扇型出封装)业务研发和验证,拟建成国内最先进的封装测试基地	集成电路	800000	100000	2020 年 5 月
14	浙江芳原馨生物医药有限公司	芳原馨年产 1.2 万吨 VE 前体 -2 及衍生产品 DP、THO 项目;年产 2.6 万吨药用辅料、食品添加剂项目	项目利用新建生产厂房,新增生产设备,建设自动化生产系统,同时配套公用系统、甲类厂房、罐区、综合楼、中控室等。项目采用固定床连续催化、连续精馏、管式连续反应、高效产品精制等先进技术,工艺全流程将采用自动化控制。项目分两期实施:一期实施 1.2 万吨 / 年 VE 前体 -2 及其衍生产品 DP、THO 项目,同时建设工程技术中心(南京大学微界面反应、南京工业大学微通道技术及浙江工业大学过程控制联合工程技术中心);二期实施 2.6 万吨药用辅料、食品添加剂项目	生物医药	100000	5000	2020 年 9 月
15	浙江知行药业有限公司	浙江知行药业有限公司年产 2.6 万吨兽药原料及制剂一体化生产项目	项目规划总用地约 330 亩,计划建设年产 2.6 万吨兽药制剂和饲料添加剂项目。项目分二期建设,其中一期用地约 150 亩,已取得土地	其他	87000	30000	2020 年 1 月

2022 年市级重点工业项目一览表

表 28　　单位：万元

序号	项目名称	所属行业	计划总投资
1	年产 120 万片晶圆 6 英寸特色工艺化合物半导体生产线和年产 144 万片晶圆 8 英寸先进特色工艺半导体生产线项目	电子信息	1730000
2	8/12 英寸晶圆制造及汽车电子暨物联网芯片产业园(两岸产业园)项目	电子信息	1000000
3	国科生命健康创新园	生物医药	1000000
4	300 毫米集成电路中道先进封装生产线项目	电子信息	800000
5	中芯绍兴 MEMS 和功率器件芯片制造及封装测试生产基地技术改造项目	电子信息	640000
6	三花新能源汽车部件产业园项目	高端装备	610000
7	黄酒产业园项目	黄酒	573302
8	美新半导体制造基地项目	电子信息	530000
9	越海百奥生物医药产业化及服务平台	生物医药	510000
10	智能制造装备创新产业园	高端装备	321600
11	显鋆晶圆测试及晶圆重构项目	电子信息	300000
12	永泰生物华东细胞产业园项目	生物医药	300000
13	安吉尔年产 1000 万台(套)高端净饮水设备生产基地一期项目	高端装备	180000
14	年产 800 万套汽车离合器关键零部件项目	高端装备	150000
15	年产 600 台高端面料后整理设备研发智造基地项目	高端装备	120000
16	生物酶系列产品及化学药物产业化基地项目(一期)	生物医药	112440
17	最成中日韩高端半导体材料产业园项目	电子信息	100000
18	芳原馨年产 1.2 万吨 VE 前体 -2 及衍生产品 DP、THO 项目	生物医药	100000
19	年产 2000 万台(套)智能环境家居及厨房小家电项目	其他	100000
20	年产 2.6 万吨兽药原料及制剂一体化生产项目	生物医药	87000
21	兴湾精准医学产业园(一期)	生物医药	83000
22	年产 8 台以上精准挤压铸造设备 1.5 万吨高性能铝合金铸件生产项目	高端装备	70000
23	年产 16 万吨绿色环保再生差别化纤维建设项目	新材料	60099
24	功能性敷料及智能物流中心建设项目	生物医药	50000
25	年产 750 台(套)智能装备制造工厂项目	高端装备	50000
26	年产 20 万立方米装配式建筑 PC 项目	其他	50000
27	年产高档服饰及配饰 95 万件生产项目	现代纺织	50000
28	年处理 5 万吨废旧纺织品资源化绿色循环利用项目	新材料	50000

续表 28

序号	项目名称	所属行业	计划总投资
29	年产 240 万台(套)汽车模块化分总成技术改造项目	高端装备	50000
30	年产 6000 万平方米新型高分子膜产业化项目一期	新材料	42015
31	浙江友嘉年产 200 万台智能洗碗机项目	高端装备	41000
32	通信铁塔基础设施建设、服务项目	电子信息	39200
33	年产 1.6 万根智慧灯杆建设项目	高端装备	38000
34	年产 100 万吨差别化工业聚酯技改项目	新材料	38000
35	年产 2 万吨专业功能织物产业基地	现代纺织	37500
36	高值多功能医用导管项目	生物医药	36000
37	装配式钢结构建筑全生命周期项目管理服务融合示范基地项目	其他	32100
38	智能环保型橡塑配料输送集成系统产业化项目	高端装备	32000
39	年产 1.5 亿套低噪声高精密轴承、导轨及自动化装置项目	高端装备	32000
40	高技术纤维新材料产业化建设项目	新材料	31863
41	年产 2 万吨聚乳酸纤维面料及聚乳酸制品项目	现代纺织	30000
42	年产 3 万吨生物炭绿色植物废弃物综合利用	其他	30000
43	怡华电子家电控制芯片项目	电子信息	30000
44	节能玻璃深加工技改项目(一期)	新材料	30000
45	年产 190 吨原料药和 40 吨高级医药中间体技改项目	生物医药	29000
46	年产 60 吨万古霉素项目	生物医药	27300
47	“深港科技城”产业平台项目	其他	26657
48	年产 10 万吨新材料金属制品项目	新材料	26000
49	年产羽绒、羽毛及羽绒制品 6500 吨技术改造	现代纺织	22468
50	年产 400 兆瓦 BIPV(光伏建筑一体化)光伏新能源生产项目(一期)	高端装备	22000
51	昌海生物分公司生命营养品厂项目一期	生物医药	22000
52	年产 36000 立方米气凝胶超级绝热材料项目	新材料	21808
53	年产 30 万套防爆淋浴房项目	其他	20500
54	喜临门绿色家居(年产 150 万张床垫以及 3 万套配套产品)智造升级项目	其他	20061
55	年产 4500 万套化妆品包装容器新建项目	其他	18818
56	年产 6 公斤噻托溴铵原料、500 万瓶噻托溴铵喷雾剂、2000 万瓶吸入用噻托溴铵溶液、3000 万瓶吸入用布地奈德混悬液项目	生物医药	18800
57	高端装备制造小微企业集聚产业园项目	其他	16000
58	智能仓储配送中心建设项目	其他	15100

续表 28

序号	项目名称	所属行业	计划总投资
59	中亚工贸园轨道交通建筑产业一体化三期	其他	15000
60	工程技术中心建设项目	生物医药	15000
61	年产50吨一类新药苹果酸奈诺沙星项目	生物医药	15000
62	年产2亿平方米包装材料智能制造项目	新材料	15000
63	5G及数据中心高端光芯片、光器件及光模块年产1000万只项目	电子信息	15000
64	年产6700吨乙烯利原药、8200吨矮壮素原药技术改造项目	绿色化工	15000
65	年产15万套高铁底盘转动系统项目	高端装备	14800
66	年产1.5亿只纸管，1200万平方米蜂窝衬板经营生产厂房及技术改造项目	其他	13000
67	年产工业废气环保节能设备100台(套)、工业高端智能自动车位100台(套)项目	高端装备	12000
68	年产20万立方陶粒混凝土砌块建设项目	其他	12000
69	年产100套高端真空工业装备项目	高端装备	12000
70	给力(绍兴)创新与智造中心项目	其他	11010
71	年产2000台液压破碎锤项目	高端装备	10900
72	年产6000吨环保功能性新材料	新材料	10050
73	年产百万IPM（智能功率模块）暨十万一体机	电子信息	10000
74	年产3000套室内公共场所污染物快速检测设备制造项目	高端装备	10000
75	年产2500吨熔喷布产品技改项目	新材料	10000
76	年产2000万套文具产品技改项目	其他	7750
77	年生产汽车变速器控制器(TCU)10万套产品项目	高端装备	7142
78	针纺面料加工“零土地”技术改造项目	现代纺织	6880
79	年产10万套汽车电子助力泵、EBS电子制动系统、油泵等	高端装备	6400
80	年产100万套新能源汽车关键零部件精密制造技改项目	高端装备	6000
81	年产100万吨高标准集料项目	其他	6000
82	年产800万支高端医药制剂技改项目	生物医药	6000
83	年产100万吨高标准集料技术改造项目	其他	6000
84	年产10000吨拒海水型涤纶工业丝及深海系泊缆索技改项目	新材料	5500
85	群英纺织扩产项目	现代纺织	5200
86	丙烷脱氢制丙烯装置冷箱技术改造项目	新材料	5200
87	年产14亿块集成电路先进封装测试搬扩建技改项目	电子信息	5000
88	年产20000吨高档圆机、经编针织面料产品技改项目	现代纺织	23380

续表 28

序号	项目名称	所属行业	计划总投资
89	浙江向日葵聚辉新能源科技有限公司太阳能电池组件生产线项目	电子信息	49000
90	环宇绿能（城市绿岛）产业化设备技术研发中心建设项目	节能环保	25000
91	浙江创新生物有限公司年产 5200 万支安瓿瓶小容量注射技改项目	生物医药	6803
92	绍兴市越路建材科技有限公司绿色循环新型墙体项目	节能环保	30520
93	绍兴越信环保科技有限公司新建年处理 5 万吨废盐渣资源化利用处理工程项目	节能环保	43932
94	神工包装年产 7000 万瓦楞纸板纸箱生产线项目	其他	15400
95	浙江思纤纺织科技有限公司年产 5000 吨高品质涡流纺纱线技改项目	纺织行业	7730
96	袍江新区越兴路 2 号地块环保产业园项目	专用设备制造业	200000
97	年产 20 万平方米铝合金模板项目	有色	15000
98	年产家纺产品 50 万套的技术改造项目	纺织	11000
99	年产 10000 台（套）纺织机械、智能装备生产线项目	专用设备制造业	28500
100	年产实木复合地板 100 万平方米、年产家居用品 5 万件、年产强化地板 300 万平方米生产项目	其他	21500
101	年产 3038 万双珍珠宜棉袜、年产 390 万件珍珠宜棉衫项目	纺织	19535
102	绍兴综保区高端制造产业园项目	机械	74268
103	年产多功能面料 1000 万米生产线建设项目	现代纺织	10080

项目，117 个项目列入 2021 年省级千亿技术改造投资工程，136 家规上企业列入 2021 年绍兴市智能化改造重点企业名单，79 个项目列入全市智能化改造重点项目。年内，新增工业机器人 485 台，列入 2020 年度绍兴市智能工厂 1 家、智能制造示范车间 8 个，26 条生产线被列入智能化改造项目，锦盛新材料被评为省级智能工厂。

【工业企业梯度培育】 2021 年，越城区建立完善“雄鹰行动”、“凤凰行动”、“小升规”企业、隐形冠军、“放水养鱼”、专精特新“小巨人”等企业培育数据库，鼓励大中小企业创新组织模式、重构创新模式、变革生产模式、优化商业模式，营造大中小企业融通发展新产业生态。新增股份公司 31 家，完成工业企业“小升规”89 家。136 家工业企业列入市“长高长壮”培育计划，其中起跑库 62 家、加速库 65 家，冲刺库 9 家。3 家工业企业列入市“放水养鱼”行动计划。中科通信、华剑、中新电器、东湖高科、佳人新材料、拓邦电子等 6 家企业入围国家级专精特新“小巨人”企业，入围数量全市第一。截至年底，全区共有境内外上市企业 10 家，新三板挂牌企业 15 家，浙江股权交易中心挂牌企业 95 家，股份公司 148 家，省级雄鹰培育企业 1 家，“隐形冠军”企业 2 家，“隐形冠军”培育企业 24 家，“专精特新”培育企业 1219 家。

【园区建设】 2021 年，越城区入选浙江省 2021 年小微企业园建设提升重点县（市、区），获省级专项激励资金 1000 万元，用于小微企业园建设提升。年内，新增省级认定小微企业园 9 家，创建国家级小微企业创业创新示范基地 1 家，创建三星级小微企业园 4 家、省级数字化示范园区 1 家、市级数字化示范园区 2 家、市级特色产业园 2 家。截至 2021 年，全区共有小微企业园 31 家，国家级小微企业创业创新示范基地 1 家，三星级小微企业园 7 家，省级数字化示范园区 3 家，市级数字化示范园区 2 家，市级特色产业园 2 家。

【上市公司达 10 家】 2021 年，越城区深入实施“凤凰行动”计划，新增上市辅导企业 3 家［中芯集成电路制造（绍兴）有限公司、浙江华剑智能装备股份有限公司、浙江海圣医疗器械股份有限公司］。新增浙江股权交易中心挂牌企业 4 家，其中成长板挂牌 3 家，国际人才板挂牌 1 家。新增股份公司 31 家，其中股改 7 家，新设 24 家。截至年底，全区共有上市公司 10 家，其中境内上市 9 家，总市值 591.45 亿元，新三板挂牌企业 15 家，浙江股权交易中心挂牌 95 家。

数字经济

【概况】 2021 年，越城区印发《越城区数字经济系统建设方案》，启动编制《越城区数字经济“十四五”发展规划》，指导推动数字经济创新发展、提质增效。截至年底，共有数字经济核心产业制造业企业 37 家，包括中芯国际、长电科技、韦豪科技、芯谷科技、虬晟光电、盛洋科技、中科通信等一批国内外知名优质企业，产品主要集中在集成电路设计制造、LED（发光二极管）显示器件、电线电缆、通信器材、光伏等领域。全年数字经济核心产业制造业增加值达 82 亿元，增速 22.6%，高于全市 5.4 个百分点。

【实施数字经济“一号工程”2.0 版】 2021 年，越城区以数字化改革为牵引，打造以数字经济为核心的现代产业体系。根据《2021 浙江省数字经济发展综合评价报告》，越城区数字经济发展水平综合指数连跳 8 级，首次挤进全省前 15，居 90 个县、市（区）第 14 位，全市第 1 位。年内，新增两化融合贯标企业 13 家，累计 15 家；新增上云企业 515 家，其中省级上云标杆企业 2 家，省级制造业与互联网融合发展试点企业 1 家；新认定省级首版次软件产品 1 家、省级工业互联网平台 1 个，入选创建名单 2 个。喜临门离散型制造业“5G+ 工业互联网平台”入选工信部 2021 年工业互联网平台创新领航应用案例。年内，越城区获批省数字经济创新发展试验区和 5G 基站审批建设一件事集成改革试点，数字经济工作获省政府督查激励。

【数字经济系统建设】 2021 年，越城区核心指标数字经济核心产业增加值增速 22.8%，高出市定目标 7.8%。年内，围绕“产业智研、企业智判、资源智配、政策智定、服务智达”，全市首推企业码政府侧“码上知”“码上会”“码上问”“码上兑”等 4 个特色应用项目管理和亩均论英雄、政策罗盘等决策支撑应用。“智能人事”应用被选为全省 10 个企业码特色应用案例，企业研发服务在线获评省数字经济系统第一批优秀应用。年内，承接智慧杆塔与 5G 基站建设“多杆合一”智能融合应用建设，并被列入省第二批应用场景揭榜挂帅试点；越城区数字经济系统门户建设被评为“数字经济综合应用地方门户”建设优秀的区（县、市）。另形成《越城区创新构建医疗器械产业“数智经济”成效明显》《数字经济：越城高质量发展新引擎》《越城区数字经济发展“十四五”规划》等理论和制度成果。

食品行业

【食品制造业】 2021 年，越城区有规模以上食品制造业企业 4 家。全年实现工业总产值 4.8 亿元，同比下降 13.8%；营业收入为 4.5 亿元，同比下降 12%；利润总额 0.15 亿元，同比下降 20.6%。其中，焙烤食品制造企业 1 家，全年实现工业总产值 0.56 亿元，同比增长 13.7%，营业收入为 0.56 亿元，同比增长 10.6%，利润总额 0.02 亿元，同比增长 202.8%；糖果、巧克力及蜜饯制造企业 1 家，全年实现工业总产值 1.56 亿元，同比下降 24.9%，营业收入为 1.47 亿元，同比下降 17.7%，利润总额 0.05 亿元，同比下降 35.7%；方便食品制造企业 1 家，全年实现工业总产值 0.87 亿元，同比增长 33.5%，营业收入为 0.85 亿元，同比增长 29.8%，利润总额 0.01 亿元，同比增长 3.2%；其他食品制造企业 1 家，全年实现工业总产值 1.75 亿元，同比下降 23.1%，营业收入为 1.63 亿元，同比下降 25.3%，利润总额 0.07 亿元，同比下降 28.9%。

【农副食品加工业】 2021 年，越城区农副食品加工业企业 6 家。全年实现工业总产值 5.03 亿元，同比下降 2.3%；营业收入为 4.7 亿元，同比下降 1.8%；利润总额 0.55 亿元，同比下降 22.1%。

【酒、饮料和精制茶制造业】 2021 年，越城区酒、饮料和精制茶制造业企业 7 家。全年实现工业总产值 16 亿元，同比增长 11.5%；营业收入为 14.1 亿元，同比增长 16.1%；利润总额 1.9 亿元，同比增长 40.6%。

纺织行业

【纺织业】 2021 年，越城区有规模以上纺织业企业 172 家，累计实现工业产值 206.7 亿元，同比增长 24.0%；营业收入 164.9 亿元，同比增长 13.4%；利润总额 6.6 亿元，同比增长 40.8 %。其中，棉纺织及印染精加工企业 62 家，全年实现工业总产值 122.64 亿元，同比增长 30.2%，营业收入为 91.11 亿元，同比增长 12.9%，利润总额 6.14 亿元，同比增长 102.4%；毛纺织及染整精加工企业 1 家，全年实现工业总产值 0.53 亿元，同比增长 113.6%，营业收入为 0.5 亿元，同比增长 83.4%，利润总额 0.02 亿元，同比增长 135%；麻纺织及染整精加工企业 2 家，全年实现工业总产值 2.44 亿元，同比增长 85.2%，营业收入为 1.24 亿元，同比增长 2.6%，利润总额 0.09 亿元，同比增长 145.5%；化纤织造及印染精加工企业 14 家，全年实现工业总产值 14.33 亿元，同比增长 17.1%，营业收入为 13.92 亿元，同比增长 16.7%，利润总额 -0.26 亿元，同比下降 22.6%；针织或钩针编织物及其制品制造企业 48 家，全年实现工业总产值 43.25 亿元，同比增长 27.6%，营业收入为 35.98 亿元，同比增长 32.5%，利润总额 1.28 亿元，同比增长 11.9%；家用纺织制成品制造企业 33 家，全年实现工业总产值 17.45 亿元，同比下降 2.4%，营业收入为 16.59 亿元，同比下降 4.5%，利润总额 0.28 亿元，同比下降 148%；产业用纺织制成品制造企业 12 家，全年实现工业总产值 6.06 亿元，同比下降 12.6%，营业收入为 5.56 亿元，同比下降 17.2%，利润总额 -0.38 亿元，同比下

2022 年 1 月 29 日，在市区印染产业"跨域整合"关停退出仪式浙江七色彩虹印染有限公司现场，区委书记徐军讲话（区委宣传部　提供）

降266.2%。

【纺织服装、服饰业】 2021年，越城区共有规模以上纺织服装、服饰业企业51家，实现工业总产值21.1亿元，同比下降1.1%；营业收入21.3亿元，同比下降0.3%；利润总额0.3亿元，同比下降245.3%。

【印染产业跨域集聚】 2021年，越城区47家印染企业中32家整合成5个组团集聚并全部开工建设，其中国周组团、七色彩虹、龙翔、飞越组团等4个组团项目建成并试生产。除鸿大组团外的33家印染企业实施关停退出。

2021年9月29日，浙江新海天生物科技有限公司提升集聚项目举行开工仪式（区经信局　提供）

家具制造业

【概况】 2021年，越城区有规模以上家具制造业企业9家。全年实现工业总产值51.6亿元，同比增长43.0%；营业收入49.2亿元，同比增长51.7%；利润总额5.6亿元，同比增长56.1%。

【木制家具制造业】 2021年，越城区有木质家具制造企业2家，全年实现工业总产值0.72亿元，同比增长11.7%，营业收入为0.66亿元，同比增长5.1%，利润总额-0.01亿元，同比下降446.3%。

化工行业

【概况】 2021年，越城区21家签约化工企业整合成18个集聚项目，推动化工行业改造提升已落户上虞经开区的18个项目中，3个项目〔东湖高科、三圆（三锦）、新海天〕已开工建设，6个项目（佳人新材料、苏泊尔制药、震元制药、浙江医药、民生医药、古纤道绿色纤维）部分用地已摘牌。

【化学纤维制造业】 2021年，越城区有规模以上化学纤维制造业企业19家。全年实现工业总产值165.0亿元，同比增长41.6%；营业收入146.0亿元，同比增长34.9%；利润总额2.5亿元，同比增长50.1%。

【化学原料和化学制品制造业】 2021年，越城区有规模以上化学原料和化学制品制造业企业26家。全年实现工业总产值161.4亿元，同比增长16.9%；营业收入为152.4亿元，同比增长21.4%；利润总额9.1亿元，同比增长8.8%。

冶金行业

【有色金属冶炼和压延加工业】 2021年，越城区有规模以上有色金属冶炼和压延加工业企业6家。全年实现工业总产值16.8亿元，同比下降47.7%；营业收入18.0亿元，同比增长66.7%；利润总额0.6亿元，同比增长63.3%。

【黑色金属冶炼和压延加工业】 2021年，越城区有规模以上黑色金属冶炼和压延加工业企业2家。全年实现工业总产值0.8亿元，同比增长0.6%；营业收入0.8亿元，同比增长2.4%；利润总额-0.02亿元，同比下降670.4%。

【金属制品业】 2021年，越城区有金属制品业规模以上企业24家。全年实现工业总产值26.5亿元，同比增长 34.2%；营业收入 24.7 亿元，同比增长 32.2%；利润总额 1.6 亿元，同比增长 49.8%。

装备制造业

【电气机械和器材制造业】 2021 年，越城区有规模以上电气机械和器材制造业企业 33 家。全年实现工业总产值 146.1 亿元，同比增长 18.1%；营业收入 137.5 亿元，同比增长 12.4%；利润总额 14.2 亿元，同比增长 5.6%。

【电子设备制造业】 2021 年，越城区有规模以上计算机、通信和其他电子设备制造业企业 18 家。全年实现工业总产值 55.2 亿元，同比增长 52.6%；营业收入 63.1 亿元，同比增长 84.9%；利润总额 -5.3 亿元，同比下降 60.6%。

【通用设备制造业】 2021 年，越城区有规模以上通用设备制造业企业 17 家。全年实现工业总产值 23.0 亿元，同比增长 36.6%；营业收入 21.2 亿元，同比增长 28.0%；利润总额 2.3 亿元，同比增长 54.1%。

【专用设备制造业】 2021 年，越城区有规模以上专用设备制造业企业 26 家。全年实现工业总产值 33.1 亿元，同比增长 29.2%；营业收入 27.2 亿元，同比增长 24.9%；利润总额 2.1 亿元，同比增长 10.4%。

【仪器仪表制造业】 2021 年，越城区有规模以上仪器仪表制造业企业 4 家。全年实现工业总产值 3.7 亿元，同比增长 25.8%；营业收入 3.6 亿元，同比增长 32.3%；利润总额 -0.002 亿元，同比下降 112.6%。

汽车制造业

【概况】 2021 年，越城区有规模以上汽车制造业企业 8 家。全年实现工业总产值 25.1 亿元，同比增长 102.1%；营业收入为 24.3 亿元，同比增长 110.1%；利润总额 1.7 亿元，同比增长 561.2%。（区经信局　倪伊丹）

集成电路产业

【概况】 2021 年，绍兴集成电路产业园高水平举办 2021 绍兴 · OMDIA 中日半导体产业（上海）高峰论坛、中芯绍兴首届全球供应商大会暨绍兴集成电路产业链精准招商会；全省首个集成电路科学与工程学院杭电绍兴校区落户越城区，赋能绍“芯”人才计划；全省首个“万亩千亿”党群服务中心正式启用；《浙江省宽禁带半导体及特色工艺产业创新中心建设方案》通过省发展改革委初评；平台产业链相关产值突破 400 亿元。成功引进集成电路产业链项目 16 个，其中 10 亿元以上项目 9 个、100 亿元以上项目 2 个。中芯二期、数字经济产业合作园、盛吉盛等一大批项目陆续引入。

【产业链产值突破 400 亿元】 2021 年，集成电路产业园全产业链产值（营收）突破 400 亿元目标。设计端依托豪威科技 CIS（互补性金属氧化物半导体器件）芯片设计链主优势，持续提升韦豪绍兴综合实力，2021 年全年产值（销售）约 20.5 亿元；制造端借助中芯绍兴一期优质基础，

2021 年 7 月 30 日，绍兴 · OMDIA 中日半导体产业（上海）高峰论坛在上海举行（章海栋　摄）

实施一期扩产，产能爬坡至10万片/月，全年产值约22.4亿元；同时启动中芯二期建设，8英寸硅基线已通过国家窗口指导，土建施工已全面展开；完成美新半导体一期45亩项目用地出让；封测端全力推进长电绍兴建设，6月28日完成主体厂房结顶，年底前实现通线投片；完成HDFO（高密度扇出型封装）技术研发工作并进入量产阶段，A-eWLB（扇出型晶圆级封装技术）项目已完成开发并实现小批量量产，全年产值约2亿元；芯测12英寸晶圆测试及重构封装项目于7月1日完成厂房结顶；怡华电子等项目相继完成厂房建设并投入运营；装备材料端加快最成半导体材料产业园整体建设，中试产线高纯铝，填补国内高纯铝提纯技术的空白；拥有12英寸高密度等离子体化学气相沉积装备研发核心技术的盛吉盛半导体精密加工零部件项目已租赁厂房并完成装修改造，部分产品已投产。

2021年7月13日，绍兴市集成电路行业协会成立（绍兴集成电路管委会　提供）

【产教融合基地打造】 2021年，越城区、滨海新区推动长电绍兴与文理学院成立系统集成研究院，联合中芯绍兴、文理学院成功创建微机电系统省级工程研究中心；利用浙大、北大、西电等优质资源，整合浙大绍兴微电子研究中心、北大信息技术科创中心等科研平台，推动核心技术攻关闯关，加快科研成果转化，实现创新平台提能造峰、协同发力。设立绍兴集成电路行业协会、产业联盟，打通集成电路产业与传统产业双向赋能通道；加快创新综合体、中芯花园、蓝领公寓等建设进度，提供1500余套人才保障住房。完成高新片区400余亩厂房及150余亩村庄摸排，出让工业土地244.715亩，经营性用地61.325亩，实现土地农转用115.23亩；启动存量厂房收储拆迁，有序推进27万立方米杭电绍兴校区征迁工作，完成司威克过渡校区征收腾空，打造具有引领力标杆性的集成电路产教融合基地。

【打造产业园（东园）IC设计创新策源地】 2021年，集成电路产业园已入驻清华大学华创光电、领军B类人才项目羊羽智能芯片、奇思微电子、拓尔微电子、贝叶斯电子等5家企业；联合大院名校、智库专家，搭建集成电路产业工程师协同创新中心，打造升级版“星期天工程师”（改革开放初期，乡镇企业兴起，部分县市区为发展壮大产业，邀请来自大城市大专院校、研究所的工程师们利用周末时间来兼职帮扶企业技术升级、经营管理），实现“研究+应用”协同发展，助推企业项目，已引进“双聘制”教授专家10名，在册工程师超300名。（集成电路产业园管委会　章海栋）

【实施基础设施提升“三大工程”】 2021年，绍兴集成电路产业园实施基础设施提升“三大工程”，完成电力10千伏基础设施提升工程并成功受电，有序推进110千伏电网补强工程，已完成工程形象进度80%；加快高新区块供排水管网建设，完成供水管、污水管先行段施工；力促产城融合，着力打造智慧城市样板间，完成集成电路设计产业园（西园）工程形象进度50%，稳步推进集成电路创新综合体、中芯花园、蓝领公寓等人才住房建设，实施产业园（高新区块）环境提升工程二期，营造“三生相宜”新环境。

【绍芯实验室建设】 2021年，越城区、滨海新区对标省实验室，立足基础研究，以应用基础研究为特色，致力于突破集成电路产业“卡脖子”问题，布局化合物半导体、MEMS技术、先进封装技术、数模混合等研究集群和集成电路研发公共服务平台，打造立足地方、放眼全球的区域性科研阵地。已引进西电郝跃院士、西交邱爱慈院士、北大高文院士等尖端科研团队，相关技术应用已取得丰硕成果，为突破核心技术创新，实现科技自立自强奠定扎实基础。

【招商引智】 2021年3月1日，杭州电子科技大学绍兴校区签约落户，成为全省首个集成电路科学与工程学院，赋能“绍芯人才计划”。6月7日，西安电子科技大学郝跃院士宽禁带半导体国家工程中心绍兴分中心签约落户绍兴。6月18日，长电集成电路（绍兴）有限公司与绍兴文理学院合作共建的系统集成研究院成立。7月12日，西安交通大学邱爱慈院士宽禁带半导体研究院签约落户。（集成电路产业园管委会　章海栋）

生物医药产业

【概况】 2021年，高端生物医药万亩千亿平台累计集聚生物医药相关企业196家，其中规上企业108家，高新技术企业31家。全年实现规上工业总产值273.54亿元，同比增长24%；完成固定资产投资57.69亿元。引进头部企业和产业链平台项目，引进北科免疫总部及免疫细胞研发生产基地、蝶和科技智能康复器械项目、天璞药业创新药物总部及研发生产基地等24个重点产业项目，协议总投资超200亿元。（新区经济发展局　杨思雨）

黄酒小镇

【概况】 绍兴黄酒小镇（东浦）位于越城区东浦街道，有千年酒乡、水乡、桥乡和名士之乡之称。小镇东起绿云路（31省道），西至绍齐公路，南至凤林西路，北至群贤路，规划面积约4.6平方公里（含水面约1平方公里）。2021年4月，黄酒小镇管委会综合管理处被中华全国总工会授予“全国工人先锋号”称号；11月，黄酒小镇的花雕制作技艺和黄酒酿制技艺被绍兴市文化广电旅游局列为首批绍兴市非遗研学游项目；12月，黄酒小镇游客中心被共青团绍兴市越城区委员会授予“2020—2021年区级青年文明号”称号；全年，黄酒小镇共接待考察团队190余批次，游客20余万人次。

【基础设施建设】 2021年，绍兴黄酒小镇开发范围内的一中环路、尚书路、横江路、光相路、群立桥等市政道路桥梁工程完成竣工验收；徐锡麟故居修缮保养工程完工；舒心客栈屋面大修工作完工；磨坊溇危房维修工作完工；壶觞公房新建工程完工；鲨鱼江桥及接坡道路、庙西港路东段、庙西港路西侧段正在施工；黄酒小镇核心区块历史建筑正在测绘；黄酒小镇花海项目继续实施；黄酒小镇北部片区水环境整治工程、尚书路北延、二号路、三号路、四号路、东绸路、耶溪路东延、英迪格桥、大树江桥等计划新建市政道路、桥梁工程前期工作有序开展；2021年6月11日，绍兴市自然资源和规划局发布《东浦黄酒小镇一号、二号、三号地块商住建设项目规划方案公示》；8月4日，绍兴市自然资源和规划局发布《东浦黄酒小镇四号地块商住建设项目规划方案公示》。

【文商旅项目开发】 2021年，绍兴黄酒小镇开发范围内融创拍得土地文商旅项目民国风情街、停车楼等项目共计 12.5 万平方米开工建设，基本完成地下部分施工。其中，9 月 19 日，绍兴黄酒会客厅正式开放；10 月 17 日，黄酒小镇项目 2-G 地块智慧停车楼工程项目完成结构封顶；11 月 30，日黄酒小镇 1-C 地块 1-5 号楼安置房工程项目完成结构封顶；游客中心、秀场、前导商业和英迪格酒店共计 6.4 万平方米正在进行桩基施工；花间堂和 TOD 商业中心共计 8.8 万平方米正在办理施工许可手续。“一台大戏”已确定主创团队，策划方案和剧本框架已经向区委宣传部作专题汇报。

2021 年，黄酒小镇“酉展”插画活动（李鑫　摄）

【招商运营】 2021 年 6 月 25 日，黄酒小镇与中国书业领军品牌大众书局签订合作协议；7 月 28 日，与全季酒店签订合作协议；8 月 31 日，与宜必思酒店、古茗签订合作协议；9 月 30 日，与寻宝记绍兴菜签订合作协议；10 月 29 日，与 EP 健身签订合作协议；11 月 15 日，与小映盒签订合作协议。

【宣传推广】 2021 年，黄酒小镇以“打造一个矩阵，跟紧两条线路，凝聚三种力量”为宣传工作思路，打造以微信公众号、官网、门户网、视频号、新浪微博、优酷、爱奇艺、BILIBILI、YOUTUBE、知乎、小红书等 13 个平台为主的黄酒小镇融媒体矩阵。组织举办“东浦漫”主题摄影大赛、“三分醉”摄影展、“酉展”插画等活动，宣传小镇风情和黄酒文化，并根据小镇的特色策划《黄酒小镇 · 小酌记》系列视频，至年底已累计推出 23 期，并在“学习强国”、新华网等知名媒体播放，获《浙江日报》专版报道。

【打造黄酒小镇主题 IP 形象】 2021 年，黄酒小镇项目 IP 主形象由北京梦之城文化有限公司负责设计，确定越小久、越笑儿、福德真 3 个 IP 主形象，IP 衍生品及动画片也已完成初稿。

【荣获“全国工人先锋号”称号】 2021 年，黄酒小镇管委会围绕省、市、区决策部署和黄酒小镇开发建设的总体目标，坚持“立足古镇水乡、做足黄酒文章”的宗旨，扎实推进黄酒小镇项目开发。2021 年 4 月 27 日，中华全国总工会授予黄酒小镇管委会综合管理处“全国工人先锋号”荣誉称号。

【入选首批绍兴市“非遗”研学游项目】 绍兴黄酒小镇旧时建镇史长达 1600 余年，民国 19 年（1930 年）年产酒 34800 缸，几近绍兴 1/3 黄酒年产量，冠有“酒国”之称，亦被称为中国黄酒发祥地。2021 年 11 月 2 日，绍兴黄酒小镇的绍兴花雕制作技艺和绍兴黄酒酿制技艺被绍兴市文化广电旅游局列为首批绍兴市“非遗”研学游项目。

【“醉艺江南”2021 中国 · 绍兴黄酒小镇雕塑作品大赛】 2021 年 9 月 23 日，黄酒小镇管委会与中国建筑学会、浙江省雕塑学会等单位在“2021 城市建设与建筑业发展鉴湖峰会”重磅启动“醉艺江南”2021 中国 · 绍兴黄酒小镇雕塑作品全国征集活动，雕塑作品需与黄酒文化、黄酒故事相契合，展现绍兴黄酒小镇的独特魅力与人文精神。活动共征集到参赛作品 540 余件。（黄酒小镇管委会　林剑彬）

建筑业管理

综　述

【概况】 2021 年，越城区有在建建筑工程 215 个，建筑面积约 987.8 万平方米；新增项目 160 个，建筑面积约 881.76 万平方米；竣工项目 95 个，建筑面积约 230.6 万平方米。截至年底，共有建筑施工企业 560 家，其中特级企业 5 家、一级企业 68 家、二级及以下企业 487 家；专业承包一级企业 33 家，专业承包二级企业 311 家，专业承包三级企业 50 家，劳务分包企业 56 家。从事建筑活动技术人员 22265 人，其中注册建造师 3431 人。区内建设工程实现质量安全监督率 100%，工程竣工验收合格率 100%，新建民用建筑图审率 100%，建筑节能实施率 100%。全年实现建筑业省内产值 430.20 亿元，增幅 40.8%，位列全市第一，总产值 827.17 亿元，增幅 19.8%。开展建筑行业市场行为调查 37 次，对 17 起违法案件共计作出 48 份行政处罚决定（涉及 6 家建设单位、6 家施工单位、5 家监理单位、5 家安装单位及 39 名从业人员）。

【组织消防验收备案】 2021 年共完成建设工程消防设计审查项目 33 个，消防验收项目 32 个，消防备案项目 99 个。开展市区联合检查 1 次（校外培训机构消防安全检查集中行动），开展区级联合（与区消防救援大队）检查 3 次（在建工程消防安全隐患大排查大整治、长租公寓消防安全大检查、校外培训机构消防安全检查），参加 1 次全市建设工程消防管理业务培训，完成消防法贯彻实施情况汇报工作。

【扬尘管控】 2021 年，越城区建立“四级监管”体系，全区所有 5000 平方米以上在建工程均安装 PM2.5、PM10 在线监测系统，1 万平方米以上在建工程均安装泥浆视频监控系统。施工工地严格落实“八个 100%”（即施工现场 100% 封闭围挡，砂、石 100% 覆盖，工地路面 100% 硬化，出工地运输车辆 100% 冲洗，外脚手架安全立网 100% 张挂，暂不开发的场地 100% 绿化，拆迁场地 100% 覆盖，非道路移动机械 100% 合格）要求。全年共出动扬尘检查人员 1831 人次，下发限期整改单 662 份，停工整改单 47 份，通报批评施工单位 26 家；共发现扬尘问题 1051 条，并完成全部整改闭环。组织开展在建工程扬尘管控专项检查 2 次，对 26 个工程通报批评，并扣除相关单位和责任人综合业绩分。对 8 家扬尘管控较差、逾期未整改工程施工单位进行行政处罚。全年共收到市、区蓝天办下发的扬尘管控交办单计 44 份，其中涉及越城区监管范围内有 26 份，均已由扬尘责任人落实整改并统一回复上报，交办单数量较上年同比下降 74.8%。

【建筑节能】 2021年，越城区贯彻落实《浙江省绿色建筑条例》《绍兴市绿色建筑专项规划》，推进装配式建筑和住宅全装修工作，开展越城区10个政府采购绿色建材应用试点项目；越城区古城入口改造提升项目（一期）获得省厅三星级绿色标识。全年建筑工业化项目新开工48个，实施总面积321.32万平方米，新开项目中公建项目15个，实施总面积43万平方米，新开工项目中住宅全装修项目33个，实施总面积285.29万平方米，实施钢结构住宅达到11.3万平方米，做到应实施产业化的项目覆盖率达100%，应实施住宅全装修的项目覆盖率达100%，获得“2021年浙江省建筑工业化考核优秀县市区”称号。

工程质量安全监管

【概况】 2021年，越城区所有在建工程均在开工前签订安全目标责任书和消防安全管理目标责任书。全年共发现安全隐患1643条，整改率100%；对存在安全隐患的工地共开具限期整改通知单347份，停工整改通知单78份（其中扬尘相关停工整改通知单47份）。

【工程质量管理】 2021年，越城区开展建设工程质量安全生产、文明施工、消防隐患排查、人防施工、人员到岗到位落实、文明施工扬尘控制等专项检查，共计检查工程1086个次，出动检查人员390人次，发放整改（停工单）258张；开展在建工程质量安全综合季度大检查4次，重点检查工地51个次，开具整改单37张，停工单14张，出具通报4份；开展“双随机”专项检查2次，检查工地32个，出动检查人员64人次；扎实推进“二书、一牌”工作有效落实，对121个项目的新开工程均严格审查工程建设五方主体签署的项目负责人委托书、质量终身责任承诺书；对95个项目竣工验收工程永久性标牌的设置情况进行监督落实，实行率均100%。质量专项检查32次，重点对桩基基础、主体结构、屋面、给排水、电气安装、节能、住宅全装修等施工质量进行抽查，发现并处理2465条质量隐患及问题。处理不合格建材76批次；出具整改单392份，停工单12份，行政处罚建议5份。对21个老旧小区工程项目开展专项监督检查16次，其中劳动竞赛检查8次，出具通报8次，完成69个老旧区改造项目竣工验收。

【11个项目获评市优质结构工程】 2021年，“青藤书屋周边综合保护项目”“绍兴艺术学校”“绍兴市迪荡中学一期”“绍兴市柯灵小学百盛校区”“浙江农业商贸实训基地项目”“绍兴技师学院易地新建二期”“绍兴文理学院扩建一期”“蔡元培广场”“中医院扩建工程”“大禹陵研究院”“古城入口改造提升项目（一期）EPC总承包项目”等11个工程项目获评市优质结构工程。

【获评省、市、区建筑安全文明施工标准化工地】 2021年，越城区共有6个工程获浙江省建筑施工安全生产标准化管理优良工地，14个工程获绍兴市建筑施工安全生产标准化管理优良工地，16个工程获越城区建筑施工安全生产标准化管理优良工地，数量均为近年来最高。

【开展护航百年安全隐患大排查大整治活动】 下发“浙江省企业安全生产风险普查”操作手册及填报通知，督促指导企业进行在线填报。组织企业自查工程134个，排查安全隐患1078条，组织开展工地督查154只次，下发限期整改通知书49份，停工通知书11份，发现隐患628条，均已完成整改。持续开展“遏重大、控较大”整治活动，开展安全专项检查12次。2021年，全区未发生安全生产责任事故，安全生产形势总体平稳。（区建设交通局　余涛）

交 通

综 述

【概况】 2021 年,越城区推进“五路同管共治”治超行动(城市道路、高速公路、国省道、县乡道、农村公路于一体),联合执法打击“双百”车辆(车货总重 100 吨以上和超限率超过 100% 的公路货运超限超载车辆),实施道路交通管理“精治”工程,开展“平安护航建党百年”道路交通安全隐患大排查大整治专项行动、越城区道路交通百日安全大整治行动,坚持“一点一方案”持续推动道路安全隐患清零。全年共发生全口径亡人事故 76 起,死亡 78 人,死亡人数较 2020 年同期比下降 17.02%。

【年完成综合交通建设投资 30.8 亿元】 2021 年,越城区共实施综合交通建设项目 9 个,累计完成综合交通建设投资 30.8 亿元,同比增长 60%。其中,投资约 3300 万元开展农村公路提升改造和养护大中修,投资约 140 万元完善建成智能停车诱导系统,投资 3500 万元整治市级交通安全隐患 9 处、桥梁安全隐患 33 处、绿化遮挡隐患 36 处并全部通过验收。

【综合行政执法】 2021 年,越城区交通运输综合行政执法队共实施上路巡查 1400 余人次,出动执法车辆 450 余辆次,实施公路巡查 14000 余公里,全面排查公路桥梁下空间堆积和占用等情况 12 次,清理桥下堆积物 31 立方米,共治理路边广告牌 32 块次,整治马路摊点 26 处,开展联合治超行动 20 次,整治涉路施工违法行为 8 起,治理路面污染 4 处。(区建设交通局 丁坚)

轨道交通

【概况】 2021 年,越城区配合市轨道交通集团加快推进轨道交通 1 号线、2 号线一期工程建设。其中,1 号线起自姑娘桥站,终于芳泉站,越城区境内里程约 25 公里;2 号线一期工程起自越西路站,终于越兴路站,越城区境内里程约 10.8 公里。截至年底,杭绍台铁路越城区段竣工并通过初步验收。

【地铁线路建设】 2021 年,轨道交通 1 号线累计 22 座车站主体结构封顶,21 段区间双线贯通,累计铺轨 54 公里,鉴湖停车场附属用房完成 60%。轨道交通 2 号线一期累计完成投资 14.95 亿元。镜湖站(2 号线部分)、越王路站、袍江两湖站、后墅路站等 4 座站主体结构封顶;中兴大道站、袍中路站、海南路站、越兴路站、越西路站等 5 座站开展主体结构及基坑开挖施工;越袍区间双线贯通。

【杭绍台铁路越城区段竣工验收】 杭绍台铁

路越城区段西起绍兴北站，东至孙端镇，长度26.86公里（其中正线全长21.26公里，上下联络线5.6公里），征迁总投资约43亿元。2021年，杭绍台铁路越城区段完成1.6万平方米隔声窗安装工作和63处铁路外部环境安全整治工作。9月27日，启动联调联试；12月9日，项目通过初步验收。（区建设交通局　陈华锋）

交通设施

【概况】 2021年，越城区统筹推进城乡路网建设，全年共有项目25个，总投资约116.9亿元，完成投资22.1亿元。年内，完成常禧路南延一期、凤凰西路建设工程、鲨鱼江桥及接坡道路等3个新建项目，完成中兴南路、凤江路、朝晖路等大修工程，中兴大道、常禧路南延二期等22个项目正常推进。新增亮化农村公路18.9公里，养护工程17.6公里，提升改造6.5公里，完成率均为100%。

【公交基础设施建设】 截至2021年底，越城区新改建公交首末站（枢纽站）1个、公交候车亭30个，新建公交电子站牌14个，新增停车位1800个。（区建设交通局　吕焱豪）

【交通设施养护与管理】 2021年，越城区投资约600万元实施2021年县道公路养护工程，覆盖西上线、攒徐线、尹大线、樊攒线、老益线共计13.8公里。县道公路累计修补坑洞约6628.25平方米，路面灌缝约1776米，清理边沟约911.1公里，更新和增补各类标志牌305套，并对示警桩、侧石、防护栏等设施开展修复，护栏维修4935.14米，标志标线淡化施划43562平方米，警示桩维修更换1786根。依托桥梁检查市场化服务专业检测机构，完成每月至少1次的桥梁经常性检查，对49座桥梁进行桥梁定期检测。春运期间累计出动车辆731车次，道工上路3453人次，共巡道12611公里。（区建设交通局　叶秋实；区综合执法局　韩琪）

交通管理

【概况】 2021年，越城区共发生道路交通事故41778起，其中统计事故197起，死亡73人，直接财产损失47.69万元。全区未发生一起一次死亡2人以上交通事故。年内，越城区对辖区内12家混凝土企业、5家水泥企业、2家砂浆企业进行安全生产大检查，对三轮电动车和摩托车、农村面包车、个人所有非营运中大型客车开展全面排查。推进道路交叉口堵点改造，完成中兴大道—世纪街西口、中兴大道辅道、人民东路—上樊公路路口3个堵点改造。推进停车设施建设，建设停车泊位2589个，新建水游城公共停车场988个停车位。推进路面整治工程，完成大潭路、小潭路、越安北路路面整治工程。

【智能停车诱导系统实现三区互通】 2021年，越城区累计投资约80万元，提升停车场余位数准确性，扩大停车场接入量，宣传停车诱导系统。挂接“绍兴交警”微信公众号，覆盖市区商圈、医院附近60个主要停车场，共1.8万个车位。同时接入柯桥、上虞已覆盖的51个停车场泊位数据，实现三区互通。（区建设交通局　胡朝乔）

【道路安全隐患整治】 2021年，越城区共完成各类道路交通安全隐患点治理共149处，其中市级挂牌道路隐患点6处、区级挂牌道路隐患点1处、市级动态挂牌道路隐患点6处，农村“一灯一带”亮化工程8处、其他动态道路安全隐患128处。（区建设交通局　高波）

【交通违法行为】 2021年，越城区因机动车驾驶人交通违法而负同等责任以上统计事故共发生127起，死亡47人，分别占统计事故总数的64.47%和死亡总数的64.38%；因非机动车违法的交通事故共30起，死亡5人，分别占统计事故总数的15.23%和死亡总数的6.85%。其中，主要的交通违法行为有6种。1.机动车未按规定让行。共发生交通事故25起，死亡8人，居各类交通违法行为之首。2.非机动车不按照交通信号规定通行的。共发生交通事故12起，死亡2人。3.机动车违反交通信号灯。共发生交通事故6起，死亡4人。4.非机动车逆向行驶。共发生交通事故6起，死亡0人。5.机动车未保持安全车距。共发生交通事故4起，死亡3人。6.机动车酒后驾驶。共发生交通事故3起，死亡1人。（市公安局交警支队　赵锡彦）

房地产业

综　述

【概况】 2021 年，越城区制定出台《越城区房地产市场形势分析报告》《越城区在售资金监管情况通报》《关于实施商品住房公证摇号公开销售工作的通知》等多个政策性调控文件，助推房地产行业平稳有序发展。全年共审核企业房地产开发资质 62 家，商品房合同网签备案 16538 套，新建商品房累计成交面积 214.98 万平方米（16922 套），同比减少 11.69%，成交金额 510.73 亿元，同比增长 2.3%；二手房累计网签面积 125.99 万平方米（11969 套），同比减少 26.04%，成交金额 135.33 亿元，同比减少 22.42%。房地产中介机构备案在册 916 家，从业人员备案在册 1664 人。

【健全房地产行业发展长效机制】 2021 年，越城区贯彻落实"房住不炒"政策总基调，审议通过《绍兴市越城区促进房地产市场平稳健康发展长效机制实施方案》，建立健全房地产行业发展长效机制。稳步实施房企规范政策，包括加快价格备案流程（预售要求实体样板房，价格备案区、市两级备案后 5 个工作日完成）、加快商品房预售许可证发放（涉及 48 张预售证，累计 145.97 万平方米）、科学指导网签工作（缓解房企回款压力，减少群众与开发企业的矛盾纠纷）。全年房地产价格指数为 104.9%。

【风险排查】 2021 年，越城区对计划年内交付的房地产企业的施工进度、交付日期、资金状况、法律风险等问题进行风险排查，每月监控上报逾期交付、矛盾纠纷、投诉举报等隐患点，编制《越城区房地产形势分析报告》，研判房地产市场形势。持续对 60 余个预售楼盘进行资金监管，签订三方监管协议，将商品房预售资金纳入资金监管账户，监督检查预售资金入账情况、工程建设进度和资金使用情况，编制《越城区在售项目资金监管情况通报》。年内，针对铧越、保亿等 8 家开发企业"资金监管账户异常"问题下发整改通知书，督促开发商整改。

2021 年 10 月 17 日，绍兴市越城区房地产协会成立大会举行（区建设交通局　提供）

【越城区房地产协会成立】 2021年10月17日，越城区房地产协会成立，吸纳成员单位共计41个。大会审议通过《越城区房地产协会章程》共8章47条，明确会费缴纳标准及使用办法，选举华颐集团董事长劳光亮为越城区房地产协会首任会长，同时产生副会长、秘书长、副秘书长、常务理事、理事。（区建设交通局　徐丹）

【楼宇经济】 2021年，越城区编制《越城区（高新区）楼宇经济发展"十四五"规划（三年行动计划）（2021—2023）》，进一步推广"楼长制"管理模式和特色楼宇认定办法、星级楼宇认定办法、"五个一"管理规范等。截至年底，全区共有重点楼宇60幢，入驻企业2280家，入驻率79.17%，注册率95.31%；楼内企业纳税7.5亿元，每平方米实现税收593.07元。（区商务局　宋世楠）

交易市场

【概况】 2021年，越城区新建商品房累计成交面积214.98万平方米，同比减少11.69%，成交金额510.73亿元，同比增加2.30%，均价23757.38元/平方米。其中，住宅成交面积197.65万平方米（15411套），成交金额493.00亿元，均价24943元/平方米；商业成交面积10.90万平方米（769套），成交金额12.05亿元，均价11052元/平方米；办公成交面积5.30万平方米（564套），成交金额4.49亿元，均价8467元/平方米。

【商品房预售面积增长14.02%】 2021年，越城区梳理、督促房地产开发企业加快建设及销售进度，促进商品房潜在库存向有效库存转化。首开或加推楼盘价格，需经区、市两级备案后核发预售证。全年共发放商品房预售许可证94份，预售面积总计283.96万平方米，同比增长14.02%。

【专项检查】 2021年，越城区对房地产企业开展房地产市场常态化检查，累计走访房地产项目142个次，针对古越珺府、玺园、江南明月府、江樾府项目案场信息公示缺失、实体样板房未建问题下发整改通知书4份，责令限期整改。7月，协同市建设局稽查支队对镜庐等6家在售楼盘开展专项检查。全年累计下发整改通知书8份，要求现场整改18次。

【全年新增房地产中介机构134家】 2021年，越城区加强房地产中介机构及房地产中介从业人员管理，新增中介机构备案134家，新增从业人员456人。开展房地产市场秩序整治规范专项行动和双随机检查，整治房地产中介恶意炒作、发布虚假信息、违规代理销售等行为，鼓励房地产中介从业人员参加全国房地产经纪职业资格考试，提升从业人员持证率，推广浙江省房屋买卖、住房租赁等居间合同示范文本，引导房地产中介行业平稳健康发展。

物业管理

【概况】 2021年，越城区共备案办理外来物业服务企业5家、本地物业服务企业6家，备案办理业委会60个，缴纳维修金1.24亿元、保修金1.30亿元。开展安全生产检查、"双减"检查、疫情防控专项检查100余次，实现全区物业在管320个小区巡查全覆盖，物业服务企业签订承诺书约40余家。年内，越城区注册成立物业协会，组建物业协会党委，吸纳协会会员单位35家。

【创建省级"红色物业"】 2021年12月，越城区丽景华庭，天池苑北区，永胜新村，南池鉴园A、B、C、D区块等4个小区成功创建浙江省"红色物业"项目。

住房保障

【概况】 2021年，越城区保障性房源共计10171套。其中，公共租赁住房房源1571套，主要集中在4个小区，南池鉴园公租房房源456套、鹅境雅园530套、新桥佳园455套、名城阳光园130套，已基本完成保障分配；筹集保障性租赁住房房源8600套，包括3个政府投资项目，房源共计2041套，具体为鹅境雅园人才公寓362套、南池鉴园人才公寓336套、马山西洋溇东西区1343套，非政府投资项目7个房源共计6559套。全区城镇常住人口累计保障受益125846户，累计保障受益人数303739人，累计受益覆盖率32.6%。

【公共租赁住房租赁补贴保障】 截至2021年底，全区公共租赁住房租赁补贴保障4286人(户)，发放补贴800多万元。其中，保障中低收入住房困难家庭364户，公交、环卫工人73户，消防救援人员59户，对全区各类企业的全日制专科(高职)、本科及以上学历新就业无房职工分档补贴3年，保障人数3790人。

【保障性租赁住房保障】 截至2021年底，全区政府投资保障性租赁住房中人才公寓已分配663套，享受前三年免租政策374人；政府投资保障性租赁住房中蓝领公寓累计分配1343套。

(区建设交通局　徐丹)

商贸　现代服务业

综　述

【概况】 2021年，越城区实现全社会消费品零售总额722.6亿元，同比增长3.2%；限额以上批发业销售额同比增长42.1%，增速位列全市第二；限上零售业销售额同比下降7.8%；限额以上住宿业营业额9.8亿元，同比增长28.6%，增速位列全市第二；限额以上餐饮业营业额17.6亿元，同比增长44.6%，增速位列全市第一。完成规模以上其他营利性服务业营业收入（不含电信）51.8亿元，同比增长3.2%；完成批零住餐和服务业企业"下升上"162家，完成年度目标任务的162%。截至年底，全区限上商贸服务业企业总数达943家。《越城区积极探索内外贸一体化发展新路径》被省政府第531期专报录用。

【商贸产业数字化改革】 2021年，越城区重点谋划建设再生资源、楼宇经济、智慧街区、数字贸易、数字道安等五大商贸产业数字化应用场景。其中，再生资源、楼宇经济、智慧街区5个应用入选古城保护利用应用体系，再生资源智慧管理列入全省商务系统"双循环"重点培育应用，获全区应用场景谋划大赛复赛第一名，全市数字社会应用场景路演第二名，并被纳入全省"一本账"的无废城市应用跑道，入选全区数字化改革门户最佳应用。

【开展商贸服务业提升试点】 2021年，越城区通过"摸、引、联"等措施，探索商贸服务业指标提升。全年实现全社会消费品零售总额722.6亿元，同比增长3.2%，列全市第二。年内，完成全市首家规模企业（开元名都）"产转法"，"产转法"工作在全市商贸服务业提升工作推进会上作典型发言，相关工作获市领导肯定。累计完成"产转法"2家，"主辅分离"16家，下升上38家。

重点项目（商贸项目、服务业项目）

【概况】 2021年，越城区29个重点服务业项目当年累计完成投资64.55亿元，完成年度计划的111%。其中，12个现代商贸及会展业项目当年累计完成投资24.96亿元，完成年度计划的126.8%；7个商务服务业项目当年累计完成投资3.84亿元，完成年度计划的103.8%；7个文化旅游业项目当年累计完成投资25.24亿元，完成年度计划的96.5%；3个其他类项目当年累计完成投资10.52亿元，完成年度计划的122.3%。

（区商务局　郭佳红）

2021 年越城区重点服务业项目建设情况表

表 29

序号	项目名称	建设内容及规模	建筑面积（平方米）	计划总投资（万元）	2021 年投资计划（万元）	2021 年投资额（万元）	形象进度	新建 / 续建	备注
合计			3302880	3481311	581350	645474			
一、现代商贸及会展业项目 12 个			1370102	1221711	196850	249556			
1	龙湖天街商业街（绍兴凤林西路以南 7 号地块综合体项目）	项目用地 135.58 亩，总建筑面积 347700 平方米，面向中等收入新兴家庭的区域型购物中心，集中购物、餐饮、休闲、娱乐等多种业态的一站式商业综合体	347700	440000	20000	50000	地下室已经全部完成，目前在建二楼	新建	
2	绍兴苏宁广场	总用地 199968 平方米［其中 A 区块为地上五层（局部六层），地下二层的大型商业购物中心；C 区块为居住与旅馆］，总建筑面积约 442626 平方米（A 区块 283947 平方米，C 区块 158679 平方米），主要建设一站式购物中心、高端酒店及住宅	442626	270000	50000	67000	A 地块商业：主体已封顶，机电工程、幕墙工程、消防工程、装修工程阶段；C 地块酒店：主体已封顶，酒店客房与公寓内部精装修，机电工程及幕墙工程阶段。B、C 地块住宅：主体封顶，幕墙工程、装修工程阶段（现项目停工中）		市重点
3	绍兴集成电路小镇创新综合体	总用地面积 99942 平方米，总建筑面积 254892.48 平方米，其中地上建筑面积 184892.48 平方米，地下建筑面积 70000 平方米，主要建设内容包含酒店 14900 平方米，沿街商业 9208 平方米，办公 20892 平方米，配套公共设施面积 2368.01 平方米	254892	200000	10000	20661	高层新建至 19 层，洋房新建至 9 层，商业体新建至地面		市重点
4	则水牌 2 号地块商业中心项目	建设 6 万平方米商业中心	60000	80000	20000	13221	地下室施工完成 80%，地上一层完成 20%	新建	
5	小区商业街（镜湖 03-04-1 号）（奥景园配套项目）	小区配套商业街，总建筑面积 5.08 万平方米	50000	50000	8000	20000	负一层结构施工		

续表 29

序号	项目名称	建设内容及规模	建筑面积（平方米）	计划总投资（万元）	2021 年投资计划（万元）	2021 年投资额（万元）	形象进度	新建 / 续建	备注
6	柴场弄地块更新改造工程（风越里特色街区）	对柴场弄区域进行古城更新改造，用地面积 19573 平方米，总建筑面积约 23920.7 平方米，其中新建建筑面积约 8167.7 平方米，改造建筑面积约 15753 平方米。引进品牌民宿、创意酒店、酒吧餐饮等服务业态，打造沉浸式文化体验区，形成绍兴古城特色街区	23920	39000	27000	27200	主体工程 98%，装饰工程 78%		市重点
7	红星爱琴海城市综合体（皋埠镇三泾区域 1 号地块）	总用地面积 68782.03 平方米，其中 A 区块 31817.11 平方米，B 区块 34048.92 平方米，B 区块兼容商业用地（B1），将打造集购物中心、精品酒店、特色街区及中高住宅为一体的现代商贸综合体	34048	35000	10000	10200	内部装修		市重点
8	东湖水街项目	建设 2.5 万平方米水街商业街	25000	30000	10000	7489	C 地块招商中心施工完成；总体地下室施工完成 70%	新建	
9	华颐中心商业综合体（绍兴市越城区东光地块三期）	总建筑面积 57148.48 平方米，地上建筑面积 35619.7 平方米，地下建筑面积 21528.78 平方米。办公大楼、引进品牌酒店、超市，打造商业中心以及餐饮等服务业态，打造特色街区、沉浸式文化体验区	57148	25711	15450	17035	围护工程桩完成 100%，被动土加固完成 80%	新建	市重点
10	袍江城市客厅项目（袍江 G14 地块）	袍江 G14 地块地上建筑面积 29703 平方米，地下建筑面积 7991 平方米，总建筑面积 37694 平方米。引进 KFC、星巴克、华润万家超市、“海底捞”等主力店，新零售商业空间，网红展销平台，打造成袍江第一个新零售为主导的商业综合体	37694	22000	17400	12750	1～2 号楼公区装饰完成 30%；3～5 号楼公区装饰完成 30%，一层回填土完成；6 号楼公区装饰完成 20%，轻质隔墙完成 50%；地库耐磨地面完成；室外雨污水管道安装完成 60%，室外回填土完成 70%		市重点

续表 29

序号	项目名称	建设内容及规模	建筑面积（平方米）	计划总投资（万元）	2021 年投资计划（万元）	2021 年投资额（万元）	形象进度	新建 / 续建	备注
11	镜湖中心区 7-4 号地块(九流渡滨河商业街）	用地面积 14031.8 平方米，建筑面积 26374 平方米。设置多栋多层建筑，其中地上为三层商业，首层主要布置高端的休闲生活及办公配套功能，二三层以餐饮为主，地下层为车库。定位为高端商业配套，以提升整体区域品位，为周边白领、小区及游客提供餐饮休闲和购物娱乐场所	26374	20000	6000	4000	结顶		
12	清风汽车生活广场	项目用地面积 10700 平方米左右，计划建设汽车商业综合体		10000	3000	0	土地招拍挂	新建	市重点
二、商务服务业项目 7 个			177670	166000	37000	38391			
1	镜湖越商总部 8 号	用地面积 6316 平方米，总建筑面积 36106 平方米。其中，地上计容面积 22106 平方米，地下建筑面积不超过 14000 平方米，建筑高度 80 ～ 100 米	36106	30000	8000	8000	1. 幕墙材料加工 ;2. 售楼处一层精装桥架安装完成 70%		
2	越商总部 6# 地块建设项目	规划用地面积 8920.8 平方米，总建筑面积 54135.96 平方米，其中地上建筑面积 42819.98 平方米，地下建筑面积 11315.98 平方米，地上 24 层，地下 2 层	54136	28000	6000	6491	场外工程施工		市重点
3	镜湖新区中心区 7-1-1 号地块建设项目	总用地面积 9865.6 平方米，总建筑面积 29597 平方米(不含地下室建筑面积 15000 平方米)，21 层商务楼	29597	27000	5000	9200	幕墙工程 100%，场外 60%		
4	镜湖新区中心区 7-3 号地块建设项目	总用地面积 16720.3 平方米，总建筑面积 25080 平方米(不包括地下室建筑面积 20000 平方米)，项目为多层商务楼群	25080	25000	4000	9200	幕墙工程 100%，场外 60%		
5	越商总部 9# 地块建设项目	项目总用地 7529 平方米，建设商务写字楼一幢	7529	21000	2000	2000	竣工		
6	越商总部 7# 地块建设项目	项目总用地 6122 平方米，建设商务写字楼一幢	6122	20000	2000	3500	竣工		
7	中国人保袍江总部大楼(越城区 G21-2-2 地块项目）	越城区 G21-2-2 地块地上建筑面积 12500 平方米，地下建筑面积 6600 平方米，总建筑面积 19100 平方米，为人保营业办公大楼	19100	15000	10000	0	土地出让阶段	新建	

续表 29

序号	项目名称	建设内容及规模	建筑面积（平方米）	计划总投资（万元）	2021 年投资计划（万元）	2021 年投资额（万元）	形象进度	新建 / 续建	备注
三、文化旅游项目 7 个			1076108	1510000	261500	252376			
1	绍兴黄酒小镇（东浦片区）	围绕花雕里、越红里、溇台里三大板块，建设约 1.5 平方公里区域，总建筑面积约 46 万平方米，引进高端酒店、品牌民宿、特色文创等业态，打造世界级黄酒品牌标杆、中国黄酒文化复兴高地、中国黄酒产旅数字融合典范，同时包括黄酒小镇建设配套市政设施	460000	502000	40000	47351	耶溪路东延招标文件、标底编制，大树江大桥规划方案继续修改完善，通航条件影响评估报告编制中；北片水环境整治审核待公示；历史建筑测绘建档 2 号区块已完成，3 号区块完成 35%；老街示范区开始初步方案设计。民国风情街 1-F 区块地下二层底板施工完成，2-EF 地块已封顶；高端品牌酒店英迪格目前桩基施工中；商业 Tod 项目已取得工程规划许可证。新游客中心和大型演艺秀场已取得施工许可证，目前桩基施工中；智能停车楼已封顶，砌体结构完成	新建	市重点
2	871LOOP 一期	项目总建筑面积 36 万平方米，其中改造保留厂房约 3 万平方米，引进创新创意设计机构、国家众创空间、多功能展览中心、影院或剧院、文创品牌书店等，打造文创商业综合体与高端住宅为一体的产、学、研、住的混合生活圈	360000	500000	130000	118050	C 地块：商品房 6 ～ 10 号楼地库顶板浇筑完成，7 号、9 号、10 号楼 PC 墙体吊装完成。D 地块：洋房 1 ～ 4 号楼顶板浇筑完成，合院 6 号楼浇筑完成，8 号楼顶板钢筋绑扎，5 号楼北侧支模。样板房结构浇注完成。E 地块：工程桩完成，西侧、北侧支撑冠梁；华建进场前准备。合院示范区：已完成封顶，一层二层已拆模完成，二次结构施工并移交精装。持有商业：第一块土方已开挖完成，总包劳务人员已定标进场开始施工。B 地块：首开区 27 号、29 号、32 号底板浇筑完成		市重点

续表 29

序号	项目名称	建设内容及规模	建筑面积（平方米）	计划总投资（万元）	2021 年投资计划（万元）	2021 年投资额（万元）	形象进度	新建/续建	备注
3	镜湖新区中心区5号地块项目	项目总用地面积 54291.7 平方米，总建筑面积 239158.4 平方米，其中地下室 98000 平方米。项目住宅约 50000 平方米，商业约 11158.4 平方米，酒店约 80000 平方米	11158	270000	50000	24000	住宅已全部结顶，商业酒店部分已建 4/5		
4	万豪酒店（暂名）（湖东 3 号地块）	项目总占地面积约 33.6 亩，总建筑面积约 12.09 万方，其中酒店总建筑面积约 60320 平方米，地上建筑面积 46130 平方米，地下建筑面积 14190 平方米，项目将引入五星级酒店和银行总部入驻	120000	100000	20000	17900	地下室全部完成		市重点
5	绍兴喜来登酒店项目	建设分酒店商业和住宅两部分，酒店 45 亩，建筑面积 106000 平方米，住宅 75 亩，建筑面积 125000 平方米	106000	100000	10000	43485	土建施工中，造至 3 层	新建	市重点
6	托斯卡纳风情园旅游综合体	计划用地 20.1 亩，建筑面积约 1.6 万平方米，建设内容为城堡式休闲度假酒店，配套森林 SPA 馆、度假养生馆、山体度假休闲民居	16000	35000	10500	600	图审完成，施工许可证办理准备中		市重点
7	富盛风之谷耕读研学创育营地项目	利用现有闲置资源，计划修缮校舍、礼堂等建筑物共计 5 幢，建筑面积约 2950 平方米，其中将曙光小学进行改造升级，创建成耕读研学育儿中心、户外团建拓展中心、特设文化创意工作室；开设山里货集市交易中心（农村合作社创育中心）、乡村休闲体育集散地；租赁 210 亩土地用于土地共享招募，创建一个四季果园、山地有机蔬菜园、特色养殖生态园、帐篷星空营地；二期将闲置农舍改造升级成“农家乐”	2950	3000	1000	990	完工		

续表 29

序号	项目名称	建设内容及规模	建筑面积（平方米）	计划总投资（万元）	2021 年投资计划（万元）	2021 年投资额（万元）	形象进度	新建 / 续建	备注
四、其他项目 3 个			679000	583600	86000	105151			
1	绍兴金融活力城（湖东 1 号、2 号地块）	项目总占地面积约 586 亩，总建筑面积约 163 万平方米，其中商办占地面积 146.4 亩，建筑面积 53.9 万平方米。项目规划建设含高度 168 米国际金融中心 1 幢、100 米高区域银行总部 5 幢、金融服务及办公集群、科创办公大楼、高端商业、高端住宅等多种业态。项目将集商务、办公、居住、文化、购物、餐饮、娱乐于一体，打造成绿色宜办、宜商、宜住的绍兴新金融活力中心。项目将吸引绍兴及周边地区银行、证券、保险等金融机构入驻，还将从市外引进金融控股集团区域总部、关联的全国性金融机构区域总部、以创投为主业的主板上市公司总部或区域总部、新金融公司等一大批优质项目进驻	539000	530000	80000	101000	1-2 和 1-3 地块银行楼已全部封顶，大楼 IFC 主体结构施工完成 80%，2-1 地块地上主体结构完成 20%		
2	浙江地区电子商务运营中心（三期）项目	总用地约 178 亩，总建筑面积约 14 万方，新建 3 栋小件库、3 栋冷链仓库和 1 栋公用站房	140000	50000	5000	3887	完工		
3	浙江医药股份有限公司质检系列车间智能化云桌面平台改造项目	项目分两期实施，一期针对简单办公应用的部门，招标办、创新生物、研究院等数据保密度高的终端，约 600 台终端。二期针对总部办公大楼，所有办公电脑 1000 台终端。预算固定资产投资 3600 万元，云桌面系统由服务器、存储设备、终端、桌面授权、操作系统、应用软件等构成		3600	1000	264	项目完工已投入使用		

商贸消费

【概况】 2021年，越城区制定《越城区服务业提升发展若干政策意见》《关于开展促进汽车以旧换新活动的意见》《越城区园区纳统提升试点方案》等多项激励政策，印发《越城区促消费、扩内需 畅通"双循环"行动方案》，主办绍兴市"越惠悦生活·消费促进月"启动仪式暨鲁迅故里品质步行街开街仪式、越城区商圈党建"契约化"共建签约暨"金秋购物节"启动仪式、绍兴市春季、秋季汽车博览会等多场大型促消费活动，提振消费市场信心。

【省、市级高品质步行街创建】 2021年，迎恩门风情水街通过市级高品质步行街验收。鲁迅故里高品质步行街通过省级验收，系全省第一批13条省级高品质步行街试点之一，为全市唯一省级高品质步行街。步行街东起鲁迅中路中兴路口西到解放路口，再沿府河往南到延安路口，全长1100米，已引入城市书房、高端民宿、精品手工业等商业业态。

【第三批省级供应链创新与应用试点】 2021年，越城区浙江仁本生活服务集团有限公司、浙江巴鲁特服饰股份有限公司、浙江东利源供应链管理有限公司被列为第三批省级供应链创新与应用试点企业。截至年底，全区已有6家省级供应链创新与应用试点企业。（区商务局　郭佳红）

2021年9月30日，越城区商圈党建"契约化"共建签约暨"越城区金秋购物节"启动（区商务局　提供）

粮食购销

【概况】 2021年，越城区成立粮食购销领域腐败问题专项整治工作领导小组，落实部门自查自纠。推进越城中心粮库建设进度，做好优质粮食工程验收。越城中心粮库项目已完成赋码，土地指标、征地、地质灾害评估及备案、地勘已完成。越城区2个"优质粮食工程"项目，已通过验收并投入使用。下达储备粮轮换计划，制定粮食收购政策，确保区级粮食储备规模到位。严格做好粮库安全检查，做好粮食质量监管工作。完成2021年重要物资及食品的采购储备，根据2021年计划完成50万元应急救灾物资采购并验收入库，做好冻猪肉储备工作。（区发改局　汤佳柯）

电子商务

【概况】 2021年，越城区深入开展"数字生活新服务"工程，全年实现网络零售额138.6亿元，同比增长42.7%，总量全市第三，增速全市第一。截至年底，新创建AAA和AAAA级电子商务企业和产业基地各2家；绍兴市越淘网络技术有限公司成功跻身省级重点电商平台；创建九里居、小皋埠村、骆家葑村、外谷社村、西鲁村、塔山村6个电商专业村。浙江巴鲁特服饰股份有限公司、浙江震元医药连锁有限公司、绍兴越王珠宝有限公司、绍兴市智创超市有限公司、绍兴香溢投资发展有限公司、绍兴鹏润国美电器有限公司入选省级新零售示范企业。

【实施"数字生活新服务"工程】 2021年，越城区以数字经济为引领，开展"数字生活新服务"工程，推进6个"网上市场"建设，重点超市、农贸市场、住餐企业陆续开通线上平台销售和无接触配送，实现互联网消费升级。塔山街道入选浙江省首批数字生活新服务特色镇（数字商贸）。银泰商圈和颐高物美商圈被评为首批“绍兴市智慧商圈”。

【跨境电商】 2021年，越城区以“店开全球、品牌出海”为重点，推进跨境电商发展，实现跨境电商9610、9710、9810三路全通，全年完成9610、9710、9810出口单量约20万件。年内，越城（滨海）跨境电商园正式运营；休闲纺织产业集群跨境电商试点成功入列省级第三批产业集群跨境电子商务发展试点。（区商务局　严思湉）

会计管理

【概况】 2021年末，越城区登记在册会计人员22147名，人员信息存量位于全市前列。全年共审核信息2826人次，会计继续教育通过3922人次，会计职称考试通过人数1395人，居全市第一。12名人员通过高级会计师评审，评审通过率75%。年内，代理记账机构年度报备75家，新增代理记账机构20家，终止备案1家，实际存续94家。认领经营范围含代理记账的单位47家，实施证照分离优化审批，全部完成即办认领。

【内控建设】 2021年，越城区通过“以报促建”方式加强行政事业单位内控建设。5月，组织227家行政事业单位进行内控报表专题培训，报送率达100%，优良率达45%，远超省市指标15%的要求。12月，对区卫健局、皋埠街道2家单位进行单位内控建设评价。（区财政局　徐丽娜）

旅游业

综 述

2021年，越城区以打造“全域旅游精品目的地”为目标，集聚亮点、提升品质，成功创建浙江省全域旅游示范区。开展“百县千碗”系列活动，推广“越宴十八味”美食品牌。年内，成功创建AAA景区2家（迎恩门风情水街、绍兴博物馆），市级红色旅游教育基地1家（邵力子故居），市级非遗研学游基地7家（大禹陵景区、中国黄酒博物馆、东湖景区、鲁迅故里景区、黄酒小镇、石语堂玉石文化博物馆、越青堂），区级研学实践教育基地5家（富盛上旺精神陈列馆、皇甫庄村、安桥头村、古城信息展示中心、伟丰红色藏品馆），省级工业旅游示范基地1家（喜临门家具股份有限公司），省级银宿1家（拾贰朴宿）。截至年底，全区共有区属旅行社53家、星级饭店13家。全年无重大旅游投诉事件，无重大旅游安全责任事故发生。

全域旅游示范区和景区城创建

【概况】 2021年，越城区成功创建浙江省全域旅游示范区，并通过AAAA级景区城汇报评审。成立越城区全域旅游示范区及AAAA景区城工作领导小组和区旅游专班，制定双创工作实施方案及《关于加快推进越城区全域旅游发展的政策意见》，编制完成《越城区文化和旅游“十四五”规划》《越城区全域旅游发展规划》及《东部片区旅游发展专项规划》，为文旅发展把脉定向。完成全域手绘地图制作，举办2021首届文旅嘉年华系列活动，公布全新的宣传口号和标识，发布十大全域精品游线和五条红色游线，全年陆续开展吼山桃花节、富盛油菜花节等“全域任你游”主题宣传活动，推出“清凉一夏”过夜游补助政策和“百县千碗·越宴十八味”促消费系列活动，贯穿全年主题推介，做强越城“全域旅游”品牌。推进“百城千镇万村”景区化工作。年内，斗门街道、陶堰街道、鉴湖街道成功创建省AAA级景

2021年，斗门街道成功创建为省AAA级景区镇（区文广旅游局　提供）

区镇,46个村完成A、AA级景区村创建。截至年底,全区共有AAAA级景区镇1个,AAA级景区镇6个,AAA级景区村17个,AA级景区村14个,A级景区村95个,AAA级旅游厕所4个。

2021年越城区新增A级景区村庄一览表

表30

所属镇(乡、街道)	村庄名称	等级
东湖街道	大皋埠村	A
	五和村	A
灵芝街道	狭猺湖村	A
东浦街道	清水闸村	A
鉴湖街道	玉屏村	AA
	骆家葑村	A
	南池村	A
斗门街道	玉山村	AA
皋埠街道	独树村	AA
	西湖岙村	A
	胜利村	A
陶堰街道	横旦村	A
	茅洋村	A
	邵家溇村	A
	南湖村	A
	亭山村	A
	金墅村	A
	浔阳村	A
马山街道	储墅村	A
	徐潭村	A
孙端街道	三条溇村	AA
	后双盆村	AA
	榆林村	AA
	孙端村	A
	许家埭村	A
	张家沥村	A

续表 30

所属镇（乡、街道）	村庄名称	等级
富盛镇	董溪村	AA
	铬山村	A
	文山村	A
	夏菿村	A
沥海街道	郭渎村	A
	华东村	A
	华平村	A
	沥东村	A
	百沥村	A
	城西村	A
	城沿村	A
	东海村	A
	四联村	A
	联邵村	A
	联谊村	A
	民生村	A
	舜海村	A
	伟明村	A
	新联村	A
	渔村村	A

旅游推介

【概况】 2021 年，受疫情影响，越城区推介交流以本地为主，共组织参加旅游推介等系列活动 7 次，包括首届“上海旅游产业博览会”、第 16 届中国义乌文化和旅游产品交易博览会、全省“文化基因解码工程”暨文化标识建设推进期间“越宴十八味”推介大会、2021 年首届越城文化旅游嘉年华启动仪式、越城“红色之旅”五大游线发布、“享诗路风华·品诗韵绍兴”——全国新闻媒体代表“跟着唐诗游绍兴”联合推广宣传活动、“长三角主流媒体和网红大 V”游越城活动等，充分展示越城文旅形象，拓宽客源市场。

文旅消费

【概况】 2021 年，越城区完善“浙里好玩”“诗画浙江·百县千碗”等平台，及时发布越城文旅资讯。开展“2021 首届越城区文化旅游嘉年华”活动，推出总计 60 万元消费券用于推广“越宴十八味”美食品牌和提振越城文旅企业行业信心。组织区属星级酒店、等级民宿、餐饮企业、文创企业等共 50 家企业参与线上活动，邀请区属景区、酒店、旅行社、民宿、餐饮、文创企业以及非遗传承人共计 20 家企业参与线下展销活动，以近 1∶4 的消费拉动水平提振旅游市场消费信心。

越地美食

【概况】 2021年，越城区在“十八味”基础上，根据省、市、区工作要求，完善由“十道冷菜”“十道热菜”“十道点心”组成的“越宴十八味”30道菜品体系，为打造“越乡名宴”奠定扎实的基础。

【“诗画浙江·百县千碗”系列主题活动】 2021年，越城区以“诗画浙江·百县千碗”为主题，开展系列主题活动。评选出“百县千碗·越宴十八味”区属旗舰店4家、示范店6家和体验店16家，拍摄《越宴十八味》宣传片；开展“六进”活动，将《越宴十八味》带进景区、学校、社区、星级酒店、机关食堂、高速服务站，在城站火车站投放《越宴十八味》宣传屏。

越宴十八味：

冷　菜：酱腌鲜黄瓜、福禄八宝菜、炉峰素蛏子、绍兴冻扎肉、虾油竹园鸡、五香卤牛肉、酥鱼、酱鸭、桂花糯米藕、马兰拌香干；

热　菜：油炸臭豆腐、单鲍大黄鱼、一品绍三鲜、糟溜河虾仁、干菜焖猪肉、古越炖麻鸭、头肚醋熘鱼、白鲞扣仔鹅、绍式小炒丝、霉鲜四小味(霉千张　霉苋菜梗　霉香干　霉毛豆)；

点　心：吉利芝麻团、生煎馒头香、艾饺、麦糊烧、八宝饭、糖煎糯米饼、面饽饽、酒酿圆子羹、箬拚头、乌豇豆糕。

2021年，越城区举办“诗画浙江·百县千碗·绍兴佳肴”——金秋美食节活动(区文广旅游局　提供)

行业管理

【概况】 2021年，越城区进一步推动旅行社、旅游饭店、民宿等文旅企业品质提升和行业管理。截至年底，全区共有旅行社53家，包含星级旅行社13家，其中五星级1家、四星级10家、三星级2家；共有星级饭店13家，其中五星级5家、四星级3家、三星级5家；共有2家等级民宿，1家金宿——六和藏院，1家银宿——拾贰朴宿。全年完成歌舞娱乐场所设立及变更18家，营业性演出审批94项，处理旅游投诉件46件；实施旅游企业疫情补助156.72万元。

【旅游行业品质提升】 2021年底，越城区共有全国绿色饭店金树叶级2家(绍兴咸亨大酒店、绍兴市咸亨酒店)、银树叶级5家(绍兴国际大酒店、绍兴饭店、绍兴开元名都大酒店、绍兴银泰大酒店、绍兴会稽山阳明酒店)，浙江省特色文化主题饭店金鼎级2家(绍兴市咸亨酒店、绍兴禹庄开元酒店)、银鼎级1家(绍兴饭店永和庄园)，浙江省品质饭店金桂级2家(绍兴市咸亨酒店、绍兴禹庄开元酒店)、银桂级2家(兰亭安麓酒店、绍兴咸亨大酒店)。年内，绍兴饭店通过五星级复核评定，绍兴银泰大酒店通过四星级通过复核评定，越城区廊桥花园酒店通过三星级复核评定，咸亨酒店、咸亨大酒店、绍兴禹庄开元酒店和会稽山阳明酒店、开元名都酒店创建无废饭店，绍兴市咸亨酒店创建节水标杆酒店。浙江仙人掌海外旅行社、浙江亚都国际旅行社、绍兴中国旅行社被评为浙江省百强旅行社。(区文广旅游局　章金波)

越城区星级旅社一览表

表 31

序号	单 位	星级	地址
1	浙江仙人掌海外国际旅游旅行社有限公司	五星	市区环城西路 438 号 9—12# 玉兰华庭门口
2	绍兴市中国旅行社有限责任公司	四星	市区府山街道人民中路 367 号
3	绍兴市中青旅旅游有限公司	四星	市区塔山街道鲁迅故里停车场东入口二楼 205
4	浙江亚都国际旅游有限公司	四星	市区迪荡街道财智大厦 906 室 -1
5	绍兴中国国际旅行社有限公司	四星	市区府山街道中兴中路 288 号现代大厦 B 座三楼 301 室
6	绍兴世缘国际旅游有限公司	四星	市区府山街道城市广场 28 号 -1
7	绍兴市远洋国际旅游有限公司	四星	市区塔山街道东街 338 号 2 幢 4 号
8	绍兴鑫洲国际旅行社有限公司	四星	市区灵芝街道越西路 833 号鑫洲国际旅行社
9	绍兴招商国际旅行社有限公司	四星	市区金鑫大厦(中兴中路 300 号 601 室)601 室
10	绍兴市乡情国际旅游发展有限公司	四星	市区府山西路 197 号
11	绍兴传媒国际旅游有限公司	四星	市区延安东路 628 号
12	绍兴市国交旅行社有限公司	三星	市区塔山街道人民中路 528 号 3 楼
13	绍兴市康辉国际旅游有限公司	三星	市府区山西路 315 号 -2

越城区星级饭店一览表

表 32

序号	单 位	星级	地址
1	绍兴咸亨大酒店有限公司	五星	市区解放南路 680 号
2	绍兴市咸亨酒店有限公司	五星	市区鲁迅中路 179 号
3	绍兴国际大酒店有限公司	五星	市区府山西路 100 号
4	绍兴饭店有限公司	五星	市区环山路 8 号
5	浙江开元酒店管理股份有限公司绍兴开元名都大酒店	五星	市区人民东路 278 号
6	绍兴银泰大酒店有限公司	四星	市区人民西路 255 号
7	绍兴市鑫洲海湾大酒店有限公司	四星	市区二环北路 50 号
8	绍兴市永利大酒店有限公司	四星	市区袍江新区世纪街诚意路 1 号
9	绍兴市越城区廊桥花园酒店	三星	市区环城南路 820 号
10	绍兴浙纸建国宾馆有限责任公司	三星	市区人民中路 471 号
11	绍兴新亚都大酒店有限公司	三星	市区人民中路 218 号
12	绍兴市稽山宾馆	三星	市区钱王祠前 16 号
13	绍兴市饮食服务有限责任公司绍兴大酒店	三星	市区解放北路 469 号

经济管理与监督

发展改革管理

【概况】 2021年，越城区正式发布《越城区国民经济和社会发展第十四个五年规划和二〇三五年远景目标纲要》《越城区融入长三角一体化发展“十四五”规划》。发改部门定期向有关部门了解专项规划的编制进展情况。产业重构取得突破。长电绍兴项目主体工程结顶，中芯绍兴一期达产满产，上半年集成电路、生物医药产业产值分别增长56.2%、33.6%，在全省“万亩千亿”新产业平台考核中分获第二、三名。主要发挥头部企业引领作用，项目、人才引进集聚效应明显，已累计布局招引70余个项目（包括储备项目），协议总投资超2000亿元。

【发布《越城区国民经济和社会发展第十四个五年规划和二〇三五年远景目标纲要》】 2021年，越城区发布《越城区国民经济和社会发展第十四个五年规划和二〇三五年远景目标纲要》，主要包括“十三五”时期发展成就、“十四五”经济社会发展新形势、“十四五”经济社会发展新要求等12个方面内容。

【企业信用修复】 2021年，越城区以企业需求为导向，加强信用修复，2021年累计修复企业信用80余家。社会治理矩阵式智治平台列入省发展改革委省级“信用＋社会治理”基层试点项目。

【重大项目建设】 2021年，越城区重点项目推进扎实有序，项目建设按年度计划有序推进。2021年全区安排367个重点项目（含滨海新区），其中政府（国有企业）投资重点项目192个，总投资531.82亿元，年度计划投资135.68亿元，重点产业项目175个，总投资2929.96亿元，年度计划投资451.73亿元；市县长项目工程已全部落地，2021年共谋划“市县长项目工程”省级清单计划7个，7个项目均已开工建设，落地率100%。

对口帮扶、支援、合作

【概况】 2021年，越城区联动协同优化东西协作，抓好落实消费帮扶、产业合作、劳务协作三项重要任务，下清单分解、抓进度落实，截至年底消费帮扶完成5103万元，签约分割猪肉项目落地；产业合作已落实引导企业投资5.39亿元；劳务协作已提前超额完成市对口办下达的全年目标任务。

【共建山海协作“产业飞地”】 2021年，越城区以“产业飞地”赋能山海协作。以具有越城（滨海）标识度的“产业飞地”为平台，积极探索滨海、开化及仙居之间的科创、文旅、干部、人才以

2021 年省市县长项目汇总表

表 33　　单位 :亿元

序号	项目名称	投资主体	建设规模和内容	总投资	拟选址地点
1	年产120万片晶圆6英寸特色工艺化合物半导体生产线和年产144万片晶圆8英寸先进特色工艺半导体生产线项目	中芯集成电路制造(绍兴)有限公司	项目占地约86667.1平方米,分两期建设,厂房和基础设施一次性建成,借助绍“芯”实验室隶属的“化合物半导体研究中心”取得的科研成果和中试基础,建设6英寸特色工艺化合物半导体生产线,实施大规模产业化生产;同时借助当前项目基础,在新建同一厂房内,建设8英寸先进特色工艺半导体生产线。整体项目建成后,可将绍兴打造为国内最大的特色工艺集成电路研发和制造基地及半导体产业链生态圈综合创新“芯”高地	173	皋埠街道
2	中芯绍兴MEMS(微机电系统)和功率器件芯片制造及封装测试生产基地产业提升项目	中芯集成电路制造(绍兴)有限公司	本项目借助当前生产线,通过购买主要设备约1500余台(套)、调整封测工艺、扩建无尘室等措施,在现有厂房内扩大8英寸特色工艺集成电路芯片的制造生产规模,预计改造完成后,产能可提升至120万片/年,并达到65纳米线宽制程工艺水平	64	皋埠街道
3	美新半导体MEMS器件、功率器件制造线项目	美新半导体(天津)有限公司	项目计划用地150亩,一期建设磁传感器传感单元8英寸晶圆生产线及陀螺仪传感工艺开发设备生产线,形成年产2万片8英寸MEMS磁传感器传感单元晶圆和6亿颗MEMS磁传感器芯片;二期建设8英寸功率器件生产线,形成年产36万片IGBT(绝缘栅双极型晶体管)与高压MOSFET(金氧半场效应晶体管)等高端产品	30	皋埠街道
4	国科生命健康创新园	中科院长三角资本管理有限公司	项目计划用地250亩,以专项基金为牵引、高端科技力量为指引、生命健康头部企业生产基地(西园)和产业创新加速平台(东园)为两翼、公共设备平台等科技服务硬平台和转移转化平台等科技服务软平台为支撑,在5年时间内,形成具有鲜明中科院特色、“基业+基金+基地”完整科创生态闭环、全要素科创生态凝聚的生命健康产业集聚高地	20	沥海街道
5	最成半导体装备核心部件和耗材研发制造项目	浙江最成半导体科技有限公司	项目计划用地130亩,其中一期租赁厂房约1500平方米,征地约30亩,生产半导体装备核心部件和耗材研发制造,项目达产年可实现年产高纯靶材8843件、CMP(单芯片多处理器)耗材4500件、PinFin(针翅)散热器90万件、4NAl Coil 36万件及半导体零件540件的生产能力。二期征地约100亩,计划与日本知名半导体材料企业合作,建设中日高端半导体材料产业园	10	皋埠街道

续表 33

序号	项目名称	投资主体	建设规模和内容	总投资	拟选址地点
6	金康普生命健康营养产业项目	北京金康普食品科技有限公司	项目计划用地 100 亩,一期用地 50 亩,开展复配营养强化剂系列产品、特殊医学用途配方食品和宠物营养强化剂产品研发、生产和销售	10	沥海街道
7	年产 43800 吨医用辅料、食品添加剂项目	浙江芳原馨生物医药有限公司	项目计划用地 167 亩,采用管式连续反应、连续精馏、固定床连续催化、反应精馏偶联、高效产品精制、自动化包装等先进技术,工艺全流程将采用自动化控制。建成后形成年产 4.38 万吨的 14 个医用辅料、食品添加剂产品,并配套相关的公用设施	10	沥海街道

及农产品等多个领域的深度交流合作。签订合作框架协议,通过村镇结对帮扶,共同创办农特产品扶贫馆和山海协作展示馆。加强越城、开化双方有关单位对接合作,两地残联已签订结对协议,区人社、皋埠街道等已达成合作意向,3 家学校与 9 家医院已建立结对关系,越城区选派一名干部挂职华埠镇党委委员、联盟村第一书记,完成消费帮扶 472.4 万元,并在迪荡天际中心展厅展示衢州开化产品共计 52 款;培训开化县劳动力完成 187 人。

【全省首个"产业飞地"项目落地】 2021 年 7 月,滨海新区、开化县以及中远清建装配式建筑有限公司等三方正式签约了清华大学 TUS 装配式建筑产业化项目,成为全省首个"产业飞地"落地项目,该项目为 2021 年首批省重大产业项目,达产后预计年产值 10 亿元、税收 3500 万元。

2021 年,越城区开展"越马同心 消费帮扶"活动(傅金美 摄)

(区发改局 汤佳柯)

国有资产管理

【概况】 2021 年,越城区共上缴国有资产处置收入 17.91 万元,房屋出租收入 2075.49 万元,合计 2093.40 万元。

【国资国企改革】 2021 年,越城区国资国企"十四五"整体规划编制完成。区财政局指导区国投公司、区城发集团、区文旅集团完成整体整合组建,形成"1+N"组织管理架构(根据现行国有资产管理现状以及改革方向,成立"N"家国有企业集团,分批注入资产,优化资产质量、独立运作,实现国资保值增值),实现全区经营性国有资产集中统一监管。年内,绍兴袍江工业区投资开发有限公司、绍兴市越城区城市发展集团有限公司获得 AA+ 信用评级。

【企业国有产权管理】 2021 年,越城区出资入股绍兴市产权交易有限公司,相关业务上线全市国有资产交易数字化平台,实现国有企业资产交易"一个平台、一网通办、一体监管"。按规定程序对国有企业新设、出资人及资本金变更等事项进行审核报批,审批拨付到位注册资金 2.6 亿元。开展区环境集团、区城发集团和灵芝街道下属公司等3家单位开展2020年度国有资本收益申报审核及收益收缴，共计收缴到位1052万元。

【实行固定资产二维码管理】 2021年，越城区以"资产云"系统为依托，对全区所有行政事业单位的固定资产实施二维码管理，实现固定资产"一物一卡一码"。全程跟踪管理资产从购入到退出的全生命周期，实现固定资产账、卡、物一致，提升固定资产管控能力。

【开展国资国企低效无效资产处置专项行动】 2021年，越城区组织开展国资国企低效无效资产处置专项行动。对全区所有行政事业单位和国有企业在2021年8月31日前产生的符合低效无效界定标准的资产作全面摸底梳理，摸排出12项低效无效资产，涉及金额5200万元；精准分类处置，以加快解决全区国资国企存在的经营低效、利用不足、闲置等突出问题。（区财政局　姜伟明）

金融管理

【概况】 2021年，越城区出台金融支持经济高质量发展若干政策，加强对辖内金融机构支持实体经济的引导激励。与辖内32家银行机构建立日常联系机制，形成越城区金融数据月报工作制度，重点关注存贷款余额增速、不良率和关注率变动等情况。年末，金融机构存贷款余额7660.96亿元，增速12.39％。不良贷款余额37.42亿元，较年初减少4.68亿元，不良贷款率0.98%，较年初下降0.25%。

【重点企业帮扶纾困】 2021年，越城区为奇彩环境、得事达电器等企业召开专题协调会议解决银行转贷事项。喜临门上市公司控股股东股权质押比例下降到80%以下。成功把越星"尚都中心"和畅"惠风名都"推入司法程序，环球"双子楼"清算小组基本厘清其债权债务，妥善解决"西城广场"烂尾项目拖欠农民工工资事项，协同推动"中实专案"处置进程。

【筹建区级政策性融资担保公司】 2021年，越城区筹建区级政策性融资担保公司并于9月正式运营，与6家银行开展业务合作。截至年末，累计开展担保业务91笔，在保余额1.975亿元，平均担保费率0.51%。（区经信局　倪伊丹）

工商行政管理

【概况】 2021年，越城区共有市场主体108373户（其中企业43455户、个体工商户64668户、农民专业合作社250户），总量较2017年增长64.41%；市场主体注册资本总额为4729亿元，较2017年增长235.44%。深入"小微企业三年成长计划"工作，过去5年重点培育完成个转企1984家，现存量数为3013家。越城区共获评市小微企业成长之星15家，市级优秀单位13家，优秀平台4家，省小微企业成长之星4家，省优秀平台3家。区小微办获"浙江省小微企业三年成长计划（2018—2020）工作先进集体"称号。

【"双随机、一公开"监督抽查】 2021年，越城区共确定32项抽查子计划，涵盖企业登记事项及信息公示监管以及食品生产、流通、餐饮、特种设备、计量、知识产权、价格竞争等多条业务线，全年"双随机、一公开"（利用"互联网＋监管"平台，通过随机抽取检查对象和执法人员的方式，定期不定期地开展日常检查，并将检查结果录入系统后公示）共185个抽查任务（跨部门38个，完成率均100%）；开展执法检查5998次，其中"双随机"抽查4381次、专项检查1282次、即时检查54次、事件核查281次，掌上执法率100%、事项覆盖率100%。应用信用规则发起并执行任务数143个，应用率84.61%，跨部门监管任务数38个，跨部门监管率20.54%。

【落实“双减”工作】 2021年，越城区为全面完成市场监管部门“双减”工作任务，协同推进校外培训机构规范治理，区市场监管局于9月成立“双减”工作专班，走访、巡查城区学科类培训机构，就机构是否在违规招生和收费、违法培训广告行为等进行突击检查，检查过程中，对“双减”政策及《中华人民共和国广告法》有关内容进行宣传讲解，要求培训机构充分了解“双减”政策，严把广告发布审查关。全年共计检查471家，查出未清理广告79条，当即清理，查出超范围教学的非学科类培训机构1家，责令整改。

【优化电商营商环境】 2021年，越城区开展古越龙山抖音直播和诸氏方圆淘宝直播“绿色直播间”评选，对绍兴生活网、越淘网等平台的5大类116项内容进行规范，对美团、“饿了么”进行了行政约谈。开展“618”“双11”等网络综合整治，共查处网络案件30件，罚没款21.97万元。规范网络商品交易及有关服务，保护消费者和经营者的合法权益，维护公平市场秩序。

【互联网+监管】 2021年，越城区加强系统平台应用推广，监管事项清单梳理，持续推进“双随机、一公开”任务，助力全区“互联网+监管”工作取得实效。全年，共开通账号889人，认领行政检查子项3154项，执法检查10155次，双随机抽查任务数365条，应用信用规则率92.12%。投诉举报转执法率178.62%，高标准、高质量完成“互联网+监管”各项工作任务。

【成立首个基层消费维权品牌】 2021年3月11日，“王国权消费维权工作室”揭牌，成为越城区首个基层消费维权品牌。消费维权义工退休老干部王国权一直致力于帮助老百姓进行消费维权，此次扎根社区成立消费维权工作室，方便社区百姓在家门口进行消费维权、消费调解，为消费纠纷化解提供快速解决通道和更加贴心、优质、高效的服务。

2021年3月11日“王国权消费维权工作室”揭牌（徐建铭　摄）

【数字赋能电动自行车监管】 2021年10月，“浙江e行在线”数字化平台在越城启用，从生产、销售、登记、骑行、充停、维修、回收等七个环节，实现电动自行车全链条闭环管理。越城区消保委、区市场监管局迅速对辖区内的电动自行车生产、销售、维修、回收企业开展全覆盖拉网式摸排，利用微信等新媒体和发放资料等多种方式开展广泛宣传，宣贯电动自行车改革重大意义。现场对经营户开展“浙江e行在线”系统使用培训，指导经营户激活登录小程序“浙江e行在线”商户端注册和产品赋码，引导经营户积极签订承诺书并全部上墙张贴。

2021年10月18日，区消保委、区市场监管局开展电动自行车全覆盖拉网式摸排（戴立峰　摄）

【商品市场创建】 2021年,越城区抓好商品市场创建工作,指导15家市场开展“便利化、智慧化、人性化、特色化、规范化”的创建活动并全部通过省局的考评验收,进入常态化管理考评阶段。全年指导全区18家农贸市场、专业市场成功申报、延续省星级文明规范市场创建。(区市场监管局 陈艳)

食品药品监督

【概况】 2021年,越城区推进省市食品安全民生工程,完成食品生产企业“阳光工厂”34家,创建农村家宴阳光厨房50家,新增全程可追溯的食品生产经营主体734家,完成率均超200%。255家学校食堂接入省食品安全一体化平台,实现“网上阳光厨房”全覆盖,75家中小学、幼儿园安装并常态使用食品安全云守护平台。年内,省食品安全区跟踪评价暗访督查成绩优异,位列绍兴第一。“浙江外卖在线”工作扎实推进,荣获全省平台经济监管工作“集体三等功”。创建三星级食安办1家,四星级食安办2家。处理4起进口冷链食品疑似阳性应急处置事件及1起进口冷链食品阳性应急处置事件。

【网络餐饮“阳光行动”】 2021年,越城区对全区网络餐饮开展“阳光行动”专项工作,推进实现“后厨全阳光、监管全闭环、治理全方位”,营造网络订餐放心消费环境。全年共新装网络餐饮“阳光厨房”1535家,每月对网络餐饮单位进行专项检查,全年检查698家,整改121家,下架问题餐饮单位6家,对外发布“黑榜”8期,开展网络直播1期。

【校园食品安全“阳光智治”行动】 2021年,越城区全面推进校园“智能阳光厨房”,构建校园食品安全全链条贯通、全方面应用、全过程防控的“整体智治”模式,共建成257家,实现辖区学校食堂全覆盖。“智能阳光厨房”将学校食品安全管理纳入校园食品安全智治系统,实现智能AI抓拍、物联感知实时上传,同时对餐用具消毒、学校陪餐、健康管理、食安培训等台账进行数字化管理,真正实现校园食品安全远程全方位、智能化监控。

【深化放心消费建设】 2021年,越城区以放心消费智慧监管平台为抓手,全区培育省级放心消费单位2430家、放心工厂607家、无理由退货承诺单位950家,放心消费商圈4个,阳光餐饮街区1个,逐步实现放心消费单位数字化动态管理。同时,将放心消费延伸扩面至乡镇,创建城乡放心农贸市场11家、省星级文明规范农贸市场17家和“五化”商品市场16家,培育放心消费乡村1个,村级消费维权联络站35家,农村家宴放心厨房3家。

【强化进口冷链物品管理】 2021年,越城区共有27家商超、20家生产企业、231家餐饮企业、108家市场经营户等422家单位已激活并使用“浙冷链”对进口冷链食品进行赋码、扫码,总计赋码79270件,扫码137255件,赋码率、扫码率均为100%,货物累计入关4361吨。同时驻点绍兴市进口冷链食品公共监管仓,全年受理食品出入仓33499件,共计531434.56千克。

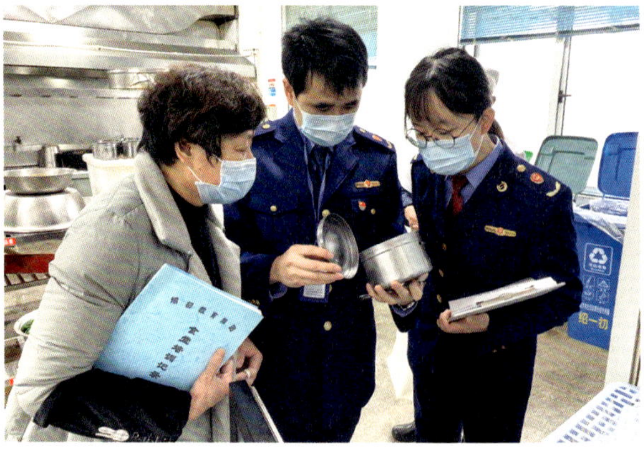

2021年,越城区市场监管局对学校食堂开展检查(姚浪萍 摄)

越城区星级民生药事服务站一览表

表 34

药店名称	评定星级
浙江震元医药连锁有限公司震元堂国药馆	五星级
浙江华通医药连锁有限公司越城景岳堂国药馆	四星级
浙江震元医药连锁有限公司第一医药商店	四星级
浙江震元医药连锁有限公司天禄堂药店	四星级
浙江震元医药连锁有限公司善禄堂药店	四星级
浙江震元医药连锁有限公司迪荡药店	三星级

【设立 6 家民生药事服务站】 2021 年，越城区市场监管局通过与药品零售连锁总部通力合作，按照“便民、利民、惠民”和“安全、规范、长效”的原则，设立 6 家民生药事服务站。服务站内均设有固定的药事指导区、服务操作区、科普宣传区。企业自主开发的在线用户系统和网上商城，可手机端完成顾客建档，用药记录，信息推送和档案维护等功能，让人民群众在家门口就享受到全方位的药事服务。

【提升药品检查员专业化技能】 2021 年，越城区以“药品安全”三年行动计划为抓手，统筹整合全区监管力量，提升检查工作能力和水平，推进药品专业化检查员队伍建设工作。通过“线上 + 线下”联动、“理论 + 实践”融汇、“监管 + 拉练”结合的方式，加强检查员知识更新，提升检查能力水平。截至 2021 年底，共培养省级“双百尖兵”药品检查员 2 名、省级药械检查员 6 名，市级药械化检查员 42 人，市级骨干检查员 27 人，新增药械化检查员 10 人。（区市场监管局　金晶）

质量技术监督

【概况】 2021 年，越城区在质量强省、标准强省、品牌强省建设上，先进标准体系更加健全，新制定“浙江制造”标准数 10 个；新增“品字标”企业数 7 家，“浙品码”赋码企业数 413 家；“一站式”服务平台新增注册用户数 2382 家。助推 5 家企业获得省、市、区各级质量奖，50 家企业导入先进管理体系建设，品牌企业和实施“浙江制造”标准企业销售占比 40% 的目标提前 1 年完成。

【5 家企业获质量奖】 2021 年，越城区重点推进“质量奖”评选工作，努力推动辖区企业参加国家、省、市、区各级质量奖申报，2 家企业获区长质量奖，1 家企业获市政府质量奖，特别是浙江古越龙山绍兴酒股份有限公司获得省政府质量奖，实现越城省奖“零的突破”，系 2021 年全省十家单位之一、全市唯一。

【新增 7 家“品字标”企业】 2021 年，越城区完成辖区内 14 家“品字标”浙江制造企业贴标亮标“四个百分之百”工作，即质量承诺 100% 公示、品牌产品 100% 贴标、厂区车间 100% 亮标、广告宣传 100% 植入。新增绍兴虎彩激光材料科技有限公司、浙江希望包装有限公司、浙江中清大建筑产业化有限公司、浙江益森科技股份有限公司、浙江天隆厨房设备工程有限公司、浙江埃克森电梯有限公司、绍兴国周针织科技有限公司等 7 家企业为“品字标”浙江制造企业。

【新增“浙江制造”标准】 2021 年，越城区“浙江制造”标准研制进度、发布数量均位居全市第一，全市共有通过国际互认企业 7 家，证书 11 张，而越城区企业就占 3 席，共 6 张证书，“浙江制造”国际互认以绝对优势继续领跑全市。

【年抽查特种设备 2355 台(套)】 2021 年，越城区加强风险研判，督促指导企业开展全面自查自纠，加强设备定期检查和维护保养，落实特种设备专项应急预案。组织开展系列特种设备安全隐患大排查大整治专项行动、遏重大控较大生产安全事故攻坚战、起重机械、电梯、危化品相关特种设备、燃气及相关领域等隐患排查专项整治，检查特种设备使用单位 1361 家，抽查特种设备 2355 台(套)，发现并整改隐患问题 649 项，立案查处 16 起，已行政处罚 31.32 万元。

【实施内外贸产品“同线同标同质”行动】 2021 年，越城区实施内外贸产品“三同”（“同线同标同质”，指内外贸产品的生产线相同、标准相同、质量相同）。年内，古越龙山绍兴酒股份有限公司、浙江上方电子装备有限公司、浙江德创环保科技股份有限公司、浙江佳人新材料有限公司、浙江绍兴御茶村茶业有限公司、绍兴白塔酿酒有限公司、浙江越王台绍兴酒有限公司等 7 家企业通过浙江“同线同标同质”平台自主申报发展“三同”产品，提升产品品质，助力构建以国内大循环为主体、国内国际双循环相互促进的新发展格局。（区市场监管局　金李慧）

知识产权管理

【概况】 2021 年，越城区专利授权量达 9151 件，其中发明专利授权 720 件，分别居全省第 14 位和第 24 位；高价值发明专利拥有 837 件；每万人高价值发明专利拥有量 8.2 件；申请国内注册商标 6727 件，注册 5996 件，有效商标拥有量达 23627 件，每百户市场主体有效注册商标量为 21.82 件；知识产权质押融资 20 亿元；专利许可转让次数 68 次；知识产权贯标有效企业数 18 家；国家知识产权优势、示范企业数 6 家；实施专利导航项目 2 个。

【有效商标拥有量达 2.36 万件】 2021 年，越城区专设商标指导员，建立商标培育跟踪服务机制；深入摸清传统产业区域品牌潜在资源底数，全面掌握地方特色产业发展现状，将符合条件的传统产业区域品牌列入培育对象。2021 年，越城区有效商标拥有量达 23627 件，比 2019 年增长 76.5%；每百户市场主体有效注册商标量 21.82 件；地理标志集体商标、证明商标，地理标志保护产品 3 件，地理标志、传统知识相关产业的企业 12 家。

【年查办商标违法案件 13 件】 2021 年，越城区加大知识产权保护力度，持续保持严打高压态势。全年共查办专利侵权纠纷行政裁决 218 件、商标违法案件 13 件。发挥绍兴市机电装备制造产业知识产权联盟、集成电路产业、生物医药产业品牌指导服务站等组织和平台载体作用，强化重点特色产业知识产权服务促进支撑。常态化开展知识产权进企业、进街道、进园区、进学校活动。（区市场监管局　卢国庆）

安全生产

【概况】 2021 年，越城区共办理各类安全生产违法案件 171 起，罚款 1229 万元，较 2020 年度分别增长 1.6 倍、1.9 倍，并办理行刑衔接案件 2 起，移送公安部门刑事拘留 13 人。

【“提、转、搬”企业安全监管】 2021 年，越城区通过召开安全防范工作会议、邀请专家授课、开展专项执法等方式，对越城区 47 家“提、转、搬”企业加强安全监管，并以印染搬迁企业污水池清理“四有”（施工单位有专业资质、方案制定有镇街参与、作业现场有专人监护、违规作业有部门查处）制度为抓手，全面防范有限空间亡人事故，实现12家企业安全关停。

【强化高危领域监管】 2021年，越城区推动企业风险管控体系建设，“三场所三企业”、高危行业企业覆盖率100%，同时实现68个3人以上涉爆车间清零，10家重大危险源企业、560家危化品使用企业也接入数字化平台，在线防控能力得到提升。（区应急管理局　陈宗祥）

公共资源交易管理

【概况】 2021年，越城区公共资源交易平台共完成各类进场交易444项，成交金额92.08亿元，其中工程建设交易245项，成交金额85.06亿元；政府采购交易123项，成交金额5.98亿元；产权交易76项，成交金额1.04亿元。累计增效节资13.92亿元，取得良好的经济效益和社会效益。作为工程招投标职能监督单位，同时承担市级部门（单位）在市公共资源交易中心实施交易项目的开评标监督职责，2021年共备案审核招标公告101个，较2020年增长190%。

【全省首个区县级移动CA平台】 2021年，经浙江省公共资源交易中心批复，越城区公共资源交易中心以问题为导向，以实现CA证书虚拟化为切入点，大力推进移动CA建设，成为全省首个上线的区县级移动CA试点平台。移动CA通过移动扫码方式在越城区公共资源交易平台实现登录、签章、加密、解密等功能，与传统的CA证书相比有着申请快捷、使用方便、安全性高等诸多优点，在推动公共资源交易全流程信息化升级，优化越城区营商环境方面具有积极意义。截至年底，移动CA累计用户数达1782人，累计服务超10万余次。

【重大项目复审建议】 2021年下半年，绍兴市越城区公共资源交易管理委员会办公室开始对进入区交易平台公开招标中的重大金额以上项目的招标前期资料、招标方式、招标文件纳入业务复审建议工作流程中。共计完成进场重大交易金额以上项目49项，其中工程总承包及施工总承包项目的业务复审建议工作24项，工程服务类项目的业务复审建议工作12项，政府采购业务复审建议工作9项，产权交易业务复审建议工作4项。涉及的重大项目包含古城改造更新类、亚运基础设施提升类、学校及医院疾控机构新建改造类等。

【“可视化”招投标改造工程】 2021年，越城区完成2间开标室和2个评标室的可视化改造，丰富了“不见面开标”的内涵。改造工作完成后，供应商不但可以在“投标电子化”的基础上实时观看开标过程，还实现了供应商远程演示、远程询标、远程述标和远程唱标，覆盖了以往开评标的全部线下环节。同时政府采购监督部门可以通过观看开评标室直播对开评标过程进行实时监督。

【规范村级工程阳光交易】 2021年，越城区根据区纪委要求，为加强对越城区村级工程建设项目的监督管理，进一步规范集体资金使用行为，确保工程质量和投资绩效。区公管办拟定《越城区村级工程招投标管理办法》，这项管理办法的出台对于越城区构建廉洁村居具有重要意义，可有效防范和化解镇街一级廉政风险。（区政务服务办　封哲萍）

审　计

【概况】 2021年，越城区审计局完成审计项目15个，查出主要问题金额2.13亿元，其中违规金额3948万元、管理不规范金额1.74亿元。审计处理处罚金额1.78亿元；移送司法机关、纪检监察机关和有关部门处理事项16件，移送处理金额9408万元；审计促进整改落实有关问题金额8820万元。出具审计报告和专项审计调查报告15篇，被批示3篇；审计提出建议28条，被采纳28条；促进被审计单位制定、完善规章制度34项；提交审计信息被批示、采用210篇次。创新审计“防未病”（通过国家审计发现问题，找出病因，从而促进制度完善，改进管理）工作机制，提炼“三化融合”建设（运用数字化预检变“单一检测”为“全面体检”；运用场景化预警变“问题揭示”为“风险提醒”；运用制度化预防变“外部医治”为“内部免疫”）的相关经验做法，作为全市审计系统唯一改革案例，在绍兴市委改革办《改革专报》、绍兴改革微信公众号、绍兴市两办《绍兴信息（工作交流）》等平台刊发。越城区审计局被评为全市、全省“建设清廉机关、创建模范机关”工作先进集体，局党支部被评为浙江省先进基层党组织。

【财政审计】 2021年，越城区依托财政审计大格局平台，统筹审计资源、审计内容、审计成果，采用大数据审计思维将财政同级审及部门预算执行情况审计有机结合，完成区级预算执行和其他财政收支的审计结果报告、审计工作报告以及支出情况审计报告。通过“数据分析＋现场核查”方式对71家一级预算单位实现预算执行审计全覆盖，促进3家单位完成13个问题

2021年实施完成审计项目

1. 绍兴市越城区（滨海新区）财政局具体组织的2020年度本级预算执行情况和决算草案审计
2. 绍兴市越城区东浦街道原党工委书记俞科军、原办事处主任俞小红任期经济责任审计和东浦街道2020年度财政决算审计
3. 绍兴市越城区灵芝街道原党工委书记胡森华、原办事处主任周祝承任期经济责任审计和灵芝街道2020年度财政决算审计
4. 绍兴市越城区农业农村局党组书记、局长娄建成任期经济责任审计
5. 绍兴市越城区水利局党组书记、局长章国荣任期经济责任审计和自然资源资产任中审计
6. 绍兴市越城区红十字会党组书记姚洪敏、常务副会长张荣利任期经济责任审计
7. 绍兴市越城区发展和改革局党组书记、局长陈荣华任期经济责任审计
8. 绍兴市越城区经济和信息化局原党组书记、局长郑雪奎任期经济责任审计
9. 绍兴市越城区教育体育局党工委书记、局长戴志根任期经济责任审计
10. 绍兴市越城区卫生健康局局长祝佩兰任期经济责任审计
11. 绍兴市越城区一级预算单位2020年度预算执行情况专项审计调查
12. 绍兴市越城区重大民生实事项目建设管理情况专项审计调查
13. 绍兴市越城区公共卫生服务体系建设情况专项审计调查
14. 绍兴市越城区乡村振兴政策执行和资金绩效情况专项审计调查
15. 绍兴市越城区政府惠企利民政策落实情况专项审计调查

整改，1家单位上缴区财政生育津贴2.36万元。提交的三个报告全面反映5个大类问题、26个明细事项，“点名”警示20余家单位（含下属单位）。

【公共投资审计】 2021年，越城区梳理区公共投资领域建设程序管理、财务管理、招投标管理、合同管理、质量管理、进度管理、造价管理、绩效管理、资料管理九大类别发现的56个问题，形成《越城区公共投资建设项目管理风险防范清单》《创新“四张清单”开启投资审计监督闭环模式》作为全省两个典型案例入选省审计厅向审计署汇报材料；总结创先争优经验在全省查核能力提升暨审计质量管理培训会、全市投资审计工作研讨会上作介绍。

【出台《越城区审计先锋·内审导师契约化共建制度》】 2021年，越城区创新出台《越城区审计先锋·内审导师契约化共建制度》，通过制定“五个一”（推动健全一个内审组织架构、指导实施一个内部审计项目、协助开展一项审计课题研究、助力破解一个发展难题或推动一项制度创新、不定期地对“契约化”对象进行内审工作质量检查）的服务内容，积极落实党建“契约化”共建工作，切实发挥审计职能优势服务基层，有效解决基层内部审计专业人才短缺、力量薄弱的短板，全面提升镇街、部门落实政策和内控管理水平，持续擦亮具有越城内审辨识度的“金名片”。与区农业农村局联合制定出台《关于规范镇街部门（单位）内部审计业务委托管理的指导意见》，从量、需、规、效四方面优化社会审计协审工作机制与流程。

【经济责任审计】 2021年，越城区全年共实施9个单位经济责任审计，涉及12名区管领导干部，其中对6人探索运用“五审五评”开展综合审计评价。出台《绍兴市越城区领导干部经济责任审计对象分类管理办法》，根据全面监督、突出重点、讲求效率的原则将经济责任审计对象分为四类，按类别明确审计重点；完善《越城区党政部门领导干部、国有企业领导人员、乡镇（街道）领导干部履行经济职责重点风险防范清单》。

【政策执行审计】 2021年，越城区关注政府惠企利民政策落实情况，推动主管部门及被审计单位出台制度5项，结合研究型审计课题，揭示存在的问题和风险隐患并提出建议，促进财政资金提质增效；关注乡村振兴政策执行和资金绩效情况，聚焦乡村振兴重点难点，坚持问题导向，出具21项审计线索的移送处理书，揭示乡村振兴政策制定和执行方面、乡村振兴项目管理及资金安全绩效方面、“一卡通”到户惠农补贴方面等20类问题，撰写的专报获主要领导批示，促动区级层面及主管部门出台多项制度。关注重大民生实事项目建设管理情况，促进财政增收节支2414.9万元，清退民营企业各类保证金873.2万元，移送问题线索6条，涉及项目管理人员8人；关注公共卫生服务体系建设情况，广泛运用数据比对摸清越城区公共卫生服务领域的基本情况，开展异常数据分析，及时督促整改发现的典型问题，撰写审计专报2篇，获区领导批示4个。

【审计管理】 2021年，越城区研究制定《关于进一步健全完善审计整改工作长效机制的意见》，对上级审计机关出具审计报告中涉及越城区问题的整改工作积极作为，对反映问题具体分析、分类管理、精准施策。作为全市审计系统首家试点单位，率先探索“七张问题清单”（重大巡视巡察、重大督查、重大审计、重大安全、安全生产、重大网络舆情、重大信访等七方面问题清单）建设工作。成立局本级协助配合区委办“七张问题清单”应用工作专班，建立《绍兴市越城区“七张问题清单”应用工作分机制（重大审计清单）》。联合区纪委、区督考办、

2021年6月8日，省审计厅党组书记、厅长毛子荣（里排左三）一行调研越城区（吴海雅　摄）

区人大财经工委等部门督查7家整改责任单位，重点对重大审计问题、尚未整改到位问题开展实地督查，现场指导整改工作，督促整改责任单位落实、落细、落地各项整改措施。（区审计局　吴海雅）

统　计

【概况】 2021年，越城区统计局围绕区领导重点工作清单、统计重点工作清单和国家统计督察等工作，精心筹划、周密部署、有序推进各项工作。做好国家督察迎检准备工作，帮扶镇街、部门清理违反统计法精神的文件27个，其中废止5个，失效16个，修订6个；起草《越城区党政领导干部防范和惩治统计造假弄虚作假责任制和问责制实施办法（试行）》。加大对下升上、小升规工作力度，配合相关职能部门和专班对开展主辅分离、产转法和其他营利性企业的上规指导，加大对银泰商圈挖潜工作。完善统计录库信息记录，截至2021年底，全区统计名录现共有法人单位34506家，产业单位5745家，完成新增“四上”入库87家。

【生产总值测算分析】 2021年，越城区围绕生产总值指标体系、住户调查、劳动力调查等经济和民生指标的预警、预测中心任务，有序推进调查、预测、分析工作，通过对生产总值目标分解到各核算指标中，进行生产总值主要经济指标每月监测，预判研判季度生产总值完成情况，提出预警。每季度开展经济运行调研，研判全区经济运行发展状况，分析国际、国内经济发展对越城区经济的影响，创新建立《越城区、滨海新区2020年主要经济指标构建体系》，通过越城发布、今日越城、《绍兴日报》等主要媒体发布生产总值等相关数据情况，做好数据解读，扩大统计宣传力。全年撰写各类分析数十篇，其中经济运行分析汇报材料14篇，专报2篇获区领导肯定性批示，充分发挥统计的参谋作用。

【开展统计执法检查】 2021年，越城区开展统计执法检查82家企业，立案4家，收缴罚款1.678万元。加大双随机执法力度，其中联合市场监管局跨部门执法10家，涉外调查执法1家，立案2家。

【承接民生指标调查工作】 2021年，越城区承接民生指标调查工作，开展住户调查和劳动力调查工作。通过实地走访样本点、深入基层了解真实情况，全年累计走访住户和劳动力调查户近400户，增强居民对住户及劳动力调查的认识，全面反映越城区居民两项收入、失业率的情况。

【完成第七次人口普查】 2021年，越城区高质量开展行职业编码工作，组织各镇（街道）做好人口普查行职业编码工作，对行职业情况描述不清或填报不规范的，进行反复核查、修改，将编码工作做细做实，以保证编码的规范性和准确性。根据国务院人普办和全省人口普查工作进度安排，经多次核对修订，于5月发布全区第七次人口普查公报。同时做好舆论普查数据解读工作。（区统计局　沈奇栩）

水　利

综　述

越城区地处杭州湾南岸，萧绍平原中部，会稽山北麓，地势南高北低。水域主要包括河道（平原河网和一般河流）、湖泊、池塘、水库、山塘以及其他水域等，属曹娥江流域，由萧绍平原水系、小舜江水系组成。2021年，越城区以幸福河湖建设试点县创建为契机，推进重大水利工程建设。截至年底，全区共有河道1332条，河道总长1519.10公里，水域面积88.32平方公里；水库14座，万立方米以上山塘60座，合计库容560.99万立方米；湖泊9座，水域面积7.95平方公里，容积2702.03万立方米。全年总用水量3.1973亿立方米，其中工业用水量0.7975亿立方米（工业河道用水0.1723亿立方米），占24.9%；城镇公共、居民生活用水量0.7354亿立方米，占23.0%。

水资源管理

【**概况**】 2021年，越城区入围省级2022年幸

2021年省级“美丽河湖”——梅山江（丁贤灿　摄）

福河湖建设试点县名单，完成农业水价综合改革任务，农田灌溉水有效利用系数达0.587。全年新增水土流失治理面积0.5277平方公里。全年收取水资源费及水土保持补偿费724万元（水资源费征收278万元，水土保持补偿费446万元）。

【入围省级2022年幸福河湖建设试点县名单】 2021年，越城区根据《浙江省美丽河湖方案（2019—2022年）》《绍兴水利2020工作要点》的要求，实施“十江百河千溪水美”工程，新增创建美丽河湖2条（浙江古运河、梅山江）、水美乡镇1个（孙端街道）、水美乡村10个（孙端街道村头村、孙端街道安桥头村、孙端街道皇甫庄村、孙端街道小库村、孙端街道新河村、富盛镇义峰村、富盛镇乌石村、富盛镇金溪村、皋埠街道吼山村、皋埠街道坝内村）、6个美丽池塘（迪荡街道东大池、蜻蜓池；府山街道北海池、墨池；塔山街道罗门池；北海街道鹿湖池）。完成河湖库塘清淤任务50万立方米、河道综合整治任务6公里，深化河湖“清四乱”，严厉打击河道违法侵占行为，累计检查482人次，巡查1523公里，发现并下发责改87件，移交案件36件，查办破坏海塘入刑案被省水利厅列为河湖典型案例。12月，入围省级2022年幸福河湖建设试点县名单，争取省级补助资金1000万元。

【公布县级重要水域名录】 2021年，越城区为切实加强水域保护，维护和发挥水域在防洪、排涝、蓄水、供水、生态环境等方面的功能，按照《浙江省水域保护办法》要求，完成越城区重要水域划定成果报告编制，并经区政府批复予以公布。划定公布县级重要水域11.87平方公里，共包含两类水域47个对象。全域符合要求的其他行洪排涝骨干河道共有33条，其中县级河道23条，乡级河道10条；符合要求水库共计

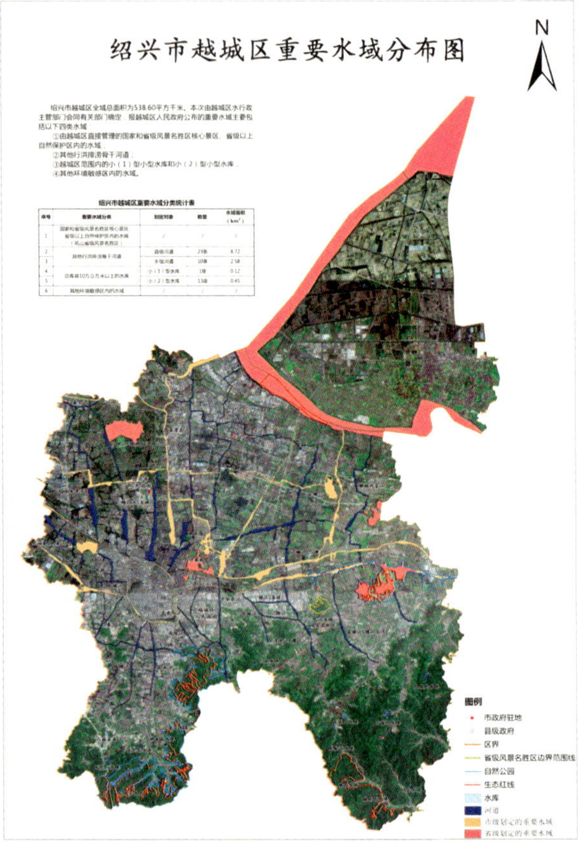

越城区重要水域分布图（区水利局　提供）

14座，其中小（1）型小型水库1座、小（2）型小型水库13座。

【湖长制省级标准化示范样板打造】 2021年，越城区高标准推进河湖长制管理，打造迪荡湖湖长制省级标准化示范样板，迪荡湖被评为第一批浙江省“五水共治”实践窗口，河湖长履职情况居全市第一，基本完成11条区级河湖《“一河一策”（2021—2023）》的编制，及时调整区级河湖长、河道警长调整、各级河长公示牌，完成11条区级河道、4个市级片区河道的河（湖）健康状况评价工作。

【农业水价综合改革“五个一百”示范创建工程】 2021年，越城区开展农业水价综合改革“五个一百”（100座农业灌溉更新升级泵站机埠、100座农业灌溉更新升级堰坝水闸、100个改革灌区灌片、100个农民用水管理主体、100

越城区河道基本信息一览表

表 35

名称	所属流域/水系	所属地形地貌	起止点位置		长度（公里）	平均宽度（米）	水域面积（平方公里）	水域容积（万立方米）	主要功能
			起始位置	终止位置					
大环南河	钱塘江	绍虞平原	平水西江	娄宫江	8.3762	36.9	0.3081	104.7430	行洪排涝、生态环境
大树江（张家潭子）	钱塘江	绍虞平原	浙东古运河	嘉会河	8.0231	135.6	1.0272	421.0418	行洪排涝
富盛江（横山大河）	钱塘江	绍虞平原	富盛镇富盛村	浙东古运河	6.6487	62.6	0.4162	141.5081	行洪排涝
华顺江	钱塘江	绍虞平原	坝内村	浙东古运河	3.6171	46.0	0. 1664	56.5771	行洪排涝
龙横江	钱塘江	绍虞平原	环城西河	钟堰江	1.8727	62.4	0. 1169	39.7483	行洪排涝
娄宫江	钱塘江	绍虞平原	越城柯桥区界	鉴湖	3. 1546	46.5	0. 1475	50. 1648	行洪排涝
马斗江	钱塘江	绍虞平原	马山街道陆家埭村	斗门街道西堰村	11.7124	29.9	0.3502	119.0700	行洪排涝
漫池江（攒宫江）	钱塘江	绍虞平原	皋埠街道皇埠村	浙东古运河	5.3048	84. 1	0.4460	151.6345	行洪排涝
南池江	钱塘江	绍虞平原	鉴湖街道南池村	环城南河	4.4938	65.2	0.2930	99.6233	行洪排涝
平水江	钱塘江	绍虞平原	越城柯桥区界	龙舌嘴	2.4824	67.9	0. 1686	57.3348	行洪排涝
平水西江	钱塘江	绍虞平原	龙舌嘴	环城东河	3.6727	27.8	0. 1022	34.7636	行洪排涝
坡塘江	钱塘江	绍虞平原	鉴湖街道坡塘村	环城南河	6. 1644	49.3	0.3041	103.3906	行洪排涝
七亩基（鱼渎江）	钱塘江	绍虞平原	青甸湖	越城柯桥区界	2.6803	179.3	0.4676	163.4656	行洪排涝
上下沙盆底	钱塘江	绍虞平原	环城河	上舟江	1.4236	144.0	0.2050	69.7088	行洪排涝
新桥江	钱塘江	绍虞平原	龙横江	青甸湖	2.3111	86.5	0. 1954	67.9617	行洪排涝
禹陵江	钱塘江	绍虞平原	大环南河	环城东河	2. 1424	30.9	0.0662	22.5164	行洪排涝
沙地江（镜湖直江、立岱江）	钱塘江	绍虞平原	马山闸西江	越城柯桥区界	5.6071	70.3	0.3898	132.5190	行洪排涝
三江大河	钱塘江	绍虞平原	越城柯桥区界	三江大河（外官塘—曹娥江段）	2.4742	133.3	0.1718	221.0140	行洪排涝
菖蒲溇直江	钱塘江	绍虞平原	斗门街道洋江村	斗门街道三江村	8. 1140	50.9	0.3925	140.4281	行洪排涝
楝树闸直江	钱塘江	绍虞平原	富盛镇方岙村	孙端街道三条溇村	15.9925	64.0	0.6907	347.7036	行洪排涝
梅山江（大滩）	钱塘江	绍虞平原	萧甬铁路	马山闸西江	5.5044	184.6	1.0161	345.4677	行洪排涝

续表 35

名称	所属流域/水系	所属地形地貌	起止点位置		长度（公里）	平均宽度（米）	水域面积（平方公里）	水域容积（万立方米）	主要功能
			起始位置	终止位置					
平水东江	钱塘江	绍虞平原	平水江	萧甬铁路	4. 1937	49.2	0.2065	70. 1968	行洪排涝
大长坂	钱塘江	绍虞平原	杭甬运河	马山大河	8.3657	98. 1	0.8203	278.8912	行洪排涝
横江（皋埠）	钱塘江	绍虞平原	东湖村	漫池江	2. 1949	56.5	0. 1241	42. 1915	行洪排涝
后官塘	钱塘江	绍虞平原	大长坂	马斗江	5.0505	92.0	0.4646	157.9770	行洪排涝
直宫江	钱塘江	绍虞平原	平水西江	浙东古运河	2.7351	25.2	0.0689	23.4409	行洪排涝
三路江	钱塘江	绍虞平原	阮家湾村	畔里徐村	2.2253	47. 1	0.1049	35.6723	行洪排涝
湘家荡	钱塘江	绍虞平原	上沙盆底	牛角荡	2. 1123	187.8	0.3967	134.8912	行洪排涝
沿蛐江（三滩江）	钱塘江	绍虞平原	杭甬运河	大长坂	2.5308	113.3	0.2792	97.4515	行洪排涝

越城区水库基本信息统计表

表 36

名称	所属流域/水系	所属地形 地貌	工程规模	水域面积（平方公里）	总库容（万立方米）	主要功能
方家坞水库	钱塘江	绍虞平原	小（1）型	0. 120665	105.00	灌溉、防洪、供水
猪石岙水库	钱塘江	绍虞平原	小（2）型	0.018928	11.72	灌溉、供水、防洪
坞岩水库	钱塘江	绍虞平原	小（2）型	0.010007	10.00	灌溉、供水、防洪
九级岭水库	钱塘江	绍虞平原	小（2）型	0.071117	59.38	防洪、灌溉
龙船岙水库	钱塘江	绍虞平原	小（2）型	0.018098	16.82	灌溉、防洪、供水
青龙山水库	钱塘江	绍虞平原	小（2）型	0.072970	39.46	灌溉、防洪
塘岙水库	钱塘江	绍虞平原	小（2）型	0.011612	10.00	灌溉、供水、防洪
道士岙水库	钱塘江	绍虞平原	小（2）型	0.028368	16.15	防洪、灌溉、供水
马路水库	钱塘江	绍虞平原	小（2）型	0.036275	16.98	防洪、灌溉、养殖
柳家岙水库	钱塘江	绍虞平原	小（2）型	0.045646	32.23	防洪、灌溉、供水
龙虎山水库	钱塘江	绍虞平原	小（2）型	0.058794	35.62	防洪、灌溉、供水
台盘寺水库	钱塘江	绍虞平原	小（2）型	0.013344	7.92	防洪、灌溉、供水
天依寺水库	钱塘江	绍虞平原	小（2）型	0.045803	23.80	防洪、灌溉
白石水库	钱塘江	绍虞平原	小（2）型	0.013669	10.00	防洪、灌溉、供水

个改革基层水利站所）示范创建工程，总投资81.6740万元。改造内容包括机埠提升改造15座，维修渠道3000米，灌溉管道建设550米，配套安装5套计量设施、3套自动化控制系统、15套监控设施及相关信息化建设，灌片灌区标识标牌建设、安全防护设施建设等。累计成功创建农业灌溉优秀典型泵站机埠2个（孙端街道张家沥村泵站、陶堰街道民乐原乡田园综合体泵站）、优秀典型改革灌区灌片1个（陶堰街道民乐原乡田园综合体）、优秀典型农民用水管理主体1个（马山街道君丰农业开发有限公司）、优秀典型基层水利站所1个（鉴湖街道水利站）。

【水土流失治理】 2021年，越城区完成水土流失治理面积0.5277平方公里。全年检查在建项目200个，核查部级、省级下发图斑共140个，约谈企业1家，移交行政执法局案件3件，整改52家，1家列为“重点关注名单”。

【水文特征】 2021年，越城区汛期为4月15日至10月15日，越城区面雨量1260.2毫米，较常年同期（864.3毫米）多4成；高温期间，全区河网水位总体平稳，74座万立方米以上山塘水库蓄水量正常，未发生旱情；受“烟花”台风影响，绍兴平原南门站7月26日20时出现最高水位4.98米，超保证水位0.48米，为实测历史第二高水位。

【水文服务】 越城区加强水文基础设施建设，成功完成54个水位站点、61个雨量站点建设；完成越城区智慧水文防汛信息系统项目建设，将建设完成的水位、雨量站点和视频监控纳入该平台，并对暴雨洪水总体趋势、时空分布等进行数理统计分析，形成中长期预报，延长洪水的预见期和精度。汛期加强值班值守和汛情监测，2021年发送预警短信2万余条，完成《绍兴市越城区“烟花”台风复盘总结》。完成14座水库遥测站点4G通信模块安全升级，增设北斗通信通道，实现卫星通信和移动基站通信双保障。

水利工程建设与管理

【概况】 2021年，越城区全面推进以百项千亿防洪排涝为重点的重大水利工程建设，争取省级以上补助资金1.4225亿元。全年越城区完成各类水利投资16亿元，其中推进浙东运河文化园项目建设，主副博物馆已顺利结顶，主体工程完成形象进度约85%。加快新三江闸、马山闸、曹娥江东排三个省级“百项千亿”防洪排涝工程，全年完成投资3.48亿元，完成率101.1%。新三江闸河道工程已基本完成收尾，栖湖项目已进场施工；马山闸强排越城片完成工程进度85%，袍江片200立方米/秒流量大型强排泵站工程完成基础部分施工，完成形象进度约50%；曹娥江东排一期40立方米/秒马海闸正常运行，二期初步设计完成省发展改革委审批，开展项目EPC（设计采购施工承包）招标。中心湖南北岸工程进场施工。迪荡湖工程完成竣工验收。

【小型水库系统治理】 2021年，越城区围绕全省水利工程“三化”改革试点县建设目标，推行产权化、物业化、数字化改革，全力推进小型水库系统治理，提前一年完成全区31座山塘水库安全鉴定工作，14座小型水库率先完成综合评估工作，制订两年存量清零行动计划，2座水库除险加固（九级岭水库、猪石岙水库）、6座山塘整治已完成（位于鉴湖街道有章岙山塘、庄湾山塘；位于富盛镇有破倒臼山塘、东岙山塘、石良岙山塘、郭老窝山塘），推进3座山塘综合整治（富盛金溪大岙山塘、龙岙底山塘、大塘山塘）。先行先试办理不动产登记，明晰全区14座水库工程所有权，9座水库取得不动产登记证书（白石水库、道士岙水库、柳家岙水库、龙船岙水库、龙虎山水库、马路水库、台盘寺水库、塘岙水库、

越城区智慧水文防汛信息系统（区水利局　提供）

天依寺水库）。推行集约管理或管养分离等物业化管理方式，在全省率先实现水利工程100%物业化管理。推进水利工程数字化，实现全区山塘水库水雨情自动监测率100%，视频图像监控率100%。（区水利局　徐诗瑾）

防汛防台抗旱

【概况】 2021年2月初至3月中旬，越城区防汛抗旱指挥部组织应急管理、水利、自然资源、气象、综合执法等部门对17个镇街开展汛前检查，共出动检查人员1512人次，检查1553处，发现隐患194处，完成整改138处，落实措施56处。对17个镇街及所辖村（社区）防汛防台责任人开展业务培训，并完成358个行政村（社区）防汛防台形势图更新工作。各镇街和村（社区）共建立应急物资储备仓库180个、面积5107平方米，13个区级部门（单位）建立65个应急物资储备仓库、面积约6.1万平方米，全区拥有6个大类、59个品种、135306件的应急物资。2021年，越城区应急管理局获得“浙江省防汛防台先进集体”称号，府山街道办事处副主任阮晓丰获得“浙江省防汛防台先进个人”称号。

【开展防汛防台演练】 2021年6月9日，浙江省防汛抗旱指挥部举办全省防台风综合演练，越城区防汛抗旱指挥部在马海闸区域承担并完成水利工程应急调度和抢险救援的现场任务，受到浙江省防汛抗旱指挥部办公室表扬。

【打赢台风防御战】 2021年台风“烟花”“灿都”防御期间，越城区委、区政府主要领导坐镇指挥，区防指全体成员单位主要负责人进驻防指24小时联合值守，全区启动Ⅳ级应急响应4次，Ⅲ级应急响应2次，Ⅱ级应急响应2次，Ⅰ级应急响应1次，发布预警143次，发送各类预警短信211万余条，转移、安置群众4.5万余人。实现“不死人、少伤人、少损失”目标。（区应急管理局　陈宗祥）

生态环境

综　述

【概况】 2021年,越城区3个站点空气质量优良天数比例为92.1%,高出市定年度目标5.1个百分点,同比提升1.4个百分点,累计AQI(空气质量指数)指数达到一级(优)125天,二级(良)211天,优良天数比2020年增加4天;出现环境空气污染29天,其中三级(轻度污染)28天、四级(中度污染)1天,主要环境空气超标污染物为PM2.5和臭氧,未出现重污染天气;空气质量综合指数3.56,同比上升1.1个百分点;PM2.5浓度28微克/立方米,臭氧浓度148微克/立方米,均同比持平,并分别低于市定年度目标2微克/立方米、7微克/立方米。

全区2个国家"水十条"考核断面水质稳定达到或优于年度考核目标要求;37个县控及以上断面水质全部达到或优于Ⅲ类水,断面达标率为100%,2个总氮目标控制断面总氮浓度分别为2.28毫克/升、3.09毫克/升,基本达到年度控制目标要求。7个跨行政区域河流交接出境断面水质三项考核指标均值达到水质目标要求,年度考核结果为良好。

【生态建设】 2021年,越城区积极推动省级生态文明建设示范区创建,发布《绍兴市越城区生态文明建设规划(修编)(2021—2025)》,进一步明确创建省级生态文明建设示范区的主要目标、重点任务和重点工程。落实"三线一单"生态环境分区管控,推进滨海新区战略发展规划及越城区空间分区规划编制。实施"十江百河千溪水美"工程,完成2条美丽河湖(浙江古运河、梅山江)、1个"水美乡镇"(孙端街道)、10个"水美乡村"(孙端街道村头村、孙端街道安桥头村、孙端街道皇甫庄村、孙端街道小库村、孙端街道新河村、富盛镇义峰村、富盛镇乌石村、富盛镇金溪村、皋埠街道吼山村、皋埠街道坝内村)创建工作。截至年底,累计创建省级节水型企业73家,国家级绿色工厂1家(浙江省医药股份有限公司昌海生物分公司),省级绿色工厂1家,市级绿色工厂11家。浙江一景生态

2021年,浙江省医药股份有限公司昌海生物分公司获评国家级绿色工厂(生态环境分局 提供)

牧场获评全国首批生态农场。全省生态环境公众满意度得分85.49分。

【林地公园保护】 2021年,越城区着力打造绍兴“稽山鉴水”金名片,绍兴鉴湖国家湿地公园总体规划及控制性详细规划出台,并进入实质性建设阶段;会稽山国家森林公园总体规划已获批。高水平建设“森林越城”,实施“新增百万亩国土绿化行动”方案,完成造林任务905亩,建设“一村万树”示范村1个。

【绿色低碳金融“一把手”工程】 2021年,越城区指导金融机构实施绿色低碳金融“一把手”工程,加大绿色信贷投放,创新绿色金融产品和服务,构建绿色金融服务体系,引领绿色低碳消费方式,提升金融服务支持绿色低碳高质量发展能力。先后落地全省首笔碳排放权抵押贷款、首笔用能权抵押贷款,有效盘活企业资产,促进绿色转型,推动高质量发展。顺利承接排污权交易管理职能,截至年底共调剂67笔排污权政府储备量出让,办理15笔共计4.935亿元排污权抵押登记业务。(区生态环境分局　李烨青)

环境质量管理

【概况】 2021年,越城区围绕污染防治攻坚战、第二轮中央环保督察问题整改、环保高质量服务为中心,以生态环保督察问题整改为统筹,全面强化精准攻坚;以专项执法行动为抓手,持续强化环境执法力度;以数字化改革为契机,完善环境污染问题发现机制。全年共办理环境信访投诉件821件,审批(包括降级备案)涉环境建设项目234个,在做好疫情防控的同时确保环境监管不放松,完成省委生态环保专项督察迎检工作。

【生态环保督察问题整改】 2021年,第二轮中央生态环境保护督察反馈问题中涉及越城区共有10项,均为共性问题,已按照市级牵头部门整改要求实施。督察期间共收到111.58件交办信访件(重点件2.25件),通过明确包案区领导和科级责任人,建立“区领导牵头、科级责任人负责、协办单位参与”的整改制度,全力推进信访件整改落实,截至12月底已完成销号109.58件,销号率为98.2%。顺利完成省生态环保专项督察迎检工作,2021年9月1日至20日越城区共收到省督察组交办信访件15件,全市占比20.5%,全部按期完成调处回复并明确整改方案和整改时限,其中12件已基本完成整改。为提高整改质量,落实长效管理,防止问题反弹,对已整改销号问题共组织开展三批次“回头看”检查,同时通过对信访件进行统计分析,梳理出VOCs(挥发性有机物)、扬尘、建筑垃圾(泥浆渣土)、自然资源、餐饮油烟五大共性问题加强举一反三问题排查,由行业主管部门牵头逐一制定专项整治行动方案,检查发现五类问题75个,立案查处11起,共处罚金70.8万元。

【年办理环境信访投诉821件】 2021年,绍兴市生态环境局越城分局共办理环境信访投诉件821件,同比下降14.66%,降幅排名全市生态环境系统第一,其中,涉水问题61件,涉气问题519件,涉固废问题10件,涉噪声问题84件,其他(建设项目审批、环境保护建议等)147件,调处率100%,满意率98%以上。

【年审批涉环境建设项目234个】 2021年,绍兴市生态环境局越城分局共计审批(包括降级备案)涉环境建设项目234个,其中报告书5个,报告表46个,降级备案29个,指导建设项目环境影响登记表备案154个。项目累计总投资2410710.8万元,其中环保投资33836万元,占比约1.4%。

【年出动环境执法6766人次】 2021年,绍兴市生态环境局越城分局围绕全年重点工作,开展护航建党百年专项执法行动、环境污染问题排查见底春季斩污清污行动、重点行业重点企业重点区域环境安全隐患大排查大整治、非工作时间执法巡查、固体废物专项执法等系列环保执法行动，强化对企业的非常规检查，全面排查涉环境问题风险隐患，严厉打击环境违法行为，打造最严环境执法区，同时做好袍江区域47家印染企业执法帮扶工作，督促企业在搬迁过渡期间严格按要求落实环保主体责任，全面消除环境风险隐患。全年累计出动执法人员6766人次，检查企业3132家，责令整改企业77家，取缔企业7家，立案88件，下发行政处罚决定书88件，处罚款807.981万元，移送公安案件6件，行政拘留3人，刑事拘留23人。

2021年，越城区开展环保设施公众开放日活动（区生态环境分局　提供）

【科技化监管】 2021年，绍兴市生态环境局越城分局以数字化改革为契机，通过实施“互联网+统一指挥+综合执法”的非现场监管模式，构建完善环境污染问题“发现—整改—查处”闭环管理体系。依托全区已安装的48套雨水排放口自动监控、70套废气处理设施用电监控、118套重点危废企业视频监控对重点监管企业污染物排放和处理设施运行情况实施24小时全天候监控，在强化对企业非常规检查的同时常态化引入无人机巡航，扫除人员地面检查盲区，确保发现问题快速响应、现场处理、即时整改，同时借助省环科院专业团队、专业仪器开展涉臭气异味企业“问诊治疗”，提高治理精准性。全年共及时调处污染源自动监控超标预警437次，无人机巡查面积510万平方米，排查企业200余家次，发现并指导企业完成问题整改近百个，消除环境安全隐患80余个。

【疫情期间环境安全管控】 2021年，绍兴市启动重大公共突发卫生事件一级响应，越城区迅速响应，从严从紧加强医疗废弃物特别是涉疫危险生活垃圾监管，在12月7日出现第一例阳性确诊病例当天即快速成立联合应急清运小组，由生态环境部门牵头统筹、越城区环境集团负责具体落实，确保涉疫危险生活垃圾全部严格按医疗废弃物标准“应收尽收”，全区集中隔离点、封控区域和居家隔离点及全区核酸检测点包括街道社区卫生服务中心和区疾控中心全部纳入集中收运体系，实行专人、专车、定时、定点、集中焚烧的处理模式，实现对涉疫危险生活垃圾从产生到处置的全过程管控，切实保障被隔离人员和其他居民安全。同时，针对区内定点收治新冠肺炎病人医疗机构的情况，由生态环境部门派驻业务骨干实行专人负责制，对定点机构的医疗废水处理和医疗废弃物收集暂存与委托处置进行现场指导和每日核查，并对区内重点医院定期每周3次开展专项检查，重点检查医疗废物储存处理台账、废水检测数据以及应急处理预案，确保各医疗机构涉疫环境安全管理工作到位，不造成次生污染。

【生态环境宣传教育】 2021年，越城区围绕中心工作加大生态环境保护和生态文明建设宣传教育力度，结合生物多样性日、世界环境日、浙江生态日、全国低碳日、环保处理设施向公众开放等开展线上线下主题宣传活动，其中“六五”世界环境日“人与自然和谐共生”主题线上直播活动在1小时内共吸引26万人次在线参与互动，获点赞9000余人次。通过设置电梯广告宣传、车载电视广告、微信朋友圈、广播电台宣传、举办摄影大赛等多渠道专项提升公众知晓率，针对每季度模拟调查满意度落后镇街共举办7场环保公益巡演。

环境整治

【概况】 2021年，越城区进一步优化“生态环境治理推进专班”运作机制，全面巩固空气质量达标进位专项行动成果，空气质量优良天数比例、PM2.5浓度、臭氧浓度三项考核指标均完成市、区两级年度目标任务；启动全域“无废城市”建设，14个重点项目建设按需完成或推进，“无废细胞”创建超额完成年度目标任务，其中浙江医药股份有限公司昌海生物分公司入选首批省级“无废工厂”；深化水污染防治，断面水质实现“全达标”，打造迪荡湖湖长制省级标准化示范样板，获评第一批浙江省“五水共治”实践窗口，河湖长履职情况居全市第一；全区土壤污染得到初步遏制，农用地和建设用地土壤环境安全得到保障，土壤环境风险得到管控，污染地块安全利用率实现100%，耕地安全利用率达92%以上。

【水污染治理】 2021年，越城区“五水共治”共完成重大项目投资21.01亿元，完成雨污分流改造13.1公里，完成率100.7%；完成雨水管网建设13公里，完成率100%；完成清淤排水管网1106.191公里，完成率276.5%；完成湖塘清淤50.5万立方米，完成率为101%；应急设备增加0.05万立方米/时，完成率100%。全年共开展水质检测12次，重点排查群众投诉、媒体曝光、水质不稳定和突发污染的水体，发现问题240个，下发河道督查整改单240份，全部完成整改；开展无人机巡查河道，飞行时间1032余分钟，巡查河道86条，检查出问题82个。“污水零直排”建设累计排定治理项目1871个，投入资金约17亿元，项目数量占全市3/4，投资数超过全市1/2，截至12月底，8个创建镇街和3个提档镇街建设任务、6个工业园区（集聚区）、40个城镇生活小区“污水零直排”建设均基本完工并通过区级验收。试点开展31个水域生态治理，完成11个水生态修复工程，其中蜻蜓池、罗门公园等2个水域生态修复项目使对应水体发黑发臭现象得到根本性改善，收到周边居民一致好评。基本完成11条区级河湖《“一河一策”（2021—2023）》编制，启动11条区级河道、4条市级河道的河（湖）健康状况评价工作。

【巩固蓝天保卫战成果】 2021年，越城区通过创新实施“半小时”快速执法、问题“日报结”、“周联系”下沉走访、镇街空气质量“月赛比”四大工作机制，不断将蓝天保卫战推向常态化长效化，全年共完成随机快速执法90件，上报并快速销号问题2441个，争取专项资金555万元用于每月镇街PM2.5排名激励奖惩。动态完善全区4个国控站点及13个非国控站点“一点一策”方案，将严管区范围扩大至半径3公里，开展无人机巡航、VOCs走航监测，精准定位污染源，累计发布巡航、走航监测报告24期。大力开展工业废气专项整治，全区68家印染和纺织后整理企业共计429台定型机、113台印花机加装前后集气罩；袍江区域在产的36家印染企业，除没有排风扇的，均完成定型、印花车间内排风扇的封闭或拆除，共计844个；完成涂装行业源头替代10家，低效处理设施替换15家，其他涉有机废气整治项目8个，臭气异味治理7

家;试点开展汽修行业喷漆废气治理,共计7家取缔喷漆模块、6家关停搬迁,75家开展整治并上报整治资料;18家达到2000个点位以上的石化化工企业开展LDAR(泄漏检测与修复)。

【全域“无废城市”建设】 2021年,越城区继续强化人员、资金、技术三要素保障,抓实目标、责任、任务、项目“四张清单”推进,以党建“契约化”共建为引领开展多维度、高覆盖、深度化宣传,推行重点项目“清单式管理”,高效推进全域“无废城市”建设。截至12月底,全域“无废城市”建设目标、责任、任务、项目“四张清单”完成进度分别为96.3%、100%、96.9%、96.55%;创建“无废细胞”59个,完成率107%;14项年度重点项目已完成13项,剩余金葵环保年处理5万吨废盐资源化项目按期推进中(完成期限为2022年12月底)。深入推进小微企业危险废物集中收集试点工作,已累计有508家企业纳入小微收运体系,正式启动以来完成危废收集160余吨。

【土壤污染防治】 2021年,越城区强化建设用地风险防控,共完成62个地块约6106亩地块土壤环境调查评审,其中重点对原海尔曼斯污染地块修复工作开展了土壤污染调查、危废鉴别、修复方案编制等指导服务。更新全区60家重点行业关停、搬迁、破产企业地块名单,完成辖区181个日处理能力20吨/日及以上的农村生活污水处理设施出水水质采样检测。积极推进省级农业两区污染监测点建设,完成4个综合监测点和6个常规监测点采取工作及耕地保护与质量提升促进化肥减量增效项目40个土样采集和数据上报工作。

【工农业固体废物处置】 2021年,越城区一般工业固废利用处置量为380246.85吨,处置利用率为98.56%;危险废物利用处置量为49178.62吨,利用处置率为97.13%。成立涉危险废物打击联合工作组,印发《越城区危险废物治理专项行动实施方案》,明确五大工作任务,夯实行业监管责任,落实属地管理责任并细化至村(居委会、社区)网格。提升固废利用处置能力,加快推动风登、德创、金葵、光之源、佳宝聚酯等重大项目建设。完善环境危险废物信息化监管,承接市局下放的固体废物动态监管系统,全区118家涉危废企业398个点位已纳入“三点一线”视频监控系统。持续深化畜禽养殖废弃物处理和资源化利用,全年畜禽粪污产生量为47.3万吨,处置量3.8万吨,综合利用量为43.5万吨;2021年推广应用农业测土配方施肥技术39万亩次、农作物病虫害绿色防控应用面积15.71万亩次、商品有机肥0.072万吨,实施统防统治13.52万亩次,减少不合理使用化肥90.4吨,实现农药减量9.4吨,2021年累计回收农废包装物34.55吨,处置29.55吨;应用农膜面积9139.8亩,回收处置量为118.02吨,回收处理率95%;秸秆产生量81279.15吨,利用量79908.10吨,综合利用率达96.49%。

【生活源固体废物处置】 2021年,越城区按

孙端街道再生资源分拣中心(区生态环境分局 提供)

照“试点先行、以点带面”原则，全区17个镇街493个小区开展“定时定点”分类投放工作，率先完成60%的小区实现“定时定点”分类投放的目标任务，走在全市前列。截至年底，省级高标准生活垃圾分类示范小区创建任务已完成13个，塔山、迪荡街道结合达标镇街、“定时定点”工作，进一步提升分类质量，完成示范片区创建工作；农村省、市级垃圾分类示范村也已初步创建完成。同时，越城区依托智能化设备+人工智能大数据技术，投入约3200万元，积极打造100个垃圾分类数字化治理小区。全年新增再生资源回收站点113个，全区已累计有专业回收骨干企业3家、5000平方米以上再生资源分拣中心2个、回收站点271个，在全区115个社区的覆盖率达到90%。

【污染行业整治】 2021年，越城区持续推进印染、化工、电镀等传统产业搬迁聚集或转型升级。涉改47家印染企业中，32家企业整合成5个印染组团进行集聚提升，4个组团项目已建成并于2021年第四季度先后试生产，鸿大组团因组团企业临时调整预计于2022年6月底建成；其余15家未组团企业通过兼并重组、转型发展、征迁退出等途径进行改造提升。全年共整治“低散乱”企业(作坊)504家，淘汰落后产能41家，完成企业清洁生产审核14家。(区生态环境分局　李烨青)

城乡建设与管理

综　述

【概况】 2021 年，越城区加快城市基础设施建设，重点推进城南、黄酒小镇等区域路网建设和改造，完成越王台和府山公园环境提升工程、富盛镇集镇绿地公园品质提升工程等海绵化城市改造项目，推进河（湖）长制、节水建设等“五水共治”相关工作。2021 年，鉴湖街道坡塘村完成省级宜居示范村创建项目建设。制定出台《越城区 2021 年城市管理提升工作方案》，以亚运城市行动等重要工作为契机，实行“制度统领、队伍统管、标准统一、经费统筹”的管理新模式。

【助力文明城市创建行动】 2021 年，越城区围绕文明城市创建任务，聚焦老旧小区改造文明施工、道路安全隐患等问题，成立青年干部突击队，构建建设、交通立体巡查销号机制。组织开展建筑工地巡查检查 421 人次，出具整改通知单 132 份。累计查处非机动车违法 7268 起，巡道 7310 公里，机扫路面 2152 公里，冲洗路面 3608 公里。（区建设交通局　韩齐盼）

自然资源和规划管理

【概况】 2021 年，越城区着力打造绍兴“稽山鉴水”金名片，绍兴鉴湖国家湿地公园总体规划及控制性详细规划出台，并进入实质性建设阶段；会稽山国家森林公园总体规划已获批。在全市自然资源和规划系统满意度问卷调查中，越城区自然资源分局被评价率、工作满意率在 6 个区（县、市）局中均排第一。服务加快传统产业改造提升，会同经信部门全面实施“零土地”技改政策，服务吉圣贸易、鹏程设备、环宇绿能等厂区利用闲置土地进行厂区改扩建，全年共完成 27 个零土地技改项目。围绕腾笼换鸟，开展 M0 政策试点，推进开展部门联审，完成首批 3 个项目（友邦氨纶、一体针织、同创设计院）审批服务工作。加强耕地保护，开展耕地功能恢复整治签约面积 4389.68 亩，整治进度排名全市第二。担当作为，着力解决文旅集团办证、地类认定、部分楼盘分摊面积确认等历史遗留问题。

【国土空间规划】 2021 年，越城区编制完成越城区（滨海新区）国土空间规划初稿，已按部、省“三区三线”的要求进行 2.5 轮修订完善。推进城南片区、城西青甸湖、袍江片区、袍江片西南片区、鉴湖停车场及周边区块等控规编制和修改，及时开展越城区停车场长远布点等专项规划编制工作。

【规划项目管理】 全年完成核发用地预审和选址意见书 27 件，用地面积 219.8 万平方米。完成核发建设用地规划许可证34件，用地面积163.3万平方米。完成核发建设工程规划许可证93件，建筑面积319.2万平方米。

【完成13宗经营性用地出让】 2021年，越城区完成经营性土地出让13宗1050亩，成交金额100.775亿元。完成做地面积1208亩。完成消化批而未供1408亩、拆而未用160亩、利用存量土地1797亩、城镇低效用地开发2158亩。

【用地要素保障】 2021年，越城区（滨海新区）共争取存量盘活挂钩新增建设用地计划指标、奖励省重大产业项目新增建设用地计划指标、跨省增减挂钩节余指标等各类指标2103亩。积极开展集体土地征收工作，共完成集体土地征收2664亩，收回国有水面375亩。编制完成越城区2021年度土地征收成片开发方案，有序推进土地成片开发。

【耕地保护】 2021年，越城区大力推行田长制和耕地保护奖补制度，全区共落实奖补资金743万余元，惠及13个镇街218个村。大力推进土地整治，2021年完成验收项目5个，全年实际共拨付到村土地整治奖补资金3505万元。开展富盛镇“千亩方”永久基本农田集中连片整治项目，实施总面积4582亩，作为省民生系统工程，按照两年完成的要求，2021年整体项目进度已完成80%。

【地质灾害防治】 2021年，越城区全力迎战“烟花”“灿都”台风，通过省、市两级地质灾害预警平台和“地灾智防”App，加强预警、巡查，实现“不死人、不伤人、少损失”目标。组织相关镇街在年底前完成在册的12处群测群防地质灾害风险防范区的综合治理设计方案（含搬迁）及工程招投标工作。

【自然资源执法监管】 2021年，越城区做好例行督察、卫片执法监督检查等整改落实工作，例行督察指出的两方面问题已整改完成并上报市局销号；卫片检查发现违法行为19件，已经立案查处4件，非立案处理15件，全区乱占耕地行为得到有效管控。积极协调应诉应复，全年办理行政诉讼52件。妥善做好信访调处，全年办理信访1510件，比上年下降15%。

【完成第三次国土大调查】 2021年，越城区第三次国土大调查工作全部完成，成果已通过省、市验收，完成2020年度全国国土变更调查与遥感监测工作。完成地类认定权属确认141宗387个地块，收回国有土地57个项目，服务企业办理土地复核验收74个。全面实施2021年度基础测绘项目，全面做好测量标志保护，开展政务地理信息资源采集报送工作，开展应急测绘服务，特别是疫情期间为区委、区政府、相关镇街部门及时提供指挥作战图，在防汛防台期间向区防汛防台指挥部提供各类应急地图和数据，为上级作出研判提供地理信息保障支撑。

【年受理不动产登记13万件】 2021年，越城区共受理办理各类不动产登记业务13万余件，颁发不动产权证书75286本、证明49985宗。办理抵押权登记业务26563件，金额1269亿元；受理各类档案查询申请近60331件；上门办证服务86次；不见面审批1万余件。（区自然资源和规划分局　李伟）

城市重点基础设施建设

【概况】 2021年，越城区以“民心工程”为导向，围绕老旧小区改造、既有住宅电梯加装、污水零直排、农村公路亮化提升等各级民生实事项目，推进城市重点基础设施建设。制定“一区一方案”，实现项目全过程监督管理。截至年底，老旧小区改造完工61个，既有住宅电梯加装完工88台，生活小区类“污水零直排”建设完工192个。

【项目建设】 2021年，《越城区“十四五”城乡基础设施建设规划》编制完成。年内，建设完成上大路风情街、府山公园提档升级（二期）等项目 17 个，总投资 16.85 亿元。推进中兴大道改造提升项目、解放南路环境综合提升工程、迪荡湖环境提升项目等 27 个项目。完成新增绿地面积 15.68 公顷，建设省级绿道 16.7 公里，建设城镇污水管网 13.5 公里。升级完成停车智慧服务 2.0 版本，扩大停车场接入量、优化公共自行车系统。

【城市环境提升工程】 2021 年，越城区建设完成16.7公里省级绿道2号线越城区段（敬宾路—越城上虞交界）；新增越王台和府山公园环境提升工程、富盛镇集镇绿地公园品质提升工程等项目总计 102.55 公顷绿化面积。

【老旧小区综合改造提升】 2021 年，越城区完成老旧小区改造项目 61 个，涉及住宅 610 幢，惠及居民1.5万余户，建筑面积约130万平方米，项目总投资约 6.6 亿元。以快阁苑、东大池为试点，融合“未来社区”改造内容，以点扩面，推进老旧小区改造提质增效，同步完成既有住宅加装电梯联审 88 台。

【海绵城市建设】 2021 年，越城区编制完成《绍兴市越城区海绵城市实施方案规划》，明确建设指标分解和地块的控制径流要求，指导越城区近期海绵城市建设项目的实施。选取滨海片（七六丘中心河及周边）、府山公园、迪荡湖周边（以迪荡湖示范项目为主，向南扩大范围）、洋泾湖、绍职院为越城区近期建设示范区，总计示范区域面积 12.49 平方公里。年末，城市建成区 20% 以上的面积达到径流控制率 75% 要求。

【城市地下管线综合管控市级试点】 2021 年，越城区着眼管线建设统筹规划、管线业务审批集成、管线施工过程监督，探索构建城市地下管线综合管控子场景，并被省建设厅作为市级试点。通过子场景与各管线单位对接，获取管线数据，并进行可视化应用、新建项目管线征询与管线模拟应用的开发。（区建设交通局　韩齐盼）

拆迁安置

【概况】 2021 年度越城区完成拆改任务 164.55 万平方米，其中城中村拆迁 141.82 万平方米、城市旧住宅区征收 22.73 万平方米，完成市任务量的 102.8%，拆迁完成总量位列全市第二。聚焦“七张问题清单”（重大巡视巡察、重大督查、重大审计、重大安全、安全生产、重大网络舆情、重大信访），专项治理全区 6 个城市回迁安置房项目（北海街道青甸湖村征收项目，城南街道横桥村征收项目，东浦街道杨港村、光相村拆迁项目，灵芝街道澄港村、全心村征收项目），妥善安置 1062 户征收户 4448 人。督促各镇街和国有企业推进安置余房整改处置，完成全区 625 套棚改闲置余房整改工作。

【16 个征收项目实现 100% 签约】 2021 年，越城区完成拆改任务 164.55 万平方米，其中斗门街道赵墅居及里谷社成套，沥海街道所城区块，东浦街道杭州亚运会棒（垒）球体育文化中心项目（利华村）、杭州亚运会棒（垒）球体育文化中心项目 B 区块征收项目（未来社区）及二环西路快速路鉴湖村征收项目，府山街道县

2021 年，栖凫村拆迁现场（王晓明　摄）

2021 年越城区拆改计划完成项目一览表

表 37

序号	项目名称	户数(户)	拆改面积(万平方米)
1	张市村	815	25.92
2	里谷社居委会	641	15.32
3	赵墅村	516	10.73
4	恂南村(二期)	215	4.39
5	恂北村(一期)	200	4.08
6	阮家村	664	17.58
7	栖凫村	390	11.61
8	永宁村及周边地块	342	8.56
9	亚运会棒(垒)球项目(利华村)	103	2.78
10	瓦窑头居委会	173	2.61
11	宁桑村征收项目	368	7.64
12	二环西路智慧快速路东浦街道段沿线土地上房屋征收(鉴湖村)	14	0.45
13	年度拆改地块清理项目	241	20.84
14	直乐施村	338	7.04
15	所城区块房屋拆迁	79	1.305
16	鲁迅小学扩建地块	56	0.19
17	鲁迅故里咸欢河北侧区块	61	0.86
18	鲁迅故里塔子桥与咸欢河南侧区块	80	0.39
19	鲁迅故里三味书屋区块	39	0.54
20	杭州亚运会棒(垒)球体育文化中心项目 B 区块征收项目(未来社区)	11	0.79
21	稽山公寓 18、19 幢征收	35	0.32
22	府山片区 21-1 号地块(缪家台门)	31	0.15
23	环境监测中心	8	0.25
24	府山片区 20 号地块(周恩来纪念馆停车场)	1	0.042
25	蕺山片区 9 号地块(县前街)	2	0.013
26	智慧快速路工程二环南路(稽山区块)	32	0.26
27	智慧快速路工程二环南路(城南区块)	33	0.44
28	北海片区 13 号地块三期(供销超市及周边)	1	0.11
29	新华书店征收项目	5	1.43
30	王朝大酒店征收项目	1	1.59
31	肿瘤医院项目	4	1.45
32	袍江片东入曹娥江排涝工程(二期)	69	0.97
33	则水牌工业区块(北复线以北)	5	1.02
34	袍江印染化工企业提升项目	2	12.88
	合计	5575	164.55

前街、鲁迅小学周边地块、周恩来纪念馆停车场项目、原环境监测中心站、缪家台门、兴文公寓东侧地块及供销超市及周边，稽山街道稽山公寓18、19幢地块、智慧快速路工程二环南路（稽山区块），城南街道智慧快速路工程二环南路（城南区块）等16个征收项目实现100%签约；另有11个征收项目签约率达90%以上，分别是里谷社99.81%、张市村98.43%、栖凫村97.26%、恂南村续拆项目97.29%、恂北村（一期）续拆项目96.62%、宁桑村97.89%、直乐施村99.71%、永宁村97.71%、阮家村98.22%、咸欢河南侧及塔子桥周边地块93.02%、瓦窑头国有土地征收项目90.1%。

【打造“云征收”平台】 2021年，越城区开展房屋征收信息系统数字化改革，打造“云征收”平台。年底前完成马山街道宁桑村试点工作。“云征收”应用平台进一步完善征收程序规范化水平，强化征收项目数据的动态管理，增强征收信息的准确度透明度，提升征收领域现代化管理水平。（区房征办　王茜怡）

城乡市容管理

【概况】 2021年，越城区滚动抓好规范店面招牌设置、非机动车管理、集镇市容整治、城区“裸土复绿”、规范城区洗车店经营乱象、“最乱街区”整治和“最美街区”打造等城管“关键小事”，提升城市形象。

【市容秩序维护】 2021年，越城区累计整改店招店牌705处，面积达7868.4平方米，清除乱张贴13747处，立案查处违规店招49起，处罚金额22500元；劝导教育非机动车乱停放39459起，立案查处318起，处罚金额6570元；处置齐门经营问题27607个，劝导流动摊51352个，立案查处660起，处罚金额11.1325万元；摸排洗车店167家，有排水证的为95家，处置违规接坡64处。摸排整改非正规垃圾堆放点，已排查190处，清理销号188处。

【整改城区“裸土复绿”58处】 2021年，越城区开展城区“裸土复绿”行动，通过加强裸土日常巡查和专项整治力度，做到立查立改、高标整改，共发现问题60处，已整改58处，立案查处6起，处罚金额22万元。

【建设垃圾分类数字化小区23个】 2021年，越城区依托智能化设备+人工智能大数据技术，通过数字化管理，实现对易腐垃圾收集量、积分卡使用情况等数据的实时更新与监测，充分掌握生活垃圾分类运行情况，实现动态监管。2021年11月下旬，开展垃圾分类数字化治理小区的建设工作，截至年底建设并已运行数字化小区23个。

【“最乱街区”整治和“最美街区”打造】 2021年，越城区通过整治“最乱街区”，即投醪河路（中兴路—环城东路）、新建路（人民路—胜利路），以及打造“最美街区”，即鲁迅中路（中兴路—解放路），全面综合整治市容秩序、环境卫生问题，着力解决城市道路各类乱象，有力提升城市形象品质。

【推进“无违建”创建】 2021年，以“控新增、解投诉”为抓手，夯实每月“无违建”三比考评，扎实推进无违建动态管理及创先争优工作。2021年完成“三改”面积172.98万平方米，完成市定任务的103.82%；累计拆除违建61.9万平方米，完成市级任务52万平方米的119.04%。

【市政设施养护管理】 2021年，越城区着力抓好道路质量管理提升。截至年底，合计修复道路坑洞21458处，铣刨摊铺路面380017.64平方米，修复井盖3560个，劝导占用盲道违规停放非机动车27274辆，人行道整治8184处，人行道整治面积27838.39平方米，盲道整治789处，整治长度3929.03米，全区无障碍设施改造提升工作已完成，确保步行道、盲道通行顺畅；21座桥的“桥头跳车”隐患已全部整改完成，在此基础上进行再排查，发现10座桥梁的“桥头跳车”隐患，现已整改完成。紧盯袍江等重点区域，以及农贸市场周边、桥下空间、拆后地块、重点商圈等“老大难”问题，在前期专项整治取得阶段性成效的基础上，不定期进行督查，切实巩固深化整治成果。

【防御台风】 2021年，越城区靠前部署保障物资储备和应急队伍力量，全面打赢打好台风“烟花”“灿都”阻击战，共出动巡查、抢修人员14666人次，车辆3818车次。发现市政道路设施隐患问题479处，路灯设施隐患130起，全部整改到位；疏通雨水管网42.47公里，清淘雨水窨井1560个；清除道路积水点67处，积水面积约27789平方米。

【园林绿化养护管理】 2021年，越城区完成草坪、色块补种263503平方米，乔木417棵；修剪色块2937700平方米，球类修剪2500颗，乔木抹芽（含行道树）约65506棵；清理枯枝、杂草、落叶及藤蔓13221032平方米，约运输6220车；治虫1585000平方米；共计施肥862452平方米，21650余公斤；鲜花更换及补种约177365平方米；清理杂草约22万平方米。（区综合执法局　韩琪）

城管执法

【概况】 2021年，大力提升城市管理执法办案力度，截至12月底，累计办案2797件，罚款金额3138.7652万元；重大案件86件，罚款金额1823.2566万元。其中，渣土类案件1668件，罚款金额959.815万元；施工扬尘类案件131件，罚款金额540万元；垃圾分类案件235件，罚款金额13.34万元。

【区城管办实体运作】 2021年，越城区探索推进城管办实体化运作，建立以区政府主要领导为主任，分管领导为副主任，相关单位主要领导为成员的区城管委。下设区城管办，抽调相关部门15名工作人员集中办公，组建3支巡查小分队每日开展巡查督查，自4月19日以来，累计下发城管工作交办单150期，涉及区级问题3000处，已整改2793处，整改完成率93.1%。区城管办实体化运作相关做法得到分管副市长批示肯定。

【运输车掌上执法系统正式运行】 2021年，越城区建立自主设计优化的“运输车掌上执法系统”，执法队员在15秒内即可完成渣土车辆准运资质检查，在该系统成熟运行的基础上，结合“智慧交通大数据平台”，上线“工程运输车轨迹定位”场景应用，实现车辆运输资质、实时定位、运动轨迹的有效管控，精准打击工程渣土违法违规行为。该应用于2021年4月正式投用以来，累计辅助查证违规渣土运输500余车次，溯源违规出土工地36处。

【燃气领域大排查大整治行动】 2021年，越城区开展燃气及相关领域大排查大整治行动，加大违法打击力度，全年立案查处燃气类案件11起，处罚金额28.45万元，移送公安机关追究刑事责任案件1起，实现行刑衔接“零的突破”。（区综合行政执法局　韩琪）

古城保护利用

综　述

【概况】 2021年3月9日，绍兴市历史文化名城保护委员会第三次会议召开，时任市长、名城委主任盛阅春主持并讲话。会议听取了市名城办关于2020年古城保护利用工作情况汇报，审议2021年工作清单以及加强历史建筑和传统民居保护利用工作的建议，确定2021年古城保护利用工作清单。市名城委依据《绍兴古城保护利用条例》，坚持“全城风貌管控”导向、“文商旅”一体化发展思路、非古城功能疏解和整治提升要求，编制完成绍兴古城保护利用“十四五”规划，开展八字桥、戒珠寺、布业会馆、塔山文化广场、团箕巷、古城水系、高层疏解、社区公共服务资源整合和提升等8个规划研究，完成5个2021年古城保护利用研究课题，确定古城保护利用清单项目49项，“古城有机更新项目群”有序实施。截至年底，鲁迅故里高品质步行街建成开业；古城入口、“风越里”等“文商旅”重点项目按期推进；完成古城内55处历史建筑挂牌和测绘建档工作，建成古建民间工匠库首批入选15人；徐渭艺术馆、绍兴师爷馆、古城数字馆相继建成开放，“畸人青藤——徐渭书画作品展”吸引观众11万人次；完成古城内49个老旧小区改造，环城河步行道节点全部贯通，内河累计引水超3300万立方米，出水口水质保持一类水标准；绍兴鲁迅故里及周边区域有机更新规划咨询荣获2020年度全国优秀工程咨询成果奖一等奖。

“绍兴古建民间工匠”名单

马国强	王宝兴	王关林	叶鑫伟
应开喜	应红其	张月来	陈宝庆
金云根	施志良	徐尧龙	顾新昌
陶国良	黄利庆	魏少鹏	

【完成5个古城保护利用研究课题】 2021年，古城保护利用专家咨询委员会增补章长胜、周宝林为绍兴古城保护利用专家，专家总数增至47人。确定并完成5个2021年古城保护利用研究课题，主要包括：《绍兴古城地名文化研究》《绍兴古城业态现状调查及优化路径研究》《绍兴古城可“申遗”资源评估及“申遗”行动策略研究》《范蠡城市规划思想与古城保护利用的研究》《绍兴历史文化街区房屋产权与空间结构保护研究》。

规划研究

【概况】 2021年，市名城办立足“文商旅”一体化发展思路，通过对标世界文化遗产标准，持续推进绍兴古城格局、风貌和肌理的保护，守护、传承传统文化基因，以“全城申遗为导向的历史文化传承地、文创文旅为业态的时尚产业集聚地、传统风貌为依托的宜居环境生活地”为发展目标，深入贯彻《绍兴古城保护利用条例》，持续深化《绍兴古城保护利用总体城市设计》，有序开展一系列规划研究。

【绍兴古城保护利用“十四五”规划】 2021年，市名城办根据《绍兴古城保护利用条例》《绍兴市国民经济和社会发展第十四个五年规划和二〇三五年远景目标纲要》，制定《绍兴古城保护利用“十四五”规划》，提出“有厚度的千年古城、有气度的文化名城、有温度的东方水城”的古城定位，实施古城保护利用条例，对标世界文化遗产标准，持续推进绍兴古城格局、风貌和肌理的保护，区块织补更新和激活利用，打造以全城申遗为导向的历史文化传承地、以文创文旅为业态的时尚产业集聚地、以传统风貌为依托的宜居环境生活地。至2025年，打造成为长三角最具文化标识度的城市。

2021年，鲁迅故里高品质步行街建成开业（市名城办　提供）

【片区规划】 2021年，市名城办先后编制鲁迅故里、青藤书屋、八字桥、团箕巷、塔山等重点片区及其周边区域的规划研究。其中青藤书屋片区规划研究已落地并完成项目建设，项目建成后以青藤书屋为核心，联合徐渭艺术馆、绍兴师爷馆、青藤广场，打造青藤文化核心区，深度挖掘徐渭的名人资源，传承发扬徐渭文化艺术，促进古城文商旅融合发展。

【专项规划】 2021年，市名城办深化古城高层疏解、地下空间开发利用、水系综合提升、社区公共服务资源整合和提升等专项规划研究。通过专项规划研究的编制，进一步加强古城风貌控制，强化基础设施配套，提升社区公共服务能力。

【织补性规划】 2021年，市名城办编制完成书圣故里南入口、布业会馆、戒珠寺、汽车东站等区块的织补性规划研究。通过对古城内重要节点区块的“绣花式”织补、更新，使得古城的风貌更加协调，功能更加完善。

“文商旅”重点项目

【概况】 2021年，市名城办统筹协调古城保护利用工作清单49项，完成计提古城保护利用基金17.64亿元，安排保障项目资金约15.36亿元。重点实施古城入口、阳明故里、书圣故里、鲁迅故里等综合提升项目，初步形成“一城一桥三故里”的良好格局。青藤书屋周边综合保护、鲁迅故里高品质步行街成为文旅新地标，“风越里”、上大路特色街区有序推进，古城内业态布局持续优化。截至2021年底，古城保护利用清单项目全部按计划实施。

【徐渭诞辰500周年纪念暨徐渭故里开放仪式举行】 2021年5月19日，徐渭诞辰500周年纪念暨徐渭故里开放仪式在徐渭艺术馆举行，中国文联党组书记、副主席李屹，时任市委书记马卫光，中国美术家协会主席、中央美院院长范迪安为徐渭雕像揭幕，徐渭故里正式开放。时任市委副书记、市长盛阅春主持仪式。徐渭故里综合保护项目总投资10亿元，新建徐渭艺术馆、绍兴师爷馆、青藤广场，场馆总建筑面积1.92万平方米。“畸人青藤——徐渭书画作品展”在徐渭艺术馆开展。该展汇集中国30余家文博单位和古籍收藏单位的徐渭书画作品、徐渭及其师友所著古籍文献、徐渭后学书画作品等相关文物100余件。

【鲁迅故里高品质步行街建成开业】 2021年4月30日，鲁迅故里高品质步行街正式“开街”。作为浙江省第一批省级高品质步行街之一，鲁迅故里高品质步行街全长1130米，主要分为3个功能区块，包括鲁迅故里、创意工坊、绍兴特产等业态构成的鲁迅文旅区，绍兴美食新天地、咸亨酒店、“非遗”小吃等业态构成的市集美食区，以及社戏水陆体验区、文创书店、乡情民宿等业态构成的古越风情区。国庆7天，累计吸引游客超过467万人次，已成为古城文商旅融合的重要窗口。

【建成古城信息展示中心(数字馆)】 2021年7月15日，古城信息展示中心(数字馆)开馆。该馆是以综合数据库资源为基础，建成的“数字孪生”古城。古城信息展示中心位于府山脚下，面积1066.85平方米。展馆分序厅、主厅，序厅展示绍兴千年古城风情画卷，是复古复原古城风貌创作而成；主厅安装绍兴古城保护数字化城市“大脑”——绍兴古城“数字孪生”系统，真实还原古城格局、风貌、空间、建筑外形与色彩，做到“一屏观古城，一网管古城”。古城信息展示中心是越城区委统战部在绍兴古城设立的唯一一处数字化改革引用场景展示基地。至12月底，已接待团体72个，访客3000人次以上。

宣传推介

【概况】 2021年，市名城办以“百年辉煌奋斗路、千年古城新征程”为主题举办“7·15”古城保护日，发布首批100个绍兴古城文旅故事，场景展示北京完美世界品牌IP数字化项目，杭州、南京、苏州等11个友城发来贺词。开展图说古城牛年、重走古城解放之路、老党员看古城、古城桨板赛等大型活动，制作2021年绍兴古城宣传片，完成出版《名城绍兴》第三、四期。接续开展25场“古城保护进社区”文艺演出活动，广泛宣传《绍兴古城保护条例》。参与第五届中国名城论坛，并作题为《唱好绍兴“双城计”，推进古城保护利用》的交流发言。

【“7·15”绍兴古城保护日主题活动】 2021年7月15日是第3个“绍兴古城保护日”，绍兴市举行以“百年辉煌奋斗路、千年古城新征程”为主题的“绍兴古城保护日”活动暨绍兴古城信息展示中心开馆仪式。此次活动包括100个绍兴古城文旅故事发布、北京完美世界品牌IP数字化项目场景展示、“绍兴古建民间工匠”“古城守护官”授杯颁证仪式、绍兴古城信息展示中心开馆仪式等。时任市长盛阅春，市委常委、宣传部部长丁如兴，市人大常委会副主任傅陆平，市政协副主席凌芳，时任越城区区长袁建等参加。

【“重走古城解放之路”主题行军活动】 2021年5月7日，是绍兴古城解放72周年纪念日，市名城办党工委、越城区委宣传部、越城区委直属机关工委主办“重走古城解放之路”主题行军活动。行军活动的线路为“坡塘—南门—塔山—府山”，全长约9.1公里。越城区机关部门(单位)和镇街的160余名青年党员参加行军活动。

【“光荣在党50年”老党员看古城主题活动】 2021年6月25日，越城区开展区级部门

“光荣在党50年”老党员看古城主题活动，邀请23名“光荣在党50年”的老党员重走古城看新貌，在古城翻天覆地的变化中重温党史。老党员们先后参观古城信息展示中心、徐渭艺术馆、名人馆，听取鲁迅故里改造、书圣故里南入口、阳明故里、蔡元培广场等建设项目讲解，详细了解越城区的悠久历史和丰富的文化遗存，亲身感受近年来古城保护利用的成果。

【绍兴古城桨板赛】 2021年10月17日，由绍兴市体育局、绍兴市名城办主办的绍兴地铁2021皮划艇邀请赛暨东方水城嘉年华系列赛——2021绍兴古城桨板赛在迎恩门水街举行，是绍兴市首个古城桨板赛。比赛分花式桨板赛和200米折返赛，来自全国各地的200余名选手参赛。当天，央视5套播出此次活动。

【“共爱古城 契越你我”主题团日活动】 2021年4月28日，由共青团绍兴市委、绍兴市名城办主办的“共爱古城 契越你我”主题团日活动在越城区举行。活动以党史学习教育红色景点打卡比赛为主线，在大通学堂、绍兴名人馆、清廉馆等红色景点，通过重温入团誓词、缅怀革命先烈等方式获取并最终完成拼图。巨型拼图底图为绍兴古城地图，拼图为庆祝中国共产党成立100周年活动标识。100余家单位、近3000人参加活动，近百名青年签订契约共建志愿服务书。

历史建筑保护

【概况】 2021年，全面启动历史建筑挂牌和测绘建档工作，推进历史建筑的修复、开发利用等工作，进一步发掘历史建筑的文化、艺术价值，延续城市文脉。

【举办城乡历史文化保护传承培训班】 2021年7月29日至30日，由住建部建筑节能与科技司主办，中国建设文化中心承办，绍兴市名城办协办的城乡历史文化保护传承培训班在绍兴举行。培训围绕城乡历史文化保护传承体系、历史文化名城价值与保护规划方法、文化引领下的历史城市整体保护方法等多个主题，结合南京、永新、杭州、绍兴等国内多个历史文化名城的保护利用实践案例，分别对前沿理论、创新方法和成功经验进行了深入地阐述和交流。33个省（自治区、直辖市、建设兵团等）的90多名学员参加培训。

【历史建筑挂牌和测绘建档工作】 2021年11月30日，古城内第一批历史建筑挂牌和测绘建档工作完成，共挂牌和测绘建档历史建筑55处，涵盖古城内八片历史文化街区，包括书圣故里18处，西小路5处，新河弄3处，仓桥直街6处等。按住建部、省建设厅文件要求，55处历史建筑分简略测绘（2处）、典型测绘（15处）、全面测绘（38处），绍兴市在工作中全部按照全面测绘开展建档，共测绘建档面积约4.3万平方米，成果录入住建部历史文化街区和历史建筑数据信息平台。（市名城办 陶俊）

科学技术

综　述

【概况】 2020年越城区投入研究与试验发展经费（R&D）48.41亿元，占生产总值的比重达2.76%。2021年全年实现高新技术产业增加值219.7亿元，同比增长10.5%；占工业增加值比重60.3%；新产品产值555.8亿元，同比增长26.4%；高新技术产业投资额同比增长32.5%；完成技术交易总额22亿元（含市辖区）。新认定国家高新技术企业127家、省科技型中小企业240家、市级孵化器2家、市级众创空间8家、省级重点企业研究院1家、市级创新联合体3家、省级新型研发机构2家、市级新型研发机构2家。

2021年越城区各类创新主体一览表

表38

序号	名称	级别
1	绍兴群贤198科技企业孵化器	市级孵化器
2	绍兴兰乔圣菲科技企业孵化器	市级孵化器
3	壹号合院创业梦工厂	市级众创空间
4	金时科技众创空间	市级众创空间
5	越地智慧港	市级众创空间
6	越上花开众创空间	市级众创空间
7	绍兴埃米空间	市级众创空间
8	中节能众创空间	市级众创空间
9	绍兴复旦创客100	市级众创空间
10	浙江工业大学绍兴研究院众创空间	市级众创空间
11	浙江省振德医用敷料研究院	省级重点企业研究院

续表 38

序号	名称	级别
12	浙江省硅基集成电路特色工艺产业化及装备创新联合体	市级创新联合体
13	浙江省原料连续制造创新联合体	市级创新联合体
14	浙江省绍兴黄酒产业创新联合体	市级创新联合体
15	上海大学绍兴研究院	省级 / 市级新型研发机构
16	浙江大学绍兴微电子研究中心	省级 / 市级新型研发机构
17	浙江工业大学绍兴研究院	市级新型研发机构

【科技合作与交流】 2021 年，越城区精准对接各类高校科研院所，征集各类科技成果 200 余项；组织参加第四届（2021）中国医疗器械创新创业大赛微创器械类别赛（绍兴）“振德杯”医疗器械创新创业大赛、第九届“东升杯”国际创业大赛大湾区分赛区（复赛）、2021“大院名校绍兴行”之集成电路科技成果对接会、绍兴科创大走廊建设现场推进会等活动 10 余场，参与企业累计 300 余家。

【科技服务】 2021 年，越城区开展科技企业帮扶指导与培训，强化创新服务，畅通政府与企业的信息沟通渠道，及时协调解决企业在创新创业中遇到的困难，建立常态化服务企业机制，开展“排忧解难办实事、数智赋能建新业”专题实践活动方案。2021 年，共计实地走访企业 240 余家，共接到企业反映问题和困难 73 项，当场解决的 71 项，移交其他部门的 2 项。积极组织高新技术企业认定管理培训会、科技人才政策培训会等专题培训会，累计培训人员 400 余人。

科学研究

【概况】 2021 年，越城区围绕“两业经”布局创新链，完善多层次研发体系建设，实施规上企业研发中心“全覆盖”计划，加速产业链、技术链、创新链“三链融合”，加快成果转化和产业化。新认定省级重点企业研究院 1 家、省级企业研究院 1 家、省级高新技术企业研发中心 11 家、市级企业研发中心 20 家。完成温控器弹片自动扣焊机、可替换真空瓶等科技成果登记 119 项。

【科技人才培养】 2021 年，越城区入选 1 名科技部创新创业人才，入选 2 名省级科技领军人才，超额完成市对区的科技进步指标任务；有效申报国家火炬和优青计划 16 名、省引才计划 23 名，其中建议入选国家火炬 1 名，省引才 5 名。

【政产学研融合发展】 2021 年，越城区将高校院所作为增强越城科技创新实力的主要突破口，与浙江大学、天津大学等高校院所共建研究院 11 家，基本实现主导产业全覆盖。推动中芯（绍兴）、长电科技与绍兴文理学院深度合作，建成集成电路产业学院，成立定向冠名班级并设立专项奖学金。杭州电子科技大学集成电路科学与工程学院（杭电绍兴校区）正在推进建设中。

【新增市级及以上企业研发机构 33 家】 2021 年，越城区新增市级及以上企业研发机构 33 家。浙江省振德医用敷料研究院被认定为省级

2021年越城区新增省、市级研发机构一览表

表39

序号	名称	依托单位	级别
1	浙江省振德医用敷料研究院	振德医疗用品股份有限公司	省重点
2	浙江省凯泰特种纤维企业研究院	凯泰特种纤维科技有限公司	省级
3	浙江省大明电力设计院数字化创新设计高新技术企业研究开发中心	绍兴大明电力设计院有限公司	省级
4	浙江省联德医用敷料设备高新技术企业研究开发中心	绍兴联德机械设备有限公司	省级
5	浙江省同创数智高新技术企业研究开发中心	同创工程设计有限公司	省级
6	浙江省普施康微流控技术高新技术企业研究开发中心	浙江普施康生物科技有限公司	省级
7	浙江省昌海制药抗感染类药物及营养品高新技术企业研究开发中心	浙江昌海制药有限公司	省级
8	浙江省创新生物药物制剂与健康产品高新技术企业研究开发中心	浙江创新生物有限公司	省级
9	浙江省恒丰新材料高新技术企业研究开发中心	浙江恒丰新材料有限公司	省级
10	浙江省京山汽车底盘部件高新技术企业研究开发中心	绍兴京山汽车配件有限公司	省级
11	浙江省中芯集成微机电传感及功率器件高新技术企业研究开发中心	绍兴中芯集成电路制造股份有限公司	省级
12	浙江省伊诺水处理脱氮除磷技术高新技术企业研究开发中心	浙江伊诺环保科技股份有限公司	省级
13	浙江省明德新型半导体器件高新技术企业研究开发中心	浙江明德微电子股份有限公司	省级
14	新码生物创新药市级企业研究开发中心	浙江新码生物医药有限公司	市级
15	洪晟生物新型动物疫苗及佐剂市级企业研究开发中心	浙江洪晟生物科技股份有限公司	市级
16	安迪斯医用耗材市级企业研究开发中心	绍兴安迪斯医疗科技有限公司	市级
17	莱洁新材料市级企业研究开发中心	绍兴莱洁新材料科技有限公司	市级
18	博盟轴承技术新工艺市级企业研究开发中心	浙江博盟精工轴承有限公司	市级
19	中广信息网络技术市级企业研究开发中心	中广(绍兴)有线信息网络有限公司	市级

续表 39

序号	名　称	依托单位	级别
20	黎阳网络科技市级企业研究开发中心	浙江黎阳网络科技有限公司	市级
21	锦蓝钴智能化系统市级企业研究开发中心	浙江锦蓝钴信息科技有限公司	市级
22	万众智慧安全市级企业研究开发中心	浙江万众安全服务有限公司	市级
23	绍兴伊曼食品轻工和化工生物技术市级企业研究开发中心	浙江绍兴伊曼食品有限公司	市级
24	鼎仁消防科技市级企业研究开发中心	浙江鼎仁消防科技有限公司	市级
25	安环安全科技市级企业研究开发中心	浙江安环安全科技有限公司	市级
26	越芬绿色节能市级企业研究开发中心	浙江越芬科技有限公司	市级
27	建设工程质量监督检测市级企业研究开发中心	绍兴市越城区建设工程质量监督检测有限公司	市级
28	科灵智能多媒体展示系统市级企业研究开发中心	绍兴科灵智能科技股份有限公司	市级
29	福恩功能性法兰绒面料市级企业研究开发中心	绍兴市福恩针纺有限公司	市级
30	米欧输送带市级企业研究开发中心	浙江米欧制带股份有限公司	市级
31	城投再生资源建筑固废再生利用产业化技术市级企业研究开发中心	绍兴市城投再生资源有限公司	市级
32	锐智企业信息化市级企业研究开发中心	浙江锐智信息技术有限公司	市级
33	华越芯装封测技术市级企业研究开发中心	浙江华越芯装电子股份有限公司	市级

重点企业研究院；浙江省凯泰特种纤维企业研究院被认定为省级企业研究院；浙江省同创数智高新技术企业研究开发中心等11家企业研发中心被认定为省级高新技术企业研发中心；新码生物创新药市级企业研究开发中心等20家企业研发中心被认定为市级企业研发中心。

科技成果

【概况】 2021年，越城区帮助辖区内企业积极申报各类科技项目，推动企业技术研发提升。全年组织1家企业申报2021年度国家重点研发计划，21家企业申报浙江省2022年度“尖兵”“领雁”研发攻关计划项目，47家企业申报绍兴市2021年“揭榜挂帅”制科技项目。其中，1家企业成功获得2021年度国家重点研发计划立项，2家企业成功获得2022年度“尖兵”“领雁”研发攻关计划项目立项，11家企业成功获得绍兴市2021年“揭榜挂帅”制科技项目立项，3项科技成果获2021年度省科技进步奖。（区科技局　朱雯）

2021年越城区立项科技计划项目一览表

表40

序号	项目编号	项目名称	承担单位	项目类别
1	2021YFB3202600	MEMS传感器批量制造平台	绍兴中芯集成电路制造股份有限公司	2021年度国家重点研发计划
2	2022C01197	废旧纺织品的再生DMT精制技术及其高值化产品开发	浙江佳人新材料有限公司	浙江省2022年度“尖兵”“领雁”研发攻关计划项目
3	2022C01166	基于协同增效/高效掺杂技术的导电纤维及其制品研发与产业化	凯泰特种纤维科技有限公司	浙江省2022年度“尖兵”“领雁”研发攻关计划项目
4	2021B41001	5G及数据中心高速率高集成400G光芯片及光模块	绍兴中科通信设备有限公司	绍兴市2021年“揭榜挂帅”制科技项目
5	2021B41002	活化型涤纶工业丝开发及提质增效关键技术	浙江古纤道绿色纤维有限公司	绍兴市2021年“揭榜挂帅”制科技项目
6	2021B41003	基于全流程智能制造的聚醚醚酮高性能纤维的研制及产业化	凯泰特种纤维科技有限公司	绍兴市2021年“揭榜挂帅”制科技项目
7	2021B41004	耐700℃高温的气凝胶绝热材料技术开发	纳诺科技有限公司	绍兴市2021年“揭榜挂帅”制科技项目
8	2021B41005	结构型阻燃剂三聚氰胺类聚醚多元醇的研发	浙江恒丰新材料有限公司	绍兴市2021年“揭榜挂帅”制科技项目
9	2021B41007	医用平面口罩全流程智能化高速生产系统开发项目	振德医疗用品股份有限公司	绍兴市2021年“揭榜挂帅”制科技项目
10	2021B41008	分散染料常压可染回收PET(热塑性聚酯)瓶片再生长丝的纺制关键技术研发	绍兴九洲化纤有限公司	绍兴市2021年“揭榜挂帅”制科技项目
11	2021B41011	医用导管超滑保湿亲水涂层关键技术研究及产业化	浙江优特格尔医疗用品有限公司	绍兴市2021年“揭榜挂帅”制科技项目
12	2021B41012	全自动高通量离心式微流控凝血检测系统研究及产业化	浙江普施康生物科技有限公司	绍兴市2021年“揭榜挂帅”制科技项目
13	2021B41013	无创脑电传感技术研究及产业化	浙江海圣医疗器械股份有限公司	绍兴市2021年“揭榜挂帅”制科技项目
14	2021B41014	奈诺沙星关键中间体MAP(奈诺沙星侧链)创新工艺开发	浙江昌海制药有限公司	绍兴市2021年“揭榜挂帅”制科技项目

教 育

综 述

【概况】 2021年，越城区有各类学校214所，正式在编教师5489人。全年教育总投入25.31亿元，其中财政性教育经费拨款22.04亿元。出台《越城区进一步减轻义务教育阶段学生作业负担和校外培训负担行动方案》《关于进一步做好义务教育阶段学校课后服务工作的通知》等一系列文件，全区“双减”工作全面实施。迪荡中学、梅山小学、文源小学、鲁迅小学凤鸣校区、柯灵小学百盛校区等5所中小学建成并开办；育才学校易地新建工程完成建设并投入使用；鉴湖街道中心幼儿园阳光里园区、柯灵幼儿园百盛园区、皋埠街道中心幼儿园碧桂园园区、灵芝街道中心幼儿园澄港园区等4所小区配套幼儿园完成移交并开办。绍兴市第一初级中学教育集团等4个教育集团各新增成员校，新设元培中学等6个教共体。截至年底，全区共有城乡教育共同体20个，覆盖全区乡村学校。累计成立教育集团30个，其中幼儿园15个、初中4个、小学9个、跨学段2个，覆盖学校（幼儿园）86所，覆盖学生6.7万余人，占全区在校在园学生数的69.5%。

【调整区属学校领导干部】 2021年区属学校领导班子、领导干部任期考察涉及74个单位，302名校级领导，同时组织开展局管干部提任考察工作。提任局机关科室正股级领导1名；体育中心副主任领导1名；区属学校正校级领导8名，副校级领导34名。新提任正校级领导中，45周岁及以下5人，占62.5%；新提任的副校级领导中，40周岁以下15人，占44%，35周岁及以下11人，占32.4%。

柯灵小学教育集团百盛校区（区教体局　提供）

【培养优秀年轻干部】 2021年，越城区围绕“素质提升、结构优化、择优选拔、战略储备、实践锻炼”目标，组织40周岁以下的副校级领导和35周岁及以下的优秀年轻干部人才开展“集中与分散、讲座与互动、理论与实践”等多层次、多方式的培训活动。2019年8月建库时的159名年轻干部人才，截至2021年底已有超过1/3（54名）的优秀青年走上校级领导岗位。

【年完成教育投资7.46亿元】 2021年，越城区完成迪荡中学、柯灵小学百盛校区、柯灵幼儿园百盛园区、鲁迅小学文源校区等4个校址新建，并如期投用。两湖西侧小学、稽山初级中学完成主体结构施工，站前小学、湖东小学、站前中学、两湖幼儿园新建项目进入桩基施工。完成鲁迅小学、绍初龙山校区扩建，塔山小学成章校区、元培中学北校区改造项目完工投用，累计完成投资约0.2亿元，启动凤林小学、陶堰街道中心小学、北海小学、富盛镇中扩建等项目前期设计立项等工作。鉴湖阳光里、皋埠碧桂园、灵芝澄港3所配套幼儿园建成投用。全年累计完成投资约7.46亿元。

学前教育

【概况】 2021年，越城区共有幼儿园127所，其中公办80所（含集体办2所）、民办47所。省一级幼儿园19所，省二级幼儿园66所，省等级幼儿园覆盖率100%，普惠性幼儿园123所。在园儿童数33447人，学前三年入园率100%。幼儿园专任教师2658人，其中在编教师460人，教师学历合格率100%，教师资格证持有率100%，大专以上学历99.4%。

【幼儿园网点布局优化】 2021年，越城区柯灵幼儿园百盛园区建成投用；两湖幼儿园开工建设；鉴湖阳光里、皋埠碧桂园、灵芝澄港3所配套幼儿园建成投用；改建东湖街道皋北幼儿园，新增学位1530个。

【出台学前教育规范性计划文件】 2021年，越城区出台《关于加快学前教育优质普惠发展第四轮行动计划（2021—2023）》和《关于学前教育深化改革规范发展的实施意见的通知》，以进一步完善学前教育体制机制，健全学前教育保障体系，推进越城区学前教育普及普惠安全优质发展。

【创建全国学前教育普及普惠区】 2021年，越城区全面分析学前教育现状，对标创建指标摸排问题短板，将班级控制、人员配备、非在编教师收入和教职工社保公积金缴纳等作为重点指标加以落实。组织召开全国学前教育普及普惠区创建动员大会，明确工作清单、问题清单和整改情况，落实整改提升，普及普惠区创建工作于12月24日通过省级督导评估。

【农村幼儿园稳步提质】 2021年，越城区召开农村幼儿园园长会议，专项部署提质工作。依托合作共建专项指导小组，开展农村幼儿园常态化管理和保教工作指导。实地走访农村幼儿园，梳理存在问题与短板，加大农村幼儿园改造提升力度，提高建设经费标准，增加改造园所，30所农村幼儿园列入改造，投入改造经费1700余万元，改造数量和经费较上年分别增长150%和92.7%。61所农村幼儿园参加市提质考评，28所优秀、23所良好、10所合格，考评结果为优秀。

【完善公民办幼儿园招生秩序】 2021年，越城区进一步完善幼儿园招生秩序，在原来幼儿园招生报备基础上增设审批环节，将各幼儿园招生班级数和幼儿人数等纳入重点检测要素，根据“室外游戏场地生均面积”“幼儿活动用房生均面积”“生均建筑面积”三项指标核定各幼儿园招生人数。公民办幼儿园较上一年减少班级50个，85%的民办幼儿园减少招生班级数，92%的幼儿园平均班额控制在30人以内。

【助推院校合作工作落地】 2021年，越城区全面提升学前教育质量，推进幼儿园课程改革，确定华东师范大学为越城区学前教育质量提升服务项目的合作院校。项目采用专业和实践双导师制，由华师大专家和上海市学前教育领域的资深教研员、优秀园长担任。鲁迅幼托中心、鲁迅幼儿园、东风幼托中心、继昌幼儿园、元培幼儿园、机关幼儿园、鹤池苑幼儿园、灵芝街道中心幼儿园、斗门街道中心幼儿园等9所省一级幼儿园作为基地园，和华师大9支专家团队一一结对。受疫情影响，各基地园通过线上线下相结合的方式，开展分析调研、方案制定、头

2021年“文明校园”创建一览表

表41

荣誉称号	学校
省级文明校园	北海小学
省现代化学校	昌安实验学校、锡麟中学、北海小学龙洲校区、树人小学南苑校区、秀水小学、柯灵小学敬敷校区
省特色学校	建功中学、袍江中学、成章中学、蕺山中心小学、元培小学、文理学院附属小学、袍江小学、孙端街道中心小学
省100个中小学心理健康教育示范点	昌安实验学校、文理学院附属中学
省STEM教育与项目化学校基地学校	柯灵小学敬敷校区
省健康促进学校	袍江中学
省艺术教育实验学校	鲁迅小学
省中小学劳动教育实验学校	文理学院附属中学、塔山中心小学、柯灵小学
省少先队成绩突出集体	鲁迅小学
省国际理解·可持续发展教育联盟基地学校	鲁迅小学
省百年名校	文理学院附属中学、袍江小学
市现代化学校	镜湖中学、长城中学、袍江中学、东湖中学、孙端中学、成章中学、富盛镇中学、元培小学、望花小学、成章小学、群贤小学、群英小学、鉴湖街道中心小学、东湖街道中心小学、陶堰街道中心小学
市中小学书法教育特色学校	鲁迅小学、蕺山中心小学
市第二批数字家长学校	元培中学、建功中学、昌安实验学校、皋埠中学、马山中学、锡麟中学、鲁迅小学、蕺山中心小学、秀水小学、培新小学、文理学院附属小学、快阁苑小学、阳明小学、稽山小学、望花小学、群英小学、皋埠街道中心小学、东浦街道中心小学、沥海街道中心小学

脑风暴、专家报告等活动。

【薄改升等拓展优质资源】 2021年,越城区做好等级创建和薄改工作。创建方面,借助市专家团队,组建指导团队进园指导,切实提高以创促建、以评促改的实效。鲁迅幼托中心创建为省现代化幼儿园,阳明幼教集团云东园区和孙端街道中心幼儿园2所幼儿园创建为省一级幼儿园,元培幼儿园信达银郡园区、机关幼儿园紫金府园区、东浦街道后社幼儿园、鹅境幼儿园4所幼儿园创建为省二级幼儿园,优质幼儿园占比达66.93%,在园儿童覆盖面79.4%。薄改方面,停办永仁幼儿园、好孩子幼儿园2所薄弱幼儿园,开办灵芝街道中心幼儿园澄港园区、斗门街道百盛幼儿园、鉴湖街道中心幼儿园阳光里园区和皋埠街道中心幼儿园碧桂园园区4所幼儿园,收回森海豪庭幼儿园和涂山花园小骑士幼儿园2所民办幼儿园,转公为阳明幼教集团云东园区和望花幼儿园涂山园区。

义务教育

【概况】 2021年,越城区有初中21所(含1所九年一贯制学校),班级625个,在校学生24557人;小学52所,班级1507个,在校学生60890人。截至年底,47所中小学创建为"文明校园",其中,省级文明校园1所,省现代化学校6所,省特色学校7所,省100个中小学心理健康教育示范点2所,省STEM教育与项目化学校基地学校1所,省健康促进学校4所,省艺术教育实验学校1所,省中小学劳动教育实验学校3所,省少先队成绩突出集体1所,省国际理解·可持续发展教育联盟基地学校1所,省百年名校2所,市现代化学校15所,市中小学书法教育特色学校2所,市第二批数字家长学校19所。年内,入选省级"新时代好少年"1名,市级"新时代好少年"4名,区级"新时代好少年"100名,3名学生获省法治知识竞赛及演讲比赛一等奖。

【全面推进"双减"工作】 2021年,越城区建立"1+4+8"工作体系(实现一个目标,实施"轻书包"工程、"控培训"工程、"提质量"工程、"优服务"工程四大工程,推行全面压减作业总量时长、全力提升作业质量效果、全面规范校外培训行为、从严查禁有偿家教行为、大力提高教育教学质量、加快学校优质均衡发展、提升学校课后服务水平、强化家校社协同效能八项行动),制订区"双减"实施方案、校外培训机构专项治理、校外培训广告集中清理整治、严禁教师有偿补课、学校课后服务等文件,完善中小学作业、睡眠、手机、读物和体质"五项管理"制度,规范校外培训、提高教育教学质量、优化课后服务、强化"五项管理"与"双减"工作整体融合、同步实施、一体推进。全年义务教育阶段学校课后服务覆盖率实现100%,小学生参与率93.2%,初中生参与率80.9%。全区校外培训机构压减率达到89.6%,学科类培训机构全部纳入"绍信培"平台实现资金监管。

【中小学推行入学网上报名、公民同招】 2021年,越城区继续推进义务教育阶段中小学招生工作改革,实施公民同招同录、相对就近入学和免试入学。全面铺开中小学无纸化入学报名,100%全程网上办理,实现同步报名、同步录取、同步注册学籍。

【通过"入学绿卡"入学6374人】 2021年,越城区继续实施以居住证制度为基础的"入学绿卡"申领办法,实行"三个半年以上"的标准(申领居住证并实际居住半年以上,签订劳动合同或取得工商营业执照实际工作经营半年以上,在流入地参加社会基本养老保险半年以上)。全年义务教育外来务工随迁子女通过"入学绿卡”入学共 6374 人。

【加强班主任队伍建设】 2021 年，越城区搭建班主任经验交流和教学风采展示平台，推荐 163 名班主任参加区级小论文、课堂实录、课堂设计三项评比。选派的 6 名中小学优秀班主任荣获省级二等奖 1 名、市级一等奖 2 名、市二等奖 4 名，依托大赛平台，促进班主任提升建班育人的能力。

【开展法治宣传教育】 2021 年，越城区发挥课堂教学主渠道作用，在学科教学中渗透法治精神，内容丰富、形式多样、注重实效、寓教于乐。采用宪法晨读、法治网络知识大赛、演讲比赛、征文比赛、模拟法庭、观看法治电影、组织班团队活动等形式进行法治教育，通过板报、宣传栏、校园广播、网络通信等开展法治宣传。9 月，全区中小学学生 83000 多人参加普法平台法治课堂，100% 参与普法网学习。“宪法学习周”里各校利用早读、大课间时间，组织宪法晨读，通过青少年普法网收看“宪法晨读”网络直播，部分学校还开展《宪法伴我成长》等歌曲的学唱活动。全区 54 所中小学，8 万多名学生参与法制宣传教育。

【少先队工作】 2021 年，越城区以政治为引领，紧紧围绕中国共产党成立 100 周年主题，推进全区少先队工作水平。开展“学党史、强信念、跟党走”微宣讲比赛、“七一”重要讲话巡讲、“寻访古越红色足迹”研学游等活动。全区成立红领巾宣讲团，进校园深入巡讲全覆盖，进社区积极参加志愿宣讲活动，用实际行动讲好党的伟大故事。年内，获省优秀少先队集体 2 个、队员 3 名、辅导员 4 名；思政微队课大赛省级一等奖 1 个，市级一等奖 3 个；市演讲比赛一等奖 2个，二等奖 3 个等。

【艺术教育】 2021 年，越城区中小学艺术节吸引 1676 人次参与活动，收到表演类作品光盘 54 件、艺术作品 655 件，评选出表演类一等奖 23 个、二等奖 32 个 、三等奖 7 个；艺术作品类一等奖 154 个、二等奖 172 个、三等奖 330 个；学生艺术实践工作坊一等奖 1 个、二等奖 1 个；中小学美育改革创新优秀案例一等奖 8 个、二等奖 5 个；优秀指导教师 152 名、优秀组织奖 2 个。获市中小学艺术节表演类二等奖 5 个、三等奖 9 个，艺术作品类一等奖 16 个、二等奖 19 个、三等奖 26 个，学生艺术实践工作坊三等奖 1 个，中小学美育改革创新优秀案例一等奖 2 个、二等奖 2 个、三等奖 4 个，获优秀组织奖 1 个；获省中小学艺术节艺术作品类一等奖 4个、二等奖 5 个、三等奖 8 个，中小学美育改革创新优秀案例一等奖 2 个、三等奖 1 个、优秀组织奖 1 个。

【“智安校园”建设】 2021 年，越城区投入 610 余万元，开发智安校园学生安全守护平台系统，搭建公安专网数据同步系统，扩建物联网数据接入、汇聚与处理等功能系统，增补路面及主要路口、学校、小区及重点区域位置 RFID（射频识别技术）全向基站 500 个，完成 78 所学校 85922 张学生卡发放。

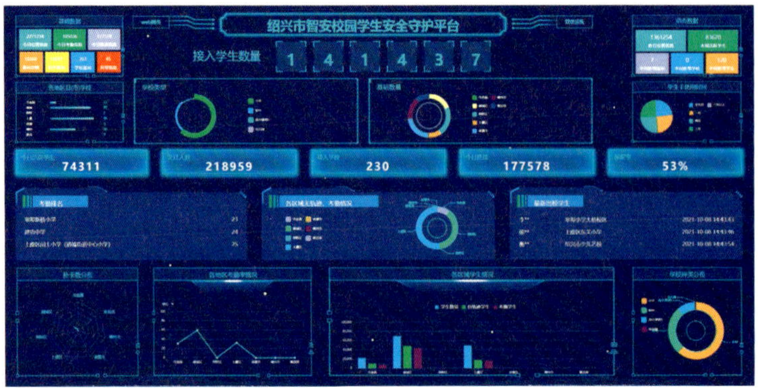

2021 年，越城区开发智安校园学生安全守护平台（区教体局 提供）

特殊教育

【概况】 2021年，越城区有特殊教育学校1所，在校学生130人，在岗老师29名，学前教育阶段1个班，义务教育阶段9个班，职高阶段1个班。设有特殊教育指导中心。2021年，特殊教育向学前、高中阶段大幅度延伸，学前阶段入学率100%，义务教育阶段入学率100%，高中阶段入学率97%。越城区工作经验《越城区持续推动特殊儿童教育特色化发展》分别在《浙江信息——工作教交流》第28期、《绍兴信息——工作交流》第23期、《浙江省残疾人工作》第8期刊登。

【资源教室建设】 2021年，越城区新建树人小学、马山幼儿园、阳明幼教集团、实验幼儿园、鲁迅幼托中心5个资源教室。至此，全区累计有资源教室24个。

【特殊教育案例论文评比】 2021年，越城区特殊教育教师参加省市的比赛成绩优异，其中1人荣获浙江省三等奖，2人荣获绍兴市一等奖，6人荣获绍兴市二等奖，4人荣获绍兴市三等奖。在浙江省特殊教育德育案例评比和特殊教育论文评比中，共有28篇案例被评为一等奖，42篇案例被评为二等奖，60篇案例被评为三等奖；12篇论文被评为一等奖，17篇论文被评为二等奖，20篇论文被评为三等奖。全年开展区级的特殊教育论文德育案例评比59篇，特殊教育论文评比108篇。

【卫星班工作】 2021年，越城区新设机关幼教集团曦之湖园区卫星班，5名幼儿被分配到2个小班，全程参加普通幼儿的学习活动。

成人教育

【概况】 2021年，越城区有乡镇(街道)成人学校11所，均达到省标准化成校建设标准，其中省现代化成校2所(孙端成校、东浦成校)，实行中小学合作办学。

【组织各类技能培训52770人次】 2021年，越城区组织农民(职工)参加电子商务、家政、花雕工艺、老年智能技术等各类培训，总培训52770人次，其中，新型职业农民培训2351人次。

【孙端成校被评为浙江省终身教育学分银行先进单位】 2021年，经浙江省终身教育学分银行管理中心评估认定，孙端成校以其"三心融合"("党员成长中心""成人教育中心""文化服务中心"三大中心资源共享)的办学特色，被评为浙江省终身教育学分银行先进单位。

社区教育

【概况】 2021年，越城区编制社区教育宣传折页分发到各镇街，作为全市唯一的全国社区教育示范区，越城区已建成以1所区社区教育学院为龙头、以16所镇(街)社区教育中心为骨干、以163所社区(村)级社区教育学校为基础的区、镇(街)、社区(村)三级社区教育办学网络，逐步形成学校、行业、社区、网络互联互通的终身教育共建体系。越城区孙端成人文化技术学校成

2021年，越城区"茶文化"雅生活课程(区教体局 提供)

越城区社区教育进农村文化礼堂品牌选树一览表

表 42

社区教育单位	品牌名称
越城区社区教育指导中心	“让心灵充满阳光”
马山街道尚巷村社区学校	“师爷文化涵养文明之乡”
滨海成人文化技术学校	“滨海‘民星’进礼堂”
东浦成人文化技术学校	“‘古镇艺韵’特色工艺培训”
陶堰街道茅洋村社区学校	“依托票据基地，活跃社区教育”
迪荡街道世禾社区学校	“同心世禾”
皋埠街道社区教育中心	“铭记历史，薪火相传”
鉴湖街道社区教育中心	“立足文化礼堂 深化传统文化教育”

功创建省首批示范老年学堂，并评为省级学分银行先进单位；1 人获得省级学分银行先进个人，1 人获省社区教育工作者技能比武一等奖。

【社区教育课程建设】 2021 年，越城区梳理、汇总区、镇（街）、社区（村）三级教育课程，编印《2021 年度越城区社区教育学习指南》，梳理培训课程菜单 2667 项。区级层面推出百姓思政课程、媒体素养提升课程、自护素养提升课程、市民健康课程、茶文化雅生活课程等供镇（街）自主选择；各镇（街）根据“一镇（街）一品”推出系列活动课程，供社区（村）选择；各社区（村）整合区、镇（街）两级资源，结合本地特色资源开发社区特色课程。其中“百姓思政课程”特聘讲师团和“五老”讲师团成员共计授课 100 余场次，让党史学习教育“飞入寻常百姓家”。

【社区教育品牌培育】 2021 年，越城区依托实验项目，开展课题研究、论文评比等活动。区级社区教育论文评比共产生一等奖 8 篇，二等奖 9 篇，三等奖 8 篇。开展区第三届社区教育实验项目验收，8 个项目获评优秀。绍兴市越城区东浦成人文化技术学校的社区教育实验项目《依托社区教育振兴本土文化的实验》获得省级社区教育实验项目结题；1 人获得省级学习之星称号，2 人获得市级学习之星；塔山街道“台门党校”学习圈、孙端社区教育中心“农村暮智享”2 个品牌获得市级终身学习品牌；另编制《越城区社区教育品牌成果集》，收集全区 11 个省、市级终身学习品牌项目和 17 个区级终身学习品牌信息。

【社区教育进农村文化礼堂活动】 2021 年，越城区组织社区教育进农村文化礼堂共计 500 余场学习活动，参与面达 20 万人次，社区教育进文化礼堂覆盖率达 100%。开展越城区社区教育进农村文化礼堂品牌选树，其中“让心灵充满阳光”荣获省级社区教育进农村文化礼品牌，“让心灵充满阳光”“师爷文化涵养文明之乡”“滨海‘民星’进礼堂”3 个品牌获得市级社区教育进农村文化礼堂品牌。

【老年人智能培训】 2021 年，越城区制定《绍兴市越城区社区教育委员会关于开展老年人智能技术日常应用普及行动的通知》，各镇（街）社区教育中心、成人文化技术学校对有意愿、有能力的老年人开展智能技术培训，做到“应培尽培”。下发《越城区 2021 年老年人智能技术普及培训目标》，全区完成短期培训 198 场次，专项培训 8331 人次；三入志愿服务 95 次，服务 1320 人次；开设长学制 11 个班，培训 474 人次，线上培训 835 人次；编印教材 2 本，制作视频 5

个，累计投入工作经费19.75万元。

【青少年社区（社会）实践活动】 2021年，越城区出台《关于认真组织社区（村）中小学生寒假教育活动的意见》《关于市区中小学生开展暑期社区（社会）实践活动的意见》等文件，全区共组织疫情防控常态化下的青少年社会实践活动达640余场次，参与14000余人次，各级媒体报道80余次。推出“让心灵充满阳光——青少年心理科普进农村文化礼堂行动”，主打青少年媒体素养提升课程，范围覆盖全区16个镇街，走进59个社区（村）的文化礼堂，组织59场次的课程活动，主要采取亲子共学的形式，直接受益的青少年及家长达5000人次左右。举办第十八届越城区科普夏令营，激发学生学习科普知识的兴趣。

【社区教育学院学分银行建设】 2021年，越城区推广利用“学习广场·浙江终身学习在线”与“第三年龄学堂”两个社区教育信息化平台。同时每个社区（村）于“第三年龄学堂”的“学习广场”平台推出两个老年教育学习资源，列入2021学习指南。越城区积极探索建立和完善社区教育学习成果认证、积累和转换制度及激励机制，2021年度区级学分银行成果总数240596人次，占人口总数的24.55%。社区教育学院学分银行工作扎实有成效，被推荐参加省级先进单位的评选。

师资队伍建设

【概况】 2021年，越城区教育体育系统共招考录用新教师153名，其中面向2021年高校优秀毕业生招聘69名（研究生22名），普通批招聘录用61名，免费师范生1名。面向全国公开选调优秀校长及教师2名，政策安置随军、引进人才家属3名。截至年底，新增专业技术三级岗位1名、正高职称1名；获评高级职称教师70名，中级职称教师165名，初级职称教师42名。新增浙江省教坛新秀3名，浙派名师4名，浙派名校长2名，绍兴名师10名，绍兴市名师工作室导师3名。新评定越城区教坛新秀76名，越城区首届杏坛新苗87名。新认定教师资格2473名，完成教师资格注册333名，注销2名。获浙江省任教三十年荣誉证书教师146名。2021年，越城区完成区属学校领导班子调整，区属学校正校级领导8名，副校级领导34名。6名教师赴新疆阿瓦提支教，6名教师赴四川马边支教，2名教师参加3个月柔性援疆支教活动，6名教师参加1个月援川支教活动，当年度累计432名教师参与各类交流活动。

【深化自主评聘改革】 2021年，越城区根据《浙江省人力资源和社会保障厅关于做好2021年度高级职称评审工作的通知》要求，马山中学和文澜中学继续作为自主评聘改革试点单位，当年度职称申报与评审均在“浙江省专业技术职务任职资格申报与评审管理服务平台”上进行。马山中学6人获高级教师职称，8人获中级教师职称；文澜中学1人获高级教师职称，2人获中级教师职称。

【启用职称评审新平台】 2021年10月，越城区中小学教师职称评审工作启用“浙江省专业技术职务任职资格申报与评审管理服务平台”，实现职称申报、审理、审核、评审、公布和发证等全流程在线办理。当年度申报高级职称75人，经评审，推荐到高级职评会63人，最终评审通过63人（其中非编1人）；申报一级教师职称155人（转评3人），经评审，确认135人（其中非编28人）；申报二级教师职称42人，经评审，确认42人。

【常态化实施“三名工程”】 2021年，越城区落实《关于加强新时代教育人才队伍建设的若干

2021 年越城区省市级名师获奖情况表

表 43

序号	项目名称	姓名	工作单位
1	2021 年浙江省中小学教坛新秀	许　佳	绍兴市昌安实验学校
		许　瑾	绍兴市鲁迅小学
		陈汝芳	绍兴市实验小学
2	2021 年“浙派名师”培养对象	汤文霞	绍兴文理学院附属中学
		董莉莉	绍兴市元培中学
		周剑奇	绍兴市稽山小学
		王秀兰	绍兴市树人小学
3	2021 年“浙派名校长”培养对象	郑国明	绍兴市长城中学
		郑国娟	绍兴市越城区孙端街道中心幼儿园
4	第三届“绍兴名师”	刘春文	绍兴市越城区教师发展中心
		章国水	绍兴市元培中学
		姚国明	绍兴市树人中学
		高　珺	绍兴市文澜中学
		陈燕萍	绍兴市塔山中心小学
		吴云香	绍兴市塔山中心小学
		周剑奇	绍兴市稽山小学
		娄东群	绍兴市北海小学教育集团
		赵建英	绍兴市越城区灵芝街道中心小学
		王彩玉	绍兴市越城区马山街道中心小学
5	2021 年绍兴市名师工作室	骆海燕	绍兴市蕺山中心小学
		孟　琴	绍兴市北海小学教育集团
		沈　强	绍兴市越城区孙端中学

意见(2020—2022 年)》精神,开展区属中小学2020 学年班主任工作年度考核工作,47 所中小学的 1998 位班主任参加考核。考核结果为优秀 378 人、良好 1154 人、称职 221 人,245 人不符合考核条件。开展 2021 越城区名优教师年度考核工作,其中省特级教师考核合格 8 人、区级名校长考核合格 16 人、市级及以上考核合格156 人、区级名师考核合格 210 人、区级名班主任考核合格 293 人。开展沥海街道名优教师(名校长、名班主任、名教师)补认定及市级及以上名师动态认定工作,补充认定 10 名区级名班主任、10 名区级名师,动态认定 23 名市级及以上名师。截至年底,越城区累计认定名校长 21 名、名班主任 298 名、名教师 378 名(包括 8 名特级

教师及160名市级及以上名师)，建立名师工作室109个，吸纳骨干成员900余人。

【选树首轮“杏坛新苗”】 2021年3月，越城区开展中小学幼儿园教师“杏坛新苗”评选活动。通过“二轮竞赛、四项比武、三维评价”，确定首批87名“杏坛新苗”。

【开展师德教育三大工程】 2021年，越城区教育系统开展师德专题教育“示范引领工程”“规范践行工程”“警示宣教工程”等三大工程，编印2019年至2021年越城区优秀教师事迹汇编4个专辑(38万字)，选树越城区最美教师50人，越城区优秀教师97人，引导广大教师自觉以制度规范言行，塑造最美教师形象，坚定理性信念，厚植爱国情怀，涵养高尚师德。

教育教学研究

【概况】 2021年越城区教师发展中心对标“重要窗口”，按照“对标核心素养、着力专业发展、着眼教技融合”的工作基调，严格落实“双减”要求，通过统筹规划、整体推进、融合发展，为越城教育首位度发展助力赋能。

【中小学信息技术应用能力提升工程2.0培训】 2021年，越城区20所学校完成浙江省中小学信息技术应用能力提升工程2.0第一期实施学校培训，经省级评审，鲁迅小学、塔山中心小学整校推进绩效评价考核为A等，北海小学等15所学校为B等，全省学校平均分81.35分，越城区84.42分。《基于区校协同的提升工程2.0推进策略的实践研究》获评省级认定性课题(全省共50项、绍兴市共3项)。

【越城区“品质课堂”深化行动】 2021年，越城区在2021年度首批绍兴市“品质课堂”深化行动项目优秀成果评比活动中共有8个项目成果获奖。绍兴市袍江小学教育集团、绍兴鲁迅小学教育集团被评为首批绍兴市“品质课堂”深化行动样本学校。

【越城教育云平台建设】 2021年，越城区按照省委推动数字化改革和省教育厅“教育魔方”的工作方案，实施以“一个基础平台、一个数据中心、N个应用场景、一个数据驾驶舱”为架构的越城教育云平台建设，统一应用规范、统一数据标准、统一接口标准，为区域教育信息化长期建设与可持续发展奠定基础。梳理、整合区域已有建设10余项应用，新建中小学作业管理监督系统。

【夯实网络基础装备】 2021年，越城区对教育骨干网和各类重要应用系统进行IPv6升级改造，探索新型网络环境下的现代化教学模式与服务。新建5所具备网络同步课堂教学功能的录播教室，改造18所早期新建的录播教室，新建13个新型教学空间，实现全区所有学校统一接入区域平台，为“互联网+义务教育”结对工作实现城乡中小学互联网结对帮扶全覆盖。

【开发作业管理与监督系统】 2021年，越城区为响应国家“双减”政策，开发建设中小学作业管理与监督系统，于10月上线试运行，11月在全区初中学校推广使用。22所初中(校区)累计上报作业数据25000多条，开展作业评估25200多次，作业预警50多条次，开出督导意见单20多条次，作业时长由最初的平均86分钟下降到75分钟，下降幅度达到12%。初步形成基于作业管理系统的校本作业题库，实现校际、集团内作业管理的相互交流和借鉴。

语言文字工作

【概况】 2021年，越城区语言文字工作全面贯彻落实省市语言文字会议精神，巩固语言文字规范化县推进工作成果，着力传承弘扬中华优

2021 年度首批绍兴市“品质课堂”深化行动获奖项目名单

1. 从“五环节”到“七要素”——基于“学生立场”的品质课堂研究
2. “思辨性阅读与表达”学习社群教学探究
3. “心智课堂”行动研究
4. 阅读教学品质课堂的“化教为学”实施策略研究
5. 直观表征促学生思维品质提升的实践研究
6. 科学方法促进初中科学概念理解的教学策略研究
7. “立人”文化背景下构建“私人订制”与“群体共学”和谐融通的课堂的深化行动研究
8. 先学后教观点下初中数学智慧课堂的实践研究

秀传统文化，加快提升语言文字服务能力，4 月和 11 月 2 次组织国家普通话等级水平测试，共有 1600 余名考生参与测试。

【开展推普周宣传活动】 2021 年 9 月 12 日至 18 日，越城区在全区范围内组织开展第 24 届全国推广普通话宣传周活动。举行推普周开幕式、开展推普宣传活动、举办“小手拉大手同讲普通话”推普活动、开展“规范汉字书写”、“推普助力乡村振兴”社会实践志愿服务等语言文字活动。

2021 年，越城区承办 2021 年全市推普周开幕式活动（区教体局 提供）

【承办 2021 年全市推普周开幕式活动】 2021 年 9 月 14 日，越城区蕺山小学教育集团书圣校区承办 2021 年全市推普周开幕式活动。绍兴市语委朱润晔、丁初效和越城区语委盛卓异、胡晓旭等领导和越城区语委成员单位分管负责人，越城区中小学、幼儿园负责人等参加开幕式。活动通过宣读倡议书、向推普志愿者代表授旗、开展绍兴越城·新疆阿瓦提·四川马边三地学生推普诵读互动等活动，营造全社会说普通话、用规范字的氛围。

【开展中华经典诵写讲系列活动】 2021 年 5 月，越城区在全区范围内开展 2021 年中华经典诵写讲系列活动，活动包括举办 2021 年越城区中华经典诵读大赛、“笔墨中国”汉字书写大赛、组织相关人员参加“诗教中国”诗词讲解大赛、“印记中国”学生篆刻大赛。经典诵读和汉字书写还根据比赛结果择优推荐参加国家、省、市级比赛，获奖数量和质量居全市首位，并获市级优秀组织奖。

关心下一代工作

【概况】 2021 年，越城区累计开展青少年思想道德、党史国史、普法禁毒、安全保护、心理健康、家风传承、帮扶帮教、劳模工匠精神宣讲等教育活动1100余场次，2万余名青少年参加，完成帮扶100余人，资助总金额20余万元。年内，1名学生被授予2021“浙江省青少年英才·红船好少年”，7名学生获得首届绍兴市“初中励志奖学金”，17名学生获得绍兴市“炉峰慈联·天天向上”2020学年奖学金，其中1名学生获“十佳精英奖”。1名老干部被评为“浙江省红船精神优秀五老宣讲员”，7名老干部被评为绍兴市“五十佳”金牌讲师，10个宣讲短视频被评为绍兴市“五十佳”宣讲短视频，3位老同志被市教育局评为“二十佳”社会宣讲员。区关工委主任江柏荣的“红色微故事”在全省“百年回眸·百个故事”云接力活动中进行云展播。市政协副主席、市关工委主任陈国阳，省关工委副主任徐全升、王强等领导先后调研越城区关心下一代工作情况。10月，在全市关心下一代工作基层组织建设现场培训会上，越城区关工委作“党建统领 汇聚力量 抓实抓好基层组织建设”经验交流。

【青少年思想教育】 2021年，越城区关工委围绕庆祝中国共产党建党100周年，在全区青少年中开展“传承红色基因，献礼建党百年”系列活动。4月，在文理附小举行“传承红色基因，献礼建党百年”主题教育暨百名“五老”讲党史启动仪式，组织开展“百名五老讲党史”“百场参观知党情”“百篇征文颂党恩”“百支小队践与行”的“四个一百”主题活动。活动由区关工委动员部署，各镇街、学校、社区（村居）、企业组织实施，全区共组织开展各类活动500余场次。建立区级“五老”专家库和“红课”精品库，推出“关工委出单、青少年点单、五老买单”的菜单式服务，共讲课100余场次。7月，在区关心下一代教育基地“伟丰红色藏品馆”举行“礼赞百年华诞 老少同心向党”主题活动。4月，在袍江中学举行“走进劳模 对话人生 提升自我——劳模工匠精神‘五一’宣讲周活动”启动仪式。邀请10名全国、省级劳动模范和工匠，分别走进区内13所中小学校开展宣讲，倡导学生学习、弘扬、传承劳模精神、劳动精神、工匠精神，“劳模工匠精神”宣讲覆盖到全区所有中小学。

【基本形成“一镇街一品牌”教育基地】 2021年，越城区通过阵地联建、资源联用、优势互补、借势借力等方法和形式，基本形成“一镇街一品牌”的教育基地。年内，新增绍兴红领巾博物馆、徐锡麟故居、共和国百位将军书画碑林、鲁迅外婆家、放翁家训馆为“越城区关心下一代教育基地”，累计命名25家。编发基地简介和指南，下发到各学校、社区（村居）、企业，供青少年开展教育活动所用。10月，绍兴红领巾博物馆、伟丰红色藏品馆被命名为“绍兴市关心下一代教育基地”。11月，绍兴红领巾博物馆被命名为“浙江省关心下一代教育基地”。

【关爱帮扶】 2021年，越城区开展“万向四个一万工程”资助项目、“初中励志奖学金”项目、

2021年，越城区关工委主任江柏荣（左六）带领学生参观新农村建设（区教体局 提供）

"炉峰慈联·天天向上"奖学项目、"同在阳光下"资助项目等助学活动。9月，在锡麟中学举行"助力成才 共享未来——首届初中励志奖学金"发放仪式。11月，在文澜中学阳明校区举行"炉峰慈联·天天向上"2020学年奖学金颁发仪式。全年资助100余名贫困学生，累计资助金额20余万元。发挥区退教协会优势，推进"关工委+协会+五老"的关爱模式。全区每个镇、街道的退休教师分会分别成立关爱小组，关爱组织覆盖全区。开展"牵手献爱心，结对助成才"关爱活动，重点关注孤儿、贫困学生、农村留守儿童及因疾病等原因造成家庭经济困难的学生，至年底有347名退休老师参加关爱工作，结对特困学生34人，帮困上尽力资助，生活上细心关怀，学业上精心指导，思想上正确引导。（区教体局　陈小刚）

文 化

综 述

【概况】 2021年，越城区举办各类文化惠民演出146场，开展讲座11场，展览25场，文化走亲活动17场，开展“百姓学堂”公益培训808课时，承办浙江省文化馆文化使者联盟培训；积极拓展图书馆总分馆制运行模式，扎实推进“绍兴树兰书房”品牌建设，新建开放5家城市书房。2021年，区图书馆创成全省第一批“满意图书馆”、区文化馆获评“国家一级馆”。

【文化基因解码工程】 2021年，越城区高规格承办浙江文化基因解码工程暨浙江文化标识建设工作现场会。依托本地高校、越文化智库及文旅系统专业人才三大资源优势，成立解码专项小组，创新构建“乡土专家+高校资源+系统人才”三方协作机制。梳理文化元素441个，涉及3个主类、26个亚类、88个基本类型，建立1张家底数据网，形成1份越城文化元素表。完成黄酒酿制技艺、徐渭青藤画派等20个重点文化元素解码，形成1个解码报告、5个重点文化元素详细转化规划和15个重点文化元素初步转化规划。

【文化阵地建设】 2021年，越城区在第七次全省综合文化站定级工作中，马山街道文化站、孙端街道文化站、沥海街道文化站被评定为特级文化站，北海街道文化站、塔山街道文化站、鉴湖街道文化站、斗门街道文化站被评定为一级文化站。沥海街道、府山街道西小路社区、稽山街道森海社区、迪荡街道龙洲花园社区、鉴湖街道王家葑村、皋埠街道吼山村顺利通过浙江省文化强镇、文化示范村（社区）复核。出台《越城区城市书房（农村书屋）建设（2021—2025年）实施方案》《越城区城市书房（农村书屋）建设标准和管理办法》《越城区城市书房（农村书屋）绩效考核标准》，新建开放阳明主题馆、树鹅王馆、越子城馆、宝业四季园馆、迎恩门馆等5家城市书房，助力乡村振兴，建设坡塘村、安桥头村2家农村书屋，建成文化礼堂18家，实现全区500人口以上行政村文化礼堂全覆盖。

群众文化

【概况】 2021年，越城区举办各类文化惠民演出146场，其中开展“弘扬传统文化 共筑同心越城”送群文演出进基层100场，进敬老院进消防慰问演出7场，免费开放惠民演出4场，地方戏曲专场演出16场，文化走亲交流活动17场，消防宣传月进社区宣传演出3场，其他主题活动8场；开设讲座11场，展览25场，公益培训

808 课时。年内，越城区在各级各类文化赛事中获省级金奖 2 个、银奖 1 个、铜奖 4 个、入围奖 1 个、提名奖 1 个、舞蹈类十佳美育课堂 1 个、舞蹈类优秀志愿者 1 名、音乐类达标志愿者 1 名，市级优秀组织奖 2 个、金奖 4 个、银奖 7 个、铜奖 6 个。

【文化活动】 2021 年，越城区开展“迎建党百年享美好生活”文艺晚会、戏曲曲艺专场演出、群众声乐大赛等系列主题活动；“百年党史百年经典”全民阅读活动；结合线上线下开展红色光影、红色印记、红色品读、红色足迹等红色系列主题活动。结合重点节庆，做精做强文化惠民演出活动和文化节会，举办 2021 “祝福古城过大年”、2021 首届陆游诗歌节、云上绍兴朗诵节、“三团三社”暨文化角展演、区属民营剧团展演等大型群众文化活动 20 余场，线上服务群众 560 万人次以上。

【公益培训常态化】 2021 年，越城区文化馆“百姓学堂”公益培训开设音舞、书画、“非遗”等 27 门，累计开展培训 808 课时，约 1.38 万人次参加；邀请书画名家、高校专家为越城区书画爱好者提供专业艺术指导，开展“耶溪画坊”书画公益讲座 2 场，约 300 人次参加；开展“越城文化大

2021 年越城区属民营剧团展演（李亚鹏　摄）

讲堂”系列公益讲座 9 场，360 人次参与。全年免费开放舞蹈教室、培训教室、综合排练厅、小剧场等累计 36 次。

【庆祝建党百年主题系列活动】 2021 年，越城区以建党百年为契机开展庆祝建党百年主题系列活动。开展惠民演出 4 场，共计线下观看 1200 人次，线上观看 28.483 万人次；开展“唱支山歌给党听”获奖戏曲（曲艺）作品演唱会 1 场，线下观看 700 人次，线上观看 64.79 万人次；承办“奋斗百年路 启航新征程‘首位’引领‘率先’启航——越城区庆祝中国共产党成立 100 周年文艺演出”，线下观看 1000 人次，线上观看 62 万人次；开展 16 场中国共产党建党 100 周年地方戏曲曲艺专场惠民演出 16 场，640 人次观看；在区“非遗”展馆举办中国共产党建党百年主题展览 7 场，共计 7939 人次观展；举办“庆建党百年享美好生活”越城区第二届群众声乐大赛。

【基层文化惠民活动】 2021 年，越城区文化馆在春节期间赴 17 个镇街、3 个留绍过年的企业开展“笔墨凝书香 慰问暖人心”新春送福送春联活动，共计赠送春联 5000 对；在重阳节前后开展“浓浓敬老情 关爱暖人心”越城区敬老院慰问演出 6 场；开展 2021

2021 年，越城区开展“唱支山歌给党听”获奖戏曲（曲艺）作品演唱会（张斯奇　摄）

年越城区首届“三团三社”暨“文化角”展演，线下观看1000人次，线上观看42.64万人次；开展2021年越城区属民营剧团展演活动4场，线下观看4000人次，线上观看141.27万人次；赴塔山街道、鉴湖街道、皋埠街道开展“落实消防责任 防范安全风险”2021消防宣传月进社区宣传演出。

2021年，越城区第十七届读书节启动仪式举行(区文广旅游局 提供)

【文化走亲活动】 2021年，越城区赴柯桥区、上虞区、嵊州市、诸暨市、新昌县开展文化走亲文艺晚会5场，衢江区、柯城区、柯桥区赴越城文化走亲接亲演出3场；赴上虞区、嵊州市、诸暨市、慈溪市、开化县开展书画走亲作品展5次，柯城区、慈溪市、诸暨市、新昌县赴越城书画走亲接亲展览4场，携手共建文化大发展、大繁荣。

【数字文化服务】 2021年，越城区文化馆与杭州爱艺术联合推出“艺术人生 一节好课”直播课；通过微信公众号推送春节期间开展“记忆中的年味儿”线上绍兴年俗传统知识问答活动，参与人次20225人；推送原创作品绍兴词调《十全十美》视频、原创作品女声独唱《人民至上》等，观看4066人次；推出“古瞟今韵 非遗时光”云课堂线上视频课程。云展播、云教学、云展览18篇，活动资讯68篇。

图书馆事业

【概况】 2021年，越城区图书馆积极推进城市书房建设工作和日常接待服务工作，致力打造“15分钟品质生活文化圈”。截至年底，馆藏图书达66.7万余册，全年新增图书8.4万余册，服务读者156.6万余人次，图书流通124.2万余册，新办读者证9395张，网站访问量达11万余次，微信公众号关注人数达1.2万人，图文访问量达7.9万次，发送推文313条，支付宝生活号关注人数2.6万人，抖音浏览量达4万次，微信视频号浏览量达3.7万次。“E点到家”邮递借阅服务有360余名读者，下单360余次，外借图书1043册。全年共开展活动221场，其中阅读推广活动145场、讲座16场、展览49次、培训11次，读者参与人数达4万余人次。

【越城区图书馆新建5家城市书房】 2021年，越城区图书馆共新建5家城市书房。一是位于塔山街道人民西路300号的阳明主题馆，建筑面积约为160平方米，每周开放98小时；二是位于偏门直街169号的越子城馆，建筑面积约为400平方米，每周开放98小时；三是位于叶家堡公寓1幢1号的树鹅王馆，建筑面积为350平方米，藏书4000余册，每周开放98小时；四是位于宝业四季园小区的宝业四季园馆，占地面积约300平方米，24小时全天候开放；五是位于国家AAA级旅游景区迎恩门风情水街内的迎恩门馆，占地面积400平方米，藏书近万册。截至2021年底，越城区图书馆已建成开放10家图书分馆(迪荡分馆、东浦分馆、鉴湖分馆、陶堰分馆、马山分馆、府山分馆、斗门分馆、灵芝分馆、孙端分馆、皋埠分馆)、12家城市书房和1

越城区城市书房一览表

表 44

序号	城市书房名称	建立日期	图书藏量(本)(截至 2022 年 4 月 20 日)
1	绍兴树兰书房・西湖馆	2016 年 12 月 31 日	11288
2	绍兴树兰书房・府山社区馆	2018 年 4 月 21 日	3946
3	绍兴树兰书房・府山街道馆	2019 年 9 月 28 日	12588
4	绍兴树兰书房・冠友知行馆	2019 年 10 月 25 日	11855
5	绍兴树兰书房・越西馆	2020 年 1 月 17 日	4890
6	绍兴树兰书房・越都社区馆	2020 年 11 月 10 日	8716
7	绍兴树兰书房・外滩馆	2020 年 11 月 24 日	8999
8	绍兴树兰书房・阳明主题馆	2021 年 10 月 29 日	3562
9	绍兴树兰书房・越子城馆	2021 年 11 月 25 日	6488
10	绍兴树兰书房・树鹅王馆	2021 年 12 月	4147
11	绍兴树兰书房・宝业四季园馆	2021 年 12 月	8621
12	绍兴树兰书房・迎恩门馆	2021 年 12 月	5369

家农村树兰书屋。

【举办第十七届读书节】 2021 年 4 月 24 日，越城区举办以“百年党史 百年经典”为主题的第十七届读书节启动仪式暨“图书馆之夜”主题活动。设“学党史、担使命、开新局”微党课大赛、“忆越地英烈・悟红色真理”党史知识大赛、“台门汇”千场宣讲下基层、书香系列评选活动、大学生中华经典诵读大赛、红色品读・“庆建党百年读红色经典”故事大赛、红色光影・“追寻红色足迹”摄影大赛、“越文化・阅未来”全民阅读活动等。（区文广旅游局　章全波）

档案事业

【概况】 2021 年，越城区档案馆共接收 67 家立档单位 4238 卷 2.35 万件档案，其中接收脱贫攻坚、疫情防控两类档案目录 8916 条，数字化成果 9.8 万页；收集整理 2020 年度全区重要会议、重大活动照片档案 21 卷 2067 张。截至年底，馆藏档案共 1.8 万卷 17.5 万件，照片档案 6380 张。维护区数字档案管理系统 592 个账号及条目 188 万条、原文 106.5 万件，备份数据 4.3 太字节。全年累计查档服务 12412 人次，其中远程查档 1597 人次。档案工作获报纸、网站等媒体刊发新闻近 20 则，在《浙江信息》等党政信息刊用 10 余篇。

【探索档案“智治”路径】 2021 年，越城区档案馆梳理五大类十小类核心业务，编制部门间查档、婚姻档案数据共享、档案智库服务标准地址库建设 3 个数字化场景智治方案，其中“档案数据共享”应用场景入选全市政务服务数字化改革“一招鲜”创意竞赛。完成“档案服务基层治理共建共治共享模式研究”省级科技项目申报，通过推进全区基层档案规范化建设、构建档案智慧库和收集整理村级记忆资源，服务基层社会治理。

【推进“档案工作服务农村基层社会治理”省级

试点】 2021年,越城区完成“档案工作服务农村基层社会治理”省级试点。搭建区、镇街、村三级档案工作领导小组,完成172间约4670平方米的档案库房改造,购置档案柜2790组,防爆灯、空调、除湿机等设备100余套,落实档案库房、办公室、查阅室“三分开”。完成14.4万户共计110万件村民档案的规范整理和154.7万页行政村存量档案数字化,建立包括村级事务档案、“全生命周期”档案和“一户一档”村民档案的“档案智库”,作为越城区社会综合治理MIG(矩阵式智治)平台“标准地址库”的信息储备。7月,越城区承办全省“档案工作服务农村基层社会治理”试点工作现场会。

【电子公文归档“单套制”试点】 2021年,越城区开展党政机关电子文件单套归档和电子档案单套管理,对18家试点单位开展实地指导,共归档文件2427件。截至年底,过半单位已完成单套制全流程工作。完善越城区机关内部“最多跑一次”档案查阅利用事项,增加审核确定功能,利用后可及时删除档案数据,确保档案数据安全使用。

【设立全市首个区级法院远程查阅点】 2021年,越城区档案馆落实智慧治理理念,积极对接绍兴市远程查阅系统,设立全市首个区级法院远程查阅点,将远程查阅服务对象由本人扩充至法院执行人员,档案查阅范围由越城区扩展至全市,实现法院执行协作事项网上办、零次跑,提高司法执行效率。

【档案村企共建】 2021年,越城区采用现场教学、实践训练、网络课堂等形式,开展培训600余人次,加强档案员队伍专业化培训。实行外包企业“人员调动、项目承接”双备案全过程监管,累计备案11家企业46名工作人员。牵线外包公司与村党组织开展“契约”共建,引导外包公司无偿加强对村社档案日常质量和管理的指导交流。

【档案学会活动】 2021年,越城区活跃发展档案学会,组织会员开展观摩学习交流,征集学术论文7篇。利用“6·9”国际档案日契机,在“越城档案学会”微信公众号开展档案知识有奖竞答,活动吸引近万人次浏览,近6000人次参与,有力提升了档案工作社会关注度。

【创新村级档案宣传】 2021年,越城区档案馆首创覆盖全域的“兰台印迹”系列村级宣传橱窗,串联打造“红色档案”“军人风采”“师爷传承”“上旺精神”“农耕文化”等专题篇目,以“档案+旅游”助力乡村振兴。提升打造村级文化阵地,整理编印《越城区村级特色展馆名录》,收录“红色藏品馆”“邵家村特色馆”“渔猎文化特色馆”“郭渎村展示馆”“乡土文化博物馆”“茅洋村票据馆”等18个特色展馆。(区档案馆 第尔)

史志编研

【概况】 2021年,越城区史志职能科室首次独立设置。《风起越城——口述历史》《中共越城区委重要文件选编(二)》《越城年鉴2021》等编研成果正式出版。编发《越城区红色革命遗迹》手册,供全区党史学习教育参阅,革命遗址保护利用工作获省级领导肯定。配合市委党史和文献研究室开展“红色书架”“六进”活动,在43个部门、学校、镇街、村社等单位打造“红色书架”示范点。启动《越城区志》编修工作,出台《〈越城区志〉编纂工作实施方案》,推进行业志、专业志和镇村志编修。整理档案资料、纸质文献资料共8万余页开展数字化工作,登记造册632本馆藏书目(单本,不含重复数量)并完成实体上架,为史志编研工作积累素材。

【越城区史志职能科室首次独立设置】 2021

年，越城区编制修志项目经费估算，形成《关于〈越城区志〉编纂工作及相关事宜的请示》。9月，区编委办批复同意档案馆增加领导职数副馆长1名、事业编制2名，史志科由在文化编研科挂牌调整为单独设置，全力保障《越城区志》编修工作顺利推进。

【革命遗址保护利用工作获省级领导肯定】 2021年，越城区摸排红色胜迹、党史人物和遗址展陈，编印《越城区红色革命遗迹》手册。完成邵力子故居、后堡抗日遗址等20余处革命遗址改造提升，推动20处旧址遗址成为"党史教室"、2万余份文物史料成为"党史教材"。串联徐锡麟故居等21个点位，规划5条"红色记忆之旅"游线，吸引200批次1000万余人参观。制作云端"阅走越红"红色基地导图，实现红色革命遗址和人物故事掌上学习"随时看"、云上打卡"随身听"。形成《关于我区改扩建后堡村抗日遗迹的建议》专报，送区委、区政府领导参阅。4月30日，省委党史和文献研究室主任刘芸到越城区调研，对越城区革命遗址保护、利用和开发工作表示充分肯定。《越城区探索革命遗址多元化保护利用模式》被《浙江信息》（每日简报）第182期录用。

【《风起越城——口述历史》出版】 2021年，越城区完成《风起越城——口述历史》出版编印，内容囊括改革开放以来"吨粮田工程"建设、"一优两高"农业发展、"企业改制"和城中村改造、经济开发区建设、教育现代化等越城发展的关键环节。年内，《"声动越城"口述历史工作纪实—接续"过去""现在"与"未来"》获全省党史和文献工作创新案例（党史编研类），《风起越城——口述历史》一书被列为《百年党史在浙江》系列成果图书。相关工作经验在《足迹》杂志上刊登。

【《中共越城区委重要文件选编（二）》出版】 2021年，越城区整理编印《中共绍兴市越城区委重要文件选编（二）》，收录2013—2017年区委（办）重要文件及有关规划纲要120余个，包含创新型城区建设、党管人才工作、基层公共文化服务体系建设、"五水共治"、"无违建区"创建等区委重要决策。全书30余万字。

【启动《越城区志》编修工作】 2021年，越城区把握"十四五"时期及全国第三轮修志期（2021—2030年）的地方志工作发展大局，出台《〈越城区志〉编纂工作实施方案》，制定总体设计和体例结构，排定五个阶段实施步骤，同时，开展区志纲目的编写工作。全志记述范围以2021年越城区实辖区域为断限，按照篇、章、节、目设置领属关系，设序言、凡例、图照、总述、大事记、正文、丛录、索引和后记。10月13日，省方志办主任郑金月一行到越城区调研指导地方志工作，对越城区积极探索三轮修志工作表示充分肯定。

【《越城年鉴（2021）》编纂出版】 2021年，越城区整理编纂《越城年鉴（2021）》并正式出版。全书设"十三五"时期越城区发展成就等4个特载，"越城区助力四川马边彝族自治县""精准脱贫奔小康记事""越城区'契约化'共建十周年记事""区、县（市）委书记共话人才、共谋发展（越城区篇）"等4个专记，共38个类目、256个分目、2100余个条目，全面记载2020年越城区各项事业发展成果，为越城区"首位立区 幸福越城"建设注入文化力量。

【《越城区教育志》出版】 2021年12月，越城区整理形成《绍兴市越城区教育志》并正式出版。记述时限起自1984年1月，讫于2014年底，重点记述越城区实辖区域范围的基础教育事业，分学前教育、小学教育、初中教育、特殊教育、成人教育、社区教育、德育、艺术教育、教师、教育研究等17章75节。全书共70万字。

【村志编修】 2021年，越城区档案馆印发《越城区村志编纂工作实施方案》，建立编纂规划备案制度，引导科学合理制定编纂纲目，明确审查验收程序，并出台经费奖补政策，鼓励和引导全区各行政村开展村志编纂工作。年内，《小库村志》《安桥头村志》《榆林村志》出版，累计完成20个村村志编修，5个村着手推进。《编写村志，整理档案留住不断消失的乡村记忆》在《绍兴晚报》上刊登。（区档案馆 第尔）

文物保护

【概况】 2021年，越城区有各级文物476处，其中，全国重点文物保护单位10处、浙江省省级文物保护单位18处、区（市、县）级文物保护单位69处，文物保护点104处、普查登录文物275处。2021年新公布区级文物保护单位11处、区级文物保护点13处。2021年，越城区召开全区文物安全工作会议，区政府与各镇街签署《越城区文物安全责任书》，压实文物安全主体责任，建立全区文物安全联系制度。

【文物安全大排查大整治大提升攻坚行动】 2021年，越城区开展文物安全大排查大整治大提升攻坚行动，印发《越城区文物安全大排查大整治大提升攻坚行动方案》（越文广旅安委办〔2021〕3号），行动聚焦文物法人违法、盗掘盗挖、火灾事故等重大风险，全面排查整治文物安全隐患，查改阶段共排查全区476处文物，重点检查省级以上文保单位28处和民居类文物建筑276处，共督促有关单位力行整改法人违法行为3项，相关镇街及有关单位落实整改消防安全隐患12项；由区文物、公安、消防救援等部门组成联合督查组对27处重点文物进行督查，对发现的17项问题督促跟踪整改，坚决闭环到位。同时，为进一步巩固文物安全大排查行动成果，扎实推进大整治取得实效，印发《2022年越城区文物安全大整治行动实施方案》的通知（越文广旅安委办〔2021〕11号），研究建立长效机制，指导下步整治提升工作。

【建成不可移动文物智慧管理服务系统】 2021年，越城区顺利建成省文化和旅游厅数字化改革试点项目——越城区不可移动文物智慧管理服务系统并投入使用，汇集来自省、市、区9个相关部门和17个属地镇街的17类资源数据，构建多跨协同的文物智治应用场景，该系统成功入选全省文化和旅游数字化改革最佳应用名单，其中文物安全火灾监测处置模块和古桥安全监测模块两项也在浙江省文物局第一批“文物安全”应用场景建设试点“揭榜挂帅”项目名单中榜上有名。

【实施文物平安工程】 2021年，越城区全年共投入资金464.9万元，实施台风期间文物安全应

2021年，邵力子故居布展提升落成（俞楠鼎 摄）

越城区第一批区级文物保护单位一览表(2021 年 6 月)

表 45

序号	名称	时代	类别	所在镇街	具体地址
1	小江桥和“永作屏潘”碑	民国、清代	古建筑	府山街道	小江桥河沿与解放北路交叉口
2	锦鳞桥	清代	古建筑	府山街道	胜利西路 473 号对面
3	龙华桥	明代	古建筑	府山街道	龙华寺东侧
4	仓弄水井	明代	古建筑	府山街道	仓弄 26 号旁
5	望花桥(建安桥)	明代	古建筑	塔山街道	解放南路 740 号门口
6	会龙桥	清代	古建筑	北海街道	越西路东侧
7	画桥	清代	古建筑	东浦街道	鉴湖
8	后廿眼桥	清代	古建筑	东湖街道	后璜村
9	明强学堂旧址	清代	古建筑	陶堰街道	邵家溇 82 号
10	进士第牌坊	明代	古建筑	灵芝街道	大庆寺桥南侧
11	三江所城城墙遗址	明代	古建筑	斗门街道	古三江闸西端彩凤山

越城区第二批区级文保点一览表(2021 年 4 月)

表 46

序号	名称	时代	类别	所在镇街	具体地址
1	上旺十三排楼屋	二十世纪六七十年代	近现代重要史迹及代表性建筑	富盛镇	上旺村
2	稽山中学抗日突围纪念碑	1989 年	近现代重要史迹及代表性建筑	塔山街道	稽山中学内
3	绍兴皋北抗日自卫队成立地旧址	1941 年	近现代重要史迹及代表性建筑	东湖街道	后堡村胡家祠堂
4	姚麟墓	民国	近现代重要史迹及代表性建筑	鉴湖街道	芳泉村与道士岙水库之间
5	冯亦摩故居	清代	古建筑	塔山街道	柴厂弄
6	西街 18 号民居	清代	古建筑	府山街道	西街 18 号
7	张中晓故居	民国	近现代重要史迹及代表性建筑	马山街道	恂北村
8	新采桥、环翠亭及古道	民国	近现代重要史迹及代表性建筑	东浦街道	东浦村
9	太原桥及桥亭	民国	近现代重要史迹及代表性建筑	鉴湖街道	王家葑村
10	浔阳村百福亭	民国	近现代重要史迹及代表性建筑	陶堰街道	浔阳村后江自然村 117 号民居后
11	薛家牌坊	明代	古建筑	东湖街道	松陵村
12	谢家祠堂	清代	古建筑	马山街道	东豆姜村
13	观音山先秦墓	先秦时期	古墓葬	富盛镇	乌石村观音山

急抢险、灾后保护修缮和零星养护、维修项目30余项，实施完成省级文物保护单位石屋禅院造像环境整治工程，开展省级文物保护单位绍兴钱业会馆修缮工程、陶成章故居养护工程和文物保护点南池民居修缮工程等。持续推进全国重点文物保护单位绍兴古桥群（越城区）结构安全监测和绍兴古城文物保护单位（点）古桥预防性保护监测项目，开展省级以上重点文物保护单位安防监控联网工程，全国重点文物保护单位吕府消防工程顺利通过省文物安全技术防范工程审核组验收。

【名人故居保护利用】 2021年，越城区出台名人故居保护利用规范性文件《绍兴市越城区人民政府关于越城区名人故居保护利用工作的实施意见》（越政发〔2021〕15号），建立区名人故居保护利用工作领导小组，设立区名人故居保护利用专项资金，提出镇街申报与部门统筹相结合的名人故居维修保护计划制订办法。完成全区名人故居资源复核40处，提升冯亦摩故居、西街18号民居、张中晓故居等3处名人故居文物保护级别，实施陈建功旧居、邵力子故居、鲁迅外婆家朝北台门等3处名人故居布展提升，开展徐锡麟故居养护工程、陶成章故居养护工程、孙清简祠修缮工程等10项名人故居养护修缮和环境整治项目。实践名人后裔捐赠名人故居由政府使用，推进陈建功旧居、朱赓故居遗址、冯亦摩故居等5处名人故居开放利用。

【推进文物考古前置】 2021年，越城区共向省文物局报请开展考古调查、勘探48项，累计面积约1417万平方米，累计完成35项；报请亭山村1号、人民路1号、栖湖区块等考古发掘项目7项，累计发掘面积达4.48万平方米；完成黄酒小镇、绍兴高新技术产业开发区、绍兴袍江经济技术开发区文物保护区域，评估总面积约108960亩（7264万平方米）。

《越城文物览胜·屋檐下》（区文广旅游局　提供）

【文物保护宣传】 2021年，越城区编纂《越城文物览胜》系列丛书《屋檐下》，共收录越城区辖区内文物保护单位（点）名人故居、府邸民居、宗祠家堂类文物建筑58处；摄制推出《三千台门映名城》宣传片、《越州访古》《红色文物青年说》等系列短视频，举办越城区常禧路考古成果专题汇报会及“重华在亭山——考古成果展”。越城区文物保护所举办吕府（王阳明纪念馆）讲解员业务比拼，参与承办“会稽万古——越中金石拓片展”“红色印记——越城区不可移动革命文物展”展览2场，组织“王阳明在绍兴”“王阳明与阳明洞天”公益讲解，共接待参观游客30660人次。（区文广旅游局　章金波）

“非遗”工作

【概况】 2021年，越城区开展越城区第六批非物质文化遗产项目评审活动，“王阳明故事”等12个项目成功入选区级“非遗”项目，截至2021年底，区“非遗”中心统筹省级保护项目11个、市级保护项目83个、区级保护项目108个；有省级传承人7人、市级传承人42人、区

绍兴市越城区第六批非物质文化遗产一览表(2021年6月)

表47

序号	类别	项目名称	申报地
1	民间文学	王阳明故事	府山街道
2	传统音乐	古琴艺术	稽山街道
3	传统体育、游艺与杂技	越州八极拳	府山街道
4	传统美术	根雕	府山街道
5	传统美术	烙画	府山街道
6	传统技艺	千层底布鞋制作技艺	斗门街道
7	传统技艺	古法制蜜技艺	灵芝街道
8	传统技艺	越地插花技艺	府山街道
9	传统技艺	锔瓷技艺	府山街道
10	传统技艺	绍兴风火腿制作技艺	塔山街道
11	传统技艺	耙螺蛳	孙端街道
12	民俗	绍兴祝福	孙端街道

第六批浙江省非物质文化遗产代表性传承人一览表(越城区2021年新增)

表48

序号	传承人编号	姓名	项目名称	项目类别	申报地	备注(国遗项目名称)
1	06-Ⅷ-1376	孙国樑	绍兴菜烹饪技艺	传统技艺	绍兴市越城区	—
2	06-Ⅹ-1425	马性远	绍兴艺兰	民俗	绍兴市越城区	—

越城区首批绍兴市“非遗”研学游基地一览表

表49

序号	申报地	基地名称	申报单位	研学“非遗”项目
1	越城区	大禹陵景区	绍兴大禹开发投资有限公司	大禹祭典
2	越城区	中国黄酒博物馆	绍兴黄酒城投资发展有限公司	绍兴黄酒酿制技艺、绍兴花雕制作工艺
3	越城区	东湖景区	绍兴东湖文化旅游发展有限公司	乌篷船制作技艺、水乡社戏
4	越城区	鲁迅故里景区	绍兴鲁迅故里有限公司	水乡社戏、绍兴祝福
5	越城区	黄酒小镇	绍兴越城黄酒小镇旅游开发有限公司	绍兴花雕制作工艺、绍兴黄酒酿制技艺等
6	越城区	石语堂玉石文化博物馆	绍兴市石语堂玉石文化博物馆	会稽金石传拓技艺
7	越城区	越青堂	浙江越青堂文化传播有限公司	越窑青瓷烧制技艺

越城区第一批非物质文化遗产传承基地一览表

表 50

序号	申报单位	类别	传承项目	申报街道
1	绍兴市松陵造船有限责任公司	综合性	绍兴传统木船制作技艺	东湖街道
2	绍兴越城区握编蛰居工艺品店	综合性	棕编（棕叶编织、棕丝编制）	迪荡街道
3	浙江圣塔绍兴酒有限公司	生产性	绍兴黄酒酿制技艺	东湖街道
4	绍兴市越城区铭越青铜艺术品中心	生产性	会稽铜镜制造技艺	马山街道
5	绍兴市石语堂玉石文化博物馆	展示性	—	东浦街道
6	绍兴一方天研学旅游有限公司	展示性	—	稽山街递

越城区乡村“非遗”体验基地一览表

表 51

序号	申报单位	体验项目	项目类别	申报街道
1	绍兴市会稽金石博物馆	会稽砖砚制作技艺、会稽菖蒲盆景种植技艺	传统技艺	鉴湖街道
2	绍兴市古韵越窑青瓷研究所	越窑青瓷烧制技艺	传统技艺	陶堰街道
3	皇甫庄村	赛龙舟、水乡社戏、戏铙叉	民俗、传统体育、游艺与杂技	孙端街道
4	安桥头村	绍兴祝福、水乡社戏、绍兴黄酒酿制技艺	民俗、传统技艺	孙端街道

级传承人 54 人。先后有黄酒小镇等 7 家越城区申报单位入选首批绍兴市“非遗”研学游基地；绍兴市会稽金石博物馆和孙端街道安桥头村 2 家越城区申报单位入选第一批绍兴市乡村“非遗”体验基地；绍兴市越城区铭越青铜艺术品中心和浙江圣塔绍兴酒有限公司 2 家越城区申报单位入选第三批绍兴市“非遗”传承基地；认定绍兴市松陵造船有限责任公司等 6 家单位为第一批越城区“非遗”传承基地；认定绍兴市古韵越窑青瓷研究所等 4 家单位为越城区乡村“非遗”体验基地。

【“非遗”活动】 2021 年，越城区“非遗”中心在群英小学、皋埠镇中心小学、建功中学等 9 家“非遗”传承学校定期举行“非遗进校园”传承活动，累计普及人次达 2200 余次；开展“人民的非遗 人民共享”文化和自然遗产日暨端午雅集活动，活动期间还公布越城区第六批非物质文化遗产代表名录，并对越城区第一批非物质文化遗产传承基地进行授牌；举办“越彩非遗 匠心传梦”第六届越城区“非遗”集市；开展越文化，越幸福“碧荷盛开乡风拂来”2021 绍兴有戏——“非遗”兴乡大巡游（越城站）活动；组织项目参加“宋韵绍兴”——第七届“非遗”集市活动，并开展越城区专场“非遗”推介活动；开展越城区省级“非遗”项目图文展、“人民的非遗 人民共享”红色印记——越城区“非遗”主

2021年,“人民的非遗 人民共享”红色印记——越城区“非遗”主题展览(沈伟 摄)

题展览、绍兴船文化展等“非遗”主题展览。开展“古瞟今韵 非遗时光”系列“非遗”传承教学体验戏剧脸谱、贴布画等6次“非遗”亲子体验活动,180人次参与。越窑青瓷《年年有余》入围2021薪传奖传统工艺大展(陶瓷工艺);越城区“非遗”保护中心获第十届“绍兴师爷讲故事”暨徐文长故事大奖赛优秀组织奖。(区文广旅游局 章金波)

烈士陵园与纪念设施

【概况】 2021年,越城区投入200万元实施吼山烈士陵园升级改造工程,重点对陵园进口道路、山体挡墙、主体设施进行修缮,整治周边环境。投入3万余元为7座烈士纪念设施制作铜牌浮雕。越城区退役军人事务局与区人民检察院会商,制定纪念设施联合督查方案下发各镇街,将督查重点放在辖区内7处零散烈士纪念设施,研究零散烈士纪念设施存在的问题和整改方案。出台《关于加强英雄烈士保护协作的意见》,形成英烈保护协作长效机制。

【越城吼山烈士陵园】 吼山烈士陵园位于越城区皋埠街道吼山风景区北麓山坡,依山而建,坐南朝北,总占地面积2000多平方米,于1988年春由绍兴县人民政府出资兴建,2016年改建。陵园正中央筑有一座高9.25米白色花岗岩烈士纪念碑,镌刻“烈士永垂不朽”。陵园台阶左侧立有高2.50米、宽1.60米的纪念碑,正面以隶书镌刻由马青、施竟成题,周庸邦书写的“吼山烈士墓”,阴面为碑记,四周以石栏围护。台阶左侧竖立有一尊高3.50米的抗日战士朱铁群白色大理石雕像,下衬红色花岗石基座。台阶西侧设有一座六角石亭。烈士纪念碑南侧安葬着两座烈士墓:一座为朱铁群、叶向阳、胡子青、陈冬烈士合葬墓;另一座为人民解放军三十五军炮兵团二营六连副排长邱文良和战士黄培宜合葬墓(两座墓碑用隶书分别镌刻“绍兴皋北抗日自卫队朱铁群、叶向阳、胡子青、陈冬之墓,绍兴县人民政府建,一九八八年春”;“中国人民解放军三十五军炮兵团二营六连邱文良、黄培宜烈士之墓,绍兴县人民政府建,一九八八年春”,墓后山墙上有两块墓碑记,分别记载两座墓穴烈士们的简要事迹)。烈士纪念碑西侧安葬着陈富林、倪锦昌、叶财荣、谢关友、王连富等五位烈士。

【“9·30”向烈士敬献花篮仪式】 2021年9

越城吼山烈士陵园(沈明良 摄)

2021 年 9 月 30 日，越城区区长钱林江在“9·30”向烈士敬献花篮仪式上讲话（区委宣传部 提供）

月 30 日，为缅怀革命烈士，弘扬爱国主义精神，在第八个国家烈士纪念日，越城区在吼山烈士陵园举行向烈士敬献花篮仪式，全区党、政、军、民、学生等代表 160 余人参加。整个活动分奏国歌、默哀、少先队员宣誓、瞻仰烈士纪念牌等环节，使广大市民进一步接受革命教育。（区退役军人事务局 虞华锋）

文化产业

【概况】 2021 年，越城区编制实施文化产业发展“十四五”专项规划，新增中国黄酒小镇、“熊出没”乐园和水世界等一批文化产业重点建设项目，总投资超 400 亿元。组织开展庆祝建党百年文艺晚会、首届陆游诗歌节、“寻找越城文化印记”等大型文化活动。全面开展农村文化礼堂数字化改革，完成智慧礼堂系统平台搭建，获评省农村文化礼堂建设示范区。

【文化产业发展】 2021 年，越城区编制完成《绍兴市越城区文化产业发展“十四五”规划》。新增中国黄酒小镇、华强方特“熊出没”乐园和水世界、上大路历史文化街区等一批重点文旅项目，推动 17 个绍兴文化产业重点项目建设，总投资超 400 亿元，年度投资额完成率居全市前列。完成对 86 家文化企业 1600 万余元的补助。浙江新荷风传媒科技有限公司入选浙江省第六批成长型文化企业，组织伯府文化、绘璟文化亮相第十七届中国（深圳）国际文化产业博览交易会。

【文化节会活动】 2021 年，越城区组织开展“奋斗百年路 启航新征程”庆祝中国共产党成立 100 周年大型文艺演出、红色藏品展等庆祝建党百年系列活动。举办“宋韵越城 · 诗绎乡村”2021 首届陆游诗歌节。打响“越文化越幸福”群众性文化品牌，全年开展“四季舞台”“文化下乡”“我们的村晚”等活动 2000 余场；开展“寻找越城文化印记”系列活动，2 万余人次参与全城打卡、越文化知识问答和主题研学等活动。

【获评省农村文化礼堂建设示范区】 2021 年，越城区累计建设完成农村文化礼堂 165 家，完成全区行政村全覆盖。搭建智慧化农村文化礼堂系统平台，推进 52 家礼堂智慧化提升改造。4 月 28 日，越城区联合柯桥区承办全省农村文化礼堂 2.0 版建设暨新时代文明实践中心建设工作现场会。（区委宣传部 郭栋）

融媒体工作

【概况】 2021 年，越城区始终坚持围绕中心、服务大局，持续在主流宣传、媒体融合上谋新篇创新业。实体运作越城区文化传媒有限公司。“今日越城”App 装机量突破 71 万人次。新闻宣传上围绕中心工作保障有力，“七个一”建党百年活动成效鲜明，“首位度”主题报道打出口碑，推出“越城小越悦”新媒品牌和“一君来帮忙”民生品牌，做优《每周聚焦》曝光栏目，组建“融媒专员”队伍参与新闻宣传，在唱响越城好声音、讲好越城故事中创新创优。

【重大主题报道】 2021 年，越城融媒在保障中心弘扬主旋律上有声有色，先后推出“百年奋斗

路 启航新征程”“走向我们的小康生活”“首位引领 争先攀高”等重大主题报道10余个。党史学习教育“七个一”活动、“永远跟党走 党史在我心”线上党史问答吸引10万余名群众参与。其中2条自采新闻登上央视《新闻联播》,40余条登上《人民日报》、《新华每日电讯》、浙江卫视《新闻联播》、《浙江日报》等核心主流媒体。

【抗台抗疫宣传】 2021年,越城融媒通过开辟“抗疫进行时”“直击台风”专题,进行滚动直播、发布权威通报、基层动态、防疫知识彰显官媒公信力。全矩阵刊发新闻总数、日均滚动信息数遥遥领先同区域媒体。其中隔离点建设慢直播全网点击破亿次;打造多个“网红爆款”短视频,总点击达2000多万人次,点赞超过200万人次。据统计,融媒矩阵共计发布抗台、抗疫报道1200余条,“人均原创报道量”领先同区域媒体。数字化抗台的越城经验登上浙江卫视《新闻联播》,一人获全省抗台宣传先进。

【新闻舆论监督】 2021年3月,今日越城客户端上线“网络问政”瞭望哨平台,拓宽群众参政渠道,落实专人收集梳理形成诉求清单,并按照“能解决实时解决、不能解决解释原因、疑难问题提出对策专报解决”要求,建立“群众在线咨询反映—政府接单研判—单位限时办结”闭环模式,实现700余件在线诉求100%回应。9月,客户端上线新闻舆论监督闭环处置云平台,集成省、市、区三级主流监督类新闻报道,通过公开曝光、平台派单、持续跟进和群众评价,倒逼责任落实,当年累计流转、处置、闭环信息100余条,在省内率先打造数字化改革新应用场景。

【区文化传媒有限公司实质性运作】 2021年,越城区文化传媒有限公司全力保障区两会、同心越城大会等重大活动,开展现场直播、氛围营造等全方位服务。积极承办线上活动,“首位引领·嗨翻越城”大型直播展示活动连续5天进行直播推介,多维度、多角度展现全区在经济社会各项事业高质量发展中取得的可喜变化与突出成就,“嗨翻越城”抢券有礼成为今日越城客户端全民狂欢品牌活动。(区融媒体中心　傅偲艺)

文化市场管理

【概况】 2021年,越城区文化市场综合行政执法队扎实开展“扫黑除恶”“安全生产”专项行动、持续推动“扫黄打非”,实施“净网”“护苗”等专项整治,执行“双随机”抽查监管制度,提升市场监管能力和执法办案能力,维护越城区文化市场健康有序。全年办结审批事项211件,112项权利事项进驻政务服务中心,全力推进“最多跑一次”审批改革,网办率、即办率均达到100%。全年出动检查4048人次,检查场所2019家次,举报(督查)受理40件,行政处罚立案调查30件,警告14家次,罚款996600元,没收非法所得828.68元,没收违法物品286件。

【深化互联网+监管改革】 2021年,越城区依托浙江省“互联网+监管”系统、事项目录清单动态管理系统,实时更新区执法队执法检查率、目录清单认领率、监管事项实施清单编制率及“双随机”事项覆盖率,全面实行网络监管模式,逐步促进文化执法纳入“基层治理一件事”,深入推进“互联网+监管”掌上执法。全年掌上执法检查率达100%;认领目录清单147项,编制实施清单147件,编制率100%;“双随机”抽查事项14项,已抽查13项,覆盖率92.85%;“双随机”抽查100次,其中跨部门联合“双随机”抽查18次,跨部门监管率18%。

【开展娱乐行业整治工作】 2021年,越城区对歌舞娱乐场所、游艺游戏娱乐场所的违法违规行为开展行业整治工作,重点查处播放违禁曲目、屏幕画面含有禁止内容、未经批准擅自从事

绍兴文创大走廊重点项目

1. 黄酒小镇(东浦)
2. 1051 文化创意园
3. 绍兴兴虹文化创意园区
4. 浙江越生文化创意产业园
5. 群贤 198 文创园(越城区块)
6. 风越里特色街区
7. 迎恩门风情水街
8. 托斯卡纳风情园旅游综合体
9. 动画片《神医小知己》
10. 动画片《汉字小精灵》
11. 动画片《少年师爷》(第 13 ～ 15 部)
12. 浙东运河文化园(浙东运河博物馆)项目
13. 绍兴 871LOOP 全新城市文旅综合体项目
14. 宝和国际宜养项目
15. 上大路历史文化街区
16. “熊出没”乐园和水世界(暂定)
17. 伟丰文化产业园

营业性演出、接纳未成年人、超时营业等违规经营行为,同步抓好行业安全生产及疫情防控督查工作。每周安排 2 次夜检,开展专项检查行动 105 次,其中联合检查 16 次,立案查处接纳未成年人案件 5 起、歌舞娱乐场所播放曲目含有《娱乐场所管理条例》禁止内容案件 4 起、超时营业案件 3 起,警告 3 家,罚款人民币 52000 元。开展“遏重大控较大”攻坚整治工作,召开安全生产培训会 2 次,与 100 余家文化企业签订《2021 年度安全生产责任书》;组织 41 家网吧、44 家歌舞娱乐场所、12 家电影院开展消防应急演练。(区文广旅游局　章金波)

体　育

综　述

【概况】 2021年，越城区完成省、市级民生实事体育类项目31个；完成百姓健身房等基层体育场地设施智慧化升级改造项目32个。承办2021年国际象棋男子世界冠军分区赛（中国区），全年举办“迎亚运 共发展”系列全民健身活动等各类体育赛事活动240场。全区常住人口人均体育场地设施面积超过2.8平方米，经常参加体育锻炼人数比例达29%以上（不含学生）。黄竹风和胡佳妮在第十四届全运会象棋专业组和国际象棋业余组比赛中夺得冠军。越城区获得2021年市青少年锦标赛金牌数继续保持全市第一，获得省青少年竞技体育竞赛金牌数首居全市第一。越城区教体局被中国国际象棋协会授予“2021年全国国际象棋运动先进单位”称号，被浙江省体育局评为“浙江省参加第十四届全运会群众赛事活动突出贡献奖”。

【全区人均体育场地设施面积达2.8平方米】 2021年，越城区高质量完成省、市级民生实事体育类项目31个，包括新增百姓健身房18个、体育+公园5个、社区多功能运动场4个、社会足球场2个、村级全民健身广场1个、健身步道85公里；完成百姓健身房等基层体育场地设施智慧化升级改造项目32个。全区常住人口人均体育场地设施面积超过2.8平方米。

【打造全市首条乡村智能化步道】 2021年，越城区投入45万余元打造出全市首条乡村智能化步道——云松岭智能化步道。坡塘村云松岭故道有着上千年的历史，在新时代的乡村振兴中，越城区将古步道和现代智能科技相结合，云松岭智能化步道在保持古步道原始风貌的基础上，通过人体传感装置和智能监控设

云松岭智能化步道（劳卓娜　摄）

备，为游客健身提供涵盖数据查询、运动排名、安全警报等的全面服务。智能步道的便捷服务和自然美景为云松景区村吸引大量游客，越城区围绕智能步道，举办登高、健步走、山地跑等丰富多彩的全民健身活动，发掘步道历史渊源，丰富乡村文化底蕴。

【利用闲置土地新建体育公园】 2021年，越城区对陶堰堰江东桥桥下废弃土地资源开展盘活利用，桥下废弃土地占地约5999.94平方米，由于长期闲置，存在私搭乱建、车辆乱停、村民占地种菜等问题，越城区投入100余万元建成占地面积约为5500平方米的体育公园，包括2个篮球场、1个羽毛球场、1个笼式足球场和1条健身步道等，满足辖区居民对全民健身和全民健康的美好追求，促进全民健身更好发展。

【体育产业】 2021年，越城区拥有体育产业主兼营机构1216家(主营649家)，其中规上体育企业数187家。绍兴玛德游艇俱乐部成功创建“浙江省运动休闲旅游优秀项目”。大力培育体育消费市场，年投入400万元财政资金支持体育消费券发放，年人均体育消费达到2500元以上。全区体育彩票销量达到2.79亿元，继续保持全市第一，市场份额超过福彩。

陶堰体育公园(金舒曼 摄)

竞技体育

【概况】 2021年，越城区运动员在市青少年锦标赛中获得金牌273枚、银牌172枚、铜牌132枚。在省青少年竞技体育中获金牌46枚、银牌52枚、铜牌55枚。在全国比赛中获冠军14个、亚军3个、季军3个。

【承办省、市级比赛】 2021年3月22日至28日，袍江中学承办ZSFL“特步”浙江省第十二届中小学生校园足球联赛(初中男子甲组总决赛)。3月11日至13日，袍江中学承办ZSFL浙江省第十二届中小学生校园足球联赛绍兴赛区市级赛初中组比赛。4月22日至25日，区体育中心承办绍兴市青少年排球锦标赛。5月6日至7日，树人小学承办绍兴市青少年桥牌邀请赛。5月13日至15日，镜湖中学承办绍兴市第二届中小学生排球联赛暨青少年沙滩排球锦标赛。5月20日至23日，区体育中心承办绍兴市青少年乒乓球锦标赛。6月3日至4日，区体育中心承办绍兴市第三届中小学生柔力球比赛。10月15日至16日，建功中学承办ZSTL浙江省第十二届中小学生乒乓球联赛绍兴赛区市级赛。10月21日至26日，锡麟中学承办ZSBL浙江省第十五届中学生篮球联赛绍兴赛区(初中和高中)市级赛。

【举办区级比赛】 2021年越城区教体局按照《2021年学校体育竞赛计划》，举办“迎亚运”越城区中小学生阳光体育运动会。3月26日至27日在建功中学举办中小学生乒乓球比赛，4月15日至17日在体育中心举办中小学生排球比赛，4月29日至30日在体育中心举办中小学生田径运动会，

2021年越城区运动员国家级竞技体育比赛获奖情况表

表52

姓名(单位)	时间	地点	名称	项目	成绩
王琦钰 沈静涵	10月29日	浙江	“瑞丰银行杯”全国五子棋业余棋王争霸赛总决赛	女子团体	第一名
王岳祺 潘李	10月29日	浙江	“瑞丰银行杯”全国五子棋业余棋王争霸赛总决赛	男子团体	第二名
屠凌可 秦梓浩	10月29日	浙江	“瑞丰银行杯”全国五子棋业余棋王争霸赛总决赛	男子团体	第三名
朱骊冰	10月29日	浙江	“瑞丰银行杯”全国五子棋业余棋王争霸赛总决赛	少儿组个人	第二名
王岳祺	10月29日	浙江	“瑞丰银行杯”全国五子棋业余棋王争霸赛总决赛	少儿组个人	第三名
沈珈慧	10月22日	陕西	第十一届全国残疾人运动会	400米混合泳接力	第一名
沈珈慧	10月22日	陕西	第十一届全国残疾人运动会	100米仰泳	第三名
鲁迅小学	12月25日	福建	全国少儿啦啦操精英赛(福清站)	公开儿童混合组校园啦啦操自选动作	第一名
鲁迅小学	12月25日	福建	全国少儿啦啦操精英赛(福清站)	公开儿童乙组街舞校园啦啦操示范套路(第三套)	第一名
鲁迅小学	12月25日	福建	全国少儿啦啦操精英赛(福清站)	俱乐部儿童混合组街舞校园啦啦操示范套路(第三套)	第一名
鲁迅小学	12月25日	福建	全国少儿啦啦操精英赛(福清站)	七彩星级橙星级规定动作中集体组	第一名
鲁迅小学	12月25日	福建	全国少儿啦啦操精英赛(福清站)	七彩星级黄星级规定动作小集体组	第一名
鲁迅小学	12月25日	福建	全国少儿啦啦操精英赛(福清站)	公开亲自混合组花球啦啦操高级示范套路	第一名
蕺山小学	12月25日	福建	全国少儿啦啦操精英赛(福清站)	公开儿童乙组街舞校园啦啦操示范套路(第三套)	第一名
蕺山小学	12月25日	福建	全国少儿啦啦操精英赛(福清站)	公开亲子混合组花球啦啦操高级示范套路	第一名
蕺山小学	12月25日	福建	全国少儿啦啦操精英赛(福清站)	七彩星级橙星级规定动作中集体组	第一名
蕺山小学	12月25日	福建	全国少儿啦啦操精英赛(福清站)	七彩星级黄星级规定动作小集体组	第一名
高佳蓓	7月28日	江西	中国中学生击剑联赛(南区赛)	初中女子重剑个人	第一名
朱丽婷	7月28日	江西	中国中学生击剑联赛(南区赛)	初中女子花剑个人	第一名
沈晨祎 陈嘉乐 孟奕涵 韩岳霖 杨嘉楠	7月20日	山东	全国国际象棋之乡网络联赛	团体赛	第二名

5月15日在文理学院附属小学举办幼儿国际象棋锦标赛，5月21日至22日在锡麟中学举办小学生篮球比赛，6月3日在体育中心游泳馆举办中小学生幼儿游泳比赛，9月24日至26在袍江中学举办中小学生足球邀请赛，9月28日至30日在锡麟中学举办中学生篮球比赛，10月23日在陶堰街道中心小学举办中小学生4项棋类比赛，11月13日在培新小学举办中小学生国际象棋锦标赛，11月20日在体育中心举办幼儿趣味足球比赛，12月4日在奥体中心击剑馆举办中小学生击剑比赛，2022年2月26日至27日（因疫情延期）元培小学举办羽毛球中小学生比赛，2022年2月26日至3月6日在树人小学举办足球联赛。全区87所中小学、幼儿园（校园区）8万多名学生参与。

群众体育

【概况】 2021年，越城区共举办“迎亚运 共发展”系列全民健身活动等各类体育赛事活动240场。经常参加体育锻炼人数比例达29%以上（不含学生）。

【举办国际象棋系列网络赛】 2021年，越城区根据常态化疫情防控“能线上不线下”原则，依托国际象棋协会，借助网络云平台，举办2021年越城区国际象棋社会体育指导员（教练员、裁判员）网络邀请赛和“中国体育彩票杯”2021年越城区国际象棋亲子网络趣味赛。本次活动深受广大国际象棋爱好者的欢迎，80多位国际象棋社会体育指导员（教练员、裁判员）和100个家庭积极报名参赛，相约“弈战”云平台，隔空展开激烈角逐。比赛决出8名一等奖个人和10个一等奖家庭。

【第二期（象棋项目）三级社会体育指导员培训】 2021年9月19日，由越城区实施全民健身计划领导小组办公室主办，越城区象棋协会承办，越城区陶堰街道中心小学协办的“越城区2021年第二期（象棋项目）三级社会体育指导员培训班”在越城区陶堰街道中心小学开班。此次培训围绕棋类运动基础理论和基础实践等内容展开，由来自越城区象棋协会、越城区各街道、各学校共70多名学员参加本次培训。

【承办国际象棋男子世界冠军分区赛（中国区）】 5月22日至31日，越城区承办2021年国际象棋男子世界冠军分区赛（中国区），46名参赛棋手创造了疫情以来中国国际象棋比赛人数最多的纪录，通过9天9轮的角逐，世界冠军分区赛前十二位排名出炉。中央电视台等多家媒体对赛事进行报道。国家体育总局棋牌运动管理中心国际象棋部主任、亚洲国际象棋联合会副主席田红卫高度评价此次盛会的顺利举行，充分肯定越城区国际象棋项目近年来取得的显著成绩，尤其是幼儿园、小学国象处于全国领先水平。2021年国际象棋男子世界冠军分区赛（中国区）作为一次洲际性赛事在绍兴越城举行，在越城国际象棋史上具有里程碑意义，积极推动国际象棋在越城进一步普及和发展。（区教体局　陈小刚）

医疗卫生

综　述

【概况】 2021年，越城区有区人民医院1家、区疾控中心1家、区卫生健康行政执法队1支、区妇幼保健计划生育服务中心1家、镇卫生院1家、街道社区卫生服务中心16家，社区卫生服务站112家，村卫生室34家，形成“15～20分钟健康服务圈”。已审批开业民营医疗机构201家，其中民营医院16家、门诊部14家，诊所（包括医务室）171家。全区开放床位2795张，医师1910人，护士1563人，其中高级职称254人，中级职称609人。全年基层医疗机构门急诊418万人次，较2020年上升7.1%；区域内就诊率90.6%，出院病人数较2020年下降3.8%。

【健康越城建设】 2021年，越城区构建完善全链式管理服务体系，组建健康浙江专家库，成立专项行动工作组，建立定期晾晒工作机制，推动落实健康中国行动15项具体行动和健康浙江行动26项具体行动。在各级媒体发布健康宣传信息890篇，其中党报党刊头版刊登16篇。健康越城公众号关注人数50624人，较上年增长20.1%。印制发放健康宣传海报、折页、宣传单43.31万份，开展健康讲座1050场次，受益群众65355人次。年内，越城区获得2020年度健康浙江建设考核优秀。

健康中国行动

1. 健康知识普及行动
2. 合理膳食行动
3. 全民健身行动
4. 控烟行动
5. 心理健康促进行动
6. 健康环境促进行动
7. 妇幼健康促进行动
8. 中小学健康促进行动
9. 职业健康保护行动
10. 老年健康促进行动
11. 心血管疾病防治行动
12. 癌症防治行动
13. 慢性呼吸系统疾病防治行动
14. 糖尿病防治行动
15. 传染病及地方病防控行动

健康浙江行动

1. 健康知识普及行动
2. 合理膳食行动
3. 全民健身行动
4. 控烟限酒行动
5. 心理健康促进行动
6. 蓝天碧水净土清废行动
7. 绿色环境专项行动
8. 饮用水达标提质行动
9. 食品安全放心行动
10. 农产品绿色安全行动
11. 药品质量安全行动
12. 道路交通安全综合治理行动
13. 妇幼健康促进行动
14. 中小学健康促进行动
15. 职业健康保护行动
16. 老年健康促进行动
17. 心脑血管疾病防治行动
18. 癌症防治行动
19. 慢性呼吸系统疾病防治行动
20. 糖尿病防治行动
21. 传染病及地方防控行动
22. 医疗卫生服务体系优化行动
23. 中医药促进健康服务行动
24. 智慧健康管理行动
25. 健康保障惠民行动
26. 健康产业发展行动

【省地合作办医】 2021年4月15日，越城区人民政府与浙江省人民医院签订共建“浙江省人民医院绍兴院区”战略合作框架协议，浙江省人民医院越城院区按三级甲等综合性医院标准进行建设。7月8日，越城区人民政府与浙江省人民医院签署医疗托管协议，浙江省人民医院稽山分院揭牌成立，引入浙江省人民医院资深管理团队与技术团队对越城区人民医院（稽山分院）进行全方位帮扶合作，实行同质化管理、同步化技术、同轨化服务。年内，越城区残疾人康复中心正式运行。

【基层卫生医疗提升行动】 2021年4月，沥海街道社区卫生服务中心整体划转；马山街道社区卫生服务中心、东湖街道社区卫生服务中心异地新建项目开工建设，新增府山街道书圣故里社区卫生服务站、北海街道快阁苑社区卫生服务站和城南街道九里社区卫生服务站。年内，投入1.06亿元用于马山街道社区卫生服务中心、东湖街道社区卫生服务中心新院建设，投入722万元进行镇街卫生院及社区卫生服务站装修等建设，投入1278万元用于基层医疗单位医疗设备更新。

【卫生健康数字化改革】 2021年，全区医疗数据、电子健康档案数据归集于全民健康信息平台，各类数据互联互通，实现基本医疗和基本公共卫生业务协同。承接省、市常态化疫情防控集成应用、老年慢病数字健康新服务项目、“互联网+医疗健康”公共服务应用等工作，区人民医院、马山街道社区卫生服务中心、斗门街道社区卫生服务中心、东浦街道社区卫生服务中心、皋埠街道社区卫生服务中心、灵芝街道社区卫生服务中心等6家医疗机构开展5G+AI试点，实现医学影像人工智能诊断。区人民医院、皋埠街道社区卫生服务中心完成5G+院前急救试点。年内，越城区全民健康信息平台通过区域卫生信息互联互通标准化成熟度四级甲等测评。

【东西部技术帮扶】 2021年,越城区共选派2批次5名医疗专业技术人员前往马边开展技术帮扶,接收2批次14名马边县卫计系统的管理人员和技术人员进修学习。两地卫健局签订结对帮扶协议,通过组团式帮扶和人员交流培训等形式,提升马边县医疗服务水平。

【中医中药】 2021年,越城区全国基层中医药工作先进单位创建工作通过国家级评审。基层医疗机构中医门诊量较2020年提升15.5%,2名市级“越医新苗”完成第一年考核。全区各乡镇卫生院(社区卫生服务中心)能提供6类以上中医非药物疗法,113家社区服务站能提供4类以上中医非药物疗法,34家村卫生室能提供4类以上中医非药物疗法。(区卫生健康局 余露卿)

基层医疗卫生服务

【概况】 2021年,越城区深入开展“优质服务基层行”活动,全区基层医疗机构基本标准达标率100%,累计有6家基层医疗机构达到省级推荐标准,占比达35.2%。创建社区医院3家,基层就诊率55.8%。12项基本公共卫生服务项目关键指标均达到省市绩效考核要求。强化基层医疗机构“哨点”作用,落实落细常态化疫情防控各项措施,加强驻村(社区)疫情防控指导。

【“优质服务基层行”活动】 2021年,越城区16

2021年“优质服务基层行”活动达标情况表

表53

序号	单位	标准情况
1	塔山街道社区卫生服务中心	基本标准
2	府山街道社区卫生服务中心	推荐标准(2021年新增)
3	北海街道社区卫生服务中心	基本标准
4	稽山街道社区卫生服务中心	推荐标准(2021年新增)
5	城南街道社区卫生服务中心	基本标准
6	迪荡街道社区卫生服务中心	基本标准
7	东湖街道社区卫生服务中心	基本标准
8	灵芝街道社区卫生服务中心	基本标准
9	东浦街道社区卫生服务中心	推荐标准
10	鉴湖街道社区卫生服务中心	基本标准
11	斗门街道社区卫生服务中心	推荐标准(2021年新增)
12	皋埠街道社区卫生服务中心	推荐标准
13	陶堰街道社区卫生服务中心	基本标准
14	马山街道社区卫生服务中心	推荐标准
15	孙端街道社区卫生服务中心	基本标准
16	沥海街道社区卫生服务中心	基本标准
17	富盛镇卫生院	基本标准

个街道社区卫生服务中心、1个镇卫生院在“优质服务基层行”活动中均达标。年内，斗门街道社区卫生服务中心、府山街道社区卫生服务中心、稽山街道社区卫生服务中心达到省级推荐标准。皋埠街道社区卫生服务中心、东浦街道社区卫生服务中心、马山街道社区卫生服务中心完成社区医院创建。

【基层公共卫生服务项目】 2021年，越城区12项基本公共卫生服务项目关键指标均达到省市绩效考核要求。年内，全区建立电子健康档案91.9万份，建档率93.9%，其中规范化建档率88.9%，开放率78.2%；老年人健康管理12.54万人，健康管理率75.6%；高血压患者管理92796人，规范管理率75.5%，血压控制率72.2%；糖尿病患者管理28018人，规范管理率75.6%，血糖控制率67.1%。

【家庭医生签约服务】 2021年，越城区做实做细十类重点人群（老年人、孕产妇、儿童、残疾人、计划生育特殊家庭、特困人群、高血压、糖尿病、结核病、严重精神障碍患者）的签约服务。截至年底，全区有省级签约服务培训基地1家，省级签约服务示范点3家，家庭医生签约团队210个，签约50.2万人，签约率51.2%，其中，十类重点人群签约31.1万人，签约率92.4%。斗门街道社区卫生服务中心卢春旦医师获评2021年度浙江省“优秀家庭医生”。

2021年度基本公共卫生服务项目主要任务指标完成情况表

表54

项目名称	省级指标	完成情况
居民规范化电子健康档案覆盖率	≥60%	88.98%
适龄儿童国家免疫规划疫苗接种率	≥90%	＞95%
新生儿访视率	≥90%	99.24%
0～6岁儿童健康管理率	≥90%	98.10%
0～6岁儿童眼保健和视力检查覆盖率	≥90%	95.60%
早孕建册率	≥90%	97.58%
孕产妇系管理率	≥90%	95.67%
产后访视率	≥90%	98.21%
65岁及以上老年人城乡社区规范健康管理服务率	≥60%	68.24%
高血压患者基层规范管理服务率	≥60%	75.47%
糖尿病患者基层规范管理服务率	≥60%	75.56%
社区在册居家严重精神障碍患者健康管理率	≥80%	100%
报告发现的肺结核病患者（包括耐多药患者）管理率	≥90%	98.73%
65岁以上老年人中医药健康管理率	≥65%	70.46%
0～36个月儿童中医药健康管理率	≥65%	72.88%
传染病和突发公共卫生事件报告率	100%	100%
政府办基层医疗卫生机构开展卫生监督协管服务的比例	≥95%	100%
服务对象综合知晓率	≥50%	81.73%
服务对象满意度	≥80%	99.50%

【基层医疗卫生机构财政补偿机制改革】 2021年，越城区完善基层医疗卫生机构补偿机制改革平台，搭建“市接口上传”模块，按月监控重点指标。北海、稽山、迪荡、东湖、马山、孙端等6家街道社区卫生服务中心制定标化工作当量法内部绩效分配方案，依据工作当量发放绩效奖金。年内，共拨付基层医疗卫生机构补偿机制改革经费2.21亿元，其中，基本公共卫生项目经费9894.95万元，较2020年增加479.07万元，基本公共卫生服务质量明显提高。

【新增5家规范化村卫生室】 2021年，越城区新增仁渎、牌口、新联、百沥和夏蓒等5家规范化村卫生室，投入一体化建设项目资金132.19万元。截至年底，全区共有村卫生室34家，服务人口70925人，其中25家村卫生室达到规范化建设标准，规范化建设率73.5%。

【老年健康服务】 2021年，越城区开展省市老年慢病数字健康新服务试点工作，皋埠街道社区卫生服务中心开展市级两慢病一体化门诊试点，打造贴心诊疗、智慧随访的服务闭环。富盛镇卫生院、东浦街道社区卫生服务中心开展市级老年健康服务示范点建设。11家单位创建区级老年友善医疗机构。

【基层疫情防控】 2021年，越城区16家基

2021年达到规范化建设的村卫生室名单

1. 塔山村卫生室
2. 杨浜村卫生室
3. 仁渎村卫生室
4. 后堡村卫生室
5. 上谢墅村卫生室
6. 荷湖村卫生室
7. 后孟蒋村卫生室
8. 牌口村卫生室
9. 坝内村卫生室
10. 张家岙村卫生室
11. 邵家溇村卫生室
12. 茅洋村卫生室
13. 泾口村卫生室
14. 横旦村卫生室
15. 白塔头村卫生室
16. 皇甫庄村卫生室
17. 许家埭村卫生室
18. 新联村卫生室
19. 百沥村卫生室
20. 金溪村卫生室
21. 董溪村卫生室
22. 青马村卫生室
23. 文山村卫生室
24. 夏蓒村卫生室
25. 乌石村卫生室

2021年度“老年友善医疗机构”区级评定通过单位名单

1. 越城区人民医院
2. 府山街道社区卫生服务中心
3. 北海街道社区卫生服务中心
4. 东浦街道社区卫生服务中心
5. 鉴湖街道社区卫生服务中心
6. 斗门街道社区卫生服务中心
7. 皋埠街道社区卫生服务中心
8. 陶堰街道社区卫生服务中心
9. 马山街道社区卫生服务中心
10. 孙端街道社区卫生服务中心
11. 富盛镇卫生院

东湖街道社区卫生服务中心发热诊室（区卫健局　提供）

层医疗卫生机构完成规范化发热诊室建设并运行，共随访发热、腹泻等“十大症状”患者105704人次，管控国内中高风险地区返越人员17938人，境外返越人员890人。对门诊部、诊室、村卫生室、医务室等127家基层医疗机构开展全覆盖巡查，共巡查3782次。春节期间，选派274名医务工作者充实到驻村（社区）疫情防控指导员队伍，对全区352个村（社区）开展全覆盖防疫指导，对包干网格内2.97万家规上企业、中小企业和小微企业园区开展包括“五有一网格”措施、员工健康监测制度、核酸检测管理、企业内外环境消毒及异常情况处理等方面的健康指导。

疾病预防控制

【概况】 2021年，越城区统筹推进疾病预防控制和卫生应急工作，落实新型冠状病毒、手足口病、诺如病毒等重点急性传染病防治措施，报告发病率较2020年同期上升5.68%。年内，完成重点人群结直肠癌风险评估28505人，结直肠癌筛查28199人，高危人群结直肠镜检查并完成系统录入1627人；完成70周岁及以上老人免费自愿流感疫苗接种省定任务共接种24903人，完成率100%；完成70周岁及以上老人免费自愿肺炎疫苗接种市定任务共接种24903人，完成率100%；结核病登记满一年成功治疗率88.15%，总体到位率97.11%；艾滋病咨询检测906例，阳性检出率1.32%；开展男同人群快速检测活动14次，检测男同148人次，阳性率4.05%；高血压、糖尿病人管理人数目标任务完成率均达100%。

【传染病防控】 2021年，越城区传染病报告稳中有降，累计报告新冠确诊病例3例；处理聚集性疫情47起，其中手足口病18起、流行性感冒8起、诺如病毒感染13起、水痘8起；腹泻病人共采样1996份，均呈阴性；外环境监测送样762份，全部呈阴性。5月至10月，登革热哨点监测13人次，未发现阳性病例，全年未发生登革热本地病例和H7N9禽流感疫情。

【严重精神障碍患者管控】 2021年，越城区严重精神障碍患者登记在册4437人，报告患病率4.13‰，管理率100%，规范管理率99.77%；服药率99.86%。精神分裂症患者服药率99.86%，面访率99.41 %。3级以下患者4753人，3级及以上患者88人，送专科医院治疗88人。

【核酸检验检测】 2021年，越城区对1550名核酸采样人员和80名实验室检测人员进行专业化培训，81名检验科人员具备PCR检测能力。建成区疾控中心、区人民医院2个核酸检测实验室，全区公立机构共有10台核酸检测仪，核酸检测按1∶10混采日检测能力达7200管。区疾控中心全年新冠核酸检测164423份，较上年增长1331.8%，抗体检测300份。年内，越城区制定大规模核酸检测方案，组建绍兴市核酸检测基地应急队越城分组，各基层医疗机构均开展大规模核酸检测、采样培训。

【新冠病毒疫苗接种】 2021年，越城区全面启动新冠病毒疫苗全民接种工作，增设区人民医院接种点，建设1个区级、6个镇级方舱接种点，建立1个商业综合体、3个高校临时方舱接种点，预防接种工作人员增至710名。6月4日，越城区率先在全市完成常住人口40%首剂接种任务。截至12月31日，全区18周岁及以上第一剂次完成97.19万剂次，完成率112.56%；18周岁及以上全程接种96.03万剂次，完成率117.06%；18周岁及以上加强针接种15.72万剂次，完成率158.50%；12～17周岁第一剂次接种完成5.6万剂次，完成率124.41%；12～17周岁全程接种5.44万剂次，完成率120.685%；3～11周岁第一剂次接种完成9.10万剂次，完成率108.28%，3～11周岁全程完成8.07万剂次，完成率101.47%。

【年处置突发公共卫生事件9起】 2021年，越城区出台《绍兴市越城区人民政府关于完善突发公共卫生事件应急体系的实施意见》，修订《越城区突发公共卫生事件应急预案》，制定《越城区突发急性呼吸道传染病事件应急预案》和《绍兴市越城区突发事件医疗卫生应急救援预案》，配套制定《越城区突发公共卫生事件应急预案操作手册》《越城区突发事件医疗卫生应急救援预案操作手册》，成立越城区突发公共卫生事件专家咨询委员会。新增救护车2辆，应急救护车5G传输装置全覆盖。全年妥善处置学校聚集性疫情47起，诺如引起的突发公共卫生事件9起。

【入境物品风险监测】 2021年，越城区开展入境物品风险监测，累计采集样品7699份，均为阴性，处理物防相关阳性事件8起，事件处置及时完成率100%。做好进口冷链食品公共集中监管仓各项防疫工作，包括样品采集及检测、工作人员个人防护培训及指导、采样技术培训及指导、消毒技术培训及指导等，累计采集样品2172份，均为阴性。对来源于高风险国家进入集中监管仓的进口冷链食品，在规定采样数量基础上增加30%以上的采样量。

【健康危害因素监测】 2021年，越城区对17家镇（街道）卫生院（社区卫生服务中心）和区人民医院进行医疗机构消毒质量监测，采集样品356份，合格率为98.6%。食品安全风险监测样品1086份，新增小肠结肠炎耶尔森氏菌和中戊肝病毒检测。共检测参数理化4259项次，微生物1456项次，较上年增长24.1%。完成3起疑似食源性疾病事件应急检测，致病菌检测118份，检出诺如病毒阳性26份。全年开展饮用水卫生监测2次，采集样品32份。年内，越城区作为国家级监测点，完成营养知晓率调查问卷330份，开展活动34场，收益人数4330人次。

【“无废医院”创建】 2021年，迪荡街道社区卫生服务中心、皋埠街道社区卫生服务中心、斗门街道社区卫生服务中心和富盛镇卫生院创建“无废医院”，通过市级验收。全区医疗废物收集处置体系覆盖率100%，医疗卫生机构可回收物资源回收率100%。全区推广“家庭医废回收”，将辖区内2958名产生“家庭损伤性医废”的糖尿病人纳入管理，纳入管理率为92.1%。

【儿童青少年“明眸亮睛”工程】 2021年，越城区开展儿童青少年1年2次视力普查，累计185860人次。对辖区内10所学校学生开展视力筛查2627人，检出近视学生1437人。全区儿童青少年近视率54.7%，同比下降1.7%。

卫生监督和执法

【概况】 2021年，越城区共作出行政处罚671起，移送公安机关4起，罚没款350.24万元，较上年同期增长28.4%,其中简易程序204起,非法行医案件37起,申请法院强制执行5起,全省"数智卫监精密智控系统平台"排名位列第十五,达到A档。

【"双随机、一公开"检查】 2021年,越城区抽取"双随机"734户,执行734户。立案257起,其中国家"双随机"110起,处罚率38.5%;省级"双随机"147起,处罚率34%;掌上执法录入率100%,检查发现问题处置率100%。医疗卫生行业领域的信用等级评定结果纳入"双随机"抽查监管,实施分级分类监管,应用信用规则率100%。

【疫情防控执法】 2021年,越城区持续加强疫情防控卫生监督执法,实行网格管理、分片包干,完成医疗机构5轮全覆盖,依法严查违法行为,及时核查精密智控平台移交线索。累计检查辖区内医疗机构2000余家次,医疗机构立案警告101起,责令停业整顿11家,责令整改150余家。

【职业卫生监管】 2021年,越城区在全市率先开展互联网+职业健康培训计划,以网络公开课、视频讲座等形式,为企业提供数字培训资源并进行考核,累计有336家企业开展线上培训,考核通过208人。年内,越城区启动职业病危害因素在线监测项目和"无人机+监督员"监管模式。

【"省推县用"项目应用】 2021年,越城区积极推进住宿场所消毒保洁智能监管、口腔诊疗机构智能监管、医疗机构医疗行为智能监管等系统应用。住宿场所消毒保洁智能监管系统覆盖全市,共上线38家宾馆酒店。口腔诊疗机构智能监管系统确定8家医疗机构试点。31家医疗机构接入医疗行为智能监管系统。

人口与家庭发展

【概况】 2021年末,越城区共有户籍人口82.91万人,其中,已婚育龄妇女12.47万人,出生人口4428人,出生率5.34‰,自增率-1.797‰。全年共办理生育登记服务4775例,其中,一孩生育登记2844例,二孩生育登记1789例,三孩生育登记142例;受理再生育审批78例。国家免费孕前优生健康检查项目受检人数3894人,目标人群覆盖率94.8%。

【关心关爱与帮扶】 2021年,越城区享受计划生育"奖扶"政策10339人,发放奖励992.54万元;享受"特扶"政策1249人,发放奖励1287万元。年内,为全区计生特扶对象购买住院补贴保险,共计22.5万元。44人获得区级公益金救助,发放扶助金17.22万元。

妇幼保健

【概况】 2021年,越城区产妇总数4293人、活产数4368人,其中早孕建册人数4189人,早孕建册率97.5%;孕产妇系统管理率95.6%;产后访视人数4290人,访视率98.2%;住院分娩率100%。女性婚前医学检查率达87.3%,疾病检出率14.63%,产前筛查率94.3%。全年未发生一例孕产妇死亡。截至年底,全区共有7岁以下儿童总数42446人,健康管理人数41640人,健康管理率98.1%,5岁以下儿童死亡率3.6‰,婴儿死亡率2.2‰,新生儿死亡率1.1‰。高危儿筛出人数774人,管理率100%;营养性疾病人数5470人,管理率100%。年内,为14785名3岁以下儿童开展发育监测,为14112名3岁以下儿童开展发育筛查,发育筛查率达91.1%。儿童免疫规划疫苗接种率达95%以上。

【妇幼重大公共卫生服务】 2021年,越城区为2035名农村生育妇女免费补服叶酸。免费筛查艾滋病12058例、梅毒12058例,查出HIV抗体阳性孕妇5个,梅毒感染孕妇28个;免费检查宫颈癌3770例、乳腺癌4050例，查出宫颈高级别病变34人，确诊宫颈癌5人，确诊乳腺癌5人。出台《关于印发〈越城区基本避孕服务项目实施方案〉的通知》（越卫发〔2021〕14号）。

【3岁以下婴幼儿照护服务】 2021年，越城区推进婴幼儿照护服务工作，完成越城区婴幼儿照护服务实训基地建设，新增绍兴市越城区小灵童托育园、杭州乐真托育有限公司绍兴分公司2家通过备案的托育机构，新增托位88个，其中小灵童托育园是绍兴市第一家通过备案的民办非营利性托育机构。截至12月底，全区共有托位2714个，全区千人托位数达2.53个，其中36家幼儿园提供托位2550个，3家备案托育机构提供托位164个。

爱国卫生

【概况】 2021年，越城区顺利通过国家卫生城市第五轮复审迎检工作。下发督查整改通知单44份，督查、发现、整改问题5000余条。制定落实五大专项整治方案，摸排区内的42个重点区域和点位、6个系统问题，制定动态管理清单，实行“一点一策”，切实提升重难点场所环境卫生。组织开展第33个爱国卫生月专项活动。全区居民素养水平达37.5%。

【健康细胞创建】 2021年，越城区开展健康讲座325场，健康服务活动400场，中医药专题活动161场，累计受益居民37519人。年内，建成健康企业95家，健康社区46个，健康家庭1062户。绍兴市袍江中学创建为健康促进金牌学校。绍兴市锡麟中学、绍兴市昌安实验学校、绍兴市望花小学、绍兴文理学院附属小学、绍兴市越城区马山街道中心小学、绍兴市培新小学创建为健康促进银牌学校。绍兴市群贤小学、绍兴市群英小学、绍兴市城北小学、绍兴市实验小学、绍兴市镜湖中学、绍兴市马山街道马山完全小学、绍兴市越城区斗门街道敬敷小学、绍兴市越城区斗门街道辨志小学区、绍兴市越城区斗门街道斗门小学、绍兴市越城区和畅堂小学创建为健康促进铜牌学校。

【病媒生物防治】 2021年，越城区落实病媒生物防制项目市场化招投标工作，5家PCO（有害生物防治）专业消杀公司中标，中标价共计397.59万元，防治面积155.92平方公里。共清理小型积水6504处，清除病媒滋生地1.3万余处，设置病媒生物防制设施5455处，投放灭蚊药物1417千克，鼠药11280千克，黏鼠板13750张，灭蟑条45万包，灭蝇纸6800余条，确保各街道范围内病媒生物防制各项指标保持在国家标准C级以上，8个村积极创建省除“四害”村，其中斗门街道荷湖村被推荐为样板村。

医教医管

【概况】 2021年，越城区深化省、市医疗资源“双下沉、两提升”工作，持续推进医联体、健共体建设，畅通双向转诊通道，上级医院下转病人数6548人次，基层医疗卫生机构向上级医院上转病人门诊9011人次。累计建成名医工作室30个、医联体23家，其中，浙江省人民医院以葛明华为代表的12个名医团队工作室落户越城区人民医院。年内，省级医院57名医疗专家和1名护理骨干，市级医院79名医疗专家和4名护理骨干下沉基层对口帮扶，基层医务人员12名到省级医院进修，67名到市级医院进修。

【“一院一品”特色科室创建】 2021年，越城区开展第五批基层医疗卫生机构特色专科创建，培育区级特色科室中医类4个（北海街道社

越城区医疗机构“名医专家工作室”建设情况表

表 55

序号	建设单位	领衔专家所在单位	领衔专家	学科
1	越城区人民医院	浙江省人民医院	葛明华	甲状腺外科
2			张大宏	泌尿外科
3			何强	肾脏病科
4			孟旭莉	乳腺外科
5			沈丽君	眼科
6			吴湖帆	整形外科
7			潘文胜	消化内科
8			王利宏	心血管内科
9			屠世良	肛肠外科
10			叶祥明	康复医学科
11			武晓泓	内分泌科
12			蒋劲松	血管外科
13	越城区人民医院	绍兴市中医院	常青	中医科
14	府山街道社区卫生服务中心	绍兴文理学院附属医院	俞建洪	老年科
15	东浦街道社区卫生服务中心	绍兴市人民医院	郭航远	心血管内科
16		绍兴文理学院附属医院	钟建平	中医科
17	斗门街道社区卫生服务中心	绍兴市中医院	丁积勇	骨伤科
18	皋埠街道社区卫生服务中心	绍兴市人民医院	应晓江	肛肠外科
19			茅尧生	心血管内科
20			陈雪荣	骨科
21		皋埠街道社区卫生服务中心	孟玉梅	中医科
22	陶堰街道社区卫生服务中心	绍兴市中医院	宫莉莉	内分泌科
23	马山街道社区卫生服务中心	绍兴市人民医院	骆泉	内镜
24		马山街道社区卫生服务中心	余水园	中医科
25	孙端街道社区卫生服务中心	绍兴市人民医院	应晓江	肛肠外科
26	绍兴袍江医院	上海交通大学医学院附属仁济医院	陈胜良	消化内科
27			钟鸣	结直肠外科
28		绍兴市人民医院	彭放	心血管内科
29			应晓江	肛肠外科
30			黄黎明	乳腺甲状腺外科

越城区医联体建设情况表

表 56

序号	机构名称	医联体签约医院
1	皋埠街道社区卫生服务中心	绍兴市人民医院
2	富盛镇卫生院	绍兴市中医院
3	陶堰街道社区卫生服务中心	绍兴市中医院
4	马山街道社区卫生服务中心	绍兴市妇幼保健院
5	孙端街道社区卫生服务中心	绍兴文理学院附属医院
6	东湖街道社区卫生服务中心	绍兴市人民医院、绍兴市中医院、文理学院附属医院
7	灵芝街道社区卫生服务中心	绍兴市第七人民医院
8	东浦街道社区卫生服务中心	绍兴市人民医院、绍兴市中医院、文理学院附属医院
9	鉴湖街道社区卫生服务中心	绍兴文理学院附属医院
10	斗门街道社区卫生服务中心	绍兴市中医院、绍兴文理学院附属医院、绍兴市口腔医院
11	塔山街道社区卫生服务中心	绍兴文理学院附属医院
12	北海街道社区卫生服务中心	绍兴市中医院
13	府山街道社区卫生服务中心	绍兴市中医院
14	城南街道社区卫生服务中心	绍兴文理学院附属医院
15	稽山街道社区卫生服务中心	绍兴文理学院附属医院、绍兴市中医院、绍兴市口腔医院
16	迪荡街道社区卫生服务中心	绍兴文理学院附属医院、绍兴市中医院
17	沥海街道社区卫生服务中心	绍兴文理学院附属医院

区卫生服务中心小儿推拿科、鉴湖街道社区卫生服务中心中医内科、沥海街道社区卫生服务中心中医内科、富盛镇卫生院中医妇科特色专科)、西医类2个(稽山街道社区卫生服务中心糖尿病特色专科、斗门街道社区卫生服务中心儿科)。截至年底,累计培育区级特色科室27个,中医类14个、西医类13个。

医疗保障

【概况】 2021年,越城区职工基本医疗保险参保单位29689家,生育保险参保单位29689家。基本医疗保险参保98.24万人(其中职工医保参保56.62万人、城乡居民医保参保41.62万人),生育保险参保335241人,大病保险参保982447人。享受基本医疗保险待遇1838万人次,生育保险待遇8901人次,大病保险待遇16641人次。截至年底,全区户籍人口医保参保率99.77%,基本实现参保全覆盖。全年中心窗口叫号量54738个,办理报销业务20814件,参保业务24173件,备案业务7082件,平均办理时间14.1分钟。

【首推商业补充保险"越惠保"】 2021年1月7日,绍兴首款定制型商业补充医疗保险"越惠保"正式发布,保费标准100元/人。2021年越城区"越惠保"参保人数60.18万人,参保率64.35%。截至12月底,共计获赔12387人,获赔51923人次,理赔总金额5026.32万元。

【推广医保电子凭证】 2021年,越城区通过专题会议推进、强化协议管理,联合腾讯、支付宝进镇街、进药店开展医保电子凭证宣传,加强医保电子凭证推广应用。截至12月底,全区医保电子凭证激活率达到80%以上,定点医药机构医保电子凭证刷卡率为18.41%。

【异地就医】 2021年,越城区(含市本级)开通异地就医直接结算的定点医疗机构已达到38家。异地参保人在绍就医直接刷卡18643人次,垫付统筹基金2174.62万元,越城参保人在异地就医直接刷卡101583人次,统筹基金支出12027.12万元。

【打造"越美医保"党建品牌】 2021年,越城区以构建医保经办"15分钟服务圈"为载体,依托镇街、村(社区)、基层医疗机构、绍兴银行等多个网点,通过周例会培训、季度晾晒剖析,推进三级经办平台医保同质服务。2021年,全区170多个服务网点年受理量达到1万件以上。

【推进医保服务"一网通办"】 2021年,越城区以政务服务2.0为牵引,依托浙江政务服务网和浙里办App,实现31项医保服务事项网上可办,网办率达到94.51%。2021年5月,长三角地区医保关系转移接续跨省"一网通办"正式开通,经办时效从45个工作日压缩至18个工作日。

【深化支付方式改革】 2021年,越城区对全区33家定点医疗机构实行总额预算管理,对19家定点医疗机构实行DRGs(诊断相关分类)支付方式改革,全区纳入总额预算管理的定点医疗机构医保基金支出增长率为6.93%。

【医疗服务价格改革】 2021年,越城区县级以上公立医疗机构医疗服务价格实现全市统一,调整3331项。2021年12月1日,基层医疗机构医疗服务价格改革全面推进,下调985项,提高3226项。建立基层医疗机构价格和县级以上公立医疗机构价格联动机制,不断优化基层价格结构。

【开展条例宣传】 2021年,我国医保领域首部行政法规《医疗保障基金使用监督管理条例》和全国第一部医疗保障领域的综合性地方性法规《浙江省医疗保障条例》分别于2021年5月1日和2021年7月1日正式实施。越城区利用门户网站、越城普法、今日越城等线上平台开展条例宣传及相关政策解读,编印宣传折页6万余份,海报3000余份,问答手册600本,实现中心大厅、17个镇街(社区)、218个定点医药机构宣传全覆盖。

【严厉打击欺诈骗保】 2021年,越城区依托定点医药机构智能医疗服务监管系统,运用大数据摸排筛查诊疗服务行为,月均审核违规数据3000余条;通过定点医药机构自查自纠、专项治理、飞行检查、购买第三方服务等形式开展常态化检查,现场检查定点医疗机构(含医务室)66家,定点药店152家,现场检查率100%,暂停医保协议药店2家,取消医保协议医务室1家,追回医保违规基金249.54万元,移交处理360.24万元。

【规范开展行政处罚】 2021年,越城区严格落实行政执法公示制度、执法全过程记录制度、重大执法决定法制审核制度"三大制度",规范开展行政处罚。2021年作出行政处罚3起,罚款58.15万元,另有2起已立案。组织干部职工参加行政执法证考试,提高依法行政能力,执证率61.9%。

【抗疫医疗保障】 2021年,越城区落实新冠肺炎病毒疫苗及接种费用保障工作,重点做好专项资金预算、资金划拨、费用结算等工作,2021年共拨付新冠疫苗接种费用2213.36万元,新冠疫苗采购费用10915.20万元。2021年12月,为配合做好新冠肺炎疫情救治工作,预付绍兴市人民医院和绍兴文理学院附属医院周转金各1000万元。

医疗救助

【概况】 2021年,越城区享受医疗救助待遇134675人次,救助金额1679.74万元。其中,享受门诊待遇130883人次,救助金额1049.75万元;享受住院待遇3787人次,救助金额629.91万元。全区6877名特定人员享受城乡居民基本医疗保险费免缴,资助金额357.27万元。(区医保分局　丁伟琴)

人力资源管理

综　述

【概况】 2021年，越城区全年实现新增城镇就业5.38万人，失业再就业4.29万人，就业困难人员再就业4500人，城镇登记失业率保持在2%。新增就业大学生3.29万人，发放人才房票3425.13万元、安家补贴5812.46万元、高校毕业生租房补贴56.69万元，惠及各类人才8778人次。新晋升高级职称669人，培养技能人才57772人，评选"越城工匠"20人，承接省数字化改革项目试点"职业培训券全流程应用"。

2021年越城工匠名单

王宝健　浙江佳人新材料有限公司
王建冠　越城区塔山街道百草园社区拜竹楼工作室
王　辉　浙江精工重钢结构有限公司
王　鑫　绍兴宴贵客酒店有限公司
陈方剑　喜临门家具股份有限公司
陈学强　绍兴太和农业开发有限公司
杨红芳　绍兴市咸亨酒店食品有限公司
张　军　绍兴市华创聚氨酯有限公司
邵德夫　绍兴中新电器有限公司
李　明　浙江古纤道绿色纤维有限公司
金水芳　绍兴越城区金枫微雕艺术工作室
金建明　浙江新景市政园林有限公司
赵立峰　浙江盛洋科技股份有限公司
赵正旺　浙江越宫钢结构有限公司
郭叶峰　麦华(浙江)智能家居有限公司
章东耀　浙江安盛爆破工程有限公司
董　明　中芯集成电路制造(绍兴)有限公司
鲁　桥　绍兴禹庄开元酒店管理有限公司
翟德伟　浙江医药股份有限公司昌海生物分公司
樊剑峰　中粮孔乙己酒业有限公司

人才招引

【概况】 2021年，越城区累计开展线上线下招聘会239场，参与应聘2万余人，累计收到简历1.4万余份。全年兑现各类人才政策资金1.24亿元，兑现资金同比增长99.1%。全年新增就业大学生3.29万人(其中硕博人才1483人)，博士后工作站5家，进站博士后22名，超额完成目标数，实现人才工作各分项排名及总排名三

2021 年 4 月 14 日，招才引智春季专列大连会场（董野　摄）

年来均蝉联全市第一。

【“活力绍兴智引全球”2021 招才引智专列】 2021 年，越城区全年累计对接东北三省、内蒙古自治区以及北京共五省八城 150 余所高校和机构，开展线上线下招聘宣讲活动 150 场，组织博士人才、海内外人才、专家科技项目等人才对接活动 6 场。对接北京越城商会、大连海事大学建立“引才联络站”。年内，新建“引才联络站”38 个。2021 秋季专列中，发动 2500 余名在校学生申请“绍兴青年码”，共收集线上线下简历近 1800 份。组织中芯绍兴、长电科技等区内重点企业与大连民族大学、大连东软信息学院等专业对口高校开展空中宣讲，同步开启“云招聘”渠道，收获简历近 500 份。

【校企人才引培合作联盟建设】 2021 年，越城区“校企联盟”已涵盖辖区内 11 所联盟高校和 115 家重点企业。依托“校企联盟”平台，推动本地院校学生留在绍兴实习就业，分别在浙江工业职业技术学院、绍兴文理学院和绍兴文理学院元培学院等联盟高校组织巡回招聘会，推出 900 余个实习就业岗位，达成意向 600 余人。

【人才实习就业服务】 2021 年，越城区围绕产业平台的发展需求，对接浙江医药高等专科学校、大连东软信息学院等专业人才院校，通过双向教学、顶岗实习的方式深入合作，助力人才培养。全年兑现大学生就业见习实习补贴 1087.023 万元。年内，新建博士后工作站 5 家，新进站博士后 22 名，共拨付博士后工作站及博士后经费 564 万元。

【越城引才“百千万工程”】 2021 年，越城区开展 2021 年高校学子越城引才“百千万工程”系列活动 30 余场，共邀请 75 所高校的 300 余名老师、6400 余名学生访越。绍兴文理学院、绍兴文理学院元培学院、浙江工业职业技术学院等在绍高校师生成规模、分批次地实地参观两大“万亩千亿”产业园区、复旦科技园绍兴创新中心等地。大连市高校就业工作协作体、湖北省与内蒙古自治区等地区高校毕业生就业指导中心以及省外各地高校就业部门负责人、师生代表等先后到访越城区深化校地合作交流。清华大学集成电路学院师生一行重点参观考察绍兴集成电路产业园、中芯（绍兴）等集成电路产业重点企业。

【人才管家应用】 2021 年，越城区成功申领“人才码”的人才已逾 18000 人，通过“人才码”中一件事专区申请租赁补贴 9523 人、申请安家补贴 4953 人、申请人才公寓 869 人，申请量和办结量

2021 年 5 月 27 日，浙江工业职业技术学院高校师生实地参观两大“万亩千亿”产业园区（区人力社保局　提供）

均居全市首位。9月，“绍兴青年码”全线推出，申领后可享受城市推介、岗位浏览、线上招聘、匹配政策、见习实习等专属服务。发放人才房票3425.13万元、安家补贴5812.46万元、高校毕业生租房补贴56.69万元，惠及各类人才8778人次。

【技能人才培训】 2021年，越城区培养技能人才57772人，其中高技能人才14810人；组织或参加各级比武70余场，获省、市级荣誉60余人，评选“越城工匠”20人。截至2021年，越城区技能人才总量占从业人员比重位列全市第一；高技能人才占技能人才比重位列全市第一；等级认定企业数量及新型学徒培养数量列全市第一；共计发放高级工及以上证书14403本、中级工证书1413本、初级工证书537本、专项证书7816本，兑现各类培训资金4163.33万元，另与江西制造签订政企合作协议。

就业创业

【概况】 2021年，越城区新增城镇就业5.38万人，失业再就业4.29万人，就业困难人员再就业0.45万人，为22017人办理发放灵活就业社保补贴，城镇登记失业率保持在2%。年内，实施创业带动就业扶持工程，依托区、镇（街）、村（社区）三级公共创业服务平台，助推创业担保贷款政策。年内，为高校毕业生、就业困难人员、失业人员等各类创业主体发放创业担保贷款3330.4万元。受理一次性创业社保补贴和一次性创业补贴共计12人次，涉及金额6.5万元。

【实施就业脱贫工程】 2021年，越城区围绕就业困难人员重点群体实施就业脱贫工程，统筹运用多种政策措施开展针对性帮扶，累计帮扶失业人员再就业42908人，就业困难人员就业4458人；办理灵活就业社保补贴22017人次，涉及补贴金额9314.9万元；发放公益性岗位补贴85人次23.1万元。

【推进稳岗援企政策】 2021年，越城区发放稳定岗位补贴3100.3万元，涉及企业8257家，职工17.99万人。高标准落实小微企业纾困和各项配套政策，向符合条件的677家企业发放小微企业吸纳高校毕业生社保补贴308.8万元。

【落实失业保障】 2021年，越城区发挥失业保险金失业保障作用，全年审核发放失业保险金1.14亿元，涉及职工6.4万人次，其中，大龄失业人员延长领金419人，涉及金额345.44万元；超龄失业人员1435人，涉及金额330.4万元。审核发放失业补助金1672.5万元，涉及职工2.91万人次。

【推动在岗职工技能提升】 2021年，越城区继续放宽技能提升补贴缴费年限年制，协同“职业技能提升三年行动方案”提升在岗职工职业技能。全年受理技能提升补贴申请3908人次，发放补贴314万元。

【东西部劳务协作活动】 2021年，越城区帮助四川省农村劳动力到浙江省就业数为2925人，帮助四川省脱贫人口到浙江省就业数261人，培训四川省农村劳动力人数2428人，培训四川省脱贫人口1508人次。引导企业开发爱心岗位，定期梳理，推送岗位到马边县，2021年越城区共向马边县推送岗位2135个，其中爱心岗位1130个。

【保障复工复产】 2021年，在疫情常态化防控的形势下，越城区积极成立春节前后用工保障工作专班，全面运用大数据监测、重点企业用工监测和企业助企服务员对接等手段，开展落实留工稳岗政策，共计895家企业16866名外地员工留越过年，为企业尽早复工复产打下基础。

劳动关系和保障监察

【概况】 2021年，越城区共检查企业210家，涉及职工 7863 人，接受咨询 1000 余人次，发放询问通知书 85 份，发放限期改正指令书 32 份，办理行政处罚案件 9 件，处罚金额 9.62 万元。全年共接受“12345”信访投诉举报 1300 余起，签收“110”应急联动警情 4746 起，立案 334 起，结案 334 起，结案率达 100%。全国欠薪线索平台受理欠薪线索件 596 件，办结率稳超市级要求 95% 以上。通过零接触线上年检方式依法审查 11112 家用人单位报送的书面材料，超过预期目标 1000 余家，推荐市级诚信（AAAAA）企业 25 家。

【开展“根治欠薪”专项行动】 2021 年，越城区人力社保局牵头开展“根治欠薪”专项行动。此次行动以招用农民工较多的工程建设领域和劳动密集型加工制造等行业为重点，突出政府投资工程项目和国企项目，易受疫情影响及出口贸易摩擦影响的加工制造业企业，以及存在拖欠农民工工资隐患的其他企业。其间全区共出动检查人员 130 余人次，检查用人单位 611 家，涉及职工 4.38 万人，其中包括本地政府投资工程项目 24 个。

【整治违法使用童工专项行动】 2021 年，越城区重点针对娱乐场所、酒店餐饮、纺织服装等未成年工较易出现的企业，实地走访检查用人单位未成年工保护及使用情况。行动期间共检查辖区内企业共 11 家，涉及用工人数 876 人，查处违法使用未成年工 1 起、违法使用童工 1 起，共处罚款 37500 元。

【劳动人事争议仲裁】 2021 年，越城区共立案受理劳动人事争议案件 1154 件，其中劳动报酬 484 件、解除终止劳动合同 225 件、社会保险 148 件（工伤保险待遇 115 件）。全年共处理结案 1184 件（包括上年结转 97 件），结案金额 1997.77 万元。其中 639 件受理的仲裁案件通过网络申请，登记网络调解案件 206 件。网络办案率 52.45%，调解成功率 79.5%，结案率 94.6%、仲裁终结率 90.5%，全面完成省、市、区的考核指标。

【推进速裁一件事改革】 2021 年，越城区在农民工工资速裁机制的基础上，积极探索工伤保险待遇、经济补偿金仲裁案件的速裁模式。全年通过速裁机制累计处理案件 98 件，其中工伤保险待遇案件 7 件、经济补偿金案件 15 件，涉及劳动者 98 人，调解 82 件、撤诉 16 件，结案标的合计 191.5 万元，速裁结案率 100%，调解率 100%。平均办案周期 2 天，比法定办案期限缩短 90% 以上。

【强化仲裁案前调解工作】 2021 年，越城区落实专人分片跟进指导各镇街的调解工作。2021 年，17 个镇街劳动人事争议调解中心共调处劳动纠纷 607 件，镇街兼职仲裁员共处理劳动争议仲裁案件 344 件。2021 年 7 月，成立劳动纠纷调解工会工作室，区总工会派驻一名退休返聘人员从事案前调解工作，年内成功调解劳动争议案件 29 件。

【开展“百日清薪维稳”专项行动】 2021 年，为护航中国共产党成立 100 周年大庆，越城区开展“百日清薪维稳”专项行动。其间全区共出动检查人员 40 人，检查用人单位 300 余家，其中包括在建工程项目 160 余家。此次专项行动中成功处理 29 件欠薪线索案件，涉及职工 50 人，涉及金额 40.37 万元；查处童工 1 人，涉及人数 1 人，给予处罚款 1 万元。

社会事务

综　述

【概况】 2021年，越城区社会事务管理水平不断提高，服务效能不断提升。城乡居民低保标准提高到每人每月890元，特困人员基本生活供养标准为每人每月1620元，社会散居孤儿基本生活费发放标准每人每月1650元。区五邻社联合总会承担着培育发展社会组织与社会工作者，链接激活社会优质资源，从事社区公益事业、融洽邻里关系、提升社区自治功能等职责，在11个镇街设立社会工作站。创新便民举措，增设婚前辅导和介入婚后调解服务，全面提升婚姻登记服务水平。2021年度共办理婚姻登记5473对，其中结婚登记2913对，离婚登记995对，补发婚姻登记证1565件。聚焦民生，创新机制，提升养老服务能力；在全区范围内对554户困难老人家庭实施适老化改造，对2219名特殊困难老年人开展探访关爱服务，创新70周岁及以上老年人养老服务补贴发放方式。规范慈善行为，促进慈善事业健康发展；加大慈善资金的募集力度，推进慈善救助项目化；修订完善相关实施办法和操作细则，打造透明慈善；开展“慈善一日捐”活动，共募集善款110.0133万元。

【全国实验区结项评估】 2021年，越城区“五邻社”作为第四批全国社区治理和服务创新实验区项目正式通过评估验收。

【地名服务】 2021年，越城区归集标准地址数据34万条，业务数据上图率达100%。完成地名命名72个。核发门牌证969本；开具临时证明1107份；编制新门牌181个；查找、梳理、推荐“党史中的越城地名”，收集红色地名故事2个、红色地名30处。

【社会组织培育】 2021年，越城区以社区五邻社为基础，全方位链接社会资源，以普法、慈善、救助、教学、文明实践、社区微公益创投等项目实施为抓手，孵化社会组织，各行业、各群体通过联盟组建起1824支备案社会组织，区、街道、社区三级五邻社组织共承接政府项目资金2000多万元、募集社会资金800多万元、开展活动1万多场次。（区民政局　王凯励）

五邻社组织建设

【概况】 截至2021年底，越城区五邻社拥有专职社会工作者17名，其中本科学历10人，持证社工5名。培育14名公益岗位的社会工作服务者。建立五邻社总会党支部，党员数量达到5名。承接了组织部、文明办、司法局、民政局、卫健局、文广局等部门的党建服务、老年教育、精神文明实践、普法宣传、社会救助、养老服务、婴幼托管、慈善慰问、城市书房等项目。下属6个社会工作机构，组建了五邻社区学院、五邻社益起来志愿者爱心商城、五邻社文化发展有限公司、五邻阁生活服务中心、五邻社区大食堂(高立店)、五邻社小灵童婴托所等产业。孵化培育了青草、晨希、向阳、七彩、五邻社区学院等7家社工机构，链接172家服务机构与企业，吸收8000多名志愿者参与各类服务。

【特殊困难老年人探访关爱】 2021年，越城区五邻社探索建立特殊困难老年人探访关爱服务制度，对全区60周岁以上的低保、低收入和低保边缘困难老人中遭遇突发事件、意外事故、患有重病等重大变故的，以及60周岁以上孤寡、独居、失独和留守老人，进行制度化探访。截至年底，共与2219名特殊困难老年人进行结对帮扶，实行个性化服务，常态化开展经济帮扶、精神慰藉和安全守护。

【建设五邻社区学院】 2021年，越城区五邻社承接"家门口"老年大学的运行管理，将围绕提高服务能力、增进邻里关系、提升社区组织化能力，满足老年人日益增长"老有所为、老有所学、老有所乐"的文化需求。年底，全区已开设17个教学点，34个兴趣班。

【成立五邻阁生活服务中心】 2021年，越城区探索成立五邻阁生活服务中心，推出面向越城区60周岁老年人提供价廉物美的助洁与免费配送服务，探索一条新型的居家养老专业服务之路，并提取部分资金成立基金，"反哺"老年人公益事业。

【开展普法宣传】 2021年，越城区坚持普法与创建工作相结合，社会力量与自主创新相结合，开展以"法润越城"为主题"普法大讲堂"；开展贴近群众生活的包括惠民理发、健康义诊、普法电影放映、法律咨询等为内容的普法公益服务活动，截至年底共计开展普法进村居活动186场，惠及群众5000余人，发放宣传资料1600份。

【设立五邻社爱心基金】 2021年，越城区设立五邻社爱心基金，实施"百千万"助力工程，发动百家企业、千名社工、万名志愿者结对帮扶开展个性化服务，构建起社会协同的爱心服务模式，共收到61家企业、1730名个人爱心捐赠，募集38万元爱心基金和50多万元的物质与慰问金，兑现54个"微心愿"。(区民政局　孟韩健)

婚姻家庭

【概况】 2021年，越城区共办理婚姻登记5473对，其中结婚登记2913对，离婚登记995对，补发婚姻登记证1565件。开展婚姻知识宣传工作，以发放婚事新办倡议书、LED视频滚动播放婚姻家庭宣传片等方式，向广大新人普及婚姻知识，倡导正确的婚姻家庭价值取向，共计发放宣传折页4200余份，婚姻新办告知书3600余份，受益新婚当事人820对。

【开展婚姻辅导工作】 2021年，越城区增设婚前辅导，让"新手"夫妻的心理建设更充分。在婚登处引导"新手"夫妻参与婚姻家庭知识学习，引入婚姻心理测评、肢体互动、小游戏、短视频观看等环节，为新人调适新婚焦虑，传授婚姻技巧，提供免费服务支持，共计105对新人参与婚前辅导。

【举办婚姻主题活动】 2021年，越城区在5月20日、"七夕"等集中领证日开展婚姻文化、家风家教、文明婚俗等主题讲座，为新婚夫妻上好婚姻家庭"第一课"，向现场颁证的新人传授和谐婚姻知识，赠送幸福婚姻秘籍。全年共开设新婚课堂8次，签订婚事雅办承诺书300余份。

【介入婚后调解】 2021年，越城区有效发挥婚姻辅导室和婚姻家庭调解队伍的作用，先调解，再登记，为申请离婚的当事人免费提供情感沟通、心理调适、纠纷调解、法律咨询等服务，婚登处受理离婚申请1783件，开展婚后矛盾调适900次，调解成功210对。宣传“离婚冷静期”的政策，婚登处采用“坐诊”+“随诊”，对前期辅导的当事人跟踪指导，一定程度减少“冲动型”“草率性”离婚的发生。

【婚姻家庭辅导】 2021年，越城区组织“幸福婚姻、和谐家庭”婚姻家庭辅导进社区、进学校、进企业系列活动。辅导老师通过公益讲座、线下团体辅导、大型父母课堂等，从婚姻家庭关系的代际传递、婚姻家庭沟通等方面，开展专题辅导讲座16场，为500余个家庭带去面对面的婚姻家庭知识课程。通过浙江省婚姻家庭辅导平台预约和公开的咨询电话，接受社会广大群众在婚姻家庭方面问题的咨询，提升线上线下婚姻家庭辅导效能。（区民政局　余立峰）

退役军人事务

【概况】 2021年，越城区退役军人事务局在区委区政府、区级有关部门及各镇街的关心、支持下，认真贯彻落实习近平总书记关于退役军人工作的系列重要指示批示精神和上级决策部署，开展绍兴“老兵码”市级试点工作以及崇军商家加盟宣传，截至年底已报名98家，在老台门餐饮连锁店开展商家上线试点。全年完成各项重点工作，列市对区考核第二名。其中，《越城区“组团式”服务助力退役军人有效融入社会创新做法》被省委办公厅《浙江信息（督查通报）》专题刊载，成为2021年绍兴市各区、县（市）中首个入选全省“三服务”活动月度10个好典型的案例。完成退役军人档案数字化工作。

2021年，越城区累计为区内退役军人提供企业信贷支持23户，合计提供信贷支持2.07亿元；邀请资深律师累计举办《中华人民共和国退役军人保障法》宣讲7场。通过社会化走访慰问退役军人，支出资金74万元。

【“示范型”退役军人服务站创建全覆盖】 2021年，越城区全面落实镇街服务站重点任务清单，实施“轮值站长”制度，完成6个镇街退役军人服务站新建或改造提升。完成4个镇街，30个村（社区）省级“新时代枫桥式退役军人服务站”创建、3个镇街市“双示范型”退役军人服务站创建、4个镇街和229个村（社区）服务站全国“示范型”退役军人服务站创建，确保镇街全国“示范型”退役军人服务站创建全覆盖，村（社区）创建率60%以上。此外，府山街道完成省级红色退役军人服务站创建，区服务中心被评为第二批市级国防教育示范单位。

【擦亮“军民同心、越城越拥”双拥品牌】 2021年，越城区以首次单独创建省级双拥模范城为

2021年，越城区召开全市首个区级关爱退役军人协会成立大会（区退役军人事务局　提供）

契机,全力擦亮“军民同心、越城越拥”双拥品牌。将三级服务中心(站)建设纳入基层拥军网格化管理,建设完成双拥文化主题公园等五个双拥文化示范点。开展烈士纪念设施管理保护专项督查行动,投入200万元完成吼山烈士陵园升级改造工程及7例散葬烈士墓的修缮保护工作。组织开展迎“八一”中国人民解放军建军纪念日、烈士祭扫等系列活动20余场,走访慰问参战老兵、困难退役军人、烈士遗属、边海防部队官兵家庭等,接收退役士兵,安置转业军官及士官、随军家属,新增优抚对象,深入开展驻越城部队结对共建活动。

【成立首个关爱退役军人协会】 2021年,越城区召开全市首个区级关爱退役军人协会成立大会。大会现场宣读关爱退役军人协会及基金筹备情况,审议通过《越城区关爱退役军人协会章程》《越城区关爱退役军人协会财务管理制度》《越城区关爱退役军人协会选举办法》等文件,选举产生会长(沈云来)、副会长(王永泉、宋金才、虞学泽、丁来富、陈晓华)、秘书长(陈晓华)。会上举行退役军人征文集发布仪式、“老兵宣讲团”聘书颁发仪式和退役军人志愿服务品牌发布仪式。

【志愿服务队伍搭建】 2021年,越城区成立“越剑先锋”退役军人志愿服务队和老兵宣讲团,截至12月31日,已在全区5个镇街、35个村(社区)退役军人服务站开展老兵宣讲。台风“烟花”登浙期间,退役军人志愿者参与一线防汛,累计转移群众280余人,排除安全隐患500多个。(区退役军人事务局　虞华锋)

养老服务

【概况】 2021年,越城区通过创新养老服务模式、提升养老服务品质,加快推进老年人养老服务、健康服务、社会保障、社会参与、权益保障等统筹发展,实现70周岁以上老年人助餐补贴100%覆盖、特殊困难老年人探访关爱100%覆盖、失能半失能困难老年人家庭适老化改造100%覆盖,基本养老服务实现均等化,惠及全区20余万名老人。组织开展“智慧助老和银龄跨越数字鸿沟”科普专项行动老年电大教学点培训,提供助老济困慰问、健康指导宣讲、专家义诊、免费医疗服务等。年内,府山街道越都社区成功创建为全国示范性老年友好型社区。

【养老服务设施实现全覆盖】 2021年,越城区已建成17家镇街级居家养老中心,其中五星级3家、示范型14家,建成226家城乡居家养老服务照料中心,实现全区镇街级居家养老中心和城乡居家养老服务照料中心“双覆盖”,逐步形成15分钟居家养老服务圈。

越城区镇街级居家养老中心一览表

表57

序号	名称	地址	建设标准
1	塔山街道居家养老中心	绍兴市越城区人民中路628号	五星级
2	府山街道居家养老中心	绍兴市越城区府山街道胜利西路111号西小校场沿路	五星级
3	孙端街道居家养老中心	绍兴市越城区孙端街道新河村1号	五星级
4	北海街道居家养老中心	绍兴市越城区胜利路越西路口(北)1239号	示范型
5	稽山街道居家养老中心	浙江省绍兴市越城区鲁迅东路577号	示范型

续表 57

序号	名称	地址	建设标准
6	城南街道居家养老中心	蔡家江村(蔡江公寓对面)	示范型
7	迪荡街道居家养老中心	浙江省绍兴市越城区迪荡街道龙骧园西门北侧	示范型
8	东湖街道居家养老中心	绍兴市越城区小皋埠村	示范型
9	灵芝街道居家养老中心	绍兴市越城区大树江路 108 号	示范型
10	东浦街道居家养老中心	绍兴市越城区袁川村	示范型
11	鉴湖街道居家养老中心	绍兴市越城区鉴湖坡塘村	示范型
12	斗门街道居家养老中心	绍兴市越城区斗门街道鸿滨社区滨河公寓 75 号	示范型
13	皋埠街道居家养老中心	绍兴市越城区人民东路 1428 号	示范型
14	陶堰街道居家养老中心	绍兴市越城区陶堰街道浔阳村瑞丰大道 1 号	示范型
15	马山街道居家养老中心	马山街道上许村	示范型
16	沥海街道居家养老中心	绍兴市越城区西大街沥海中学北侧	示范型
17	富盛镇居家养老中心	绍兴市越城区富盛镇富盛村金家岭	示范型

【对 478 户困难老年人家庭进行适老化改造】 2021 年，越城区对全区 478 户困难老年人和计划生育特殊家庭老年人中的失能半失能人员，以及困难老人中部分 80 周岁以上的自理老年人的居所实施适老化改造，聚焦老年人安全、健康等功能性需求，选择适配性产品，组成不同场景居家环境的产品服务包，提升老年人生活自理能力和居家生活品质。

【全市率先实施居家养老服务补贴数字化改革】 2021 年，越城区对 70 周岁及以上老年人每年 100 元的养老服务补贴由原来纸质券升级为电子货币充入市民卡，定向用于助餐，设立 74 个助餐点，全区域打通使用。在 90 周岁及以上居家养老服务补贴，由原 200 元每月的纸质服务券优化为每月 360 分钟的计时服务，实行一人一码，通过扫码打卡计时服务，并通过移动终端，对服务实现全流程闭环管理。全年累计有 104007 名适龄老人申请服务，累计 294888 人次享受服务，回访率 12.8%，满意率 99.6%。

【全市首创特殊困难老年人探访关爱服务】 2021 年，越城区将探访关爱服务列为 2021 年区级民生实事工程，列支 240 万元专项资金，以购买服务形式，委托专业社会工作机构对全区 2219 名高龄独居、孤寡残疾、失独留

帮助特殊困难老年人修缮房屋(章清蓉　摄)

守等特殊困难老年人开展上门探访，全年形成走访记录48515条，电访记录120152条，实现老人微心愿171个，建设老年人视听室、阅览室、健身室等16处，处置危及生命安全的事件40多起，修缮房屋设施18户，代购代办228人次，临时救助5人，常规慰问1860人，安全检测1360户，公益服务421场，小组活动153场次，个案服务60个。

【养老护理员技能比赛首获嘉奖】 2021年，越城区以集中轮训、下乡送学两种形式开展养老护理员职业培训，全年新增执证人员257名，养老服务机构在职护理人员100%接受培训。组队参加2021年度市级养老护理员技能竞赛，取得个人三等奖、团体三等奖的好成绩，实现历史性突破。

【开展养老机构联合安全检查】 2021年3月底至4月初，越城区民政局联合区市场监管局、区消防救援大队等部门对全区22家养老机构进行消防和食品安全检查，消除机构安全隐患，并关停塔山街道夕阳红康乐园。（区民政局　盛安邦）

【老年电大】 2021年，越城区老年电大春季、秋季分别招生8670人次，征订快递各类教材4380本。补助迪荡街道都泗社区、府山街道铁甲营社区、塔山街道滨河社区、灵芝街道滩街社区、稽山街道门前江社区5个基层老年电大教学点建设项目，共10万元。（区卫生健康局　俞露卿）

社会保险

【概况】 2021年，越城区社会保险覆盖范围进一步扩大，全区职工（城乡居民）基本养老保险、工伤、失业保险参保人数分别达到61.06万人、45.93万人和33.39万人，全民参保率达到99.9%，位列全市第一。

【社保经办】 2021年，越城区人社局办理社会保险业务51万笔；办理职工基本养老保险关系转移接续8947人次、城乡居民养老保险参保缴费2.7万人，新增被征地农民养老保障并轨业务4490人；办理企业养老保险退休9838人、机关养老保险退休143人、居民养老保险待遇核定1270人；发放企业退休人员养老金约74.3亿元、城乡居民养老待遇约2.33亿元；办理工伤报销3420件次。（区人力社保局　周蕾蕾）

社会救助

【概况】 2021年，越城区城乡居民低保标准提高到每人每月890元，特困人员基本生活供养标准为每人每月1620元，社会散居孤儿基本生活费发放标准每人每月1650元，全年支出困难群众生活救助资金4798.6596万元，其中共救助低保41340人次，发放低保金3844.7902万元；保障特困人员供养3225人次，发放特困人员供养资金616.6737万元；发挥临时救助“救急难”作用，对遭遇突发事件、意外伤害、重大疾病或其他特殊原因，导致基本生活陷入困境的家庭开展临时救助，全年救助324人，支出资金99.2771万元。

【实施渐退期政策】 2021年，越城区推行救助渐退制度。低保、低保边缘家庭实行一年渐退期，凡低保、低保边缘家庭人均收入分别超过1倍但未达到3倍的，从收入超标次月起计算，给予12个月渐退期。渐退期内，低保金按每人当地同期低保标准的30%计发。12个月渐退期满后收入仍超标的，退出低保或低保边缘救助。

【构建主动发现机制】 2021年，越城区围绕兜底保障“核心层”“中间层”“拓展层”等贫困群体，组建以民政助理员、村社协管员为核心，覆盖全域的社会救助主动发现队伍 17 支 345 人；按照“数据向上集中、服务向下延伸”要求，依托社会救助平台，建构人社、医保、残联等跨部门、多层次的信息共享机制，主动发现、主动救助“沉默的极少数困难群众”，实现救助服务全覆盖。

【开展困难群众探访关爱和幸福清单送达工作】 2021 年，越城区探索基本生活救助模式向“物质 + 服务”类救助模式转变，在全区 17 个镇街实施困难群众探访关爱和幸福清单送达工作。通过入户探访，宣传救助（儿童）政策，解答困难群众提出的问题和疑惑，并根据摸排情况，解决力所能及的愁盼问题。（区民政局　曹盛昌）

社会福利与慈善事业

【概况】 2021 年，越城区从“儿童利益最大化”为出发点和落脚点，探索“政府牵头、部门协作、社会参与、家庭尽责”保护模式，实现事实无人抚养儿童精准保障。同时认真贯彻落实省、市两级《关于加快推进慈善事业高质量发展的实施意见》及省、市民政 30 条精神，开展越城区《关于推进新时代民政事业高质量发展的实施意见》任务清单发文立项及起草工作，出台《关于推进新时代民政事业高质量发展的实施意见》任务清单，通过筑牢工作基础、搭建综合平台、加强行业引领，推进越城区慈善事业高质量发展。

【落实基本生活保障制度】 2021 年，越城区进一步调整社会散居孤儿基本生活费发放标准，按每人每月 1650 元发放，全年共发放儿童福利保障金 234.18 万元，其中散居孤儿发放基本生活费 16.35 万元，事实无人抚养困境儿童发放基本生活费 124.39 万元，其他困境儿童发放基本生活费 84.37 万元，对低保、低边中的残疾儿童开展福利补助 9.07 万元。

【成立未成年人保护工作委员会】 2021 年 6 月，越城区根据未成年人保护工作协调机制的实际，及时调整并成立越城区未成年人保护工作委员会，由分管区领导任主任，办公室设在区民政局，宣传、检察、公安、教体、妇联等 22 个相关部门、单位为成员单位并由其分管负责人担任委员，提升整体工作合力，形成政府负责、民政牵头、部门协作、社会参与的未成年人社会保护工作机制。

【区级示范型儿童之家创建】 2021 年，区妇联、区民政、区教体完善工作协调机制，通过区级示范型儿童之家的创建，切实发挥儿童之家的引领示范带动作用。全年全区命名 13 个区级示范型儿童之家，创建省级示范型 1 家、市级示范型 2 家，为未成年人提供健康成长的生活空间。

【开展“点亮心灯 悦爱童行”困境儿童探访项

2021 年，越城区开展“慈善一日捐”活动（王羽婕　摄）

目】 2021年，越城区在府山、塔山、陶堰、富盛4个镇街开展试点，委托专业辅导团队实施“点亮心灯 悦爱童行”困境儿童探访项目，为4个镇街近80名孤困儿童开展上门关怀、结对帮扶、活动互动等服务，帮助困境儿童树立成长自信，促进身心健康发展。

【开展“慈善一日捐”活动】 2021年，越城区在“9·5”中华慈善日期间开展以“汇聚慈善力量 助力共同富裕”为主题的宣传活动，在做好慈善文化宣传，慈善氛围营造的同时，启动全区“慈善一日捐”活动，区四套班子领导带头参加“慈善一日捐”活动，共募集善款110万元，筹集善款主要用于越城区助孤、助老、助困、助学、助医等慈善项目支出。（区民政局　曹盛昌　翁行锋）

民族和宗教

【概况】 2021年，越城区共有少数民族群众4.4万名，少数民族团体1个，为越城区少数民族联谊会。宗教团体3个，即越城区佛教协会、越城区基督教协会和越城区基督教三自爱国运动委员会（以下简称越城区基督教“两会”）。截至12月底，全区共有合法登记的宗教场所55处。

【民族团结进步创建】 2021年，越城区制定下发新一轮《越城区民族团结进步创建工作三年行动计划（2021—2023）》，在创建内涵、创建形式和创建范围等方面提出更高的要求。塔山街道花园社区、府山街道绍兴市龙华寺、城南街道中成社区、灵芝街道喜临门家具股份有限公司、鉴湖街道春风社区、斗门街道群贤小学、皋埠街道坝头山村、马山街道两江社区8家单位创建区级民族团结进步创建重点培育单位，越城区少数民族联谊会、浙江医药股份有限公司创建市级，浙江医药股份有限公司和沈园堂健康文化传播有限公司创建省级。

【联络联谊精准互助】 2021年，越城区结合中国共产党成立100周年，开展《献礼百年·探寻民宗人的初心故事》巡展，在全区范围内开展“党恩各族颂·越城一家亲”摄影比赛；穆斯林开斋节，为越城区穆斯林同胞送去节日祝福，一起座谈交流，畅叙民族情谊；世界环境日开展“民族团结林”认种活动；“六一”国际儿童节开展“童心永向党，民族一家亲”活动，为灵芝街道狭猱湖小学的少数民族孩子们送去乒乓球桌、乒乓球板和节日的祝福；在老周牛肉拉面馆建立越城区少数民族服务联络站，进一步发挥老周工作室基层调解功能；会同越城区公安分局成立“石榴·越红”工作站，创新少数民族流动人口服务管理。用好“石榴籽·易行爱心基金”，为16名少数民族困难学生成功申请补助；继续开展“万人互助”行动计划，帮助越城区患病的畲族少数

2021年，越城区承办浙江省《绍兴市宗教活动场所建设与管理规范》地方标准发布会暨“互学互促”活动（区委统战部　提供）

民族同胞申请万人互助补助资金。

【强化宗教事务基层基础】 2021年，越城区健全三级宗教工作网络和两级宗教工作责任制，推行区、镇街、村居三级责任书制度，区属各宗教活动场所行业和属地安全生产目标管理责任书签订率100%；落实涉宗场所“双暂停”及疫情防控常态化工作，组织配合防疫部门做好宗教教职人员的新冠疫苗接种工作，倡议区宗教团体为防疫捐款总计12万元；压实宗教场所消防安全主体责任；开展消防安全标准化管理“百优争创”活动，龙华寺和东浦基督教堂被评为优秀单位，全年共检查场所100余次。

【宗教活动场所标准化管理省级示范区建设】 2021年，越城区委统战部会同区市场监管局，将“绍兴市越城区宗教活动场所标准化管理省级示范区建设”项目作为2021年度浙江省标准化试点项目进行申报，并于10月被成功立项为“2021年浙江省省级标准化试点项目”；制订并落实《越城区宗教活动场所管理系列标准规范达标考评办法》，实行宗教活动场所达标进位“等级创建”；在前期全面摸排调研基础上，启动实施古城内部分宗教活动场所周边环境“微整改”项目建设；承办浙江省《绍兴市宗教活动场所建设与管理规范》地方标准发布会暨“互学互促”活动，相关工作经验被中国宗教杂志社、《中国统一战线》杂志等推广。

【坚持“宗教中国化”方向】 2021年，越城区深入实施宗教领域“十百千万”普法工程，指导龙华寺成功创建省级法治宣传教育示范点，上畈基督教堂创建省级法治宣传教育基地；举行庆祝中国共产党成立100周年“书画颂党恩·龙华证道心”大型书画展暨绍兴图书馆龙华佛学分馆新馆落成启用仪式；探索开展宗教教职人员大病互助关爱行动，指导佛教协会设立“慈缘基金”；指导区佛协参与“同心越城·爱在身边”东西部协作项目，向四川省乐山市马边县大竹堡乡朝阳坪村捐资20万元，用于村公共卫生设施建设；宗教团体节日互访常态化，开展宗教团体节日互访暨宗教界代表人士“宗教中国化”读书系列活动。（区委统战部　唐赟）

镇 街

徐渭艺术馆(陈漪楠　摄)

塔山街道

【概况】 塔山街道位于绍兴市城区腹地,东、南、西至环城河外沿,北至人民路,地域面积4.3平方公里,素以"财赋之地,人物渊薮"著称。街道下辖10个社区(居委会)、1个行政村,户籍人口约7万人。辖区内有全区最大的商圈——银泰商圈,国家AAAAA级旅游景区鲁迅故里、沈园景区、青藤书屋,塔山文化广场、图书馆、文化馆等场馆设施,稽山中学、建功中学、鲁迅小学、塔山中心小学等重点教育资源以及三级医院绍兴第二医院。街道紧紧围绕"奋力打造首位度中心城区"总体目标,以党建"契约化"共建为引领,统筹抓好疫情防控、经济社会发展和基层社会治理,街道各项工作均取得较好的成绩。2021年,街道荣获全省"五水共治工作考核优秀街道"称号,创建浙江省数字生活新服务特色镇,省级高标准生活垃圾分类示范片区,绍兴市平安综治工作平安乡镇,"台门党校"学习圈获评绍兴市"终身学习品牌项目",鲁迅故里步行街创建省级高品质步行街。

2021年，塔山街道完成一般公共预算收入1.53亿元，同比增长98.7%；完成全社会固定资产投资总额11.5亿元，其中建安投资8.3亿元，同比增长69.1%；高新投资3亿元，同比增长36%；交通投资1.3亿元，同比增长31.8%；建筑业省内产值增速38%，规模以上其他营利性服务业营业收入同比增长28%，限额以上住宿业营业额同比增长23%，限额以上餐饮业营业额同比增长27%，限额以上零售额销售额同比增长21.8%，限额以上批发业销售额同比增长21.1%，限额以上社会消费品零售额同比增长22.4%。其中一般公共预算收入增速、限额以上社会消费品零售额增速、规模以上其他营利性服务业营业收入、批零住餐（服务业）“下升上”等多项经济指标在全区名列前茅。

2021年，盛洋集团、咸亨酒店高端连锁酒店等营收超亿元以上企业总部已成功落户塔山街道；以数字化改革助推“安戈洛”成立浙江中体文化集团，其打造的“数智马拉松指挥管理平台场景应用”和“家庭体育大脑改造项目”分别在全省和全市试点。

【打造街道特色党建】 2021年，塔山街道坚持党建“契约化”引领，在11个村社试点选择一个小区，开展“一小区一特色一清单”活动，要求每个小区由共建单位认领，与网格员结对管理，并按照清单开展小区微治理，每季进行测评，年底开展优秀共建单位评选，将党建红旗插到每个小区。利用街道商圈业态的优势，在共建单位绍兴银泰商圈党组织率先启动全区首个新业态、新就业群体党建示范点建设，建立全市首个商圈“两新”党组织党群服务中心，启动全市首个新就业群体商圈服务站点——“车轮驿居”，将党建服务触角延伸到外卖骑手、快递员、网约车司机“小哥们”等新业态就业人员。

【开展追寻“红色基因”活动】 2021年，塔山街道采用抗美援朝老兵宣讲红色故事、陵园扫墓缅怀先烈、百名党员谈入党感悟，组织“唱红歌、捐红书、编红色故事”活动，宣传红色文化，宣讲红色故事，《塔山红脉》一书已完成初稿，将于近期正式出版；依托“今日塔山”App，设置“红色根脉”专栏，开设学习剪影、党史微课、塔山红印、心中的党等模块，丰富“云课堂”资源和党史学习教育微视频，全年已开展党史知识竞赛1次，组织专题讲座6次，专题研讨5次，共收到心得体会50余篇。塔山街道党史学习教育做法先后被中央党史教育专刊、省委办公厅《浙江信息》录用推广。

【台门党校获评2021年度绍兴市全民终身学习品牌项目】 2021年，塔山街道实施“1+4+N”（“1”为以街道党委为中心，“4”为依托4个台门党校阵地，“N”为解决古城民生N张清单）台门宣讲工程，重点培育打造4个台门特色，其中青藤社区台门党校作为“契约化”共建主阵地，阳明书舍台门党校作为“薪火相传”党员孵化器，秋瑾故居台门党校作为优秀女党员示范教育基地，鲁迅故里台门党校作为传承红色基因智能化红色教育基地。统一印制台门党校相关品牌文创产品，在社区村基层营造浓厚学习氛围。“台门故事汇”被人民网、新华网、《浙江日报》头版等省级以上媒体报道，《人民日报》以《台门里头坐，服务为大家》为题长篇报道塔山街道台门党校做法。台门党校被评为2021年度绍兴市全民终身学习品牌项目、2021年度越城区党建“契约化”共建工作十佳“创优项目”、2021年度越城区新时代文明实践金牌项目之一。

【深化文商旅融合】 2021年，塔山街道未蓝、兴虹文创园等文创平台整体招商入驻率90%以上，成为继银泰商圈后古城内新休闲消费场所。投资近亿元的鲁迅故里高品质步行街已于

“五一”期间成功开街，并被评为绍兴唯一一个省级高品质步行街，成为鲁迅故里文商旅融合和古城夜间经济发展的“绍兴样板”。1901 商务会所和嘉禾商务楼入驻率、企业注册率均达到 100%。

【获评省级数字商贸特色镇】 2021 年，塔山街道持续推动“互联网 +”建设，以“一圈二园三街区”为载体，以打造高品质智慧街区、智慧商圈等为重点的数字商贸特色街道，进一步挖掘传统文化和数字化的协同优势，双向赋能，多点发力，全面抢占数字经济风口，发展数字生活商贸特色，近三年街道限额以上零售业销售额增速均在 30% 以上，限额以上社会消费品零售额增速均在 20% 以上。2021 年被评为省级数字商贸特色镇，是越城区唯一获此称号的镇街，塔山村被评为省级电子商务特色村。

【出台《关于促进民营经济高质量发展的若干政策意见》】 2021 年，塔山街道出台《关于促进民营经济高质量发展的若干政策意见》，深化街道领导联系企业制度，优化街道营商环境，让更多企业愿意到古城来投资兴业；积极培育科技型中小企业，助推小微企业和个体企业提档升级。全年共申报国家高新技术企业 4 家、省科技型中小企业 4 家，新增高新技术企业培育库 5 家、省科技型企业培育库 10 家；新增股份公司 1 家，完成批零住餐、服务业“下升上”17 家，“个转企”12 家，“产转法”1 家，创历史新高。

【征迁改造】 2021 年，塔山街道先后完成鲁迅故里周边 20 号、21 号、22 号地块，迪欧咖啡、建设银行绍兴分行、观音弄 5 号等项目征收，顺利完成红色教育基地陈建功旧居腾退与使用权捐赠，得到了市领导高度肯定；先后完成人民路人行道序化工程、环山河周边环境整治提升工程、三个农贸市场周边环境整治提升工程等古城微

2021 年塔山街道主要经济指标完成情况表

表 58

指标	单位	2021 年	2020 年	比 2020 年增长
一般公共预算收入	亿元	1.53	0.77	98.7%
高新投资	亿元	3	2.21	36%
建安投资	亿元	8.3	4.91	69.1%
交通投资	亿元	1.3	0.99	31.8%
建筑业省内产值	亿元	27.35	19.82	38%
限上住宿业销售额	亿元	2.1	1.71	23%
限上餐饮业销售额	亿元	4.1	3.23	27%
限上批发业销售额	亿元	22.9	18.91	21.1%
限上零售业销售额	亿元	7.15	5.87	21.8%
限上社会消费品零售总额	亿元	11.3	9.23	22.4%
规上营利性服务业增加值	亿元	10.39	8.12	28%
自营出口	亿元	16.45	8.12	102.5%

改造项目，不断提升古城景观及环境。推进老旧改造，2020年度实施的87万平方米41个小区改造项目已全部完成验收，2021年实施的37万平方米的10个小区改造项目只剩3个在收尾施工；出台《既有住宅电梯加装专项考核办法》，全年完成4台电梯安装工程，5台在建设中。着力破解塔山卫生服务中心用房难问题，完成过渡用房租赁及装修并正式投入使用。

【优化人居环境】 2021年，塔山街道共完成19个污水零直排项目改造，建成全区首个污水信息检测系统，街道被评为全省治水先进单位；继续保持城市管理上的领跑优势，出台“洁净塔山”考核办法，持续开展“四大区域”（生活小区类、工业园区、饮用水水源保护区、其他区域）和“六小行业”（小浴室、小餐饮、小美容美发店、小旅馆、小食品店、小歌舞厅）整治，“洁净越城”年度考核全区第一名。完成市政管养一体化和道路保洁一体化移交，全面推进生活垃圾分类“定时定点”投放，成功创建垃圾分类省级示范片区，文明指数测评位列全区镇街前列。

【重大事件应急】 2021年，塔山街道先后完成两次大规模核酸检测，做好新冠疫苗接种，疫苗第一、第二针剂接种完成率分别达到150%、134%，均位居全区前二。做好重点场所“守小门”，精密智控指数评价考核位居全区前列，共核查重点人员7157人，管控重点人员1837人；严密部署防御“烟花”6号台风，果断将稽山河、鲁迅路河截断后实施内河水强排工程，从源头上解决城市内涝问题。

【社会治理】 2021年，塔山街道扎实开展“五大领域”（人员密集场所、高层建筑、出租房及合用场所、老旧住宅小区、电气线路改造）排查；完成中国共产党成立100周年维稳安保任务，无一人赴省到京上访；快速妥善处置因新开办学校学区划分引发的群体性事件，组织开展拆迁类信访问题大起底大化解专项行动，区级重点督查件和市级重点督查件化解率均达到100%，信访代办率全区第一，信访积案化解的案例被刊录在《浙江信息》上。（塔山街道　孟黎文）

府山街道

【概况】 府山街道位于绍兴古城核心区块，区域范围东、北、西至环城河外沿，南至人民路，辖区总面积4.9平方公里。辖区内历史遗存众多，有“卧薪尝胆”的越王勾践、“书圣”王羲之、“千古完人”王阳明、儒学大师刘宗周、黄宗羲、“学界泰斗”蔡元培、廉官范仲淹、革命史家范文澜等名人遗迹；绍兴八大历史文化街区中，书圣故里、八字桥、越子城、石门槛、西小路、新河弄等六大街区坐落其中，共有文保单位104处。2021年底，街道共辖10个社区，户籍人口7.2万人，登记流动人口1.2万人。

2021年，府山街道共有规上企业108家，规上工业总产值完成260.88亿元，增加值完成30.28亿，同比增长分别为18.95%、18.86%；限额以上批发业完成122.19亿元，同比增长75.93%；限额以上零售业完成34.03亿元，同比增长11.92%；限额以上住宿业完成2.93亿元，同比增长5.55%；限额以上餐饮业完成1.33亿元，同比增长31.62%，以上指标贡献率均位于全区前列。

2021年，府山街道越都社区党委获“全国先进基层党组织”“浙江省先进基层党组织”称号；越都社区党委书记、居委会主任诸妙茵被评为“浙江省担当作为好支书”。西小路社区成为全省第一批低（零）碳村（社区）试点创建单位，仓桥直街被列为全省第25个环卫工人节现场观摩点之一。府山街道武装部被绍兴市军分区表彰为“五星级基层武装部”。

【重大文商旅项目建设】 2021年，府山街道大力发展文化、商贸、旅游产业，辖区内有古城北入口、阳明故里及配套商业街、绍兴饭店改扩建提升（二期）等11个在建文商旅项目，累计面积90余万平方米。积极参与服务好绍兴饭店、蔡元培广场、古城北大门等重大项目的规划布局、业态招引等工作。全年共完成拆迁区块9个，总征收面积约4.3万平方米，涉及征收资金约6.67亿元。

【老旧小区改造提升】 2021年，府山街道实施老旧小区改造项目23个，总投资约1.88亿元，涉改建筑面积约27.3万平方米，惠及居民户数3486户。以老旧小区改造为统揽，推进小区道路、立面和截污纳管改造，实施胜利路（古城内区域）人行道序化工程、古城基础设施微改造项目。开展西小路社区和白马社区邻里中心建设。用时2个月对历时20年曾5次征迁5次未果的县前街两户滞留户进行拔钉清障，得到市委主要领导批示肯定和区委、区政府通报表扬。

【街道社会矛盾纠纷调处化解中心建成】 2021年，府山街道建成街道社会矛盾纠纷调处化解中心，实现矛盾纠纷化解"一站式"管理、"一窗式"办理、"一条龙"处理。以书圣故里和越都社区为重点，构建以"前台一窗受理、后台闭环运行"的矛盾纠纷调处体系，成功调解纠纷174起。初步构建"1+X"（1个镇街级代办站、X个社区级代办点）信访全员代办体系，信访代办点实现全域覆盖。截至年底，街道共有信访代办站1所、代办点10个，实现群众诉求受理100%，合理诉求有效办结100%，群众满意率100%，受理代办事项23件。

【"三驻三服务"解决问题1573个】 借助"三服务"平台，"三驻"干部深入一线，以主动、及时、精准、高效的服务，切实推动解决一批群众、企业和基层最关心最直接最现实的问题，实打实帮助企业纾困解难。2021年，府山街道15个市、区级驻社指导员派出单位全部与街道达成共建协议，另有3名驻企指导员（服务员）面对面接待党员群众活动获居民（企业）好评。全年解决各类问题1573个，"三驻三服务"季度之星3人次榜上有名。

【党史学习教育工作接受中央指导组调研】 2021年，府山街道实现155个基层党组织、4016名党员党史学习教育全覆盖。开设"红色党史大学堂"，为党员配备党史学习教育用书

2021年府山街道主要经济指标完成情况表

表59

指标	单位	2021年	2020年	比2020年增长
规模以上工业总产值	万元	2608825	2193245	18.95%
规上工业增加值	万元	302756	254723	18.86%
工业投资	万元	39189	27551	42.24%
固定资产投资	亿元	301687	289197	4.30%
限上社会消费品零售额	万元	460599.3	342046.7	34.66%
限上批零、住餐业销售额（营业额）	万元	1604696.4	1036366.1	54.84%
规上其他营利性服务业营业收入（不含电信）	万元	76404	66207.9	15.4%
自营出口	万元	132607.2	102324.73	29.59%

2500余册。发动35名优秀退休党员开展“忆峥嵘岁月，惜今日时光”故事会，讲述中国共产党百年奋斗历程。在越都、书圣故里、西小路3个社区试点党建“契约化”共建引领城市社区离退休干部党建“六大行动”，引导离退休干部参与社区基层治理。在区委组织部指导下，6月19日，越都社区承办越城区首场“光荣在党50年、薪火相传永不忘”老党员纪念章颁发仪式。10月26日，中央指导组到府山街道越都社区调研党史学习教育工作。

【创建首批全国示范性老年友好型社区】 2021年，府山街道越都社区发挥15分钟生活圈优势，盘活信息、阵地、文化、服务等资源，推进学习、娱乐、体锻“三位一体”的多元服务。成立“社区大学”，开展“智在指尖”“唱得响亮”“悦动瑜伽”“巧手微工坊”“翰墨飘香”等适合老年人的特色课堂。每月初，针对社区老人开展“美丽人生”“健康问诊”“最美瞬间”等活动，为老年群体提供便利。10月19日，国家卫生健康委全国老龄办授予“越都社区首批全国示范性老年友好型社区”称号。

【清廉村居建设】 2021年，府山街道推广应用省级基层公权力监督平台2.0，实现监督环节从

5月18日，省委常委、省纪委书记、监委主任许罗德（前排左一）到书圣故里社区调研清廉村居建设情况（沈艳 摄）

事后向全过程转变，监督关口进一步前移。紧扣“三个聚焦”，组成巡察小组，完成2个社区党组织巡察全覆盖，反馈问题16个并全部整改完毕。开展各类督查50次，检查单位209家，发现问题14个，下发通报5期。5月，省委常委、省纪委书记、监委主任许罗德到书圣故里社区调研清廉村居建设情况，给予高度评价和充分肯定。

【“红润小路党建议事厅”入选市级优秀案例】 2021年，府山街道西小路社区采用“线上”多方协商互动、“线下”轮值负责的方式，拓展议事功能，零距离服务社区群众。打造的“红润小路党建议事厅”获得绍兴市城乡社区协商优秀案例。议事厅主要是引导居民在社区公共事务和公益事业中自我管理、自我服务、自我教育、自我监督，促进社会和谐稳定，推动实现社会治理体系和治理能力现代化。通过议事厅，全区第一个老旧小区改造示范点的北海花园，理顺管理方式，引进商业物业公司，实现有序管理；北海苑小区，成立红色业委会，小区垃圾分类作为示范点已开始运营，并参选省级红色物业小区。（府山街道 程兴旺）

北海街道

【概况】 北海街道地处绍兴市区西北面，西临柯桥，北接镜湖，周边与东浦、灵芝、府山、塔山、城南和柯桥区兰亭、福全接壤，境域面积17.4平方公里，辖17个社区、1个行政村，常住人口7.04万，流动人口2.2万人。街道位于绍兴古城的西大门，是绍兴“大三区”的地理中心和几何中心，有客运西站、老火车站、在建二环北路智慧快速路等交通枢纽，区位条件优越。2021年，获评绍兴市优秀人大代表联络站。快阁苑社区被命名为2021年度浙江省第四批未来社区。

2021 年，北海街道完成固定资产投资 41.97 亿元；建安投资完成 27.33 亿元；民间投资完成 23.23 亿元；生态环境和公共投资完成 15.48 亿元；限额以上批发业销售额完成 42.3 亿元，同比增长 16%；限额以上零售业销售额完成 31.5 亿元，与上年持平；限额以上住宿业营业额完成 7628 万元，同比增长 45%；限额以上餐饮业营业额完成 5114 万元，同比增长 45%；规模以上其他营利性服务业主营业务收入完成 3749.5 万元，同比增长 9.7%；规模以上营利性服务业劳动工资完成 8606.4 万元，同比增长 20.2%。

【深化党建“契约化”共建】 2021 年，北海街道以“党建 +”模式延伸基层组织架构，成立街道红色物业大党委红管家，创新实施“红动益心 · 水漾越西”项目，通过契约化共建，建立党建联盟，盘活属地资源，绘就共建、共治、共享的党建地图。通过生活北海“北海邻里”、“共建有约”等载体量化在职党员志愿服务，实现志愿服务线上线下注册认领、宣传表彰、积分兑换等数“智”机制，形成数字化的人人契约。持续拓展契约共建基层实践。全年认领党员“微心愿”180 余个，组织“共建集市”活动 120 余项，累计解决问题 1515 件。

【推动文商旅融合】 2021 年，北海街道围绕“以文带旅，以旅兴商，以商强街”的发展思路，推动文商旅项目与历史街区、传统商业深度融合。迎恩门风情水街入选绍兴市首批高品质步行街，上大路特色街一期实现满铺招商，871LOOP 全新城市文旅综合体成功签约 1000 万元以上项目 3 个，逐步形成具有北海特色的城市核心商圈。

【“生活北海”平台建设】 2021 年，北海街道以“生活北海”平台为基础，围绕街道融媒体中心、政务数字化便民服务、社区数字化生活服务三大板块打造数字化社区生活。开辟智慧化“社区超市”、“零聚市集”、“直播带货”模块，满足居民对生活物资、家政服务、房产咨询等多样化需求，入驻优质商家 300 余家，线上线下总销售额达超 2000 万元，举办“零聚”市集 80 余场，服务居民超 30 万人次。以“源生性”矛盾化解、“邻距离”志愿服务为切入口，搭建掌上“人大联络站”模块，开设政务投诉模块作为“12345”有效补充，建设基层智慧治理平台，2021 年，结案政务热线 6398 条。

“生活北海”展板（陈漪楠　摄）

【营商环境优化】 2021 年，北海街道落实“1+9”惠企服务政策体系（“1”即《关于民营经济高质量发展的若干意见》；“9”即农业、工业、服务业、建筑业、科技、文化、人才、金融和开放型经济 9 个专项政策），护航小微企业健康发展。制定楼宇业态规划，鼓励出台奖补清退政策，重点楼宇入驻率和注册率大幅提升，玛格丽特、越兴大厦和鑫洲商务楼等 3 家重点楼宇注册率达 100%，税收增幅 10% 以上。全年实现下升上 15 家、个转企 37 家，申报国家高新技术企业 3 家、省科技型企业 20 家。科创园、孵化器、众创空间等创新平台积厚成势，绍兴金德隆文化创意园跻身 2021 年国家级创业创新示范基地行列。

【拆改征迁安置】 2021 年，北海街道完成娄宫江西侧地块征收项目，总拆迁建筑面积

45692.97平方米，其中集体土地建筑面积2921.03平方米，国有建筑面积42771.94平方米。签约率100%，腾空率100%。开展“拆违治违”专项行动，全年拆除违章建筑2.71万平方米，腾空占地面积1.82万平方米，拆后土地利用率达100%。采取“一事一议”灵活处置整改任务，实现整改户满意度100%。按照每种套型“两次抽签，一次定位”的原则，保障择房公平性、合理性。鹿湖庄村285户安置户抽取新房754套，择房率99.9%；青甸湖村213户安置户抽取新房587套，择房率99%。

快阁苑小区“未来社区”概念图（谢宇鸿 提供）

【“未来社区”建设】 2021年，北海街道推进快阁苑小区老旧小区改造工程，该工程入选浙江省第四批未来社区创建名单，系全市首个未来社区建设旧改示范项目。编制“全域未来街区”发展蓝图，围绕“乐邻、乐学、乐住、乐行、乐治”的“5+X”场景，探索实践“未来社区”。在全区率先探索“141”〔“1”即县级社会治理中心、“4”即乡镇（街道）基层治理“四个平台”、“1”即村社网格〕体系与“152”体系（“1”即一体化智能化公共数据平台；“5”即五个综合应用，分别是党政机关整体智治综合应用、数字政府综合应用、数字经济综合应用、数字社会综合应用和数字法治综合应用；“2”即数字化改革的理论体系和制度规范体系）有效贯通，迭代升级“生活北海”平台，累计覆盖居民6万余人。

【生态治理】 2021年，北海街道全域推进“无废城市”“污水零直排区”等建设，54个生活小区、600余家“六小”行业等雨污分流改造有序推进。雅苑西区、鋆庄、青湖园3个小区实施智

2021年北海街道主要经济指标完成情况表

表60

指标	单位	2021年	2020年	比2020年增长
一般公共预算收入	万元	48388	37044	30.62%
规模以上工业主营业务收入	万元	21040	23150	−9.11%
规模以上工业增加值	万元	4992	4052	23.20%
固定资产投资	万元	419741	388290	8.10%
限额以上社会消费品零售总额	万元	339164	333166	1.80%
限额以上其他营利性服务业主营业务收入	万元	40052	37016	8.20%
自营出口	万元	70436	102931	−31.60%

能化垃圾分类，49 个小区完成垃圾分类定时定点投放，累计建成可烂垃圾中转站 2 个、集置点 6 个，雅苑西区、鉴庄 2 个小区成功创建省级“垃圾分类”高标准小区。全面落实河湖长制。实施能耗“双控”，用电能耗率下降 12.23%。

【民生事业】 2021 年，北海街道持续推动“长城残疾人之家”建设，开展残疾人助学、康复训练摸排、残疾人家庭无障碍改造等工作。易地新建街道综合文化站，创建企业文化俱乐部 1 家、社区文化家园 1 家，新建投用城市书房 2 家，举行“银耀绍兴 情暖重阳”“文明新风盛 邻里情意浓”等文化惠民活动 10 场。

【擦亮“红色物业”品牌】 2021 年，北海街道推动物业“智慧化”建设，打造红色物业智治“三大场景”，即物业通知、停车缴费、物业费缴纳。成立街道红色物业大党委红管家。即由街道党工委牵头成立绍兴市北卫物业管理有限公司，每个社区成立分公司，并由社区党组织书记兼任分公司经理，全面落实各项物业管理工作，为小区居民提供保洁、保序、保安、保绿等多类服务，实行不以营利为目的、街道适当补贴的物业服务模式。年内，51 个社区全部通过“生活北海”平台的物业费收缴催缴模块实现在线定点智能收费，基本形成“低收费、广覆盖、有补贴”的非营利性“准物业管理”北海模式。年度物业费缴纳率达 90%，群众满意率达 92%。（北海街道　张敏）

稽山街道

【概况】 稽山街道位于绍兴市区东南面，东与东湖风景区毗邻，南连会稽山麓，西至融创越州府，北靠人民东路（含大众公寓），辖区面积 20.1 平方公里。稽山因地处会稽山麓而得名，辖区内风景秀丽、人文荟萃，会稽山、若耶溪、王阳明先生修道的阳明洞天、大禹的葬地大禹陵等均位于稽山境内。2021 年，稽山街道持续优化社区结构，深入推进社区治理，下辖 14 个城市社区，年末户籍人口 39754 人，常住人口 83458 人。

2021 年，稽山街道实现规下工业营业收入 1290.06 万元，同比增幅 44.35%；实现限上批发业销售额 23.43 亿元，同比增幅 41.66%；实现限上住宿业营业额 9850.9 万元，同比增幅 50.77%；实现限上餐饮业营业额 1.68 亿元，同比增幅 55.18%；实现规上其他营利性服务业营业收入 5.04 亿元，同比增幅 41.5%；实现限上社会消费品零售额 13.89 亿元，同比增幅 8.92%。完成企业“小升规”2 家、服务业“下升上”10 家，完成国家高新技术企业申报 23 家、省科技型中小企业 21 家，省研发中心申报 1 家，申报博士创新工作站 2 家，评选各类高尖人才 3 人。

【党史学习教育】 2021 年，稽山街道累计开展街道班子、基层党组织书记讲党课 50 余堂，发放党史学习用书 3000 余本，发放“光荣在党 50 年”纪念章 237 枚，组建知行宣讲团 10 余支，开展宣讲 40 余场。举办“红耀稽山、薪火相传”系列活动，组织“光荣在党 50 年”纪念章集中颁发仪式，聆听老党员分享“我与中国共产党共成长”故事，在大禹纪念馆开展“沿着红色足迹学党史”主题活动，通过进行一次现场宣誓、聆听一堂党课、诵读一段文献史料、开展一次参观，观看一部纪录影片，引导全体党员干部大力发扬红色传统、传承红色基因。组织党员干部参观后堡革命烈士纪念馆、吼山革命烈士陵园等红色地标。

【“红耀稽山”提档升级】 2021 年，稽山街道深入实践探索“红耀稽山”党建“契约化”共建品牌，以社区党组织为纽带，将机关、企事业单位、社会组织等各领域党建通过党组织共建联系起来，形成“1+1>2”的效果，在原先 9 所共建学校的基础上加入 28 家两新党组织，形成 15 个党建共建特色子项目，累计参与 1595 人次，开设 29 门红心课堂，累计参与1347人次。真正实现党组织共建全域化。

【**社区治理深化**】 2021年，稽山街道持续深化社区治理工作，成效显著，成绩斐然。天池社区完成"五星"系列创建，天池苑北区、永胜新村"红色物业"试点项目被认定为省级项目，森海、门前江等社区提档升级党群服务中心，辖区基层党群服务能力、管理水平不断升级。同时开展重点领域督查40余次，完成浪港、门前江、禹陵、大众等4个社区党组织的巡察，累计梳理问题清单42项。开展社区监察工作联络站创建工作，其中9个完成规范型创建，5个完成示范型创建。

2021年4月28日，稽山街道召开红耀稽山·社企共建暨基层党建赛比工作推进会（稽山街道 提供）

【**疫情防控**】 2021年，稽山街道有序完成辖区内2轮全员大规模核酸检测任务，共132165人次。严格落实居家隔离居民的上门核酸采样工作，累计完成采样和健康监测2745人次。有序推进新冠疫苗免费接种，全年共完成新冠疫苗接种112199剂次。落实重点人员管控工作。

【**安全生产检查**】 2021年，稽山街道加强对辖区内重点企业和场所的安全生产检查。共走访、检查规上工业企业、合作社标准厂房、大型商超、农贸市场、旅游景点、酒店、学校等单位138家，突出检查安全管理制度和规程、应急救援装备、安全设施和警示标志、安全培训和应急演练、作业现场安全管理等，共发现存在的隐患和问题64个，当场要求整改45个，其余已由街道应急办督促落实整改。

【**省级工业园区污水零直排创建通过验收**】 2021年，稽山街道作为全区三个省级工业园区创建点之一，对所有正常运营的工业企业（园区）实施污水零直排改造，累计整改问题180余个。做到园

2021年稽山街道主要经济指标完成情况表

表61

指标	单位	2021年	2020年	比2020年增长
规模以上工业总产值	万元	254835	335663	-23.7%
规模以上工业增加值	万元	62046	70445	-37.4%
工业投资	万元	7633	12416	-42.05%
商品房销售面积	平方米	92812	89863	3.3%
固定资产投资	万元	28	24.5	23.0%
限额以上社会消费品零售额	万元	139063	127613	9.0%
限额以上批零、住餐业销售额（营业额）	万元	386229	297409	25.5%
规模以上其他营利性服务业营业收入（不含电信）	万元	85485	57283	32.2%
互联网企业营业收入	万元	11544	9871	16.95%

区内部雨污分流，废水纳管或达标排放，全收集全处理，实现清污分流、分质分流。64个企业（园区），已有45个完成排水管网许可证申领，剩余企业已完成内部改造，并于12月底顺利通过省级工业园区污水零直排创建验收。

【民生服务工作】 2021年。稽山街道完成东盛市场住宅楼、报社宿舍两个老小区共7幢1.88万平方建筑面积改造提升工程，启动了秀水苑78幢22.14万平方建筑面积老小区改造进场施工；完成鹤池苑3号等28个生活小区住宅污水零直排改造工作；完成2台既有住宅电梯加装和5台有意向电梯加装资料收集上报和联审工作；实现稽山公寓18幢、19幢，永丰公寓26幢房屋征收工作"大满贯"，100%完成签约、腾空、拆除工作；二环南路、越东路及南延段等辖区路段的智慧快速路建设工程、绍兴集成电路产业园（皋埠片区）110千伏电网补强工程、凤江路拓宽工程等项目全速推进；解决街道多年来安置房小区权证办理历史遗留问题，全年累计办理安置房权证1292本，办证率达95%。同时，做好近3万人的"越惠保"参保工作，开展森海豪庭笼式足球场、浪港社区多功能场地、浪港社区百姓健身房、东江社区登山步道4项省、市体育惠民项目。森海社区太和晨颐养中心、稽山颐养苑2个养老院均已成功开业，开启城东中高端养老产业的先河。街道居家养老照料中心、残疾人之家、退役军人服务站等全面实现规范化运作。

【平安建设】 2021年，稽山街道着力化解基层矛盾，积极落实各项基层治理措施，大力营造平安稳定的社会环境。全年共回复落实上级（领导）转办（交办、督办）件187件，调处回复"12345"市长公开电话3326件，受理率100%，按期答复率100%，群众满意率96.06%。反诈、反邪教、禁毒等各项措施落实有力。组织开展社会矛盾大排查、大化解、大整治行动，落实各类重要遗留问题化解，全年累计完成市级积案化解9个，拆迁

"红耀稽山"2021年度签约项目一览表

表62

社区名称	项目名称
鹤池社区	生态宜居 共建聚力
美东社区	救在身边
鹤东社区	和"媒"鹤东，绿色无废
秀水社区	"四点半"课堂
	党建引领，中草惠民
森海社区	"健康1+1+1"
涂山社区	书香涂山
东江社区	正能量＋阳明志愿行
天池社区	红色长廊 共建共享
门前江社区	学史力行 情暖社区
敦煌社区	同心志愿共服务
浪港社区	"典"亮生活 伴民同行
禹陵社区	光影"诉"乡愁
会稽社区	共建有你，心悦健康
大众社区	共绘"同心圆"共筑"幸福圈"

类信访件化解6个，确保各类遗留问题有效解决。认真做好"护航建党百年"、国家、省、市、区两会等重要时期的维稳工作，落实稳控责任领导和责任人，实现无群体性越级访和非访。强化各类食品安全、消防安全等事故隐患排查，全年未发生一起较大以上安全责任事故。

【人居环境改善】 2021年，稽山街道对13家在建工地、道路施工工地及下半老小区27个污水零直排与老小区改造工地扬尘污染进行督查，对辖区178家餐饮门店实施餐饮油烟净化设备安装，引进第三方科技公司落实油烟在线监控安装。投入20余万元在国控点周边安装喷淋装置，改善城东开发委大院内的汽车尾气与周边道路扬尘对空气质量的影响。全年街道PM2.5平均浓度为28微克/立方米，较上年同期改善10%，AQI优良率91%。投入1.49亿元，开展了28个生活小区、15个工业厂房，98个"六小"行业的"污水零直排改造"项目，累计处理涉水问题34项，下发整改通知书9张。推动垃圾分类，因地制宜完成41个小区的"两定"（定时定点）四分类投放点建设工作，发放分类垃圾袋765万余只，配备分类垃圾桶1200余只，大城小院小区成功创建省级高标准垃圾分类示范小区。积极抓好国家卫生城市、文明城市迎检工作，开展重点区域、生活小区环境卫生大整治50余次，清运各类堆积物1500余吨，处理公共区域乱搭乱建、违法广告等问题5000余处，开展御香园等重点小区拆违整治30余户，整治违规车库车棚50余间。（稽山街道 徐朝阳）

城南街道

【概况】 城南街道位于绍兴市区南大门，和老城区仅一河之隔，北由城南大桥、中兴大桥与市区紧密相连，南依秦望山，东靠禹陵香炉峰、会稽山旅游度假区，西临书法圣地兰亭。街道南北长约3公里，东西宽约4公里，总面积约15平方公里，建成区面积8平方公里。辖区境内地势平坦，河道纵横，交通发达。根据市委、市政府的规划，城南被定位为"南闲"及城市"后花园"。2021年，城南街道下辖13个行政村、5个翻牌居、11个社区，常住人口8.68万人。

2021年，城南街道实现规上工业总产值17.85亿元，同比增长19.6%；限额以上批发业销售额78.64亿元，同比增长45%；限额以上餐饮业营业额3030万元，同比增长55.1%；限额以上零售业销售额6.36亿元，限额以上住宿业营业额2280万元；商品房销售面积13.57万平方米，同比增长277%；完成固定资产投资31.77亿元，同比增长45.2%；技改投资595万元，同比增长45.5%；一般公共预算收入2.51亿元，同比增长45%。

2021年，城南街道建成居家养老服务照料中心19家，实现养老服务系统管理全覆盖，开展老年人科普专项行动，11个老年电大教学点共计培训717人次。推进妇联阵地建设，重新打造"越姐姐·金钻就业微家"，开辟功能室11个，开展技能培训、主题活动25次，获省级示范妇女微家荣誉。推进残联帮扶工作，完成6户残疾人无障碍改造、灵活就业申请等工作。推进文化事业建设，开展"越文化越幸福"系列活动5场，打造蔡家江村标配版智慧礼堂和繁荣村高配版智慧礼堂。开展帮扶慰问活动，走访慰问各类困难群众170人次，发放慰问金8.93万元。指导做好社保事权下放工作，居民医保参保率、养老保险参保率均达99.9%。做好就业摸排帮扶，受理就业困难人员灵活就业登记248人，受理社保补贴申请1490人次，补贴金额达710万余元。

落实常态化疫情防控机制，推进新冠疫苗

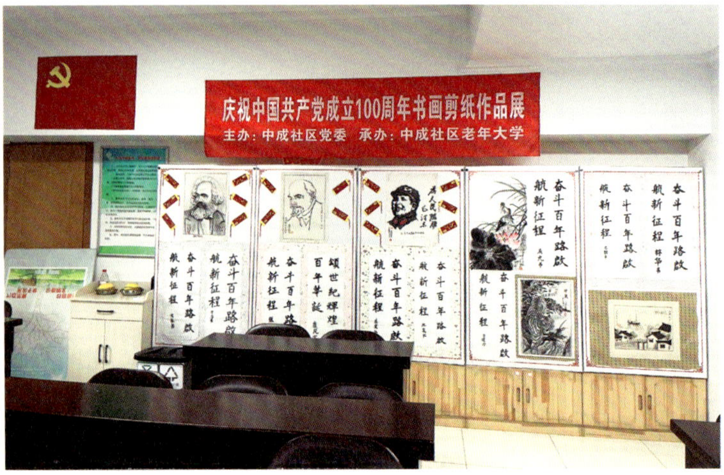

2021 年，中成社区老年大学庆祝中国共产党成立 100 周年书画剪纸作品展（城南街道　提供）

接种工作，累计接种 123509 次，首剂接种率近 80%，办理疫情防控通行证 910 人次，管控重点人员 450 人。

【党史学习教育】 2021 年，城南街道全面开展党史学习教育，组织机关党员、村居（社区）及两新党组织书记开展“红色研学”活动，举办“跟着总书记学党史”“沿着红色足迹学党史”等专题学习教育 47 次，丰富学习宣传载体，征订党史教育读本 1896 套，举办党史知识竞赛 12 次，学习覆盖率达 95% 以上。

【“契约化”共建】 2021 年，城南街道按照“和谐社区共建、文明城市共创、社区教育共担、教育资源共享”的理念，以党员社区“契约服务月”为抓手，贯彻落实“契约化”共建，签订共建项目 40 个，发布共建活动 624 场，通过“党建 + 公益”形式，全年完成“微心愿”认领 394 个，帮助困难群众解决问题 300 余个。

【“枫叶银领”项目】 2021 年，城南街道将离退休干部党建有机融入城市基层党建工作中，激活晚霞新能，按照离退休党员“关系在单位、活动在社区、奉献在社区”的原则，以“枫叶银领”行动为主品牌，衍生“银和百事通、银发护家园、银航夕阳红、银辉先锋卫士、银龄暖中成、银舟护雏鹰”六大子品牌，激发离退休党员干部的“孺子牛、老黄牛、拓荒牛”精神。截至年底，共有 50 余名离退休党员干部加入“枫叶银领”行动，开展各类活动 100 余场次。

【拆迁改造项目】 2021 年，城南街道完成凤凰村、庄里村拆迁确权确户等前期工作，拆迁丈量评估 334 户约 10 万平方米。完成智慧高架二环南路段（城南区块）农工商仓住楼 33 户、4357.58

2021 年城南街道主要经济指标完成情况表

表 63

指标	单位	2020 年	2021 年	同比增长
规模以上工业总产值	万元	149306	178563	19.6%
规模以上工业增加值	万元	31563	35319	11.9%
固定资产投资	万元	218844	317718	45.2%
限额以上社会消费品零售总额	万元	68183	77114	13.1%
限额以上服务业企业增加值	万元	20316	—	—
自营出口	万元	204679	201456	−1.6%
实到外资	万美元	0	0	—

平方米征收工作100%签约腾空目标任务。完成横桥凤凰山剩余土地征收工作，化解拆迁历史遗留问题30余个。启动城南片区5号地块(临江雅苑北侧)绍兴梅里羽绒厂拆迁工作，实现新开展13个老旧小区改造项目，投入资金5.86亿元，涉及住户6600户，一、二期工程进度分别达到95%和60%以上。启动老小区污水零直排工程，投入资金约1亿元，共涉及11个社区，完成11台既有住宅电梯加装工作。

【环境整治提升】 2021年，城南街道开展城乡环境综合整治工作，累计整治销号1525处，清理各类堆积物1320余吨，劳家葑村、和平村被评为市级垃圾分类准确村，阳明社区成功创建省级垃圾分类示范小区。巩固"无违建"创建成果，全年拆除各类违建2.93万平方米，超额完成区既定目标任务数。对二环南路智慧快速路等工地开展扬尘污染专项检查，整改问题550余处。实施河道清淤，清除河底淤泥约5500立方米，改善河道生态环境。严管"偷排乱排"行为，安装餐饮行业24小时实时监测系统，处罚露天焚烧80余起。

【信访积案化解】 2021年，城南街道多途径推进信访化解工作，重视项目落地风险评估和防范，探索实施闭环管控征迁机制，实现近两年征迁项目全程"零信访"。狠抓信访积案化解攻坚，推进信访件2211工作流程办理，累计办理4956件次。建立健全矛盾纠纷调解中心，完善大调解机制，探索信访"契约化"代办，拆迁类信访化解率93.6%，中央、省重复信访化解率100%，市级信访积案化解率92%。(城南街道　王燕媛)

2021年9月8日，时任绍兴市委书记马卫光(左二)调研老旧小区改造(城南街道　提供)

迪荡街道

【概况】 迪荡街道位于越城区环城河外沿以东，二环北路以南，二环东路以西，人民路以北(不含大众村)。2021年底，迪荡街道总人口3.87万，流动人口9600人，下辖10个社区、3个村(居)。2021年，市级以上新闻宣传报道150篇，区级文明程度指数测评90分，镇街排名第一。

2021年，迪荡街道实现规上工业企业总产值21.2亿元，同比增长17.3%；限额以上批发业企业销售额226亿元，同比增长22%；限额以上零售业企业销售额23.6亿元，同比增长40%；限额以上住宿业企业营业额1.3亿元，同比增长65%；限额以上餐饮业企业营业额2.2亿元，同比增长55%；建筑业省内产值21.9亿元，同比增长40%；完成建安投资6.1亿元，指标完成率105%；完成商品房销售面积61233平方米，指标完成率100%。

【城市党建深化拓展】 2021年，迪荡街道以项目化形式打造一批不同领域的共建亮点，街道本级共建项目迪荡商圈党建联盟"N+"工程致力于破解城市党建"散"的问题，建立迪荡商圈党建大联盟，成立"人才+""环境+""楼宇+""巾帼+"等小联盟，构建起“资源共享、优势互补、共建共赢”的党建联盟运行机制;树立“一村社一项目一品牌”,开展村社共建项目11个,着力解决群众关切的重点、难点问题;聚焦商圈党建、园区党建,打造世茂商圈“笃实之路”党建示范街,启动世茂广场“车轮驿居”越享家;聚焦科创园区,以党建统领基层智治体系为导向,成立全市首个国家级大学科技园党支部(中共复旦科技园绍兴创新中心支部委员会),建设智慧楼宇,打造党建、人才、科技新高地。

【党史学习教育】 2021年,迪荡街道结合建党百年,组织开展“璀璨迪荡 共庆百年”七一文艺演出、走进红色学府学党史、“党员在身边、温暖千万家”等庆祝中国共产党成立100周年系列活动。利用街道“红立方”党群服务中心、新时代文明实践所站、伟丰红色藏品馆等辖区红色资源阵地,打造基层党员教育培训“红色堡垒”,组织集中授课、现场参观、党性教育学习会、专题读书班等。开展党史宣进机关、进社区、进小区、进企业、进楼宇、进商贸广场等活动,推动党史学习教育向基层向群众延伸。

【招商引资】 2021年,迪荡街道引进5亿元以上项目1个(G7-1海圣医疗项目)、2亿元以上项目1个(德汇半导体工业项目),引进内资5亿元;申报国家高新技术企业11家、省科技型中小企业23家、省级研发中心1家、市级研发中心2家、市级众创空间2家。成功出让G10地块,引进侨商大厦项目,作为全市首个侨资企业、留学生企业的总部大厦,协议引进企业总部10家以上。引进“名士之乡英才计划”4人,积极助推水木湾科学园、生命健康园、复旦科技园企业入驻、项目引进工作,辖区内复旦大学科技园顺利开园。

【垃圾分类数字化】 2021年,迪荡街道坚持“数字化+契约化”推进垃圾分类提质扩面,完成全年35个住宅小区简易版定时定点投放点设置工作,投入376万元开展第一批12个生活小区垃圾分类数字化提升,利用生活垃圾智能监管系统,采集投放时间、分类质量等多维度数据,上传电子账户,至年底鞋子畈、御景华庭三期、桂花苑、盛世名苑E5、剡溪花园、72名座、新湖园、洞桥新村、御景华庭四期南、御景华庭四期北等10个小区已正式运行,居民分类准确率达到92%以上。都泗社区盛世名苑获评浙江省生活垃圾分类示范小区。

【五水共治】 2021年,迪荡街道基本完成蜻蜓池、东大池、乐苑新村内河等3个生态治理项目,利用湖长制标准化管理系统,深化湖长制、湖泊长效管理、问题协调处置等机制,实时监测湖面、水质情况及127个雨水口,落实生态养殖实现“以鱼养水、以鱼活水、以鱼净水”,开展生态养殖放流12次,投放益水性鱼苗约300万尾,实现智慧化管理、高标准治理。迪荡湖获得第一批浙江省“五水共治”实践窗口的称号,东大池、蜻蜓池获评2021年度绍兴市最美池塘。

迪荡湖公园(俞臻 摄)

2021 年,迪荡商圈党建大联盟"N+"工程共建协议签约仪式(迪荡街道 提供)

【**民生实事工程建设**】 2021 年,迪荡街道启动污水零直排工程 19 个,总投资约 1.136 亿元。其中街道自主实施的 8 个小区已完成总工程量的 95% 以上,完成初步验收;委托排水公司代建的 11 个小区总体进度达到 40% 左右。实施老旧小区提升改造项目 2 个,分别为龙洲花园东区和昌安东村、龙洲花园西区和昌安新村,总投资约 2.7 亿元,已完成测绘、方案设计、施工图设计、预算编制、全过程咨询招标、施工招标。既有住宅加装电梯工作任务数 10 台,已完成施工 7 台,总体量和完成率全区排名前列。完成云东社区省级无障碍社区建设和迪荡社区卫生服务中心蕺山分站建设,推动生活困难老人家庭适老化改造和困难残疾人家庭无障碍改造。

【**基层治理提质增效**】 2021 年,迪荡街道率先完成全年国家级、省级、市级积案化解任务,提前实现销号清零;在"平安护航建党 100 周年"、全国两会等重要节会期间,均实现平稳有序,受到通报表彰。完成街道矛调中心建设,完成迪荡商圈联勤警务站改造工程,累计调处各类矛盾纠纷 297 起,受理政务热线 5217 件、来信来访 1298 件,街道、村社两级信访代办点受理群众各类代办事项 519 件。

【**疫情防控**】 2021 年,迪荡街道持续抓好常态化疫情防控各项工作,管控重点人员 2401 人,核查省库信息 12998 条、全国口岸入境来浙核查清单 322 条;新冠疫苗接种第一剂次 39193 人、第二剂次 44255 人,其中第一阶段(全人群 40% 任务目标)完成率位列全区第三,在落实重

迪荡街道村社共建项目一览表

表 64

世禾社区共建项目	智慧助老,编织"夕阳红"网络梦
都泗社区共建项目	智能监护,爱的守望
	党建示范一条街
五市门社区共建项目	颐东华庭小区"红色物业"联络站
剡溪社区共建项目	红色大联盟
云东社区共建项目	越美云管家·有爱就无碍
洞桥社区共建项目	夕阳互守望,宜居新洞桥
蕺山社区共建项目	"爱心驿站"凝聚爱心,传递正能量
龙洲花园社区共建项目	家门口调解志愿服务队
乐苑社区共建项目	益心联社
昌安社区共建项目	文化为民、文化惠民、文化乐民

2021 年迪荡街道主要经济指标完成情况表

表 65

经济指标	单位	2021 年	2020 年	比 2020 年增长
限额以上住宿业营业额	万元	13421	7791	72.3%
规模以上工业增加值	万元	38150	32243	18.3%
限额以上批发业销售额	万元	2269632	1856969	22.22%
限额以上餐饮业营业额	万元	22422	14623	53.3%
一般公共预算收入	万元	69588	10983	52.67%
固定资产投资	万元	86345	245787	-64.9%
自营出口	万元	774720	710329	9.1%

点人员摸排、重点人员隔离管控和市防控办组织的重点场所健康码应用督查等重点工作中受到全区通报表扬。(迪荡街道　钱晶莎)

东湖街道

【概况】 东湖街道东连陶堰街道,南靠 104 国道、皋埠街道、迪荡街道,西临灵芝街道,北接斗门、马山街道,地域面积 30.5 平方公里。杭甬运河、104 国道横贯街道东西,越东路、越兴路、袍中路等城市主要道路穿越而过,水陆交通便利。2021 年底,街道辖 13 个行政村、7 个居委会,户籍人口 4.31 万人,外来流动人口 1.64 万人。

2021 年,东湖街道完成规上工业总产值 39.39 亿元,规模以上工业增加值 9.73 亿元;工业投资 1.07 亿元,同比增长 244%;限额以上批发业销售额 47.05 亿元,同比增长 50.12%;商品房销售面积完成 30.71 万平方米,同比增长 44.6%;固定资产投资 59.93 亿元,同比增长 63%。实施"文化惠民"计划,累计开展各类文体活动 50 余场次,参加人数达 1000 余人。

【产业转型升级】 2021 年,东湖街道引进重点贸易企业 1 家——绍兴市顺源供应链管理有限公司,助促上海大学绍兴研究院成果转化项目 1 个——高熵氧化物陶瓷劈刀产业化项目。成功申报国家高新企业 7 家、省科技型中小企业 9 家,投入规上企业研发经费 6300 万元。全年完成"个转企"16 家、"下升上"6 家、"小升规"3 家,整治"低散乱"企业 25 家,淘汰落后产能 3 项。推进驰昊纺织、圣塔绍兴酒、之舟船舶等 3 家企业"零土地"技改项目开工建设。

【重点项目招商建设】 2021 年,东湖街道持续推进二环北路、越东路智慧快速路、则水牌路网、虹桥国际学校、瓦窑头 2 号地块安置房等一大批市、区重点工程建设。助推市级重点项目中亚工贸园轨道交通建筑一体化项目建设投产。配合开展绍兴芯成科技高创园、则水牌 2 号地块综合体等招商项目和金科旭辉、棠颂和鸣等房地产项目落地服务。出让则水牌 7-2 号、9 号土地 166.2 亩,完成永宁村 8.7 万平方米住宅和越宫、庆亚 4.29 万平方米房屋征收工作。整治粮食生产功能区 200 余亩,恢复耕地功能 78.16 亩。完成柏舍、浪头湖、朱尉等 3 个村 1680 亩高标准农田建设,有序推进五和、后堡等 6 个村 2023 亩高标准农田建设项目。

【基层党建】 2021 年,东湖街道依托"红立方"

党群服务中心，建成市新就业群体示范型服务中心。成立绍兴港快递物流行业临时联合党支部，打造五联工业园区党建"契约化"共建项目，实现20个村（居）与"两新"企业党组织党建"契约化"共建全覆盖。完成26个"两新"企业党组织换届和7个村居"五星达标"创建工作。不断推进党风廉政建设和反腐败工作，开展村（居）党组织巡察工作，全面完成18个村（居）的村级监察站规范化建设。

【"平安东湖"建设】 2021年，东湖街道开展"雷霆"专项行动，破获刑事案件30起，打击黑恶团伙1个，起诉涉黑人员32人，电信网络诈骗发案下降幅度全区第一。岑前村等8个村（居）被命名"枫桥式"村（居）。持续开展"打通消防生命通道"集中整治、出租房专项整治、小微企业安全生产和消防安全综合整治行动等，完成第二轮安全生产综合治理三年行动，累计检查各类场所1000余家，发现并整改隐患2000余条，多部门联合执法累计60余次，立案3起。完成11个村（居）微型消防站升级。街道专职消防队在全区大比武中获第一。

【公共服务基础设施建设】 2021年，东湖街道残疾人之家启动运营，完成街、村两级居家养老照料中心公建民营和9个村临河临崖危险路段防护设施安装工程。顺利完成皋北小学改建皋北幼儿园项目。新增后堡村5公里健身步道和高平、小皋埠2处多功能运动场，新建东湖中心小学停车场，增设300余个停车位。建成街道社区卫生服务中心过渡用房、越城区首个8人制农村笼式足球场，并投入使用。

【市级"污水零直排"街道创建】 2021年，东湖街道投资6940万元，铺设一条总长11.6公里的污水公共管网，完成香莲公寓、滋江家园2个社区雨污分离改造，实施对五联、岑前、小皋埠3个工业园区内近55家企业的雨污分离改造并纳管，并对则水牌建城区近40家"六小行业"进行雨废分离截污排放等项目建设，基本建成了辖区污水收集公共管网全覆盖、生活小区、其他污染源和工业园区、工业企业雨污分离截污纳管全覆盖，做到辖区内排污单位应分尽分、应纳尽纳，实现街道农村、企业和市场等单位"污水直接零排放"，创建工作已通过区级验收，成绩位列全区第一。

【"美丽河湖"打造】 2021年，东湖街道积极推进"美丽河湖"建设，打造"五水共治"升级版，打造水产居上下沙盘底和五和村鸿雁滩两条美丽河湖，投入19万元，通过放养鱼苗70余万尾，种植水生植物250平方米，增设翻水泵、增氧泵5只等措施，对上下沙盘底油车溇进行水生态修复治理，改善水质，消灭劣质水体隐患，对鸿雁滩开展河道清淤4万立方米，修建生态河道护桩2.6公里。

2021年6月19日，东湖街道举办"薪火百年 幸福东湖"庆祝建党百年文艺会演（东湖街道 提供）

【市级垃圾分类达标街道创建】 2021年，东湖街道全面启动生活垃圾定时定点分类投放工作，完善垃圾分类桶长制，辖区2000余只垃圾桶完成实名认领登记。完成4个小区环保小屋建设和则水牌区域标准化垃圾中转站选址规划，创建垃圾分类正确村3个，全年累计整治乱堆乱放9700余处。香莲公寓东区创建为“省级高标准生活垃圾分类示范小区”，街道被评为“市级垃圾分类示范街道”。

【摘帽“市级重点信访乡镇”】 2021年，东湖街道共化解国家级重复信访事项14件，化解率100%；化解拆迁类信访8件，化解率72.7%。连续24个月赴京信访零登记，赴省信访下降80.7%，越级访降幅位居全区前列。年内，成功摘帽“市级重点信访乡镇”。

【疫苗接种工作获区级表扬通报】 2021年，东湖街道积极承担奥斯登酒店、浙纸建国宾馆2处区级集中隔离点改造、接待任务，成功处置一起大昌水产批发市场应急事件。完成两轮大规模核酸检测，率先在全员核酸检测中运用平板电脑采集绿码数据提升检测效率。疫苗首针剂接种率、全程接种率两项数据均位居全区第一，老年人接种率获区领导表扬通报。

【拆违3.45万平方米】 2021年，东湖街道完成20余家企业第三方存量违建消防安全评估及房屋质量安全评估，整改浪头湖村、柏舍村、杨浜村3个大棚房反弹点，共计拆除违建面积3.45万平方米，完成率107%，拆后土地利用率达到95%以上，分类处置12.54万平方米，处置小微企业存量违建14家。

【后堡抗日纪念堂改造提升】 2021年，东湖街道大力实施“红色根脉强基工程”，深挖“浙东人民解放军萌芽地”的重要意义，以后堡村“五

新改造升级的后堡抗日纪念堂（东湖街道　提供）

2021年东湖街道主要经济指标完成情况表

表66

指标	单位	2021年	2020年	同比增长（%）
一般公共预算收入	万元	33975	27043	25.63
规模以上工业总产值	亿元	39.39	33.72	16.81
规模以上工业增加值	亿元	9.27	8.19	13.19
固定资产投资	万元	580000	386300	50.14
限额以上社会消费品零售总额	万元	2497	2711	−7.89
自营出口	万元	81944	92642	−11.55
商品房销售面积	平方米	307107	212370	44.61
限额以上批发业销售额	万元	470540	313453	50.12
建筑业省内产值	万元	219564	159052	38.05

星达标、3A 争创”为契机，对后堡抗日纪念堂进行提档升级。重新设计布展 100 余件文史资料，通过大量留存的历史资料图文和各种历史遗迹挖掘整理，采用小品、雕塑、浮雕、历史场景、多媒体视频播放等艺术表现形式，生动、全面、真实地还原历史经过，再现了后堡地区“敢为人先、奋勇直前”的抗日精神，结合当地红色资源，推出后堡“红色旅游”路线，切实为广大党员、群众学习红色文化、弘扬红色精神提供教材资源。（东湖街道　魏倩滢）

灵芝街道

【概况】 灵芝街道位于绍兴市北部，地域面积 42.8 平方公里，水域面积 1.4 万亩，“十里荷塘”“万亩绿地”熠熠生辉，梅山脚下镜湖国家湿地公园景观优美，狭猱湖镶嵌其中，素有“城市绿心”之称。截至 2021 年底，街道共有村（居）、社区 46 个，其中 22 个行政村、12 个居委会、12 个社区，户籍人口 6.3 万人，流动人口 4.0 万人，共计常住人口 10.3 万人。辖区内有党组织 71 个，其中党委 9 个，党总支 23 个，党支部 39 个，党员 3966 名。

2021 年，灵芝街道主要经济指标排名连续 8 个月位居全区前二，其中连续 6 个月位居全区第一，15 项指标位居全区前列。全年完成规模以上工业总产值 43.2 亿元，同比增长 40.6%，完成规模以上工业增加值 10.9 亿元，同比增长 24.6%；投资势头发展迅猛，完成固定资产投资 257.7 亿元，同比增长 40%；批零住餐大幅上升，其中限额以上零售业销售额同比增长 396.5%，限额以上住宿业餐饮业营业额同比增长 51.3%。

2021 年，灵芝街道申报国家高新技术企业 7 家、省级科技型中小企业 19 家，完成率均超 140%；申报市级众创空间和市级研发中心 2 家，完成率达 200%，新增“下升上”28 家、股份公司 2 家；新增上云企业 171 家，完成率 398%，同比增长 71%；完成 2 家市级众创空间和市级研发中心申报，完成率 200%。

2021 年，灵芝街道户籍人口养老保险、医疗保险参保率均达 99% 以上，100% 完成年度困难对象探访关爱工作，街道残疾人之家顺利评星；外滩树兰书房正式运行，北海小学梅山校区、鲁迅小学文源校区顺利完成开办，镜湖幼儿园金群园区、澄港园区完成装修并开园，嘉会幼儿园完成新址搬迁，灵芝中心幼儿园曲屯园区完成标准化创建；完成老旧小区电梯整体安装 36 台、单体安装 1 台；街道顺利通过国家卫生城市复评迎检，安心居、润沁花园社区后墅坊、梅山江社区、泗汇江社区、灵芝居等 5 家家宴中心成功创建“阳光厨房”；建立道路四色预警机制，完成发光斑马线安装 5 条。街道增设 24 个村（居）、社区共享法庭，8 个村社矛调中心建成并挂牌运行，街道调委会全年成功调解矛盾纠纷 358 件。

【党建共建】 2021 年，灵芝街道 2 个项目被区委组织部列为年度越城区党建“契约化”共建重点项目，分别为灵芝街道“多彩灵芝 红动未来”党建联盟品牌探索天和社区“党映夕阳红，圆梦幸福里”共建项目；天和社区党总支荣获越城区党建“契约化”2021 年度“十佳先锋”称号；灵芝街道大树江社区党总支、华汇工程设计集团有限公司党组织荣获市级先进基层党组织称号，狭猱湖村党支部、外滩社区党总支、梅东村党总支荣获区级先进基层党组织称号；46 个村社和 24 个“两新”党组织实现党建“契约化”共建全覆盖。

【多元化调解】 2021 年，灵芝街道针对辖区内群众矛盾调解，试行“重点拆迁村临时党委制度”和“重点信访派驻党小组制度”，组建“党员干部先锋队”和“老干部调解室”，成立灵芝街道首家以乡贤为主导的非官方民间调解室——雲磊工作室。截至2021年底，雲磊工作室已接待群众120余名，记录档案78份。

2021年，灵芝街道雲磊工作室启动仪式举行（灵芝街道　提供）

【楼宇经济集聚】 2021年，灵芝街道盛鑫大厦成功列为重点楼宇，19幢重点楼宇入驻率和注册率大幅提升，企业税收贡献率增加47.3%，安邦护卫获得2021年区长质量奖，绍兴颐高广场成功申报为首批“绍兴市智慧商圈”，企业产业结构不断优化升级。

【拆改工作】 2021年，灵芝街道顺利完成近5年来越城区最大拆迁规模村——张市整村拆迁工作，签约拆除约30.4万平方米，签约率达98.92%。全年累计处置滞留户113户，处置数均位居全区第一，重点保障高铁TOD（以公共交通为导向的综合模式）综合体项目（生活区）、高铁站前区块路网工程（善酿路）、老年大学、老干部活动中心、后墅路（梅南路—群贤路）工程、镜湖新区湖东配套小学、梅山东侧1号地块、育贤路以北3号地块8个项目或地块的出让和开工建设。

【未来社区创建试点】 2021年，灵芝街道以数字化改革为牵引，从社区治理入手，积极探索社区智治新模式，切实提高社区治理的数字化、智能化水平。外滩社区于2021年成功列入全区唯一的浙江省第三批未来社区创建（整合提升类）试点项目，是越城区首个整合提升类未来社区试点项目。

【“智慧小天”社区综合便民服务数字平台打造】 2021年，灵芝街道天和社区开启数字智治新模式，积极研发“智慧小天”社区综合便民服务数字平台，成立“小天安防”小区应急体系，“小天有约”契约化点单互助平台，“小天快跑”“小天说事”“小天喊你打疫苗”“小天学党史课堂”等民生实事项目。

2021年灵芝街道主要经济指标完成情况表

表67

经济指标	单位	2021年	2020年	比2020年增长
规模以上工业总产值	万元	432360	307577	40.6%
规模以上工业增加值	万元	108731	87294	24.6%
限额以上批发业销售额	万元	1585467	1240290	27.8%
限额以上零售业销售额	万元	30849	6213	396.5%
限额以上住宿业营业额	万元	3261	2155	51.3%
限额以上餐饮业营业额	万元	7705	4922	56.5%
限额以上社会消费品零售额	万元	387005	216519	78.7%

灵芝街道未来社区概念图(灵芝街道　提供)

【“数智”执法】 2021年,灵芝街道升级智慧城管视频中心平台,开展工地数字化视频监管改革,接入监控点位,加设无人机,抓拍违章建筑,实现立体化执法;加强案卷处置力度,累计受理市长热线1600余件,满意率达99%;巩固学校食堂“明厨亮灶”工程,截至2021年底,累计完成27家学校联网监控平台管理。

【获评浙江省五水共治优秀镇街】 2021年,灵芝街道进一步强化河湖长制,深化实施“五水共治”碧水行动,持续推进生态治水,利用建绿岛、设增氧泵、放鱼苗等手段扩大生态治水的规模力度,水域水质基本实现Ⅲ类水以上,同比上浮两级,荣获“浙江省‘五水共治’优秀镇街”称号。

【生态环境提升】 2021年,灵芝街道水域水质基本实现3类水以上,同比上浮两级,荣获浙江省五水共治优秀镇街;推进“无废城市”建设,对辖区内120余个工地落实扬尘管控跟踪管理,探索打造龙湖天街项目扬尘治理示范区,空气质量优良率同比提升3个百分点;30个村、小区落实智能化垃圾分类,18个小区完成垃圾分类定时定点1.0版投放,建成集置点24个、可烂垃圾中转站2个,连续3年成功创建省级高标准小区3个(山水名家、绍兴天下、金色家园),市级农村生活垃圾分类示范村1个(独猕湖村)。(灵芝街道　王兴红)

东浦街道

【概况】 东浦街道位于越城区西北7公里处,境域面积30.78平方公里。清乾隆《绍兴府志·水利志》载“积水之区,小者为浦,如东浦”,因系地势低洼之处,且位于原山阴县东北而得名。2021年,东浦街道下辖35个村级组织,其中,20个行政村,2个居委会,2个社区,11个股份经济合作社,常住人口4.5万人,流动人口5.5万余人。全年无重大消防火灾事故和安全生产亡人事故发生。

2021年,东浦街道实现规上工业总产值11亿元,同比增长12.5%;批发业销售额21.4亿元,同比增长76.4%;零售业销售额4.0亿元,同比增长25.7%;建筑业省内产值24.6亿元,同比增长38.1%;商品房销售面积19.9万平方米,建安投资33.5亿元。

【荣誉成果】 2021年,东浦街道获评浙江省“五水共治”(河长制)工作考核优秀乡镇(街道),绍兴市第七次人口普查成绩突出集体,创建全市唯一标准化省级三优指导中心。辖区内金家村被评为浙江省文明村、绍兴市“枫桥式”村(社区);浙东古运河段获评绍兴市“美丽河湖”。

【基层党建】 2021年,东浦街道开展党史学习教育以及百名先锋、百堂党课、百个视频、百支

2021年，东浦街道举办“回眸百年路·星光照东浦”庆祝中国共产党成立100周年活动(东浦街道　提供)

队伍、百个心愿、百场球赛、百首红歌、百份契约等“八个一百”庆祝中国共产党成立100周年系列活动。街道24个村社党组织、31个“两新”党组织共签署“共建协议”102份，实现党建“契约化”共建结对全覆盖。38名村“两委”干部建立导师结对帮带，更新71名党组织书记后备干部人才库。

【招商引资】 2021年，东浦街道加快推进黄酒小镇和未来社区开发建设，引进“山姆”“英迪格”“花间堂”等品牌商超和酒店，制作“越酒长歌”2100人情景式演艺秀，打造具有黄酒文化标识度的轻奢度假集群。利用恒丰聚氨酯200亩旧厂房“腾笼换鸟”，打造全市最大的文创园“群贤198”，园内入驻企业超130家。

【拆迁征收】 2021年，东浦街道完成利华村整村征迁、鉴湖村智慧快速路红线范围拆迁征收，完成镜湖中央公园、高铁站前区块、杭绍台互通连接工程等重点项目征地250亩。黄酒小镇和杭绍台等征迁项目滞留户76户签约，棒(垒)球地块、未来社区地块交地200亩，确保重点项目用地空间。

【人居环境优化改善】 2021年，东浦街道成立蓝天专班，通过专家考察、源解析采样、建立小微站以及增加高位监控等多种手段加强蓝天保卫战工作，其中专家实地考察分析20余次，源解析采样1次，建立小微站2个，高位监控5个。启动“青甸湖小区生态涵养试点”创建，促进主要水域生态修复。完成拆违5.2万平方米，拆后利用率100%。启动5个小区生活垃圾定时定点分类投放，其中强头家园为区级数字化垃圾分类试点小区。截至年底，街道空气质量PM2.5浓度为28.7微克/立方米，同比改善6.6%。

【信访积案化解工作获区领导批示肯定】 2021

2021年东浦街道主要经济指标完成情况表

表68

指标	单位	2021年	2020年	同比增长
一般公共预算收入	万元	14563	21022	30.73%
规模以上工业主营业务收入	万元	99304	92187	7.72%
规模以上工业增加值	万元	21893	18986	1.90%
固定资产投资	万元	532216	334374	59.17%
限额以上社会消费品零售总额	万元	35728	30627	16.50%
自营出口	万元	266536.7	172097.89	54.90%
实到外资	万美元	20	10	100.00%

年，东浦街道矛调中心接待群众来访150批200人次，承办并办结“12345”政务热线、来信来访1700余件，累计受理诉求220件，成功调处纠纷203起，确保90%以上矛盾纠纷在街道层面解决。积案化解相关做法被区委办专报刊发，获区委主要领导批示肯定。

【就业服务和保障】 2021年，东浦街道新增城镇就业和失业人员再就业147人，处理各类劳资纠纷60余起，涉及金额约80万元，调解工伤7起，涉及金额190万元。组织企业员工申报稳岗留工、复工复产返岗等专项补贴，共计发放稳岗补贴14.4万元，涉及20家规上限上企业144人，受理75家企业247人申请返岗补贴。越惠保户籍参保率全区第一。

【疫情防控创新举措】 2021年，东浦街道落实常态化疫情防控，未出现确诊、疑似病例。创新防疫工作方法，提前在线上录入居民和村民身份信息并发放纸质二维码，大幅提升核酸检测工作效率。该做法被央视新闻频道报道。12月23日，中国国际电视台报道东浦街道在疫情防控中的适老化举措，即为老年人贴心发放“一码一证”（核酸登记码和核酸检测阴性证明）。

【新乡贤联谊会成立】 2021年9月，东浦街道召开新乡贤联谊会成立大会，听取新乡贤联谊会筹备工作报告，审议通过《东浦街道新乡贤联谊会章程》《东浦街道新乡贤联谊会选举办法》，并通过选举产生第一届新乡贤联谊会会长、名誉会长、秘书长和副会长。共有成员54名。（东浦街道　史沁舒）

鉴湖街道

【概况】 鉴湖街道地处绍兴市区南部，东邻会稽山旅游风景区，南接柯桥区平水镇，西连柯桥区兰亭镇和印山越国王陵保护区，兰亭国家森林公园，北与市区城南街道接壤。街道地域面积50.3平方公里，下辖11个行政村及2个社区，户籍人口26867人，外来人口10556人，党员1610名。绍兴城市主干道解放南路、中兴南路，绍诸高速，新建成的32省道、杭绍台高速交叉贯穿鉴湖，绍兴地铁一号线终点站也设于街道中心。海拔543.6米的秦望山位于街道南部，因2000多年前秦始皇南巡时登临此山远眺南海（今杭州湾）而得名，系浙东唐诗之路的重要组成部分。“绍兴南大门”新形象初具规模。

2021年，鉴湖街道完成规模以上工业总产值8.77亿元，同比增长13.5%；规模以上工业增加值1.84亿元，同比增长11.52%；限额以上零售业销售额3.79亿元，同比增长160.4%；限额以上住宿业销售额2811万元，同比增长65%；限额以上批发业销售额26.6亿元，同比增长30.1%；完成省内建筑业产值5.7亿元，同比增长49.16%。

东浦街道浙东古运河（东浦街道　提供）

【打造红色教育文化品牌】 2021年，鉴湖街道开展

“一封家书、百封回信”“树兰书屋听党史”“砥砺强国志·鉴湖青春汇”等宣讲活动，提出首个共建课题：探索高校党史研究成果如何助力乡村振兴，累计宣讲130余场。组织“百年追梦·红映鉴湖”中国共产党成立100周年献礼系列活动，包括“百年礼赞 童心向党”亲子共读活动暨第四届“蓝色鉴湖”读书节、一堂“穿越时空”的党课、“同心圆梦 侨心向党 寻红色足迹 踏百年征程”活动、“百年印记 共绣党旗”活动，通过将地方红色党史素材与本地文化旅游资源深度融合，打造红色教育文化品牌。

2021年，越城区鉴湖街道举办“百年礼赞 童心向党”亲子共读活动暨第四届“蓝色鉴湖”读书节（娄瑜琴 摄）

【党风廉政建设工作获省纪委肯定】 2021年，鉴湖街道进一步完善党风廉政建设相关责任制度，推动“四责协同”（党工委主体责任、党工委书记第一责任、班子成员“一岗双责”、纪工委监察办监督责任），完成对村（社区）党组织巡察全覆盖。借助线上线下“清风廉旅”廉政文化旅游线路，打造“一村一特色”清廉文化品牌。开展村（社区）“三务”公开数字化平台建设试点，推行绍兴市基层公权力监督平台2.0及小微权力“监督一点通”系统运行。5月18日下午，省委常委、省纪委书记、监委主任许罗德在市、区领导陪同下到越城区调研。许罗德对鉴湖街道纪检监察工作表示肯定，并指出鉴湖街道要在当前已有的工作成效上进一步深化、强化，充分发挥乡镇（街道）纪检监察机构作用，让“老百姓家门口的纪委监委”名副其实。

【招商引资】 2021年，鉴湖街道积极对接市外境内项目，超额完成全年1亿元的内资考核任务，完成率140%；引进区外税源税收300万元，完成率100%。桔子水晶酒店项目、宝利德奔驰体验项目有序推进。年内，申报国家级人才4人、国家高新技术企业2家，复审1家；新增省级科技型中小企业9家，完成率达129%；新增街道研发中心2家，实现规模以上企业研发中心覆盖率100%。

2021年，越城区鉴湖街道举办“百年印记 共绣党旗”活动（娄瑜琴 摄）

【乡村经济振兴】 2021年，鉴湖街道实施高标准农田建设项目，建成3027亩高标准农田，夯实农业“双强行动”（科技强农、机械强农）基础。盘活农村荒坡杂地、空余厂房等闲置资源，培育王家葑果蔬专业合作社、丰乐草莓园两个“过程体验式”新型农业主体和旅游路线。盘活利用农村闲置宅基地超1800平方米，引入茶馆、餐馆、民宿、个人工作室等项目20余个。年内，实施越城区首个“点状供地”、鉴湖街道首个“坡地村镇”项目——丰乐里·花田漫谷田园综合体，完成全区首笔宅基地使用权抵押登记，获抵押贷款50万元。

【成功创建省AAA级景区镇】 2021年，鉴湖街道新增景区村3个，街道创建浙江省AAA级景区镇。街道重点加强交通、标识、游客服务中心、停车场等配套设施及配套管理机制建设，全面打通街道旅游南大门，打造南韵鉴湖IP品牌。以“微改造、精提升”为导向，挖掘文化底蕴，改造唐诗之路、莲韵茶香等系列节点；深耕产品特色，提升越宴十八味、天衣寺红茶、王家葑四季鲜果采摘等品牌标识度。

【获区农村人居环境考评“四连冠”】 2021年，鉴湖街道设立农村人居环境专项奖励基金100万元，推进农村人居环境改善提升，创建省级“美丽山塘”10座。投入资金2000余万元，用于河道清淤和综合整治等工程。绍兴中专国控点PM2.5浓度27微克/立方米，在全区4个国控点中排名首位，受到区委、区政府主要领导批示表扬。创新开展“日督查日通报”“定点定人包保”等模式压实责任，推进坡塘村“乡村振兴先行村”、秦望村“3A示范村”“市级美丽乡村特色精品村”创建。合成景园西区被评为省级高标准生活垃圾分类示范小区、坡塘村被评为省级高标准农村生活垃圾分类示范村。

【拆迁征收】 2021年，鉴湖街道率先完成全区二阶段拆改滞留户处置，已处置芳权村20户滞留户。平稳实现芳泉村、栖凫村房屋征收，栖凫村征收面积约11.9万平方米，为省、市重点项目建设奠定基础。完成春风公寓第三期解困房安置、龙虎山茶牧场职工危旧房改造安置、上谢墅公交枢纽站（二期）建设、特警支队扩建征迁、骆家葑村村北公路建设、下白线整修等工作，落实马园南门新兴废弃矿山治理，配合开展汽车南站、BRT（快速公交系统）公交枢纽站、杭绍台高速、轨道交通1号线、地铁小镇、市级公益性生态公墓工程、新三江闸排涝疏浚工程等项目的征地拆迁及建设工作。全年共拆除违章建筑面积28310平方米，完成率108%。

【安全隐患大排查大整治】 2021年，鉴湖街道开展安全生产、消防安全隐患大排查大整治专项行动，发现整改隐患330个，停产停业整顿生产经营单位21家；完成低小散企业整治15家；处置

2021年鉴湖街道主要经济指标完成情况表

表69

指标	单位	2021年	2020年	同比增长(%)
一般公共财政预算收入	万元	5886	7667.9677	−23.2
规模以上工业主营业务收入	万元	87726	77978.7	12.5
规模以上工业增加值	万元	18435	16415.8	12.3
固定资产投资	万元	97374	119185	−18.3
限额以上社会消费品零售总额	万元	38537	15178	153.9
限额以上批零、住宿销售额(营业额)	万元	268033	204326	30.2
自营出口	万元	38491	14568	164.2
实到外资	万美元	2813	1704	65.1

辖区内劳资纠纷咨询案件数79件、举报投诉案件数44件,涉及总人数157人,总金额460.72万元,撤、结案金额419.62万元,处理率和结案率均达100%。全年未发生造成严重不良影响的欠薪群体性事件。

【打造街级一体化便民服务中心】 2021年,鉴湖街道打造管理规范的街级一体化便民服务中心,推行“一门式管理、一站式服务”模式,调整设置无差别全科受理、综合受理、公共服务、劳动监察受理、商事登记受理等办事窗口12个,261项服务事项、229项“最多跑一次”事项、20项“一证通办”事项、87项“全城通办”事项集中入驻,有效提高群众的办事便捷度。

【文化礼堂活跃指数全区第一】 2021年,鉴湖街道完成6家智慧礼堂建设,其中王家葑村文化礼堂获评省级书香文化礼堂,王家葑村、坡塘村文化礼堂获评五星级文化礼堂。街道综合文化站成功创建省一级文化站,文化礼堂活跃指数排名全区第一。年内,承办省“传承的意义——2020年度‘最美浙江人·最美家庭’发布活动暨浙江省家庭家教家风巡讲活动启动仪式”,开展市“我们的村晚”等活动近300场。

【绍兴南部综合交通枢纽建设工程项目通过竣工验收】 2021年5月,绍兴南部综合交通枢纽建设工程项目通过竣工验收,可实现长途客运、地铁、公交、出租、私家车等多种运输方式的无缝对接、零距离换乘。项目位于越城区鉴湖街道解放南路与芳泉路交叉口西南角,总建筑面积约7.9万平方米,概算总投资4.85亿元,其中地上建筑面积约4.6万平方米,主要包括客运及公交站配套服务用房、交通综合服务用房;地下建筑面积约3.2万平方米,地下一层为换乘中心,地下二层主要为社会停车场,拥有约500余个停车位。

2021年5月,绍兴南部综合交通枢纽建设工程项目通过竣工验收(鉴湖街道 提供)

【水利工程管理“三化”改革】 2021年,鉴湖街道持续深化水利工程管理物业化、产权化、数字化“三化”改革,截至年底,街道办事处与村股份经济合作社签订协议实现山塘水库物业化;23座万立方米以上山塘水库依托区智慧管水综合应用平台接入“雪亮工程”,全部实现数字化;台盘寺、柳家岙、道士岙、天衣寺、龙虎山、马路水库6座小型水库已全部办理完成产权证,覆盖率100%,其中台盘寺水库成为全区第一批率先完成产权登记的小型水库。

【创建市“四好农村路”示范乡镇】 2021年2月,鉴湖街道顺利完成“四好农村路”建设三年行动,对辖区内的多条农村公路进行了提升改造,如坡塘村的云松公路工程,上谢墅村的牛踏路公路工程,还对多条公路做了亮化、安防和路面维修项目,有力推动农村公路更畅通、更安全、更舒适、更美丽。农村公路路网明显优化,管理养护全面加强,路域环境不断改善。农村客运和物流服务体系进一步完善,城乡交通进一步实现一体化。入选市“四好农村路”示范乡镇。

【推广利用“智慧农村”服务平台】 2021年,鉴湖街道推广“智慧农村”服务平台,打造“互联网+”智慧型乡村,累计实名制注册2300余户。利用村级微信小程序、公众号等平台,优化数字村社治理,形成村级事务“发单、接单、晒单、评单”闭环模式。推进“三务”公开数字化平台建设试点，打造云端服务体系。开展人工智能法律服务自助机进村社，实现签约律师 24 小时在线服务全覆盖、“共享法庭” 全覆盖。（鉴湖街道　陈莉莎）

斗门街道

【概况】 斗门街道地处绍兴市区北部，东与马山街道相邻，西与灵芝街道相连，西北、北与柯桥区齐贤街道、马鞍街道毗邻，东北濒曹娥江与沥海街道隔江相望。斗门是千年古镇，保存有斗门老街、袍谷古遗址、三江老闸和三江所城、千年古刹宝积寺和荷湖登瀛桥等历史遗迹。地域面积 42 平方公里。先后获评全国经济千强镇、省经济百强乡镇、体育强镇、卫生镇和市文明镇、生态镇、信访三无乡镇、“枫桥式” 乡镇、基本无违建乡镇（街道）、外贸十强街道，绍兴市平安建设先进集体、绍兴市美丽乡村示范乡镇等荣誉称号。2021 年，斗门街道下辖 9 个行政村、20 个社区（居委会）、6 个股份经济合作社，常住人口 58009 人。街道下辖规模以上工业企业完成总产值 689.47 亿元；规模以上工业增加值 149.82 亿元；全社会固定资产投资 78.45 亿元，其中工业投资 8.17 亿元；预计进出口总额 207.42 亿元，其中自营出口 174.96 亿元；限额以上社会消费品零售总额 121.77 亿元，限额以上批零、住餐销售额 400.45 亿元，同比增长 45.2%；完成建筑业总产值 21.69 亿元，其中省内产值 19.74 亿元，完成商品房销售面积 31.29 万平方米。

【产业提升】 2021 年，斗门街道组建招商和投资服务专班，开发“数字招商平台”“数智产业地图”，全年共签约引进各类项目 40 个，苏泊尔配套产业园等高端平台载体建设成效明显，现有 7 家企业入驻。开展“低散乱” 企业整治和落后产能淘汰工作，全年累计整治“低散乱” 企业 90 家、淘汰落后产能 6 家。实施纺织服装、家用电器、医疗器械、节能环保、新材料、电子信息等战略新兴产业培育工程，重塑产业经济新优势。全年新增高新技术企业 35 家、省科技型中小企业 36 家、国家专精特新“小巨人” 企业 3 家，新增博士后工作站 2 家、院士专家工作站 1 家、博士创新站 2 家，入选国家级人才 3 人。现代服务业多元发展，袍江中国汽车城规模集聚

2021 年斗门街道主要经济指标完成情况表

表 70

指标	单位	2021 年	2020 年	比 2020 年增长
一般公共预算收入	万元	150096	137451	9.2%
规模以上工业营业收入	万元	6516028	5294628	23.07%
规模以上工业增加值	万元	1498173	1189839	7.74%（可比价增长）
固定资产投资	万元	784498	558058	40.58%
限上社会消费品零售总额	万元	1217710	1180987	3.11%
限上服务业企业增加值	万元	141590	110615	28%
自营出口	万元	1749550	1618778	8.08%
实到外资	万美元	118	520	−77.31%

效应不断显现，世纪街中心商贸区提速发展。

【城市综合治理】 2021年，斗门街道开展乱贴乱画、乱泼乱倒、乱扯乱挂、乱搭乱建、乱停乱放等“十乱现象”专项整治行动，全年处置智慧城管8855件，取缔马路市场3处。办结大气污染防治、建筑渣土处置等各类案件124件。推进垃圾分类处理工作，在29个任务小区全面实施垃圾分类“双定”工作，完成136个分类投放点位的建设工作，1个小区成功申报为垃圾分类省级高标准小区。拆除各类违建7.2万平方米，超额完成全年任务量，拆后利用率达到100%。扎实推进美丽斗门建设。全年街道PM2.5平均浓度为28微克/立方米，同比改善6.7%，在全市国控站点中位列第五、在全区国控站点中位列第二。持续推进“污水零直排区”创建，工业园区和“六小”行业“污水零直排区”项目共完成522家。

【完成赵墅、里谷社居征收】 2021年，斗门街道组建攻坚行动组，建立“包干到人、挂图作战、每日会商”工作机制，完成赵墅、里谷社共1158户25.3万平方米房屋的征收，1月10日，赵墅居启动房屋征收签约，涉及690户11万平方米，至签约截止日，实现签约率、腾空率“2个100%”。4月21日、8月29日，里谷社居分别启动集体宅基地房屋及成套住宅房屋征收签约，涉及集体宅基地526户，成套住宅116户，合计面积约12.5万平方米，至签约截止日，分别实现签约率99.8%和100%。

【完成富陵、朱家潭居择房】 2021年10月26日，斗门街道完成富陵村176户、朱家潭居86户安置房择房工作，择房率达100%。

【民生事业】 2021年，斗门街道开展政策性农村住房保险及自然灾害公众责任保险，分别惠及农村住房5463套、居民58090人。累计发放低保金、救助金、慰问金等各类困难补助487.1万元。推进“最多跑一次”改革，全年累计为百姓办理事项126995件。推动便民服务网点向村（居、社区）延伸，实现社区便民服务自助终端机全覆盖。创建3个“五星和美”社区，三级社区管理工作网格初步形成。成功创建16个全国示范型退役军人服务站、2个省级新时代“枫桥式”退役军人服务站。

【社会治理】 2021年，斗门街道做好禁毒人民战争、电信网络诈骗整治、扫黑除恶专项斗争等工作，悬挂横幅、发放宣传单20万条（份），入户走访2万余次。扎实开展安全生产（消防安全）隐患大排查大整治大提升行动，共计检查企业5139家，普查企业、沿街商铺4000余家，消除安全隐患1万余处，开展应急拉练10次；发放各类宣传单、倡议书5000余份，悬挂横幅30

2021年11月，斗门街道举办首届“斗门文体节”机关拔河比赛，以拔河比赛作为文体节开幕仪式（斗门街道　提供）

2021年11月12日，斗门街道文学艺术联合会成立（斗门街道　提供）

条，组织9000余人参加安全培训。扎实推进矛调中心规范化建设，中心全年共受理矛盾纠纷702起，化解693起，化解率98.7%；受理调处政务热线4156件、来信来访网信302件，接待上访人员183批406人。全面推行信访代办制度和初信初访办理“2211”工作机制。全力抓好历史积案化解工作，国家级重复信访积案100%办结，拆迁类信访积案和市级重点积案化解均超过75%。

【人大代表联络站工作获授五星级奖牌】 2021年3月1日，区人大常委会副主任鲍永强一行到斗门街道人大代表联络站指导工作，并授予“五星级街道人大代表联系站”奖牌。街道人大代表联系站设人大代表接待室、活动室、档案资料室、阅览室、站长室等6个室，设计科学、布置合理，使联络站成为代表依法履职、联系选民和学习交流的平台。

【成立马海工业社区】 2021年，斗门街道在马海工业集聚区创设的马海工业社区揭牌成立，该社区是全市首个工业社区，创新基层治理模式。马海工业集聚区面积约5平方公里，集聚着200多家企业，职工1.3万余名，大多数为外来务工人员，其中近1万人常年居住在厂区宿舍。马海工业社区设社区服务中心、政务自助服务终端、流动人口专管员驻点服务等，以深化拓展“三驻三服务”，探索一站集成式企业管理工作，从而进一步优化营商环境。

【举办首届“斗门文体节”】 2021年11月，斗门街道为丰富街道居民群众文化体育活动，推动街道文化体育事业发展，斗门街道举办首届“斗门文体节”，本届文体节共设机关拔河比赛、“斗门艺韵”曲艺大赛、“斗门商会杯”迎新书画摄影展、乒乓球比赛、篮球比赛、趣味运动会、闭幕式等七大项目。

【斗门街道文学艺术界联合会成立】 2021年11月12日，斗门街道文学艺术界联合会第一次代表大会召开，会议审议通过《斗门街道文学艺术界联合会章程》《斗门街道文学艺术界联合会选举办法》，选举产生斗门街道文学艺术界联合会第一届委员会委员和主席、副主席、秘书长，通过聘请斗门街道文学艺术界联合会名誉主席和名誉顾问的决议。（斗门街道　高英）

斗门街道文学艺术界联合会第一届委员会及其领导机构

主　席　张　羽

副主席　王思佳

秘书长　周　娟

委　员　朱　非　陈伟良　董少杰

　　　　陈丽英　冯　伟　程建豪

皋埠街道

【概况】 皋埠街道位于绍兴市区东大门约8公里，东邻陶堰街道，南毗富盛镇、平水镇，北隔104国道与东湖街道相望，西接老城区。皋埠历史悠久，其地名在1700多年以前的西晋已经存在。民国21年（1932年）皋埠镇建立，中华人民共和国成立后曾是会稽县政府驻地，1992年5月，撤区并乡扩镇后，将原皋北乡、上蒋乡并入成为新的皋埠镇。2001年1月，由绍兴县（现柯桥区）划入越城区。2019年，皋埠街道挂牌成立。全街道地域面积59.5平方公里，下辖26个行政村、4个社区，常住人口52638人。皋埠范围内已组建党组织143个，党员人数达2825人。

2021年，皋埠街道党工委、办事处贯彻上级决策部署，围绕“活力皋埠、品质皋埠、幸福皋埠”目标，全年实现规上工业总产值127.1亿元，同比增长18.3%；完成固定资产投资62.9亿元，

2021年皋埠街道推进产业项目

1.中芯技改项目	5.华沁环保项目
2.中芯二期配套产业园项目	6.盛洋智能仓储
3.最成半导体项目	7.喜来登酒店项目
4.美新半导体项目	8.集成电路小镇西园项目

同比增长 37.3%；工业投资 48.4 亿元，同比增长 41.4%；全街道完成社会消费品零售额 7.9 亿元，同比增长 30.2%；完成限额以上餐饮业营业额 6.0 亿元，同比增长 55.0%。

【高新产业发展】 2021 年，皋埠街道充分发挥两大“万亩千亿”新产业平台的集聚力和越城区、滨海新区双向赋能优势，稳步推进“腾笼换鸟，凤凰涅槃”行动。皋埠街道推进新兴产业项目，引入新兴企业 17 家，推进产业项目 8 个，中芯技改项目完成投资 40%、中芯二期配套产业园动工建设、振德医疗二期工程顺利完工并投入运行，优特格尔、最成半导体、美新半导体等项目顺利推进。持续提高企业科创水平，依托浙大微电子、北大科创中心等科研机构作用，加快人才、科技成果转化，2021 年 R&D 经费支出达 9.42 亿元，分别完成国家高新技术企业申报 7 家、省科技型中小企业申报 24 家。

【城市形象优化】 2021 年，皋埠街道区域风貌提升、乡村道路设施提升等项目稳步推进。空气质量优化提升，实现 30 个在建工地扬尘治理“7 个 100%”，PM2.5 浓度降至 26 微克 / 立方米。开展后泾溇底、西山岸河等河湖清淤、整治行动，完成河道清淤 2894.1 立方米，整治砌坎 743 米，牌口村氮磷拦截沟渠、攒宫江流域整治等工程顺利完工。推动污水零直排全覆盖，完成 6 个生活小区、34 个工业企业和 2 个学校的污水管网改造，重点河湖水质保持在Ⅲ类及以上。推进“拔钉清障”“三改一拆”等行动，圆满完成 400 余平方米的房屋住宅、8000 余平方米的环卫基地等拆迁工作，拆除辖区内违章建筑 5.6 万平方米。杭电绍兴校区地块实现签约 100%。完成 13 个小区的生活垃圾定时定点投放工作，实现村社垃圾分类全面覆盖。

【社会服务】 2021 年，皋埠街道推进低收入农户结对全覆盖，落实各项帮扶举措。做好因病因故致困人群慰问和救助工作，联合开展慰问、

2021 年皋埠街道主要经济指标完成情况表

表 71

指标	单位	2021 年	2020 年	同比增长
一般公共预算收入	亿元	3.99	2.86	39.5%
规模以上工业总产值	亿元	127.1	107.4	18.3%
规模以上工业增加值	亿元	31.6	20.5	54.1%
固定资产投资	亿元	62.9	45.8	37.3%
限额以上批发业销售总额	亿元	44.2	35.6	24.2%
限额以上零售业销售总额	亿元	8.1	6.0	35.0%

2021 年,皋埠街道"沿着红色足迹学党史"研学活动举行(徐妍 摄)

服务活动百余次。为全街道重点人群免费接种流感疫苗和肺炎疫苗共计 3384 针次。不断拓展居家养老中心功能,为 6000 余名 70 岁以上老人提供服务保障。完成适老化改造 60 户,新建社区微型消防站 2 个,完成高层住宅小区远程报警监控系统和"电瓶车管控系统"安装。

【党史学习教育】 2021 年,皋埠街道成立党史学习教育工作组,定期开展各类实践活动,先后开展"书记上党课""忆越地英烈,悟红色真理"党史知识竞赛,组织观看党史电影《红船》、"学党史,亮实绩"村社书记赛比争先等活动。选派青年宣讲员进企业、进农村、进机关、进校园、进社区、进网络开展基层特色宣讲活动,在省、市、区级主流媒体平台积极宣传党史学习教育开展情况,其中省级录用 2 篇、区级录用 14 篇。

【全区工业全域治理行动试点建设】 2021 年,皋埠街道被选为越城区(滨海新区)工业全域治理行动试点街道之一。皋埠街道通过建小组、立台账、划网格等途径,共计摸排出需整改企业 183 家,涉及工业用地 1773 亩,完成 56 家企业及相关 870 余亩工业用地的治理工作。其中,绍兴医疗器械综合体(原飞日棉纺织)共计拆除违章建筑 1.2 万平方米、排查火灾隐患点 12 处;绍兴中实工贸园 17 家企业完成清退。

【推进"陆游"品牌建设】 2021 年,皋埠街道深化推进"坝头山—西湖畚"乡村振兴先行村创建工作。根据初步方案评选,确定意向单位,依托第三方机构的项目经验和运营水平,借由陆氏族谱、陆氏宗祠等历史文物深挖"陆游文化",持续推进"陆游"品牌建设。对设计运营方案不断优化,已对陆游诗词商标进行注册,敲定一期项目实施方案。2021 年 9 月,"诗情画意"宋韵中秋游园会举行。11 月,首届陆游诗歌节成功举办。

【打赢疫情防控遭遇战】 2021 年 12 月,皋埠街道遭遇新冠肺炎疫情冲击,域内塘下赵村发现一例阳性病例。皋埠街道第一时间按照疫情防控要求,贯彻落实封控区,规划落实疫情防控专组,以人防与技防为举措,实现全员管控到位,累积编排业务流程单十余张,完成事项闭环 500 余件,实现服务体系不断优化;以全员健康为目

2021 年,皋埠街道有序开展大规模核酸检测(徐妍 摄)

标，多轮次核酸全员检测，实现“两区”群众核酸检测全为阴。（皋埠街道 韩信忠）

陶堰街道

【**概况**】 陶堰街道位于越城区东部，距绍兴市区13公里，东与上虞区东关街道、道墟街道接壤，南靠富盛镇，西临皋埠街道，北连孙端街道。因东汉陶姓家族居住堰下而得名，为陶成章、陶行知、邵力子的故乡。浙东古运河、杭甬运河、萧甬铁路、104国道、329省道、钱陶公路和绍诸高速、平陶公路穿境而过。街道面积25.11平方公里，下辖11个行政村、1个居委会，年末常住人口23362人。

2021年，陶堰街道建筑业产值实现三个翻番，数字经济核心产业产值增长28.7%，装备制造业增加值增长19.3%。年内，腾退出清“低散乱”企业15家，淘汰落后产能企业2家，“零土地技改”盘活闲置厂房1.5万平方米，旧厂房改造3500平方米。引进单体协议投资规模总额2000万元（绍兴市芪芪制冷设备有限公司）与1000万元（绍兴骏华丰田汽车销售服务有限公司）（含）以上项目各1个。

【**实现高新技术产业产值25.39亿元**】 2021年，陶堰街道新增国家高新技术企业4家、省科技型中小企业6家，上云企业13家。新建5G基站18个。全年实现高新技术产业产值25.39亿元，同比增长22.2%，高新技术产业增加值7.68亿元；实现规上企业研发中心全覆盖，R&D经费支出1.03亿元，完成率103.4%。

【**粮食总产936万公斤**】 2021年，陶堰街道完成粮食生产功能区“非粮化”整治1197.54亩，完成率212.5%；新建高标准农田3672亩，完成率101.2%；实现粮食播种面积2.16万亩、油菜播种面积1719亩，粮食总产达936万公斤。年内，陶堰街道成立全区首个区域性现代农业综合服务中心并获得省级认定，粮油产业农合联入选全省第二批“产业农合联”。

【**打造车辆综合服务产业链**】 陶堰街道东方汽车城占地面积108209平方米，2021年，绍兴骏华丰田汽车销售服务有限公司落户陶堰，截至目前汽车城内共有8家汽车销售公司。同时鸿业二手车交易市场、绍兴捷达车辆检测有限公司完成提档升级，集汽车销售、汽修汽配、检测办证为一体的车辆综合服务产业链逐渐形成。

【**生态环境整治提升**】 2021年，陶堰街道持续推进水利工程建设，提标改造7个村的46个治理终端设施，河道砌坎1281米，实现所有考核断面水质均达到Ⅲ类水质及以上。空气质量全年保持优良，餐饮单位油烟净化设施配备率和规范使用率达100%。检查渣土车130余辆，立案查处7起；处置焚烧秸秆、垃圾180余起，立案查处2起。街道成功创建2021年市级垃圾分类达标镇街，泾口村、白塔头村、陶堰村、浔阳村等4个村获评市级垃圾分类准确村。

【**打造全域旅游精品路线**】 2021年，陶堰街道推进鉴湖国家湿地公园建设，启动区块项目全

2021年，陶堰街道全域旅游手绘地图正式发布（陶堰街道 提供）

2021年陶堰街道主要经济指标完成情况表

表72

指标	单位	2021年	2020年	同比增长(%)
规模以上工业主营业务收入	万元	394279	326906	20.6
规模以上工业增加值	万元	109155	93116	17.2
限上批发业销售额	万元	114400	81697	40.0
限额以上服务业企业营业收入	万元	7759	7559	2.7
战略性新兴产业产值	万元	161841	129795	24.7
高新技术产业产值	万元	253939	207857	22.2
自营出口	万元	137157	107997	27.0

面开工。以浙东运河文化为主线,深入挖掘陶堰运河名镇的历史文化价值和风俗、风貌,发展旅游新兴产业,打造文旅农品牌。年内,街道相继举办陶堰湿地油菜花节、蓝莓节等系列农事节庆活动,推出水乡陶堰全域旅游手绘地图,打造红色故居研学游、休闲农庄康养游、古老运河观赏游等3条沉浸式乡村旅游路线,全年累计接待游客2万余人次,受到新华社等省级以上媒体报道30余次,"东鉴湖·水陶堰"的知名度进一步打响。

2021年,陶堰第二届油菜花节开幕(鲁慧川 摄)

【新型冠状病毒肺炎疫情防控】 2021年12月,陶堰街道做好物资保供和居家隔离人员的服务工作,并同步开展复工、复产、复学、复市。多人获得市、区抗击新冠肺炎疫情及时性表扬、担当作为好干部与抗疫行动"越城好人"。央视中央国际频道2次报道陶堰抗疫过程,浙江卫视《新闻联播》3次点赞陶堰抗疫工作,相关做法在央视新闻、新华网、浙江新闻客户端等省级以上媒体宣传报道近20次。

【社会治理】 2021年,陶堰街道社会矛盾纠纷调解体系建设逐步完善,积案化解率100%,政务热线指数全区第一,完成中国共产党成立100周年、全国两会等重要节点维稳安保工作。"浙里兴村共富"场景应用试点成为基层智治新引擎,通过数字赋能,实现村居干部考核过程性量化、重大事项全流程监管、乡村振兴业绩可视可查。"契约指数""慧治陶堰""兴村共富雷达图"等模块在全市推广中贡献经验和亮点。

【创建省级美丽城镇】 2021年,陶堰街道24个美丽城镇建设项目全部开工,总投资6130万元,完工率达96%。新建4条"四好农村路",总长度3.50公里,项目投资777万元。老旧小区改造全面完成,街道居家养老服务中心建设完工。街道成功创建市级AAA级景区镇;白塔头村在"曲韵白塔头"党建品牌的基础上,以"'光明家'特色零碳示范村"为总体定位,成功创建市级AAA级景区示范村。

【全省首例智能水肥综合管控系统】 2021年,陶堰街道创新打造智能水肥综合管控系统,系全省水稻灌溉首例。该系统通过安装在田亩中的农业环境感知设备监测土壤中水含量和农药含量,数据通过配套通信设备上传至可视化综合管理平台,并同步至移动设备App,根据系统内置算法分析数据,判断作物水量和肥料量需求,最后将灌溉指令反馈到无人机进行水肥灌溉。引入该套系统后田间作物管理的效率提升300%,节省肥料50%,节约水量60%,整个系统实现了自动感知、自动上传、自动分析、自动管理等功能。(陶堰街道　丁斯秀)

马山街道

【概况】 马山街道位于越城区北部,滨海新区中部,东接孙端街道,西接斗门街道,南接东湖街道,北濒曹娥江。据《绍兴县志》载:传大禹治水时,防风氏过此,在一土丘间驻马,丘侧有石骨隆起似为山之余脉而得名。马山街道面积44.5平方公里,辖20个行政村、6个城市社区、1个居委会。2021年末,户籍人口53734人,流动人口62724人。

2021年度实现规上工业总产值221.7亿元,同比增长35.6%;实现限额以上批发业销售额63.3亿元,同比增长69.8%;实现自营出口73.4亿元,同比增长23.4%;完成固定资产投资57.2亿元,同比增长58.7%以上。引进签约项目10个,其中5亿元以上工业项目1个,2000万元以上工业项目8个,1000万元以上服务业项目1个,越剑机械、奇宇铝膜正式投产,太瓦科技、吉溢科技、黄酒产业园等项目主体动工;15个项目签订招商意向协议全区最多,亿钻科技、耀峰动力、茂耀科技、积光新能源等6个新项目签约落户;明电力、芯祺科技等一批重大项目动工建设;服务保障绍兴综合保税区完成单体主体建设。

【产业转型升级】 2021年,马山街道27家企业申报(复审)国家高新技术企业,创历年新高,17家企业申报省科技型中小企业;印染化工电镀企业搬迁取得实效,三大印染组团完成集聚搬迁,电镀厂实现完全退出,化工企业搬迁有序推进;百翔科技股份制改造,集成电路项目芯琪科技正式动工建设。

【疫情防控】 2021年,马山街道快速建立疫情防控体系,实行联防联控机制、信息共享机制,完成两轮近20万人次全员核酸检测,高质量完成全区最大隔离点管控工作,辖域未出现本地病例和外来输入病例;疫苗接种量18.6万剂位列全区第二。

【实现首个双向派单和数据共享平台】 2021年,马山街道在全区率先打通矛调中心与4个平台数据通道,实现全区首个双向派单和数据共享平台,依托一站式就地矛盾调处新模式,实现90%以上矛盾纠纷在基层化解的目标。

【社会治理】 2021年,马山街道坚持打击与化解并重,完成全国两会、中国共产党成立100周年等重大维稳安保任务。省级重复信访件全部完成,有效化解市级重点督查件6件,拆迁信访件6件;反诈工作走深走实,辖区累计发案288起,同比下降3.03%,反诈小品《美丽陷阱》获评浙江省小品金奖。开展"平安护航建党百年"

反诈小品《美丽陷阱》（马山街道　提供）

安全隐患大排查大整治专项行动和安全生产风险普查工作，街道综合应急救援队伍建设成为全省乡镇综合应急救援队伍建设样板。

【拆改工作】 2021年，马山街道成功破解袍江拆改实施以来最大历史难题，完成恂北（一期）续拆、恂南续拆、宁桑、直乐施、东豆姜（部分）等5个村城中村改造项目，拆改考核全区第二，涉及征收房屋1177户，总面积约24.1万平方米，累计投入资金40多亿元，为两湖深度开发和绍兴综合保税区项目建设腾出空间；实现综保区、西安等地块滞留户拔钉清零，完成绍兴飞亚印染有限公司回迁。完成“污水零直排区”创建，实施越胜公寓、伟业·新城苑、东方都市、康宁乐苑等4个老旧小区改造建设，完成5部电梯加装工作，东方都市老旧小区改造被评为2021年度十大绍兴市老旧小区改造优秀设计案例；实现当年征地让地980亩，出让经营性土地2块340亩，出让资金46.24亿元，出让工业用地6宗543亩。

【党建统领巩固深化】 2021年，马山街道纵深推进党史学习教育，组织专题宣讲24次，开展党工委理论学习中心组集中学习12次与专题研讨5次，累计发布学习资讯1000余篇；依托新时代文明实践所打造“红色课堂”“红色旋律”，建立专题实践“马山范本”，梳理民生服务三大类16块30项重点举措，解决问题难题735个。打造“云上党建”数字化改革项目，依托“全域代办”等载体，扎实推进“三驻三服务”；深化党建“契约化”共建，实现村社党建“契约化”全覆盖。

【民生服务建设成果】 2021年，马山街道完成文化活动中心、“红立方”党群服务中心创新运作夜间开放，街道新时代文明实践广场提档升级成功承办省级现场会，成为全区唯一获评省农村文化礼堂建设示范乡镇（街道）。两湖小学建设有序推进，越城区图书馆马山分馆荣膺

2021年马山街道主要经济指标完成情况表

表73

指标	单位	2021年	2020年	同比增长
规模以上工业主营业务收入	万元	1762461	1386946	27.1%
规模以上工业增加值	万元	520777	325274	16.0%
限额以上社会消费品零售总额	万元	11511	3800	202.9%
固定资产投资	万元	572082	360583	58.7%
自营出口	万元	733759	594620	23.4%

越城区图书馆马山分馆（单丹红　摄）

2020年度最美城市书房；乡愁记忆馆启动建设，完成《马山志》初稿编撰；就业创业服务能力优化，洋泾湖社区、群贤社区、尚巷村成功创建市级高质量就业社区（村）。做好社会救助兜底保障和困难群体精准帮扶，完成适老化改造10户，走访慰问各类困难家庭700余人次，发放各类慰问金、救助款等63.7万元。

【获评省农村文化礼堂建设示范乡镇（街道）】 2021年，马山街道聚焦“数智赋能、全域覆盖”要求，完成尚巷村、马山村、车家弄村、永兴村、两江社区等5家智慧礼堂建设，确保四星、五星级文化礼堂全部智慧升级的前提下，拔高标准，打造4家高配、1家标配，扎实推进农村文化礼堂长效机制建设，确保农村文化礼堂的可持续发展，年内获评省农村文化礼堂建设示范乡镇（街道）。

【乡村振兴全面提级】 2021年，马山街道有序开展粮食生产功能区“非粮化”整治130亩，全面落实“五个一百”农业水价综合改革创建，完成徐潭、尚巷、檀渎等3个经济薄弱村消薄工作，全面完成8817户农房信息登记和危旧房排查，1处城镇危旧房实质性解危。（马山街道　虞洁伊）

孙端街道

【概况】 孙端街道位于越城区境东北部，东、北与上虞区相邻，面积31.3平方公里。相传昔有孙端者居于此，地以人著，遂名孙端。2019年10月，原孙端镇撤镇设街，成立孙端街道。截至年底，孙端街道下辖16个行政村、1个居委会，户籍人口39319人。

全年实现规模以上工业总产值24.89亿元，同比增长17.87%；完成全社会固定资产投资总

水韵览胜（孙端街道　提供）

额 5.74 亿元，同比下降 48.90%，其中工建安投资 4.39 亿元，同比增加 8.65%；完成规模以上工业增加值 5.33 亿元，同比增长 9.1%。

2021 年，孙端街道通过美丽城镇省级样板验收，成功创建为“新时代美丽城镇省级建设样板”；8 月，获评“浙江省民间文化艺术之乡”。先后召开安桥头乡村振兴先行村招商推介会和市五星 3A 迭代升级暨乡村振兴建设的推进会，获得省市领导的一致好评。

【经济结构优化】 2021 年，孙端街道数字转型持续推进，新增“上云企业”10 家（绍兴雅丽斯纺织印花有限公司、绍兴三欣纺织有限公司、绍兴达创电器有限公司、绍兴启晨纺织有限公司、绍兴德伊轻型建材有限公司、绍兴龙洋印染有限公司、绍兴爱德新型建筑材料有限公司、绍兴会稽山建设有限公司、绍兴滨海混凝土有限公司、绍兴鲁易房地产开发有限公司），“企业码”应用实现全域覆盖；科技创新取得新成绩，累计实现高新技术产业产值 5.3 亿元，完成研发经费投入 0.41 亿元，新增国家级、省级专精特新“小巨人”企业各 1 家，分别为绍兴中新电器有限公司、绍兴顺兴金属制业有限公司；敏实项目在区委、区政府的大力招引下签约落地，实现招商引资重点突破；“腾笼换鸟”成效显著，整治“低散乱”企业 30 家，淘汰落后产能企业 3 家。

【乡村振兴迭代升级】 2021 年，孙端街道在“五星达标村”创建率 100% 的基础上，深化推动“五星达标、3A 争创”迭代升级，大力培育安桥头村打造“乡村振兴先行村”，村头村争创“3A 示范村”，先后举办招商推介会和市五星 3A 迭代升级暨乡村振兴建设的推进会，得到了省市领导的广泛好评。高起点规划运营，引入上海陆鼎集团市场化运营，签约落地小映盒乡村影院、大众书局等品牌商家，望楼等景观构筑全线完工；高质量结对助力，引入清华大学乡村振兴工作站、组建鲁迅艺术研究工作室、成立鲁迅先生长孙周令飞先生工作室及鲁迅美术学院传媒动画学院研学基地，不断注入文化活力；党建带动共同富裕，制定出台村级民房租赁、业态经营管理办法，激活闲置农房 6400 余平方米、闲置农田 120 亩。

【高标准农田建设】 2021 年，孙端街道始终贯彻践行习近平总书记“两山”理念，厚植生态优势，高标准农田建设不断推进，完成 2650 亩高标准农田建设，非粮化整治加快步伐，配合推行加快土地流转促进粮食生产的扶持政策，完成 500 亩“非粮化”整治工作；集体经济增收显著，16 个村集体经营性收入平均达 79.63 万元，同比增长 15.05%，开展扶贫结对帮扶，全年消薄低收入农户 27 户，全年完成高素质农民培训 50 人次、农村实用人才培训 350 人次以上。

【打造美丽城镇省级样板】 2021 年，孙端街道精准定位“农业大花园，鲁迅外婆家”的主题，投资

2021 年孙端街道主要经济指标完成情况表

表 74

指标	单位	2021 年	2020 年	比 2020 年增长
规模工业总产值	万元	248439	210764	17.9%
规模以上工业增加值	万元	53331	44046	9.1%
限额以上批发业销售额	万元	11108	7323	51.68%
固定资产投资	万元	57427	112385	−48.90%
自营出口	万元	83523	88597	5.56%

2021年，大众书局签约落地孙端街道（孙端街道　提供）

1.1亿元启动32个美丽城镇建设项目，聚焦“五美”（环境美、生活美、产业美、人文美、治理美）体系完善基础配套、补齐民生短板，围绕农业主导产业进一步招大引强、补链强链，完成2650亩高标准农田建设与600亩“非粮化”整治工作，建成街道农产品展销中心，培育各类新型农业主体5家，全力保障重大工程，推动马山闸强排、孙端互通征拆工作，杭甬高速孙端互通工程建成通车，创建为新时代美丽城镇省级样板。

【人居环境整治提升】 2021年，孙端街道开展村镇人居环境大整治攻坚行动，成功创建为垃圾分类达标镇；“五水共治”有序推进，严格落实河长制，创建为水美乡镇和5个水美乡村（皇甫庄村、村头村、小库村、新河村、安桥头村）；高标准做好第二轮中央生态环境保护督察和第一轮浙江省生态环境保护督察整改工作，实现环保督察清零全销号。

【公共事业和民生保障】 2021年，孙端街道共投入2000余万元推进民生工程。文教事业蓬勃发展，新建省二级孙端中心幼儿园，改造提升中小学操场、食堂、综合楼等配置，孙端老年大学获评首批浙江省优质（示范）老年课堂；医养服务全面改善，在全区率先推出“互联网＋居家护理”服务模式，完善与市人民医院、附属医院“健共体、医联体”工作机制，医疗保障更加有力；压实疫苗接种工作，完成全程接种31615剂次，完成率124.16%；社会保障覆盖到位，全街道社会参保率达99.3%，基本医疗保险参保率达99.6%；弱势群体关心暖心，为656名残疾人发放补助102万元，全面改进残疾人服务设施；做好低保户“三访三慰问”，全年新增低保户20户；深化“最多跑一次”改革，增设24小时自助便民服务中心，新纳入200多项群众办理高频事项。

【平安孙端建设】 2021年，孙端街道稳步推进“平安孙端”建设，以省级法治化综合改革试点为机遇，不断深化基层社会治理创新体系和治理能力现代化。推进信访化解，全年受理、办结信访件1629件，办结率100%，化解国家级重复件3起、省级重复件2起、市级信访积案1起；完成重大节会期间维稳安保工作，全年赴省、赴京越级访人数“双零”；科学运行全科网格，网格员走访重点人员2076人次、重点场所684次，办结系统流转事件12772件，办结率100%；调解各类矛盾333起，建立全市首个共享法庭；强化法治乡村建设，皇甫庄村创建国家级民主法治示范村，全街道实现区级以上民主法治村全覆盖；深化新时代“枫桥经验”，创建市级“枫桥式”派出所、“枫桥式”行政执法中队。（孙端街道　宋超）

沥海街道

【概况】 沥海街道位于绍兴市北部，区域面积57平方公里，由原沥东、沥海、三汇3个乡镇撤并而成。2010年，原沥海镇由上虞区委托滨海新城管理。2019年11月，沥海撤镇设街。同年，滨海

沥海科创园（沥海街道　提供）

新区江滨区85平方公里的社会事务由沥海街道覆盖管理。2021年2月，省政府批复绍兴市越城区和上虞区部分行政区域界线变更，沥海街道划归越城区管辖。截至2021年底，街道下辖22个行政村、2个居委会，户籍人口近6万人，共有基层党组织157个，党员2914名。

2021年，沥海街道实现规模以上工业总产值152.5亿元，同比增长46.6%；完成规模以上工业增加值43.6亿元，同比增长39.2%；完成固定资产投资46.1亿元，同比增长24%。浙江医药股份有限公司入选2021年浙江省“未来工厂”试点企业。规上企业研发经费支出9亿元，同比增长52.5%。入选国家海外引才计划6人、省海外引才计划3人。创建16个省A级景区村。

【越城区沥海街道设立】 2021年2月21日，浙江省政府批复同意变更越城区和上虞区部分行政区域界线，将上虞区沥海街道的管辖区域划归越城区。至此，越城区行政区域东至上虞区，南、西至柯桥区，北至钱塘江，辖16个街道、1个镇，行政区域538.6平方公里，户籍人口81.8万人。4月28日，越城区沥海街道举行揭牌仪式。街道办事处驻海滨路41号。

【重大项目建设】 2021年，沥街道引进国科生命健康创新园、金康普生命健康产业项目等23个重大产业项目，实到外资8479万美元。入库有效投资项目37个，越海百奥等28

2021年4月28日，越城区沥海街道举行揭牌仪式（沥海街道　提供）

2021年沥海街道主要经济指标完成情况表

表75

指标	单位	2021年	2020年	同比增长（%）
一般公共财政预算收入	万元	142201	114422	24.27
规模以上工业主营业务收入	万元	1460459	1043322	39.98
规模以上工业增加值	万元	436791	299513	39.2
固定资产投资	万元	461526	372068	24.04
自营出口	万元	255592	188618	35.51
实到外资	万美元	8479	10763	−21.22

个重点产业项目有序推进，恒杰克兰茨等4个项目建成投产。3个省市县长项目（投资10亿元建设的浙江芳原馨生物医药有限公司年产1.5万吨VE前体-2及其衍生产品项目、投资20亿元建设的国科生命健康创新园高端生物医药园区、投资10亿元建设的浙江金康普食品科技有限公司年产25000吨配方营养素）全部开工，总投资40亿元，加速全省标志性"万亩千亿"平台建设。

2021年4月28日，绍兴沥海城市副中心（上海）推介会在上海举行

【街道商会成立】 2021年5月8日，沥海街道商会成立，并审议通过沥海商会《绍兴市越城区沥海商会章程》《会费收缴标准及管理办法》《财务管理制度》。73家企业加入会员单位，选举产生沥海商会第一届会长、副会长及秘书长单位。浙江医药股份有限公司任沥海商会首任会长单位，浙江医药集团总裁吕永辉当选沥海商会第一届会长。

【滨海新区体育公园建成使用】 2021年7月1日，滨海新区体育公园正式对外开放。公园位于海东大道交叉口地块，占地面积2.98万平方米，配有2个篮球场、1个5人足球场、4个羽毛球场、1个门球场以及音乐广场、童趣秋千、健身步道、晨曦休闲广场、停车场等多项功能设施。2021年10月1日，园内5G数字地标塔正式点亮，塔高35米，功能集5G通信、地标量化、信息发布于一体，成为沥海街道城市夜景地标性建筑。

【沥海城市副中心建设】 2021年3月，深规院上海分院发布《绍兴沥海城市副中心城市设计》编制。4月28日下午，绍兴沥海城市副中心（上海）推介会在上海举行，重点介绍沥海城市副中心规划及地块。

【打击治理电信网络新型违法犯罪】 2021年，沥海街道成立街道打击治理电信网络新型违法犯罪工作领导小组和反诈工作专班，推进反诈宣传教育。全年共张挂宣传横幅125条，发放宣传折页2.2万张、宣传品2.2万份、海报6000张，举行宣讲会100余场，户外电子显示屏滚动播放字幕50余处，建筑围挡40余处，固定宣传栏6处，发送移动短信6条，推送微信公众号活力沥海4期，安装注册反诈小程序8946人。

【公共服务基础设施建设】 2021年，沥海街道提升改造街道三星级残疾人之家，实现街道敬老院公建民营。开展困难老人适老化改造工作，超额完成困难残疾人家庭无障碍改造任务。推进沥海街道中学提升改造工程三年计划，完成6公里健身跑道建设。年内，完成东海村等8个农村文化礼堂新建、渔村等7个智慧礼堂建设，创新推出"文化礼堂＋乡贤馆""文化礼堂＋健身中心""文化礼堂＋乡村记忆馆"等，成功入选省级乡村文化能人2名。

【拆迁征收】 2021年9月17日，沥海街道启动拆迁工作，至9月30日集中签约结束，历时14天，涉及征收住户754户，总拆迁面积约21万平方米，签约腾空率达98.5%，完成安置房分房130套。推进清障拔钉专项行动，保障肿瘤医院地块、329国道北复线工程等新区重大项目土地征收。

（沥海街道　徐双双）

富盛镇

【概况】 富盛镇位于绍兴市越城区东南部，东接上虞区长塘镇，西连皋埠街道，南与上虞区汤浦镇相邻，北与陶堰街道相接，镇域面积79.77平方公里，其中森林覆盖率达74%，是越城区内唯一的乡镇。全镇下辖14个村、1个居委会，年末户籍人口22356人。

2021年，富盛镇完成规模以上工业总产值9.38亿元，同比增长19.3%；完成规模以上工业增加值2.47亿元，同比增长12%；限额以上批零住餐销售额1.01亿元，同比增长96.7%；限额以上社会消费品零售额1940万元，同比增长119.1%；规模以上其他营利性服务业营业额2030万元，同比增长27.8%；完成自营出口4.77亿元，同比增长5%；全年经济运行保持合理区间，发展的主要预期目标基本完成。年内，富盛镇获评浙江省文明村镇、新时达美丽城镇建设基本达标乡镇、乡村振兴突出贡献集体、美丽城镇建设突出贡献集体、绍兴市“闲置农房激活”先进乡镇（街道）和AAA级景区镇。

【产业升级】 2021年，富盛镇深入推进项目落地，全力做好托斯卡纳旅游综合体项目（二期）、鼎润包装、超峰文具等3个重点项目跟踪服务。深化产业创新培育，累计完成新产品产值5.12亿元，同比增长25%。加大科技研发投入，全年完成研发经费3580万元，同比增长17%。实现“小升规”1家、“下升上”2家、“个转企”10家；招才引智实现新突破，全年柔性引才6人，招引高技能人才11人。

2021年，富盛镇宋六陵赵氏祭典（陈国华 摄）

【粮食总产量达9600吨】 2021年，富盛镇稳定粮食生产，扩大生猪养殖规模，保障蔬菜供应。全年完成粮食播种面积2.15万亩，粮食总产量9600吨；生猪存栏22147头，出栏41185头；绍兴新意蔬菜专业合作社、绍兴市雄峰农场有限公司、绍兴越淘网络技术有限公司等3个市级“菜

2021年富盛镇主要经济指标完成情况表

表76

指标	单位	2021年	2020年	比2020年增长
一般公共预算收入	万元	2122	2295	−7.55%
规模以上工业主营业务收入	万元	82565	66959	23.3%
规模以上工业增加值	万元	24766	18950	30.69%
固定资产投资	万元	3301	4593	−28.12%
限额以上社会消费品零售总额	万元	1940	886	118.96%
限额以上服务业企业增加值	万元	—	−13	—
自营出口	万元	55495	45493	21.98%
实到外资	万美元	—	—	—

篮子”基地正常运作。进一步夯实农业设施基础，完成义峰村、辂山村粮食生产功能区因缺补缺项目2个，建设高标准农田2759亩。持续发展生态循环农业，实施稻鱼（虾）共生、轮作养殖生产模式，完成适合稻渔种养的早稻新品种及高产栽培技术试验示范和高品质葫芦绿色高效栽培试种示范等2个区级农业科技试验项目。严守耕地红线，整治“非粮化”400亩。义峰村、凤旺村、青马村4739.7亩土地获全国首批无公害富硒土地认证。

【推进文旅融合】 2021年，富盛镇坚持提升文化软实力，推进文旅融合发展，打造“宋韵富盛”“富盛好味”“富硒富盛”等多个热门IP，完成智慧农旅电子平台搭建，举办“富盛味道·春笋农旅节”等节会活动集聚人气。加快推进8个闲置资源激活，原董家搭完小打造浮生虚度民宿，金岙自然村闲置幼儿园成功打造“非遗”短视频拍摄基地，曙光完小风之谷研学游基地建成运营，旅悦集团与倪家溇村、红山村、金溪村达成民宿集群项目合作意向，上旺接待站地块实现招商。

【美丽城镇建设】 2021年，富盛镇提前完成美丽城镇建设考核验收，新时代美丽城镇建设基本达标。持续开展污染防治行动，PM2.5年平均浓度降至23.55微克/立方米，完成第二轮中央环保督察反馈问题销号5个，综合环境质量持续改善。完成7处道路交通安全隐患点治理工作，深入开展农村土地全域整治和生态修复，实施攒徐线、西上线道路沿线裸露山体复绿治理。开展美丽河道、美丽溪流提升工程，完成九级岭、石良岙山塘水库除险加固。创新开展党建引领农村人居环境整治提升行动，共完成问题点位整治7353处，打造美丽庭院140个、美丽庭院示范带3条，月度考核位居全区前列。

【民生实事】 2021年，富盛镇高质量完成上旺村、董溪村农村家宴“阳光厨房”省级民生实事工程和16个镇村两级民生实事项目。全镇共完成新冠疫苗接种31789剂次，全程接种任务完成率达108.65%。强化兜底保障，累计发放低保资金258.54万元，临时救助资金13.21万元。完成70户困难老人适老化改造，新建富盛村和夏葑村2家居家养老服务照料中心。开展宣传阵地数字化提升工程，完成倪家溇、上旺、董溪村等3个文化礼堂智慧升级。建成2个村级微型消防站，全镇安全形势保持平稳。

【省级高标准生活垃圾分类示范村】 实现全镇垃圾分类全覆盖，6个村完成整村撤桶、上门收集工作，2个小区实行垃圾定时定点投放，垃圾分类成效显著，乌石村获评省级高标准生活垃圾分类示范村。

【举办镇第一届全民运动会】 5月29日，在富盛镇中学举办镇第一届全民运动会。全镇各村（居）、企（事）业单位共计21支队伍、335名运动员参加3个团体项目和5个单人项目的比拼。实施集镇体育设施改造工程，新建笼式足球场、

硒望稻海（富硒稻田）（王阳阳 摄）

羽毛球场和健身绿道，打造百姓健身房4个。

【获评省农村电商示范服务站(点)】 进一步营造良好的农村电商发展氛围，建成19个村级农村物流服务点，拓展农村电商服务，鼓励创新，增强示范带动，富盛村服务站获评省农村电商示范服务站(点)。(富盛镇　屠须眉)

人　物

2021年越城区党政机构及有关部门负责人

中共绍兴市越城区委员会

书　记　金晓明(2021年8月免)
　　　　徐　军(2021年8月任)
副书记　应尧刚(2021年12月任)
常　委　何浩挺(2021年11月免)
　　　　金均海(2021年11月任)
　　　　盛学东(2021年9月免)
　　　　程许东(2021年9月任)
　　　　王姿琴(2021年12月免)
　　　　钟建荣(2021年12月任)
　　　　茹福军(2021年4月免)
　　　　吴　萍(2021年4月任)
　　　　陈学军(2021年12月免)
　　　　郑　华(2021年11月免)
　　　　周　春(2021年11月任)
　　　　陶榕发(2021年11月任)
　　　　李　彰(2021年11月任)
　　　　刁文辉

绍兴市越城区第九届人民代表大会常务委员会

主　任　徐　荻(2021年1月任)
副主任　鲍永强、陈云根、宋国兴、
　　　　周春雨、徐敬德

绍兴市越城区人民政府

区　长　袁　建(2021年11月免)
　　　　钱林江(2021年11月提名)
副区长　汤枥钧、盛卓异、赵腾飞、
　　　　钟建荣、胡旭东

政协第五届绍兴市越城区委员会

主　席　金百富
副主席　应芙蓉、钱伟平、郑明花、
　　　　王建利、王柏振
秘书长　唐国梁

中共绍兴市越城区纪律检查委员会机关

区纪委书记、区监委主任
　　　　盛学东(2021年9月免)
　　　　程许东(2021年9月提名)
区纪委副书记、区监委副主任
　　　　单伟国

楼铁军（2021 年 12 月任）
何冠军（2021 年 12 月免）

中共绍兴市越城区委办公室

区委办公室主任　戴宝水
区档案局局长　董湘颐

中共绍兴市越城区委组织部

区委组织部部长、区委直属机关工作委员会书记　周　春（2021 年 12 月任）
应尧刚（2021 年 12 月免）
区委新经济与新社会组织工作委员会书记
方　茂
区公务员局局长　杨枝华

中共绍兴市越城区委宣传部

区委宣传部部长　吴　萍（2021 年 4 月任）
茹福军（2021 年 4 月免）
区精神文明建设委员会办公室主任
盛　瑜（2021 年 2 月任）
王　剑（2021 年 2 月免）

中共绍兴市越城区委政法委

书　记　应尧刚（2021 年 12 月任）
钱林江（2021 年 12 月免）

中共绍兴市越城区委全面深化改革委员会办公室

主　任　陶榕发（2021 年 12 月任）
钱林江（2021 年 12 月免）

中共绍兴市越城区委统一战线工作部

区委统战部部长　钟建荣（2021 年 12 月任）
王姿琴（2021 年 12 月免）
区民族宗教事务局局长
邵　越（2021 年 11 月任）
王永兴（2021 年 11 月免）
区归国华侨联合会党组书记、主席
季　斌
区工商业联合会党组书记　金巍东

中共绍兴市越城区委机构编制委员会办公室

主　任　寿建明

中共绍兴市越城区委巡察工作领导小组办公室

主　任　潘国尧

中共绍兴市越城区委绍兴市越城区人民政府信访局

局　长　黄　伟

中共绍兴市越城区委老干部局

局　长　王立刚

绍兴市越城区人民政府办公室

区人民政府办公室党组书记、主任　区政府外事办公室主任　谢勇峰

绍兴市越城区发展和改革局

党组书记、局　长　陈荣华（2021 年 11 月免）
沈华清（2021 年 11 月任）

绍兴市越城区经济和信息化局

党组书记、局　长　吕钢强（2021 年 12 月免）
朱建华（2021 年 12 月任）

绍兴市越城区教育体育局

党工委书记、局　长　戴志根

绍兴市越城区科学技术局

党组书记　黄汉平

局　长　　　　　　　谷　丰
区科学技术协会主席　劳越嘉(2021年5月提名)

绍兴市越城区民政局

党组书记、局　长　陈继瑞

绍兴市越城区司法局

党工委书记、局　长　王　挺

绍兴市越城区财政局

党组书记、局　长　沈华清(2021年11月免)
　　　　　　　　　赵雄伟(2021年11月任)

绍兴市越城区人力资源和社会保障局

党组书记、局　长　罗方远

绍兴市越城区建设和交通运输局

党工委书记、局　长　胡森华

绍兴市越城区水利局

党组书记、局　长　章国荣

绍兴市越城区农业农村局

党工委书记、局　长　娄建成

绍兴市越城区商务局

党组书记、局　长　陈智明

绍兴市越城区文化广电旅游局

党组书记、局　长　周志红

绍兴市越城区卫生健康局

党工委书记　王月娟(2021年2月任)
　　　　　　祝佩兰(2021年2月免)
局　长　　　王月娟(2021年6月任)
　　　　　　祝佩兰(2021年6月免)

绍兴市越城区退役军人事务局

党组书记、局　长　张俊牯

绍兴市越城区应急管理局

党组书记、局　长　刘明华

绍兴市越城区审计局

党组书记、局　长　张国昌(2020年3月任)

绍兴市越城区市场监督管理局

党工委书记、局　长　梁钦鸿(2021年11月免)
　　　　　　　　　　王小伟(2021年12月任)

绍兴市越城区统计局

党组书记、局　长　李　钢(2021年11月免)
　　　　　　　　　王吉程(2021年11月任)

绍兴市越城区综合行政执法局

党组书记、局　长　俞科军(2021年12月免)
　　　　　　　　　马　超(2021年12月任)

绍兴市自然资源和规划局越城分局

党委书记、局　长　金建兴

绍兴市医疗保障局越城分局

党委书记、局　长　蒋　坚

绍兴市生态环境局越城分局

党组书记、局　长　汤　华

绍兴市越城区房屋征收办公室

党组副书记、主　任　金越峰

绍兴市越城区政务服务办公室

党委副书记、主　任　陈天政(2021年2月任)

吕钢强(2021年2月免)

绍兴黄酒小镇(东浦)开发建设管理委员会

党工委书记　金　栋(2021年12月免)

董敏华(2021年12月任)

绍兴集成电路产业园管理委员会

党工委副书记、主　任　任　宇

绍兴市历史文化名城保护办公室

党工委副书记、主　任　徐觉民

绍兴滨海健康新城管理办公室

主　任　冯　星

绍兴市越城区人民代表大会常务委员会办公室

主　任　陈志平

区人大常委会研究室主任　单玲龙

区人大常委会代表工作委员会主任

吴尧森

区人大常委会法制和内务司法工作委员会主任

陈瑞祥(2021年11月免)

王　挺(2021年11月任)

区人大常委会财经工作委员会主任

徐百平(2021年11月免)

陈荣华(2021年11月任)

区人大常委会科教文卫工作委员会主任

王　伟

区人大常委会城建环保工作委员会主任

单国炎

区人大常委会农业与农村工作委员会主任

裘国海(2021年11月免)

区人大常委会社会建设工作委员会主任

高玮民(2021年11月免)

梁钦鸿(2021年11月任)

中国人民政治协商会议绍兴市越城区委员会办公室

区政协办公室主任　葛卫江

区政协提案委员会主任　袁稼阳(2021年11月免)

区政协经济委员会主任　董兴昌

区政协科教卫体委员会主任

夏国祥(2021年5月免)

赵建标(2021年5月任)

区政协文化文史和港澳台侨委员会主任

王　甬

区政协社会法制和民族宗教委员会主任

胡继铭

区政协委员工作委员会主任

钱纪才

绍兴市越城区人民法院

党组书记、院　长　王　骏(2021年11月免)

蔡立刚(2021年11月提名)

绍兴市越城区人民检察院

党组书记、检察长　周　江

绍兴市越城区流动人口服务管理中心

主　任　马　超(2021年12月免)

绍兴市越城区档案馆

馆　长　董湘颐

中共绍兴市越城区委党校

校　长　周　春(2021年12月任)

应尧刚(2021年12月免)

绍兴市越城区党员志愿服务中心

主　任　张晓良(2021 年 2 月任)

绍兴市越城区融媒体中心

副主任　金伟锋

绍兴市越城区新时代文明实践指导中心

副主任　金水福

绍兴市越城区社会矛盾纠纷调处化解中心

主　任　许　芳

绍兴市越城区机关事务管理服务中心

主　任　吴卫阳

绍兴市越城区综合信息指挥中心

书　记　黄　玮
主　任　胡剑荣

绍兴市越城区大数据发展管理中心

主　任　童妙灿

绍兴滨海科技创新服务中心

主　任　陈　贤(2021 年 11 月任)

绍兴市越城区总工会

党组书记、主　席　曹刚勇

中国共产主义青年团绍兴市越城区委员会

党组书记、书　记　魏珂赛

绍兴市越城区妇女联合会

党组书记、主　席　谢　菁

绍兴市越城区残疾人联合会

党组书记、理事长　邵　越(2021 年 11 月免)
严夏娟(2021 年 11 月任)

绍兴市越城区红十字会

党组书记　姚洪敏(2021 年 11 月免)
田卫华(2021 年 11 月任)

绍兴市越城区归国华侨联合会

党组书记、主　任　季　斌

绍兴市越城区人民对外友好协会

专职副会长　车军妍(2021 年 6 月任)

绍兴市越城区文学艺术界联合会

党组书记　盛　瑜

绍兴市越城区社会科学界联合会

党组书记　胡立钊

绍兴市越城区计生协会

专职副会长　秦　伟(2021 年 12 月任)

绍兴市越城区科学技术协会

主　席　劳越嘉(2021 年 5 月提名)

绍兴市越城区工商业联合会

党组书记　金巍东

2021年越城区各街道和建制镇党政正职

（截至2021年12月31日）

绍兴市越城区塔山街道办事处

党工委书记　叶海木

办事处主任　张　标

绍兴市越城区北海街道办事处

党工委书记　俞科军(2021年12月任)

　　　　　　王徐彪(2021年12月免)

办事处主任　马　科(2021年11月任)

　　　　　　赵溢彬(2021年11月免)

绍兴市越城区府山街道办事处

党工委书记　傅晓铭(2021年11月任)

　　　　　　童云英(2021年11月免)

办事处主任　余燚栋(2021年11月任)

　　　　　　傅晓铭(2021年11月免)

绍兴市越城区城南街道办事处

党工委书记　王宝金

办事处主任　倪国峰

绍兴市越城区稽山街道办事处

党工委书记　陈水祥(2021年9月任)

　　　　　　陈天政(2021年2月免)

办事处主任　应伟峰(2021年9月任)

绍兴市越城区迪荡街道办事处

党工委书记　蒋国梁

办事处主任　严　臻(2021年9月任)

　　　　　　盛　瑜(2021年2月免)

绍兴市越城区东湖街道办事处

党工委书记　柳祖耀

办事处主任　陈　琪(2021年9月任)

　　　　　　赵建标(2021年5月免)

绍兴市越城区东浦街道办事处

党工委书记　董敏华

办事处主任　杨烈勇(2021年11月任)

　　　　　　俞小红(2021年1月免)

绍兴市越城区灵芝街道办事处

党工委书记　王徐彪

办事处主任　石　峰

绍兴市越城区鉴湖街道办事处

党工委书记　赵溢彬(2021年11月任)

　　　　　　赵雄伟(2021年11月免)

办事处主任　徐　宁(2021年2月任)

　　　　　　金巍东(2021年2月免)

绍兴市越城区斗门街道办事处

党工委书记　李　彰(2021年12月任)

　　　　　　劳志明(2021年12月免)

办事处主任　蒋　潮

绍兴市越城区马山街道办事处

党工委书记　吕钢强(2021年12月任)

　　　　　　裘夏杰(2021年12月免)

办事处主任　马　青(2021年11月任)

陆正韵(2021 年 9 月免)

绍兴市越城区皋埠街道办事处

党工委书记　李鲁旗
办事处主任　陈　镔(2021 年 2 月任)

绍兴市越城区陶堰街道办事处

党工委书记　胡　博(2021 年 11 月任)
王小伟(2021 年 11 月免)
办事处主任　金平君(2021 年 9 月任)
陈　镔(2021 年 2 月免)

绍兴市越城区孙端街道办事处

党工委书记　金　栋(2021 年 12 月任)
李　彰(2021 年 12 月免)
办事处主任　谢　炜(2021 年 11 月任)
胡立钊(2021 年 11 月免)

绍兴市越城区沥海街道办事处

党工委书记　陈　超
办事处主任　周乾彬(2021 年 11 月任)
王吉程(2021 年 11 月免)

绍兴市越城区富盛镇人民政府

党工委书记　陆正韵(2021 年 9 月任)
张春华(2021 年 9 月免)
办事处主任　蒋　瑛(2021 年 9 月任)
黄　伟(2021 年 2 月免)

2021年全国五一劳动奖状

振德医疗用品股份有限公司

2021年全国工人先锋号

绍兴黄酒小镇(东浦)开发建设管理委员会综合管理处

浙江旭日轴承有限公司QC推进组

2021年“全国好人”名单

王 怡

2021年“浙江好人”名单

袁国锦 裘怿钊 陈洪虎 王 怡 周继承 徐阿土

2021年“绍兴好人”名单

袁国锦 韦重校 何子方 裘怿钊 丁文亚 陈洪虎 王 怡 周继承

张 炯 曹阿婉 骆柏康 徐阿土 顾关林 周 峰 沈国定 金宏民 成 峰

重要文件目录选编

中共绍兴市越城区委重要文件目录选编

越委〔2021〕1号	印发《关于学前教育深化改革规范发展的实施意见》的通知
越委〔2021〕2号	关于制定绍兴市越城区国民经济和社会发展第十四个五年规划和二〇三五年远景目标的建议
越委〔2021〕11号	印发《中共绍兴市越城区委关于开展全区政法队伍教育整顿的实施方案》的通知
越委〔2021〕12号	关于落实中央巡视反馈问题整改工作方案
越委〔2021〕14号	印发《关于开展党史学习教育的实施方案》的通知
越委〔2021〕18号	关于印发《越城区创建浙江省全域旅游示范区实施方案》的通知
越委〔2021〕24号	关于印发《2021年度镇街岗位目标责任制考核办法》《2021年度机关部门(单位)岗位目标责任制考核办法》的通知
越委〔2021〕31号	关于深入学习贯彻习近平总书记关于共同富裕重要论述 奋力打造全市首位度中心城区争当高质量发展建设共同富裕示范区排头兵的决议
越委〔2021〕32号	关于印发《越城区奋力打造全市首位度中心城区 争当高质量发展建设共同富裕示范区排头兵的实施方案(2021—2025年)》的通知
越委〔2021〕36号	关于纵深推进清廉越城建设的意见
越委〔2021〕51号	转发《中共绍兴市越城区委宣传部绍兴市越城区司法局关于在全区开展法治宣传教育的第八个五年规划(2021—2025年)》的通知
越委〔2021〕54号	关于印发《越城区深化党建"契约化"共建三年行动计划(2022—2024年)》的通知
越委办〔2021〕1号	中共绍兴市越城区委办公室印发《关于当前我区意识形态领域形势的通报》的通知

越委办〔2021〕2号 关于印发《越城区党委(党组、工委)意识形态工作责任制实施意见》的通知
越委办〔2021〕3号 转发中共浙江省委办公厅关于印发《浙江省委(党组)意识形态工作责任制问责实施办法(试行)》的通知
越委办〔2021〕7号 关于组建绍兴市越城区文化旅游集团有限公司的实施意见
越委办〔2021〕8号 关于组建绍兴市越城区城市发展建设集团有限公司的实施意见
越委办〔2021〕10号 印发《关于坚决打赢遏制重大控制较大生产安全事故攻坚战的实施意见》的通知
越委办〔2021〕12号 关于进一步厉行节约坚持过紧日子的通知
越委办〔2021〕14号 关于印发《绍兴市越城区村(社区)党组织书记区级备案和统筹管理实施办法》的通知
越委办〔2021〕15号 关于印发《2021年越城区拆改工作攻坚实施方案》的通知
越委办〔2021〕16号 关于印发《落实市委党风廉政建设责任制检查反馈意见的整改分工方案》的通知
越委办〔2021〕18号 关于印发《越城区、滨海新区2021年度督查检查考核计划》的通知
越委办〔2021〕20号 关于印发《越城区拆迁类信访问题大起底大化解两年专项行动实施方案》的通知
越委办〔2021〕21号 关于印发《关于加快推进陶堰、孙端、富盛高质量发展的实施意见》的通知
越委办〔2021〕24号 印发《关于夯实统计基层基础建设的若干意见》的通知
越委办〔2021〕25号 关于印发《绍兴市越城区农村宅基地制度改革试点实施方案》的通知
越委办〔2021〕26号 关于印发《越城区2021年党风廉政建设和反腐败工作组织领导与责任分工》的通知
越委办〔2021〕27号 关于印发《2021年度越城区农村人居环境常态化评估办法》的通知
越委办〔2021〕28号 印发《关于推动"五星达标、3A争创"迭代升级全面建设乡村振兴先行区、共同富裕示范区的实施意见》的通知
越委办〔2021〕29号 关于重新公布涉村(社区)事项清单的通知
越委办〔2021〕30号 关于开展"首位引领 争先攀高"攻坚季行动的实施意见
越委办〔2021〕33号 关于印发《贯彻落实〈中共中央关于加强中国特色社会主义参政党建设的意见〉及省委、市委若干意见的责任分工》的通知
越委办〔2021〕35号 关于印发《越城区党政领导干部防范和惩治统计造假弄虚作假责任制和问责制实施办法(试行)》的通知
越委办〔2021〕38号 关于印发《绍兴市越城区计划生育协会改革实施计划》的通知
越委办〔2021〕39号 印发《关于全面推行林长制的实施意见》的通知
越委办〔2021〕41号 关于印发《越城区被巡察党组织意识形态工作专项检查制度(试行)》的通知
越委办〔2021〕44号 关于印发《〈越城区志(1983—2020)〉编纂工作实施方案》通知

越委办〔2021〕46 号	印发《贯彻落实〈关于加快推进慈善事业高质量发展的实施意见〉任务清单》的通知
越委办〔2021〕47 号	印发《关于学习宣传贯彻党的十九届六中全会精神工作方案》的通知
越委办〔2021〕48 号	关于印发《绍兴市越城区国有企业机构、人员控制和管理办法》的通知
越委办〔2021〕49 号	印发《关于加强对“一把手”和领导班子监督“五张责任清单”》的通知
越委办综〔2021〕5 号	关于建立区党政主要领导干部经济责任审计配合协调工作机制的通知
越委办综〔2021〕7 号	关于印发《巩固深化“不忘初心、牢记使命”主题教育成果重点任务清单》的通知
越委办综〔2021〕10 号	关于印发《紧急信息分类报送工作机制》的通知
越委办综〔2021〕11 号	关于建立新闻媒体舆论监督曝光问题督促整改机制的通知
越委办综〔2021〕12 号	关于健全完善“七张问题清单”亮晒整改工作机制的通知
越委办综〔2021〕13 号	关于印发《越城区党政领导干部食品药品安全责任制工作清单》的通知
越委办综〔2021〕14 号	关于印发《办文工作负面清单》的通知
越委办综〔2021〕15 号	关于实施会议年度指标管理进一步提升会议实效的通知
越委办综〔2021〕17 号	关于印发《越城区委（党组、工委）意识形态工作责任制实施意见》具体任务清单的通知
越委办综〔2021〕19 号	关于印发《越城区加快推动“三农”高质量发展若干补充政策（2021 年修订版）》的通知

绍兴市越城区人民政府重要文件目录选编

越政发〔2021〕1号	关于公布越城区征收集体土地上附物和青苗等补偿标准的通知
越政发〔2021〕2号	关于印发《绍兴市越城区人民政府森林防火禁火令》的通知
越政发〔2021〕3号	关于印发《越城区水利工程管理“三化”改革试点暨小型水库系统治理工作方案》的通知
越政发〔2021〕5号	印发《关于促进民办基础教育健康发展实施意见》的通知
越政发〔2021〕6号	关于印发《绍兴市越城区生态文明建设规划（修编）（2021—2025）》的通知
越政发〔2021〕10号	关于印发《越城区国民经济和社会发展第十四个五年规划和二〇三五年远景目标纲要》的通知
越政发〔2021〕17号	印发《关于全面加快科技创新推动高质量发展政策意见》的通知
越政发〔2021〕18号	关于完善突发公共卫生事件应急体系的实施意见
越政办发〔2021〕3号	印发《越城区生活垃圾定时定点分类投放工作实施方案》的通知
越政办发〔2021〕6号	关于分解落实《政府工作报告》和民生实事目标任务的通知
越政办发〔2021〕7号	关于印发《越城区创建省级渔业健康养殖示范县实施方案》的通知
越政办发〔2021〕8号	关于印发《越城区、滨海新区2021年“污水零直排区”建设行动方案》的通知
越政办发〔2021〕9号	关于切实抓好2021年粮油生产保供工作的通知
越政办发〔2021〕10号	关于印发《越城区“标准地”指标确认“一件事”办事指南（试行）》的通知
越政办发〔2021〕11号	关于印发《绍兴市越城区2021年“三改一拆”及“无违建”创建专项行动方案》的通知
越政办发〔2021〕12号	关于印发《越城区自然资源统一确权登记工作方案》的通知
越政办发〔2021〕13号	关于印发《2021年越城区粮油生产保供扶持政策》的通知
越政办发〔2021〕14号	关于印发《越城区促进服务业提升工作方案》的通知
越政办发〔2021〕15号	关于印发《越城区河道保洁管理实施方案》的通知
越政办发〔2021〕16号	关于印发《绍兴市越城区2021年道路安全隐患治理工作实施方案》的通知
越政办发〔2021〕17号	关于印发《2021年越城区食品安全工作要点》的通知
越政办发〔2021〕18号	关于印发《绍兴市越城区危险废物治理专项行动实施方案》的通知
越政办发〔2021〕20号	关于印发《关于对越城区、滨海新区重点建设项目减免城市市政基础

	设施配套费的实施意见》的通知
越政办发〔2021〕21号	关于印发《越城区服务业提升发展若干政策意见》的通知
越政办发〔2021〕23号	《关于加快推进越城区全域旅游发展的若干政策意见》的通知
越政办发〔2021〕24号	关于区政府领导领办区人大代表建议和政协提案的通知
越政办发〔2021〕25号	关于印发越城区食盐储备管理暂行办法的通知
越政办发〔2021〕26号	关于印发《2021年越城区道路交通管理"精治"工程方案》的通知
越政办发〔2021〕27号	关于印发《越城区创建浙江省景区城和景区镇(街道)实施方案》的通知
越政办发〔2021〕28号	关于印发《开展数字生活新服务行动的实施方案》的通知
越政办发〔2021〕29号	关于公布2021年政府挂牌督办重大火灾单位的通知
越政办发〔2021〕30号	关于印发《越城区推进政务服务"跨省通办""全省通办"工作实施方案》的通知
越政办发〔2021〕31号	关于印发《越城区2021年地质灾害防治方案》的通知
越政办发〔2021〕32号	关于公布2021年度区政府重大行政决策事项目录的通知
越政办发〔2021〕33号	关于印发《越城区城管办实体化运作实施方案》的通知
越政办发〔2021〕34号	关于印发《绍兴市越城区(滨海新区)集成电路企业认定管理办法(修订版)》的通知
越政办发〔2021〕35号	关于印发《越城区(滨海新区)关于加快推进集成电路产业发展的实施意见操作细则》的通知
越政办发〔2021〕36号	关于印发《越城区人民政府与越城区总工会联席会议制度》的通知
越政办发〔2021〕37号	关于明确2021年越城区行政区域粮食订单收购政策的通知
越政办发〔2021〕38号	关于印发《越城区加快学前教育优质普惠发展第四轮行动计划(2021—2023年)》的通知
越政办发〔2021〕39号	关于印发《粮食生产功能区整治优化工作实施方案》的通知
越政办发〔2021〕41号	关于印发《越城区推进外贸高质量发展行动方案》的通知
越政办发〔2021〕42号	关于印发《越城区促消费、扩内需、畅通"双循环"行动方案》的通知
越政办发〔2021〕43号	关于印发《绍兴市越城区加快推进水产养殖绿色发展实施方案(2021—2022年)》的通知
越政办发〔2021〕44号	关于印发《越城区"大棚房"问题专项清理整治行动"回头看"方案》的通知
越政办发〔2021〕45号	关于印发《关于推进税收共治工作的实施意见》的通知
越政办发〔2021〕47号	关于印发《越城区稻渔综合种养实施方案》的通知
越政办发〔2021〕49号	关于印发《越城区美丽城镇建设评价办法》的通知
越政办发〔2021〕50号	越城区、滨海新区2021年政府投资项目计划
越政办发〔2021〕51号	越城区、滨海新区2021年国有企业投资项目计划

越政办发〔2021〕52号	关于印发《区级财政性资金追加拨付审批办法》的通知
越政办发〔2021〕53号	关于印发《越城区电子商务“十四五”发展规划》的通知
越政办发〔2021〕55号	关于印发《越城区融入长三角一体化发展“十四五”规划》的通知
越政办发〔2021〕56号	关于成立越城区人工影响天气工作领导小组的通知
越政办发〔2021〕57号	关于印发《越城区2021年城市管理提升工作方案》的通知
越政办发〔2021〕58号	关于印发《越城区2021年“无违建”创建创先争优行动方案》的通知
越政办发〔2021〕59号	关于印发《越城区楼宇经济“十四五”规划(三年行动计划)(2021—2023)》的通知
越政办发〔2021〕60号	关于印发《越城区服务业高质量发展“十四五”规划》的通知
越政办发〔2021〕61号	关于印发《越城区、滨海新区“标准地”控制性指标(工业项目)》(2021年版)的通知
越政办发〔2021〕63号	关于废止和宣布失效部分文件的通知
越政办发〔2021〕64号	关于印发《绍兴市越城区应急管理“十四五”规划》的通知
越政办发〔2021〕65号	关于印发《越城区(滨海新区)海洋渔船减船转产实施方案》的通知
越政办发〔2021〕66号	关于加快推进绿色建筑和新型建筑工业化发展的实施意见
越政办发〔2021〕68号	关于印发《绍兴市越城区山塘、马海闸、堤防划界方案》的通知
越政办发〔2021〕69号	关于印发《越城区快递业“两进一出”工程试点工作实施方案》的通知
越政办发〔2021〕73号	关于印发《越城区亚运城市基础设施提升行动方案》的通知
越政办发〔2021〕74号	关于印发《越城区既有住宅加装电梯实施方案》的通知
越政办发〔2021〕75号	关于印发《越城区“稳外贸服务季”活动实施方案》的通知
越政办发〔2021〕76号	关于印发《越城区处置境外经贸类纠纷和突发事件应急预案》等10个应急预案的通知
越政办发〔2021〕77号	关于印发绍兴市越城区、滨海新区地方政府性债务风险应急处置预案的通知
越政办发〔2021〕78号	关于印发《绍兴市越城区科技创新发展“十四五”规划》的通知
越政办发〔2021〕79号	关于印发越城区人民政府重大行政决策程序实施意见的通知
越政办发〔2021〕82号	关于印发《越城区金融支持经济高质量发展若干政策》的通知
越政办发〔2021〕84号	关于印发《越城区突发公共卫生事件应急预案》《越城区突发急性呼吸道传染病事件应急预案》的通知
越政办发〔2021〕85号	关于印发《越城区卫生健康事业发展“十四五”规划》的通知
越政办发〔2021〕87号	关于印发《越城区药品安全事件应急预案》的通知
越政办发〔2021〕88号	关于印发《绍兴市越城区文化产业“十四五”规划》的通知
越政办发〔2021〕92号	关于印发《越城区“十四五”期间年森林采伐限额分配管理制度》的通知

附　录

奋力打造全市首位度中心城区
争当高质量发展建设共同富裕示范区的排头兵

——在区委九届十三次全体（扩大）会议上的报告（摘要）

中共绍兴市越城区委书记　金晓明

一、学深悟透习近平总书记在庆祝中国共产党成立 100 周年大会上的重要讲话精神，切实增强争当高质量发展建设共同富裕示范区排头兵的使命感、责任感

7 月 1 日，习近平总书记在庆祝中国共产党成立 100 周年大会上发表了重要讲话，站位高远、大气磅礴，以深邃的历史眼光、宏阔的历史视野，全面回顾了我们党一百年来团结带领全国各族人民不懈奋斗的光辉历程，精准概括了伟大建党精神，科学展望了党和人民事业发展的光明前景，是一篇马克思主义纲领性文献，是新时代中国共产党人不忘初心、牢记使命的政治宣言，是我们党团结带领人民以史为鉴、开创未来的行动指南，具有十分重大的理论意义和现实意义。

认真学习贯彻习近平总书记“七一”重要讲话精神，是当前和今后一个时期的首要政治任务。全区各级党组织和广大党员干部要学深悟透习近平总书记重要讲话精神，与学习贯彻习近平总书记关于共同富裕的重要论述紧密结合起来，与贯彻落实中央的意见、省委十四届九次全会和市委八届十次全会精神紧密结合起来，把学习成果加快转化为推动越城发展的强大动力，切实扛起争当高质量发展建设共同富裕示范区排头兵的政治责任。

（一）要深刻认识争当高质量发展建设共同富裕示范区排头兵，是必须肩负的重大使命。建党百年之际，以习近平同志为核心的党中央赋予浙江高质量发展建设共同富裕示范区的光荣使命，体现了习近平总书记对浙江的高度信任和殷切期望，与习近平总书记一直以来对浙江工作的要求一脉相承。省委十四届九次全会深刻阐述了建设共同富裕示范区的重大意义、目标任务和实现路径，坚决扛起了为全国发展先行先试的政治担当。市委八届十次全会把奋力打造浙江高质量发展建设共同富裕示范区市域范例，作为忠实践行“八八战略”、奋力打造“重要窗口”、加快实现“四个率先”的核心任务和鲜明标志，是对省委全会精神的全面贯彻。越城区作为绍兴主城区，是绍兴滨海新区所在地，建成区面积较大，城乡均衡程度较高，动能转换成效明显，基层治理扎实有力，在推动共同富裕中有较好的基础，必须切实提高政治站位，力争谋深一层、先行一步，积极探索具有越城特色的实现路径，努力为全市全省实现共同富裕提供越城范例。

（二）要深刻认识争当高质量发展建设共同富裕示范区排头兵，是践行为民宗旨的必然要求。习近平总书记指出：“我们追求的发展是造福人民的发展，我们追求的富裕是全体人民共同富裕。”在实现第一个百年奋斗目标、全面建成小康社会之际，如何持之以恒推进高质量发展，迈向更高阶段的社会形态，更好地满足人民群众美好生活需要，是当前我们所面临的重大课题。在越城大开发大建设背景下，经过多年努力，人民群众生活水平大幅度提高，同时也提出了更高品质更加均衡的供给需求，在一些领域，与群众对美好生活的期盼仍存在一定差距。我们要牢记初心使命，坚持发展为了人民、发展依靠人民、发展成果由人民共享，始终把群众满不满意，放在心中最高位置、最高标准，始终把人民立场、人民情怀，体现到推进共同富裕的各方面全过程，真正以新变化见新成效，以看得见、摸得着、真实可感的成绩，切实提高广大群众的获得感、幸福感。

（三）要深刻认识争当高质量发展建设共同富裕示范区排头兵，是越城区高质量发展的必经之路。共同富裕既需要大力发展生产力、不断提高效率，又要防止两极分化、促进和维护公平，这也是高质量发展的内涵要求。近年来，越城经历了多轮体制机制改革，机遇前所未有，发展势头前所未有，如今的越城已呈现出翻天覆地的变化，但也暴露了一些“成长中的烦恼”，需要加快调整经济结构、缩小城乡发展差距，进一步解决发展不平衡不充分问题。我们要牢牢抓住我省共同富裕示范区建设先行先试的重大机遇，科学把握当前所处的历史方位和发展方向，完整、准确、全面贯彻新发展理念，充分发挥体制机制优势，谋划一批重大改革、重大政策、重大抓手、重大举措、重大项目，积极抢抓时间窗口，全力以赴补齐各类短板、化解风险隐患，持续做大经济总量、提升城乡发展承载力，把推进共同富裕变为增强动能、缩小差距、提升品质的高质量发展过程。

二、准确把握现实基础，切实增强争当高质量发展建设共同富裕示范区排头兵的信心和决心

近年来，越城区深入贯彻落实省市各项决策部署，忠实践行“八八战略”、奋力打造“重要窗口”，打好以“两业经”“双城计”“活力城”为主要内容的高质量发展组合拳，争当“四个率先”先行区，统筹提升产业、城市、文化、生态、创新、开放、营商环境、基层治理等八个方面，全面建设全市首位度中心城区，为扎实推动共同富裕打下了坚实基础。一是经济总量持续做大，收入倍差逐步缩小。2016年至2020年，地区生产总值从517.8亿元到1009亿元，增长94.9%；财政总收入从54亿元到122亿元，增长125.9%；常住人口从61万人到近111万人，增长82.0%；全面消除年经营性收入30万元以下经济薄弱村，低收入农户收入年均增长10%以上；城镇和农村常住居民人均可支配收入分别从47292元、28078元到61861元、38633元，年均分别增长6.9%、8.3%，城乡居民收入倍差从

1.68缩小到1.60，排名全市第一，远小于全国和全省平均水平。二是产业平台不断壮大，发展动能日益强劲。越城区与滨海新区双向赋能、融合发展，拥有绍兴高新区、袍江经开区、绍兴综保区等三大国家级平台。集成电路和高端生物医药产业成功获批省"万亩千亿"新产业平台，产业集群效益逐步显现，2020年两大产业分别获得全省平台考核第二名、第三名。三是创新要素加速集聚，人才改革活力迸发。高新技术产业增加值占工业增加值比重，由2016年的36.26%提升到2020年的56.04%，与浙大等重点高校共建研究院10家。滨海新区人才管理改革试验区实体化运行，高校毕业生数、高技能人才数、高层次人才数跨越式增长。四是城市能级显著提升，公共服务提质扩面。近四年完成拆改面积1000余万平方米，推动城镇化率从2016年的77.36%到2020年84.40%，智慧快速路、地铁1号线2号线、杭绍台高速高铁、亚运场馆等一批重大基础设施项目全面提速，老旧小区改造全面推进，高端城市配套持续引进。空气质量逐年改善，稽山鉴水颜值不断刷新。成功创建省级教育基本现代化区、省级健康促进示范区，公共文化服务体系不断完善，人均预期寿命达82.99岁。

今年以来，我们坚持"首位引领"全力争先创优，在扎实推进共同富裕中取得了新进展、新成效。全区上下紧紧围绕"139"工作体系，深入实施"项目建设攻坚年、改革创新突破年、整体智治提升年"三个年行动，创新"1+8+N"专班工作机制，加快经济社会高质量发展。今年上半年，地区生产总值同比增长13.3%，规上工业增加值同比增长19.5%，社会消费品零售总额同比增长18.2%，财政总收入同比增长27.5%，一般公共预算收入同比增长34.0%，固定资产投资同比增长37.6%。共同富裕的坚实基础来之不易，靓丽的工作成绩单来之不易，在此，我代表区委常委会，向全区党员干部和广大群众表示衷心感谢！

在肯定成绩的同时，我们也要清醒地看到存在的问题和不足。一是处于产业转型升级的阵痛期，要素保障存在"瓶颈"，战略性新兴产业还需大力培育，创新策源能力不强。二是城市综合能级和核心竞争力仍需提升，公共服务供给和基础设施建设有待完善，生态环境治理压力较大。三是城乡居民消费的潜力和活力还需充分挖掘，新型消费体系有待构建。四是治理体系和治理能力现代化水平不够高，基层基础还需夯实，各领域一些风险隐患还没有完全化解。五是少数干部思想不够解放，攻坚克难本领和担当作为精神有待强化。

为此，我们要辩证看待自身的优势和不足，在实践中不断拓展深化对共同富裕社会形态的认识理解，增强系统观念、首位意识，始终朝着正确方向探路前行，重点把握好以下五对关系。一是坚持以首位度的标准推动共同富裕。对越城而言，争当高质量发展建设共同富裕示范区排头兵，为越城打造首位度中心城区提供了战略指引，而首位度中心城区建设是越城迈向共同富裕的重要基础，必须将首位度目标科学融入共同富裕建设中，以全方位各领域的首位度，在全市全省率先展现共同富裕的美好图景。二是坚持做大"蛋糕"与分好"蛋糕"一体推进。一方面，没有发展基石，共同富裕就无从谈起，要树立全面的效率观，进一步激发经济活力创造力竞争力，服务构建新发展格局，夯实共同富裕的物质基础。另一方面，共同富裕要求实现人的全面发展和社会全面进步、共享改革发展成果和幸福美好生活，必须积极探索体现公平的统筹协调机制和社会财富分配机制，实现效率与公平、发展与共享的辩证统一。三是坚持城市能级提升与乡村振兴发展一体推进。要全面加速城市化进程，充分发挥主城区资源优势，通过城市和农业农村现代化的协同发展，着力破解城乡要素配置不合理、城乡基本公共服务供给不充足、农村经济发展模式不多元、农民收入增长态势不稳固等问题，积极构建全域提升、深度融合的新型城乡关系。四是坚持物质富裕与精神富裕一体推进。共同富裕是物质与精神相统一的全面富裕。必须加强社会主义核心价值观引领，推进文明城市常态化建设，坚持越文化的守正创新、传承发展，持续擦亮古城金名片，以更高品质塑造文化供给体系，积极构建以精神文化力量推动社会进步的新格局。五是坚持强化党的领导和推动社会参与一体推进。必须把党的领导贯穿争当共同富裕示范区建设排头兵的全过程、各领域、各环节，重塑政府、社会、企业和个人的关系，用好市场"看不见的手"和政府"看得见的手"，在全社会树立"政府社会企业个人共创共建"的理念，各方携手、各尽所能、各尽其责，共同奋斗建设美好家园。

三、首位引领实干奋进，全面落实创新性突破性重大举措

"十四五"时期是越城建设"四个率先"先行区，奋力打造全市首位度中心城区的关键期，也是争当高质量发展建设共同富裕示范区排头兵的第一程，必须找准重点、难点、关键点，开创新局面、展现新作为，形成大抓落实、破局推进之势。提交这次全会审议的《越城区奋力打造全市首位度中心城区 争当高质量发展建设共同富裕示范区排头兵的实施方案(2021—2025年)》，明确了8项主要目标、28项主要任务、4项保障措施，提出了80项具体指标、21项重点改革清单、34项年度工作清单。全区上下要认真抓好贯彻落实，清单化、项目化推进，加快取得一批具有辨识度的重大成果。当前，要着力在六个方面坚持首位引领。

(一)坚持在产业共兴上首位引领，夯实共同富裕物质基础。产业是做大共同富裕"蛋糕"的关键，要坚定不移走制造强区之路，深入实施"1234"先进制造业高质量发展行动计划，努力破解要素"瓶颈"，加快构建现代产业体系。一要聚力打造高质量发展平台。锚定"千亿级规模、百亿级税收"的战略目标，举全区之力支持滨海新区争创浙江省高能级战略平台，在全省率先建成主导产业突出、高端要素集聚、产城深度融合、体制机制灵活的现代化建设主战场。推动袍江经开区和绍兴高新区争先进位，迭代升级与产城发展相适应的开发区管理模式。充分发挥绍兴综保区的开放集成优势，以"高端制造＋新型服务贸易"为业态，鲜明展现城市型综保区特色，主动融入国内国际双循环，打造成为绍兴改革开放新高地，以及全国集成电路和生物医药产业链供应链的战略枢纽。二要聚力壮大"万亩千亿"产业。集成电路和高端生物医药产业是未来越城发展的支柱所在，必须坚持"顶配版"平台定位和"八个一"培育要求，形成更有竞争力的规模效益和集群优势，力争2025年两大产业总产值分别突破1000亿元。集成电路产业要围绕区域IDM产业模式，聚焦中芯、豪威、长电等三个世界级"链主型"企业，建设成为长三角具有引领示范效应的集成电路全产业链生态。高端生物医药产业要围绕全生命健康周期，加快打造新药谷、细胞谷、康复谷、营养谷，努力将健康新城建设成为长三角产城融合新高地。三要聚力培育激活市场主体。市场主体是提供就业机会、创造社会财富的基本力量，要以打造首位度营商环境为路径，出台一系列培育发展市场主体的政策措施，注重本地企业和外来项目一体支持，重点实施企业"长高长壮"培育行动，持续推进"雏鹰行动""雄鹰

行动”“凤凰行动”“放水养鱼”和隐形冠军、专精特新“小巨人”、单项冠军等培育计划。四要聚力加快产业转型升级。坚持数字赋能，创新建设生物医药、集成电路、智慧家居等“产业大脑”，推动企业上云、机器换人，高水平打造一批“未来工厂”。深入实施传统产业改造提升2.0版，全面完成印染化工产业跨区域集聚提升，提升园区承载力，加快传统产业数字化、集群化、服务化升级，打造省级传统产业转型升级示范区。前瞻性谋划碳达峰行动方案，落实能源结构调整，增加清洁能源使用，实现落后产能动态出清。

（二）坚持在创新共融上首位引领，培育共同富裕内生动力。要突出创新在现代化建设全局中的核心地位，优化全域创新体系和创新生态，以科技的自立自强催生新的发展动能。一要全力打造高水平创新型城市。做好新时期创新型城市建设的顶层设计，统筹推进滨海科技城、智汇芯城、迪荡湖科技CBD等建设，全面提升城市创新要素吸附力。坚持围绕产业链部署创新链，布局建设中关村水木湾区科学园、复旦大学科技园等重大科创平台，鼓励浙江大学、天津大学等共建研究院加大成果转化力度，推动杭州电子科技大学集成电路科学与工程学院、西安电子科技大学宽禁带半导体国家工程中心等重点项目建设，加快绍芯实验室落地，争创国家级集成电路产业创新中心。稳步推动科技企业“双倍增”行动计划，支持企业参与“揭榜挂帅”重点项目攻关，加快在优势领域形成创新策源能力。二要全力打造滨海新区人才管理改革试验区。着力用好人才“引育留用”自主权，打好“免评审”“双聘制”“举荐制”“首席制”等人才聚引组合拳，推动人力资本价值评估等一批改革创新举措落地见效。着力增强人才发展承载力，统筹推进人才创业基地、人才社区、人才公园建设，立足人才全生命周期，全面提升人才服务的专业化、精准化水平，试点启动高层次人才医疗保健等创新体系，在全省率先开发完善产业人才智能评服系统。

（三）坚持在城乡共促上首位引领，构建共同富裕协调格局。要聚焦全面缩小城乡差距，加快推动以人为核心的新型城镇化，构建城镇村协调发展、共富共美的新格局。一要加快融杭联甬接沪步伐。主动接轨长三角一体化、杭绍甬一体化，加快杭绍甬高速高铁、智慧高速、轨道交通等重大交通基础设施建设，着力构建杭绍同城综合交通体系，全面融入杭州都市区半小时交通圈。牢牢把握亚运会契机，深入实施亚运城市行动计划，以“一线城市”标准加速高端项目集聚，积极培育城市核心商圈，全地域优化城市功能。二要聚焦片区融合加快城市有机更新。纵深推进重点区域拆改攻坚，加快镜湖、袍江、高新、江滨四大片区融合发展，高起点建设沥海城市副中心，进一步拉大城市发展框架。聚焦共同富裕现代化基本单元，实施未来社区“三化九场景”推进行动，开展全域类古城未来社区建设试点，重点推进外滩、薛渎、沧海未来社区建设，坚持老旧小区改造内外兼修，全力打造多功能、复合型、亲民化社区精致生活场景。三要全力实施乡村振兴战略。全面落实东部三镇街高质量发展实施意见，加大“三农”政策倾斜力度，巩固提升农村人居环境。加快安桥头村、坡塘村等乡村振兴先行村建设。全面推进农村宅基地制度改革试点，深入做好全国农村集体产权制度改革试点“后半篇文章”，推动实施“闲置农房激活”升级版，结合越城乡村区位优势和山水资源，积极发展壮大休闲农业、生态农业、乡村民宿等新业态，培育打造鲁迅外婆家等一批乡村旅游样板项目。建立先富帮后富帮促机制，继续实施相对经济薄弱村、重点帮扶人员结对行动。四要打造山海协作升级版。高效率推进山海协作产业园建设，加强项目招引，创新共建机制，进一步发挥新区先行先试的优势，着力打造大湾区与大花园深度合作的“产业飞地”新样板。

（四）坚持在优质共享上首位引领，增进共同富裕民生福祉。要聚焦我省民生“七优享”金名片，把最好的资源留给人民，全面提升公共服务均衡化、优质化、现代化水平，统筹推进沥海等区域民生事业发展。一要加快擦亮“学在越城”品牌。优化全区域教育资源配置，深入实施名班主任、名师、名校长“三名工程”，加快新学校新校区投入使用，不断向新建成区、农村地区拓展优质资源，着力提升集团化、教共体等多元办学机制成效。加快教育数字化改革，探索具有越城特色的“教育大脑+智慧学校”等未来教育场景。落实教育领域“双减”政策。二要加快推动“健康越城”提质升级。坚持让群众在家门口享受更高水平的医疗服务，按三甲综合性医院标准建设浙江省人民医院越城院区，打造成为长三角一流的国际化、现代化数字医学中心。主动承接我省“医学高峰”战略，加快国科大附属肿瘤医院绍兴院区建设，努力打造成为国际国内肿瘤防治领域重要基地。推进基层医疗卫生机构基础设施和信息化建设，加快区公共卫生服务中心建设，促进区人民医院迭代升级，进一步增强突发公共卫生事件应对能力。三要加快提升稽山鉴水颜值气质。坚持绿水青山就是金山银山。开展“清新空气示范区”建设，加强道路、工地等扬尘综合治理，深入开展工业有机废气整治，确保2025年城市空气质量优良天数比例超过92%，PM2.5平均浓度不高于28微克/立方米。全域创成“污水零直排区”，压实各级河湖长责任，巩固治水工作成效，着力打造“安全、生态、美丽、富民”的美丽河湖。加快“无废城市”创建，开展土壤污染溯源排查整治，加大处罚监管力度，全面提升渣土和工业固体废物管理规范化水平。统筹推进生活垃圾从源头到末端的链式治理，营造人人践行垃圾分类的社会风尚，力争全省考核优秀保持连冠。

（五）坚持在文化共生上首位引领，建设共同富裕精神家园。要坚持物质文明和精神文明相协调，以文化创新推动思想进步、文明提升推动社会进步。一要提升千年古城影响力。深入实施《绍兴古城保护利用条例》，持续推进古城风貌保护、修缮和更新利用，系统实施非古城功能疏解、高层建筑拆改降层、历史街区提升改造、历史水系恢复等工作；推动数字化赋能古城活化利用，加快实现古城智慧治理。统筹抓好“古城项目群”建设，高标准打造“一城一桥三故里”，实施名人故居保护利用三年行动计划，重塑最具“江南风”的历史文化名城。二要提升文化产业竞争力。依托古城，引导“夜游”和“沉浸式”文旅消费，深入推进浙东唐诗之路文化带和古越文明文化带建设。打造长三角文商旅融合发展新高地，加快风越里、871LOOP、黄酒小镇、华强方特、宋六陵遗址公园等一批重点项目建设，积极发挥文旅集团作用，全力争创浙江省全域旅游示范区和4A级景区城、国家级全域旅游示范区和5A级景区城。三要提升公共文化服务力。深入实施文化惠民工程，实现“15分钟品质文化圈”全覆盖，全面提升农村文化礼堂、城市书房、农家书屋等文化阵地使用率。加快数字化转型应用，打造“文E家”“智慧文化礼堂”等应用场景。建设好区融媒体中心，牢牢掌握意识形态领域主动权，打造新型移动传播矩阵，确保占据舆论引导、思想引领、文化传承、服务人民的传播制高点。四要提升精神文明引领力。高质量推进文明城市、文明村镇、文明家庭、文明校园等系列创建，高标准打造区新时代文明实践中心，做强“台门汇”品牌，完善文明实践三级阵地建设，积极开展“越文明、越风尚”系列好习惯养成活动，持续扩大“越城好人”朋友圈。厚植越地儿女爱国情怀，筹建国防教育和“双拥”文化主题公园。

（六）坚持在社会共治上首位引领，筑牢共同富裕平安基石。要坚持强化“大平安”理念和底线思维，为打造首位度中心城区保驾护航。一要全面防范化解风险隐患。深入推进平安创建“护鼎加星”，健全完善重大决策社会风险评估机制，全力抓好食品药品、道路交通、危险化学品、消防安全、生产安全等保障。常态化推进扫黑除恶。强化经济金融安全，加大网络金融诈骗打击力度，确保不发生区域性经济风险。加快构建“大安全、大应急、大减灾”体系，着力构建三级联动体系、专群结合救援体系和精准有效防治体系。二要全面建设法治越城。深入推进政府法治化建设，提升重大决策事项法治化水平，形成依法决策、严格执法、公正司法、全民守法的“法治越城”格局。深化“大综合、一体化”行政执法改革，加快构建全覆盖的政府监管体系和全闭环的行政执法体系。加强行政争议源头防范和实质性化解，提升应诉规范化、专业化水平。推进公共法律服务体系城乡全覆盖。三要全面深化社会治理。健全“四治融合”城乡基层治理体系，深化全国社区治理与服务创新实验区创建成果，争创全国社会治理现代化标杆区。始终牢记习近平总书记嘱托，丰富拓展新时代党建“契约化”共建精神内涵，按照全覆盖、标准化、智能化的要求，完善群众参与基层社会治理渠道，把“共建共治共享”多元参与的理念方法，全方位融入基层社会治理。纵深推进“县乡一体、条抓块统”改革，围绕“一中心四平台多网格全群众”，创新“矩阵式”社会治理智治平台，推动全省一流的风评中心、矛调中心和平安展示中心发挥更大效应。重抓信访工作短板，常态化开展信访攻坚行动，有效推进初信初访和信访积案化解，加快形成“大调解”工作体系和多元纠纷解决机制。完善构建网上群众工作体系，常态化开展“净网”行动，确保网络安全和网络空间清朗。

四、全面加强党的领导，构建推进共同富裕的新机制新体系

要对照“每年有新突破、5年有大进展、15年基本建成”的目标，坚持项目化管理、清单化推进、制度化保障，全力推动各项目标任务落到实处，确保到2025年，高质量推动共同富裕取得实质性进展，到2035年，高质量发展取得更大成就，基本实现共同富裕，在全省共同富裕示范区建设中走在前列。

（一）坚持党建统领、整体智治的领导机制。充分发挥党总揽全局、协调各方的作用。区委区政府建立高质量发展推动共同富裕领导小组，办公室设在区发改局，实行常态化、实体化、专班化运作。区委成立社会建设委员会，下设办公室，统筹协调全区社会建设和社会改革工作。各镇街部门要扛起使命担当，压实工作责任，完善工作机制，确保上级决策部署在越城落地生根。充分发挥人大、政协职能作用，持续擦亮“同心·越城”统战品牌，强化人民团体引领服务联系群众功能，凝聚起高质量发展推动共同富裕的强大合力。

（二）坚持改革突破、争先创优的推进机制。锚定重点目标，实施突破性攻坚，确保每一项任务落地见效。体系化规范化推进数字化改革，落实“1+5+2”工作任务，将其作为加快现代化、推进共同富裕的“船”与“桥”，用好数字化理念方法手段，以“小切口大牵引”，集中攻坚古城数字化改革综合集成应用等多跨场景。站位全

局系统集成，以系统思维，整体把握社会结构和发展规律，统筹推进各领域目标任务，主动承担省市各项先行试点，全面激发干部的创造性张力。建立争先创优赛马机制，围绕共同富裕实施方案，落实落细年度任务和改革任务，定期开展“回头看”，形成激励与约束并重的干事创业氛围。

（三）坚持基础夯实、干部有为的保障机制。重抓干部队伍建设，进一步营造唯实唯先、善作善成的团队文化。发挥基层党组织战斗堡垒作用，建强“上下贯通、执行有力”的基层组织体系，强化村社党组织书记“明白人、开路人、贴心人、带头人”作用，持续巩固村社组织换届成果，进一步夯实共同富裕的基层基础。从严治党深化清廉越城建设，深入整治形式主义、官僚主义以及“推、拖、躲、怕、差”五种不良风气，进一步加强反腐败斗争，加强区委巡察，有效落实“七张问题清单”整改、“三驻三服务”等省市重点任务。保持奋进姿态提升能力素质，扎实做好换届工作，完善“两个担当”良性互动机制，围绕产业发展、城市治理、数字赋能等重点领域，切实提高干部领导现代化、塑造变革的能力水平。

（四）坚持共建共享、共同参与的评价机制。树立人民群众主体理念，充分调动广大群众在推进共同富裕中的积极性、主动性、创造性。全面拓宽民意反映渠道，注重倾听民情民意、纾解民忧民困，统筹线上线下宣传推介方式，科学建立群众评价反馈机制，进一步广泛凝聚共识。强化政府部门统筹协调，加强对阶段性成效的统计分析和评价研判，及时掌握共同富裕推进情况，因地制宜、迭代升级出台政策。着力建设大成集智机制，积极发挥智库专家作用，组建全方位、多领域的智库平台，群策群力、汇集智慧，为推进共同富裕提供强大智力保障。

绍兴市越城区人民代表大会常务委员会工作报告（摘要）

——在越城区第十届人民代表大会第一次会议上

绍兴市越城区人民代表大会常务委员会主任　徐　荻

任期工作回顾

过去的五年，是我区砥砺奋进、日新月异的五年，是改革力度大、转型步伐快、经济社会发展好、群众得到实惠多的五年，也是民主法治建设全面推进的五年。五年来，区人大常委会在区委的坚强领导下，认真贯彻落实习近平新时代中国特色社会主义思想，学习贯彻党的十九大和十九届历次全会精神，围绕中心，服务大局，依法履职，共召开常委会会议52次，主任会议69次，听取和审议工作报告87个，听取专题汇报96个，作出决议决定和审议意见91项，组织执法检查、集中视察、专题询问103次，充分发挥了地方国家权力机关的作用，为推进我区经济社会发展和民主法治建设作出了积极的贡献。

一、坚持忠诚为党，全力落实“两个确立”要求

常委会始终把政治建设摆在首位，提高政治站位，增强政治能力，把牢人大工作正确政治方向。

把学深悟透习近平新时代中国特色社会主义思想作为理论学习的首要任务。坚持以习近平总书记关于坚持和完善人民代表大会制度的重要思想统领人大工作，把拥护“两个确立”、增强“四个意识”、坚定“四个自信”、做到“两个维护”落实在履职行权全过程。在“两学一做”、“不忘初心、牢记使命”、党史学习教育等主题教育活动中，把学懂弄通做实总书记重要论述作为主题教育的重中之重。认真学习贯彻习近平法治思想，努力提高依法履职能力和水平。

把坚持党的领导作为履职行权的根本保证。常委会旗帜鲜明讲政治，严守政治纪律和政治规矩，重要问题、重大事项、重要活动及时向区委请示报告。坚持区委有要求人大有行动，以全局思维领悟区委决策意图，用法定程序贯彻区委部署要求，确保区委总揽全局、协调各方的领导核心作用得到充分发挥。注重发挥党组把方向、管大局、保落实作用，坚持科学决策、民主决策、依法决策，确保人大工作行稳致远。

把“全过程人民民主”作为探索创新的重要目标。常委会致力于将“全过程人民民主”

贯穿人大工作各方面各环节，在探索创新中进一步彰显制度优势。针对街道人大监督“缺位”的问题，率先建立街道民主议政会制度，成为全省街道民主议政的“越城范例”。作为全省街道人大工作和建设试点，常委会提出“五先引领”“三上三下”“专题议政”等街道人大工作方法，积累了实践成果、制度成果和理论成果，被评为省人大与时俱进奖特别奖。不断创新监督方式，街道预算监督建立“二听二审二报告”模式，工作评议首次采用“五听五看三评”方式，代表约见独创“九步法”，均获得了省、市人大的肯定。

二、坚持发展为先，助力打造“首位度”中心城区

常委会始终把谋发展、促发展、为发展作为第一要务，在助推“三区建设”和“首位度”中心城区建设实践中落实人大履职担当。

立足“两业经”加强监督。围绕发展现代产业体系，组织“项目三进”、“万亩千亿”新产业平台、集成电路产业发展、重大招商项目、先进制造业、现代服务业、文化创意产业、特色小镇等工作的专项监督，听取“凤凰行动”、数字经济发展、乡村旅游经济发展汇报，视察科创大走廊建设、高新技术产业培育，跟踪监督重点项目进展情况，促进产业高质量发展。围绕传统产业转型升级，持续督查印染化工电镀产业改造提升进展情况，视察袍江区域重点企业，推动政府加快新旧动能转换。围绕深化改革工作，专题听取事权承接和深化改革工作汇报，审议“最多跑一次”改革，关注基层治理四平台建设、提升营商环境、项目审批提质优效和政府服务企业、促进民营经济高质量发展工作，推动改革政策精准落地。

立足“双城计”加强监督。围绕古城保护利用，连续两年审议古城保护利用工作，持续监督《绍兴古城保护利用条例》《绍兴市大运河世界文化遗产保护条例》贯彻实施情况，视察调研风越里、迎恩门风情水街等工程，开展老旧小区改造提升专题询问，促进绍兴古城可持续发展。围绕新城开发建设，关注镜湖开发和越城滨海双向赋能、融合发展，持续监督招商引资项目落地情况、城中村拆改和拆后土地利用。围绕城乡环境整治，听取无违建区创建、小城镇环境综合整治、危旧房改造处置工作汇报，视察美丽乡村建设，开展生活垃圾分类、小区物业管理专题询问，推动城乡风貌得到提升。

立足“管好钱”加强监督。每年听取审议计划、预算、审计工作、债务限额、国有资产管理等报告，审查批准财政决算、债务限额，作出财政预算调整的决议，督促政府盘活财政资金，规范债务管理。深化支出绩效评估，对锡麟中学易地新建等 9 个项目资金使用情况进行专项监督。审议区法院等 4 个部门预决算报告，审查北海街道等 6 个街道预算，推动强化部门、街道预算约束及财务管理。开展“十三五”规划实施情况督查，推进“十四五”规划编制和实施。

三、坚持民生为重，努力践行“人民至上”理念

常委会始终践行以人民为中心的履职理念，关注民生“短板”，回应群众期盼，倾力维护民生福祉，使发展成果更多地惠及全区人民。

推动疫情防控有序开展。区人大发挥制度优势、工作优势，全力助推打赢疫情防控阻击战。在 2020 年上半年和 2021 年底疫情期间，常委会领导每天到结对镇街指导防疫工作，深入村、社、企业了解情况，协调解决困难问题，助力疫情防控各项措施落细落实。全体机关干部到相关街道和社区，直接参与防控工作。各级人大代表积极响应区人大倡议，踊跃捐款捐物，投身疫情防控，助推复工复产，在不同的战线上履职尽责、担当作为。常委会对区政府统筹推进常态化疫情防控和经济社会发展情况进行了专项监督，助推“两手硬、两战赢”。

推动民生实事落地落实。民生实事项目是政府惠民利民的重要抓手。常委会通过座谈会、代表活动、走访调研等途径，支持和参与区政府做好民生实事项目征集工作，强化民生实事民意基础。为确保人民代表大会通过的民生实事项目落到实处，常委会建立“年初听安排、每季问进度、年底评绩效”的监督链条，5个督查组环环跟进，逐项开展对口检查，并将项目完成情况提交人民代表大会进行满意度测评。制定出台相关实施意见，用“三上三下”的方式开展民生实事项目票决制工作，使票决工作更加规范、有效。

推动社会事业优质均衡。民生事业是常委会一直关注的重点。聚焦办好人民满意教育，常委会先后对初中教育事权承接、学前教育优质资源拓展、学校课改工作、“双减”工作、新城老城教育资源布局优化进行调研、视察、审议。关注医疗卫生服务，审议医卫服务体系规划实施报告，听取医共体建设、基层中医药综合服务汇报，调研新冠肺炎疫情防控、公共卫生服务工作，开展医疗卫生服务基层服务群众专题询问，助力保障人民群众生命健康权益。助推养老事业发展，组织养老事业提质扩面询问活动，调研、审议居家养老服务工作。致力于保障群众“舌尖上的安全”，连续9年开展食品安全专项监督和“一法两规”执法检查。

推动生态环境持续改善。严格执行区、镇街生态环境状况和环境保护目标完成情况报告制度，开展环保重点问题跟踪督查，督促政府和相关部门自觉履行生态环境保护责任，加快形成绿色发展行动体系。开展蓝天保卫战、“无废城市”建设试点、“污水零直排区”建设、重大水利工程建设、截污纳管工程运行专项监督，组织代表巡查督查“剿灭Ⅴ类、劣Ⅴ类水”工作，对《浙江省农村生活污水处理设施管理条例》《绍兴市大气污染防治条例》等开展执法检查，助推解决水、气、土壤、固废污染等方面突出问题。

四、坚持公正为要，着力推进“法治越城”建设

常委会始终大力弘扬宪法精神，践行法治理念，强化法律监督，着力推动“一府一委两院”依法行政、公正司法，夯实依法治区基础。

保障宪法法律实施。全面落实新任命国家机关工作人员宪法宣誓制度，激励和教育国家工作人员忠于宪法、遵守宪法、维护宪法。听取审议区政府“七五”普法实施情况，作出加强“八五”普法的决议，推动增强公民的宪法和法律意识。对《中华人民共和国档案法》《浙江省学前教育条例》等30余部法律法规开展执法检查，确保相关法律法规在我区的贯彻执行。认真开展规范性文件备案审查工作，五年来共备案审查规范性文件81件，努力维护国家法制的统一。

维护社会公平正义。常委会把促进公正司法和依法行政放在法律监督工作的首要位置。五年来，审议区人民法院人民陪审员、行政审判、基层法庭建设、诉讼服务中心“三大机制”、家事审判等工作，审议区人民检察院刑事执行检察、公益诉讼检察、民事行政检察、生态环境保护检察、服务非公经济等工作，对提高审判质量和规范检察工作提出一系列审议意见。以“五听二查三报告”的创新方式开展“两官评议”，组织代表旁听法院庭审活动25次，推动提升司法公信力。连续三年监督扫黑除恶工作，关注“最多跑一地”改革，视察“枫桥式”派出所创建情况，推进“法治政府”和“平安越城”建设。

依法做好人事任免。坚持党管干部和依法

选举任免相结合，认真做好人事任免工作。及时召开人民代表大会和人大常委会会议，依法选举、任免国家机关工作人员，从组织上保证国家机关正常运转。修订《任命干部任前法律知识考试实施方案》，严格落实任前审查、表态发言、颁发任命书等制度，完善人事任免工作流程。五年来，共依法任免国家机关工作人员541人次。

五、坚持服务为本，致力发挥“忠实代言”作用

常委会始终高度重视代表工作，尊重代表主体地位，支持和保障代表当好人民群众“忠实代言人”。

拓宽代表参政履职平台。坚持常委会组成人员联系代表、代表联系选民制度，了解和反映代表、群众的呼声期盼。为代表行使职权创造条件、搭建平台，邀请代表列席常委会会议、参与常委会重要活动共计600余人次。连续五年开展代表联络站规范化建设，达成了“全部建成五星、规范设立分站、创建特色站点”工作目标。五年来，各级人大代表共有1753人次进联络站接待选民，收集建议意见2000多条，通过直办机制办结1800余条。组织开展“局长·代表面对面”“建功‘十三五’共谋‘十四五’人大代表在行动”“大走访大调研大抓落实”等主题活动，配合省、市人大做好立法调研，更好发挥人大代表作用。深化代表履职积分登记、代表进选区向选民述职制度，规范代表履职管理。

增强代表建议督办实效。制定《区人大代表建议、批评和意见办理办法》，进一步规范建议办理各个环节。实行区政府领导领办和常委会领导督办、常委会工委归口督办、重点建议跟踪督办等制度，并采取代表约见、专题询问、满意度测评以及评选办理先进单位等方式，推进代表建议意见认真办理、按期办毕。五年来，共推动899件意见建议在规定期限内办理完毕，较好解决了一批涉及群众切身利益的热点难点问题。

形成人大工作整体合力。高度重视镇街人大工作，坚持常委会组成人员联系镇街人大制度，定期召开镇街人大工作会议，邀请镇街人大主席（主任）列席人大常委会会议，深化常委会重要活动区、镇街联动制度，充分发挥基层人大的工作能动性，推进全区人大工作整体发展。认真实施《浙江省街道人大工作条例》，深化街道民主议政会制度，每年年初专题审议人大街道工委报告并列出工作清单，指导街道做好主题监督和代表活动。组织镇街人大干部参加省、市、区工作培训，不断提高镇街人大履职水平。

组织指导代表换届选举。准确把握换届选举工作的指导思想、总体要求、基本原则、工作重点，把好代表的政治关、素质关、结构关，严格代表候选人提名推荐和审查程序，努力优化代表结构、提高代表素质。做好选举疫情防控工作，强化数字化系统应用培训。常委会精心组织、周密安排、加强协调、精准指导，确保区镇两级人大换届选举工作依法有序进行。全区顺利选举产生新一届区人大代表320人、镇人大代表59人。

六、坚持创新为基，倾力加强“四个机关”建设

常委会始终以发展的理念，创新的思维，一线的精神，务实的作风，努力强化“四个机关”建设。

加强组织建设。贯彻落实新时代党的建设要求，设立机关党组和机关总支，健全常委会党组、机关党组议事规则。坚持党组理论中心组学习和机关周一夜学，开展“主题党日”活动和专题警示教育，健全落实机关学法和学经济、科技、文化等制度，强化理论武装、党性修养和廉洁自律。履行全面从严治党政治责任，严明政治纪律和政治规矩，驰而不息纠“四风”、正作风。支持纪检监察组履行监督执纪职责，纵深推进“清廉机关”建设。

参与中心工作。常态化开展“七联”工作，认真做好后进村整转、社区帮扶和企业“三驻三服务”，履行好河长、湖长职责。积极参与拆迁工作，常委会领导、人大机关干部到一线担任拆迁主力，圆满完成各项任务。积极参与信访包案和攻坚季行动督查等中心工作，履行人大干部应有的担当作为。围绕区委中心开展调查研究，《总结我区“八八战略”实践经验弘扬优势创新举措推动新时代新发展》等调研成果得到了区委领导的批示肯定。

推进数字化改革。围绕省、市、区委和省市人大数字化改革要求，加强顶层设计，构建越城区人大“1811”数字化改革架构，积极融入整体智治系统。紧扣越城实际，认真梳理“三张清单”，按照“大场景、小切口”的要求，打造“局长·代表面对面”和“民主议政”重点应用场景。做好人大网站迁移，应用无纸化阅文系统、电子投票系统，承接省、市应用场景实施工作，推进人大工作数字化转型。

各位代表，区九届人大常委会五年来在工作中取得了一定的成绩，这是在区委正确领导、省市人大有力指导下，常委会组成人员和全体区人大代表辛勤工作的结果；是区政府、区政协、区监委、区法院、区检察院支持配合的结果；是镇街人大共同努力的结果；是各部门、各镇街和社会各方面热情帮助的结果。在此，我谨代表绍兴市越城区第九届人民代表大会常务委员会向大家表示衷心的感谢！

我们也清醒地意识到，依照宪法、法律赋予的职责和人民群众的要求，常委会工作还存在不小差距和不足。主要是：在创新监督方式方法、增强监督刚性和实效上，需要进一步深化；在拓展代表履职平台、推动代表作用充分发挥上，需要进一步加强；在增强履职能力、推动人大工作高质量发展上，需要进一步探索。这些问题，我们将在今后的工作中认真研究，切实改进提升。

五年探索实践，五年砥砺前行，使我们进一步加深了对人民代表大会制度和人大工作规律性的认识，我们深刻体会到：

——必须更好地把党的领导和人民意志结合起来。习近平总书记明确指出，中国共产党的领导，就是支持和保证人民实现当家作主。实践表明，做好新时代人大工作，一方面必须加强党对人大工作的全面领导，把“两个确立”“两个维护”体现到人大工作的全过程各方面，以最鲜明的态度、最坚决的行动、最严格的标准，旗帜鲜明地坚持党的主张、落实党的各项决策部署。另一方面，必须更加广泛地集中民智、汇聚民力，扩大人民群众对人大各项工作的有序参与，综合运用各种监督手段，努力在解决群众操心事、烦心事、揪心事上有更多动作、更大作为。

——必须更好地把制度规范与改革创新结合起来。习近平总书记强调，要把坚定制度自信和不断改革创新统一起来，在坚持根本政治制度、基本政治制度的基础上，不断推进制度体系完善和发展。实践表明，做好新时代人大工作，既必须加强规范化、制度化建设，完善常委会会议、主任会议议事规则，健全监督、决定、任免等工作制度，加快形成符合地方国家权力机关职能特点的运行机制和工作方式，也必须顺应形势和任务的变化，打破传统路径依赖，推进数字化改革，创造性地开展工作。

——必须更好地把代表工作与群众工作结合起来。习近平总书记指出，人民代表大会制度之所以具有强大生命力和显著优越性，关键在于它深深植根于人民之中。实践表明，做好新时代人大工作，必须全方位协同推进人大工作、代表工作、群众工作，全天候密切联系国家机关、人大代表、人民群众，全链条强化人大代表推荐选举、服务保障、履职监督的管理。必须把党的群众路线贯穿到代表工作中，把人大工作做到群众心坎上。

——必须更好地把做强优势与补齐短板结合起来。习近平总书记强调，发展社会主义民主政治，关键是要增加和扩大我们的优势和特点，而不是要削弱和缩小我们的优势和特点。实践表明，做好新时代人大工作，必须坚持目标导向，做强优势，总结行之有效的做法经验，放大越城人大品牌效应，不断提升我区人大工作整体水平。必须坚持问题导向，补齐短板，努力建峰填谷，促进全区人大工作优质均衡发展。

对新一届常委会工作的建议

今后五年，是越城厚积薄发、赶超跨越、大有可为的五年，区第十次党代会提出了"首位立区、幸福越城"的目标定位。新时期、新阶段、新目标，人大工作面临着新要求、新课题和新任务，做好人大工作意义十分重大。

本次大会将选举产生新一届区人大常委会。我们相信，在区委的正确领导下，在全区人民和全体区人大代表的大力支持下，新一届区人大常委会定将继往开来，与时俱进，进一步开创我区人大工作的新局面。我们向新一届区人大常委会提出以下建议：

一、坚持"政治机关"的本质属性

继续深学细悟笃行习近平总书记关于坚持和完善人民代表大会制度的重要思想，把"两个确立"的要求落实到坚持"两个维护"上、落实到做好"四个善于"上、落实到建设"四个机关"上。切实加强党的创新理论武装，认真学习贯彻习近平新时代中国特色社会主义思想，围绕总书记对浙江"努力成为新时代全面展示中国特色社会主义制度优越性重要窗口"和"共同富裕示范区"的新期待，进一步增强制度自信、强化责任担当，与时俱进推动人大制度在越城的生动实践。全面贯彻落实《中共中央关于新时代坚持和完善人民代表大会制度加强和改进人大工作的意见》，更好地将人民代表大会制度优势转化为地方国家治理效能。恪守坚持党的领导首要政治原则，坚定维护区委总揽全局、协调各方的领导地位，严格执行重大事项请示报告制度，科学依法履行职权，保证区委重大决策部署贯彻落实。

二、坚持"首位立区"的发展导向

要将"干就干最好、争就争第一"作为人大工作根本，进一步在"首位立区"大场景中展现人大担当。围绕构建高质量现代产业体系，全力助推越城滨海融合发展，深入监督具有支撑性、关键性作用的重大平台，推动新旧动能转换和经济高质量发展。围绕打造高能级城市体系，深化对"网络大城市"、交通互联互通、古城开发保护等的监督。围绕打造文化高地，重点关注农文旅、文商旅融合发展态势。围绕经济行稳致远，组织开展经济运行专项审议，加强国有资产管理监督，深化预算审查监督和资金使用绩效监督。在新的一年中，建议紧紧围绕"三个年活动"，加强对营商环境改善、产业平台运行、重大项目建设的监督，继续深化对年度预算、街道预算、部门预算的审查，关注重点支出项目的审计和绩效评价。

三、坚持"幸福越城"的履职追求

把打造"幸福越城"作为人大履职尽责的根本追求，科学选题、精准发力，提升民生监督实效。继续关注民生"关键小事"，健全民生实事项目监督长效机制。持续跟踪推进教育资源优化配置、医共体建设、养老服务体系建设、城乡一体化、生态环境保护等重大民生工作，着力推动解决群众最关心的突出问题，不断提升人民群众的获得感和幸福感。关注民生安全，开展专项监督和执法检查，确保关乎国计民生、社会安定的特殊公共产品安全稳定。在新的一年中，建议把义务教育阶段“双减”工作、信访“百日攻坚”、山塘水库除险加固整治、“五星3A”迭代升级、生态环境保护、《浙江省医疗保障条例》贯彻实施以及消防、食品、生产、粮食安全工作作为民生问题督查的重点。

四、坚持“法治思想”的生动实践

深入学习贯彻习近平法治思想，在全面依法治国中找准人大定位，为在新的起点上推进法治越城建设贡献人大力量。按照法律和上级人大常委会的要求，结合我区实际，认真开展执法检查。配合做好立法调研，为全国人大和省、市人大立法提供优质建议。对基层换届选举依法开展监督和指导，提升民主选举质量。根据宪法和法律规定，及时选举、任免国家机关工作人员，保障“一府一委两院”工作的顺利开展。继续关注“八五”普法工作，切实增强全区人民的法治意识。在新的一年中，建议继续关注“法治政府”建设，对区法院充分发挥司法职能、优化营商环境、服务经济高质量发展进行审议，对区公安分局、区自然资源和规划分局开展工作评议，强化检察院涉及未成年人刑事检察和公益诉讼监督，开展“两官评议”，进一步发挥人大在“法治越城”建设中的作用。

五、坚持“支持保障”的精准有效

落实好习近平总书记“支持和保障代表更好依法履职”的要求，使各级代表更好接地气、察民情、聚民智、惠民生。丰富闭会期间代表活动，精心组织开展各项代表主题监督活动。继续抓好联络站深化拓展工作，定期组织开展“局长·代表面对面”活动，把联络站建设成为代表联系群众的好桥梁、代表履行职责的好平台、国家机关听取代表和选民意见的好场所。完善人大培训体系，提高培训工作的系统化专业化规范化水平。健全代表履职评价体系，用数字化改革强化代表履职管理。进一步加强代表建议办理工作，深化代表约见、分类处理等方法，提高建议办理质量和问题解决率。在新的一年中，建议深化代表联络站“五星”创建活动，推动站点提档升级；强化新一届人大代表培训，提高代表为民代言、依法履职能力；指导街道民主议政会做好换届、专题议政等工作，促进街道人大工作和建设再上新台阶。

六、坚持“一线担当”的本领锤炼

打造一支政治素质高、履职能力强的人大队伍，建设一个依法依规监督、高效高能办事的人大常委会机关，是做好人大工作的基本保证。健全学习机制，强化理论武装，不断提高政治判断力、政治领悟力、政治执行力，不断增强宗旨观念和清廉意识；学深悟透有关法律法规政策，强化干部专题培训，不断提高人大干部的理论水平、工作能力和业务水准。加强理论研究，深化对人大工作规律的认识和把握。完善常委会会议、主任会议、专门委员会议事制度，提高议事质量和效率。在新的一年中，要推动人大各项工作制度的创新完善，形成充满活力、务实高效的运行机制。继续推进人大数字化改革，推广应用各种场景，加快“数字议政”系统的开发建设。规范指导镇街人大工作，在基层人大工作和建设上不断树创“越城”范例。

政府工作报告

——在越城区第十届人民代表大会第一次会议上（摘要）

绍兴市越城区人民政府代区长　钱林江

一、2021年和过去五年工作回顾

2021年是中国共产党成立100周年，是“十四五”开局之年。面对错综复杂的外部环境和艰巨繁重的改革发展稳定任务，我们坚持以习近平新时代中国特色社会主义思想为指导，全面贯彻党的十九大和十九届历次全会精神，在上级党委、政府和区委的正确领导下，在区人大、区政协的监督支持下，紧紧依靠全区人民，统筹抓好常态化疫情防控和经济社会发展，顺利完成了区九届人大五次会议确定的目标任务。全区生产总值1185.3亿元，增长8.8%，一般公共预算收入93.2亿元，增长19.8%，城乡居民人均可支配收入分别增长9.6%和10%，实现“十四五”良好开局。

（一）产业升级迈出新步伐。发挥“两区”双向赋能优势，精准开展产业链招商，新签约10亿元以上项目30个，总投资近700亿元，7个市县长项目全部开工，长电科技、芳原馨生物、三花新能源等顺利投产，集成电路、高端生物医药“万亩千亿”新产业平台跻身全省前列，滨海新区入选全省首批高能级战略平台。实施数字经济“一号工程”2.0版，新建5G基站1515个，完成传统产业智能化改造136家，新增“上云”企业515家、工业机器人485台，战略性新兴产业产值增长17.6%，规上数字经济核心产业制造业增加值增长22.6%，新动能培育获省政府督查激励。印染化工产业跨域集聚提升取得重大成效，33家印染企业、7家化工企业关停退出，5大印染组团基本建成。绍兴综合保税区通过国家验收，成为全省首个“当年开工、当年竣工、当年验收”的综保区，圆了几代绍兴人的“综保梦”。

（二）改革创新迸发新活力。全面推进数字化改革，一体化智能化公共数据平台建成投用，24个数字化改革项目进入省级试点，古城信息管理平台成为全省地方特色最佳应用，重大决策社会风险评估应用全省推广。编制争当共同富裕示范区排头兵实施方案、指标体系、改革清单，成立社会建设委员会。启动全国农村宅基地制度改革试点，实施新一轮村级集体经济巩固提升行动，出台支持东部“一镇两街”高质量

发展专项政策，全区村集体经济收入增长10%，低收入农户人均可支配收入增长13.3%。实施科技型企业“双倍增”计划，认定国家高新技术企业178家、省科技型中小企业240家，全社会研发经费投入占比增长35.1%。启动绍芯集成电路实验室建设，落户西安电子科技大学宽禁带半导体国家工程中心，引进浙江大学、天津大学等校共建研究院，总量达到10家、全市第一。创建全省首个人才管理改革试验区，出台“免评审”“双聘制”等改革举措20条，开工人才房2700余套，引育高层次人才157名，新增高技能人才1.5万名、高校毕业生3.3万名。

（三）城市面貌展现新形象。平稳完成越城、上虞部分区划界线变更，启动编制国土空间规划，持续深化袍江、城南、城西等片区研究。实施亚运城市行动计划，九大类44个项目有序推进。加快城市有机更新，完成拆迁165万平方米，实施两轮“拔钉清障”攻坚行动，有力保障高速高铁、高架地铁、亚运场馆等重点项目建设，浙江金融职业学院绍兴校区、国科大附属肿瘤医院绍兴院区正式开工，杭州电子科技大学绍兴校区顺利落地。扎实做好古城保护利用工作，徐渭艺术馆、党史陈列馆、气象博物馆、绍兴师爷馆等落成开放，鲁迅故里省级高品质步行街建成开业。加强城市精细化管理，推进农村人居环境整治，完成“三改”173万平方米，拆违61.9万平方米，获评省新时代美丽城镇建设优秀县（市、区），成功创建省级全域旅游示范区，顺利通过国家文明城市、国家卫生城市复审。

（四）民生福祉实现新改善。民生事业投入62.3亿元，增长10.9%，省、市、区三级民生实事如期完成。开展职业培训5.8万人，新增城镇就业5.3万人。基本养老保险、基本医疗保险参保率均达99.5%，低收入农户健康保险实现全覆盖。迪荡中学等5所新校顺利开学。教育“双减”扎实推进。“健康浙江”考核蝉联优秀。改造老旧小区61个，加装电梯88台。实施适老化改造478户。新建智安小区200个、社区微型消防站25个。基本完成第二轮中央生态环保督察反馈问题整改，空气质量优良天数比例达到92.1%，PM2.5年平均浓度降至28微克/立方米，重点河湖水质保持在Ⅲ类及以上。民族宗教、外事侨务、退役军人、国防、人防、史志、气象等工作取得新进展，工会、妇女、儿童、青少年、老龄、慈善、残疾人等事业取得新进步。

（五）平安稳定取得新成效。落实常态化疫情防控举措，精密智控指数评价考核全市第一。深化党建“契约化”共建引领基层治理现代化，相关做法得到省主要领导批示肯定，并入选中国改革年度典型案例。实施拆迁类信访问题大起底大化解专项行动，化解率80%以上，得到省主要领导批示肯定，经验做法在全省推广。扎实开展安全生产综合治理三年行动、“遏重大控较大”攻坚战，打赢强台风“烟花”防御战，安全形势总体可控。圆满完成重大节点维稳安保任务，夺得全省首批平安“一星金鼎”。

（六）自身建设得到新加强。高度重视政府系统党的建设，深入开展党史学习教育，不断提升政治判断力、政治领悟力、政治执行力。自觉接受人大法律监督、工作监督和政协民主监督，高质量办理人大代表建议153件、政协提案128件，满意度保持在99%以上。聚焦“七张问题清单”，扎实做好党政主要领导经济责任审计整改等工作。强化府院、府委联动，法治意识、法治能力进一步增强，“四风”问题得到有效遏制。积极化解政府隐性债务，总量、等级实现“双下降”。深入推进“三驻三服务”和“三为”专题实践活动，为基层解决问题1万多个，为企业减负53.5亿元。强化审计监督和绩效评估，压减一般性支出9017万元。

去年底，面对突如其来的疫情冲击，我们坚决贯彻省委省政府、市委市政府工作部署，在区委坚强领导下，迅速响应、迅速部署、迅速推进，第一时间启动战时体系，第一时间管控重点人员，第一时间扑灭零星疫情，第一时间驰援兄弟县市，以硬核管控力跑赢疫情传播力，做到风险零外溢、医护零感染、隔离零脱管、小门零失防，成功打赢阶段性疫情防控遭遇战保卫战歼灭战，在全省全市抗疫大局中展现了越城担当、作出了越城贡献。

各位代表！去年全区主要目标任务顺利完成，为本届政府工作画上了圆满句号。过去五年，是越城发展史上极不平凡的五年。我们经受了重大考验、实现了跨越发展，“活力越城、品质越城、和谐越城”和首位度中心城区建设取得显著成效。

这五年，我们把握重大机遇，综合实力实现大跨越。平台空间蝶变跃升，先后与绍兴高新区、袍江经开区体制合一，与省级滨海新区双向赋能，实辖范围从 7 镇 7 街 381.5 平方公里扩大到 1 镇 16 街 643 平方公里，常住人口增至 111.5 万人。经济总量实现翻番，规上工业总产值达到 1697 亿元、年均增长 9.7%，财政总收入、一般公共预算收入年均分别增长 23.4%、23.1%，综合经济实力跻身全国百强。市场运行活力充沛，累计兑现奖补资金 22.6 亿元，减税降费超过 150 亿元，营商环境综合排名全省第九、全市第一，市场主体突破 10 万家，规上限上企业达到 1615 家，上市企业达到 10 家。

这五年，我们坚持破立并举，动能活力实现大突破。全面完成行政机构改革、镇街体制调整，承接用好下放事权，政府职能配置更加健全、行政体系更加完善。“最多跑一次”改革高效落地，数字化改革全面起势，“掌上办事之区”“掌上办公之区”“掌上治理之区”初步建成。印染化工电镀产业梯次退出，中芯国际、长电科技、永泰生物、越海百奥等“链主型”企业先后落地，战略性新兴产业增加值占比升至 34.8%。成功举办多届集成电路产业峰会、生命健康产业峰会、中德高端制造峰会、“同心 · 越城”大会，城市影响力进一步扩大。全面实施“科技新政”“人才新政”，建成投运中关村科学园、复旦科创园等高能级创新平台，省级产业创新服务综合体数量全省第一。国家高新技术企业增至 454 家，全社会研发经费投入翻了三番，高新技术产业增加值占比升至 60.3%。高层次人才增至 407 名，人才资源总量突破 33.6 万人，人才竞争力指数领跑全市。

这五年，我们强化城乡统筹，能级颜值实现大提升。全面融入长三角一体化发展，杭绍台高速、轨道交通 1 号线、城市高架运行在即，中心城区地位凸显。城市开发力度空前，累计拆改 1267 万平方米，镜湖、高新、袍江、江滨等片区加速融合，城镇化率达到 84.7%。名城建设再谱新篇，“四个一”体系全面建立，古城项目群扎实推进，“一城一桥三故里”格局逐步形成。基本单元持续更新，完成老旧小区改造三年行动计划、惠及群众 4.1 万户，5 个项目入选省未来社区试点。乡村振兴全面铺开，高质量完成全国农村集体产权制度改革试点，打造五星村(社区)130 个、3A 村 17 个，全面消除年经营性收入 40 万元以下行政村。生态本底更加清亮，高标准完成全国“无废城市”试点任务，全域推进“污水零直排区”“蓝天保卫战”等工作，空气质量、断面水质明显改善，成功夺得治水最高奖“大禹鼎”，顺利创建会稽山国家森林公园，连续四年获评全省生活垃圾分类工作优秀县(市、区)。

这五年，我们加大民生投入，社会事业实现大进步。始终坚持人民至上，扎实办好民生实事，累计民生支出达 240 亿元，占一般公共预算支出的75.4%。新增就业岗位23万个，城乡居民收入比降至1.59。新建扩建中小学15所、幼儿园17所，新增学额2.2万个，成功创建省教育基本现代化区。引进省级医院2家，国家级卫生乡镇实现全覆盖。投用城市书房13家，农村文化礼堂实现全覆盖，创成全国国际象棋之乡和全省首批群众体育“四提升四覆盖”达标区。现代养老综合服务体系基本形成，居民平均期望寿命达到83岁。东西部扶贫、山海协作、对口合作、对口支援等任务全面完成，助力四川马边高质量脱贫摘帽，落地全省首个山海协作“产业飞地”项目。

这五年，我们突出整体智治，基层治理实现大变革。坚持和发展新时代“枫桥经验”，成功创建全国社区治理和服务创新实验区、全国新时代文明实践中心建设试点区。在全省率先构建社会治理矩阵式智治平台，建成三级社会矛盾纠纷调处化解中心，出台“三治融合”省级地方标准，荣膺全国社会治理创新典范区。建立健全重大决策社会风险评估机制，有效处置重大舆情和突发事件，平安创建实现“十六连冠”。扎实推进扫黑除恶专项斗争，严格落实安全生产责任制，全面强化消防、危化品、食品药品、交通等领域隐患整治，亿元生产总值生产安全事故死亡率下降33.8%，成功创建全省“无积案县市区”、省级“无欠薪区”。

各位代表！上述成绩的取得，归功于上级亲切关怀和区委坚强领导，归功于历任区领导和在座各位的接续努力，归功于滨海、镜湖和原高新、原袍江等开发主体及市级单位的大力支持，归功于全区干部群众的团结奋斗！所有的荣光都应属于他们，所有的掌声都应献给他们！在此，我代表区人民政府向所有越城发展事业的推动者、亲历者、参与者、奉献者表示衷心感谢和崇高敬意！

站在历史的新方位，我们清醒地看到，经济稳定向好的基础尚不稳固；新旧动能转换仍需提速；产业结构、规划布局还欠科学；创新能力、发展质效有待提升；生态治理任务繁重，绿色低碳任重道远；民生领域欠账较多，就业、教育、医疗、养老等方面还不能满足人民群众的新期待；干部的大局意识、担当精神、变革能力还需进一步锤炼。我们一定正视差距、直面问题，采取更加有力措施，切实加以解决！

二、今后五年发展目标任务

各位代表！今后五年，是越城厚积薄发、赶超跨越、大有可为的五年。区第十次党代会明确提出了“首位立区、幸福越城”的战略定位和“五个新跨越”的发展目标，全面部署了“争一流谱新篇”八大行动，为新一届区政府做好未来五年工作指明了前进方向、提供了重要遵循。我们要踔厉奋发、笃行不怠，奋力锻造硬核力、放大辨识度、打造金名片，推动各项事业再上新台阶。

今后五年政府工作的指导思想是：坚持以习近平新时代中国特色社会主义思想为指导，深入学习贯彻党的十九大和十九届历次全会精神，以迎接和学习贯彻党的二十大为主线，忠诚拥护“两个确立”、坚决做到“两个维护”，坚持稳中求进工作总基调，完整准确全面贯彻新发展理念，服务构建新发展格局，忠实践行“八八战略”、奋力打造“重要窗口”，紧紧围绕“首位立区、幸福越城”目标定位，以数字化改革为总牵引，主动融入绍兴“高水平网络大城市、新时代共同富裕地”建设，统筹推进“争一流谱新篇”八大行动，全力打造“五个率先”先行区，在现代化建设新征程中奋力谱写壮丽的越城篇章。

主要目标是：在全面完成“十四五”规划各

项目标任务的基础上，持续推动“首位立区、幸福越城”建设取得突破性进展、标志性成果，加快实现发展越来越有实力、改革越来越有动力、文化越来越有魅力、民生越来越有活力、治理越来越有合力，到2026年，实现地区生产总值1600亿元以上，常住人口120万人以上，财政总收入200亿元以上，城乡居民收入比缩小到1.55以下，工业总产值实现翻番，城镇化率达到86%以上，文化产业增加值占GDP比重达到7.5%以上，人均预期寿命达到83.5岁，综合实力进入长三角中心城区“第一方阵”、全省区（县、市）“第一方阵”。

重点任务是：坚持把“首位立区、幸福越城”作为新时代新征程上的主抓手、最强音、集结号，以首位的意识、首位的状态、首位的担当，在全国、全省、全市大场景中创首位、树标杆，不断朝着共同富裕的幸福愿景大步迈进。

（一）在长三角落实国家战略大场景中创首位、树标杆。依托滨海新区高能级战略平台，高质量建好国家级绍兴高新区、国家级袍江经开区、国家级绍兴综保区、国家级跨境电商综试区，再集成突破3个以上“国字号”平台，打造长三角区域内“国字号”平台最多、辐射效应最强的中心城区，在服务构建新发展格局中当标兵、做引擎。

（二）在浙江共同富裕示范区大场景中创首位、树标杆。按照“每年有新突破、五年有大进展”的目标任务，聚焦“1+7”重大任务和“1+5”重大改革，找跑道、定目标、建体系、抓改革，放大收入差距小、文化底蕴深、公共服务优、基层基础好等优势，在高质量发展先行、收入分配改革先行、公共服务共享先行、城乡区域协调先行、社会主义文化先行、生态文明先行、社会治理先行等方面，形成一批全省全国有影响力的标志性成果，当好共同富裕示范区建设排头兵。

（三）在绍兴网络大城市建设大场景中创首位、树标杆。突出越城、滨海高效协同、深度融合，高水平建设杭绍甬城市群支点枢纽，支持镜湖新区打造大城市核心区和中央活力区，全面推进沥海城市副中心等重点区块开发，加快构建“对内123、对外369”立体交通网络，整体提升科技、教育、医疗、文体等一线城市功能，推动越城加速成为全市最高首位度的中心。

载体路径是：大力实施产业高端化、城市现代化、文化品质化3个“135”工程。

（一）大力实施产业高端化“135”工程。“1”就是优化生产力布局一张图，使资源禀赋、产业优势、发展空间、环境承载与生产力布局相一致。“3”就是发展以集成电路、生物医药、未来产业为主的三大战略性新兴产业，力争到2026年，集成电路、生物医药产值双双突破千亿，未来产业形成规模。“5”就是强化五类平台支撑，分别是以“万亩千亿”为代表的产业平台，以校地研究院、省级实验室等为代表的创新平台，以国家级综保区、跨境电商综试区等为代表的开放平台，以迪荡科技CBD、省级创新综合体等为代表的服务平台，以人才管理改革试验区、检验检测高技术服务业集聚区等为代表的特色平台。

（二）大力实施城市现代化“135”工程。“1”就是编制一部凝共识、管长远的《越城区发展规划（2022—2035）》，贯通国土空间规划、重点区域规划、专项规划、城市设计，发挥规划的基础性、引领性作用。“3”就是积极构建北部产城融合示范区、中部世界文化遗产区、南部旅游度假功能区三大片区的城市发展空间格局。“5”就是强化五类项目支撑，分别是以轨道交通、高速高架等为代表的重大现代交通项目，以省人民医院越城院区、杭电绍兴校区等为代表的重大公共配套项目，以镜湖之心、高铁TOD等为代表的重大城市标杆项目，以未来社区、未来乡村等为代表的重大更新改造项目，以会稽山、东鉴湖综合提升等为代表的重大生态功能项目。

（三）大力实施文化品质化“135”工程。“1”就是启动千年古城争创世界文化遗产，打造以世界级古城IP为核心的区域文化高地。“3”就是围绕以文化人、以文兴城、以文惠民三个方面，全力建设宋韵文化精华地、文旅融合典范城、“一廊三带”示范段。“5”就是强化五个一批支撑，分别是建成一批以区博物馆、区文化馆等为代表的文化设施，投用一批以黄酒小镇、871LOOP等为代表的文旅项目，打造一批以越地“非遗”、名人经典等为代表的文化标识，引育一批以影视、游戏等为代表的文化企业，凝聚一批彰显“首位立区、幸福越城”的精神共识。

三、2022年重点工作安排

2022年是党的二十大召开之年，是“十四五”规划承上启下的关键之年，也是新一届政府的开局之年，做好各项工作意义重大。我们要领先争先、大抓落实，扎实开展共同富裕提速年、数字赋能提质年、干部作风提升年“三个年活动”，深入实施拔钉清障攻坚、信访化解攻坚、短板提升攻坚“三大攻坚行动”，推动全区经济社会持续健康发展，以优异成绩迎接党的二十大胜利召开。

综合考虑，建议2022年经济社会发展的主要预期目标为：地区生产总值增长7.5%；一般公共预算收入增长8%；固定资产投资增长10%；社会消费品零售总额增长10.5%；外贸出口额增长6%；城乡居民人均可支配收入分别增长8%、9%；完成省市下达的能源和环境指标计划任务。重点抓好八方面工作：

（一）聚焦强基增效，提升产业经济竞争力

做强先进制造业。无条件支持好滨海新区高能级平台创建，推动国家级经开区、高新区、综保区和省级新区排名持续晋位。建设省级数字经济创新发展试验区，新建数字化车间、智能工厂、未来工厂15个，新增工业机器人500台，数字经济核心产业制造业增加值增长25%以上。实施新一轮制造业“腾笼换鸟、凤凰涅槃”攻坚行动，推进印染化工产业跨域集聚提升，支持纺织服装、黄酒食品、家具家电、绿色包装、五金机械等传统优势产业发展，打造集成电路、生物医药等省级“新星”产业群，规上工业增加值增长10%以上，高新技术产业增加值增长15%以上。抢抓军民融合发展新机遇，争创省级军民融合产业示范基地。加快建筑产业工业化绿色化数字化发展，建筑业总产值达到900亿元以上、力争突破1000亿元。实施“雄鹰”“凤凰”“雏鹰”行动，加快企业上市步伐，新增专精特新企业30家以上、工业“小升规”企业80家以上。加强品牌品质建设，争创省政府质量奖。

做优现代服务业。大力发展科技服务、现代物流、现代金融等生产性服务业，全面提升康养、家政、租赁等生活性服务业，支持中国汽车城、大宗商品交易中心等服务业集聚区功能升级，服务业投资、规上服务业增加值均增长10%以上，争创省级现代服务业强区。深化服务业“亩均论英雄”改革，新增服务业“下升上”企业100家以上。实施楼宇经济新三年行动计划，力争重点楼宇数量达到65幢以上、企业入驻率达到85%以上。

做精品质新农业。加大科技强农、机械强农支持力度，与省市农科院、重点院校完成合作项目10个以上，培育绍兴麻鸭、宋韵抹茶等地理商标，争创国家级现代农业示范园。支持一景牧业高质量建设全国首批生态农场，加快敏实农业、富盛民宿集群等项目落地，打造东鉴湖农业体验观光区。落实最严格的耕地保护制度，坚决遏制耕地“非农化”、防止耕地“非粮化”。新建高标准农田2.24万亩，确保粮食年产量稳定在1.4亿斤以上。

（二）聚焦循环畅通，提升三驾马车牵引力

全力抓项目扩投资。依托滨海新区主平台和“万亩千亿”新产业平台，统筹招大引强和激活内资，新引进10亿元以上项目20个，其中100亿元以上项目、1亿美元以上外资项目各1个，实际利用外资2.25亿美元。全力推进总投资5000亿元的500个重点产业项目和政府投资项目，加快中芯二期、显鋆晶圆、国际健康产业新城等建设，市县长项目100%开工，制造业投资增长30%以上，四类结构性投资均增长10%以上。用心用情做好本土企业增资扩产、转型升级的服务保障工作，落实增值税留抵退税政策，放宽“零土地”技改上限，技改投资增长30%以上。

全力拓市场稳出口。放大国家级开放平台集成效应，积极参与浙江自贸区绍兴联动创新区建设，加快国家级跨境电商综试区门户中心落地越城，建设综保区商务中心、研发中心等配套，完善保税加工等功能，培育跨境电商等业态，新增有出口实绩企业200家以上，跨境出口增长30%以上，进出口总额突破100亿美元。抓住RCEP实施重大机遇，支持企业高质量参与“一带一路”建设，打开外贸增长新通道，实现出口占全国份额稳中有升。

全力提内需促消费。抢抓国家文化和旅游消费试点城市建设契机，打造美食一条街、直销一条街、慢享一条街，提升鲁迅故里、迎恩门等特色街区，推动国金大悦城、风越里等开业运营。实施电商基地、直播平台“双倍增”行动，加快建设世茂、银泰、颐高等数字商圈，线上消费交易额增长30%以上，争创省级数字生活新服务样板区。创新发展社区商业，规划建设“5分钟便利店+10分钟农贸市场+15分钟商贸综合体”便民生活服务圈和城市社区邻里中心。精心组织“越”系列消费促进活动，实现活动数、引流数、交易额均增长30%以上，打造放心消费城市。

（三）聚焦改革创新，提升内生发展驱动力

打造硬核改革成果。聚焦数字化改革，对标“1512”体系架构，整体提升一体化智能化公共数据平台，一体推进党建统领、数字政府、数字经济、数字社会、数字法治和基层治理等系统建设，加快实现数字化活力之区积厚成势。推进千年古城信息管理、重大决策社会风险评估、“万亩千亿”产业平台等重点应用建设，全力争取“越城创新、全省共享”。聚焦共同富裕改革，扎实推进扩中提低，居民人均可支配收入达到6.5万元，城乡居民收入比缩小至1.58。深化以农村集体经济为核心的强村富民集成改革，消除年经营性收入50万元以下经济薄弱村，低收入农户收入增长高于居民平均水平。推进农业转移人口市民化集成改革，让农民工、新越城人都公平享有基本公共服务。

打造一流创新生态。主动融接长三角科技创新共同体、全省三大科创高地、绍兴科创大走廊战略，高水平承接好建设好镜湖、滨海等科技城。安排6亿元创新专项，重点打造迪荡湖科技CBD、洋泾湖、江滨等科创园，推进浙江大学、天津大学、上海交通大学等研究院落地，力争绍芯集成电路实验室纳入省实验室布局，提升医疗器械等省级创新综合体能级，集成打造创新平台体系2.0版，增强从“1到100到10000”的创新转化能力。组建校地共建研究院联盟，推行“企业出题、院校解题”新模式，实施发明专利产业化项目30个，实现技术交易额22亿元。推进新一轮科技企业“双倍增”计划，认定国家高新技术企业180家以上、省科技型中小企业200家以上，全社会研发经费投入强度达到3.0%。

打造最佳营商环境。加强行政服务中心建设，推行政务服务事项“一窗通办”，加快实现群众、企业办事“掌上办、不用跑”。深化市场主体全生命周期改革，健全“一站式”开办、“极简化”审批、“多渠道”退出机制，持续清理政府采购、招投标等不合理限制，实现全过程、全链条、全环节公开透明高效。出台经济高质量发展“20条”，实行政策、要素联调联配，鼓励各类企业做强做优。落实减税降费政策，拓展政府性融资担保覆盖面，引导金融机构合理让利，为市场主体再减负30亿元。完成国企改革三年行动，支持滨发集团统筹提升，城发、文旅等集团做大做强，实现国企净资产、利润总额双增长。提质发展人才管理改革试验区，迭代出台人才新政4.0版，新建改造人才房2000套以上，力争鲲鹏计划人才招引实现突破，新引进高层次人才200名以上。

（四）聚焦能级品质，提升中心主城吸引力

优化发展格局。深化新一轮国土空间规划，编制完成《越城区发展规划(2022—2035)》。全域融入长三角一体化、杭绍甬同城化，合力打造杭绍甬城市群支点枢纽，率先建成杭绍甬1小时通勤圈。支持滨海综合交通枢纽建设，助力轨道交通1号线主线建成、2号线加快建设，推进杭绍甬智慧高速、329国道等项目施工，实质性启动滨富线新建、绍甘线改造工程，保障“六横八纵”快速路网全面贯通，率先建成市域30分钟通勤圈。统筹推进东西部协作、山海协作、对口合作、对口支援等工作，打开合作共赢新空间。

优化更新建设。绍兴不只有越城，但越城代表着绍兴。主动谋划、积极争取城市更新基金项目，率先在袍江片区、古城片区试点。对标一线城市和“席地而坐”标准，实施中兴路“五化”改造，提升“三山一湖”亮化景观，打造标杆示范线、迎宾主通道。支持镜湖国际化品质新城建设，协同推进湖东、高铁站前、镜湖中央公园等重点片区开发。加快沥海城市副中心建设，推进总部水街、中心湖生态公园等项目。推进“新基建”强基行动，提档扩容5G+8K超高清视频、千兆光网等基础设施，新建5G基站700个以上，在全市率先实现5G网络全域覆盖。高标准建设薛渎、沧海、外滩、快阁苑、青藤等未来社区，完成老旧小区改造40个，打造多功能、复合型、亲民化社区精致生活场景。持续攻坚拆迁征收、拔钉清障，完成150万平方米以上，实现做地3000亩、土地出让3000亩、争取指标3000亩。

优化城乡风貌。强化城市色彩和形态管理，全域推进环卫保洁、绿化养护、市政维养“三个一体化”，实现“一把扫帚扫到底”“一把剪刀剪到底”“一个班组修到底”。高质量完成亚运城市行动计划，提档升级亚运场馆周边、高铁高速沿线、主要道路两侧等综合环境。持续提升城市大脑建设成效，提高城市治理精细化智慧化水平。深入实施“千万工程”，全面开展城乡风貌大整治大提升，新建美丽城镇5个、乡村振兴先行村6个，新时代美丽乡村覆盖率达到90%以上，争创“新时代富春山居图样板区”。

（五）聚焦保护利用，提升文化名城软实力

致力复兴千年古城。9.09平方公里，2500多年历史的绍兴古城，是谁也搬不走、谁也复制不了的宝贵财富。深化落实《绍兴古城保护利用条例》，对标世界文化遗产标准，编制完成《绍兴历史文化名城保护规划(2020—2035)》，高质量承办国家历史文化名城首批命名40周年论坛，协同办好纪念王阳明550周年诞辰等活动。以“一线一片N点”为突破，启动中兴路隧道下穿研究，建设古城夜间经济集聚示范区，打造古城全域未来社区，推进台门资源活化利用。保护修缮名人故居，实现省级以上文保单位“宝长制”全覆盖。实施“宋韵文化传世工程”，支持宋六陵考古遗址公园建设。启动“文化铸魂”工程，推动城市品牌建设，精心编撰《越城区志》。

致力发展文化产业。启动国家级全域旅游示范区、5A级景区城创建，打造龙瑞宫记、鲁迅外婆家等“唐诗十景”“一村一景”，不断擦亮以稽山鉴水为主轴的大花园“耀眼明珠”，旅游业收入、游客接待量实现双增长。深度融入“一廊三带”建设，打造“越是我故乡”文创体验中心，推进871LOOP、浙东运河文化园、黄酒小镇等文旅项目，提升金德隆、尚1051等文创园区，培育一批网红打卡地。

致力提升文体水平。办好亚运赛事，放大亚运效应，大力发展竞技体育、群众体育，组织全民健身赛事300场以上，新增体育场面积15万平方米以上，共创全国首批国家体育消费试点城市。深化文化惠民工程，改造提升绍兴剧院，科学布局区“非遗”馆、区博物馆、区档案馆等，打造“15分钟品质文化生活圈”。落实常态化文明城市创建，推进全国新时代文明实践中心建设试点，开展“迎亚运、讲文明、树新风”等活动，提升全域全民文明素养。

（六）聚焦绿色低碳，提升生态环境承载力

抓实环境综合治理。抓好PM2.5和臭氧“双控双减”，空气质量优良天数比例保持在90%以上，PM2.5年平均浓度保持在30微克/立方米以内，争创省级清新空气示范区。深化“五水共治”碧水行动，强化河（湖）长制管理，市控以上断面水质全部保持在Ⅲ类以上，力争再夺“大禹鼎”。开展受污染耕地溯源解析，确保污染地块安全利用率达到94%以上。强化生态环境“双随机、一公开”监管，严厉打击渣土泥浆非法转移倾倒等违法行为。

抓实低碳绿色转型。强化“亩均”“碳均”意识，率先在全省开展全领域能效综合提升试点，实施重点用能企业节能技改，坚决遏制“两高”项目盲目发展。深化开发区（园区）工业全域治理，支持亩均效益领跑企业延链补链，力争规上工业亩均税收增长8%。推进资源要素向重大项目集中，力争可用专项债资金增长20%以上，更多项目纳入国家、省、市土地、能耗保障计划单列。实施全面节约战略，城镇低效用地再开发2000亩以上。

抓实生态修复保护。深化国土空间治理，科学划定永久基本农田、生态保护红线、城镇开发边界，落实生态环境分区管控，加快打造“三生三宜”美丽越城升级版。高标准完成第二轮中央生态环保督察问题整改，积极参与长江经济带共抓大保护。提升会稽山国家森林公园，争创鉴湖国家湿地公园。扎实开展废弃矿山生态修复，提质扩容固废利用处置能力。丰富“无废”应用场景，提标打造“无废城市”样板。

（七）聚焦社会福祉，提升惠民利民幸福力

做好就业社保工作。完善重点群体就业支持体系，新增城镇就业3.6万人，失业再就业7500人，城镇登记失业率控制在2.8%以内，实现零就业家庭动态清零。深化政校企用工合作实践，新增大学生就业3.5万名、高技能人才6000名。推动新型就业形态从业人员参保缴费，户籍人口医保参保率保持在99%以上。完善大病、慢性病医疗保险制度，推进商业补充医疗保险。

做好教育卫生工作。推动普惠性幼教扩容，力争省二级以上幼儿园覆盖面达到79%，争创全国学前教育普及普惠区。巩固“双减”成果，构建新型育人生态。推进“三名”工程和名校集团化办学，加快稽山初级中学、凤林小学等9所新校建设，教育优质均衡示范乡镇创建率达到100%。推进杭电绍兴校区、金融学院绍兴校区等项目，支持绍兴文理学院改扩建，启动区委党校新校区、区老年大学等建设。加快国科大附属肿瘤医院绍兴院区、省人民医院越城院区、区公共卫生服务中心等项目建设，村卫生室规范化率达到90%以上。巩固国家卫生城市建设成果，通过省级慢性病综合防控示范区复审，“健康浙江”考核保持优秀。

做好兜底保障工作。支持专业养老服务机构建设，完善家庭养老支持政策，健全特殊困难老人探望关爱制度，建设老年友好型社会。落实三孩生育配套支持政策，搭建“0～3”岁智慧养育照护服务平台，新建服务驿站15家，建设育儿友好型社会。开工保障性租赁住房1800套以上，促进房地产业健康发展和良性循环。深入开展双拥创建，优化退役军人服务保障体系。加强困难群体救助，实现低保对象应保尽保，推动妇女、儿童、青少年等工作再上新台阶，发展慈善、红十字和志愿服务事业，确保共同富裕道路上一个都不掉队。

（八）聚焦除险保安，提升平安稳定智治力

全面防范重大风险。坚决贯彻“外防输入、内防反弹”总策略、“动态清零”总方针，强化“七大机制”，完善重大突发公共卫生事件应急体系。全面落实常态化疫情防控各项措施，突出“人、物、环境”同防，加快疫苗接种，守好各类“小门”，坚决筑牢环越护城河。贯通重大决策社会风险评估应用，完善风险闭环管控的大平安机制。强化财政预算绩效管理，严格管控政府债务，守住财政安全底线。持续防范化解企业债务风险，依法打击非法金融活动。加强网络安全保障体系和能力建设，守牢意识形态阵地。

全面抓好安全生产。做实基层应急最小网格建设，不遗余力、不惜代价，坚决“遏重大”“控较大”，事故起数、死亡人数“双下降”20%以上。扎实开展食品药品安全综合治理，实现从田头到桌头的全过程全链条监管。实施极端天气“村安工程”三年行动计划，强化对强降雨、台风、小流域地质灾害的应急预防，提升数字应急和“防抗救一体化”水平。

全面提升治理效能。坚持和发展新时代“枫桥经验”，全面深化“县乡一体、条抓块统”改革，整体提升“一中心四平台多网格全群众”矩阵式智治体系，持续做好诉源治理、信访代办、积案化解等工作，真正把矛盾纠纷解决在基层、化解在萌芽。深化全国社区治理与服务创新实验区建设成果，激活村（居）、社区每一个细胞，打造共建共治共享的治理新格局。常态化推进扫黑除恶斗争，严厉打击电信网络诈骗等违法犯罪行为，持续提升人民群众安全感，实现平安建设“护鼎加星”，争创平安中国建设示范区。

四、切实加强政府自身建设

各位代表！完成各项目标任务，把美好蓝图变为生动现实，对新一届政府自身建设提出了更高要求，我们一定恪尽职守、倍加努力，让群众、企业家、乡贤、基层工作者都有满满的获得感。

（一）坚持政治引领，建设忠诚政府。学习贯彻习近平新时代中国特色社会主义思想，弘扬伟大建党精神，心怀“国之大者”，坚定不移做“两个确立”忠诚拥护者、“两个维护”示范引领者。坚决落实党中央决策部署和省、市、区委工作要求，自觉把“上级有部署、越城见行动，区委有要求、政府抓落实”贯穿工作全过程、各环节，确保各项事业始终沿着正确方向前进。

(二)坚持依法履职,建设法治政府。完善决策程序和议事规则,强化行政执法制约监督,加快构建办事依法、遇事找法、解决问题用法、化解矛盾靠法的法治良序。自觉接受人大法律监督和工作监督、政协民主监督,主动接受监察监督、司法监督、社会监督,加强审计监督、统计监督,广泛听取各民主党派、人民团体和社会各界的意见,认真办理人大建议、政协提案。

(三)坚持唯实唯先,建设高效政府。始终把抓落实、干实事作为政府工作的生命线,大力弘扬“四气”境界,积极落实“三化并举”,该做的事,知重负重、攻坚克难,顶着压力也要干;该负的责,挺身而出、冲锋在前,冒着风险也要担。坚持生成性学习,保持创造性张力,打造变革型组织,全面提升谋发展、促改革、抓落实的能力和水平,不断开创事业发展新局面。

(四)坚持人民至上,建设服务政府。牢固树立以人民为中心的发展思想,把尊重民意、汇集民智、凝聚民力、改善民生融入政府全部工作之中。带着感情、带着责任、带着温度,当好人民的勤务员,把麻烦留给自己,把方便留给群众,下大力气解决好“民生大事、关键小事、急盼难事”,努力让人民群众的获得感成色更足、安全感更有保障、幸福感更可持续。

(五)坚持严管自律,建设廉洁政府。严格落实全面从严治党要求,深入推进政府系统党风廉政建设和反腐败斗争,大力倡导清清爽爽的同志关系、规规矩矩的上下级关系、干干净净的政商关系。贯彻落实中央八项规定及其实施细则精神,持之以恒纠“四风”、转作风,不做老好人、不当两面派、不端官架子。扎紧政府花钱的“口子”,放宽助企惠民的“路子”,以政府过“紧日子”让老百姓过“好日子”!

中国人民政治协商会议
绍兴市越城区第五届委员会常务委员会
工作报告（摘要）

—— 在政协绍兴市越城区第六届委员会第一次会议上

绍兴市越城区政协委员会主席　金百富

一、过去五年工作回顾

五年来，区政协坚持以习近平新时代中国特色社会主义思想为指导，认真贯彻中共十九大和十九届历次全会精神，全面落实中央和省委、市委、区委政协工作会议精神，在中共越城区委的坚强领导下，牢牢把握团结和民主两大主题，充分发挥专门协商机构作用，深入建言资政，广泛凝聚共识，为推进我区经济社会发展作出了积极努力。

五年来，区政协共开展重点协商活动99次，听取专项情况通报14次，开展民主监督和专项视察36次，形成重点调研报告、专题协商报告、视察报告共121篇，提出意见建议1067条，委员提案756件，建立了4个委员工作室、6个“民生议事堂”，组织基层协商议事活动400余场，编报社情民意信息333篇，编撰文史资料60余万字，充分展现了政协组织和政协委员的责任担当。

（一）加强政治引领，凝聚强大向心力

在加强思想建设中增进共识。把政治学习放在首位，确保政协工作正确的政治方向和坚强的政治定力。把学懂弄通习近平新时代中国特色社会主义思想作为重大政治任务，全面学习贯彻习近平总书记关于加强和改进人民政协工作的重要思想，认真学习贯彻习近平总书记考察浙江重要讲话精神，自觉学深悟透新时代政协工作新要求。持续推进“两学一做”学习教育常态化制度化，扎实开展“不忘初心、牢记使命”主题教育、党史学习教育，引导政协委员和机关干部进一步增进对中国共产党和中国特色社会主义的政治认同、思想认同、理论认同和情感认同。

在落实区委部署中巩固共识。主动接受区委领导，及时传达学习区委重要会议精神，坚定不移贯彻落实区委的决策部署，主动向区委请示汇报工作，重大协商活动邀请党政领导参加，履职成果及时报送区委、区政府。始终围绕区委决策部署政协工作，全面落实区委对政协工作提出的各项要求，始终与区委思想上同心同德、目标上同心同向、行动上同心同行。

在坚持团结民主中扩大共识。重视各民主

党派、工商联、无党派人士和人民团体的作用，邀请在越城的省、市政协委员参加政协活动，广泛招引各界专家、学者进入智库，邀请香港、海外代表人士参加政协全会，广泛团结各方力量。充分发挥越城区茶文化研究会、绍兴名士书画院作用，扩大影响力，汇聚正能量。

（二）服务发展大局，助力提升首位度

助力经济发展。紧扣"经济高质量发展"主题深入调研，积极建言。始终关注高新技术产业和现代服务业的发展，多次视察两个"万亩千亿"新产业平台、水木湾区科学园、重点投资项目建设工地，为产业发展、创新驱动、经济转型献计献策。围绕发挥越城对外贸易优势，融入"双循环"发展格局积极建言。组织委员深入调研，形成了一批稳企业稳增长、优化营商环境、提升越城首位度等重要调研成果，为区委、区政府科学决策提供了有益参考。

助力城乡融合。着眼城乡融合，围绕乡村振兴积极开展民主监督。就消除集体经济薄弱村、盘活闲置农房资源等工作进行民主协商，对发展城市经济、建设特色历史街区、保护利用老台门、加强古城消防等工作积极建言。

助力民生改善。组织开展"我区养老服务业发展""推进镇街示范型居家养老中心建设"等课题研究，为我区养老事业健康发展建言献策。持续关注区人民医院建设，视察公共卫生工作，并对"基层医疗卫生机构建设""家庭医生签约服务"等工作提出协商建议。开展"提升我区公共文化服务水平""加快推进农村文化礼堂建设"等课题协商，关注学前教育品牌培育、区体育中心建设利用、"96345"便民服务中心建设等工作，积极向区委、区政府建言。

助力环境提升。深入谋划具有越城辨识度的生态建设品牌，围绕会稽山旅游度假区发展、用好稽山鉴水旅游资源、古三江闸和狭猕湖避塘保护利用、生态环境巩固提升等主题，连续举办"请你来协商"活动，汇集众智，凝聚共识。持续开展"五水共治"、生活垃圾分类处置、重点区域大气污染防治等专项民主监督，专题视察城市景观提升工程、美丽乡村建设情况，有力推进环境整治和提升。

助力区域治理。围绕社区治理、提高行政效能、"最多跑一次""最多跑一地"改革、加强小区物业管理等工作开展民主协商。组织视察法院、检察院、公安重点工作和三级矛调中心、镇街"四个平台"规范化运行等情况，肯定成绩，指出不足，提出建议。

（三）坚持守正创新，推动工作高质效

"专业化"协商。持续完善协商议政大格局，把搭建协商平台、创新协商载体的文章做专业。聚焦全区中心任务，把精选协商议题的文章做专业。做实调查研究工作，确保调查研究的广度和深度，把调查研究的文章做专业。充分发挥委员作用，用足用好智库专家资源，团结更多力量，把双向发力的文章做专业。

"数字化"改革。主动融入"数字化"改革大局，大力推动"指尖上的协商民主"。依托"浙江政协·掌上履职"平台，参与委员读书和委员议政活动。开启政协"数据仓"整理上传工作，积极谋划筹建自有应用，以系统化观念和数字化理念推进政协工作全方位、系统性重塑。

"双提升"创新。严格贯彻执行《关于进一步推进区政协提案质量和办理质量工作"双提升"的意见》，将"提质增效"理念贯穿提案工作全过程。鼓励集体提案和联名提案，实现提案从重数量到重质量的转变。优化提案办理工作机制，促进提案办理质量的提升。完善提案撰写和提案办理评价机制，进一步促进提案质量和办理质量双提升。

（四）强化自身建设，展现政协新风貌

激发组织活力。充分发挥专委会的基础性作用，实行专委会联系指导界别和镇街政协工委制度。一年一主题开展“界别活动月”活动，引导广大委员围绕重点工作，增共识、添合力。部分镇街政协工委建立了“民生议事堂”协商平台，委员工作室从无到有，从有到优，在各界群众中具有影响力。

提升履职能力。建立委员履职档案，优化考核评价机制。基本实现每一位委员在专委会、界别、镇街政协工委履职平台全覆盖。听取“一府两院”、监委工作情况通报，确保委员知情明政。开展“书香政协”委员读书活动，向委员赠送书籍共1904册，常态化组织委员读书学习，五年中，每位委员平均参加2次集中培训。

强化责任担当。积极参与疫情防控工作，号召委员在抗疫中主动作为，主席会议成员带头赴相关镇街联系指导。开展“八联”“三驻三服务”“走企连心”“企业大调研”“走访委员企业”等工作，积极协调呼吁，尽力协助解决一些实际困难。对相关专班工作进行民主监督，积极参与征地拆迁、信访攻坚、黄酒小镇建设等工作，为重点工作顺利推进尽心尽力。

各位委员、同志们，区政协五届委员会所取得的工作成绩，离不开中共越城区委的坚强领导，区人大、区政府的大力支持，区级各部门和各镇、街道的密切配合，广大政协委员和政协各参加单位的团结奋斗，社会各界和人民群众的积极参与。在此，我谨代表区政协五届委员会，向所有重视、关心、支持和参与政协工作的领导和同志们，致以崇高的敬意和衷心的感谢！

同时，我们也清醒地看到工作中的不足：凝聚共识的形式和载体有待进一步研究，协商式监督的方式和方法有待进一步探索，委员的履职能力有待进一步提升等等。

二、过去五年工作体会

过去五年，区政协牢牢把握团结和民主两大主题，紧紧围绕全区改革发展大局，求真务实、开拓进取，在实践中积极探索，不断开创政协工作新局面，我们的体会是十分深刻的。

（一）只有坚持中国共产党的领导，才能把牢正确的履职方向。五年来，我们始终坚持党的领导，坚定不移地贯彻执行中共中央和省委、市委、区委关于加强政协工作的总体部署，在区委的坚强领导下尽心尽责，担当作为。事实证明，只有始终坚持和依靠党的领导，坚持用习近平新时代中国特色社会主义思想统一认识、分析问题、指导实践，才能巩固团结合作的思想政治基础，才能把握人民政协事业正确的履职方向。

（二）只有坚持围绕中心、服务大局，才能拥有广阔的履职空间。五年来，我们牢固树立大局意识，自觉服从和服务于首位度中心城区建设，主动把政协工作融入全区工作大局，努力当好区委、区政府的参谋助手。事实证明，只要始终围绕中心、善谋实干、紧贴发展、履行职能，就一定能实现政协工作的有为有位。

（三）只有坚持履职为民，才能彰显浓厚的政协情怀。五年来，我们贯彻人民政协为人民的工作理念，从大处着眼，小处着手，聚焦群众关注的教育、医疗、养老等民生热点难点问题，通过一次次视察调研、一件件民生提案、一条条社情民意信息，致力改善民生。事实证明，只有坚持人民至上，不断实现好、维护好、发展好最广大人民根本利益，才能更好地践行人民政协的初心使命，彰显为民情怀。

（四）只有坚持团结民主，才能形成强大的工作合力。五年来，我们始终加强与各民主党派、工商联、无党派人士和人民团体的密切协作，坚持民主协商、平等议事、聚同化异，营造了团结协作的良好氛围。事实证明，只有牢牢把握团结民主主题，才能进一步巩固优势，整合资源，凝聚力量，汇聚共识，奠定坚实履职基础。

（五）只有坚持发挥委员主体作用，才能取得政协事业不断进步。五年来，我们充分发挥委员主体作用，加强对委员的服务和管理，密切同委员的联系和联络，增强委员的责任感使命感，提高委员履职的行动自觉。事实证明，发挥委员作用是提高政协履职水平的基础和关键，只有把发挥委员主体作用作为工作着力点，政协事业才能不断进步。

（六）只有坚持传承和发展，才能焕发政协工作的生机与活力。五年来，我们坚持"在继承中创新，在创新中发展"，不断探索履行职能的新形式，积极开辟发挥作用的新途径，推动政协工作在新的起点上实现新的发展。事实证明，只有牢牢把握时代脉搏，始终保持蓬勃朝气，不断推进政协理论创新、制度创新、工作创新，才能使政协工作保持旺盛的生机和活力。

三、今后五年工作建议

今后五年，是我区厚积薄发、赶超跨越、大有可为的五年。中共越城区第十次代表大会描绘了未来五年发展的宏伟蓝图，确定了我区"首位立区、幸福越城"的目标定位，也为政协工作指明了方向。建议区政协六届委员会，以习近平新时代中国特色社会主义思想为指导，深入学习贯彻中共十九大和十九届历次全会精神，在中共越城区委的坚强领导下，按照区第十次党代会的部署要求，聚焦"争一流谱新篇"八大行动，推动建言资政和凝聚共识双向发力，以优异的成绩迎接中共二十大胜利召开。

（一）加强党的领导，为拥护"两个确立"增强定力

要把加强党的领导贯穿于履职全过程，推动党的大政方针和决策部署不折不扣地贯彻落实到政协全部工作之中，着力把政协打造成坚持和加强党的领导的重要阵地，通过制度运行、民主程序和有效工作，把党的主张转化为社会各界广泛共识和自觉行动。要深刻把握"两个确立"的决定性意义，把"两个确立"真正转化为坚决做到"两个维护"的思想自觉、政治自觉、行动自觉，坚定不移地做"两个确立"忠诚拥护者、"两个维护"示范引领者。

（二）聚焦发展大局，为争当"五个率先"先行区、共同富裕示范区排头兵献计出力

要坚定不移把新发展理念作为科学指引，忠实践行"八八战略"、奋力打造"重要窗口"，积极为我区争当建设"五个率先"先行区、共同富裕示范区的排头兵担当尽责。围绕产业发展、改革创新、城市建设、社会治理、文化繁荣等方面深入调研，在增强综合实力、打造产业高地、构建创新体系、提升城市能级、弘扬越地文化、推进现代化建设等方面积极助力，引导广大委员为建设"幸福越城"履职尽责、建功立业。

（三）关注民生民情，为提升群众生活品质尽心尽力

要牢固树立以人民为中心的发展思想，促进共同富裕、增进群众福祉、提升生活品质。聚焦群众最关心、最直接、最现实的利益问题，多谋发展之计、多建利民之言、多献富民之策、多办惠民之事。加强与界别群众沟通交流，宣传党的理论和路线方针政策，及时反映群众意见和建议，协助做好理顺情绪、化解矛盾、增进和谐的工作。

（四）加强团结合作，为建设幸福越城凝心聚力

要发挥政协作为统一战线组织的优势和作用，把加强思想政治引领、广泛凝聚共识作为履职工作的中心环节。优化各类调研协商活动的议题设置、程序安排、成果体现，做到议政建言、凝心聚力一体设计、一体落实。建立健全党组成员同党外委员谈心交流、主席会议成员走访看望委员、专门委员会联系界别委员、党外委员专题视察等制度。健全联系党外知识分子、非公有制经济人士、新的社会阶层人士、少数民族人士、宗教界人士等机制，畅通诉求表达渠道，提高团结联谊工作质量，把更多的人团结在党的周围，形成建设发展越城的强大合力。

（五）坚持固本强基，为激发履职新潜能持续发力

要自觉担当起人民政协制度参与者实践者推动者的政治责任，积极践行全过程人民民主。要着力加强协商工作，坚持协商式监督定位，提升经常性工作质量，不断焕发政协工作新的生机与活力。要进一步激发委员的履职热情，提高委员的履职水平，重视委员学习培训，改进委员履职服务管理，落实“懂政协、会协商、善议政，守纪律、讲规矩、重品行”要求，加强委员履职能力建设，提高政治把握能力、调查研究能力、联系群众能力、合作共事能力，增强协商本领。

统计资料

2021年越城区国民经济和社会发展统计公报

2021年是越城开启现代化建设新征程的关键之年，全区以项目建设攻坚年、改革创新突破年、整体智治提升年“三个年行动”为载体，六向发力，争当“四个率先”先行区，打造全市首位度中心城区，率先走出争创社会主义现代化先行省的区域发展之路，在绍兴率先走出争创社会主义现代化先行省的市域发展之路中发挥引领作用。

一、综　合

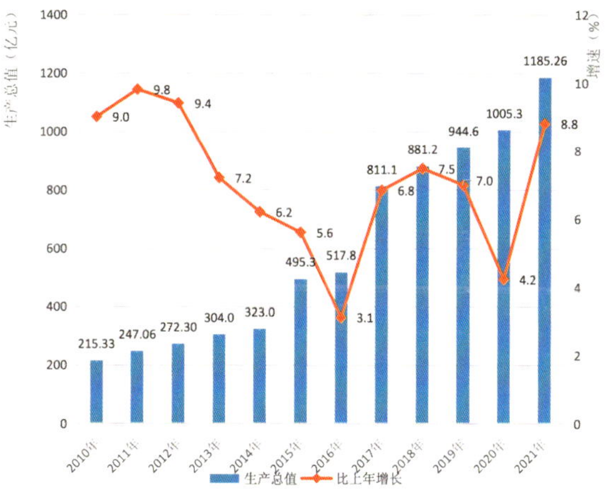

2010—2021年越城区生产总值增长情况

初步核算，2021年全区实现地区生产总值1185.26亿元，按可比价增长8.8%，其中第一产业增加值16.58亿元，同比增长2.5%，第二产业增加值495.51亿元，同比增长12.3%，第三产业增加值673.71亿元，同比增长6.6%；三次产业结构1.4∶41.8∶56.8。

注：生产总值2021年起按新区划调整（十七个镇街）口径公布。

全区财政总收入154.56亿元，同比增长18.7%；一般公共预算收入93.17亿元，同比增长19.8%；税收收入83.44亿元，同比增长18.5%，占一般公共预算收入的89.6%；非税收入9.73亿元，同比增长31.9%。

二、农业和农村建设

农业发展丰产增收。全区农林牧渔业产值36.99亿元，同比增长3.4%。其中农业产值15.72亿元，同比增长2.5%；林业产值0.83亿元，同比增长0.3%；牧业产值4.57亿元，同比增长

5.6%；渔业产值15.19亿元，同比增长3.4%；农林牧渔服务业产值0.69亿元，同比增长10.3%。农林牧渔业增加值16.84亿元，按可比价同比增长2.6%。全区粮食播种面积15.38万亩，粮食总产量7.03万吨。

农村建设强基富民。一是产业项目顺利推进。重点抓好农业产业提升2020计划升级项目建设一景生态牧业投资1420万元养殖场提升改造项目。二是农田建设全面启动。扎实推进2021年高标准农田建设项目，今年2.24万亩新建高标准农田项目，涉及7个镇街，建设规模22415亩，总计划投资5012.24万元，其中高效节水630亩，项目已获得省、市批复。三是"五星达标、3A争创"迭代升级。完成创建2个市级乡村振兴先行村、2个区级乡村振兴先行村、3个3A示范创建村、9个五星达标创建村。

三、工业和建筑业

全区规上工业企业592家，实现规上工业增加值364.42亿元，同比增长12.7%，完成规上工业总产值1696.98亿元，同比增长23.7%。产值排名前五位的行业分别为电力、热力生产和供应业（占比15.2%）、纺织业（占比13.5%）、化学纤维制造业（占比11.2%）、化学原料和化学制品制造业（占比9.7%）、电气机械和器材制造业（占比7.5%）。

工业升级"腾笼换鸟"。一是聚焦数字产业化、产业数字化。做强集成电路"万亩千亿"新产业平台，集成电路"设计—制造—封装—测试—设备及应用"产业链基本成型。积极争取"产业大脑＋未来工厂"省级试点，生物医药产业大脑与杭州市联建成功列入全省首批30个行业"产业大脑"建设揭榜挂帅试点之一，生物医药产业集群新智造试点和浙江医药分别列入省级"未来工厂"试点。加快布局新一代通信基础设施，2021年已新建通5G基站1158个，实现全域基本全覆盖。二是围绕"集聚提升"，着力推动传统产业集群发展。印染产业改造提升顺利推进。47家印染企业中32家整合成5个组团集聚，目前5个组团均已开工建设，其中，国周组团、七色彩虹、龙翔、飞越组团所有主体厂房均已结顶，11家印染企业实施关停退出印染产能。化工产业改造提升加速推进。21家签约化工企业整合成18个集聚项目，1个项目已开工建设，1个项目用地已摘牌，剩余16个化工集聚项目均已申报2021年度省重大产业项目。电镀产业改造提升进入尾声。实现5家涉改电镀企业全部关停退出。

全区建筑业资质等级企业159家，完成建筑业总产值827.2亿元，同比增长19.8%；主营业务收入654.16亿元，同比增长12.5%；利润13.68亿元，同比增长12.1%。

四、国内贸易和对外经济

全区第三产业增加值673.17亿元，按可比价增长6.6%，第三产业增加值占GDP比重为56.8%。全区规模以上服务业企业962家（含贸易，不含电信邮政），营业收入达1337.43亿元，同比增长21.97%。其中，限上批发零售业法人单位702家，限上住宿餐饮业法人单位94家。

全区社会消费品零售额722.61亿元，同比增长3.2%；限上批发业销售额1190.55亿元，同比增长42.1%；限上零售业销售额266.64亿元，同比下降7.8%；限上住宿业营业额9.82亿元，同比增长28.6%；限上餐饮业营业额17.57亿元，同比增长44.6%。

商贸消费势头良好。全力打造鲁迅故里步行街智慧街区。举办消费促进月、金秋购物节等系列促销活动。完成“越回收”等11项越字系列应用打造。积极推进医卫行业“三同”企业培育。开展“一码找订单”境外代参展行动，搭好“线上+线下”“国际+国内”“优进+优出”三大平台，助企业抢订单、拓市场。

对外经济逐步回暖。全区实现进出口总额664.89亿元，同比增长8.5%。其中自营出口额588.04亿元，同比增长3.8%；进口额76.85亿元，同比增长65.7%。

五、固定资产投资和房地产业

全区完成固定资产投资同比增长34.3%，分产业看，第二产业投资同比增长31.9%，第三产业投资同比增长34.7%，房地产投资同比增长49.1%，生态环保和公共设施投资同比增长21.2%，高新技术产业投资同比增长32.5%，民间投资同比增长31.4%，交通投资同比增长45.8%。

全区商品房成交面积为296.68万平方米，同比减少2.7%。全区二手房成交面积为125.99万平方米，同比减少26.0%。

六、教育和科学技术

教育校区建成投用。全区完成迪荡中学、柯灵小学百盛校区、柯灵幼儿园百盛园区、鲁迅小学文源校区等4个校址新建，并如期投用。两湖西侧小学、稽山初级中学完成主体结构施工，站前小学、湖东小学、站前中学、两湖幼儿园新建项目进入桩基施工。完成鲁迅小学、绍初龙山校区扩建，塔山小学成章校区、元培中学北校区改造项目完工投用，累计完成投资约0.2亿元。启动凤林小学、陶堰街道中心小学、北海小学、富盛镇中扩建等项目前期设计立项等工作。鉴湖阳光里、皋埠碧桂园、灵芝澄港3所配套幼儿园建成投用。全年累计完成投资约7.46亿。柯灵幼儿园百盛园区建成投用；两湖幼儿园开工建设；鉴湖阳光里、皋埠碧桂园、灵芝澄港3所配套幼儿园建成投用；改建东湖街道皋北幼儿园，新增学位1530个。

创新要素加速集聚。全区高新技术产业投资额增速32.5%，规上工业实现高新技术产业增加值增速10.5%。新增高新技术企业178家（含重新认定52家），省科技型中小企业240家。

七、文化、体育和卫生

文化挖掘成果显著。全区高质量推进省级文化基因解码工程，完成文化元素普查入库441个，解码20项区域重点文化元素，“黄酒文化”“鲁迅文化”入选全省首批“浙江文化标识”培育项目。坚持“非遗”守正创新，12个“非遗”项目列入区第六批非物质文化遗产名录，6家单位列入区级非物质文化遗产传承基地，4家单位列入区级乡村“非遗”体验基地，完成6位市级“非遗”传承人奖励政策兑现。建成越城区“非遗”工作数据库平台，着力推动“非遗”领域数字化改革。

体育成绩喜人。全区完成省、市级民生实事体育类项目31个，完成百姓健身房等基层体育场地设施智慧化升级改造项目32个。承办2021年国际象棋男子世界冠军分区赛（中国区），全年举办“迎亚运 共发展”系列全民健身活动等各类体育赛事活动240场。目前，全区常住人口人均体育场地设施面积超过2.8平米，经常参加体育锻炼人数比例达到29%以上（不含学生）。2021年市青少年锦标赛金牌数继续保持全市第一，省青少年竞技体育竞赛金牌数首居全市第一。

医保体系日渐完善。全区完善以基本医保为主体、大病保险为延伸、医疗救助为托底和商业保险为补充的多层次医疗保障体系。2021年，首次推出普惠型商业补充保险“越惠保”，满足群众多元化就医需求。自2021年3月10日起，提高大病保险待遇，在原待遇的基础上，提高10个百分点，切实减轻群众就医负担。严格落实医保扶贫政策措施，及时做好困难人员医保资助参保和医疗救助待遇发放工作，在实现市内直接刷卡的基础上，实现省内直接刷卡，更大程度方便困难群众。

八、人口、人民生活和社会保障

全区年末户籍人口82.91万人，其中男性40.39万人，女性42.52万人，分别占总人口的48.7%和51.3%。全区人口出生率5.34‰、死亡率7.14‰，人口自然增长率-1.80‰。

全区城镇常住居民人均可支配收入为67772元，同比增长9.6%；农村常住居民人均可支配收入为42508元，同比增长10.0%，全年城乡居民收入倍数为1.59倍。城镇常住居民人均生活消费支出40058元，同比增长17.6%；农村常住居民人均生活消费支出26822元，同比增长18.2%。

全区通过专场招聘会、就业大篷车等线下招聘，结合越城区人才网、微信公众号等线上形式，积极提供就业岗位，实现新增城镇就业5.28万人、失业再就业4.25万人、就业困难人员再就业0.44万人。全年新增就业大学生3.29万人，新晋升高级职称669人，全区新增高技能人才1.48万人，开展职业技能培训5.77万人。全区参保企业养老保险40.51万人、城乡居民养老保险8.16万人，参保率达99.9%。

九、资源、环境保护和社会安全

全区森林覆盖率达到27.32%，活立木总蓄积量80.63万立方米，林地保有量1.37万公顷。完成造林更新905亩（平原绿化860亩）、森林抚育957亩。做好林业有害生物防治，清除病枯死松木34.82万公斤，除治面积0.2万亩。

全区AQI优良率升至92.1%，同比增加1.4个百分点，PM2.5浓度年平均值降至28微克/立方米。“五水共治”成效不断巩固，5个镇街成功创建省级“污水零直排区”，37个市级考核断面功能区达标率100%，创建“美丽河湖”2条，河湖长履职平均分、巡河完成率、问题处理率保持高位运行，居全市前列。城乡生活垃圾分类覆盖率基本达到100%，资源化利用率达到100%，无害化处理率达到100%。成功创建省级高标准生活垃圾分类示范小区（村）18个。

全区坚持平安建设为统领，创新发展新时代“枫桥经验”，以全力争创“全国社会治理现代化标杆区”为工作目标，平安创建成功“十六连冠”，重大决策社会风险评估“一件事”应用已列入全省数字法治“揭榜认领”名单。全区发生全口径交通亡人事故88起，死亡88人。

说明：

1. 本公报所列2021年各项数据为初步统计数。

2. 本公报越城区生产总值、各行业增加值绝对额以实辖口径当年价格计算，增长速度以可比价格计算。

3. 规模以上工业统计范围为年营业收入2000万元及以上法人工业企业。

4. 限额以上批发业统计范围为年主营业务收入2000万元及以上法人单位。

5. 限额以上零售业统计范围为年主营业务收入 500 万元及以上法人单位。

6. 限额以上住宿业统计范围为年主营业务收入 200 万元及以上法人单位。

7. 限额以上餐饮业统计范围为年主营业务收入 200 万元及以上法人单位。

越城区2020年第七次全国人口普查主要数据公报

根据《全国人口普查条例》和国务院的决定，我国以2020年11月1日零时为标准时点进行了第七次全国人口普查。在国务院第七次全国人口普查领导小组的统一领导和省、市、区各级人民政府的精心组织下，在全体普查对象的支持配合下，经过广大普查工作人员的艰苦努力，人口普查主要阶段任务已圆满完成。现将越城区快速汇总的主要数据公布如下：

一、总人口

全区常住人口[2]为1020037人，与2010年第六次全国人口普查的953932人相比，十年共增加66105人，增长6.93%，年平均增长率为0.67%。

二、户别构成

全区共有家庭户[3]373968户，集体户33842户，家庭户人口为909619人，集体户人口为110418人。平均每个家庭户的人口为2.43人，比2010年第六次全国人口普查2.63人，减少0.20人。

三、人口性别构成

全区人口中，男性人口为511806人，占50.18%；女性人口为508231人，占49.82%。总人口性别比（以女性为100，男性对女性的比例）为100.70，与2010年第六次全国人口普查相比，提高2.89个百分点。

四、年龄构成

全区常住人口中，0～14岁人口为125154人，占12.27%；15～59岁人口为682296人，占66.89%；60岁及以上人口为212587人，占20.84%，其中65岁及以上人口为152767人，占14.98%。与2010年第六次全国人口普查相比，0～14岁人口的比重下降0.20个百分点，

全区人口年龄构成表		
表77		单位 :人/%
年龄	人口数	比重
总计	1020037	100.00
0～14岁	125154	12.27
15～59岁	682296	66.89
60岁及以上	212587	20.84
其中 :65岁及以上	152767	14.98

15～59岁人口的比重下降6.64个百分点，60岁及以上人口的比重上升6.84个百分点，其中65岁及以上人口的比重上升5.98个百分点。

五、教育程度

全区常住人口中，拥有大学（指大专及以上）文化程度的人口为240667人；拥有高中（含中专）文化程度的人口为153269人；拥有初中文化程度的人口为301235人；拥有小学文化程度的人口为252291人（以上各种受教育程度的人包括各类学校的毕业生、肄业生和在校生）。与2010年第六次全国人口普查相比，每10万人中拥有大学文化程度的由14873人上升为23594人；拥有高中文化程度的由14359人上升为15026人；拥有初中文化程度的由34922人下降为29532人；拥有小学文化程度的由25339人下降为24734人。

全区常住人口中，文盲人口（15岁及以上不识字的人）为3841人，与2010年第六次全国人口普查相比，文盲人口47223人，文盲率[4]由4.95%下降为0.38%，降低4.57个百分点。

六、城乡[5]构成

全区常住人口中，居住在城镇的人口为860870人，占84.40%；居住在乡村的人口为159167人，占15.60%。与2010年第六次全国人口普查相比，城镇人口增加199964人，乡村人口减少133859人，城镇人口比重提高15.12个百分点。

注释：

[1] 本公报中数据均为初步汇总数，均为2020年越城区行政区域内的数据，不含沥海街道。

[2] 常住人口包括：居住在本乡镇街道且户口在本乡镇街道或户口待定的人；居住在本乡镇街道且离开户口登记地所在的乡镇街道半年以上的人；户口在本乡镇街道且外出不满半年或在境外工作学习的人。

[3] 家庭户是指以家庭成员关系为主、居住一处共同生活的人组成的户。

[4] 文盲率是指常住人口中15岁及以上不识字人口所占比例。

[5] 城镇、乡村是按国家统计局《统计上划分城乡的规定》划分的。

索 引

说 明

一、本索引属于主题分析类索引,索引词一般采用主题词、中心词或简称。

二、本索引按主题词首字汉语拼音字母顺序排列,首字相同按第二字音序排列,以此类推。

三、索引词右边的阿拉伯数字表示索引词出现在正文中的页码。

四、本年鉴的“特载”“专记”“大事记”“统计资料”“附录”未作索引;“概况”“综述”条目均未作索引。

A

B

C

D

E

F

G

H

P

Q

R

S

T

W

X

Y

Z

0–9

其他

《越城年鉴（2022）》撰稿人员

曹盛昌　陈　芳　陈华锋　陈　康　陈莉莎　陈明军　陈小刚　陈　艳　陈宗祥　程兴旺
单清旸　丁　坚　丁斯秀　丁伟琴　董海丽　董越标　封哲萍　傅眉佳　傅偲艺　高　波
高伟平　高　英　龚淼杰　郭佳红　韩齐盼　韩　琪　韩信忠　胡朝乔　胡梦灼　胡泽宇
吉佳红　江洪杰　姜伟明　金迪宇　金　晶　金李慧　赖巧晶　李　昊　李菊花　李　伟
李晓兰　李烨青　李卓华　李卓亚　林剑彬　卢国庆　罗冰洁　吕焱豪　孟韩健　孟黎文
倪伊丹　牛慷慷　钱晶莎　任天琦　沈奇栩　史沁舒　宋　超　宋世楠　汤慧琳　汤佳柯
唐　赟　陶　俊　屠须眉　汪思琦　王凯励　王茜怡　王晓峰　王兴红　王燕媛　魏倩滢
翁行锋　吴超群　吴海雅　谢婷婷　谢伟根　邢晓翰　徐朝阳　徐　丹　徐丽娜　徐诗瑾
徐双双　徐　瑶　徐　烨　徐　英　徐　赢　严琳娜　严思湉　颜　倩　杨晓烨　叶　登
叶　敏　叶秋实　叶卓青　余立峰　余　涛　俞露卿　虞华锋　虞洁伊　张科清　张　敏
张诗哲　章海栋　章金波　章叶楠　赵　岚　赵梦莎　赵锡彦　周高阳　周蕾蕾　朱沈园
朱　雯　朱娴彦　朱轶尔　祝嘉雯